新闻与传播学译丛

广告调查

理论与实务（第2版）

Advertising Research

Theory and Practice, 2e

[美] 乔尔·J·戴维斯（Joel J. Davis） 著
杨雪睿 田卉 等译

中国人民大学出版社
·北京·

“新闻与传播学译丛·国外经典教材系列”
出版说明

“新闻与传播学译丛·国外经典教材系列”丛书，精选了欧美著名的新闻传播学院长期使用的经典教材，其中大部分教材都经过多次修订、再版，不断更新，滋养了几代学人，影响极大。因此，本套丛书在最大程度上体现了现代新闻与传播学教育的权威性、全面性、时代性以及前沿性。

在我们生活于其中的这个“地球村”，信息传播技术飞速发展，日新月异，传媒在人们的社会生活中已经并将继续占据极其重要的地位。中国新闻与传播业在技术层面上用极短的时间走完了西方几近成熟的新闻传播界上百年走过的路程。然而，中国的新闻与传播学教育和研究仍然存在诸多盲点。要建立世界一流的大学，不仅在硬件上与国际接轨，而且在软件、教育上与国际接轨，已成为我们迫切的时代任务。

有鉴于此，本套丛书书目与我国新闻传播学专业所开设的必修课、选修课相配套，特别适合新闻与传播学专业教学使用。如传播学引进了《大众传播效果研究的里程碑》，新闻采访学引进了《创造性的采访》、《全能记者必备》，编辑学引进了《编辑的艺术》等等。

本套丛书最大的特点就是具有极大的可操作性。不仅具备逻辑严密、深入浅出的理论表述、论证，还列举了大量案例、图片、图表，对理论的学习和实践的指导非常详尽、具体、可行。其中多数教材还在章后附有关键词、思考题、练习题、相关参考资料等，便于读者的巩固和提高。因此，本丛书也适用于对新闻从业人员的培训和进修。

需要说明的是，丛书在翻译的过程中提及的原版图书中的教学光盘、教学网站等辅助资料由于版权等原因，在翻译版中无法向读者提供，敬请读者谅解。

为了满足广大新闻与传播学师生阅读原汁原味的国外经典教材的迫切愿望，中国人民大学出版社还选取了丛书中最重要和最常用的几种进行原文影印，收入“新闻传播学英文原版教材系列”中，读者可以相互对照阅读，相信收获会更多。

中国人民大学出版社

推荐者序

正如“新闻与传播学译丛·国外经典教材系列”的出版说明所言，能够入选本系列的都是经典之作。翻看这本《广告调查：理论与实务》（第 2 版），我对其内容的完备和清晰的结构深表认同。教材中不仅包含了所有主流的调查方法，而且对每一种方法所派生出来的枝蔓和新的发展方向也都有所涉及，而如此繁复的内容的结构安排则非常清晰。更为值得称道的是，教材中对概念和方法的讲解简单明了，却不失细致具体。作为一门实践性极强的课程，这样的教材编写方法无疑是最恰当的。

这样一本值得引介的专业教材，对译者专业水平的要求应该说是相当高的。杨雪睿老师翻译此书的优势不仅仅在于她已讲授了近十年的广告调查课程，且同时讲授消费者行为学和统计及数据分析基础课程，更在于她大约从 2000 年开始就参与到各种类型的广告调查实务中。先是作为学生参与调查的执行，期间熟练掌握了 SPSS 等数据分析软件，后来是以老师的身份策划、统筹管理调查执行项目。作为她曾经的老师和一直以来的合作者我可以细数她参与过的几乎所有项目，因此知道这本教材中所讲的个人访谈和焦点小组访谈、人员观察、实验法和调查法，她都曾有过大量的实践，并积累了丰富的经验。也就是说，教材中无论是理论还是实务的有关内容，她都已驾轻就熟，可以到位地理解和传递。当然，翻译不是她熟悉和擅长的工作，能在短时间内完成已属不易，想必也会有百密一疏之处。

还想再啰嗦几句对读者的建议。建议读者在学习此书之前仔细阅读和品味作者在前言中“对学生的建议”。调查的确与每个人都有关联，甚至可以说是一种各个学科通用的法则。调查的相关内容看似浅显，实难掌握。所以无论是老师还是学生都应该重视方法的实践性训练。在课时有限的情况下，宁可舍弃部分内容不讲授，也要强化训练学生掌握几种主要方法。借用书中的一句话，“最好的调查是富有创造性的调查”，希望读者能够富有创造性地学习和利用此教材，将其中的调查方法内化为自己洞察世界的有效工具。

中国传媒大学广告学院教授、博士生导师　黄京华

2015 年 12 月于北京

译者序

1997 年我进入当时的北京广播学院广告系（现为中国传媒大学广告学院）学习广告学本科专业时，“广告”还是个新兴学科，大多数人对广告的理解还停留在电视广告片、报纸和杂志平面广告的认知层面。时至今日，在波涛汹涌的数字化浪潮下，各类新的媒体层出不穷，此消彼长，“广告”的形式也是变化万千，名目繁多。尤其是进入移动互联网时代后，广告更是打破时间和空间的局限，无时无处不在。但万变不离其宗，充分利用各种调查方法“深入洞察目标消费者”是始终要遵循的首要原则。

如果说在电视、广播、报纸、杂志等传统媒体一统天下的年代，广告人对消费者的了解还拘囿于人口特征、媒体接触习惯和惯常的消费行为，那么在互联网的推动下，人们固有的生活方式被打破，消费方式、信息获取、生活习惯、态度观念等生活形态的各个方面都呈现出多元化态势。人口特征相似的消费者生活习惯可能大相径庭；而在网络虚拟社区中某个主张或者某个话题的拥趸在现实生活中可能分属于完全不同的阶层。对企业和商家来说，消费者洞察不仅要细致入微，更要独辟蹊径，这就对洞察消费者的方法和视角提出了更高的要求。

高校的专业课程教育必然要顺应社会潮流的更迭和行业发展的动向。我在多年的“广告与调查”这门课程的讲授过程中，越来越深切地感受到掌握调查方法对广告学专业学生的重要性和必要性。理解并能够熟练运用调查方法的学生，在后续的诸如“广告策划”、“广告媒介”、“消费者行为学”等专业课程的学习中更为得心应手。更重要的是，他们更倾向于以客观的态度和理性的思维看待、评估和解决专业学习中遇到的种种问题。

本书最突出的特点在于既沿袭传统，又紧随时代。所谓“沿袭传统”是对传统的定性调查方法和定量调查方法有较为全面和细致的阐述。此外，对抽样、问卷设计、统计分析等调查过程中的重要环节也不吝笔墨，加以详述。所谓“紧随时代”是书中有大量举例均与互联网相关，将传统调查方法中的技术手段延伸到互联网领域，重点表述互联网背景下的调查活动。同时，本书还着重介绍了调查在广告运作中的应用，从多个层面展现广告中的调查亦是本书一大亮点。

由于时间有限，本书在翻译过程中难免有疏漏和不妥之处，望读者批评指正！希望本书能为高校广告、营销等专业的老师和学生提供指引，也能为广告从业人员的实际工作提供参考！

杨雪睿

2015 年 1 月 21 日初稿于中国传媒大学

2016 年 1 月定稿

第2版前言

第 1 版《广告调查：理论与实务》出版时广告正处于即将变化的时刻。回顾过去，大多数人认可广告正在发生显著变化，但是对未来的预测却远不及我们所经历的惊人变化。几乎没有人预测到在线广告的绝对重要性。曾经被认可的社交媒体、自媒体、手机广告、视频游戏广告和病毒视频的价值已经显现。因此，很多人承认，对设计科学、富于洞察力的调查的需求的增长，促使广告主做出充分利用这些新兴广告的决策。本书试图帮助学生更好地理解调查如何扮演这一角色：面对更为复杂的消费者和媒体环境，帮助广告主在策略、目标受众和创意方面做出更好的决策。

内容的变化

本书涵盖了很多与第 1 版一致的内容，但绝不仅仅是简单地更新。所有保留的第 1 版中的章节都已经大幅改写，同时增加了新的章节以应对广告主行为、调查设计与调查方法的最新变化与发展。有些在原来章节中提出的但现在对广告主来说并不十分重要的问题在本书中已被删除。

本版与第 1 版的显著区别体现在四个方面：

第一，文字内容已经完全被重新改写并编辑以便于阅读。多年来，学生一直对第 1 版的“密度”和“形式”有意见。本版在不牺牲重要内容的基础上，有意识地试图以一种更有益于学生理解的方式呈现书中内容。与第 1 版相比，本版增加了大量案例和实验讨论。除了文字内容修订之外，本版采用了更多的可视化教学方法传达关键概念。第 1 版中几乎所有的图表和照片都做了修改以更好地表现关键点，并且增加了相当数量的新图表。

第二，所有调查案例的更新都不仅着眼于提升接受度，还有与学生的相关度。新的调查并不是对已有调查的简单替代。更多新的调查案例已经从传统媒体转向与学生的兴趣点相关的内容，如社交媒体、在线广告、病毒视频、视频游戏广告、电子邮件广告等。沿着这样的思路，用学生更感兴趣的品牌、产品与背景替换了第 1 版中已经用过的案例。

第三，呈现了研究方法的新发展。过去十年信息搜集的方式已经发生变化，在线调查得到了快

速发展。相应地，本书将传统调查中诸如抽样、撰写调查问题、设计调查问卷等内容延伸到在线调查。另
xxi 外，就在线调查伦理和在线定性调查增加了全新章节。除此之外，在第 1 版的基础上增加了新方法步骤的讨论。例如，第 8 章和第 9 章摒弃了对观察法粗略的讨论，代之以对新观察技术的深入探讨，比如利用电脑观察人们的行为（尤其是在网络环境下），利用眼动仪、生理测量以及脑电波等生物测定技术探索消费者对广告的反应。最后，品牌地图、市场细分、广告测试和经由多元调查使广告最优化等方面的最新发展在本书中也有所提及。

第四，为帮助学生学习，复习题和应用练习都已完全重新改写。复习题要求学生查找或者回忆在章节中出现的信息。应用练习的设计是为了鼓励学生将章节内容和实际联系起来。许多应用练习并没有唯一的正确答案，而是用一种方式鼓励学生确认进而评估潜在行为与所导致的决策的优势和不足。

对学生的建议

许多学生都是带着如下认知进入调查课堂的：

- 学习调查没有什么用，也没有必要，除非你想成为一名调查者。
- 调查就是数字运算，调查和统计是一回事。
- 调查是创意的对立面。

经过一个学期的学习，我试图让我的学生明白实际上上述每一句话都是错误的。下面的文字也是为了印证我的观点。

调查与每个人都有关联

作为一名广告专业人员，以下两种情况中无论哪一种你都将遇到并使用调查。如果你决定成为一名调查专家，你要负责策划、执行、分析以及演示调查结果。根据你所提供的信息，其他人将做出与广告和市场营销相关的决策。而如果你想从事另外的工作，你将成为调查的使用者。他人收集的信息将被你使用，这些信息将有助于你做出更好的决策，使你的工作更有效率和更加顺利。

总之，无论你从事什么工作，你或者是调查的使用者，或者是调查的设计者。《广告调查：理论与实务》将在这两方面都给你帮助。本书将教会你如何使用和设计调查。你将学习如何评估调查信息的准确性，如何根据不同的信息需求评估合适的调查技术，如何解读和应用调查结果。最重要的是，当你能够利用调查分析支持你的专业判断时，你将做出更好的广告决策。

xxii 调查完全不同于数字运算

并非所有的调查都用数字表示。焦点小组访谈以及其他形式相似的调查在归纳调查发现时甚至不使用数字。另一方面，有些时候定量调查更适合使用数学计算和统计技术。然而，这些只是人们用来发现数字所表明和蕴含的意义并进而指导决策的工具。调查的价值不在于数字运算，而是数字的解读。电脑可以快速地进行数学运算，但电脑既不能告诉我们这些数字意味着什么，也不能告诉我们它们对于必须作出的决策意味着什么。想一想，富有洞察力的人会给数字赋予含义。因此成功的广告调查者必然不是擅长数学的人，而是善于思考、善于发现模式，并且善于解读调查结果的含义而非结果本身。

这一版《广告调查：理论与实务》强调调查的解读。它将数字分析视为产生洞见的工具，而不仅仅是结果本身。你将看到在一些调查研究中并没有数字分析，而在另一些研究中仅仅用基础数学工具分析数字。无论怎

样，在所有的情况下，它都只是数字的解读，用来提供调查的价值。

最好的调查是富有创造性的调查

调查的计划、执行、分析以及结果演示都是创造的过程。当你阅读本书时，你将发现本书在明确调查问题、设计合适调查方案、创建最有用的调查问卷或访谈提纲、分析和演示调查发现以使其对决策者的实用性最大化方面有大量独创性。设计一个质量差的调查很容易。调查结果被认为过于简单和无关紧要而遭决策者忽视也很容易。创造性的调查在设计、解读、演示等方面难度更大，但其提供的发现和洞察受到欢迎和重视。《广告调查：理论与实务》一书将提供使你成为调查的最终使用者或设计者的知识和技能。每一章都用大量案例展示了调查创造性的一面。

如何阅读本书

我尽最大努力以使《广告调查：理论与实务》一书中所提供的信息有用、易使用、易理解。但是，有些内容本身就很难理解。了解了这一点，建议读者从每一章的末尾开始阅读。在你阅读每一章之前先阅读复习题，这将有助于你明确本章的关键词。然后阅读应用练习，这将有助于你理解本章所讲述的内容适用于何种情况。最后，回答复习题和做指定的应用练习。在阅读之后做复习题和应用练习将有助于分辨哪些概念已经被掌握，哪些还需要复习。 *xxiii*

对教师的建议

《广告调查：理论与实务》一书分为五个部分。本书的结构加上覆盖的广度为教师在一个学期中选择讲解哪些主题，以及这些主题的编排方面提供了很大灵活性。

第一部分和第二部分介绍了与调查有关的所有问题。第一部分的论述提供了调查计划和执行的框架（第 1 章），向学生介绍了调查中的伦理考虑，尤其关注网络环境下的调查伦理（第 2 章）。第二部分详述了调查中的信息来源：二手资料（第 3 章）、样本以及抽样（第 4 章）。

第三部分聚焦于定性调查。第 5 章详细论述了定性信息收集的方法，向学生介绍了多种定性信息收集的技巧，包括定性访谈、投射法、凯利方格法、梯式递进。第 6 章论述了焦点小组访谈的计划与实施。第 7 章提供了定性信息分析的详细指导。

第四部分的 9 个章节重点介绍了定量研究。开头两章介绍了观察法。第 8 章详细介绍了利用人员和机器观察消费者行为，重点论述了同广告决策相关的在线行为观察。第 9 章探讨了广告决策者使用越来越多的生物测定学调查，详细阐述了眼动仪、脑电波分析以及相关的生理学方法。第 11 章到第 13 章聚焦于数据收集。在论述了测量及相关问题（第 11 章）之后，接下来论述的焦点是如何表达和拟定调查问题（第 12 章）以及问卷设计（第 13 章）。实验法（第 14 章）的论述之后是通过描述性统计和推断性统计进行定量数据分析（第 15 章和第 16 章）。

第五部分是结论部分，聚焦于广告主和广告调查者感兴趣的具体问题。这些问题包括市场细分（第 17 章）、涵盖知觉地图的品牌地图（第 18 章）、概念与传播测试（第 19 章）以及后期广告测试与优化（第 20 章）。本部分还包括了如何充分准备和演示调查结果（第 21 章）。

xxv

教学帮助

PowerPoint 演示（0132128349）

可以获得一整套投影幻灯片，教师可以用来在课堂演示，学生可以用来预习或复习。

xxiixxiv

教师参考手册（0132128330）

作者准备的完整的教师参考手册可以用于演讲准备或课堂演示，可以在里面找到每一章后应用练习的答案，甚至用来设计课程教学大纲。

测试题文件（0132835746）

第 2 版的测试题库中每一章都包含超过 50 个问题。针对每个问题都提供了多项选择和对/错两种形式。每一个问题也提供了答案相应的页码。

这套测试题文件经国际高等商学院协会（Association to Advance Collegiate Schools of Business，AACSB）鉴定合格。测试题文件中的问题达到 AACSB 的学习标准。在合适的地方，每一个问题的回答线都表明了问题归入的类别①。AACSB 的参考有助于教师确认哪些测试题可以达到学习目标。

什么是 AACSB? AACSB 是一个由教育团体、社团和其他机构组成的非营利组织，致力于提升和改善工商管理和会计学的高等教育水平。可授予工商管理或会计学学位的学院机构都自愿接受 AACSB 的资格审查。AACSB 进行最初的资格认定后还会定期检查以促进管理教育质量的持续提升。培生教育出版集团（Pearson Education）是 AACSB 令人骄傲的成员之一，乐于提供建议帮助您在课堂上采用 AACSB 学习标准。

什么是 AACSB 学习标准? AACSB 资格认定标准之一是总课程的质量。尽管没有具体课程要求，AACSB 期望所有课程都能涵盖以下领域的学习技能：

- 交流的能力
- 伦理的理解和推理能力
- 分析技巧
- 信息技术的使用
- 全球经济动态
- 对多元文化和多样性的理解力
- 深入思考的技巧

以上七点是 AACSB 的学习标准。所有这些标准都或多或少可以指导广告调查，就调查的说明和使用而言，其中关于伦理、推理、分析和思考的技巧更是教材方向的直接反映。与这些标准相关的技巧测试题也做了相应标记。例如，测试伦理的相关问题因为与儿童调查执行相关，就被赋予了“伦理的理解和推理能力”的标签。

如何使用这些标签? 被标记的问题有助于测量学生对课程内容的掌握是否与 AACSB 的标准一致。此外，被标记的问题还有助于确认这些技巧的潜在应用。相应地，这些也可以充实活动或者其他教育经验以帮助学生完成这些目标。

① 请注意不是所有的测试题都指向 AACSB 的类别。

TestGen 测试生成软件

培生训练大厅的测试生成软件可以从在线教师资源中心获得（www.pearsonhighered.com）。

- PC/Mac 兼容设备；预载所有测试文件问题
- 手动或随机查看试题库，拖放创建测试
- 使用内置的“问题编辑”增加或修改试题库问题
- 使用内置的 QuizMaster 特辑，每一个测试可以打印出 25 种变化并发送至本地网络

致 谢

很多人和组织都为《广告调查：理论与实务》（第 2 版）的出版做出了贡献。

就文本内容而言，这么多年我的学生都做出了贡献。他们毫不迟疑地指出材料太密集、难以理解、抽象，或者只觉得平淡无聊。我尽力修改文字，以使未来的学生有不同的、更为积极的反馈。此外，培生高等教育（Pearson Higher Education）的小组也致力于开发适合学生使用的教材。与他们共事是一种快乐，他们的专业判断和帮助也弥足珍贵。特别要提及的是 Melissa Sabella、James Heine、Meeta Pendharkar、Clara Bartunek 以及 Kierra Bloom。

很多人和公司乐于分享他们的工作，这不可估量地提升了本书的教育价值。我要特别感谢 Amnesty International UK、Applied Marketing Research、Nick Armitage、Australian Department of Health and Ageing、Catalyst Research、Chocolate Communications、Cossette、Enquiro Search Solutions、Etre Limited、eSpares Ltd.、Feed Company、Forrester Research、General Electric、HCD Research、Health Canada、Impact Research、Interactive Advertising Bureau、1st2c Ltd.、Luckie and Company、Mediamark Research Intelligence、The Nielsen Company、Dan Pankraz、SocialMedia8、Dr. Jeffrey Stanton、Pew Research Centers、Razorfish、Scout Labs，以及 Strategic Business Insights。我要特别感谢五个人，他们不仅提供了自己的资料，而且无私地给予了我帮助，使我更好地理解最新的发展态势。他们是 Tobii 的 Barbara Barclay、Mapes and Ross 的 Tony Bazerghi、MindSign Neuromarketing 的 Devin Hubbard、One to One Insight 的 Jeremi Karnell，以及 Massive Incorporated 的 Jack Koch。我还要感谢在本书成书过程中提供仔细并且经过深思熟虑的评论的三位人士：

南伊利诺伊大学爱德华兹维尔分校的 Edmund Hershberger

大峡谷州立大学的 John Stipe

密苏里大学的 Kevin R. Wise

最后，没有亲友的支持本书很难完成。幸运的是，有七个人给了我勇气以及不可或缺的支持激励我前行。我的家庭成员（Danna、Kyle 以及 McKenna）和我非正式的爱尔兰家庭（Michael 和 Noirin O'Connell）总是鼓励我，让我信心满满。Mairead Travers 在许多个星期四的夜晚问我："进行到多少页了？"这让我备受鼓舞。最后，本书有一部分在爱尔兰的金赛尔撰写。如果你曾经去过那里，或者需要一个地方思考、吃喝，我推荐怀特夫人酒店（White Lady Hotel），那里有热情好客的 Anthony Collins 和 Anne Gavin。

简要目录

第一部分　基础

第二部分　信息的来源

第三部分　定性调查

第四部分　定量调查

第五部分　应用

目 录

第一部分 基础

第二部分 信息的来源

第三部分 定性调查

第四部分 定量调查

第五部分 应用

第一部分 基础

第1章

广告调查的原理与流程

1 定义“广告”是很容易的事情。例如，广告可以是一则电视广告片、一幅杂志平面广告、一个广告牌或者一条广播广告。这些广告形式的存在固然重要，但在过去十年间广告主可以选择的范围早已大大扩展。面对快速增长的各种广告选择，广告主意识到有根据的、成功的决策需要可靠、创造性地洞察消费者、媒体和竞争环境。而这些洞察只能来自科学设计的调查研究。本章向大家介绍的正是广告调查。

* * *

阅读本章之后，你会对以下内容有深刻理解：

- 调查哪些领域将帮助广告主做出科学决策；
- 参与广告调查设计、实施和分析的公司所具有的特征与贡献；
- 不同的调查技术如何相继应用以使广告策划和决策制定更成功；
- 成功的广告调查的步骤以及每一步的决策类型。

2 对于在过去十年广告是否已经发生变化这一问题一直存在争议。现在广告主可以广泛地利用传统媒体和新媒体，诸如电视、广播、YouTube、Facebook、Twitter、付费搜索、手机、视频游戏植入等。与此同时，调查技术和选择也发生了变化。新技术和新方法可以更加深入地洞察消费者的态度和行为。不变的（以及很可能已增长的）是指导和预示着决策的调查的需要。无论选择什么样的媒体或广告方式，正确利用调查都会极大地提升广告主成功的机会。简单地说，调查有助于广告主制定更有根据的决策，而更有根据的决策会带来更有效和成功的广告。

调查在整个广告策划过程中都有贡献，通常聚焦于四大主要领域的信息需求，如图1—1所示。这四大领域将会在下节中讨论。然而，在详细讨论之前，图中有几个重要的方面要加以解释。

- **方法非常灵活。**广告主在制定决策之前可以按顺序在多个领域使用调查，也可以在某一特定领域使用调查制定更好的决策。
- **反馈和修正是过程中很重要的部分。**从一个调查领域中收集的洞察信息可以用来指引、预示和修正先前的或其他领域的决策。

● **广告主可以在任何一点进入。**举个例子，如果市场和消费者因素与之前策划的时期相比没有变化，那么广告主就可以将调查的重点只集中在创意的形成和媒体上。

本章下一节将具体阐述图 1—1 中的每一个组成部分。

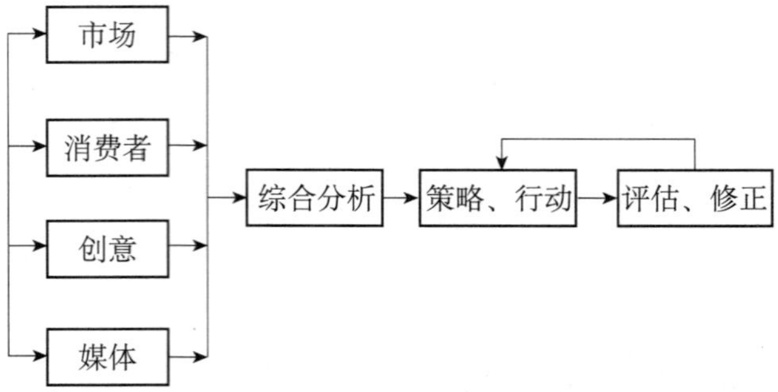

图 1—1　广告调查策划过程概述

3 ## 广告调查的贡献

市场

成功的广告策划总是建立在以调查为基础的市场分析之上。调查可以明确和详细地展现现在和未来潜在的问题与趋势。调查也有助于在广告策划过程中更好地了解市场推动力，以及这些推动力如何影响广告主自身和他们竞争对手的品牌与广告。在这方面，调查普遍都会涉及全球的“大问题”，例如：

● 什么是关键趋势？这些趋势在多大程度上影响着产品和广告的成功？这些趋势倾向于继续发展还是发生转变？我们的产品和广告可以通过什么方式利用这些趋势？今年和明年的市场在哪些方面会有不同？

● 竞争环境是怎样的？谁是同类领域的领导者？哪些品牌现在是我们的首要竞争者和次要竞争者？我们想和哪些品牌竞争？行业总体上和我们特定的竞争者的代表性活动是什么？与我们自身相比，我们的竞争者在创新和成功方面有哪些活动？

● 在广告策划、执行和媒体排期方面，哪些新技术正在或即将被应用？最新引进的技术已经有了怎样的成功？

● 在广告策划方面现在和将来面临的问题和机会是怎样的？

有几个信息源可以回答以上这些问题。广告主要决定是根据自身独特的情况进行专项调查，还是从专门进行此类调查的公司购买市场分析报告。

消费者

无论以何种媒体形式出现，有效的广告都来源于对消费者的全面了解。消费者分析有三个维度，利用调查则会通过这三个维度更好地理解消费者。

第一个维度是一般消费者趋势。在调查中问题通常会包括以下方面：

● 在过去五年中消费者生活方式的哪些变化加速增长，哪些变化有所下降？这些趋势将如何影响对产品的认知和使用，或者对广告的反应？

● 在过去五年中消费者在态度、信念、优先考虑的问题等方面的变化哪些加速增长，哪些有所下降？这些趋势将如何影响对产品的认知和使用，或者对广告的反应？

社交媒体作为广告平台的涨势显示出回答这些类型问题的重要性。能最先注意到这些趋势的广告主在利用这些发展上将占据很大优势。

除了聚焦于生活方式、态度和行为的变化外，调 4
查还有助于广告主在与广告策划和战略相关的特定领域更好地理解消费者的态度。例如，调查可以洞察消费者对根据他们个人信息而提供的更多相关广告的想法[1]，或者了解消费者对内置于视频游戏[2]或社交网

站中的广告的不同感受。 5

目标受众分析的第二个维度专门聚焦于消费者与广告商品或服务之间的联系。调查的问题一般涉及以下方面：

● 存在哪些消费者细分市场，就广告商品或服务而言，每一个细分市场有哪些优势、弱势和潜力？

● 在每一个细分市场内，消费者有哪些人口统计学特征、行为特点、心理特点和生活形态特点？这些特点如何影响广告决策的制定？

● 基于消费者购买模式、品牌体验和品牌忠诚度，每一个细分市场的机会是什么？

通常对于细分市场的调查可以回答以上问题（请参看第 17 章）。这类调查将消费者总体划分为明显不同的人群，每一类人群与其他人群相比在重要的态度或行为上有差异。通过将消费者细分为各类人群，广告主可以更好地把握成功针对每一类人群的策略与方法。图 1—2 是一个消费者市场细分的例子，福里斯特（Forrester）研究中基于社交网络使用情况的市场细分。[3]需要指出的是，尽管市场细分对每一类不同人群的特点做了重要的深入分析，广告主仍必须决定在广告策划中应用这些信息的最好方式。

一旦明确了细分人群，通过调查就可以更好地了解不同细分消费群如何看待广告主和竞争对手的品牌，或者更好地了解与广告主目标和策划相关的不同细分消费群的行为和态度的特征。例如，这些信息有助于广告主分辨在一个细分群体中强化态度和在另一细分群体中改变对品牌的现有态度哪个决策更好。在这里，当聚焦于品牌时，调查可以回答以下几类问题：

● 现有的品牌意识是什么？这些意识是品牌的最大利益点吗？

● 使用者和非使用者的品牌意识有何不同？这些意识的来源或者基础是什么？如何稳固地控制这些意识？

● 目标受众针对此类产品寻求的利益点是什么？在多大程度上我们的品牌看起来提供了这些利益点？

● 我们品牌提供的利益点是其他品牌不能提供的吗？这些利益点“目前”对我们的目标受众很重要吗？这些利益点对目标受众有“潜在”重要性吗？这些利益点能否变得对目标受众很重要？

调查还有助于广告主了解消费者与品牌和产品之间的互动。调查可以使广告主了解消费者购买产品的决定是更理性还是更感性，在品牌选择背后是否有大量的思考和考量，在多大程度上消费者意识到对特定品牌的选择可被看作自我声明。这些基于调查的洞察

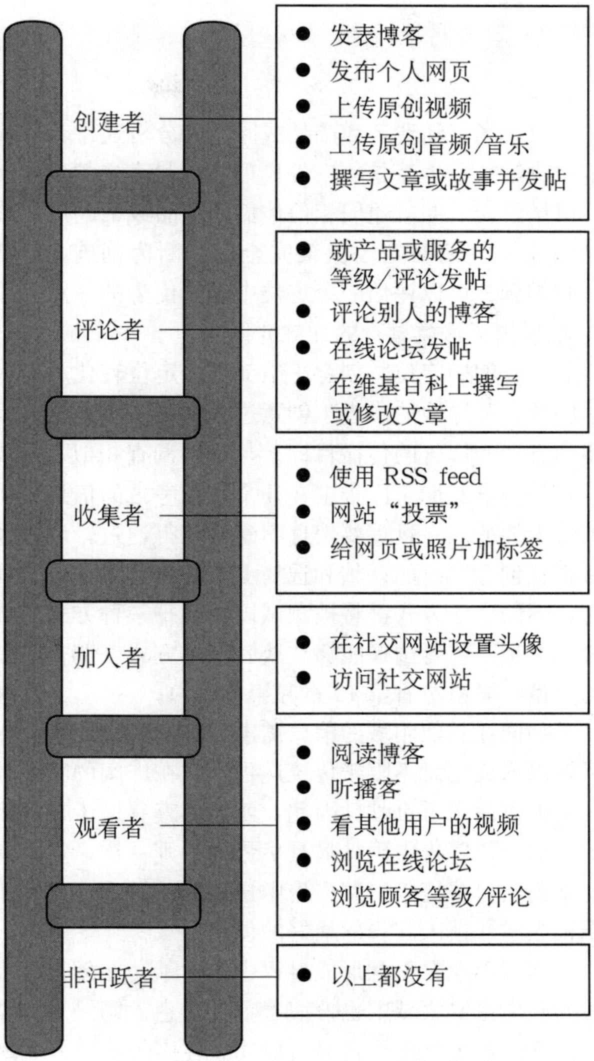

图 1—2　福里斯特研究中基于社交网络使用情况的市场细分

为策略和创意的发展提供了方向，尤其是重要信息和创意风格的选择。

在做非品牌活动的广告时，例如，反毒品和禁烟、预防癌症、节约用水，或是减少碳排放，也可以通过调查询问一套相似的问题。这些问题包括：

● 我们的话题的当前理解是什么？这些理解是话题的利益点吗？这些理解主要是感性的还是理性的？在多大程度上这些理解实际上是正确的？

● 在态度积极、消极、中立的人群中，这些理解的基础和内容有哪些不同？这些理解的来源或基础是什么？如何稳固地控制这些理解？

● 我们能为目标受众提供什么利益点？针对不同 6
细分人群是否有不同的利益点？

● 促使消费者向希望的方向前进的阻碍是什么？

创意

对市场、消费者和产品或问题的分析通常会形成定位决策——也就是从广告代理公司和客户的角度来看市场机会，并且他们相信他们的产品或话题可以成功地进入。[4]有时定位决策完全以判断为基础，但更多时候调查可以评估一套定位中最具优势的一点（第19章提供了这类调查的详细介绍）。

一旦明确定位，创意小组就要将定位转化成令人信服的、诱导性的广告。创意过程的第一步是明确重要信息——广告的传播目标。与定位调查相似，重要信息的调查有助于广告主在几个仔细考虑的信息中明确最重要的。一旦重要信息明确并获得通过，调查通常就在创意本身的评估和选择上扮演着重要角色。此时，不同广告方式都将被测试以明确每一种方式的优势和不足，或者选择能够“获胜”的方式（调查与创意决策的联系参看第19章和第20章）。

如同在其他领域的信息需求一样，通过调查深入了解以形成创意不限于传统广告，它在广阔的新媒体环境下也做出了贡献。因此，就像调查有助于在三则备选的电视广告中确认最具优势的一则一样，它也有助于判断付费搜索引擎广告中最好的关键词，或者用于视频游戏植入广告的最好的创意。

调查不仅在创意形成过程中有贡献，在创意结束后的两个主要领域中也扮演着重要角色。第一，调查有助于广告主判断广告是否成功。在广告活动开始时使用追踪研究测量态度、信念和行为的改变。这类研究可以由参与广告活动的人执行，或者由活动之外对活动效果评估感兴趣的人执行。米尔沃德·布朗动态追踪（Milward Brown's Dynamic Tracking™）就是这类研究的一个案例，这一研究在广告活动前、中、后的关键时期收集消费者反馈。通过这些操作，“动态追踪”通过识别以下信息告诉广告主他们的广告是否达到目标：

- 消费者是否知晓品牌活动；
- 哪些因素被回想的程度最高；
- 媒介预算是否被有效利用；
- 预期信息是否留下印象；
- 所有传播组合如何影响消费者与品牌之间的联系。[5]

第二，广告调查在证明广告所提出的主张不具欺 7
诈性方面扮演着关键角色，这里的欺诈性是由联邦贸易委员会（FTC，Federal Trade Commission）或食品与药品管理局（FDA，Food and Drug Administration）所定义的。这两个监管机构要求所有产品声明都要有可信的、设计合理的调查支持：

> 测试、分析、调查、研究，或其他证据有赖于在相关领域的职业专长，需要有资格的人持客观态度执行和评估，使用普遍接受的步骤以获得准确和可信的结果。[6]

缺少这些支持的广告主可能面临罚款和广告被纠正的可能性（在支持广告声明中调查扮演的角色参看第20章）。

媒体分析与排期

如前所述，调查可以解决广告策划和创意形成过程中的很多问题。利用调查可以使决策更加有理有据，提高正确洞察市场和选择最具创意表现方式的可能性。然而，即使在之前的部分进行了正确决策，广告如果没有被安排在目标受众最有可能看到或听到的媒体上，也很难影响和诱导目标受众。没有被看到或者没有被听到的广告显然不能发挥它的作用。因此，广告调查的重要形式之一——媒体调查将有助于广告主和媒体专业人士回答以下问题：

- 竞争对手在广告投放上的花费是多少？这个水平的花费如何影响我们的产品或服务的预算建议？
- 广告在哪些地方要被重点关注？在全国所有地方同等关注，还是在特定地理区域重点花费？
- 什么时间进行广告投放以及如何进行广告排期？
- 使用不同媒体的最优方式是什么？[7]
- 为完成产品或服务的广告目标，传统媒体和新媒体的最佳组合是什么？[8]

综合分析

之前每一个领域所做的调查都提供了重要的信息。然而，为使广告主能做出最为充分的决策，将从每个领域获取的信息进行综合分析就更为必要。在广告策划过程中调查信息的综合分析是一个关键步骤，因为广告主将更好地了解从不同信息源获取的信息的相互关系。架构合理的综合分析可以清晰地呈现关键
8 调查信息，从而使广告主不仅理解相互关联的调查发现和洞察“是什么”，而且理解“为什么”。这类综合分析的例子有：

- 手机内容使用与手机广告的关键趋势[9]
- 整合营销活动：搜索市场模式如何驱动广告展示的 ROI[10]
- 对青少年进行营销[11]

策略、行动、评估与修正

对调查结果的综合分析形成营销策略和行动。广告设计完成，并且委托媒体进行发布时，广告已经“生动地”呈现在目标受众面前。正如前文讨论过的，这一阶段必须做的是评估——利用调查监测和评定策略及行动是否真正有效。例如，一位广告主通过付费调查监测点击率和转化率，另一位广告主使用定制登录页面，监测由页面选择生成的投资回报率。一位以电视为策略核心媒体的广告主追踪和监测因广告策略产生的认知水平和态度的改变。这些不断进行的各类效果评估调查使得策略得到必要的修正，使广告主通过排除和修正策略上的不足来提升成功率，在策略的相对优势上投入更多关注。

谁在做调查?

不同类型的个人和组织都可进行调查信息的收集和分析。根据他们在调查形成决策过程中最终参与的情况，可以将这些个人和组织进行区分。

信息使用者

对品牌和广告相关决策直接负责的个人是调查结果的最终使用者。他们普遍会参与从问题定义、调查设计到调查结果分析的调查项目的所有阶段。

在客户方通常有两类人参与调查过程：品牌经理和调查专家。品牌经理负责某一特定品牌的营销和广告。他们与公司其他部门衔接，利用调查帮助其他部门制定与产品自身（如产品配方、定价、销售渠道）、产品营销和广告、产品现有和潜在消费者相关的决策。多数客户还拥有内部调查部门。这一部门的工作人员负责公司一个或多个品牌和产品的协调，收集、分析和传播各方面营销活动的信息。客户的调查部门参与的范围广阔，包括产品和消费者调查、广告策略的形成和广告效果的追踪。

9 广告代理公司的从业人员利用调查以帮助制定更好的决策。对于很多全案代理公司来说，内部调查部门会实施调查并分析结果。小规模的代理公司利用他们的客户或者媒体部门的工作人员作为内部调查者，如果需要，他们还有可能雇用调查顾问进行调查。在这两种情况下，代理公司的调查者等同于客户的调查部门，履行两项主要职能：

- 通过计划、实施和分析原始数据，以及检查和分析由其他公司所做的调查数据，来应对广告代理公司自身管理、媒介和创意部门不断发展的信息需求。
- 另一种观点是，他们与客户调查部门密切合作，从而确保客户实施的调查的结果被传递给合适的代理公司工作人员。

除了客户具体的调查之外，广告代理公司的调查

部门还可能为了广告和媒体策划更好地理解消费者或当前“热点话题”而设计和实施调查。例如，在DDB“生活形态研究”[12]或者扬&罗必凯（Young & Rubicam）品牌资产评估中，这些调查研究可以追踪消费者态度的变化。[13]

调查专家

无论客户和代理公司的调查者多么出色或者经验有多么丰富，在具体调查项目的设计和实施时总会有需要帮助的时候。在这种情况下，客户或者广告代理公司可能会求助于专项委托调查公司（custom research supplier）。这些公司的员工在不断进行调查的基础上成为调查专家。这些专家可以在调查的任何阶段给予帮助：调查问题的概念化、调查设计和方法、数据分析和数据解读。另外一种专项委托调查公司擅长特定领域的调查（如广告创意的测试和评估、产品定位、产品命名、包装设计）和不同的调查类型（如焦点小组访谈、针对未成年人的调查、头脑风暴和新产品测试）。这种类型的辅助调查的一般流程是，客户付费给专项委托调查公司，只有付费委托的客户才能得到调查结果。

与专项委托调查公司相关的是辛迪加调查集团（syndicated research firm），这些集团提供特定领域的专业服务，但工作流程与委托调查和咨询不同，他们收集数据并向所有付费公司出售相同的信息。广告代理公司通常对辛迪加集团提供的四种信息感兴趣：媒介到达率、目标受众的媒介使用和人口统计特征、广告花费以及消费者趋势。

媒体与咨询公司

媒体市场高度竞争的结果之一是，媒体需要演示他们在期待的目标受众面前有效传递广告信息的专业
10 能力。这最终导致许多媒体投入大量资金进行调查，以提升广告主对特定媒体优势的认知，并提供最佳地使用媒体的方向。媒体推测如果广告主可以更好地了解特定媒体，他们对媒体的态度就会更积极。DoubleClick公司就是一个媒体利用调查提升广告主认知的好例证。

> DoubleClick公司的自我描述是“数字营销技术和服务的提供者”。世界上顶级的市场营销者、出版社和代理公司利用DoubleClick公司在广告服务、富媒体、视频、搜索及相关营销手段上的专业技能以帮助他们实现对数字媒体的最佳利用。正是由于其在数字营销中的核心地位，DoubleClick公司给客户提供了较好的洞察和行业认知。[14]

调查给予了广告主相信这种定位的理由。DoubleClick公司近来发布的调查包括“对富媒体的创造性洞察”、“视频广告检测：活动表现的平均指标”、“影响者的影响：在线广告和媒体如何影响口碑；多年的消费者的接触点系列”。[15]

除了媒体公司自身所做的调查外，他们也委托或支持与媒体相关的外部调查。例如，Google和WPP集团合作的调查预算就已经接近500万美元。[16]

同业协会

同业协会是在特定行业中运行的由众多企业成立并出资的组织。与媒体相关的同业协会的目的是使广告主和公众持续面对媒体，并提供相关信息以促进对媒体的深入（希望是更加积极的）理解。能够促进这种理解的方式之一就是调查。[17]

互动广告局（Interactive Advertising Bureau，IAB）就是同业协会利用调查帮助广告主更好理解媒体的极好例证。IAB这样描述自己的角色和使命：

> 代表互动行业及成员的利益，致力于提供思想指导、深度调查及公共政策支持。我们的使命就是推动互动市场的成长。[18]

由IAB委托并发布的调查涉及广告主感兴趣的当前问题，例如横幅广告、数字媒体广告、多媒体广告策划及移动和搜索营销。[19]

现场服务公司

实际的数据采集通常是由现场服务公司执行，他们是基于代理公司和客户调查部门的分包进行数据收集的专家（许多这类公司还提供基于调查设计和数据分析的咨询服务）。现场服务公司承担数据收集的职能，这是因为对于代理公司及其客户来说，雇用一定数量的调查执行及相关工作所需的专业人员在经济上
11 并不划算。有些现场服务公司进行数据收集的领域很广泛，而有些则是在特定领域比较专业，例如药物调查、神秘顾客、投票调查或者电话访问。

应用市场调查公司（Applied Marketing Research）[20]就是一个提供全套现场服务的极好例证。这家公司的使命宣言中体现了其用以支持广告和营销调查的方法：

> 我们的使命是给客户提供具有洞察力并且实用的信息以便其做出营销决策。为达到这一目的我们将尽可能利用创新的方法，找到革新传统方法的方式，并且总是在规定时间和预算内为客户提供其所需要的可靠和有效的信息。

应用市场调查公司提供的服务范围如下，这在其公司宣传广告中也有体现（参看图 1—3）。

> 研究设计。我们同客户一同讨论以确保我们了解信息被如何利用以制定营销决策；在这些信息需求的基础上我们设立相关的调查目标；我们设计方案以期达到调查目标。我们提供以下调查方式来满足需求：电话、邮件和网络调查，焦点小组访谈和深度访谈，用户使用测试。
>
> 数据收集设计。依据调查目标，我们设计合适的调查问卷或者讨论提纲来收集制定决策所需的信息。
>
> 项目管理。项目经理将监控项目的进行以确保项目能够在预算范围内按时完成，且质量达到客户的预期。
>
> 分析。为了对信息进行挖掘并找到真正的结果，应用市场调查公司使用了多种简单的和复杂的分析技术。
>
> 报告和咨询。应用市场调查公司提供的报告既可以是简单轮廓，也可以是由 PPT 演示的全部报告，其中包括详细结果、重要发现摘要和依据研究结果得出的结论和建议。

12

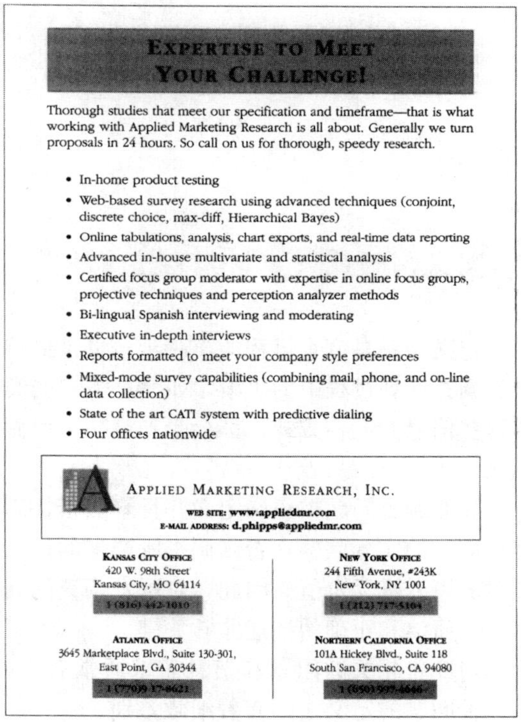

图 1—3　应用市场调查公司的印刷广告

广告调查流程

广告策划和调查是一个持续的过程。从一个调查项目或一个重点领域得到的信息和洞察经常能使其他调查获益。在这样的背景下进行调查，具体调查项目有具体的信息需求。

成功的广告调查的设计和实施要经过以下三个阶段：

- “初步讨论与协商”，包括传播或营销的问题或机会的确认，调查本身的理由和具体信息需求。

13 ●“计划与数据收集”是重要的阶段。在这一阶段开展的活动是调查的计划和执行。在这一阶段，要决定使用何种最恰当的调查类型、研究预算和周期、抽样、受访者特征及受访者范围、问卷和其他相关准备。这一阶段最后，开始收集数据进行调查。

●“应用”阶段包括数据收集之后进行的活动：分析数据、报告结果、基于数据发现进行决策。

以下章节将讨论调查过程中每一步骤的特点。

初步讨论与协商

调查过程中最初阶段解决的问题包含以下三点：(1) 描述诱发调查的问题或机会，(2) 解释为何调查适于提供解决问题所需要的信息或者可利用的机会，(3) 详细说明最好地解决问题或利用机会所需的信息。问题陈述阶段每个组成部分的顺序如图1—4所示。

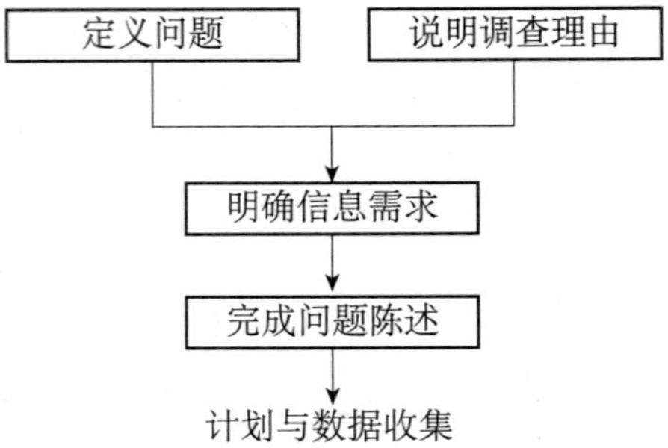

图1—4 调查问题陈述的形成步骤

定义问题

定义问题是调查过程的第一步，也是最重要的一步。调查计划过程中的决策，如信息需求的类型和获取这些信息的最佳方式，都会受到最初为何做调查的影响。

14 除非调查问题被正确定义并且聚焦于代理公司或客户面临的实际问题，否则调查所产生的信息很有可能对决策者毫无价值。因此，对诱发调查的问题进行明白、简洁和正确的描述非常关键。

与广告相关的问题和信息需求通常有三种类型。每一种问题的定义之间有着细微差别。

第一种类型的问题陈述与选择和评估可供选择的行动有关。当广告主或客户面临评估选择或行动策略哪个相对好时，就会出现一些问题。在这种情况下，问题定义可以清楚列出每种行动策略的考虑因素，行动的原因以及基于调查发现可能形成的决策。例如：

> 创意部门为最新的丰田活动撰写了三个可供选择的方案。这些方案的标签分别是“Fast Car”、“Value”和“Still The Best”。可以执行的方案只能有一个。我们需要进行调查以决定选择哪个方案并投入实施。
>
> 公司正在考虑改变产品包装的设计。现有包装在硬纸板箱中放置了除臭剂，而建议的新包装经过压缩能够使产品无需额外的包装就可以立在货架上。商家相信这种新包装更能满足消费者需求，从而增加对产品的积极印象，提高消费者的购买意愿。调查需要帮助我们了解与现有包装的效果和影响相比，在这些方面设计改变的效果，以制定产品包装的决策。

第二种类型的问题陈述与问题和机会有关。一些调查始于对市场中存在的问题或机会的感知和了解。既然如此，调查问题的陈述通常开始于对意见或者信息需求的模糊陈述，例如：“我们的销售正在下降，这是广告出了问题，找出原因，快！”在这种情况下，问题定义聚焦于提出一系列疑问以降低最初问题表述的模糊性。举例中提出的疑问可能包括：

●计算销售趋势的基础是什么？计算销售是基于销售金额、销售量，还是其他别的标准？

●统计销售趋势的周期是什么？

●什么导致你相信广告是致使观测到的销售趋势下降的根本原因？

●如果有的话，在这段时期你的广告活动有什么变化？在策略、创意方式或媒介投放上有任何变化吗？

●如果有的话，在这段时期你的营销活动有什么 15

变化？例如，在定价、产品配方或销售渠道上有任何变化吗？

● 在这段时期竞争对手采用哪些活动可能影响你的销售？竞争对手的广告或营销活动有任何变化吗？

对这些疑问的回答提供了问题定义的基础，从而可以清楚地表明问题或机会被确信存在的原因，以及这些原因如何导致了问题或机会，例如：

> 2011 年我们的销售量与 2010 年相比下降了 15%。监测我们自己和竞争对手的营销活动，并没有发现任何可能影响我们销售的营销因素上的显著差别，如新产品引入、价格、渠道、广告策略的变化，或者广告花费的变化。因而我们有理由相信导致销售下降的深层原因与消费者相关。有必要通过调查了解是哪些与消费者相关的因素，例如产品认知和理解、产品满意度、广告认知和广告影响，可能导致了销售趋势的下降。

第三种类型的问题表述要回应与消费者、产品或营销环境相关的扩展知识和理解。这种类型的问题定义反映了代理公司或客户对于信息的需求，旨在使他们成为更好、更明智的营销者或广告主。与这类信息需求相关的问题表述需要明确真正需要的信息类型，为什么需要这些信息，信息要怎样收集才能被使用，例如：

> 客户需要制定 2011—2012 年度策略规划。策略规划中的一个重要部分就是对策略选择的确认和评估可能产生影响的消费者态度，以及对生活方式趋势的考察。客户对可能影响他们“全天然薯片”产品重新定位的消费者趋势感兴趣。因此调查用来探寻和决定消费者趋势在重新定位中的潜在影响：对健康饮食的态度、对快餐食品的态度、对定位健康的产品的态度和理解（特别是快餐类食品）、饮食上的行为改变特别是快餐消费、对定位健康的产品的接受和拒绝行为（特别是快餐类食品）。

说明调查理由

问题定义反映出已知信息与为减少决策的不确定性和提升信心所需了解信息之间的差别。然而，不是所有的决策都需要调查。例如，面前有三个创
16 意方案，选择哪一个方案执行。接下来的问题是，什么时候需要判断？什么时候判断需要调查结果的支持？

调查的适当性可以通过成本价值分析进行评估。一般来说，以下情况可以证明调查需要：

● 获得的信息价值（就协助决策形成过程而言）超过获取信息的花费；

● 制定错误的决策可能付出的代价。

明确信息需求

完成问题陈述的最后一步需要详细阐述信息的需求，一来是确定与问题定义相关的信息，二来这最有助于决策制定者评估不同决策选择和行动过程的优势和弱势。信息需求的详细阐述极为重要，详细阐述的信息需求成为调查问卷或访谈的焦点和核心。

从另一个角度来说，详细阐述信息需求也很重要。在实施调查计划之前，让最初提出信息需求的人认同信息需求的表述是非常重要的。如果在这之前没有获得认同，调查者就要冒所实施的调查被代理公司或客户认为不完整或不相关的风险。想想丰田之前的问题定义，尽管这个表述清楚地定义了问题，但关于利用哪些信息评估方案和选择哪个“致胜”的方案仍然是模糊的。针对这一问题定义的详细信息需求如下：

> 电视广告可以从四个方面进行评估：创意的沟通、对主要沟通信息的反应（可信性、独特性和相关性）、对产品感知的影响（竞争价值、风格、表现和操控）、执行后的反应（好感度、独特性、相关性）。

对信息需求的表述使得管理者有机会表态，他们是否认同以此为合适的基础作为广告评估和选择的标准。

完成问题陈述

调查过程第一阶段的最后结果是定义明确、重点聚焦的问题陈述，它包括三个要素：问题定义、调查的理由、明确的信息需求。完整的问题陈述举例如下：

> 广告代理公司不能确定两个产品利益点在新的广告活动中哪个是重点。可供选择的利益点分别是“卓越无比的清洁能力”和“环保”。利益
> 17 点调查有助于确认在新的广告活动中哪一个产品利益点为重点。调查将要评估每一个利益点的如下方面：传播、可信性、独特性和个体相关性；购买兴趣和购买意愿；参与产品购买的频率、购买意愿形成的原因和购买频率。重要的是，需要合适的调查来提供无法从其他途径获得的信息。调查已被证明与问题相关并对做出决策有重要影响。被选择的利益点将会成为接下来的500万美元广告活动的焦点。完全依靠判断的决策会严重影响对能否作出正确决策的信心，因此，调查作为投资很显然可能获得最大回报。

计划与数据收集

调查中期进行的活动与实际的调查方案及其实施相关。在这一阶段进行的具体活动包括：（1）确定合适的调查类型，（2）列举抽样和数据收集的相关问题，（3）决定数据收集的方法，（4）预估调查预算和周期，（5）调查方案的准备、分配和获得认可，（6）准备问卷和其他支持材料，（7）实施调查，（8）准备分析数据。以上事项的顺序和相互关系如图1—5所示。

确定合适的调查类型

现在，调查者面临选择：使用二手数据还是一手 18
数据？如果用一手数据，定性调查和定量调查哪个更合适？

二手资料调查与一手资料调查。问题定义和明确的信息需求决定了方法和调查收集的信息的类型。调查者通常有两种选择：二手资料调查或一手资料调查。

二手资料调查的数据是为某一次调查需要而收集的，并不是针对当前需要。这类数据资料已经以纸质或者电子的形式存在。二手资料信息的来源包括代理公司或者客户的内部记录、政府部门、同业协会、信息代理商、营销和广告调查公司、专业书籍和一般书籍、杂志和学术期刊（关于二手资料调查的详细介绍见第3章）。一手资料调查是原始信息的收集，通常具有专属性，数据是为特定问题的专门收集，一般通过对目标受众的访谈或观察产生。选择一手资料调查还是二手资料调查由需要调查的具体问题以及做出决策所需信息的类型决定。

有些信息需求完全可以由二手资料调查满足，例如，竞争对手广告花费的水平和消费者人口特征的趋势。广告花费的相关信息可以由企业联合组织获得，关于人口统计信息的大量数据可以由政府部门获得，

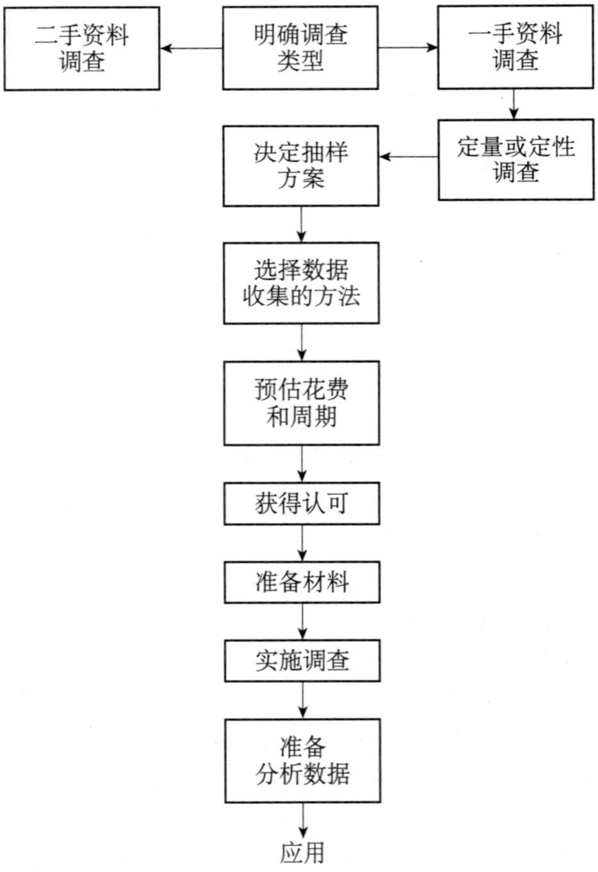

图1—5 做调查计划和数据收集的步骤

在一般的或者专业的杂志、期刊和书籍中会有分析。有些信息需求只能由一手资料调查满足，例如，确认三个创意方案中最有说服力的或者对于某一具体新产品概念的反应。能满足这类独特的信息需求的二手数据可能不存在。最后，一些问题陈述通常需要二手资料调查和一手资料调查的结合。例如，在这些案例中，首先需要对二手信息进行分析，如对消费者人口统计情况和生活方式趋势的一般分析。对这些分析的深入洞察被用来完善最初的问题表述；比如，已经明确的趋势可以放到一边，通过一手资料调查的定量探索可以判断这些趋势对客户产品、服务或传播活动的适应性和影响。

19 选择一手资料调查还是二手资料调查进行数据收集的后续工作有所不同。正如图 1—5 所显示的，如果决定进行二手资料调查，在方法选择和二手信息收集之间并没有中间步骤（尽管针对二手资料调查的调查方案很少）。然而，在一手资料调查执行之前，还是有一些额外的步骤必须进行。

定性调查 vs. 定量调查。一旦选择一手资料调查作为获得所需信息的最佳方式，调查者必须决定一手资料调查的方法、能够最大限度满足信息需求和提供预期洞察的信息类型。调查者有两个选择：定性调查和定量调查。

定性调查主要采用开放式、探索性问题（即问题没有预先设定一系列选项）来鼓励消费者进行讨论并分享他们对于某一特定主题的思考和感觉。因此，定性调查对于以下情况最合适：

- 对某一特定领域的背景信息了解较少；
- 信息要有助于问题构想或研究假设的形成；
- 对消费者感觉、态度、信念与行为之间深层关系的彻底了解，尤其是在这些信息不能由直接的、结构化的封闭问题获得时。

定性调查通常包括深度访谈（in-depth individual interviews）和焦点小组访谈（focus groups）（定性调查更为详细的介绍见第 5 章至第 7 章）。

当需要对大量人口进行归纳总结时，当需要以统计意义上的可信度量化区分各个群体时，当需要数据统计分析时，定量调查的利用就非常重要。

定量调查包含三种类型的调查技术：观察法、生理学测量、问卷调查。

- 观察法（observation research）是对目标客体、活动、形势或人们行为的记录。观察可以在自然或经过设计的情况下进行，而观察员的出现可以被知晓或不被知晓。
- 生理学测量（physiological research）是个体对刺激（如广告）的生理反应的直接测量。生理学调查测量自愿（如眼球移动）和非自愿的反应（如脑电波和肤电反应）。
- 问卷调查（survey research）是定量调查中最普遍的形式，通过使用调查问卷对受访者信息进行系统收集。调查的执行可以通过电话、电子邮件、互联网或者面对面进行。

（定量调查和分析更为详细的介绍见第 8 章至第 16 章）

在进行二手资料调查和一手资料调查时，定性调查和定量调查有着同样的联系。定性调查可以作为信息需求的唯一来源，或者可以为提炼问题表述获取洞察，从而成为定量调查的先导。设想你所在的大都市 20
为提升公共交通工具的乘坐人数而对运输线路的需求，运输路线的情况决定要达成这一目标需要投入资金做广告。很显然这时需要消费者洞察。在类似的情况下，定性调查作为第一步比较合适。

> 在对目标受众进行定量调查前你可以进行一系列的焦点小组访谈，在小组访谈中你可以请受访者描述他们的通勤状况和其他交通习惯，并解释为何形成这些习惯。一位受访者会说："我不介意是否被拥堵一到两个小时，我喜欢汽车给我的自由，当我自己开车时我是如此自由。"这一评述非常重要因为你不会在定量调查阶段将"自由"考虑在内。焦点小组访谈结束后，"自由"和其他事先没有考虑到的问题都会为定量调查阶段提炼问题表述。[21]

抽样与数据收集

抽样方案详细表述了研究对象如何被选择。一般有两种抽样方式：概率抽样和非概率抽样。

● 概率抽样（probability sample）是调查中样本内每个个体或家庭户从总体中被抽选时都具有已知的机会或概率。例如通过使用随机数字表，具体个体从总体中被选择完全出于偶然。使用概率抽样时，选择参与调查的个体，直至被挑出和接受访问的个体数量满足要求。概率抽样的主要优势在于可以根据抽取的样本归纳在总人口中的调查结果。例如，概率抽样经常被用来进行国家问题的民意调查，因为在总人口中调查结果的归纳非常重要。

● 非概率抽样（nonprobability sample）是样本中的个体不是从总体中严格随机抽取，而是非随机选择，经常是有目的的。此时，研究对象的个体选择可以基于便利或判断。

抽样方式的选择由多种因素决定：调查对象、调查预算、了解调查结果的急迫性，以及是否需要对更大或更广泛的人群进行归纳。由广告代理公司执行的调查大多以非概率抽样为主，因为对多数与广告相关的调查需要来说，概率抽样的过程花费太高并且耗费时间（抽样技术和抽样选择更为详细的介绍见第4章）。

21 数据收集方法的选择

一旦抽样方案选定，你需要决定访问受访者的具体方法。对受访者的访问一般有四种主要方式：个人面对面、电话、邮寄调查、通过电子媒介（例如在线调查或某种移动设备）。定性调查大多时候总是使用个人面对面的方式。定量调查可以使用任何数据收集形式。每一种方式都有独特的优势和不足，数据收集方法的选择由所需信息的类型和敏感度、问卷的复杂程度、调查预算和限定周期来决定。

决定调查预算和周期

一般在调查设计过程中前面所述步骤的前期或后期要进行花费和周期的预估。在所有最好的案例中，花费和周期的预估紧随前面的步骤。首先，调查者明确了获得信息需求的最合适方式，然后决定必要的花费和时间周期从而计划调查、收集和分析数据，最后呈现结果和发现。在这种情况下，预算和周期的预估可以通过项目评估（program evaluation）和审查技术（review technique）进行：

1. 列出从项目被认可到呈现结果所需时间周期内需要完成的所有活动。

2. 按照时间顺序整理列举的活动，特别关注需要同时处理或完成的任务。

3. 制定完成每一项活动需要花费的时间。

4. 制定最长的“路径”——完成所有任务所需的最长时间，这是完成调查研究所需的时间总量。

5. 制定所列举每项活动的预计花费。单项任务花费相加便是整体的调查花费。

然而，在广告活动中周期和预算常常受限，由此带来的结果是，对预算和周期的估计可能先于与抽样和数据收集相关的决策。调查者可能会被告知“你只有2 000美元和10天来获取我想知道的信息”。在这种情况下，调查者必须判断是否能在周期和预算限定的范围内实施合适的、有用的、有效的调查，以及在限定的条件下勉强进行调查是不是可能还不如不做。后一种将导致不必做调查而是寻找其他方式来满足信息需求的结论。

准备、分配及获取对调查建议书的认可

前面每一步所做的决定都将形成建议书演示给管理者和其他调查结果的最终使用者。调查建议书包括以下几部分：

22 ● 执行概要：建议书中每个详细部分关键点的简明摘要。

● 背景：做出调查决定的情境因素和信息需求，以及在调查过程中可能影响随后结果的各种因素的讨论，例如预算和周期的限制。

● 问题陈述：一个完整的问题陈述包括对诱发调查的问题详细、集中的描述，进行调查的理论依托（而不是主观判断），以及对调查将会提供的具体信息类型的描述。

● 方法：对调查设计进行清楚的、非技术性的描述以解释调查如何实施。同时要讨论数据收集方法、收集的数据类型、测量仪器和分析步骤。

● 花费：调查资金分配的说明和如何花费这笔钱的明细。

● 周期：从最后认可开始，调查需要多长时间的说明和调查关键部分所需时间的明细。

● 附录：对完整理解调查必要的任何统计的或其他详细的信息。这一部分的内容通常是技术性的，对此感兴趣的或者是需要了解更多详细信息的管理层，或者是不能参加调查讨论但需要完整了解调查的人。

调查建议书是管理层对调查流程提出意见的最后一次机会。

准备调查材料

一旦基本调查方案被认可，所有必需的调查材料都要开始准备。如设计调查问卷或访谈提纲，为诸如现场服务公司或制表公司等协助调查的公司撰写任何必要的指导。如果调查需要诱发物，诸如故事板、动画或产品概念，此时也要着手准备。

实施调查

调查过程中这一阶段的倒数第二步是数据收集。二手资料调查需要找到合适的来源，获取相关文件。一手资料调查要展开访问或其他形式的观察。

准备可供分析的数据信息

仅有原始的未经整理的信息很难进行下一步工作。因此，调查过程的这一阶段要组织和准备数据以
23 便在应用阶段进行分析。原始信息的整理方式取决于信息来源和特征。

二手资料信息的整理很像为一篇学术论文或类似的报告进行的信息整理。阅读从个人的和书面的来源获取的信息，将信息进行归类，将相关信息归置于合适的类别中。定性信息也是以类似的方式进行整理。只不过此时信息的来源是调查中每个被访者的口头的和书面的记录。对于定量信息，首先要在分析之前转换成计算机数据文件。信息整理还包括检查受访者的问卷填答是否有遗漏、是否合适，前后是否一致。因此，编辑整理的过程很重要，它将提高数据的质量。个人电脑和界面友好的统计软件将大大提升数据分析的效率。此外，在计算机录入数据之前，每个受访者对调查问题的答案的编码必须录入并保存在数据文件中。

应用

调查过程的最后阶段聚焦于调查获得的结果，以及这些结果对决策的指导。这一阶段的具体活动有：（1）数据分析，（2）演示结果，（3）应用结果进行决策。

数据分析

原始数据没有任何用处，只有经过深入分析对决策者才有价值。因此，调查者的主要角色之一就是审视、整理数据，如果可以的话，对数据进行统计检验以得出有意义的结论和发现。分析过程的具体类型由收集的数据类型决定。

二手资料和定性信息的分析通常需要综合判断。这种类型的数据分析很像玩拼图游戏，但是不知道最后拼出的结果会像什么。在这两种情况下，单个碎片（拼图或信息）需要一片一片地整理以决定重要的模式和趋势，直到最后“大图”揭晓。定量数据分析通常包括数据操作、概况和统计检验。分析分为描述性统计如百分比和频数，推断性统计如相关分析、均值检验和卡方检验。

结果演示

接下来就是为管理层演示从数据分析中提取的结果和结论。这个演示可以是口头的，也可以是书面的，或者两者兼备（通常在书面汇报后会有口头汇报）。

无论是哪种形式的演示，报告必须以管理层为指
24 向。许多调查报告都从调查者的角度进行撰写。这些报告对调查方法进行复杂的、常常令人费解的描述，对数据分析所用的统计手段进行技术性很强的描述，表格连着表格却没有整理或解读，而这些情况都无法满足管理层的需求。一个从管理层视角撰写的报告可以清楚地、准确地回答管理层最基础的问题。“信息意味着什么？”“现在我们了解了什么以前不知道的？”“我现在所了解的是否有助于更好地评估决策选择？”（第21章详细讨论了如何呈现调查结果。）

决策制定

调查过程最后也是最重要的步骤之一就是利用调查结果影响决策制定。若调查演示得到“非常好、谢谢”这样的回应，可以肯定这样的调查浪费了客户的时间、员工的资源和金钱。调查过程应该以管理层这样的回应结束，“调查确实有助于我们更好理解每一个选择的优势和不足，让我们在进行决策前利用调查结果再次对每一个选择进行评估”。若调查者得到这样的回应，恭喜他设计并展示了一个重要的和有价值的调查。

小结

调查对广告主判断的影响和指引主要有四个方面：

- 市场——解决的问题如关键趋势、竞争环境、技术上的推进和影响、现在和将来的问题和机会。
- 消费者——解决的问题与消费者趋势、生活方式、态度和行为相关，还包括与品牌消费者的关系。
- 创意——有助于判断最具相关性和最具诱导性的品牌定位，将这种定位转换成劝服信息并实施。
- 媒介——洞察竞争品牌的广告怎样发布和在哪里发布。

在这些领域进行的调查有助于广告主制定更明智的决策，从而提升广告成功的机会。

调查主要由信息使用者（例如广告代理公司和客户中的个人）、调查专家、媒介与咨询公司、同业协会实施。现场服务公司在调查设计和数据收集方面帮

助这些个人或机构。

一个系统的调查包括以下三阶段中的若干步骤：

● 第一阶段“初步讨论与协商”是调查的基础，并以问题陈述告终。这一陈述是这一阶段最初策划步骤的结果，描述诱发代理公司或客户进行调查的问题或机会，解释为何需要合适的调查提供信息以解决问题或利用机会，并且清楚地定义广告主的信息需求。

● 在调查策划第二阶段进行的“计划与收集数据”活动主要涉及调查的计划和实施。这些活动有：确定合适的调查类型；解决样本和数据收集问题；制定调查预算和周期；准备、分配和获取对调查建议书的认同；准备问卷和其他支持材料；实施调查；以及准备可供分析的数据。

● 调查过程的最后一个阶段是“应用”，聚焦于
从调查中获取的信息，以及这些信息对于决策执行的 26
意义。这一阶段包括的活动有：数据分析、结果演示和决策制定。

复习题

1. 广告调查的基本目的是什么？

2. 在市场分析中，哪些方面需要进行研究？应提出哪种类型的问题？

3. 目标受众分析的三个维度是什么？

4. 简要描述市场细分调查及其对于广告主的价值。

5. 产品定位是什么意思？

6. 对于已完成的创意，调查有什么作用？这些领域对于广告活动为什么很重要？

7. 媒体调查有助于回答哪种类型的问题？这种类型的调查为什么特别重要？

8. 什么是评估性调查？广告主是如何利用这类调查的？

9. 调查过程中涉及客户方面哪些类型的个人？与之类似的代理公司调查者的服务有什么作用？

10. 什么是专项委托调查公司？它们在调查的哪个阶段发挥作用？

11. 区分专属委托调查和辛迪加调查。举例说明后者。

12. 媒体公司服务的目的是什么？他们是基于什么样的假设来发挥作用的？

13. 简要解释什么是同业协会及其主要目的。

14. 哪类群体负责真正的数据收集？他们提供哪种服务？

15. 说出广告调查三个阶段的名称并加以描述。

16. 调查过程第一阶段的最终成果是什么？这一成果包含哪三个要素？

17. 列举并描述与广告相关问题的三种主要类型。

18. 哪种形式的分析用来评估调查的合适性？什么情况下需要证明有必要做调查？

19. 为什么详细信息需求对于完成问题陈述是重要的？这一步骤服务于管理层的目的是什么？

20. 哪八个步骤组成了调查过程的第二个阶段？

21. 区分二手资料调查与一手资料调查。这两种形式的调查各在什么情况下是最合适的？

22. 进行一手资料调查时，我们可以使用哪两种方式来获得想要的信息？描述两种调查类型及每一种分别在什么时候使用。

23. 概率抽样与非概率抽样的区别是什么？它们分别在什么时候使用？

24. 调查中访问受访者的四种基本方式是什么？定性调查中最常使用的方式是哪一种？

25. 如何最优地决定调查预算和周期？

26. 调查建议书的作用是什么？它的主要组成部分是什么？

27. 组成调查过程最后一阶段的三项活动是什么？描述每一步的重要性及其主要组成要素。

27 应用练习

1. 检索近期纸质的或在线的《广告时代》（*Advertising Age*）、《广告周刊》（*Adweek*）、《品牌》（*Branding*）或其他与广告行业相关的发行刊物。找一个利用调查的案例来更好地理解：（1）竞争市场，（2）当前或潜在消费者，（3）广告创意的优势与劣势，（4）媒体使用及投放。对于每个案例（从1到4），讨论进行调查的原理，以及如何利用调查指导决策制定。为每篇文章做完整的参考资料。

2. 现在你要为奈飞公司（Netflix）设计一个手机广告活动，它的目标受众是55岁及以上的人。准备10个你认为真正的广告活动开始前应该通过调查来解决的问题（这些问题可以属于图1—1和第4至6页中所示四个领域中的任何一个）。提出基本原理来说明为什么每个问题是相关的、重要的，以及它为什么是最终决策的基础。

3. 阅读下面每一则问题陈述。利用本章在前面提到的标准，判断列出的陈述是否可以接受，如果列出的陈述不能接受，那么（1）识别出问题或陈述的问题，（2）列出你要问的问题以便明确问题陈述，（3）重新写出陈述使之可接受（推测你将获得的问题回答的类型）。

> 28 客户经理已经确认了三种定位产品的潜在方式：极温和的、清洁能力超强的以及更超值。我们需要通过调查来确定最佳定位。
>
> 我们已经收到了一些混乱的对于广告的反应。需要进行调查来判断广告在意见领袖眼中的优势和劣势。基于他们的反应，我们将会对广告进行修正。
>
> 客户的新顾问鼓励我们将产品在电视广告中曝光更长的时间。他认为这会使广告更有效，我们需要制作一些新的广告，使产品曝光时间更长，然后获取目标消费者对于广告的反应，从而知晓该顾问是否正确。

4. 2009年肯德基的促销提供了包含两片新款烤鸡、一块饼干和一份小菜的优惠券。不幸的是，该促销最终没有如期进行，因为许多消费者由于“无效”优惠券被拒绝而十分气愤，长长的队伍阻止了其他消费者（包括一些付费消费者）点餐，有的地方停止接受任何优惠券，还有数千的消费者（多次尝试后）无法下载优惠券而转身离开。该促销在计划截止时间前很早就结束了（你可以通过在谷歌或其他搜索引擎中输入“肯德基烧烤促销”进一步了解该促销活动）。假设你是调查者，要去判断消费者在此次促销之后对于肯德基的态度的变化。为该调查撰写一份完整的问题陈述。

5. 坐落在美国中低规模城镇的汤姆低成本节约型药房（Tom's Lo-Cost Save-More Pharmacies）雇用你代理公司来实施一项300万美元的广告活动。汤姆的药房在21世纪初获得了极大的发展，但是近几年发展速度减缓。其广告花费一直稳定地维持在300万美元。不幸的是，去年的销售不景气。该公司不理解为什么发展速度会变缓。他们希望新的广告活动能够成为扭转这种趋势的有效方式。

思考一下一手资料调查和二手资料调查以及定性和定量信息的不同之处。想一想这些方法中的每一种怎样单独使用或相继使用。然后给汤姆药房CEO威廉·马斯特利（William Masterly）写一则备忘录，描述一下你推荐的在形成广告创意之前应实施的调查。你的推荐中可以包含单独的调查内容，也可以包含一系列相关的调查步骤，每一步骤都需要通过前一步骤推导出。请确保：（1）充分解释每一步或者推荐调查的各个步骤将如何作用于创意形成的过程，（2）证明每一阶段选择的信息类型（一手或二手）和调查方法（定量或定性）的合理性。你的推荐需要反映出你最充分的思考，因此不应该过多关注于预算和周期。

6. 特威斯特比萨（Twister's Pizza）是一家比萨连锁店，专注于制作独特的比萨，如中东烧烤蔬菜比萨（oven-roasted Middle Eastern Vegetarian Pizza）和巴黎式发酵比萨（Parisian Sourdough）。在开业之初的高峰之后，其销量在过去的几个月中持续下降。而这一销量的下降恰好与特威斯特电视广告的结束相吻合。

代理公司很高兴特威斯特注意到了这两件事是同时发生的，并准备开始进行新一轮的广告。最初一轮广告活动中所用的电视广告将会被用到新一轮的广告活动中。代理公司与特威斯特相信，新一轮的广告将会扭转销量下降的趋势。

你被特威斯特雇用来提供独立的观点。你是否支持在不进行任何调查的情况下开始新广告活动的决定？如果你也认为是这样，维持你的建议。如果你不支持这个决定，具体描述你认为调查能够提供的尚未满足的信息需求，然后对于每一项信息需求，详述：（1）为什么你认为收集信息来满足该需求是重要的，（2）你将采用什么方式来进行信息收集。

【注释】

[1] Steve Smith（2009）．“Will Trade My Info for Better Ads.”行为的意义见 http：//www. mediapost. com/publications/？ fa=Articles. showArticle&art_aid=105252。

[2] Massive（2008）．“Massive Inc. Hosts First In-Game Advertising Upfront Event” at http：//www. massiveincorporated. com/press/12. 03c. 08. htm.

[3] Forrester Research（2009）．“Groundswell” at http：//www. forrester. com/Groundswell/ladder. html.

[4] 例如 Al Reis and Jack Trout（2000）．Positioning：*The Battle for Your Mind*（New York，NY：McGraw-Hill），Subroto Sengupta（2005）．*Brand Positioning*（New York，NY：McGraw-Hill）。

[5] Milward Brown IMS（undated）．“Brand Advertising Tracking” at http：//www. imsl. ie/ what-we-do/brand-advertising-tracking. asp.

29 [6] Food and Drug Administration（2004）．“Guidance for Industry Substantiation for Dietary Supplement Claims Made Under Section 403（r）（6）of the Federal Food，Drug，and Cosmetic Act” at http：//www. cfsan. fda. gov/～dms/dsclmgui. html.

[7] Millward Brown 和 Dynamic Logic 执行的调查是如何最优化地使用某种媒体为我们提供指导的例子。该调查发现广告长度对消费者的反应有着十分重要的影响：对于前置式的数字视频创意而言，15 秒是最佳的长度，5 秒的插播很难传递信息，而 30 秒的插播则面临着观看者停止等待转而观看其他内容的风险。然而，30 秒的插播在传递复杂的或者会引起情感共鸣的信息时却有很好的效果。视频广告效果研究的完整演示见 http：//www. iab. net/media/ file/DV_Effectiveness_Study. ppt。

[8] 互动广告局所做的跨媒体最优化调查研究（XMOS）是帮助广告主回答此类问题的最佳示例。关于该调查的信息详见 http：//www. iab. net/about_the_iab/recent_press_releases/press_release_archive/press_release/4725。

[9] Kevin Muoio（2009）．“Key Trends in Mobile Content Usage and Mobile Advertising” at http：//www. comscore. corn/Press_Events/Presentations_Whitepapers/2009/Key_Trends_in_Mobile_Content_Usage_Mobile_Advertising.

[10] Eli Goodman and Keith Wilson（2009）．“Making Integrated Campaigns Work：How a Search Marketing Mindset Can Drive the ROI of Display Advertising” at http：//www. comscore. com/Press_Events/Presentations_Whitepapers/2009/Making_Integrated_Campaigns_Work_How_a_Search_Marketing_Mindset_Can_Drive_the_ROI_of_Display_Advertising.

[11] Paul Gillin（2009）．“Marketing to Teens and Tweens” at http：//www. slideshare. net/pgillin/ marketing-to-teens-and-tweens.

[12] Delbert Hawkins，David Mothersbaugh，and Roger Best（2009）．*Consumer Behavior with DDB LifeStyle Study Data Disk*（NewYork：NY：McGraw-Hill）.

[13] 品牌资产评估见 http：//www. brandassetvaluator. com. au/。

[14] DoubleClick（undated）．“About Us” at http：//www. doubleclick. com/about/about_us. aspx.

[15] 这些调查报告以及其他报告可以从 DoubleClick 公司获取：http：//www. doubleclick. com/insight/research/index. aspx。

[16] 资助课题列表见 http：//www. wpp. com/wpp/press/press/default. htm？ guid=%7Be0af399a-8450-408c-8ba8-c35d31dae88c%7D。

[17] 具体媒体调查可从同业协会网站获取，例如：黄页（Yellow Pages Association，http：//www. ypassociation. org/），广播（Radio Advertising Bureau，http：//www. rab. com/），报纸（Newspaper Association of America，http：//www. naa. org/），电视（Television Bureau of Advertising，http：//www. tvb. org/），杂志（Magazine Publishers of America，http：//www. magazine. org/home/），直销（Direct Marketing Association，httpt：//www. the-dma. org/），户外（Out-

door Advertising Association of America，http：//www. oaaa. org/），口碑（Word of Mouth Marketing Association，http：//womma. org/）。

［18］互动广告局网站为 http：//www. iab. net/insights_research。

［19］互动广告局调查研究及报告可从以下途径获取：http：//www. iab. net/insights_research/530422。

［20］应用市场调查公司网站为 http：//www. appliedmr. com。

［21］引自 Glen M. Broom and David M. Dozier（1990）。*Using Research in Public Relations*（New York，NY：Prentice-Hall）。

（本章翻译及校译：杨雪睿）

第2章 调查伦理

30 广告界大多数的无心之失情有可原。但不能被原谅、要绝对避免的是判断和行动中的伦理失误。你必须以最高的伦理标准来要求你自己和你使用的调查方式。如果你的行为没有达到这些标准，你会伤害你自己、你的公司、广告同行，以及潜在的更广泛的社会。本章将帮助你理解如何在广告调查的策划、实施、分析和结果演示中坚持高伦理准则。

* * *

阅读本章之后，你会对以下内容有深刻理解：

- 伦理行为的三个方面：自主、无害、有利；
- 伦理标准与调查参与者、管理层、调查供应商和整个社会的相互影响；
- 对儿童调查和在线调查的特别考虑。

31 伦理是帮助决定行为过程是对还是错的道德准则。尽管这个定义非常明确，但当广告主和调查者纠结于“如果对我有利，并且不违反法律，为什么我不能做?”这样的问题时，仍然很难运用于实践。想一想以下情形：

● 约翰设计了一份需要花费 30 分钟填答完的问卷。在调查开始之初他就告知了受访者这一点。然而，随着调查的进行，约翰发现调查的时间太长使得招募受访者越来越难，从而增加了调查花费。约翰想：“如果我一开始告诉人们调查持续的时间只有 10 分钟会有什么问题呢?”

● 玛丽在麦当劳的特许经销商中进行了一次调查。为了提升获取真实信息的可能性，她向特许经销商承诺他们所有的答案都会被保密。然而，玛丽为每一份问卷设置了秘密编码，以便后期能够从问卷中确认出特许经销商，她或者客户可以知道谁提供了积极或者消极的回答。玛丽想：“这有什么问题? 如果这有助于我们更好理解结果和改进长期计划，为什么不能设置编码?”

● 凯里，广告代理公司调查者，通过调查来判断消费者对客户最新广告活动的反应。凯里记得当时对于活动代言人的选择存在争议，客户勉强同意了广告代理公司的推荐人选。调查结果显示消费者对活动持非常积极的态度，除了他们非常讨厌代言人。凯里想："既然整个调查反应是积极的，为什么我不能从整体报告中将对代言人的反应去掉？为什么还要提出一个每个人最后已经同意的有争议的问题？"

上面所说的是调查者普遍遇到的情况和问题。伦理准则的制定正是为了帮助调查者在此种情况下确认最合适的行为，为决策制定提供指南。尽管这些伦理准则是从不同视角制定的，但它们有一套共同的核心信念。[1]

调查伦理准则包含的原则有自主、无害、有利。[2]"自主"通常是指自我决定原则，意思是参与调查的所有人就他们所参与的调查拥有思考和决定的自由。自主原则无疑要应用于调查主体，同时我们在本章后面还会看到在调查的支持者和赞同者中应用这一原则。"无害"指故意对其他人造成伤害是错误的。"有利"指调查者有义务消除存在的伤害、给予好处，同时无论何时何地尽可能降低风险。

本章余下的部分将讨论当广告调查者与以下四类重要人群互动时，每一项原则如何为符合伦理的调查决策制定提供基础：

- 参与调查的个人；
- 支持调查和使用信息的管理层；
- 提供咨询和帮助的调查提供者；
- 作为整体的社会，经常由于报道和搜集到的资 32
料的使用而受到影响。

伦理与个体受访者

自主、无害、有利这三个原则应用于调查者和受访者之间的互动，受访者为绝大多数基础调查研究提供了原始信息。这些原则在以下指导方针中有所体现：

- 受访者是在充分知情的前提下做出是否参与调查的决定；
- 受访者不能以任何方式被不公平对待；
- 受访者有绝对的权利保留秘密和隐私，他明确同意则另当别论。

知情决定与知情同意

无论什么时候，一个调查者通过问卷调查或通过诸如眼动追踪（eye tracking）之类的生理测量，明确向受访者询问信息时，都必须获得知情同意。在这些情境下需要知情同意的原因是隐私信息（private information）（如态度、观点、信仰和行为）正在被收集。信息收集的具体方式（如电话、网络、现场访问）并不影响获得知情同意要优先于数据收集。

如果潜在的调查参与者能在调查中做出知情决定，他们就必须详细了解三个方面的问题。[3]

第一方面是关于调查的背景。潜在的参与者必须被明确告知：（1）他们将被邀请参加一个调查研究，（2）谁在实施调查，（3）调查目的，（4）如果对调查有疑问可以联系谁。需要重点指出的是，就第二点和第三点有关调查委托方和目的的信息的告知要有一定的限度。一个关于研究目的、委托方和方法的完整而详细的解释有可能使受访者产生偏见，例如，声明"埃克森石油"（Exxon）正在做一个关于环境的研究。因此，绝大多数广告调查会有某些欺骗性。由于这些欺骗极小，并不会造成伤害，就调查设计和信息需求而言也合乎情理，因此可以被接受。例如，调查者可能会声称调查是由"ABC营销调研公司"而不是"埃克森石油"实施。

知情同意的第二方面是关于参与的自愿性。受访者必须了解参与调查是完全自愿的，拒绝参与调查也不会被惩罚或损失利益。[4]此外，受访者必须被告知他们可以在任何时候中断调查，同样也不会有惩罚或利益损失（例如受酬金诱导参与调查）。中断调查是调查者经常遇到的问题。在访问期间受访者可能由于 33
任何原因而改变想法，不愿继续进行调查：失去兴趣、疑惑、认为访问者不友好或者访问时间延长。由于在只完成一部分的访问中也投入了时间及金钱，因此访问者不乐意结束访问也可以理解。然而，受访者总是有权利在任何时候结束访问，而无需解释原因或者迫于压力继续接受访问。在调查过程的任何阶段，阻止受访者行使退出或拒绝回答权利的调查设计或实施都是有违伦理的。受访者结束访问的任何请求都必须被看作是理所当然的。

知情同意的第三方面是关于调查本身的特征。此时潜在的参与者必须被告知：（1）参与调查需要做什么（如回答个人问题、品尝产品或者观看广告），（2）访问将持续多长时间，（3）数据将被如何处置（特别声明如何处理秘密和隐私），（4）最初访谈之外的任何承诺。例如，作为调查研究的一部分，你向受访者展示洗发水广告，并且送给受访者新配方洗发水的"免费"试用装作为参与调查的"酬谢"。你的目的是在一周之内联系受访者以了解他们对新配方的反应。如果调查的这两个部分没有在知情同意文件中明确指出，就是对伦理原则的违背。

一旦确定了知情同意文件上所需的所有信息，这些知情同意条款就需要以书面的形式呈现。要写得清楚并易于理解，应遵守以下指导方针：[5]

- 使用读者熟悉的语言。任何涉及科学、医疗或者法律的用语都需要清楚界定。
- 用语和术语在整个文件中要前后一致。
- 语句简短、直接。
- 语句长度控制在 30～50 个字。
- 段落简短并且每段一个核心观念。
- 使用主动语态。
- 为提升个体识别度请使用人称代词。
- 每一个观念清楚且按逻辑排列。
- 在文件开始部分描述研究目的。
- 大标题、副标题以及其他标题有助于明确文件的结构。
- 标题直接明了并贴近文意。
- 左边距对齐，右边距无需对齐。
- 注意大写和小写字母的使用。
- 打印的样式和字体要易于阅读。
- 没有大块的打印痕迹。

知情同意文件的形式如表 2—1 所示。注意形式如何遵守前面的指导方针，结尾需要阅读者明确表示同意。

34

表 2—1　　知情同意文件示例

感谢您了解我们的调查！

关于调查

HTR 协会邀请您参加此次调查，这是一个独立的营销调查公司。本次调查的目的是获得关于三种汽车广告新形式的态度。通过与您以及其他人的交谈，我们希望了解人们对于这类产品广告的态度。

您如何参与调查

作为参与者您将通过电脑观看三条电视广告，并且针对每条电视广告回答 6～9 个问题。调查最后我们将询问您一些人口特征信息。

整个调查包括观看广告，需要持续 10～15 分钟。

信息将如何被使用

您的观点非常重要，并成为广告主决定最后广告形式的考虑因素。

回答的保密性

您的所有回答都将保密，也不会有个人识别信息关联您的回答。您的识别信息将不会泄露给任何人。本次调查收集的数据将被存储于锁定的设备中。

自愿参与调查

您是否参与本次调查完全出于自愿。您可以选择不参与调查，并且即使您已经开始参与调查，也可以在任何时候终止。

更多信息和疑问解答

如果您对本次调查有任何问题或疑虑，或者如果出现任何问题，请电话联系调查经理——苏珊·麦克纳，555－666－8765，或者发送邮件至 susan.mckenna@htrassociates.com。您可以先联系苏珊再参与调查。

同意

如果您决定参与调查请按"同意"键，如果您不想参与调查，请按"拒绝"键。

不公平待遇

遵守伦理原则的调查要求参与者在调查的任何阶段都不能受到不公平待遇。下面所列情况应该避免：

- 在调查者方便的时间，访问员或者调查公司频繁地重复访问或者试图访问（例如在晚饭时间进行电话访问）；
- 没有被准确描述的过长的调查。受访者曲解访问时间长度是有违伦理的。调查者有义务确保访问时长合理、可准确估计。
- 以"收集信息"为由询问个人问题。

35 保密性与隐私

受访者绝对希望他们的回答被保密，除非他们明确被告知不能保密，并且签署了确认书。除后一种情况外，任何对保密性的违背，哪怕仅仅是非常小的违背，都是对调查伦理标准的严重破坏。美国调查研究组织委员会（CASRO）的伦理准则提供了为受访者保密的指导方针：

● 除了正规的内部调查目的外，调查研究组织的全体员工不可以使用或讨论可识别受访者的数据或信息。

● 无论什么时候受访者身份或可识别受访者的信息暴露于分包商（如访问员、编码员和制表员的所属机构）和咨询顾问时，调查研究组织有义务确保他们知晓并同意维护和尊重受访者信息的保密性。

● 在允许客户或其他人看到已完成的调查问卷前，受访者名字和其他可识别受访者的信息（如电话号码）都应该被删除。

● 在电子邮件调查问卷中不能使用能够将受访者回答与特定受访者联结的隐形标识符。可见的识别码可以使用，但要解释这些标识符只是用于控制的目的，而不会危害受访者的保密性。[6]

与保密性密切相关的是隐私。受访者必须被告知任何数据收集方法都有可能侵犯他们的隐私。诸如磁带、录音机、照相机等电子设备，装有单向镜的房间以及计算机 cookie 都只能在明确通知受访者的情况下使用。

对受访者的责任：特殊人群

以上原则适用于所有受访者。然而，有三类受访者应有更多考虑。

针对儿童进行的调查

大量广告直接针对儿童，因而也有大量调查针对儿童进行。本部分先前讨论的伦理行为准则适用于儿童和成人，但在每一准则的应用方式上每个群体会有所不同。例如，你如何从一个儿童那里获得知情同意或者确信儿童理解他可以在任何时候停止参与调查（毕竟，他们无法告诉他们的学校老师他们不想参加课堂活动）？为保护儿童参与者的利益必须进行特别保护。

● 以儿童的权利取代调查者的权利。参与调查的
36 儿童的权利高于调查者对信息的需要。调查设计必须评估如何保护儿童的权利和需要。

● 不能有身体上和心理上的伤害。

● 必须获得儿童第一监护人的书面知情同意。知情同意需要由专业的、受过训练的、能够胜任的调查者给监护人提供准确信息，包括调查的目的和实施、调查中存在的欺骗手段、调查收集的信息如何被使用。

● 不能有强迫参与。必须尊重父母和儿童拒绝参与的权利。父母必须有明确拒绝的机会。儿童也应享有拒绝参与的权利。不能用相反的争论、刺激或强迫手段试图使儿童改变心意。

● 不应该为参与调查的儿童提供诊断或其他信息。广告调查者不是临床心理学家，也不是儿童发展专家。因此，他不应该依据儿童对调查刺激的反应做出对儿童行为的解释。“我们提供给杰里的所有广告中，他最喜欢为新式枪支和士兵所做的广告。当枪支在广告中出现的时候，他真的笑了，他看起来有暴力倾向。”诸如此类的评论是不正确的。

● 即使付费给儿童或其家庭也要在调查中遵循这些原则。金钱或礼物形式的酬劳不能抵消以上任何一条原则。

在线社区调查

正如前文所讨论的，知情同意是完整的调查伦理实践的一部分。即使如此，并非所有调查都需要知情

同意。在公共领域或公共空间（也就是不需要隐私保护的空间[7]）收集并分析信息或行为举止就不需要知情同意。记住这一点，看看下列情况：[8]

● 福特（Ford）公司要做调查以判定人们对最新设计的福克斯汽车的反应，并决定利用哪种反应的类型来应对消极的看法。调查的形式是监控有关汽车的网络聊天室，记录评论以供后续分析，其中会有一个雇员使用三个预先设定的反应之一去应对消极看法。他们评估和记录每一个预先设定的反应对改变消极看法的效果，以确定能最有效改变消极态度和信念的反应。参与聊天交谈的雇员使用的名义是“有经验的汽车人”（OldCarMen）（不是作为福特的雇员），而在聊天室中的其他人并不知道他们已成为调查的一部分，也不知道他们的谈话被监控（很显然，在聊天室中通知每个人将毁了这个调查）。

● 阿斯特罗制药（Astro Douqs）想了解已经诊断为患有乳腺癌的女性如何接触到最新的抗乳腺癌药物的广告。阿斯特罗找到一家调查公司监测乳腺癌互助论坛，并且记录所有提到的有关他们的药物和广告的
37 信息以供后续分析。与评论相关的语境，通常是与乳腺癌诊断相关联的这些女性的情绪也会被记录。论坛成员从来没有被告知他们的评论被阅读和记录。一旦调查公司完成调查，阿斯特罗制药将利用收集到的见解以确定新广告活动的方向。如果合适的话，阿斯特罗也可能在广告中使用这些女性的评论，尽管这些人的名字不会被提到。

关于以上提到的每一种调查行为是否符合伦理没有一个明确的答案。这取决于网络论坛或相似的场所被认为是私人空间还是公共空间。弗兰克尔（Frankel）和桑（Siang）[9]提出了他们的观点：

> 一些调查者将网络空间视为公共领域，因为他们观察到新闻组、邮件列表、在线聊天系统（相似的论坛和场所）如同电视或报纸访问一样可以被任何人接触到。这些调查者相信责任落在信息的传播者身上，由他们过滤出哪些信息可以披露，哪些是隐私信息。因此，他们认为这种类型的调查可以免除知情同意。
>
> 另一些学者则不同意这种观点，他们认为调查者有伦理责任去了解不同的互联网论坛是如何运作的，以及这些论坛的使用者是如何形成关于交流什么和在哪交流的期望的。他们认为网络空间参与者的最大风险是成员直到调查结果出版才知道他们的信息被分析。再者，如果结果发布后虚拟社区中的成员被现实确认而自己又完全不知情，就会产生心理伤害。这些学者认为，即使信息是公开的，交流者也可能意识到在交流中有一定程度的隐私。

正是有这些不同的视角，埃斯（Ess）的总结就不足为奇：“在正确的时间、通过正确的方式、以正确的理由进行正确的事情仍然需要判断。”[10]我们的判断倾向于最保守的方式：除非不明确期望有隐私，例如博客，互联网空间会被视为私密空间。[11]这种方式需要所有个人同意并在参加调查研究前做出选择。布鲁克曼（Bruckman）支持这种方式：“互联网调查者经常犯的错误是，当需要权衡被调查者需要和调查完整性时，优先考虑调查完整性。再进一步思考，很明显这样是错误的——调查者的权利必须被首先考虑。”[12]

虚拟世界调查

在线社区的进一步是虚拟世界，例如“第二人生”（Second Life）。[13]这意味着：

> 基于计算机的模拟环境让使用者通过虚拟化
> 38 身居住和互动。这些化身通常由文本、二维或者三维的图形表示。计算机是计算机模拟世界的入口，并且给使用者呈现感知刺激，使用者相应地可以操纵模型化世界中的元素，并在一定程度上进行远程监控。这样的模型化世界或者与现实世界很相似，或者是幻想世界。模型化世界也可能有基于现实世界或者某些混合幻想世界的虚拟准则。使用者之间的交流有文本、图形图标、可视化手势、声音，而很少使用触觉、声音指令和平衡感。[14]

假如品牌和广告主要进入这样的世界[15]，在虚拟世界人群中进行调查就无需惊讶。[16]杰弗里·斯坦顿（Jeffrey Stanton）针对虚拟世界实施调查的独有特点和挑战，为虚拟世界受访者拟了一个“权利法案”（bill of rights）。他的推荐如表 2—2 所示。[17]

表 2—2 虚拟世界受访者的权利法案

知晓我成为被调查者的权利。

如果为了调查的目的在虚拟世界中从我这里获取数据，我有权利知晓我参与了你的研究。

知晓你作为调查者的权利。

如果我是被调查者，你作为调查者必须明确代表你自己，以便我可以确认你的身份。（尽管这一义务不必强迫调查者使用逼真的化身，但被调查者必须收到足够的信息以将化身追溯为某个具体的人。）

知晓谁批准你做研究的权利。

在参与你的研究之前，我有权利知晓哪个道德规范主体，如果有的话，审查过你的调查设计。

了解风险的权利。

如果研究包括心理上使人痛苦的材料，如果我的虚拟化身或我本人有被识别的风险，如果参与的话可能有有形或无形的花费，或者其他如果对我或我的虚拟化身存在的风险，你必须警示我。

了解好处的权利。

我想知道为什么我的虚拟化身参与研究是值得的，即使对我并没有直接的好处。

了解我的虚拟化身为什么被选择的权利。如果研究者联系到我的虚拟化身，我想知道他们是怎样得到我虚拟化身的名字的，以及为什么我的虚拟化身是值得参与调查的。

以我的虚拟化身参与的权利。

如果你为虚拟世界的研究雇用我，我有权利以我的虚拟化身的身份和角色对你的研究做出回应。（简单地说，调查者不能要求虚拟化身“做出真实生活的反应”。）

保护我的群组的权利。

如果你正在研究我的社交群组，我有权利保护我的群组的完整性和持续存在。（原则上，如果群组中的成员反对调查者的出现或反对使用群组进行调查，成员有否决的权利。实际上，调查者要获得一个大群组中每个成员或者一个群组中不活跃成员的积极赞同是不现实的。）

随时中止的权利。

参与你的研究时，如果对调查过程或问题感到任何不舒服，我有权利随时中止调查。

盘问的权利。

如果你在研究中有目的地欺骗或伪装，我有权了解之后发生的事情。

离开的权利。

在我的虚拟化身参与你的研究之后，无论是否已经完成，我都有权利不与调查者再次接触。

对客户的责任

每一个广告调查研究都有一个客户。客户可能是内部的（如广告代理公司内的其他部门），也可能是外部的（如雇用代理公司的公司）。与被调查者的知情同意相似，客户的参与和对调查的支持应该完全自愿，并且只有在他完全了解花费、利益、过程以及由提议的调查所带来的期望的商业价值之后，才能同意实施调查。除此之外，处理内部和外部客户的相关事宜都需遵守前面讨论的伦理原则，正如以下指导方针反映的一样：

- 调查推荐应该合适。只有当调查是满足客户信息需求最好的方式时，才能进行推荐。一旦推荐了调查，以最有效的方式、使用最适合收集高质量信息的调查技术非常重要。
- 在调查进行的整个过程中，所有信息收集都应以保密和专属的方式进行。
- 所有调查结果都应以明确的、真实的、无误导的方式展现。
- 对已经确认的方法、花费、时间的所有变化和背离都应该通知客户。

合适的调查

大部分调查者都喜欢做调查。他们享受确认问题的挑战和运用有创造性的方法发现信息以解决问题。
40 因此，有时调查者有过度推荐调查的趋势。伦理标准要求实施调查的推荐必须通过有效讨论形成。只有在有较高可能性能提供有效、有用信息来帮助制定决策的时候，只有当制定错误决策带来的经济损失超过实施调查的花费时，才应该推荐调查。

合适性的第二方面是关于研究方法。客户不是富有经验的调查者，因此依赖调查者的专业技能推荐省时、省钱，又是最有潜力的收集可靠、有用信息的方法。你必须确保你的推荐符合这些标准。例如，如果进行 4 组焦点小组访谈已经足够，那么仅仅因为增加的小组“会更有趣”就推荐 8 组或 12 组访谈，这对客户不公平也是没有遵守伦理原则的。同样地，如果一个方便得到的 200 人的样本可以提供所需信息，那么推荐全国范围内 1 000 人的概率抽样也是违反伦理原则的。最后，由于任何特定调查问题都会有几种调查方式，遵守伦理原则的、体现专业水准的标志之一就是，针对特定问题列出合适、合理的调查方式，然后同客户讨论每一种方式的相对优点。在这之后，表明你的观点——哪种方式最合适。客户可能并不总是同意你的推荐，但通过完全公平地展现可能选择的优势和弱势，你已经遵循了伦理原则（我们认为）。

保密与专属

保持信息的保密性、以专属的方式对待信息非常重要。作为调查过程的一部分，所有获取的信息都需要保密，包括与客户及其他参与者交谈获取的信息、通过翻阅客户提供的书面文件获取的信息、调查项目本身收集的信息。所有客户提供的信息以及通过查阅这些信息获取的其他信息都属客户所有，除非客户同意，否则绝不能披露。

结果演示

数据和结果的演示必须直接，不能使人产生误解。没有完整地汇报相关数据，或者试图操纵数据以形成错误印象都是对伦理原则的蓄意侵犯。误导性报告通常由两种情况形成。

误导性数据演示发生的情况之一是在必需信息不全的情况下评估展示出的数据和结论。只有分析所有得到的相关信息，才能完全评估数据和结论，并应用于决策制定过程。因此，在演示调查结果时，将所谓“坏”数据（“bad” data）排除在外，以及没有细节只是部分或摘要性地呈现结论，在伦理原则上是被禁止的。以下的假设举例解释了这一原则：

> 测试两条已经播出的电视广告。这将决定最能产生积极购买意愿的电视广告将在轮播上得到更大的媒体支持。调查结果显示两条电视广告在
> 41 五级量表中有相同的购买意愿得分。然而，从后面表格中显示的百分比可以看出，观看电视广告 A 形成的购买意愿高于电视广告 B。

	电视广告 A	电视广告 B
购买意愿平均得分	3.2	3.2
反应为“非常认可”，观看完电视广告后可能购买产品的受访者所占比例	45%	10%

> 基于这样的结果演示，调查者得出结论，即电视广告 A（实际上也是调查者喜欢的）的效果更好，应该被给予更多的媒体支持。不幸的是，结论可能并不是如此简单，事实上很有可能是错误的。真实的情况是，在完整的数据表格中这两则广告对于购买意愿有非常不同的效果。

购买意愿指标	电视广告 A	电视广告 B
购买意愿平均得分	3.2	3.2
“非常认可”所占百分比	45	10
“比较认可”所占百分比	0	40
“一般”所占百分比	20	10
“不太认可”所占百分比	0	40
“非常不认可”所占百分比	35	0

> 对于全部结果的不完整报告掩盖了受访者对两条电视广告态度的真正并且重要的差别。样本对于电视广告A的态度呈两极分化。看过这条电视广告的大多数人的态度或者非常积极，或者非常消极。另一方面，看过电视广告B的人没有强烈的消极反应。此外，就总体积极态度而言，看过电视广告B的人（50%vs.45%）更有兴趣购买产品。总体说来，电视广告B也许是更应该获得支持的广告。

图2—1显示的线形图也诠释了排除关键数据产生的误导。两张图都展示了从2000年到2010年广告意识的变化趋势。从第一张图展现的数据可以得出结论，即广告意识是积极的并且持续上升。但是当第二张图将所有的数据都显示出来时，可以看出这个结论是错误的。

42

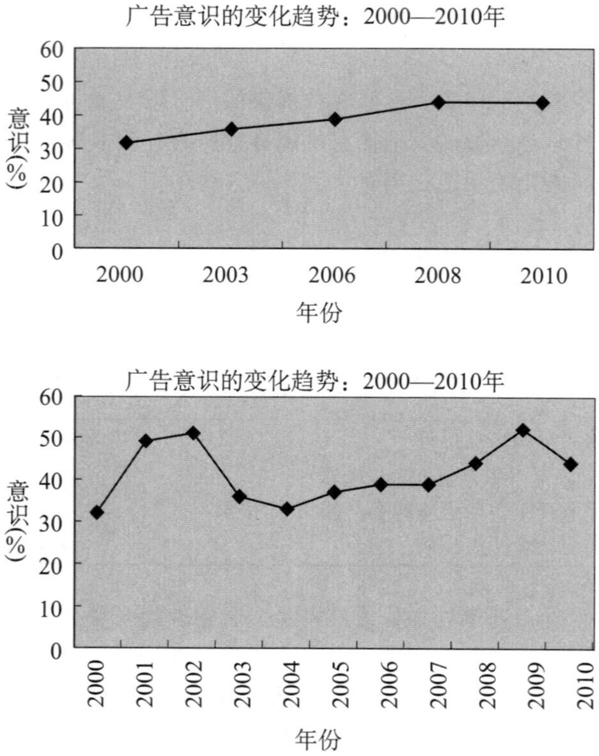

图2—1　由于数据缺失造成的误导性数据演示

误导性数据演示发生的第二种情况是数据演示给人留下的印象并不是通过数据证明的实际情况。当数据被操控从而得出错误结论时就会发生这种情况，例如，在表格或图形中运用不合适的刻度。图2—2对比了人们对三个社交网站的偏爱程度。实际上，从最上边的饼图可以看出对这三个网站的偏爱程度基本相同，但是使用较小单位刻度（如柱形图）和3D效果（柱形图和上面的饼图）看起来对MySpace的偏爱远超过其他两个网站。

43

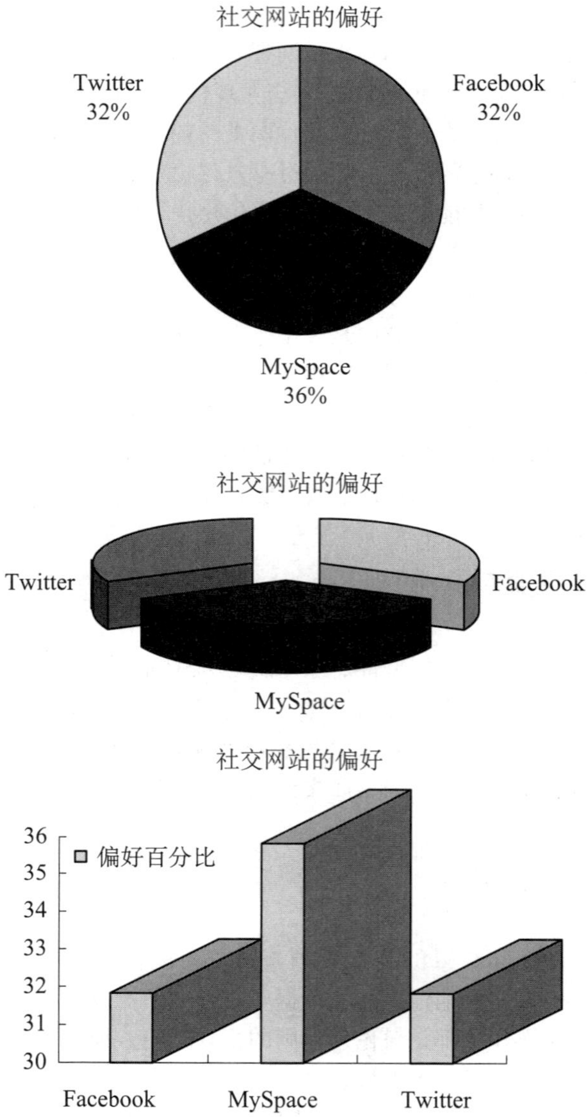

图2—2　由于图像处理造成的误导性数据演示

需要着重指出的是，调查者有义务演示分析和解读正确的调查结果，而不能仅止于书面或口头的结果演示。美国调查研究机构协会（The Association for Institutional Research）这样描述确保正确解读的长期需要：

> 调查者要通过原始报告的认真演示和引用，以及勤于与后续的报告使用者保持联系，来尽力预见和避免报告的误导和滥用。如果一个调查报告被故意或无意地修改，某种程度上来说调查的本质已被歪曲，调查者应该努力更正这样的歪曲，并且或者坚持排除产品的所有者意志。[18]

方案调整

许多调查方案会按计划进行。此时，收集所需信息的方法、花费和时间的预估都是准确的。然而，有些方案在开始进行数据收集时就可能遇到问题。这些问题可能是：没有预见到很难接触到和招募目标受访者；完成调查需要的时间比试调查显示的长；或者是田野调查中数据收集不能像投标书中所表明的那样快。以上这些问题对于一个调查研究来说都不是灾难性的。事实上，与调查相关的灾难性的问题（或者违反伦理原则的）是不通知客户而改变调查设计、花费和时间。没有与客户沟通而对调查设计进行的任何改变都是违反伦理原则的（同样也是不专业的）。涉及花费和时间预期及其他任何对调查研究的改变都必须立刻通知客户。

对调查公司的责任

市场调查组织是在整个调查过程中提供支持的商业机构。这些公司可以提供研究设计和数据分析的帮助，或者可以雇人设计调查问卷，或者监督数据收集。出于对伦理原则的考虑，要禁止以下行为：

- 事先已经选定调查公司还进行招标。
- 利用提交的方案获取免费建议。
- 为了少花钱而作虚假承诺。

44 ### 事先选定

作为一个广告调查者，你将会和许多调查公司发生关联。与有些公司合作是享受的和令人兴奋的，而有些公司则不是。当要为特定项目选择合作公司时，选择过去已经证明有较高职业水平和专业水平并且已经建立了良好合作关系的公司是没错的。而事先已经选定中标公司，仅仅是为了满足公司需要进行投标就违反了伦理原则。

免费建议

调查者和调查公司与想法打交道，他们的产品就是他们原创的思想、见解、方法以及专业知识。因此，我们严重警告这样的行为——为了收集专业机构的创意成果而招募详细方案，而招募者却不想把项目委托给提交方案的任何一家公司。我们也严重警告这样的行为——将某些推荐和技术作为方案的一部分，却不付给所提交公司合适的报酬。招标过程中遵守伦理原则的程序如下：

- 应该告知投标公司他们的方案只是几家投标公司中的一个。
- 专业的思想和方法推荐必须保密。在没有事先允许的情况下，不能将一个方案中的技术或推荐应用于另一家组织机构。
- 除非有合适的经济报酬，所有未能中标的方案原创公司都保留所有权。

虚假承诺

与“免费建议”密切相关的另一个不遵守伦理原则的行为是进行虚假承诺以降低实施某一调查研究的费用。对调查提供商虚伪地说“如果你在这个调查上给我降低费用，今年我还可以给你很多生意”，这是不遵守伦理原则的。

对社会的责任

> 作为一个调查者，倾听人们的声音并使其能被外界听到是我的责任。当调查结果代表市民或消费者时，当调查使人们能够说出需要、愿望和想法时，调查最大的目的不是操纵或利用，而是转化成需要的商品、规则和服务。[19]

这则誓言可以作为你发起每一个项目和需要汇报项目结果时的指导原则。将誓言应用于实践需要坚持以下无害原则和有利原则：

- 向公众汇报的数据和发现应该完整；
- 向公众汇报的数据和发现应该被正确解读；
- 向公众汇报的数据必须建立在彻底、客观的调 45
查判断基础上；
- 不能为了营销或者销售而伪造调查。

完整的数据与发现

之前我们讨论了对客户负责的一个很重要的伦理原则是完全、完整地报告数据和发现。当向公众发布数据时，这一原则同样重要。不向公众披露负面或者不利的信息的调查者，与不揭露产品潜在损害信息的制造商没有任何不同。二者都是通过欺骗和错误消息引起误导。

正确解读

正如之前讨论的，当通过数据展示得出的结论不能被实际数据证明时就会产生误导报告。在社会层面误导性数据展示最常发生的情况是操纵数据以支持某个主张。想一想下面这种情况：

> （来自一则广播报道）普莱恩维尔（Plainville）的人口特征发生了变化。可以肯定地说，这个小镇已经不是原来的样子。在过去两年普莱恩维尔的种族构成已经明显增多。小镇中非洲裔美国人所占比例上升了近 400%，而拉美裔美国人的数量增加了近 700%。并且没有任何迹象显示这种趋势在下降。

这篇广播报道明显是危言耸听。报道给人的印象是非洲裔美国人和拉美裔美国人正在“接管”这个小镇。如果报道实际数据则会给人不同的印象：非洲裔美国人在总人口中所占比例由 0.5%上升至 2%，而拉美裔美国人所占比例由 0.2%上升至 1.4%。

可靠而客观的调查

没有以可靠的方式进行的广告或市场调查将是整个调查行业的污点，并且有可能对公众有害。这种类型的调查通常使用偏样本以使获取期望结果的可能性最大化。例如，在已经喜欢你的产品的人群中进行偏好调查时，或者在不能代表正常或通常市场状况的市场中实施调查时，违反调查伦理原则的情况就会发生。

调查不能成为从事其他活动的“幌子”

近些年来，以调查的名义通过邮件或电话访问去完成非调查事项，诸如销售、募捐或建立数据库的情况有一定数量的上升。

受访者会把这样的语句当作信息收集的表示——“我正在进行调查，对您的意见很有兴趣”。而由于其他原因使用这种类型的询问方式就是欺骗和对伦理原则的违背。表 2—3 列出的调查问卷显示了如何避免这方面的问题。

46 **表 2—3　　打着调查的“幌子”进行市场活动的例子**

世界物种保护协会

Two Twin Oaks River 街，5567 号，拉莫纳，纽约，10021

热爱动物的人们：

你们的建议有助于我们计划明年的活动。请问你能回答以下三个问题吗？

1. 你是否认为需要立刻停止任意地、无目的地捕杀鲸鱼？

　　是的，现在就停止捕杀　《　》

　　不　《　》

2. 有人认为向囊地鼠以及其他地下动物（ground animal）投毒来控制其数量是不人道的，因为这会导致动物在经过几天的痛苦之后死去。你认为是否应将这种投毒定为非法？

　　是的，现在就停止痛苦　《　》

　　不　《　》

3. 近来立法机关提高了公司向海洋倾倒污物、泥浆、软泥的限制数量，这些污物威胁了数以千计水生动物的生存。要改变法律以停止对海洋的威胁吗？

　　是的，现在就改变法律　《　》

　　不　《　》

如果以上问题你都回答“是”，那么你也与我们一样担心。我们可以一起努力使我们的星球变得更好。但是，非常不幸这些工作需要像你这样的关心人士的经济支持。

我们能期望你帮助我们吗？请访问我们的网站 www. wsdassn. net 来帮助那些无助的个体。我们对任何捐赠都将非常感激！

真诚的

简·摩根（Jane Morgan）

47 ## 小结

作为一个专业的广告从业人员，你有责任坚持遵循自主（给予受访者做决定的权利）、有利（消除伤害、赋予利益）、无害（没有伤害）的伦理原则。在与四类人群打交道时你都必须坚持这些原则：调查中的受访者、内部的和外部的客户、承接调查的公司、公众。针对每一类人群需要遵守的伦理原则和行为如下：

- 调查中的受访者

必须使其知晓并做出参与调查的决定。

知情同意必须准确描述调查的背景、调查的自愿性、调查的特征和需要。

不公平待遇在调查的所有阶段都应避免。

必须允许其做出终止调查的决定。

有意的欺骗必须保证不会造成伤害，并且能被证明是出于调查设计和收集信息的需要。

针对诸如儿童、在线社区或虚拟世界等独特或专门人群进行调查时，必须给予专门的照顾。

必须绝对保证保密和隐私。

- 调查客户

方法的推荐必须合适。

所有的信息都应保密并且专属于客户。

调查发现必须以无误导的方式诚实地、客观地呈现。

- 调查公司

不能为了获取免费建议而召集公司提交方案或使用其方案。

不能做虚假承诺。

- 社会

数据和发现必须完整、无误导，并被正确解读和报告。

所收集的数据代表了可靠而客观的调查。

调查不能成为销售、募捐或建立数据库的“幌子”。

复习题

1. 定义自主、无害和有利这三项伦理原则。

2. 哪一指导方针描述了调查者应当如何与研究的受访者进行互动？

3. 在什么情况下需要获得被访者的知情同意？这一要求意味着什么？

4. 为了使参与者能够对参与做出知情同意，调查者应当提供哪些方面的信息？

5. 签署知情同意文件时应当遵循什么指导方针？

6. 为使受访者的不公平待遇最小化或者消除，应该如何计划调查研究？

7. “受访者对于保密和隐私具有绝对权利”是什么意思？什么时候调查者可以不保密？

48

8. 指出五种为保护儿童参与者利益的必要考虑。

9. 什么情况下知情同意是不必要的？

10. 在虚拟世界中进行调查有什么特别的考虑？

11. 哪一指导方针影响着调查者与其内部的和外部的客户进行沟通？

12. 简要描述在推荐调查时应当考虑的“合适性”的两个方面。

13. 对于调查客户而言，调查者如何保证保密并以专属的方式来对待信息？

14. 在向客户呈现数据时哪一指导方针应当被记在脑中？什么样的数据呈现方式可能会造成误导？

15. 当研究方案被批准后，处理调整调查设计、花费或时间的伦理原则是什么？

16. 列举并解释三条指导调查者与市场调查组织进行互动的伦理原则。

17. 什么伦理原则决定着调查者对社会的责任？简要描述每种准则。

应用练习[20]

1. “a”到“j”的每一种情境描述的都是一种类型的实际情况，一些调查者参与了或者认可这些实际情况。阅读每一种情境，为它辩护或提出批评。要为你的观点提供论据。

a. Melvin Harris 公司是 Pizza-to-Go 的母公司，也是一家特许比萨连锁餐厅。Melvin Harris 请你对它的加盟商进行调查，你与 Melvin Harris 达成共识，为了获取最诚实的答案，将对受访者以及他们的回答进行严格保密。接着你开始准备邮件调查的问卷，为了了解谁对第一封邮件调查做出了回复（以便于第二份邮件能够被发送给还未受访的人），你在问卷上设置了标识码。研究完成后，你将结果呈现给 Melvin。其中有一个问题是请加盟商对 Melvin Harris 的领导力进行评估，其中 25%的加盟商评价 Melvin Harris 的领导力是“卓越的”，Melvin 要求获得那些给予其“卓越”评论的加盟商的名字，以给予他们更大的圣诞奖励。

b. 你在商场中对女性目标消费者进行个人访谈。调查的一部分是每一位女性需要试用你客户的洗发水并进行评价。在调查结束后，你会给每位女性一瓶免费的洗发水作为“参与礼品”。但你没有告诉这些女性，当她们在家使用产品的一周后，她们将被回访并进行二次调查。

c. 你设计了一个 30 分钟的电话调查。在调查的第一周，潜在的受访者被告知了调查的长度。不幸的是，愿意接受调查的人比预想的少得多。因此你改变了调查介绍：“这是一个重要的调查，它将花费相对较短的时间。”

d. 你正在对一些医生就开药行为进行调查。许多医生表示只有你将调查结果寄送给他们，他们才愿意接受调查。你同意了将会给他们寄送结果，尽管你并不打算这样做。

e. 你正在进行一系列的焦点小组访谈。你解释说，客户以及其他感兴趣的组织正坐在单向镜后，并会对答案进行录音。你并没有提及单向镜后的人会对其录像。

f. 你正处在困境之中。你被要求对一个你没有足够经验的领域设计调查研究。你打算从专项委托调查公司中征求一些计划书，从每一个当中选取最好的点子，然后将这些工作交给价格最低的竞标者。

49 g. 你的客户认为电话销售是对其产品——一种虽然昂贵但是精致和高效的净水器——进行营销的最佳方法。他说该产品只是对那些每天饮水超过两加仑的家庭非常有用，他不希望将产品卖给那些没有该需求的人（他希望每一笔销售都很棒）。因此，他需要识别出合适的人群。你的客户请你评价他所写的电话销售脚本。

> 您好，我的名字是________，我从 Water 公司打来电话。我想对埃斯康迪多（Escondito）的居民做一个简短的调查，来了解他们对于各种饮用水的满意度。您能否告诉我……
>
> 1. 您的年龄（填写）________
> 2. 您的家庭人数（填写）________
> 3. 您现在对您家中饮用的自来水的质量是否满意？
>   是____　否____
> 4. 您现在是否拥有自来水净化系统？
>   是____　否____
> 5. 您的家庭每天平均饮用水是否在两加仑以上？
>   是____　否____
>
> 如果第 3、4 题的答案为“否”，第 5 题的答案为“是”，则安排一次家庭展示。

h. GIBA 公司的高管们非常难以通过电话接触到。然而，接触到他们是你成功进行调查的必要途径。为了瞒过高管们的秘书，你说，“我与（高管名字）有一个重要但是私人的事情要进行讨论。”

i. 你注意到许多人在一个复杂的 15 分钟调查结束之前常会挂机。你给那些想要挂机的人们 5 美元以完成调查，但是却没有给那些没说要结束的人任何酬金。

j. 你需要获取竞争对手广告的文案，并（希望）获得他们的媒介计划。你伪装成一个做课堂作业的学生打电话给你的竞争者，并向他获取信息。

2. 理查德·费德曼（Richard Fedman）刚以市场副总监的身份加入 SSDR 广告代理公司，并且将监督快餐客户 Tico 的调查。理查德之前的身份是另一家代理公司的调查主管，服务于 Mexicale 食品客户——Tico 快餐的竞争对手。思考一下理查德可能会遇到的情境，在每一种情境下你会建议理查德采取什么措施（从“a”到“c”）？

a. 在 Tico 快餐管理层的会议上，托德·基尔戈（Todd Kilgore）——负责研发的副总裁，说 Tico 快餐需要开始利用消费者对健康饮食的需求。他建议理查德计划并实施一项调查研究来判断以健康定位的墨西哥快餐的吸引力。理查德不做调查就知道答案，他在离开公司之前恰巧进行过相同的研究。他知道消费者对这种类型的产品很感兴趣，而且基于这个调查，Mexicale 正在调整自己的菜单。理查德应该将这些分享给托德吗？

b. 理查德在为 Mexicale 工作时，了解到一种独特而准确的方法来识别消费者的口味偏好。Tico 现在想对它的产品进行口味测试，理查德应该将这种方法描述和推荐给 Tico 吗？

c. 理查德是一位非常有创造力的调查者。在前一家代理公司工作时，他发现一种方法能够对消费者对广告的反应的有意义的洞察。SSDR 的一位客户打算进行这种类型的调查，理查德应该将这种方法分享给 SSDR 的客户吗？

3. 审视以消费者为导向的发行物，如《今日美国》（*USA Today*）、《时代》（*Time*）和《新闻周刊》（*Newsweek*），或者更为聚焦于人口统计特征的发行物，如《绅士季刊》（*Gentleman's Quarterly*）、《红皮书》（*Redbook*）或者《时尚》（*Sassy*）。找一个有关调查结果的讨论，评估一下文章中呈现的结果和结论是否满足遵守伦理原则进行数据呈现的标准。

4. “a”到“c”各部分描述的情境都与数据呈现的伦理准则相关。阅读每一情境，然后判断图 2—3 所示的相关图表符合还是违背了数据呈现的伦理准则标准。要为你的观点提供解释和道理。

50

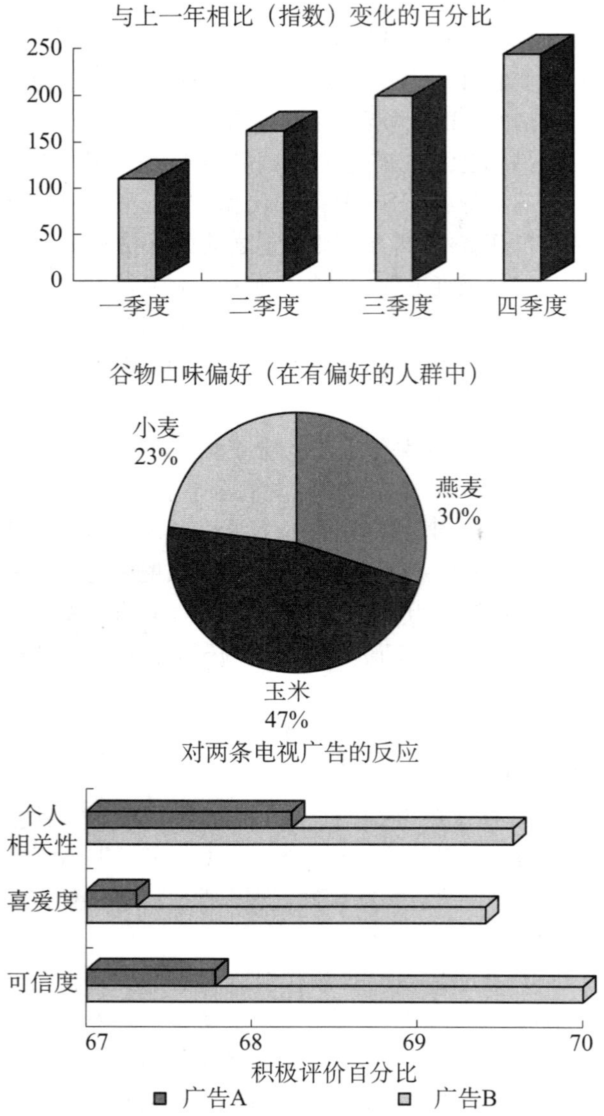

图 2—3　应用练习 4 的图形

51 a. AABB代理公司每季度进行调查，测量其客户的广告被知晓的程度。每个季度总体样本中表示知晓广告的个体所占百分比分别列于下表中的“2009”和“2010”列下。

季度	2009	2010	指数
一季度（1—3月）	14%	15%	107
二季度（4—6月）	10	16	160
三季度（7—9月）	7	14	200
四季度（10—12月）	5	12	240

代理公司的调查者采用了这个数据并计算了各季度的指数。指数超过100表明2010年的知晓程度要高于2009年同期。例如，一季度中15除以14得到107的指数，表明2010年的知晓程度要高出7%。三季度中的指数200表明2010年的知晓程度是2009年的两倍。调查者接着就下结论说广告意识的趋势如图2—3中的第一个图所示，是非常积极的。这个结论和图是正确的吗？

b. 客户调查团队进行了一个调查来判断25～39岁成年人的谷物口味偏好。他们获得了如下表所示的结果。

谷物主要成分	样本百分比
偏好小麦	10%
偏好玉米	16
偏好燕麦	11
无偏好	63
总计	100%

调查团队重新计算了百分比来获得那些有偏好的人群的数据。图2—3的饼图呈现了这个数据。这个图能否被接受？

c. 测试两条电视广告。三个主要的测量指标为“可信度”、“喜爱度”和“个人相关性”。图2—3中第三个图呈现了观看过这两则电视广告并做出积极评价（如认同该电视广告是可信的）的个体所占的百分比。这个图能否被接受？

5. 访问一个网络博客和讨论组。你认为它们应划为私人空间还是公共空间？给出看法。证明你的观点是正确的。

6. 阅读表2—2中的虚拟世界权利法案，写一个类似的代表那些参与在线社区的个体的权利法案的文件。

7. 你被雇用为某国家野生动物保护机构的调查主管。该保护机构希望给国会施压以给野生动物保护提供更多的土地。你在保护机构成员中进行了调查，发现93%的成员都支持增加用于动物保护的土地。这些人都赞同如下表述：“加大对自然的土地保护是美国政府的重要目标。”该保护机构想要给全体国会成员寄送一封信告知调查结果。信中将报告如下：

> 我们力争获得更多自然保护区。我们知道这很重要，美国人民也知道。超过90%的美国民众赞同加大对土地的保护是重要的国家目标。

这封信其余的部分主要讨论自然保护而不是调查。你是否认同这个调查结果的使用和交流方式？

【注释】

[1] 本章的讨论引自 National Institutes of Health(1979). *The Belmont Report* at: http: //ohsr. od. nih. gov/guidelines/
52 belmont. html; Council of American Survey Research Organizations (2009). *Code of Standards and Ethics for Survey* Researchat: http: //www. casro. org/codeofstandards. cfm; National Bioethics Advisory Commission (2001). *Ethical and Policy Issues in Research Involving Human Participants* at http: //bioethics. georgetown. edu/nbac/human/oversumm. html。

[2] Thomas Wasse and Thomas Lengyel (undated). *How IRB's Can Put the Belmont Report into Practice* at http: //www. alliancel. org/Research/articlearchive/Belmont-Report_final. pdf for extended discussion of autonomy and maleficence.

[3] 该讨论引自 U. S. Department of Health and Human Services (1998). *Informed Consent Checklist* at http: //www. hhs. gov/ohrp/humansubjects/assurance/consentckls. htm; Friends Research Institute (undated). *Informed Consent Checklist* available at http: //www. friendsresearch. org/IRB_Forms/Reviewer-Informed ConsentChecklist. doc。又见 Centers for Disease Control and Prevention (1998). *Consent for CDC Research* at casr. ou. edu/hiv/consent_letters. pdf。

[4] 例如，当受访者被请求参与到一项调查研究中，并被告知将会有抽奖活动作为奖励时，知情同意就具有很重要的意义。所有阅读过和对知情同意做出回应的人都应当参与抽奖。

[5] National Cancer Institute (2006). *Appendix* 3: *Checklist for Easy-to-Read Informed Consent Documents* at http: //www. cancer. gov/clinical-trials/understanding/simplification-of-informed-consent-docs/page5#appendix3.

[6] Council of American Survey Research Organizations, op. cit.

[7] American Psychological Association (2002). *Ethical Principles of Psychologists and Code of Conduct* at apa. org/ethics/code2002. html.

[8] 这些案例皆为虚构，只作说明之用。

[9] Mark S. Frankel and Sanyin Siang (1999) . "Ethical and Legal Aspects of Human Subjects Research on the Internet" at http: //www. aaas. org/spp/dspp/sfrl/projects/inters/main. htm.

[10] Charles Ess (undated). "Internet Research Ethics" at http: //www. nyu. edu/projects/nissenbaum/ethics_ess. html.

[11] 更多详细的讨论见 Gunther Eysenbach and Jeremy Wyatt (2002). "Using the Internet for Surveys and Health Research." *Journal of Medical Internet Research* at http: //www. jmir. org/2002/2/e13. HTML; Jan Colvin and Jane Lanigan (2005). "Ethical Issues and Best Practice for Internet Research." *Journal of Family and Consumer Sciences* September: 34-39; Gunther Eysenbach and James E. Till (2001). "Ethical Issues in Qualitative Research on Internet Communities." *British Medical Journal* November 10: 1103-1105; Dag Elgesem (2002). "What Is Special about the Ethical Issues in Online Research?" *Ethics and Information Technology* 4: 195-203。

[12] Amy Bruckman (2002). "Ethical Guidelines for Research Online" (version 4/4/02) at http: //www. cc. gatech. edu/~asb/ethics.

[13] 更多虚拟世界的列表见 Virtual Worlds Review (undated) at http: //www. virtualworldsreview. com/info/categories. shtml。

[14] Wikipedia (undated). Virtual Worlds at http: //en. wikipedia. org/wiki/Virtual_worlds.

[15] 广告主及营销者对虚拟世界的更多洞察见 Terra Nova (2004). "Advertising and Branding in Virtual Worlds " at http: //terranova. blogs. com/terra_nova/2004/04/advertising_and. html; Betsy Book (2004). "These bodies are FREE, so get one NOW!: Advertising & Branding in Social Virtual Worlds" at http: //www. virtualworldsreview. com/papers/adbrand. pdf。

[16] 例如，见 *Journal of Virtual Worlds Research* at http: //jvwresearch. org; Business Communicators of Second Life (undated) "Nine Questions on virtual World Market Research" at http: //freshtakes. typepad. com/sl_communicators/2008/01/nine-questions. html; Reena Jana (2007). "Mining Virtual Worlds for Market Research" at http: //www. businessweek. com/innovate/content/aug2007/id20070813_140822. htm。

[17] Jeffrey Stanton (2009). "Social Research Ethics for Virtual Worlds" at Slideshare (http: //www. slideshare. net).

[18] Code of Ethics of the Association of Institutional Research at http: //www. airweb. org/? page=140.

[19] 节选自美国营销协会纽约章节中的承诺部分。

[20] 所有情境均为虚构，数据仅作说明之用。

(本章翻译及校译：杨雪睿)

第二部分

信息的来源

第3章

二手资料调查

53 广告主可以利用一手资料调查或二手资料调查来帮助他们做出更好的决策。一手资料调查通过专门设计的项目来收集原始信息，以满足当下的信息需求。二手资料调查中的信息则是其他人过去为特定目的而收集，并非为当下特定项目而采集。

* * *

阅读本章之后，你会对以下内容有深刻理解：

- 识别二手资料调查信息的特征，并区分二手信息和二手来源；
- 识别和评估二手资料调查信息的适用性；
- 描述二手资料调查信息的优点和局限；
- 了解如何更好地使用搜索引擎进行资料搜集；
- 识别可以为广告决策制定提供持续的洞察和相关信息的二手来源。

54 本章包括三个部分。第一部分介绍二手资料调查的特征、用途，以及如何评估二手信息线上和线下来源的优势。第二部分介绍如何有效识别与特定信息需求相关的二手信息，并重点讨论搜索及搜索引擎的使用技巧。第三部分介绍如何识别有助于广告主持续获得信息的二手信息来源。

二手资料调查简介

二手资料调查所得信息是由他人为特定目的而收集和分析的信息，并非为当下的信息需求而专门采集的信息。这与一手资料调查形成鲜明对比，一手资料调查由信息使用者为了满足特定的信息需求而执行。因此依据以下两个标准区别二手资料调查和一手资料调查：

● 负责设计和执行调查的个体。在一手资料调查中，项目调查者负责问题定义、抽样设计、数据采集、数据分析以及结果展示。二手资料研究者的参与始于以上这些任务完成之后。二手资料调查者并不会对所收集的信息、收集信息的方法以及最初分析数据的程序进行控制。

● 调查执行的情境。在一手资料调查中，方法的设计和问卷的内容都是为满足最终用户的原始信息需求而专门形成的。这样，数据的编码、整理和分析就反映了调查委托方的最初需求。使用二手资料调查信息的调查者必须能够改编和解释有其原本用途的数据以满足新的需求（通常不同于原始用途）。

美国人口普查说明了一项调查研究及其收集的信息依据调查的最初设计、执行以及使用情境，如何既可以是一手资料调查，也可以是二手资料调查。人口普查是代表联邦政府进行的，帮助制定与众议院的州代表和联邦资金分配等有关问题的决策。在这种情况下，人口普查是一手资料调查。信息的最终使用者为调查的设计和执行提供了方向，以确保收集的信息满足他们特定的信息需求。而对于一个广告主或市场营销人员来说，则可以通过仔细查看人口普查信息，更好地了解人口变化，进而发现新产品或产品线延伸的机会。在后一种情况中，人口普查信息被作为二手资料来使用。广告主改编他人收集的数据来满足自身的信息需求，这不同于那些最初诱发信息收集的信息需求。

55 二手信息与二手来源

区分“一手/二手信息”与“一手/二手来源”很重要。正如前面所讨论的，一手或二手信息这一术语涉及最初负责调查的个体或组织和最初调查被执行的情况。当美国人口普查信息被联邦政府使用时，就是一手信息；被其他人使用时，则是二手信息。一手或二手来源指的是调查实施中信息的来源。一手来源是生产信息的个人或组织；二手来源是从原始信源获得信息并生产信息的个体或组织。例如，美国政府是人口普查的一手来源，而一份重新印刷或解释人口普查中部分数据的报纸或杂志则是二手来源。

一手来源和二手来源之间的差异是重要的，因为从一个信息使用者的角度来说，两个来源是不能互换或被同等接受的。以下是在可能的情况下，应该从一手来源处获得信息的三个重要原因：

完整性。一手来源更完整，因为它呈现了未删减版的全部发现。二手来源在选择和呈现删减版的部分数据时总会出现偏见。

准确性。一手来源比二手来源更准确，因为二手来源存在着误解信息或者以偏见和误导的方式呈现信息的可能。此外，二手来源经常省略重要的补充说明或者关键的文本因素（这些都会在一手来源中呈现），由此会改变数据的意义和解读。

质量。一手来源通常会说明收集数据的方法。一个研究者可以通过检查数据收集方法来评估信息的质量。二手来源通常不会详细介绍数据的收集方法。

二手资料调查的使用

二手资料调查有助于广告决策的制定，主要表现在三个方面。二手资料调查可以：

直接满足广告主的信息需求；

为一手资料调查提供重要的洞察；

有助于问卷的制定。

直接满足广告主的信息需求。在某些情况下，通过二手资料调查获得的信息可以全面满足或解决广告主或营销人员的信息需求，由此不必再进行一手资料调查。这可以通过以下两种方法中的一种来实现。

第一，二手资料可以提供所需信息，无需深入分 56
析或操作，例如：

● 媒介策划人员希望识别那些年薪低于30 000美元、年龄在18～34岁的人群比例超过平均值的城市；类似地，广告主希望了解大都市或某些特定人口统计群体的数量增减情况。两类信息都能从人口普查或其他人口统计信息中获得。无需对数据进行处理即可满足信息需要。

● 广告主想要监控其品牌和同类竞争品牌的动态

和发展趋势。例如，某休闲食品的广告主通过阅读他人整合的趋势报告，诸如图 3—1 显示的信息[1]，可以掌握最新资讯。此外，这类信息可以直接使用而不需进一步处理。

57

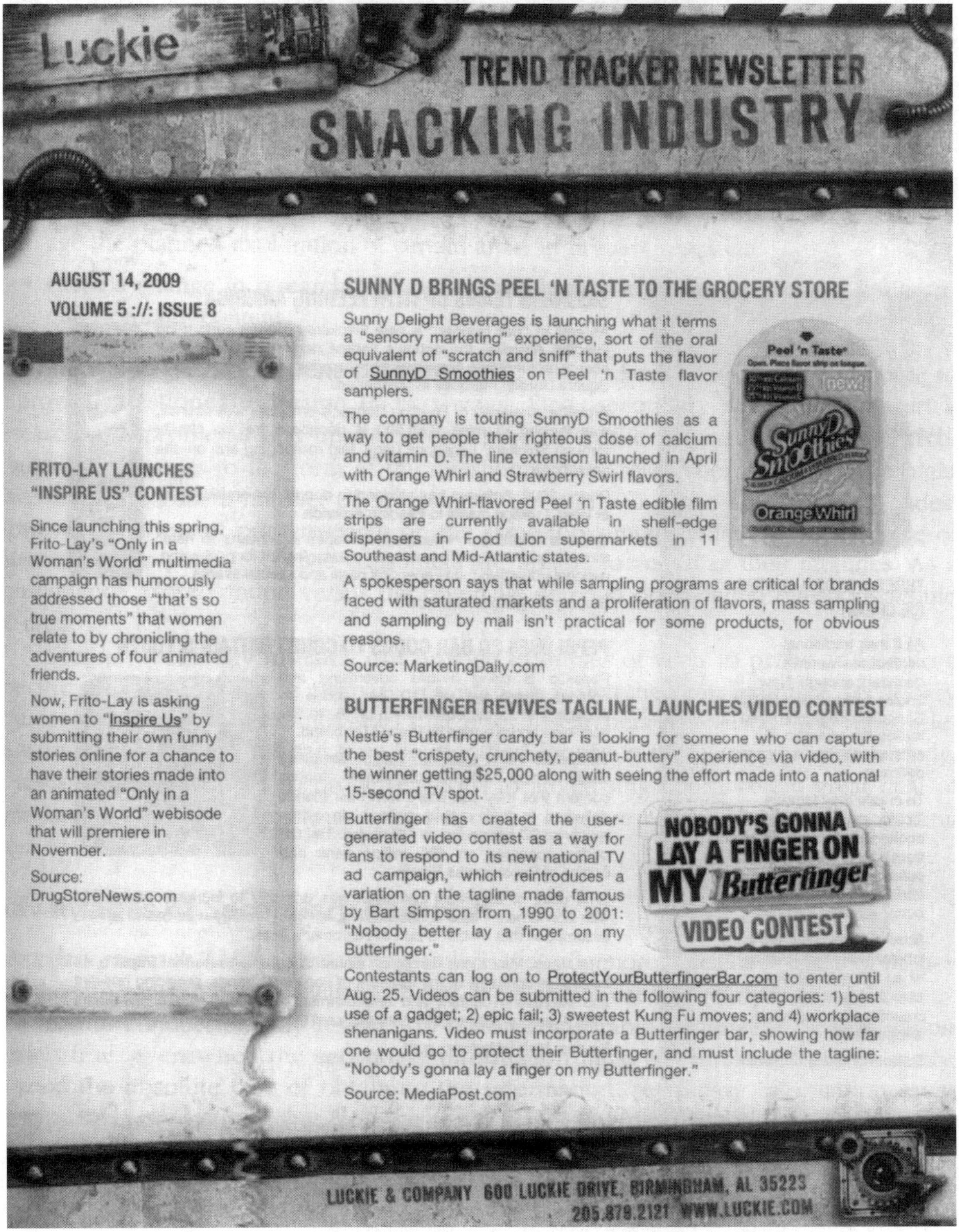

Luckie

TREND TRACKER NEWSLETTER

SNACKING INDUSTRY

AUGUST 14, 2009

VOLUME 5 ://: ISSUE 8

SUNNY D BRINGS PEEL 'N TASTE TO THE GROCERY STORE

Sunny Delight Beverages is launching what it terms a "sensory marketing" experience, sort of the oral equivalent of "scratch and sniff" that puts the flavor of SunnyD Smoothies on Peel 'n Taste flavor samplers.

The company is touting SunnyD Smoothies as a way to get people their righteous dose of calcium and vitamin D. The line extension launched in April with Orange Whirl and Strawberry Swirl flavors.

The Orange Whirl-flavored Peel 'n Taste edible film strips are currently available in shelf-edge dispensers in Food Lion supermarkets in 11 Southeast and Mid-Atlantic states.

A spokesperson says that while sampling programs are critical for brands faced with saturated markets and a proliferation of flavors, mass sampling and sampling by mail isn't practical for some products, for obvious reasons.

Source: MarketingDaily.com

BUTTERFINGER REVIVES TAGLINE, LAUNCHES VIDEO CONTEST

Nestlé's Butterfinger candy bar is looking for someone who can capture the best "crispety, crunchety, peanut-buttery" experience via video, with the winner getting $25,000 along with seeing the effort made into a national 15-second TV spot.

Butterfinger has created the user-generated video contest as a way for fans to respond to its new national TV ad campaign, which reintroduces a variation on the tagline made famous by Bart Simpson from 1990 to 2001: "Nobody better lay a finger on my Butterfinger."

Contestants can log on to ProtectYourButterfingerBar.com to enter until Aug. 25. Videos can be submitted in the following four categories: 1) best use of a gadget; 2) epic fail; 3) sweetest Kung Fu moves; and 4) workplace shenanigans. Video must incorporate a Butterfinger bar, showing how far one would go to protect their Butterfinger, and must include the tagline: "Nobody's gonna lay a finger on my Butterfinger."

Source: MediaPost.com

FRITO-LAY LAUNCHES "INSPIRE US" CONTEST

Since launching this spring, Frito-Lay's "Only in a Woman's World" multimedia campaign has humorously addressed those "that's so true moments" that women relate to by chronicling the adventures of four animated friends.

Now, Frito-Lay is asking women to "Inspire Us" by submitting their own funny stories online for a chance to have their stories made into an animated "Only in a Woman's World" webisode that will premiere in November.

Source: DrugStoreNews.com

LUCKIE & COMPANY 600 LUCKIE DRIVE, BIRMINGHAM, AL 35223 205.879.2121 WWW.LUCKIE.COM

图 3—1　2009 年 8 月零食业趋势追踪报告摘录

58

Luckie

TREND TRACKER NEWSLETTER

SNACKING INDUSTRY

THREE WORDS: LOBSTER ICE CREAM

As if their traditional confections weren't decadent enough, New England-based Ben & Bill's Chocolate Emporium also makes the sweetest of crustaceans into a sugary delicacy.

To create their famous lobster ice cream, freshly cooked lobsters are selected from a local lobster pound, pulled apart, buttered and folded into a sweet, creamy, butter-flavored ice cream.

According to Ben & Bill's lobster ice cream "tastings" hit an all-time high during peak lobster season. The ice cream is also their No. 1 shipped item.

Source: Trendcentral.com

SNICKERS TEAMS UP WITH FEEDING AMERICA

As part of "Bar Hunger," a new Snickers program supporting Feeding America, the nation's largest domestic hunger-relief charity, actor David Arquette spent two days atop the Madison Square Garden marquee in Manhattan.

Arquette, chairman of Feeding Hunger's entertainment council, was looking to raise $250,000 in donations for the charity through Snickers' Facebook page, text messaging and on-site collections.

During 2009, Snickers has pledged to donate the equivalent of at least 3 million meals to Feeding America.

The brand will also "educate and inspire Americans to help" through branding and educational messaging on its packaging, national advertising, its Facebook page and special events.

Source: DrugStoreNews.com

BAR HUNGER

PEPSI USES 2D BAR CODES TO COURT BRITAIN'S YOUTH

PepsiCo is using mobile advertising and content distributed via 2D bar codes to engage with its target audience of 18- to 24-year-olds and promote its Pepsi Max brand.

To spread the "Pepsi Max Kicks" campaign virally, Pepsi offered consumers mobile content that they can share with their friends delivered to their mobile phones via quick-response 2D bar codes, or QR codes. The QR codes appeared on 400 million cans and bottles of Pepsi across Britain.

"The point of the Pepsi campaign was primarily to increase interactivity with consumers," said a spokesperson. "The strategy was based on the assumption that mobile is part of customer's lives."

"The Pepsi Max Kicks campaign aimed to communicate that Pepsi is an innovative company at the forefront of consumer trends, providing relevant and interesting content and entertainment when and where customers want it through their mobile phones," said the spokesperson.

Source: MobileMarketer.com

FOR MORE INFORMATION, PLEASE CONTACT DAVID STUTTS AT DAVID.STUTTS@LUCKIE.COM

图 3—1　续前图

第二，二手资料即便不能以原始形式满足信息需求，也可以通过处理来满足信息需求。当信息需求需要不同于二手资料的数据分类方式时，则需要对二手资料的数据进行处理。广告主可能需要以下面的年龄分组来了解人口统计趋势：17～30 岁、31～49 岁、50～60 岁、61～75 岁和 76 岁以上。因为这并不是标准化的年龄分组，研究者不得不通过整合更小的年龄分组数据来形成上述分组数据。当二手资料调查虽然包含合适的数据，但数据形式不能满足广告主或营销人员的信息需求时，也需要对原始数据进行处理。广告主也许希望明确竞争对手在过去五年中广告投放的比例变化。然而，由于二手来源通常会以美元的方式报告广告投放量，因此需要将美元花费换算成比例来满足广告主对应的需求。

前面的例子解释了二手来源如何回答某些具体的问题。但有的时候，某些信息需求只有通过整合多个二手信息来源才能得到满足。这种二手资料调查可以用下面的问题来表示："广告主对社交媒体的使用趋势如何？或者移动广告的发展趋势如何？"对于这类更宽泛和复杂问题的理想回答，需要调查者全面搜集可用的二手信息，综合分析来自各种信息源的研究发现，并提出这些发现的意义。综合分析和观点提炼是很有必要的：一份二手资料得出的报告如果没有分析和解读将不能完全满足信息需求，并且会为后面的决策制定提供不完整的依据。

为一手资料调查提供重要的洞察。二手资料调查的信息有助于澄清、重新定义或重新聚焦于一个有计划的一手资料调查研究。"通过检查二手来源，可以了解哪些是已知的、哪些是未知的、已有研究的局限、
59 所采用方法的不足以及早期结论的普遍适用性。"[2] 因此，在研究早期进行相关二手资料调查可以从以下几个方面助益于一手资料调查。二手资料调查所得信息可以：

- 回答一手资料调查研究最初提出的问题，从而不必再进行这些领域的探索；
- 引导一手资料调查研究去探索未知和另外的区域。反过来，二手资料调查也会使得一手资料调查研究不必再进行某些特定领域的探索。
- 导致调查假设的改变，进而改变调查设计或问卷内容。

有助于问卷的制定。二手资料调查可以从两方面改进问卷设计。首先，二手资料调查会提醒调查者计划的一手资料调查中可能会遇到的问题，进而导致问卷形式的改变。例如，调查者可能已经决定要使用一些开放式问题（open-ended questions）来了解消费者的态度。但是，回顾之前同类主题的调查，发现这类问题的效果并不好，因为消费者很难用语言来描述他们的态度。因此，调查者使用了封闭式（closed-ended）问题，而不是之前计划的开放式问题。

其次，二手资料调查可以为一手资料调查涉及的具体领域提供调查和探索的方法。调查者可以通过检查二手来源来明确之前的调查者所使用的具体方法。那些最相关和最可靠的方法经过修改之后，就可以用来进行当下的调查研究。调查者通过使用由其他调查者开发的研究方法来调查广告的反响，比从头做起可以节省大量的时间和精力。

二手资料调查的优点

与一手资料调查相比，二手资料调查更节省时间和金钱。一般而言，收集相似的信息，二手资料调查会比一手资料调查便宜很多。即便二手信息需要购买也是这样。此外，除了获取信息的绝对成本以外，二手信息通过帮助调查者聚焦于真实的和有意义的知识空白，也可以节省很多钱。

由于信息获取速度的差异，二手资料调查可以节省时间。例如，通过对二手来源进行分析，也许仅需要一周的时间即可确定竞争对手的营销策略。而一手资料调查，如果能够成功完成的话，则可能需要几个月的时间。因此，当需要快速地洞察（尤其是定量洞察）时，唯一的可行性选择就是求助于二手来源。而且，"如果进行一手资料调查的预算和周期都严格受限的话，二手资料调查也许能提供质量更高的数据，
然后可以得到一个新的调查方案"[3]。 60

最后，在某些情况下，只有二手资料调查能够获得可用的信息。单个广告主或市场营销人员是无法实施那些周期非常长、花费非常高的调查的，例如美国人口普查或监测全国广告主的广告支出。

二手资料调查的局限

尽管二手资料调查获得信息的优点很多，但对于那些无知的或不加批判的信息使用者而言，使用这种

类型的信息存在着危险。二手资料调查的使用者必须明确了解二手信息存在可得性、相关性以及全面性方面的不足。

可得性。在某些情况下，不能使用二手信息仅仅是因为无法得到。导致二手信息无法得到的原因有：

● 信息需求的唯一性和特殊性（例如，判断消费者对广告想法的反应或获取可替代产品配方偏好的口味测试）

● 所需信息的专有性（例如，消费者对竞争对手扩展新生产线的反应）

当二手信息无法得到时，就需要一手数据来满足信息需求。

相关性。当二手资料调查具有相关性时，能够充分满足广告主的信息需求。二手资料调查所得信息的相关性由广告主的信息需求与二手信息的特征之间的一致程度来决定，包括测量单位、分析单位和数据收集的时效性。

当广告主或营销人员想要的测量单位与二手资料调查的测量单位一致性较高时，二手信息的相关性就会提升。例如，一个汽车制造商希望跟踪竞争对手的广告月支出。二手信息以每月广告花费进行报告则具有精确的一致性，进而有很高的相关性。二手来源如以其他单位报告广告花费，例如销售的每辆汽车的广告花费或广告花费在毛利中的占比，其相关性就会较低。

当广告主或市场营销人员定义分析单位的方式与二手信息来源定义的方式一致时，二手信息的相关性也会提高。例如，一个广告主对那些有5～10岁儿童的家庭平均每月为孩子们购买的麦片数量比较感兴趣。与这种分析单位定义一致的二手信息就更具相关性，而那些使用不同分析单位的二手信息，其相关性则较低，例如调查使用了不同的：

● 分类定义（例如，家庭麦片购买量而不是儿童麦片购买量），

● 时间周期（例如每周，或每三个月），或者

● 目标定义（例如，拥有12岁以下儿童的家庭）。

最后，二手信息的相关性随其时效性而提高。大 61
多数信息需求需要最新的数据。因此，二手信息的相关性和有用性随二手信息来源的数据变得陈旧而降低。

全面性。二手数据也许可得并且相关，但仍未必能够全面满足信息需求。例如，一个洗发水广告主希望了解最畅销的洗发水以及洗发水在25～54岁的男性消费者和25～49岁的女性消费者中的品牌占有率。二手信息也许可以提供所有洗发水的品牌市场占有率，但不能够提供在这个特定性别和年龄群体中的品牌分布情况。当二手信息不全面时，广告主或者需要进行一手资料调查，或者（更具风险性）在可得的但不全面的数据基础上制定决策。

评估二手信息的“好”

查找二手信息通常没有太大问题。但是，在使用这些信息之前，评估其来源是很有必要的。本部分所讨论的标准将有助于你评估网上的或纸制的二手信息来源。[4]

作者和来源。只有由客观的和素质高的个体创造的二手信息才有价值。以下问题将有助于评估作者和来源的特征。

● 这份材料的作者是一人还是多人？其身份能否被清楚识别？

● 作者的资质能否查到？如果可以，作者是否受过相关的训练或具有某项专长？能否查到其个人简介和资质介绍？

● 作者是否从事其他类似工作？对这些工作的评价如何？

● 作者是否从属于某个机构，从而可能会使其观点有所偏颇？

● 是否清楚谁资助了作者？也就是说，出版商或网站拥有者的可信度如何？出版商或网站拥有者能否保持中立？

● 能否联系到作者以核实资料来源的任何细节？

● 如果你来执行一项有关作者或来源的调查，将会如何描述？

● 如果是一个网站，从网站的URL链接可以推断什么？是商业网站（.com）、政府网站（.org），还是教育机构的网站（.edu）？URL是国内的还是国外的？

准确性

● 页面或出版物上是否通过脚注、参考书目、外部的（并且可信赖的）网址链接提供外部来源来证实所提供的信息？

● 页面或出版物是否经过外部来源的复审？

● 所提供的原始数据是否尽可能地支持论证或结论？支撑的数据有没有被更改或伪造？

● 事实或数据是否被不公正操纵以支持某个观点？数据呈现是否完整而不是被精挑细选过？

62 ● 如果数据以图表形式呈现，图表是否清晰并做了适当标注？

● 如果有数据，其背后的方法是否适当和客观？

时效性

● 材料准备时是否清晰？基础的数据、结论或论证是否与潮流同步从而具有价值？

● 如果来源是一个网站，能否确定资料是最近更新、修正或编辑的？外部链接是可用的和当前的吗？

客观性

● 观点是否能够清晰地与事实相区别？信息源在资料中是否能够使得这一区别清晰可见？

● 原始资料的潜在目的是什么？是报告还是支持某个主张？如果从一个作者或组织获得多个资料来源，这些资料的整体基调或观点是什么？

● 如果是一个网站，都有哪些类型的网页链接到此？从这些链接当中可以获得关于这个网站客观性的哪些信息？

查找二手信息

二手信息的来源主要有三个：线下印刷资料、无索引的在线资源和有索引的在线资源[5]。本部分将主要介绍后两种来源[6]，尤其关注使在线搜索的相关性和价值最大化的技巧。

无索引的在线资源

Slideshare（幻灯片分享社区。——译者注）和 Scribd（在线文档上传及分享社区。——译者注）就是两个典型的在搜索引擎中几乎无索引的资源。[7]两个网站都汇聚了大量的 PPT、Word 文档以及由个人、广告代理公司、调查公司和其他公司所提供的书面材料。尽管两个网站上的资料范围非常广泛，但是广告主和市场营销人员感兴趣的资料都能快速有效地获得，这些二手信息需求与新媒体的广告和营销有关时更是如此。例如，搜索“广告和社交媒体”就会得到以下文档：《为社交媒体创作有趣的广告》（*Creating Engaging Advertising for Social Media*）、《广告——社交媒体的“比特”》（*Advertising—the Social Media Bit*）、《社交媒体营销的中断》（*The Social Media Marketing Disconnect*）、《社交媒体与广告的未来》（*Social Media and the Future of Advertising*）、《社交广告的最佳实践》（*Social Advertising Best Practices*）、《社交媒体与广告》（*Social Media and Advertising*），以及《社交媒体广告的不同视角》（*A Different Perspective on Social Media Advertising*）。[8]这些资料大多数都可以在这两个网站上找到并下载。

许多代理公司也会在 LexisNexis（法律专业数据库。——译者注）或类似数据库中查找通过搜索引擎检索不到的资料。LexisNexis“提供了一个广泛使用和可搜索的档案库，内容包括报纸、杂志、法律文件以及其他印刷材料。LexisNexis 将自己描述为‘世界’最大的公开记录、未公开观点、表格、法律、新闻和商业信息的资料库”[9]。 63

有索引的在线资源：搜索策略

据估计，万维网共有超过 450 亿个页面。因此，对于任何一个搜索请求，即便没有数百万，通常也会有数千个回应（例如，搜索“广告和社交媒体”，就会得到超过 2 900 万的网页列表）。像谷歌（Google）、雅虎（Yahoo!）或微软必应（Bing）这样的搜索引擎都可以帮助你寻找信息。但是，任何一个搜索的目标都是更有效率地找到最相关的信息。系统的搜索策略的运用可以提高搜索到相关的和有用的信息的可能性。本部分将提供一个这样的策略。[10]

第一步：陈述你的信息需求。设想你的代理公司被要求去争夺 Yoplait 酸奶的客户，而公司并无这个产品品类的经验。二手资料调查可以帮助公司尽快熟悉产品品类的趋势、Yoplait 以及竞争品牌的活动、广告和促销的方法以及其他领域的活动，这些将最终影响广告策略和创意形成。公司安排你去准备一份有关酸奶品类的发展趋势的简报。

搜索策略的第一步就是要以一个或多个问题的方式表达你的信息需求。在这个案例中，关键问题是：

酸奶品类当下的趋势是什么？

(What are the current trends in the yogurt category?)

第二步：删除不必要的词语。这一步通过删除任何与问题核心思想无关的内容来减少每一个搜索问题的冗余词汇。

酸奶品类当下的趋势是什么？

(What are the current trends in the yogurt category?)

酸奶~~品类~~当下的趋势~~是什么~~？

(~~What are the~~ current trends ~~in the~~ yogurt ~~category~~?)

第三步：扩展原始搜索词。这一步需要完成两件事情。首先，通过添加搜索词的同义词来增加搜索可用信息范围的机会。通过使用同义词词典来扩展每一个原始搜索词通常是很有帮助的。其次，始终记住在每一个搜索词后面都增加一个“s”（例如 trends），这样通常会得到与单数形式（例如 trend）不一样的结果。[11]在这个例子中，原始的搜索词都使用了关键词的两种形式，每一种形式都被配以可替换的同义词

trends yogurt
trend yogurt
developments yogurt
development yogurt
advances yogurt
advance yogurt

记住搜索词中如果包括两个以上的词语，通过在每两个词语之间加上“+”可以减少词语顺序的影响，并增加相关结果的数量。这样，对于“trend yogurt”，在输入搜索引擎时即为“trend + yogurt”。图 3—2 和图 3—3 展示了扩展原始搜索词的价值。图 3—2 展示了用“trends + yogurt”和“trend + yogurt”分别在谷歌搜索得到的不同结果。图 3—3 展示了用搜索词的同义词“developments + yogurt”进行搜索所得到的额外的相关结果。

64

图 3—2 分别用“trends + yogurt”和“trend + yogurt”在谷歌中搜索得到的结果

第四步：在几个搜索引擎上进行搜索。每一个搜索引擎都有其自身的优势和不足。有一些搜索引擎对某一类信息的检索要比其他搜索引擎更有效。因此，

原始搜索词应该在三个主要的搜索引擎上进行搜索：谷歌、雅虎和微软必应。图 3—4 通过在雅虎和必应上分别搜索“trend ＋ yogurt”得到的结果展示了这一步的重要性（也可将这一结果与图 3—2 中展示的谷歌的搜索结果进行比较）。虽然几个搜索引擎之间会有信息重复，但每一个搜索引擎对于查找相关的二手资料来源都做出了各自的贡献。

图 3—3　用“developments ＋ yogurt”在谷歌上搜索得到的结果

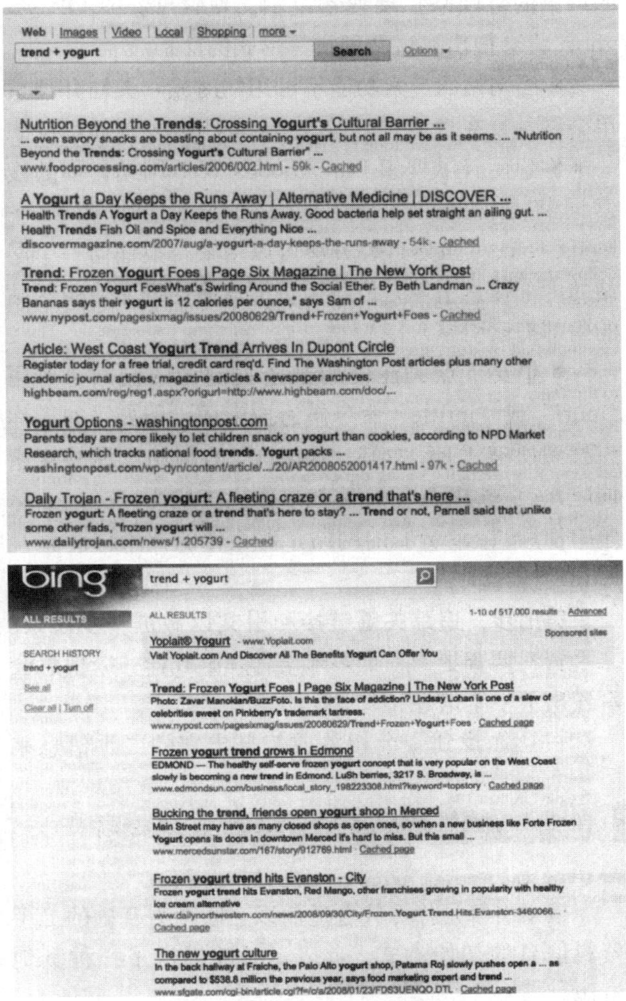

图 3—4　用“trend ＋ yogurt”在雅虎和必应上搜索得到的结果

第五步：系统地阅读关键发现并仔细思考结果。常识会告诉你阅读并探究某些搜索结果。而如果你能系统地阅读这些信息来源，注意回答以下几类问题，你将会更加有效地识别合适的二手信息。

- 哪一个搜索引擎提供了最佳结果？
- 哪一个搜索词汇产生了最佳结果？
- 哪些词汇在某个搜索引擎上比其他搜索引擎上得到了更好的结果？
- 是否有一些搜索词汇范围过宽，产生了太多不相关的结果？
- 是否有一些搜索词汇范围过窄，得到的相关结果太少？
- 有哪些相关资料使用了某些单词或词组，而应该用这些词再次检索？

你对每一个问题的回答将会影响接下来的行为。

66 **第六步：修正原始搜索词，创建新的搜索词，在最有效的搜索引擎上重新搜索。**这一步将会把你之前的回答付诸行动。修正了原始搜索词，在搜索引擎上搜索新的搜索词就会在第四步中得到最佳结果。以下技巧将辅助修正过程，对于三个主要的搜索引擎都适用。[12]假设目标如下：

- 搜索一个具体的短语，将其用引号引起来，例如“yogurt advertising”。
- 使用减号去除包含某个特定词语的资料以便缩小搜索范围。例如，如果你想搜索讨论酸奶发展但不包含酸奶广告的网站，你可以用“yogurt trend”-advertising 来实现。
- 为了缩小搜索范围来寻找特定类型的信息源，你可以在搜索词中界定所需的信息来源的种类。搜索 PDF 文档，就可以搜索 yogurt trends filetype：pdf，而搜索 PPT 文档的话，可以搜索 yogurt trends filetype：ppt。
- 使用“～”符号让搜索引擎判断和使用搜索词的同义词来扩展搜索范围。例如，如果你想在谷歌上搜索“trends”的同义词，你的搜索词汇可以是 yogurt ～ trends。
- 用“OR”（大写字母）连接搜索词增大可接受

的词语的范围来扩展搜索范围。搜索 yogurt OR yoghurt 将会搜出有这两种拼写形式的文档。

● 当网站的搜索功能不可用的时候，关注并搜索单个网站，在搜索词后增加网站 URL。例如，设想一下你想用谷歌搜索 Dairy Foods Web 网站。你的搜索词将是 "internet marketing" Site：www.diaryfoods.com。(虽然这种方法可以用来替换任何一个网站的内部搜索引擎，但我们仍推荐你尽可能使用网站的内部搜索引擎)。

● 想要重点关注使用某个关键词的网站，可用 "inurl" 或 "intitle" 命令作为搜索词。例如，如果你想找到所有 URL 中有 "yogurt" 的网站，你的搜索词应该是 inurl：yogurt。如果你想查找所有在网页标题中使用 "yogurt" 的网站，那么你的搜索词应该是 intitle：yogurt。

第七步：追踪关键链接和引文以做进一步搜索。二手资料调查更像一个多米诺骨牌游戏，一个信息会牵连出下一个信息。

一旦你找到一个相关或信息丰富的二手信息来源，就可以用这个来源作为基础获得新的信息。这可以通过几个方式来实现。[13]

● 大多数网站都有内部的搜索引擎，可使用这个搜索引擎在网站内部寻找其他相关文章。

● 通过相关文档中的链接找到其他外部资源。

● 聚焦于相似话题的网站通常彼此会有链接。因此，识别那些能链接到相关和重要网站的网址通常很有用。这可以在搜索引擎需求中使用 "链接"（"link"）运算符来实现。例如，搜索词为 link：www.dairyfood.com，可以搜出链接到 Dairy Food Web 网站的所有网站列表。

最后，搜索引擎还提供了能同时扩大和聚焦你的搜索结果的方法。例如，谷歌为每一个搜索结果都提供了几个选择。当前的页面无法打开时，"网页快照" 可以帮助查看该网页之前的样子。"类似结果" 提供了与当前网页相似的其他页面。这三个搜索引擎都提供了与搜索词相关的建议。这些链接可以提供那些通过原始搜索词漏掉的文档。

69 除一般搜索引擎以外的其他搜索引擎

搜索引擎是你寻找合适的以互联网为基础的二手资料信息的初始方式。此外，谷歌提供了三种其他资源。

博客搜索（Blog Search）把谷歌的搜索技术应用到博客上。[14] 谷歌解释说，"博客搜索是通过博客的内容源来索引博客，这些内容源被频繁地检查以查找新的内容。也就是说对于一个指定的博客进行博客搜索的结果，要比一般的网页搜索能够更快地更新内容。此外，内容源里的结构化数据也使得更准确地查找精确的发帖内容和时间范围成为可能"。尽管这一信息来源能够提供重要的观点，但仍需要严格地评估从博客中所获得的信息。图 3—5 展示了通过谷歌博客搜索 "trends ＋ yogurt" 的结果。

尽管之前提到的学术数据库如果可用的话会是一个更好的选择，但谷歌学术（Google Scholar）[15] 提供了一个可以宽泛地搜索学术文献的简单的方式。学术搜索引擎可以让你搜索到许多跨领域的资料来源：来自学术出版商、专业团体、预印本库、大学和其他学术组织的经同行评议的论文、专论、专著、摘要和文章等。

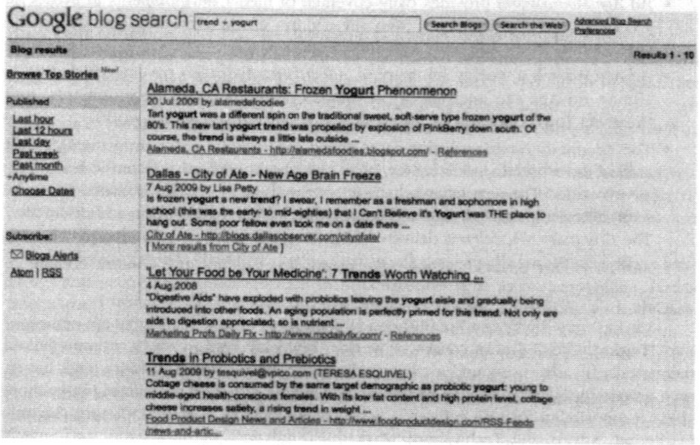

图 3—5　在谷歌博客搜索 "trend ＋ yogurt" 的结果

谷歌书籍搜索（Google Book Search）[16] 与网页搜索很相似。通过谷歌书籍进行的搜索会检索到包含与你的搜索词相匹配内容的书籍。如果这本书的版权已经失效，或者得到了出版商授权，你就可以预览这本书，有的时候能够看到全文。如果这本书版权属于公共领域，那么你可以下载 PDF 版本。

70 与潮流同步

本章前面的部分指导了如何查找特定信息的原则。成功的广告主和市场营销人员在使用二手资料的时候，也需要在持续的基础上与潮流同步。本部分将提供这方面的建议。

电子邮件简报（E-mail Newsletters）

大多数的组织会出版简报。这些简报或者提供有关当前发展的简明新闻（附带原始资料来源的链接），或者介绍独创的分析和观点。考虑到大多数简报是可得的，目标就是要识别在持续的基础上哪些内容是最相关和最有趣的。以下介绍的来源都是很好的开始，同时所有的订阅（能够从指明的网站上获得）都是免费的。

简报出版商

《广告时代》（*Advertising Age*）（www.adage.com）出版12份与广告趋势和发展相关的简报，具体包括：

- 《广告时代日报》（*Ad Age Daily*），这是一份每日简报，重点介绍《广告时代》上最重要的当日新闻。
- 《数字广告时代》（*Ad Age Digital*），这是一份周刊，重点关注数字媒体的新形式及其如何影响市场营销吸引消费者的方式。
- 《广告时代媒介工作》（*Ad Age Media Works*）每日提供有关无线电视、有线电视、广播、纸媒、网站、视频点播、宽带、电视游戏、音乐播放器以及其他新媒体的发展动态。
- 《广告时代视频》（*Ad Age Video*），这是一份周刊，汇总了《广告时代》上有关视频的重要内容，包括“3分钟广告时代”（3-Minute Ad Age）（一周最重要动态分析）和“创意前五”（Creativity Top 5）（一周最创新的创意作品回顾）。
- 《创意简报》（*The Creativity Newsletter*），它展示“来自美国和世界各地的必看创意，并呈现品牌创意领域最新的动态和观点”。该简报将有助你看到“最好的电视预告片、网络电影、平面广告、互动营销活动、设计和其他来自跨平台和领域的作品”。《创意简报》每周发布四次。
- 《麦迪逊与葡萄藤》（*Madison + Vine*），它报道“那些挑战商业底线的最前沿的营销活动”。

Clickz（www.clickz.com）出版大量简报，并且汇总在“Tracks”中。Clickz Tracks包括按广告和营销主题串联在一起的周刊、双周刊和月刊专栏。每一个track中的专栏都有自己独特的关注点，有时候由两个作者共同负责，但通常都是由一个作者撰写。Clickz Track包括：电子邮件营销、智能营销、广告技术、营销分析、媒介购买和搜索引擎营销等。

Mediapost（www.meidapost.com）出版24份日报和周报简报，每一篇都是原创。有一些简报关注被严格定义的领域，而另外一些则提供特定人口群体或行为群体的观点。Mediapost的出版物主要包括以下几组内容： 71

- 在线媒体、营销和广告简报，包括《行为内参》（*Behavioral Insider*）、《邮件内参》（*Email Insider*）、《游戏内参》（*Gaming Insider*）、《在线记录》（*Just an Online Minute*）、《测量内参》（*Metrics Insider*）、《移动内参》（*Mobile Insider*）、《数字化前沿记录》（*Notes From the Digital Frontier*）、《每日在线媒体》（*Online Media Daily*）、《在线出版内参》（*Online Publishing Insider*）、《在线报道》（*Online Spin*）、《业绩内参》（*Performance Insider*）、《搜索内参》（*Search Insider*）、《社交媒体内参》（*Social Media Insider*）、《视频内参》（*Video Insider*）。
- 传统媒体采购简报，包括《杂志架》（*Magazine Rack*）、《媒体创意》（*Media Creativity*）、《媒体每日新闻》（*Media Daily News*）、《媒体技术的未来》（*Media Technology Futures*）、《调查简介》（*Research

Brief)、《电视委员会》(*TV Board*)、《看电视》(*TV Watch*)。

● 品牌和产品营销简报，包括《行为：婴儿潮一代》(*Engage：Boomers*)、《行为：Y一代》(*Engage：GenY*)、《行为：西班牙裔》(*Engage：Hispanics*)、《行为：妈妈们》(*Engage：Moms*)、《每日营销》(*Marketing Daily*)、《营销：绿色》(*Marketing：Green*)、《营销：运动》(*Marketing：Sports*)。

细分领域的简报。订阅 eMarketer（www.emarketer.com）可以获得与广告和营销趋势相关的在线最新分析。订阅后每个工作日都会通过 e-mail 接收到两篇由研究基金会资助写作的新文章。订阅 eMarketer 还可以选择接收 eMarketer FYI 提供的网络研讨会和活动公告、白皮书、最佳实践指南和研究简介等。

哈佛大学商学院的《应用知识》(*Working Knowledge*）简报（hbswk.hbs.edu）提供来自哈佛大学商学院教员的最前沿的研究和思想。该简报内容包括策略、领导和管理、组织和社会企业。最近的论文包括：《社交网络上的朋友会影响购买吗?》(*Do Friends Influence Purchases on a Social Network?*)、《利用深层隐喻连接消费者》(*Connecting with Consumers Using Deep Metaphors*)，以及《下一个营销挑战：出售“简单”》(*The Next Marketing Challenge：Selling to “Simplifiers”*)。

《互动广告局简介》(*IAB Smartbrief*）是互动广告局（www.iab.net）的出版物。它以每日电子邮件简报的方式关注专门为广告、营销和媒介做设计的互动媒体。简介的编辑们从成百上千的出版物中选择关键文章，为每篇文章撰写简介，并附上原始来源的链接。

《偶像关注》(*Iconowatch*）是由 Iconoculture（www.iconoculture.com）出版的周刊简报，这是一家文化流行趋势研究公司，该公司将自己描述为“文化趋势之声——不仅向消费者指明世界范围内什么是重要的，而且解释为什么会这样以及它的未来会怎么样”。

《营销图表》(*Marketing Charts*)（www.marketingcharts.com）提供了最新的广告和营销调查结果，这些调查均来自诸如尼尔森在线（Nielsen-Online）、哈里斯互动（Harris Interactive）、TNS 媒体情报公司（TNS Media Intelligence）等各类营销和广告调查公司。《营销图表》总是能够链接到更广泛的数据和讨论。

《麦肯锡季刊》(*McKinsey Quarterly*）是由全球咨询公司麦肯锡公司（www.mckinsey.com）出版的一份印刷的和在线的商业杂志。季刊的目标是“提供私人的、公共的和非盈利的企业管理新思考。我们的目标是帮助人们更加有效、更具竞争力和更具创造力地经营他们的企业”。广告主和营销者更感兴趣的是有关策略、科技和营销的文章。

72 白皮书、调研报告、网络研讨会和演讲

白皮书和调研报告通常会呈现与某个公司或组织所关注领域和专业技能相关的观点和研究发现。这些文章一般会有双重好处，一方面使广告主和营销人员能够了解最新思想和研究发现，另外一方面又能宣传推广该公司或组织。网络研讨会和演讲使公司以更加视觉化的方式呈现研究和观点。有现场演讲（网络研讨会）的记录或幻灯片可以看。识别这些资源最好的方式是查找和访问那些关注的专业知识与二手资料信息需求相符合的公司网站。以下这些公司都很不错，可以从它们开始（所有提到的资源，包括公司其他资源都是免费的）。

在线的、数字的和新兴的媒体。不必惊讶，许多提供白皮书或相关资料的公司会关注在线的、数字的和新兴的媒体，例如社交网络、视频游戏和移动广告。在这一领域的领先公司包括：

Doubleclick 公司(www.doubleclick.com）将自己描述为“数字营销技术与服务的提供商。世界顶级营销公司、出版商和代理公司都在用 Doubleclick 公司在广告服务、富媒体、视频、搜索以及联盟营销等方面的专业知识来帮助自身充分利用数字媒体。从其在数字营销中处于中枢神经的地位来考虑，Doubleclick 公司向其客户提供了洞见和知识”。Doubleclick 公司提供了大量的重要文章来帮助广告主和市场营销人员更好地理解在线用户的行为以及广告在影响他们行为中扮演的角色。Doubleclick 公司的最新研究报告包括：《富媒体和视频广告的品牌价值》(*The Brand Value of Rich Media and Video Ads*)、《富媒体的创意洞察》(*Creative Insights on Rich Media*)、《影响影响者：在线广告和在线媒体如何影响口碑》(*Influencing the Influencers：How Online Advertising and*

Media Impact Word of Mouth)，以及《优化网络广告效果的最佳实践》（*Best Practices for Optimizing Web Advertising Effectiveness*）。[17] 除了这些专门的报告，Doubleclick公司还提供“触点”（Touchpoint）系列。这一系列的四个报告提供了对影响消费者购买决策的因素的重要洞察，包括线上的和线下的不同产品和服务的购买行为。最近的一篇报告（触点四 Touchpoints Ⅳ）可以作为一篇独立的报告来了解最新的流行趋势，也可以在触点一、二、三后阅读，从而获得对长期消费者趋势的观察。

comScore（www. comscore. com）通过结合行为测量和调查的方式来了解数字世界。最近的白皮书包括：《整合营销活动：搜索市场模式如何驱动广告展示的ROI》（*Making Integrated Campaigns Work: How a Search Marketing Mindset Can Drive the ROI of Display Advertising*）、《在线广告如何运作：去哪里点击?》（*How Online Advertising Works: Whither The Click?*），以及《消费者包装的商品：网络广告有助于增加线下销售》（*Consumer Packaged Goods: Internet Advertising Proven to Increase Offline Sales*）。

Coremetrics（www. coremetrics. com）是一家一流的线上营销和企业优化方案供应商。其最近的白皮书包括：《内容营销：通过满足消费者的相关预期提升活动有效性》（*Contextual Marketing: Increasing Campaign Effectiveness by Meeting Customer Expectations for Relevant*）、《目标信息》（*Targeted Messaging*）、《在经济低迷期优化你的营销组合》（*Optimizing Your Marketing Mix in a Down Economy*）、《增加电子邮件营销的相关性》（*Increasing Email Marketing Relevance*）。

Dynamic Logic（www. dynamiclogic. com/na/）关注营销效果调查。最近的调查报告和观点包括：
73 《在线广告目标：瞄准靶心或命中目标》（*Targeting Online Ads: Aim for the Bulls-eye or Focus on Hitting the Target*）、《研究趋势表明网络用户正在逐渐接受内容过量的广告》（*Research Trends Suggest Web Users Are Growing More Accepting of Over-Content Ads*），以及《手机性能初探：早期研究》（*First Look At Mobile Performance: Early Research*）。

Enquiro（www. enquiro. com）专注于B2B搜索营销，运用了大量调查方法提供对搜索行为的洞察。最近的白皮书包括：《构建在线商务：你的数字化说服组合》（*Building Business Online: Your Digital Persuasion Portfolio*）、《在线最大化：借力你的在线触点》（*Maximizing Online: Leveraging Your Online Touch Points*）、《整合说服：线上和线下》（*Integrated Persuasion: Online and Offline*）、《绘制购买环境》（*Mapping the BuyerSphere*），以及《搜索结果页的障碍》（*Barriers on a Search Results Page*）。

互动广告局（www. iab. net）是在线广告主的同业协会。互动广告局由超过375家领先的媒介和技术公司组成，这些公司的营业额占美国在线广告行业的86%。互动广告局网站提供的白皮书和调查报告既包括互动广告局委托的调查，也包括成员企业自己做的调查。你可以在http://www. iab. net/insights_research浏览广博的调查资料。

微软阿特拉斯研究所（Microsoft's Atlas Institute）（www. atlassolutions. com/institute_marketinginsights. aspx）的“数字营销洞察”（Digital Marketing Insights，DMIs），是由数字营销专家出版的一系列读物，有助于研究所的客户提升其数字营销效果。这些研究发现多以白皮书、播客和网络研讨会的方式提供给数字营销企业。每一期DMI的目的是帮助广告主更为成功地在顾客生命周期中建立顾客的价值：从认知到购买和从维持到增长。研究所的具体目标是帮助广告主更好地理解每一次广告曝光对品牌购买行为或态度转变的贡献。DMIs与这一主题相关的读物包括：《转变的漫长之路：数字化购买通道和最后一次广告之后测量的ROI》（*The Long Road to Conversion: The Digital Purchase Funnel and Measuring ROI Beyond The Last Ad*）。

尼尔森在线（Nielson-Online）（www. nielson-online. com）提供的白皮书、幻灯片和网络研讨会涉及广泛的在线领域，包括受众测量、消费者自主媒体、互联网营销、在线广告、竞争分析和行业实践等。最近的网络研讨会和论文包括：《驾驭社交网络浪潮：出版商的洞察和策略》（*Riding the Wave of Social Networking: Insights and Tactic for Publishers*）、《市场营销人员和代理公司》（*Marketers and Agencies*），以及《从消费者满意到品牌拥护：在消费者控制时代构建新的竞争优势模块》（*From Consumer Satisfaction to Brand Advocacy: The New Building Blocks of Competitive Advantage in the Age of Consumer Control*）。

TNS全球市场研究咨询公司（TNS Global）是一家世界级领先的市场研究集团，为全球客户提供市场咨询。TNS白皮书主要关注全球市场营销人员和广告主感兴趣的“大问题”，其最近的白皮书如下所示：

●《数字化生活》（*Digital Life*）、《数字世界》（*Digital World*）努力捕捉互联网如何融入全球 16 个国家居民的生活。报告提出了诸如以下的问题：消费者的生活是如何数字化的？他们如何使用互联网？数字化生活和社交生活一样吗，或者说今天的社交生活需要数字化生活做补充吗？

●《驾驭影响（社交媒体）》[*Harnessing Influence* (*Social Media*)] 聚焦于广告、营销和品牌建设所使用的社交媒体。这个报告提出了为商业目的服务的社交媒体使用是一时的“泡沫”还是具有长久意义这一问题。

更广泛地关注消费者。第 1 章描述了广告主了解
74 更广泛社会趋势的需求，这能够为其广告提供背景。这类信息的一个优质资源即皮尤研究中心（Pew Research Center）。该研究中心是一个无偏见的“提供事实的坦克”，关注影响美国乃至世界的问题、态度和趋势。研究中心不同的部门关注不同的事情，例如新闻、政治、宗教和互联网等。由皮尤互联网与美国生活项目（Pew Internet & American Life Project）进行的调查主要关注广告主和营销者。该调查提供以下三个方面的洞察：

行为和追求，包括博客、音乐、社交网络、视频和工作。

人口统计，包括数字鸿沟、家庭、银发族和青少年。

技术和媒体，包括宽带、云计算、互联网、手机、新媒体生态和 Web2.0。

聚焦特定媒体。第 1 章讨论了媒体行业组织如何进行调查，以告知广告主有关他们使用的媒体的情况，以及前瞻性地定位他们的媒介来与竞争媒介对抗。这些研究结果通常在组织的网站上可以免费得到。[18] 这类研究的代表性案例包括：

●《美国人如何购物和花费》（*How America Shops and Spends*）、《积极关注广告和新闻的受众》（*An Engaged Audience for Advertising and News*）。[美国报业协会(Newspaper Association of America)]

●《卷入度、情感和广播的力量：一项有关广播如何影响消费者情绪的新研究》(*Engagement, Emotions, and the Power of Radio: A New Study of How Radio Affects Consumer Emotions*)、《广播和互联网：广告主的有力补充》(*Radio and the Internet: Powerful Complements for Advertisers*)。[广播广告局(Radio Advertising Bureau)]

●《有效测量媒介：通过购买渠道评估 ROI》(*Measuring Media Efficiently: Assessing ROI Throughout the Purchase Funnel*)、《公共场所卷入度的受众实验研究》（*AudienceLab Study of Public Place Engagement*）。[美国杂志出版商(Magazine Publishers of America)]

●《户外广告：品牌传播媒体和成功的户外策略》(*Outdoor Advertising: The Brand Communication Medium and Successful Out of Home Strategies*) [美国户外广告协会(Outdoor Advertising Association of America)]

●《网络如何改变活动倾听顾客的方式》（*How the Web is Changing the Way Companies Listen to Their Customers*）、《在营销计划中整合社交媒体》(*Integrating Social Media into Your Existing Marketing Plan*)，以及《发现激情点/创建一个可持续的社交互动模型》（*Finding Passion Points/Creating a Sustainable Social Interaction Model*）。[口碑营销协会(Word of Mouth Marketing Association)]

小结

二手资料信息是他人为了某个目的而收集和分析的信息，并不能专门满足当下的信息需求。这不同于一手资料调查，后者是为了专门满足个体的信息需求，而由信息使用者或其代表进行的。二手资料调查在以下两个方面不同于一手资料调查：(1) 负责设计和执行调查的个体；(2) 调查执行的情境。二手资料调查在三个方面有助于广告营销的决策制定。二手资料调查获得的信息可以直接回答广告主或市场营销人员的信息需求，可以在进行一手资料调查之前提供重要的洞察，有助于问卷的设计。二手信息可以从两个来源获得：一手的（最初收集数据或准备报告的个体或公司）和二手的（重印或重新解读原始数据的个体或公司）。

二手资料调查相比一手资料调查有两个优点。二

手资料调查更节省时间和费用。二手资料调查有几个潜在的局限。这些局限包括信息可得性、相关性和全面性。二手资料的“好”可以通过信息来源的准确性、时效性和客观性来评估。

大量不同的外部资源可以回答广告主的问题并满足他们的信息需求。一些资料可以通过系统化地使用搜索引擎查找，其他来源则包括由简报出版商、行业组织以及独立的公司提供的简报、白皮书、PPT演示和网络研讨会等。

复习题

1. 判定一手资料调查不同于二手资料调查的标准是什么？

2. 二手信息和二手来源之间有哪些不同？

3. 一手来源优于二手来源的原因是什么？

4. 调查者应该重新分析、整合或处理来自二手来源的信息吗？为什么？

5. 二手资料调查对一手资料调查的贡献主要有哪些方面？

6. 相比一手资料调查，二手资料调查的主要优点有哪些？

7. 相比一手资料调查，二手资料调查的主要局限有哪些？

8. 有哪些具体标准可以用来评估二手信息的“好”？

9. 说出两个可以用来查找无索引的在线资源的 76
资源。

10. 构成一个系统化的搜索策略的八个步骤是什么？用一到两句话简要说明每个步骤。

11. 什么是博客搜索？什么是学术搜索？

12. 描述简报、白皮书和网络研讨会是如何提供二手信息的。

应用练习

1. 选择以下产品品类中的一种，提出20个可供参考的二手来源，用以帮助你更好地理解产品品类和品牌销售趋势、品牌市场份额、竞争市场或广告活动以及品类特定的消费者的态度和购买行为。对于每一个来源，提供全面的参考资料并简要说明你认为其与该来源相关的原因。使用各种来源。产品品类如下：

- 咖啡
- 镇痛药
- 冰激凌
- 狗粮
- 牙膏
- 手机
- 随身音乐播放器
- 瓶装水

2. 从练习1中选择一个品类。你的目标是决定这个品类的新产品以及包装。使用本章所建议的有索引的搜索，注意每一步骤的操作及遇到的问题。并将你搜集到的相关信息归纳整理为策略建议。

3. 下列问题均可通过二手资料调查来回答。请选择一个问题，写出1～2个段落的回答并列出至少10条参考来源。

- 对广告的好感度和广告的说服力之间有一定关系吗？也就是说，消费者在喜欢广告本身的情况下容易被劝服，还是在不喜欢这个广告的情况下更容易被劝服？
- 最成功的电子邮件活动策略是什么？
- 横幅广告是如何在树立积极的品牌态度方面发挥作用的？
- 手机广告有效果吗？
- 当广告中使用名人代言时，对名人的认知是否影响对广告的认知？
- 视频游戏玩家对游戏嵌入式广告的态度如何？
- 什么技术在社交网站作为营销工具时发挥了最

佳作用？

4. 下面列举了一些关于广告的普遍观点，请选择一种观点，使用相关的二手信息进行辨析。对每一个选择的观点，写出1～2段的陈述来表明你是否同意这一说法，同时列出至少5条参考来源。

● 儿童接触广告容易导致他们产生更多的物质欲望。

● 与10～20年前相比，现今的广告有更多的性暗示。

● 很多广告强调其产品“绿色环保”都是值得怀疑的。

● 民族、种族、性别的刻板印象，是广告中永远不适用的主题。

5. 从练习3或者练习4中选择一个问题，结合本章介绍的评估标准，找出一个具有参考价值的来源和一个缺乏参考价值的来源。写下对两个来源的评估过程，以及所使用的具体标准。

6. 访问两个在49～52页中介绍的公司网站，下载或者阅读其中的研究报告或每一家公司的其他资源。根据你所阅读的资料写一个简短的总结，评价这些资源是否对广告主的决策有一定帮助，并解释原因。

77 **【注释】**

[1] 图3—1所示材料来自Luckie（http：//www. luckie. com），该网站也发布银行、电信和旅游市场的趋势报告。我们强烈推荐您访问该公司的网站。

[2] David W. Stewart and Michael A. Kamins（1993）. *Secondary Research：Information Sources and Methods*（Newbury Park，CA：Sage Publications）.

[3] Stewart and Kamins，op. cit.

[4] 该部分引自如下资源：University of British Columbia Library（2009）. “Criteria for Evaluating Internet Resources” at http：//www. 1ibrary. ubc. ca/home/evaluating；University of British Columbia Library（2008）. “Criteria for Evaluating Print Resources” at http：//www. 1ibrary. ubc. ca/scieng/PrintEval. html；University of California Berkeley Library（2009）. “Evaluating Web Pages：Techniques to Apply&Questions to Ask” at http：//www. lib. berkeley. edu/TeachingLib/Guides/Internet/Evaluate. html；Robert Harris（2007）. “Evaluating Internet Research Sources” at http：//www. virtualsalt. com/evalu8it. htm。

[5] 客户文件中的材料经常被引用为二手资料来源。这些资源对于代理公司来说是二手的，而对客户来说是一手的。因此，我们的讨论不包括这些。索引指的是在主要搜索引擎如Google、Bing和Yahoo！出现的信息。

[6] 由于大部分广告和营销资源都转到了网上，我们会避免提供与商业相关的印刷材料。

[7] Slideshare的网址是http：//www. slideshare. net，Scribd的网址是http：//www. scribd. com。

[8] 前四个文件在Slideshare上可以找到，后三个在Scribd上可以找到。

[9] Wikipedia（undated）. “LexisNexis” at http：//en. wikipedia. org/wiki/LexisNexis.

[10] 该讨论最初的步骤改编自IRIS（undated）. “From Idea to Search Statement” at http：//www. clark. edu/Library/iris/find/search_strategies/search_strategies_p2. shtml。

[11] 谷歌搜索允许使用“*”来代替一个乃至多个字母。搜索词yogurt+trend*与yogurt+trend，yogurt+trends和yogurt+trending应该会获得相同的搜索结果。然而，事实是否如此取决于具体的搜索。因此，在没有太多变化（如trend和trends）的情况下，我们建议您独立地搜索每个词（如文中所讨论的）并且不要使用“*”。

[12] 此处列举的是一些最常用的技术，完整的搜索技术列表见Google Guide at http：//www. googleguide. com/advanced_operators-html。

[13] 随着网址和文件数量的增加，漏掉一些珍贵资源的可能性也随之增加。我们建议您在搜索过程中充分使用书签，
78 同时在一些关键文件出现时及时地下载并/或打印。然而，实际上当我们完成这些时，谷歌历史（Goodle History）已提供了优秀的备份，让我们能够定位到之前访问过的网址。谷歌历史允许访问和搜索您访问过的完整页面，包括谷歌搜索、网页、图像、视频和一些新闻故事。您也可以管理您的网页活动并在任何时候将其从您的网页历史中移除。更多关于谷歌历史的信息见http：//www. google. com/support/accounts/bin/topic. py？topic=14148&hl=en。

[14] 谷歌博客搜索的网址为http：//blogsearch. google. com。

[15] 谷歌学术的网址为http：//scholar. google. com。

[16] 谷歌书籍搜索的网址为books. google. com。

[17] Doubleclick调查报告的完整列表可从如下途径获取：http：//www. doubleclick. com/insight/research/index. aspx。

[18] 具体媒体调查可从如下途径获取：广播广告实验室研究（http：//www. rab. com/public/rael/rael. cfm）、美国报业协会（http：//www. naa. org/TrendsandNumbers/Research. aspx）、美国杂志出版商协会（http：//www. magazine. org/research/index. aspx）、美国户外广告协会（http：//www. oaaa. org/marketingresources/research-aspx）、口碑营销协会（http：//womma. org/downloads/）。

（本章翻译：田卉，本章校译：杨雪睿）

第4章 抽样

79 样本是从一个大的总体中选择一组物品或个人。虽然样本通常都是有用的，但并不是所有的样本都支持调查者将调查结果和洞察推及抽样的总体。因此，有些类型的样本要比另外一些更能满足特定的信息需求。

* * *

阅读本章之后，你会对以下内容有深刻理解：

- 如何做出经过深思熟虑的、恰当的抽样决策；
- 如何描述抽样过程中样本定义（sample definition）和抽样框（sample frames）的作用；
- 解释概率抽样和非概率抽样之间的差异；
- 明确不同形式概率抽样和非概率抽样的优点和缺点；
- 决定样本量（sample size）。

80 一手资料调查收集原始的、通常是专有的信息来满足广告主或市场营销人员的信息需求。当二手资料不存在、不可靠或太昂贵的时候，会进行一手资料调查。在这种情况下，广告主会选择定量调查或定性调查来满足他们的信息需求，利用观察法、调查法或生理学的方法来收集必要的数据。本书余下的内容将讨论一手资料调查的方式、方法和应用。

所有一手资料调查都包含了某种形式的抽样，研究者从感兴趣的总体中选择人或物体以做进一步的研究。调查结果的质量以及将这些洞察推广至更大总体的信心与抽样决策直接紧密相关。如果样本不佳或抽样不当，一个采用了结构合理的数据采集手段的高级调查提供的数据也会毫无用处。优质的调查需要科学的抽样。因此，本章将对抽样及抽样过程进行详细介绍。

抽样概述

抽样是一个你每天都会进行的常见过程：挑一个新乐队的几首歌听以决定是否继续了解和收听更多的歌；或者（从一个电影评论网站上）读几篇电影评论来决定是否看某部电影。在这些案例或广告调查中，你的抽样是选择和审视总体中的部分内容来了解新的事物，大多数情况下，你会得出关于抽样总体的结论。你的抽样可以是无生命事物，例如音乐、评论、竞争对手广告的案例，或者常见的生命体例如人。请思考下面的内容：

> 每一学期，纽森博士（Dr. Newson）都会上一门叫作“社交媒体发展趋势”的课。这学期共有 30 名学生选择了她的课。约翰（John）和玛丽（Mary）都在考虑下学期是否选择这门课，但是又都想在决定选课前做详细了解。约翰到了纽森博士的课堂，并与那天上课的 14 名学生中的 10 名进行了交流。其中只有一半的人表示很感兴趣，约翰决定下学期不选这门课了。玛丽在期末考试当天到了纽森博士的课堂，那天所有的学生都必须出席。玛丽在学生们离开教室的时候，每三个人中找一人与其进行交流（也就是 30 个登记并出席学生中的 10 名学生）。这些学生的态度大都很积极，玛丽决定下学期选修这门课程。结果证明在接下来的一个学期，选修这门课令她有了一段很棒的经历。

尽管约翰和玛丽都访谈了同等数量的学生，但是他们却得到了完全不同的结论。这是因为他们使用了不同的抽样方法。约翰使用了便利抽样（convenience sampling），即他访问了在那一天碰巧出现在课堂上的学生中的一部分。而玛丽则使用了随机抽样（random sampling），即课堂上的每一位学生都有同等的被访谈的机会。约翰发现抽样方式的不同的确会带来不一样的结果，只有随机抽样才能对抽样总体进行有效的归纳。 *81*

本章第一部分重点关注抽样要考虑的内容和定量广告调查的方法，首先从随机抽样的讨论开始。本章后面的内容将重点关注定性调查抽样特别要考虑的内容。

随机抽样和定量调查

随机抽样与定量调查联系最紧密。这种抽样形式（也被称为概率抽样）有一个基本的定义：随机抽样是调查者确保总体中每一个成员被抽中的概率都相等的抽样。随机抽样的有关决策如图 4—1 所示。本部分余下的内容将按照该图的流程进行讨论。第一，我们探讨如何决定被调查的总体。第二，我们讨论目标总体的定义。第三，进一步探讨概率抽样，具体包括抽样框的选择、概率抽样的不同类型及如何确定合适的样本量。本章的最后部分（从第 70 页开始）讨论可选择的抽样方法、非概率抽样。

抽样或普查

随机抽样的第一步是决定抽样还是普查。选择抽样会得到感兴趣的总体的子集。选择普查就是试图涵盖感兴趣的总体的每一个成员。

绝大多数调查都会采用抽样而不是普查。当针对较大总体时，例如年龄大于 18 岁的成年人或某一产品的购买者，普查（检查或调查目标总体的每一位成员）的时间和经费会超过调查所得到的任何信息或结论的价值。此外，即使资金和时间充裕，总体普查也许仍然是不可能的，可能仅仅是因为有太多人需要去交流或者目标总体中的有些成员无法接触到。幸运的是，如你在本章后面所看到的，一般很少需要进行普查。一个合理选择的样本能够提供与普查相媲美的

82

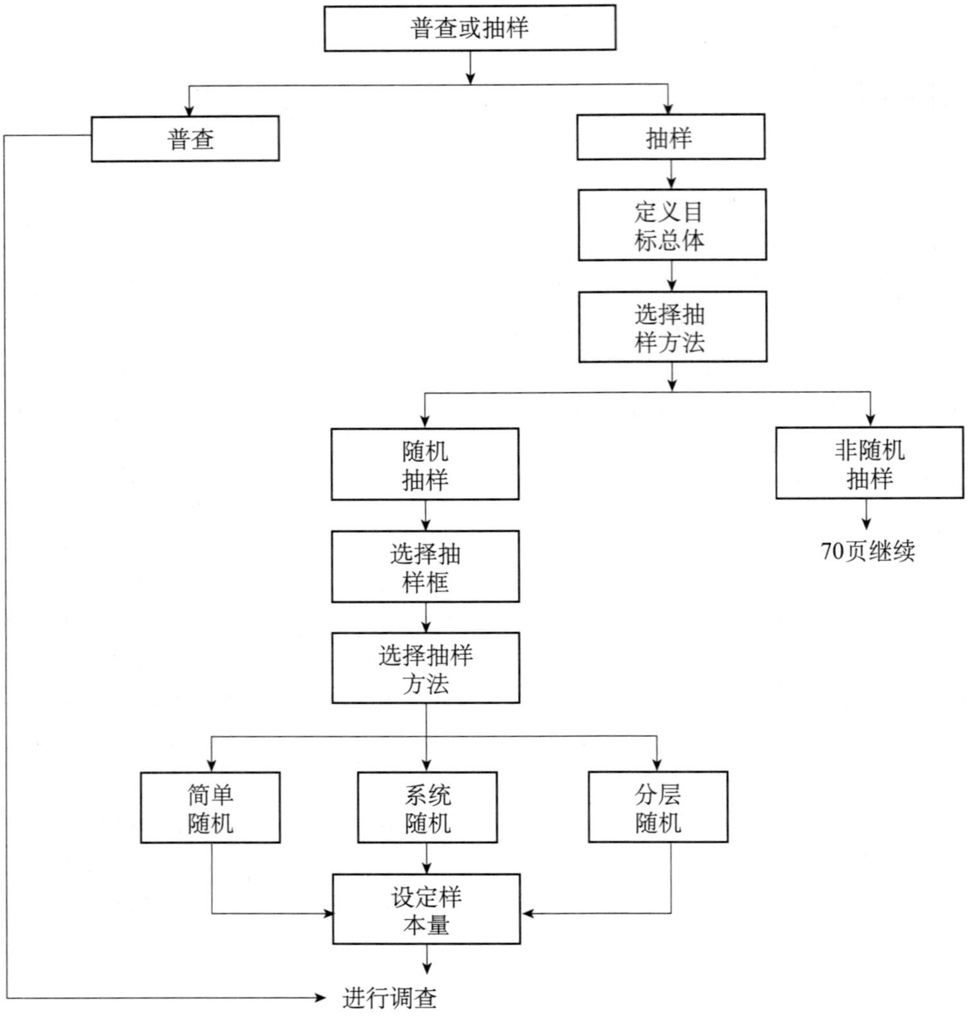

图 4—1　随机抽样过程

信息。

然而，有些情况下，普查是更佳的选择。当出现如下情况时，普查优于抽样：

感兴趣的总体较小并且可识别，或者

抽样会遗漏研究中的重要个体，或者

可信度要求考虑目标总体中的每一个成员。

以下两个例子描述了优选普查的情况。

一个连锁酒店有 35 个加盟店。这个连锁酒店刚刚开展了一个新的广告活动，希望能够确定其加盟店对此的反应。在这里可以使用普查。加盟
83 店的样本很小，应该收集所有加盟店的意见，此时普查会比抽样更可信，因为所有的加盟店都参与了。（例如，就不会有人说“好吧，结果是错的。看看都谁被访问了。他们并没有问我的意见!”）

一个广告代理公司要为它的客户诗乐洗发水（Silhouette Shampoo）制定战略策划。诗乐的竞争对手主要是丝华芙（Suave）。作为策划过程的一部分，代理公司想对丝华芙的广告做考察和分析。他们采用了普查的方法。丝华芙广告的数量相对较少，并能够轻易找到。此外，如果分析是基于丝华芙全部的广告监测，调查结果会更具可信度。

定义目标总体

抽样的下一步是对你感兴趣的人或事物的群体特征进行明确详细的说明，以定义目标总体。这对于所有形式的广告调查都是很关键的一步，也是所有抽样必需的一步。目标总体定义的恰当与否由两个方面

决定：（1）定义是否明确地描述了群体；（2）定义是否很好地将感兴趣的与不感兴趣的人和事物进行了区分。

对事物的目标定义（Target Definition and an Inanimate Population）。设想一个头脑风暴会议，客户经理和创意人员正努力为他们的客户——布洛芬原料镇痛药的制造商识别新的利益点并进行竞争定位。一个创意人员说："低价总是一个重要的利益点。尤其当我们能把它与价值联系起来的时候。所以，我们是否可以声称我们的产品是品牌镇痛药中价格最低的？"大家决定做一个调查来确定这一低价策略的可行性。代理公司的调查者说她会"横跨全美的商店收集一个领导品牌镇痛药零售价格的随机样本"。

这个目标总体的定义由于模糊和不完整而变得不够充分。考虑以下建议的目标定义的每一个关键构成：

● 零售价格。这是指常规售价还是促销价格？零售价格是制造商的建议价格吗？是在包装上标出，还是批发商店一般卖出的实际价格？

● 领导品牌。领导品牌的识别和选择依据是什么？"领导品牌"是基于销售、配送、广告花费还是消费者认知来定义的？

● 商店。哪种类型的商店会被抽样？是任何卖镇痛药的商店，还是只是药房？或者只是药店和杂货店？便利店或其他商店呢？

● 镇痛药。是任何用来减轻各种痛苦的药，还是只有布洛芬成分的产品？还是任何包含阿司匹林、对乙酰氨基酚或布洛芬的产品？其他合成产品呢，例如布洛芬加抗组胺剂？

● 横跨美国。从哪里到哪里的横跨美国？在每一个城市？在主要的大都市地区？在一定规模之上或之下的城市？

84 每一个答案的组合都会带来不同的目标总体定义。"正确的"目标总体定义应该是这样的，所有参与调查的人都能够明确定义感兴趣的目标总体，并且能够最好地回应诱发调查的信息需求。在这个案例中，调查团队也许会按照如下方式重新定义目标总体：

调查将要确定领导品牌镇痛药的平均价格：

● 价格是指货架标签上所标明的通常的销售价格。

● 镇痛药是指任何含有阿司匹林、对乙酰氨基酚或布洛芬的产品，尤其是那些用来减轻头痛或肌肉疼痛的药品，产品不能包含任何其他的额外成分。

● 领导品牌是镇痛药（如前所定义）行业2010年单位产品销量排在前5名的品牌。

● 杂货店和药店将成为调查的地点，因为这些商店的销量占有关药品销量的92%。杂货店是指那些货物主要由食物构成的商店。这包括传统的杂货店和仓储式商店。药店是指任何开处方药的商店。

● 调查将会在12个城市进行。12个城市是指2010年人口普查中规模位居前10名城市中的4座城市，位居11～20名城市中的4座城市和排名在21～30的城市中的4座城市。这些城市的药品销量占总销量的89%。在每一组中，4个城市都将被随机选择。

最后，进行抽样的包装规格有：100粒和250粒的常规药片（regular tablet）和30粒的胶囊（gel cap）。这些是基于单位销量确定的主要规格。

如前所示，这个目标总体定义（使用了外部资源的解释和理由）清晰和准确地定义了目标总体。

对人群的目标定义（Target Definition and a Human Population）。人群的总体通常是由人口统计的、地理的以及行为的因素来定义。

● 目标总体的人口统计因素包括年龄、性别、收入或其他相关特征。

● 地理因素详细说明了目标总体居住的地理区域。例如，地理区域可以反映某一个产品在哪里有分布，在哪里的广告已经播出了，或者目标受众居住在哪个城市或州。

● 行为因素说明了与品类或与产品相关的行为。例如，感兴趣的总体可以通过购买方式（例如"品牌忠诚者"被定义为那些4次购买行为中有3次都购买了同一品牌的个体）、购买品类（例如在过去10年中购买过3艘或以上游艇的个体）或购买频率（例如在 85
过去两周内购买了6箱进口啤酒的个体）来定义。

考虑以下假设的几种情况。设想在过去的4个月内，漫威漫画公司（Marvel Comics）为他们的《X战警》（*X-Men*）系列漫画额外附加了5页广告。这些广告只是测试，并且只放在了送往零售店和订阅家庭的漫画里，地区也只局限在芝加哥。漫威现在想做一个调查来了解对漫画中附加广告的反应。5位调查者分别对目标总体进行了不同的定义，以作为调查的基础，如下所示：

样本定义A：漫威《X战警》漫画书的购买者。

样本定义B：漫威《X战警》漫画的订阅者。

样本定义C：漫威《X战警》漫画书的读者。

样本定义D：在过去30天内阅读过漫威《X战

警》漫画书的人。

样本定义E：年龄在10～17岁、过去4个月至少读过3期新的漫威《X战警》漫画的人。

所有5个定义都是不充分的，因为他们没有注意到作为测试区域地理边界的芝加哥。此外，参照之前提到的原则，每一个定义第一都没能清晰地识别和定义能够为调查诱发的问题提供最相关信息的个体，第二没能区分感兴趣的个体和不感兴趣的个体。

● 定义A和B太宽泛。漫画书的"购买者"并不一定是漫画的读者。同样的，订阅者也未必一定是读者（例如，假如是父母替孩子订阅了漫画）。读者的意见才是感兴趣的内容，因此并不能接受这两个定义。

● 定义C和D模糊不清。在这两个定义中，"读者"是任何读过一本《X战警》漫画的人。这包括那些读了最近几期的，也包括4年前曾读过一期的人。同样的，"在过去30天内阅读过漫威《X战警》漫画书的人"并不一定意味着所读的漫画是最近的几期。"任何《X战警》漫画"可以指最近的一期，或者10年甚至10年以前的一期。这些定义并不充分是因为漫威只对最近几期中的广告反应感兴趣。"个体"也是模糊不清的。问卷调查是只调查男性，还是女性，还是两者都调查？

● 定义E解决了前面几个定义存在的问题，但仍然存在问题。这个定义用最近阅读（"过去4个月"）来定义读者，用读过4期中的3期作为条件来确保读者充分接触过测试期刊。然而，年龄界限使这个定义不好接受。这个样本定义会使调查失之偏颇，因为满足阅读条件的那些年龄大的个体被排除在研究之外（年龄下限是合理的，因为低于10岁的孩子是不可能回答调查问卷问题的）。

一个更可被接受的目标总体定义可以是：

> 年龄超过7岁，在过去4个月至少读过3期 86
> 最新的漫威《X战警》漫画的男性和女性。这些人或者通过订阅得到漫画，并居住在芝加哥内，或者是非订阅者，但在芝加哥的零售店购买过至少三本最新的《X战警》漫画。

总体目标定义和调查发现。调查研究推及总体的质量和效度受目标定义的影响很大。因为不同的目标定义会包含或排除不同的个体，从不同群体中收集到的数据也可能会各有不同。两个对同一事物的研究，因为目标定义不同，很可能会有完全不同的结果。

皮尤研究中心[1]最近做的一项研究提供了一个目标定义与调查发现之间关系的显著例子。皮尤研究中心比较了自己与盖洛普（Gallup）有关"穆斯林"的定义以及这两种定义对美国穆斯林人口估计的影响。这两个目标定义的不同主要表现在所说的语言和接触方法上：

皮尤研究中心：全国代表性概率抽样；访问语言为英语、阿拉伯语、乌尔都语和波斯语；通过固定电话调查。

盖洛普：全国代表性概率抽样；访问语言为英语和西班牙语；通过固定电话和移动电话调查。

表4—1显示了通过这两种方法估计的人口统计 87
特征。注意目标定义中所说语言的差异如何导致了人口特征估计的显著差异。

表4—1 **目标总体定义与调查发现的关系**

人口统计特征	盖洛普（%）	皮尤总计（%）	皮尤：访问语言为英语（%）	皮尤：访问语言为波斯语、乌尔都语、阿拉伯语（%）
教育				
高中及以下	37	53	46	83
上过大学	23	23	27	3
大学毕业	40	24	27	14
受雇状态				
受雇	70	57	64	25
失业	30	43	36	75
种族				
白人	28	37	33	57
黑人	35	24	27	8
亚洲人	18	20	20	19
其他	19	19	20	16

续前表

人口统计特征	盖洛普（%）	皮尤总计（%）	皮尤：访问语言为英语（%）	皮尤：访问语言为波斯语、乌尔都语、阿拉伯语（%）
年龄				
18～29 岁	36	30	31	20
33～44 岁	37	37	37	36
45～64 岁	23	28	28	34
65 岁及以上	4	5	4	10

选择抽样方法

一旦目标总体定义完成，接下来就需要决定采用两种抽样方法中的哪一种来识别调查对象或个体，从而得出研究结论。正如前面所讨论的，概率抽样是构成总体的每一个个体、家庭或物品（通常被称为一个样本元素）从总体中被抽中的概率都相等。样本元素的选择完全出于偶然，例如，用随机数字表、掷硬币或者随机数字拨号的方式抽样。当采用概率抽样的时候，从总体中进行样本的选择要持续到样本数量达到被观察和被访问所需的数量。非概率抽样的样本不是从总体中完全偶然抽到的，而是非随机并且更具有目的性。此时，用来得出研究结论的样本选择主要基于方便或判断。

抽样方法的选择受几个因素影响：需要推及总体的类型、调查者使抽样误差最小化的需要、研究周期和花费。概率抽样和非概率抽样的相对优缺点如下所示：

概率抽样（在本节接下来的内容中会进一步讨论）允许调查者估计抽样误差，计算可信度，根据具体的置信水平计算统计意义上的样本量，最重要的是，有信心将发现推及样本总体。在概率抽样中，目标总体中的每一个个体都有相等的机会参与调查。

非概率抽样（将于本书第 70 页开始讨论）容易快速和以低成本获得。非概率抽样的调查很容易设计和实施。然而，采用非概率抽样的调查者不能计算样本误差或可信度，用调查发现推及总体的信心受限。

抽样框

抽样框通过明确识别目标总体定义中指家庭、个体或其他元素的方法，提供目标总体的成员从何而来的详细信息。可以选择两种方法来确定抽样框。其一是构拟或拿到能够代表目标总体的名单，其二是如果名单不完整或不可得时，你可以指定一个像随机数字拨号这样的程序。

抽样框的完备性由抽样框代表目标总体的完整程度来衡量。一个完备的抽样框与目标总体是完全相同的，也就是说，抽样框包括了目标总体中的每一个元素，并且只出现一次，抽样框中不会出现任何非目标总体元素。但可以预料到，在实际操作中完美的抽样框是很少存在的。通常，抽样框或者过多登记，或者遗漏登记目标总体。一个抽样框包括了目标总体内的所有元素和额外的非目标总体元素即是过多登记。未能包括所有目标总体元素的抽样框则是遗漏登记。一个遗漏登记的抽样框范围太窄，并且会排除部分元素。表 4—2 给出了完美抽样框以及过多登记或遗漏登记的例子。

表 4—2　　登记和抽样框描述 88

完美的抽样框

你是一个纸制品的制造商，希望在现有客户中做一个态度和购买行为的调查。目标总体被定义为那些在过去三个月中购买过至少价值 100 美元的该商品的人。所有满足这一条件的客户名单可以从公司的数据库中选择，并被放在一个单独的列表上（抽样框），研究参与者即可从此列表中选择。

过多登记：抽样框比目标总体大

你刚刚在亚特兰大市区完成了一个 6 个月的广告测试，希望了解广告和产品的认知程度以及品牌感知程度。你决定在前缀是“亚特兰大”（Atlanta）的地区用随机电话拨号的方式进行抽样。这里有两个过多登记的问题。首先，由于电话公司分配电话前缀的方式，并不是所有带有亚特兰大前缀的电话都在亚特兰大市区。其次，调查应该在那些在市区至少住了 6 个月（也即广告测试时间段）的人当中进行。随机电话拨号不能区分那些在市区住了相应时间和未能住相应时间的人。可以用筛选题来调整抽样框，以更好地符合目标总体。

遗漏登记：抽样框比目标总体小

你想评估教师对企业赞助的教育材料的反应。你选择了美国教师联盟的成员名单作为抽样框。这个抽样框属于遗漏登记，因为并不是所有的老师都是美国教师联盟的成员。你想在居住在纽约的人中做一个电话调查。一个可能的抽样框可以是电话黄页。但是，这个抽样框并不完整，也属于遗漏登记，因为电话黄页并不包括那些电话号码未入册的人。

如未能做出解释，过多登记或遗漏登记会导致明显的偏差。过多登记可以通过调整抽样方案或使用补充问卷（筛选题）来排除那些并不属于目标总体的个体。遗漏登记可以通过更新或其他增加遗漏单元的步骤调整抽样框得以减少。

概率抽样的类型

一旦你了解了目标总体的特征以及如何定义总体，接下来你需要决定特定的概率抽样过程，为得出研究结论选择调查个体（详见图 4—2）。广告调查中最常使用的三种概率抽样是简单随机抽样、系统抽样和分层抽样。[2]

89 **简单随机抽样。**简单随机抽样经常在广告调查中使用。总体中每一个成员被抽中的机会是相等的。你可以把简单随机抽样想象成抽签，总体中每一个成员的名字被分别写在一张签上，签被放在一个筒中。从筒中抽取个体的名字。筒中每一个名字被抽中的机会是相等的。在实际操作中，通常使用随机数字表或随机数字拨号来选择一个随机样本。图 4—2 展示了随机抽样的可视化过程。

在实践中，简单随机抽样的过程如下：设想你对

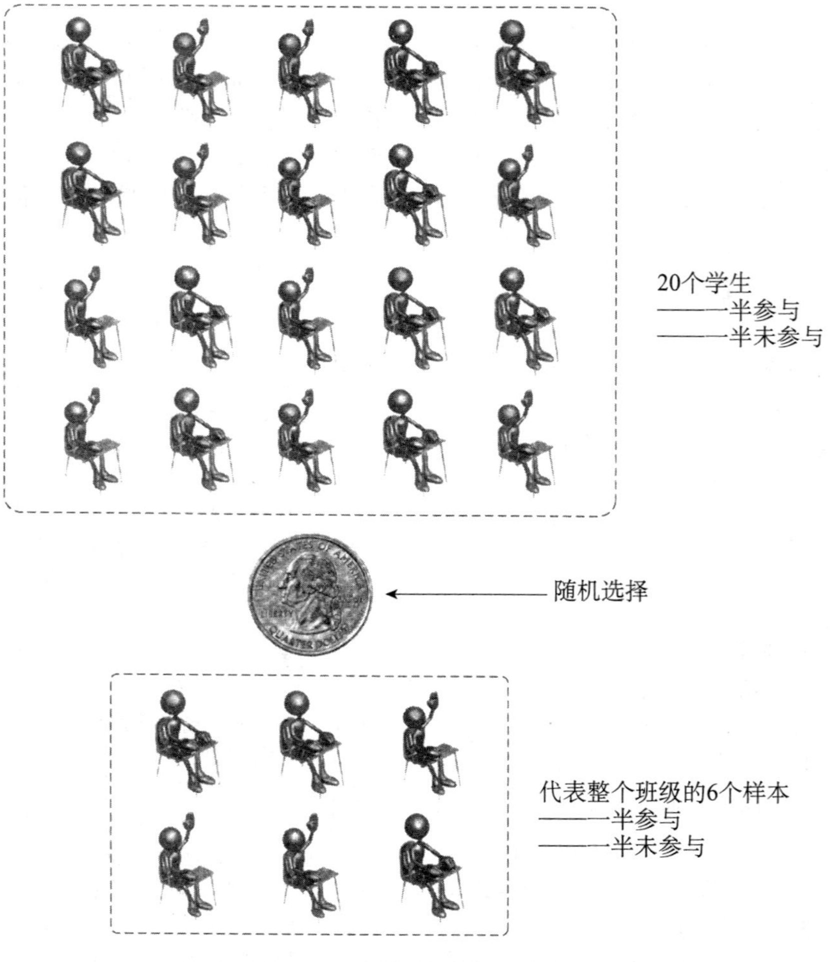

图 4—2　简单随机抽样示意图

年龄在 18～24 之间的人“典型的一天”花在社交网络上的时间很感兴趣，这里的“典型的一天”被定义为“过去的 24 小时”。假设年龄在 18～24 岁的总体分布如表 4—3 所示。如果我们想要调查这个目标总体中的每一个人，那么我们发现在过去的 24 小时平均每个人花费的时间为 3.4 小时。

90 **表 4—3　　　　年龄在 18～24 岁的目标总体**

序号	性别	教育程度	平均花在社交网络上的时间（小时）
1	男性	高中	3.7
2	男性	高中	3.4
3	男性	高中	6.0
4	男性	高中	1.1
5	男性	大学	3.7
6	男性	大学	4.1
7	男性	大学	2.5
8	女性	高中	2.5
9	女性	高中	4.5
10	女性	高中	1.6
11	女性	高中	4.9
12	女性	大学	7.3
13	女性	大学	1.8
14	女性	大学	4.8
15	女性	大学	1.1
16	女性	大学	1.6
17	女性	大学	2.1
18	女性	大学	1.6
19	女性	大学	3.7
20	女性	大学	6.2

现在，调查者不用再做总体的普查，而是通过随机拨打固定电话或手机来接触样本总体中的个体，并询问所需信息。[3] 不同的 5 组样本、每个样本的个体序号，以及每个样本平均花在社交网络上的时间如下表所示。

样本	个体	平均时间
1	3、4、7、13、14	3.2
2	11、12、15、17、19	3.8
3	9、10、12、15、19	3.6
4	1、8、9、15、20	3.6
5	2、10、16、19、20	3.3

正如上表所见，一个简单随机抽样不需调查整个总体就能获得对总体较为精确的估计。然而不同样本之间会存在可预见的差异，从表 4—3 所示的总体中抽取的不同随机样本提供了对整个总体的估计。通过从样本总体中随机抽取个体，我们可以精确地估计整个目标总体的行为。在这种情况下，简单随机抽样符合了在本章前面所提到的两个有关好的抽样的描述特 91
征：效率高、可以可靠地推及抽选样本的总体。

系统抽样。系统抽样是简单随机抽样的变形。系统抽样通常可以提供和简单随机抽样一样的数据，并且具有更加简便的优势——不需随机数字表或抛硬币，样本量就可以被明确指定。

与简单随机抽样相似，系统抽样首先从抽样框开始，然后采取如下几个步骤：

- 数抽样框名单上的元素数量。
- 明确样本量。
- 计算挑选间隔。
- 在名单上随机选择一个地方开始。
- 按照适合的挑选间隔，抽选每一个样本元素。

这个过程如图 4—3 所示。

仍以表 4—3 所示的总体为例。设想我们需要一个样本量为 5 的样本。挑选间隔则为 4（用 20 除以 5 所得）。从名单上一个随机的位置开始抽取样本，如果从序号 7 开始，那么从这个位置开始每隔 4 人抽取一人（11，15，19 和 3）。如下表所示，虽然有一些差异，但系统抽样能够精确地估计总体平均数。

样本	个体	平均时间
1	2，6，10，14，18	3.1
2	7，11，15，19，3	3.6
3	1，5，9，13，17	3.2

简单随机抽样和系统抽样：在线选择。前面有关简单随机抽样和系统抽样的讨论假设的是抽样框可得，通过明确的选择或类似随机数字拨号的方法，随机抽样能够从确定的来源中抽选个体。然而，有时候抽样框反映了一组行为，因此抽样框中所有个体并不都是可知的。例如，我们想随机抽取所有个体对某一个网站的意见。这种情况下，随机样本是可得的，但需谨慎。请考虑如下情况：

> Books-4-All 重新设计了主页，想了解访问者对这一设计的反应。新主页在 5 月 17 日中午正式上线。Books-4-All 希望随机访问浏览网页的访问者，并在接下来的一周持续进行调查。Books-4-All 有两个选择。一种选择是，它可以获得一个简单随机样本。通过使用每一次访问都可以“跳出”虚拟钱币的软件，邀请那些钱币跳出为“头像”的人参与调查。或者，Books-4-All

92

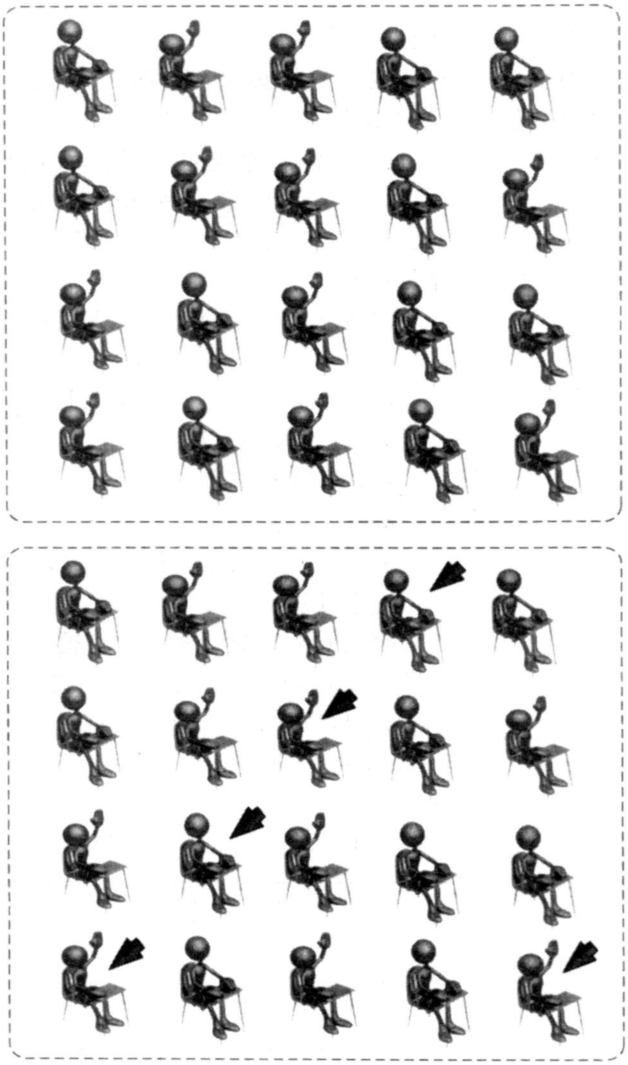

图 4—3　系统抽样示意图

> 也可以使用系统抽样，通过持续不断对访问量计数的软件，每隔 10 人邀请 1 人参与调查。

Books-4-All 所使用的两种选择受访者的方法都可以获得一个样本，但是两个样本都不是一个真正的随机样本。一个真正的随机样本中，每个个体都有相等的被抽中机会。假设 Books-4-All 在调查周中共有 1 000 次访问——不是访问者。当网站访问量因个体而有差异时，5 个个体被抽中的机会如下所示：

琼访问网站 1 次。琼被抽中的机会为 1/1 000 或 0.1%。

杰夫访问网站 10 次。杰夫被抽中的机会为10/1 000 或 1%。

迪安访问网站 50 次。迪安被抽中的机会为50/1 000 或 5%。

琼、杰夫和迪安被抽选的机会并不相等。除非做 93
一些修正，否则就违背了随机抽样最关键的要素。Books-4-All 必须做一个计划，以使随机选择的基本特征不被违背。不管访问者访问次数是多少，每一个个体都只有一次被抽中的机会，这个问题就能够被解决。例如，Books-4-All 可以在每一个访问者第一次访问时，在他们的电脑上安放一个 cookies。如果访问者还有后续的访问，那么 cookies 就会因为研究考虑而排除那些受访者。

综上，基于行为的抽样框能够提供丰富和合适的数据来源。然而，使用这种方法的调查者必须确保所使用的抽样方法不会违背随机抽样最基本的原则。

分层抽样。在前面的举例中，简单随机抽样和系统抽样的方法都很好用。它们效率高，对总体的推及也很可靠。然而，这两种抽样方式仅适用于总体中所测量的内容相对同质化的情况。构成总体的个体间几乎没有什么差异。总体平均花费 3.4 小时并不因为两个个体的特征不同而有所差异（性别和教育程度），如下表所示：

样本群体	平均时间（小时）
男性	3.5
女性	3.4
高中	3.5
大学	3.4

当总体中子总体之间存在明显差异时，简单随机抽样和系统抽样对总体的推及就不那么可靠。表 4—4 展示了一个新的目标总体平均花费在社交网络上的时间，这一次标注了受访者的年龄。（假设这 20 个人构成了整个总体，年龄分布反映了美国人口的总体情况。）

下表展示了从总体中随机抽取 5 组样本的平均时间估计。可以看出，在估计中存在较大差异，调查者很难确定哪一组是“正确的”。

样本	平均时间
1	3.0
2	1.0
3	2.3
4	0.7
5	2.5

当你研究的总体中受访者的某个具体特征存在较大差异时，相对于简单随机抽样和系统抽样，分层抽样是更好的选择。在这个例子中，考虑到你可能会假设年龄与花费在社交网络上的时间相关，你可能决定对样本进行分层，也就是说，把目标总体中的个体进行分类（或分层），然后从每一层中分别随机抽取样本。将每一层看作一个独立的总体进行抽样。

94 **表 4—4　由年龄为 18 岁及以上的个体构成的目标总体**

序号	年龄	平均花在社交网络上的时间（小时）
1	18	2.2
2	22	4.6
3	25	2.1
4	27	3.1
5	32	2.8
6	33	1.5
7	37	1.5
8	38	1.1
9	40	2.2
10	42	0.8
11	43	1.0
12	47	0.5
13	50	0.5
14	55	2.0
15	57	1.0
16	61	0.2
17	64	0.0
18	73	0.0
19	77	0.1
20	81	0.0

分层抽样需要 4 个步骤，图 4—4 展示了这一过程，下面将以社交媒体的使用为例做进一步解释：

● 第一，明确一个或多个分层标准用来分层。这些分类标准应该独立区分，各层之间互不重叠。按年龄分组的分类标准可以是这样：

第一层：年龄在 18～24 岁的个体

第二层：年龄在 25～34 岁的个体

第三层：年龄在 35～49 岁的个体

第四层：年龄在 50 岁及以上的个体

● 第二，抽样框中的每一个个体应被分配且只能分配到一层中。例如，年龄为 38 岁的个体将被分配到第三层。

● 第三，确定样本量。假设这个案例中，我们需要一个样本量为 1 000 的样本。

● 第四，在每一层中独立抽取样本（采用简单随机抽样或系统抽样），并确保总的样本量。

第四步从每层中抽取个体以得到所需的最终样本量，根据从每一层中选取的样本数量有两种抽样选择。既可以按比例抽样，也可以不按比例抽样。

按比例分层抽样是按照目标总体中各层所占的比例抽取个体。美国人口普查提供了按照年龄分为 4 层的成年人比例，如下所示：

第一层：年龄在 18～24 岁的个体　　11%

第二层：年龄在 25～34 岁的个体　　17%

第三层：年龄在 35～49 岁的个体　　29%

95

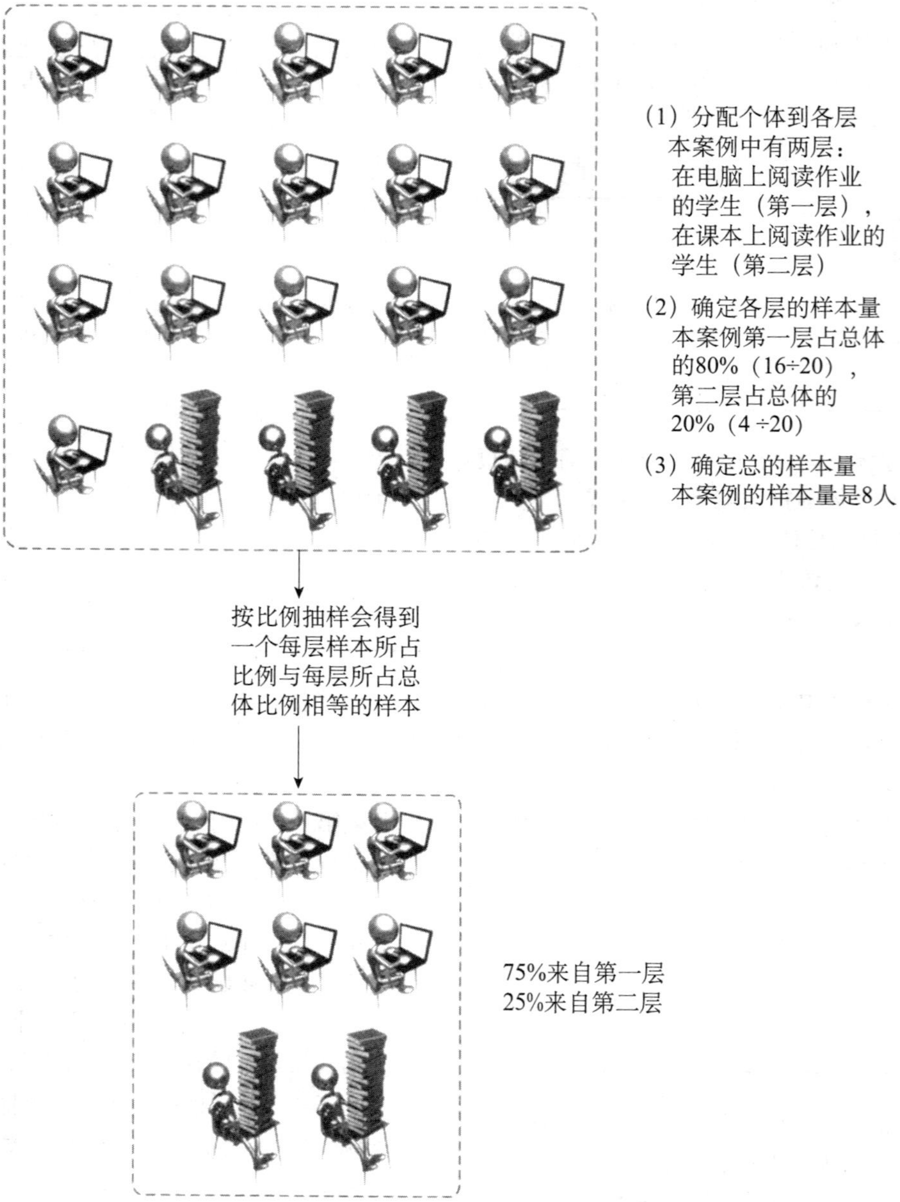

图 4—4　按比例分层抽样示意图

第四层：年龄在 50 岁及以上的个体　　43%

一旦确定了每层所占的比例，就可以用最终样本量（本案例为 1 000）乘以这一比例。计算结果就代表了从每层分别抽取个体的数量（采用简单随机抽样或系统抽样抽取）。这样，在本案例中，每层的样本量分别为：

第一层：年龄在 18～24 岁的个体　11%
　　　　样本量＝110（0.11×1 000）

第二层：年龄在 25～34 岁的个体　17%
　　　　样本量＝170（0.17×1 000）

第三层：年龄在 35～49 岁的个体　29%
　　　　样本量＝290（0.29×1 000）

第四层：年龄在 50 岁及以上的个体　43%
　　　　样本量＝430（0.43×1 000）

如果有的层个体数量很少，按比例分层抽样就会出现如下问题，即对于那些个体数量很少的层，观察或访问的个体数量不足以进行可靠的数据分析。这种情况下，就需要使用不按比例分层抽样。

不按比例分层抽样。如图 4—5 所示，不考虑各层的相对数量，从每层中选取预先确定的个体数量。基于分析的考虑进行抽样，也就是，样本量由能够确保进行可靠的数据分析来定，而不是由总体中各层的数量来定。当采用不按比例分层抽样时，在进行总样本调查结果报告前，需要对从每层中得到的数据进行加权，以弥补在实际抽样中各层个体数量有差异的问题。

97

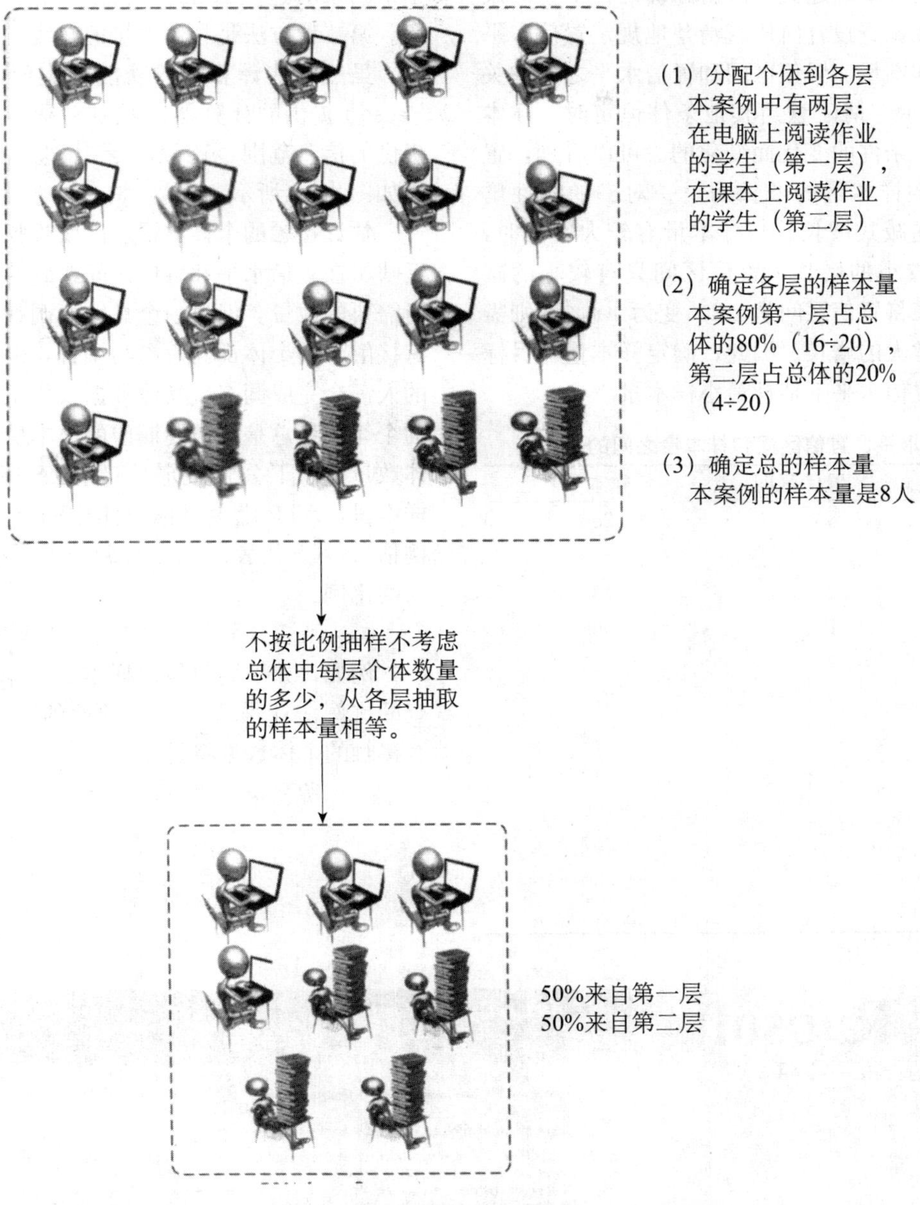

图 4—5 不按比例分层抽样示意图

随机抽样的样本量

用随机样本推及总体的信心直接受样本量大小的影响。一般来说，在总体估计和推及总体时，大样本更有信心。

样本估计和推及总体中信心的概念用置信区间（confidence interval）或置信水平（confidence level）来表示。置信区间是对总体估计的价值的估计，或正或负；它表示在多大范围我们相信总体估计为真实的。例如，一般会读到“被调查的所有成年人中有80％的人认为所得税法需要大的调整。置信区间为±2％”.这意味着成年人中有 78％～82％的人同意上述观点。置信水平是总体估计处于置信区间的信心的数学表达式。例如，置信水平为 95％意味着有 95％

的概率对调查的总体估计在明确的置信区间中。

样本量根据置信区间和置信水平来决定。置信水平越高，所需的样本量越大。因此，确定样本量的最重要的一步是在调查设计阶段就清楚地规定置信水平和置信区间。样本量、置信区间和置信水平之间的关系如表 4—5 所示。请注意当其他条件恒定时，样本量是如何随一个条件的变化而变化的。可以看到，置信水平并不会随样本量的增长而呈一对一的线性增长，而是呈现递减式增长。当样本量有较大增长时，置信水平只有较小的增长，置信区间只有较小的减少。例如，如果将置信区间从±2%变为±1%，则需要样本量有非常大的增长。因此，确定样本量的目标是，在期望的置信水平下估计最小样本量。

98 **表 4—5　置信水平、置信区间和样本量之间的关系**

置信水平	（±）置信区间	样本量
99	8	256
99	5	643
99	2	3 435
99	1	9 068
95	8	149
95	5	377
95	2	2 144
95	1	6 849
90	8	106
90	5	267
90	2	1 560
90	1	5 055

用置信区间和置信水平来确定所需样本量有两种方法。第一种方法是用统计理论的公式来人工计算。本章附录对这些公式及其基于的统计理论有详细介绍。第二种方法是利用大量的在线样本量计算器来计算。虽然这些计算器的功能都类似，但我们推荐由 Raosoft 提供的计算器，因为它易于使用，并且自动提供的信息范围也比较广泛。[4] 这个计算器的屏幕截图如图 4—6 所示。

估计接触的个体数量。前面步骤中所提到样本量反映了在置信水平和置信区间明确的情况下完成访问所需要的数量。但对一个具体的调查来说，并不是所有接触到的个体都同意参与调查，也并不是所有同意的人都会完成调查或其他数据收集工作。因此，接触的个体数量总是比最终期望的样本量要大。接触的个体数量由以下公式决定：其中 DSS 代表期望的最终样本量，ATP 代表目标总体中同意参与调查者的比例估计，CS 代表同意参与调查者中能够完成调查的人的比例：

所需接触的个体数量＝DSS÷（ATP×CS）

例如，如果期望最终样本量为 500，同意参与调查的比例估计是 70%，而预期的完成率是 90%，那么接触的个体数量将是 893 人，具体计算如下：

所需接触的个体数量＝500÷（0.7×0.9）
＝500÷（0.56）
＝892.9
＝893

99

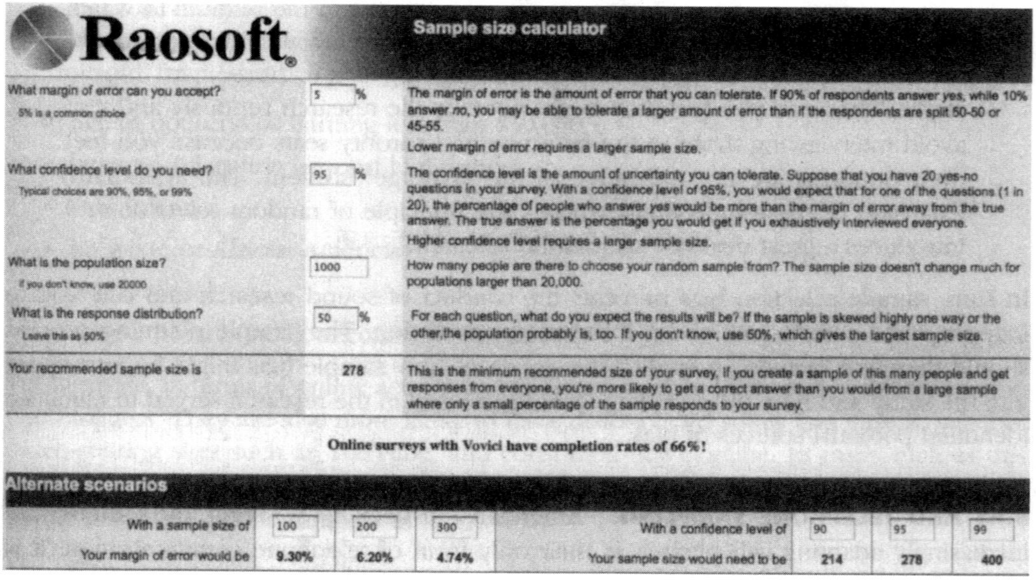

图 4—6　Raosoft 样本量计算器

概率抽样中的样本选择偏差

当感兴趣的总体中的成员选择违背基本的随机抽样原则（即每一个被观察对象被抽选作为样本的机会都相等）时，就会出现抽样偏差。例如，把电话黄页作为电话调查的号码来源就可能会导致偏差。即便从黄页中选择姓名和电话的时候采用随机抽样，样本仍然有偏差，因为那些没有登记号码的成员会被排除在调查之外。这些个体永远不会被抽选。以下情境展示了其他抽样偏差的例子：

> 设想你希望从你的大学随机选择一个学生样本。你很认真地调查每隔10个人中进入自助餐厅的学生。你选择自助餐厅是因为大多数学生一天中至少会进入自助餐厅一次。但是，因为不同的学生进入自助餐厅的频率也有差异，也不是所有人都至少去餐厅一次，所有样本是有偏差的。
>
> 100 设想全校学生都聚集在体育馆观看足球冠军赛。你决定随机采访一部分学生。但是，你不会调查那些身穿“嬉皮装”的人，因为你感觉他们可能会不认真对待调查；另外你也不会调查那些兄弟会或女生联谊会成员，因为你感觉他们的意见并不能代表“普通”学生。系统地排除这些个体违背了随机抽样的原则，并且会给调查带来很大偏差。[5]

综上所述，样本选择偏差既妨碍可靠调查的实施，还会导致关于抽样总体的不适合的结论。因此，抽样计划过程中需要讨论研究中会出现怎样的抽样偏差，调查中应采取什么样的抽样技巧来排除可识别的、潜在的偏差来源。

偏差与电话抽样。美国人，尤其是年轻人，越来越把手机当作他们唯一的电话交流工具。据估计，美国人中大约有15%的人在家庭中只使用手机，而这一比例在某些细分人群中更高：在年龄为18～24岁的人群中占31%，在西班牙裔人群中占20%。

最近一项调查显示，这种情况对抽样的影响会因为调查主题的不同而有所差异。皮尤民众与媒介研究中心（The Pew Center for the People & the Press）表示：

> 如果那些通过固定电话不能接触到的细分人群与那些使用固定电话的人群有实质上的差异的话，只依靠固定电话访问的调查更有可能产生估计偏差。如果只使用手机的受访者与使用固定电话的受访者没有什么差别的话，调查估计就不会因为没有包括只使用手机的人群而有偏差。例如，固定电话调查发现54%的美国人支持军队撤离伊拉克；而只使用手机的受访者中，有55%的人支持美国军队撤退。这样的话，当只使用手机的受访者被混合到总体中时，整个调查估计也不会受到影响。若要考虑把只使用手机的受访者加入到调查中的影响，可以询问如下问题：只使用手机的用户到底差别有多大，才会对加入总体后的调查估计产生影响？[6]

这样，当手机使用者与固定电话使用者相似时，增加只使用手机的样本就没有必要了。例如，皮尤研究中心发现，“对于关键性的政治调查，诸如总统决策、伊拉克政策、总统初选偏好以及党派等，手机调查的受访者与固定电话调查的受访者的态度非常相似。两个独立的全国研究分析表明，加入使用手机的受访者并不会根本改变那些关键的调查发现”[7]。

但是，当对感兴趣的只使用手机的用户单独分析时，或者手机使用者的态度或行为与总体存在差异时，需要把只使用手机的样本加入到使用固定电话的样本中来。例如，审视科技产品的使用情况时就会出 101
现这种的情况。皮尤互联网与美国生活项目（The Pew Internet & American Life Project）发现，手机使用者比那些固定电话使用者更有可能：

- 生活在收入低于50 000美元的家庭中
- 受教育程度不超过高中
- 是学生
- 是白人或非洲裔美国人
- 没有小孩
- 家中有宽带

此外，说到在线活动，手机使用者更有可能是内容生产者或博客撰写者。他们也更可能下载音乐和视频，观看视频分享网站，例如YouTube，阅读在线新闻。在这样的情况下，增加手机使用者的样本会非常重要。[8]皮尤将合并使用固定电话和使用手机的样本的过程描述如下：

> 固定电话样本的设计要通过随机数字拨号的方式，来确保样本既能代表电话名录上有的用户，也要代表电话名录上没有的用户（包括那些还未列在电话名录上的电话号码）。这种方法是用基于区号、电话交换机和号码库选出的电话号

码的最后两位数字随机生成。一个号码库被定义为 100 个连续的电话号码，例如，800 - 555 - 1200 到 800 - 555 - 1299。根据县和县内的电话交换机按比例选择电话交换机。也就是说，在一个给定的县内随机抽取的电话号码的数量所占比例与这个县在美国电话号码总体中所占的比例是相等的。只有包含了 3 个以上住宅电话的号码库才会被选择。

手机号码样本通过系统抽样从包括 100 个连续号码的手机号码库中抽取，或者是从那些没有列入名录的共享服务号码库中抽取，以确保手机号码样本不包括那些内有固定电话样本的号码库。样本无论在地域范围上还是大大小小的无线运营商方面都要有代表性。[9]

偏差与在线样本组。调查者越来越倾向于把在线样本组作为他们的受访者来源。使用样本组时，调查者明确目标总体的特征和样本量，然后随机选择适当数量具有特定特征的个体参与调查。使用样本组的潜在假设是样本组的特征能够反映美国总体的特征。

许多调查公司提供在线样本组以供调查。[10]但并不是所有的样本组都能够提供同等质量的数据，由于样本组形成方式、样本组成员人口统计特征的差异以及调查公司能够确保的样本组构成的代表性有高有低，样本组会有所差异。E-rewards 提供了一套非常好的评估样本组质量的方法，现改编如下：[11] *102*

- "仅限邀请"样本组优于"选择参加"样本组，因为这种招募技巧有助于减少"自我选择"的偏差。
- 样本组应积极和持续不断识别"职业受访者"，并立即将这类受访者从样本组中排除。
- 样本组所有成员人口统计资料和其他定义信息都应被证实。
- 样本组的人口统计构成应被证实，并且样本组应能反映美国成年人总体。调查者不应依靠加权结果来弥补样本组代表性的不足。
- 应控制样本组的应答率，并使样本组能够满足所有调查者对样本组的预期使用。应排除那些一直无应答的样本组成员。
- 应持续监控样本组成员所提供信息的质量。应排除那些持续提供不良信息的样本组成员（例如，对所有问题都提供一样的选择或者完成问卷时间太短）。

非概率抽样和定量调查

本章前面部分讨论了三种概率抽样：简单随机抽样、系统抽样和分层抽样。这些形式的抽样都包含了概率抽样，因为被定义总体中的所有元素都有同等被抽中的机会。然后，尽管概率抽样有其优点，但并不是所有的广告调查都会使用概率抽样。有些信息需求并不要求精确和用样本推及总体，有些需求也不能保证相关的时间和费用。在这些情况下，就可以选择被称为非概率抽样的抽样形式。定量调查中的非概率抽样的主要形式有便利抽样、判断抽样、配额抽样和滚雪球抽样。非概率抽样的抽样过程如图 4—7 所示。

便利抽样

顾名思义，便利抽样即参与者被选择是因为他们是方便可得的。访问朋友、同事、马路上的行人或商场里的人都属于这种抽样方式。便利抽样，正如所预料的，简单、快速且成本低。

便利抽样很有可能提供不可靠和有偏差的信息，因此只适合用在不需要根据样本的态度和行为去推及总体的情况时。这是因为不能确保便利样本的特征能够代表更大的总体。因此，便利抽样只适合于探索性调查或与某个调查需求相关的获取快捷的、不推及总体的信息，例如问卷前测。

103

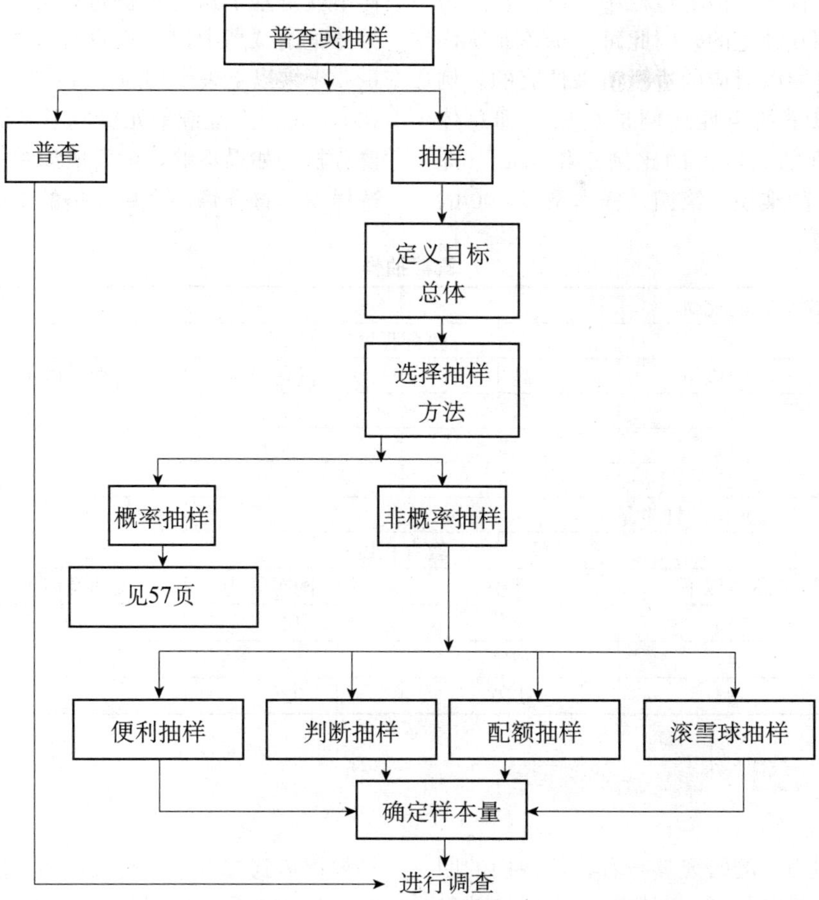

图4—7　非概率抽样的抽样过程和类型

判断抽样

判断抽样是基于专家判断哪些是最适合被访问的，然后从目标总体中抽取样本。专家可以是调查者、广告公司的人员、客户或者具有专业技能的专家。例如，一个零售店店主可以决定抽选那些他认为是他的业务中"典型"的消费者的人。

104 对利用判断抽样进行的调查结果的信心直接与专家用来识别和抽选样本的专业知识相关。虽然推及总体仍然是一个问题，但专业知识越强，结果被信任的可能性越大。例如，专家认为对于一个大学储蓄项目最适合的目标群体是有10～17岁孩子的家长。如果这个判断是正确的，那么从这些访问中收集的信息就是有用的。如果专家的判断是错误的，那么在这些个体中进行的调查就可能会对未来的计划提供误导的方向。只有当对专家的建议绝对信任的时候，或与便利抽样类似，只需要初步信息或探索性信息的时候，才推荐使用判断抽样。

配额抽样

配额抽样是判断抽样的一种延伸形式。配额抽样试图确保样本中的人口统计特征或其他兴趣特征的比例与总体的相应比例相等。配额抽样通过如下步骤获得：

1. 确定关键分群的详细特征。
2. 确定总体中每一个详细特征的比例。
3. 确定每一个配额单元所代表的总体的比例。
4. 将比例换算成样本量。
5. 抽取样本总量。

表4—6展示了前面各步的结果。第一，总体被基于性别和教育程度进行划分。第二，确定总体中每

一个特征的比例，并置于表格的边栏中。第三，因为两个特征被假定是相互独立的，因此每一个单元所代表的样本比例是通过乘以对应的边栏值来计算的。例如，高中教育程度以下的男性比例是 0.21（即总体中高中以下教育程度的人所占的比例）和 0.48（即总体中男性的比例）的乘积。第四，样本量为 400 的样本就是基于这一比例进行分配的。在这个例子中，被分配给“高中以下教育程度组”的 40 是由总样本量 400 乘以上表中相应单元中的 0.1 得到的。样本量 400 为每一个配额单元提供了足够的样本量以进行分群分析。如果不够，就要增加总的样本量。最后，抽选样本以符合每一个单元格的配额。

105 **表 4—6**　　**配额抽样**

目标总体对应每个配额单元的比例

	教育程度				
性别	高中以下	高中	大学同等学力	大学及以上	总体%
男人	10	17	11	10	48
女人	11	18	12	11	52
总体%	21	35	23	21	100

给定样本量 400，每一个单元格的样本量

	教育程度				
性别	高中以下	高中	大学同等学力	大学及以上	总体
男人	40	68	44	40	192
女人	44	72	48	44	208
总体	84	140	92	84	400

滚雪球抽样

滚雪球抽样利用当下的研究参与者，从他们的朋友或熟人中招募后续的参与者。这样，样本群体就像一个滚动的雪球。滚雪球抽样一般被用于少量的、很难接触的或专业化程度很高的总体；通过个人推荐来接触这些群体。

由于样本成员不是从抽样框中抽选的，滚雪球抽样也容易出现偏差。例如，有许多朋友的那些人更容易被招募到样本中。而且，因为滚雪球抽样依靠最初的参与者推荐来找到其他参与者，最初受访者的任何有偏差的特征都有可能影响到后面的参与者。这反映了一个事实，即人们更倾向于与他们相似的人联系。这增加了发现研究中的相关性或其他关系的可能，而这并不一定适用于总体。

非概率抽样样本抽取过程量

非概率抽样样本抽取过程的本质是不能使用统计技术来确定置信区间和相关的样本量。因此，非概率抽样调查的样本量通常反映了某种判断。然而，有些判断要比其他的更好。

独立判断对于非概率抽样的样本量来说是最武断的一种方式。客户或调查者张嘴就来：“50 个（或 100 个、1 000 个）样本就成。我觉得足够了”。虽然调查者或客户用这种方式选择样本量“感觉良好”，但并不能保证样本量足够用于满足信息需求。因此，一般避免使用独立判断的方式。

预算是多少？第二种方式体现了预算考虑。用抽样的资金数额除以每一个样本单元的成本（例如，访问一个单独成本），其结果就可以用来确定样本量。例如，每一个访问需 10 美元的话，预算为 1 000 美元
即表示样本量为 100。采用这种方式也应该被避免使 106
用。用所能够负担的经费去购买最大的样本量可能会得到对于调查信息需求来说太大或者太小的样本量。

参照标准对于非概率抽样来说是更为合理的一种方式，即参照其他抽样方法确定样本量。采用这种方式，你首先需要确定其他类似调查所使用的样本量，然后选择类似的样本量。这种方式的优势在于历史先例经常会有价值。然而，它的不足在于你并不了解最初样本量确定的基本原理的有效性。

分析需要可能是确定非概率抽样样本量的最好方

式。建议研究中小组的个体或观察的数量至少达到100个，而在较小的分析群体中，个体数量不少于20～50个。

样本选择和定性调查

目的性抽样是定性抽样调查最常见的形式。在该抽样方式中，调查者有明确的调查目的或信息需求，根据调查者的判断，所抽选的样本只包括能够提供相关信息以满足信息需求的那些人。所选择的个体应能够代表“为深度研究服务的信息丰富的个案。通过信息丰富的个案，调查者能够了解有关调查目的至关重要的大量议题”[12]。

目的性抽样所抽选个体的类型由调查者的判断、方法、目标和信息需求决定。巴顿（Patton）指出定性调查者在识别和抽选适合的个体时有很大的自主权。[13]设想一个调查者想要研究为什么人们使用Twitter。最常见的选择和方法应包括以下抽样：

- 极端或异常个案，抽选那些属于“异常值”的个体。调查者由此观察哪些事件很少发生以更好地理解哪些事件会经常发生。[14]每天发送消息超过200条的Twitter用户有可能会进入这一群体。
- 典型个案，抽选那些“平均的”或“典型的”个体。在访问完前面极端或异常群体信息后，访问该群体的人是最富成效的。这个群体的人每天发送4条左右的信息（报告的平均值）。
- 极有热情或激情的个体，其行为也许并不极端，但却深度参与所研究的领域。这个群体可以包括那些不管发送消息的数量是多少，坚定地相信“没有Twitter我就不能活”的Twitter用户。
- 证实或证伪的个案，所抽选用户的态度行为或支持或否定调查者预设的观点。这个群体可以包括那些最初使用Twitter的动机是“因为它可以使我感觉更重要”（调查者的观点）和那些因为其他任何原因而使用Twitter的人。

重要的是，上述这些方法并不互相排斥。定量调 107
查从调查之初开始，样本特征是不变的，与其不同，定性调查在样本方面有很大的灵活性。调查者可以从一种类型的个案开始调查，然后根据所了解的情况，再转向那些具有不同特征的个体进行访问。这种调查不同类型样本个体的方法使得调查者能够获得对多样化个体的洞察，并可以使得个案之间不同特征的比较最大化。此外，随着调查的进行，样本特征也可能发生改变，随着调查者知识的增加，会揭示新的洞察和探索潜在的区域。[15]

样本量

定性调查的样本量在调查之初就已经估算好，但参与者的数量实际是根据所获得信息进行调整的：只要预算允许调查者获得新事物或新发现，访问就会继续进行。“定性调查样本量的充足性是相对的，实际上不是判断一个样本量本身大或小，而是对于预定目的来说太大或太小。”[16]例如，如果从额外的访问中无法再获得新的东西，那么样本量10就已经足够，而如果每一个新的访问都会提供额外的洞察，那么样本量30也都太小。因此“定性调查中确定一个充足的样本量实际上是关于评估信息收集质量……和预定调查结果的判断及经验问题”[17]。

小结

抽样过程包括对总体中元素的选择和核查，以便得出关于更大总体的结论。一个好的样本是有效的，并能够可靠推及总体。

108 所有抽样都开始于对目标总体的定义，对总体中各元素的定义可以让你做出推断并推及总体。一个完整定义的目标总体清楚无误地描述了感兴趣的群体，并能清晰地区分那些感兴趣的物或人和不感兴趣的物或人。

接下来是确定抽样的方法。考虑到诱发调查的信息需求、周期和经济因素，选择概率抽样或非概率抽样。概率抽样是总体中每一个个体、家庭或项目从总体中被抽选的机会均等或概率相等。样本的选择纯粹是偶然的。非概率抽样中的样本并不是严格地偶然地从总体中抽选，而是不随机或者更具目的性地被抽选。

概率抽样

概率抽样方法需要额外的三个步骤。第一，需要确定抽样框。抽样框详细说明了识别目标总体所界定的家庭、个体或其他元素的方法。你可以用两种方法来指定抽样框。你可以拟一个或找一个代表目标总体的名单，当名单不完整或无效的时候，你也可以指定类似于随机数字拨号的方法来识别或联络目标个体。一旦选择了抽样框，即可与目标总体相对应。一个完美的抽样框与目标总体是完全一致的；也就是说，抽样框包含了目标总体中的每一个元素，并且只包含一次，而且抽样框中只包含目标总体的元素。但是，通常抽样框或者太宽泛（过多登记）或者太窄（遗漏登记）。出现这种情况，抽样方案可以根据抽样框的特征做一些调整。

第二，选择一个具体的概率抽样方法。最常见的概率抽样形式是简单随机抽样、系统抽样和分层抽样。当目标总体在人口统计的、地理的或行为的分群中表现出的差异不大时，可以使用简单随机抽样和系统抽样。当存在较大差异时，则推荐分层抽样（按比例抽样或不按比例抽样）。

第三，使用统计方法来确定所需样本量与置信区间也就是与测量误差范围之间最合适的平衡点。

非概率抽样

非概率抽样最常见的形式是便利抽样、判断抽样、配额抽样和目的抽样。使用便利抽样时应谨慎。便利抽样只适合于探索性调查或与某个调查需求相关的获取快捷的、不推及总体的信息，例如问卷前测。判断抽样也应谨慎使用，只有当对专家的样本推荐判断具有很大信心时，才可采用判断抽样。

样本量是基于分析需要来确定的，而且要考虑每一个主要或较小的分群所需要的最小观察数量。

109

复习题

1. 什么是随机样本？在什么情况下，普查优于抽样调查？

2. 完备的目标总体定义有哪两个基本特征？

3. 定义总体中个体的基础是什么？简要描述每个组成部分并举例说明。

4. 辨析概率抽样和非概率抽样的不同之处。它们的优缺点分别是什么？

5. 抽样框可以提供什么信息？列举两种构建抽样框的方法。

6. 如何评估抽样框的可靠性？

7. 什么是过多登记和遗漏登记？如果在抽样设计过程早期发现这种情况，应如何处理？

8. 列举三种在广告调查中最常用的随机抽样方法。

9. 简单随机抽样在什么情形下适用？它的优点是什么？

10. 什么叫做系统随机抽样？它的抽样形式与简单随机抽样有哪些异同？

11. 当使用一个基于行为的抽样框时，为了不违背随机抽样的基本原则，调查者需要注意哪些问题？

12. 在什么情况下，简单随机抽样或者系统随机抽样可以提供对总体的可靠估计？在什么情况下这种估计会被质疑或者说可信度低？

13. 什么叫做分层抽样？它在何种情况下适用？

14. 简述通过分层抽样选择目标样本的四个步骤。

15. 按比例分层抽样和不按比例分层抽样的区别是什么？它们分别在哪种情形下更为适用？

16. 什么叫做置信区间和置信水平？

17. 简述置信区间、置信水平和样本量之间的关系。

18. 样本量需求确定时，如何计算所需接触的样本数量？

19. 在抽样过程中，样本选择偏差在什么情况下容易发生？在抽样设计过程中，如何有效减少样本选择偏差？

20. 如何控制在线样本组的质量以减少样本选择偏差？

21. 列举使用非概率抽样进行定量研究的四种主要形式。

22. 简述便利抽样和判断抽样。二者有何异同？它们各自的适用情形是什么？

23. 什么叫做配额抽样？如何进行样本选择？

24. 什么叫做滚雪球抽样？它在什么情况下较为适用？这种抽样方法可能出现什么样的偏差？

25. 非概率抽样有哪些有效的判断抽样的途径？这些途径有哪些优势和不足？

26. 定性调查通常使用目的抽样。请简述这种抽样方法的使用规则以及如何选择样本。

27. 定性调查如何确定样本量？与定量调查有何不同？

应用练习

1. 关节炎基金会（Arthritis Foundation）的地方分会正在准备今年的募捐集会。为了明确今年的工作目标，他们打算对去年募捐集会中的捐赠者信息进行调查。调查需描述去年集会捐赠者的人口信息，调查时间至关重要。目前能拿到的信息清单有两个，其一是去年所有11 000个集会捐赠者的姓名和地址，收藏在分会的档案中。这个资料概括了去年不同出资额度的捐赠者的百分比：

支持者（25美元以下） 39%
铜卡会员（25～99美元） 11%
银卡会员（100～500美元） 45%
金卡会员（1 000美元及以上）5%

检索这些资料将花费10天左右时间。另一份资料在主席的档案中，包括去年捐赠的前150人和后300人。

现在安排你来完成这个抽样计划，简述你的抽样过程，并且阐明其优势和不足。你讨论的内容需要包括目标总体的定义、抽样方法、抽样框、具体的抽样方式及样本量。

2. Tom's Buns N'Burger是一个全国汉堡连锁店。Tom's想调查顾客对最新的菜单的态度和反馈情况。从3月4日开始，Tom's将持续一周向顾客发放优惠 110
券，凭券可领取免费的汉堡和饮料。不过领取这个优惠券需要顾客拨打一个800的免费电话，回答一些问题才可获得一个激活码。Tom's将用这些电话问卷所收集到的信息作为下一步改进菜单的依据。

请评估Tom's的计划。你认为这个计划是合理完善的吗？为什么？如果你认为这个计划有待改进，请描述你的改进计划。像图4—1一样列出所有的可应用元素。

3. Weekly World Reporter发起了一个每周调查，旨在找出销售情况最好的电子游戏。调查的方法如下：

> 对一些全国代表性样本进行调查，样本包括100个折扣店、250个玩具店、50个仓储式商店及50个电视邮购公司。
>
> 调查共涉及50个州，各个零售店的样本分布不按比例。每个州调查2个折扣店、5个玩具店和1个仓储式商店。所有的商店都位于该州第二大城市。通过报纸对每个城市相应的店铺进行识别。选择那些有广告宣传的店铺进行调查。电视邮购公司的样本是从当月的Nintendo杂志的

邮购广告中选择。

调查采用电话访问的方式。接电话的人将回答如下问题：“上周店里销量前五的游戏都是哪些？”销量最高的游戏记5分，第二名的游戏记4分，以此类推。然后将所有店里提供的游戏分数汇总。

请评价这个抽样计划。你认为这个计划是合理完善的吗？为什么？如果你认为这个计划有待改进，请描述你的改进计划。像图4—1一样列出所有的可应用元素。

4. 假如你是一个调查顾问。一个客户的公司刚刚研发了一个新的理财产品，旨在帮助父母规划、积累孩子的大学教育基金。参与这个项目的父母能以最少的投资来获取回报，并且不打破家庭每月的收支平衡。这个客户之前没有做过关于这个产品的任何相关调查，所有你和客户的调查者继续做下去的假定是你的想法是正确的。

客户想通过调查得知不同的广告营销方案在目标受众中会引起的反应。客户提供了可能的研究对象，描述如下：

我们建议对这些父母进行电话调查。而且，由于这个调查试图接触那些对尽早计划孩子的大学教育非常感兴趣的父母，考虑到效率问题，我们建议调查要在那些对这个产品有兴趣并且经济条件允许的家庭中进行，也就是那些有年幼的孩子，并且家庭年收入在45 000美元以上的家庭。我们可以从名录供应商那里购买符合这一标准的综合名录，进而对这个名录进行随机抽样。

111 请对这一客户的需求及抽样建议做出回应。你会接受他们所提出的方案吗？你将会对他们提出的方案进行哪些修正和完善？请详细说明。

5. 假设《家庭杂志》（*Family Magazine*）是某个城市的女性杂志领导者，每期有着超过7 000 000册的发行量。读者大部分是女性。杂志的主编想要对美国女性对这个杂志的态度观点做一个调查，尤其想利用这个调查明确全国的普遍趋势。他们将这个调查称为“美国女性的所思所感”。为了收集研究数据，主编雇用了调查公司设计调查问卷。接下来，主编将问卷刊登在某一期杂志上。问卷是读者自行邮寄的，读者可以匿名地表达其观点，并将问卷寄回（已支付邮资）。结果回收了近200 000份问卷。调查公司对这些问卷进行了数据分析，主编发布了分析结果。

结合主编提出的研究目标，对这个数据收集方法的可靠性和不足之处进行评估。

6. 你的客户Tastee-Good Ice Cream准备上市一款冰激凌新产品。这款冰激凌的口味和香醇度不亚于任何一种冰激凌（如哈根达斯），同时是低脂肪、低卡路里的并且不含人工香料和甜味剂。广告代理公司正在策划这款产品的广告推广方案。经过对大量消费者调查资料的研读，创意人员提出了三种不同的创意策略。每种策略都形成了一条电视广告样片。然而，需要注意的是，虽然三条电视广告不同，但是最终目的是一样的，旨在让那些有个性的女性尝试这款冰激凌。

你需要确定这三条电视广告中哪一条是最适合推广这款冰激凌的。每条广告都将以成片的形式在目标受众中进行测试。目标受众的人口特征、心理特征及品牌偏好信息如下：

我们想要接触的女性有这样的特征：

- 年龄在25～34岁
- 家庭年收入在40 000～50 000美元
- 十分关注自己的体重
- 将吃冰激凌看作一种放纵或者治愈的事情
- 对于盒装的冰激凌价格并不敏感

此外，这些女性目前并非都是冰激凌的日常消费者。除了前文提到的一些特征之外，她们还至少符合如下两点之一：

- 如果她们经常食用盒装的冰激凌，那么她们会选择高价优质的冰激凌（注意，“高价优质”这一词是一个商业用语，并非消费者对她们所食用的高端冰激凌的描述）
- 如果她们平时不经常食用盒装冰激凌，那么她们并不介意所食用的是哪种类型的冰激凌。但她们不经常吃冰激凌的原因是，担心冰激凌会给她们的体重和健康带来不良影响。

通过调查访问，对这些女性进行可靠的洞察，进而做出总体的描述是非常重要的。为了满足公司这一需求，你需要做如下几件事：首先，评估目标总体的定义是否合适，对不当之处可以进行修改；接下来，提出这个调查的抽样方案及抽样框；然后提出具体的抽样方法；最后，确定你抽样方案的样本量。

本章附录：决定样本量的基础理论

113 正如本章之前讨论的，根据置信区间和置信水平决定样本量。无论是单侧还是双侧，精确度要求越高，需要的样本量规模越大。然而，决定样本量的计算取决于你最关键的地方用的是比例还是均值。

估计比例的样本量

当调查结果期望以比例的形式进行报告时（例如“83%的样本同意……”），表 4—7 显示的表格可以用于决定合适的样本量。（表中列出的所有信息基于95%的置信水平。）

表 4—7　不同样本量与期望应答水平的置信区间（置信水平=95%）

样本量	期望应答水平									
	5%或95%	10%或90%	15%或85%	20%或80%	25%或75%	30%或70%	35%或65%	40%或60%	45%或55%	50%
100	4.4	6.0	7.1	8.0	8.7	9.2	9.5	9.8	9.9	10.0
200	3.1	4.7	5.0	5.7	6.1	6.5	6.7	6.9	7.0	7.2
300	2.5	3.5	4.2	4.6	5.0	5.3	5.5	5.7	5.7	5.8
400	2.2	3.0	3.6	4.0	4.3	4.6	4.8	4.9	5.0	5.0
500	1.9	2.7	3.2	3.6	3.9	4.1	4.3	4.4	4.5	4.5
600	1.8	2.5	2.9	3.3	3.5	3.7	3.9	4.0	4.0	4.1
700	1.6	2.3	2.7	3.0	3.3	3.5	3.6	3.7	3.8	3.8
800	1.5	2.2	2.5	2.8	3.1	3.2	3.4	3.5	3.5	3.5
900	1.4	2.0	2.4	2.7	2.9	3.1	3.2	3.3	3.3	3.3
1 000	1.4	1.9	2.3	2.5	2.7	2.9	3.0	3.1	3.1	3.2
1 500	1.1	1.5	1.8	2.0	2.2	2.4	2.5	2.5	2.6	2.6
2 000	1.0	1.3	1.6	1.8	1.9	2.0	2.1	2.2	2.2	2.2
3 000	0.8	1.1	1.3	1.5	1.6	1.7	1.7	1.8	1.8	1.8
5 000	0.6	0.8	1.0	1.1	1.2	1.3	1.3	1.4	1.4	1.4

114 要使用这一表格，你需要估计样本的应答水平。例如，假定在一个研究中有三个同意还是不同意的关键问题，你期望 10%的样本同意第一个问题，20%的样本同意第二个问题，85%的样本同意第三个问题。此外，假设你想要的置信区间很小，三个独立问题中的任何一个都不超过±3%。表 4—7 显示了置信区间不超过±3%，期望应答水平为：

- 10%需要的样本量为 400；
- 20%需要的样本量为 700；
- 85%需要的样本量为 600。

基于这些指标参数，需要的样本量为 700（三个所需样本中最多的）。如果对应答水平有疑问，使用应答水平或同意的 50%估计是合适的。

然而，有时候你希望设定不同于表 4—7 提供的置信水平。在这种情况下，样本量可以通过下面的公式决定：

$$样本量=\left(\frac{z}{e}\right)^2\times p\times(1-p)$$

此处 p 代表参与者的应答水平，z 代表具体置信水平的 z 值，e 代表期望的置信区间。具体置信水平的 z 值如下：

置信水平	z 值
99%	2.57
95%	1.96
90%	1.64

设想一下你询问一组受访者“你知道微软 Zune 的广告吗?”你期望回答“是”的比例为 35%。此外，你希望有 99%的信心推断调查的实际的比例不超过±2%。这一期望置信水平所需的样本量为：

$$样本量=\left(\frac{z}{e}\right)^2\times p\times(1-p)$$

$$样本量=\left(\frac{2.57}{0.02}\right)^2\times 0.35\times(1-0.35)$$

$$样本量=(128.5)^2\times 0.35\times 0.65$$

$$样本量=3\ 757$$

样本量很大是由于置信水平和置信区间需要的精确度高。然而，当置信区间提升至±4%之间，置信水平降至95%时，样本量就显著下降：

115

$$样本量=\left(\frac{z}{e}\right)^2\times p\times(1-p)$$

$$样本量=\left(\frac{1.96}{0.04}\right)^2\times 0.35\times(1-0.35)$$

$$样本量=(49)^2\times 0.35\times 0.65$$

$$样本量=546$$

表4—7也展示了置信区间和样本量之间的这一关系。正如所见，当置信水平一定时，需要四倍的样本量以使置信区间降低一半。例如，在20%的期望应答水平上，100的样本量提供的置信区间为±8%，400的样本量提供的置信区间为±4%，1 600的样本量提供的置信区间为±2%。精确性（反映为较小的置信区间）与样本量之间的关系如图4—8所示。可见，随着样本量逐步升至1 000，精确性有较大提升。然而，样本量超过1 000后，精确性的提升幅度显著降低。这也是很多消费者、营销和广告调查研究的样本量很少超过1 000的原因。[18]

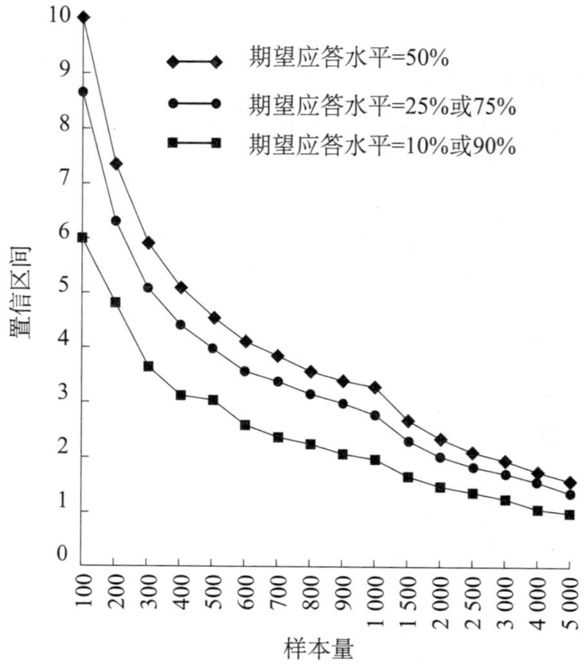

图4—8 样本量与置信区间之间的关系

116 ## 估计均值的样本量

估计均值或平均数的样本量也可以计算。在这种情况下，除了具体的置信水平和置信区间，还需要估计应答范围。（应答范围表示为“标准差”，见第16章对这一统计量计算和解读的详细讨论。）因为总体标准差很难知晓，因此通常用以下三种方式中的一种进行估计：

1. 通过之前的、相似的、总体相同的研究估计标准差；

2. 做一个小的试验性的研究，利用试验研究中得到的标准差估计总体标准差；

3. 将应答范围除以4，也就是说，将两个最极端应答选项相加，然后将总和除以4。

一旦估计出标准差，决定了置信区间和置信水平，样本量就可以通过以下公式估计：

$$样本量=\frac{z^2\times s^2}{e^2}$$

此处，和前面的公式一样，z 代表具体置信水平（可以从前面的表格获取）的 z 值，e 代表期望的置信区间。这个公式中的新术语是 s，代表估计的总体标准差。

想一想与刚刚讨论过的例子相似的例子。设想一下你要询问一组受访者，让其“在一个从1到5的量表上，给 IBM 办公产品广告的可信度打分”。你希望有 95%的信心推断调查的平均得分与真实的总体平均得分相差不超过正负两个百分点。你估计样本标准差为 1.5，由相加量表的极端值并除以 4 得到［例如，(5+1)÷4=1.5］。这一期望置信水平所需的样本量为 216，计算如下：

$$样本量=\frac{z^2\times s^2}{e^2}$$

$$样本量=\frac{1.96^2\times 1.5^2}{0.2^2}$$

$$样本量=\frac{3.84\times 2.25}{0.04}$$

$$样本量=216$$

和前面的公式一样，置信水平和置信区间的改变会导致所需样本量的变化。例如，如果我们提升置信水平为 99%，降低置信区间至 0.1，那么所需样本量将显著提升： 117

$$样本量=\frac{z^2\times s^2}{e^2}$$

$$样本量=\frac{2.56^2\times 1.5^2}{0.1^2}$$

$$样本量=\frac{6.55\times 2.25}{0.01}$$

$$样本量=1\,474$$

总的说来，当试图平衡样本量和置信水平时，调查结果中样本量与准确性之间的关系是一个重要考量。评估可选择的样本量时，你需要询问“准确性提升的价值能证明数据收集成本增加的合理性吗？例如，置信水平从±3%降低为±1.5%能证明访问成本增加四倍的合理性吗？”

【注释】

[1] Pew Research Center (2009). “Why Surveys of Muslim Americans Differ” at http://pewresearch.org/pubs/1144/muslim-americans-pew-research-survey-gallup.

[2] 第四种抽样方法是整群抽样，主要用于需要个人的、在家进行的调查等具有数据调查需要的研究。整群抽样适用于该类型的数据收集是因为它将收集的数据转化成成组的抽样单位，而不是个体的抽样单位。整群抽样的操作流程如下：第一，将定义的总体分成互不重叠的几个组或者几个群。第二，检验群内部的代表性，每个群之间的差异应当保证最小，也就是说，群的特征应当能够反映总体的特征。第三，需要检验群的外部相似性。各群在重要特征方面应该相同。第四，选取一个或多个群代表整体。第五，利用简单随机抽样、系统抽样或分层抽样选择群。了解更多关于整群抽样的信息，见 Stat Trek，“Statistics Tutorial：Cluster Sampling” at http://stattrek.com/Lesson6/CLS.aspx? Tutorial=Stat。

[3] 该案例的样本框，也就是 18～24 岁拥有一部固定电话或者手机的人，能够很好地代表大部分 18～24 岁拥有这些电话联系设备的总体。

[4] Raosoft 的样本量计算器见 http://www.raosoft.com/samplesize.html。其他计算器可以通过输入“样本量计算器”在任何搜索引擎中找到。

[5] 这些案例改编自 Earl Babbie (1986). *The Practice of Social Research* (4th Edition) (Belmont, CA: Wadsworth Publishing Company)。

[6] Pew Center for the People & the Press (2008). “The Impact of “Cell-Only” On Public Opinion Polling” at http://peoplepress.org/report/391/.

[7] Pew Center, op. cit.

[8] Lee Rainie (2008). “Polling in the Age of the Cell Phone” at http://www.pewinternet.org/ Commentary/2008/June/Polling-in-the-age-of-the-cell-phone.aspx.

[9] Pew Center for People & the Press (undated). “About Our Survey Methodology in Detail” at http://peoplepress.org/methodology/about/.

[10] 见 Green Book (2009) 在 http://www.greenbook.org/market-research-firms.cfm/online-panels 上给出的清单。

[11] E-rewards (2009). “What Defines Online Panel Quality” at http://www.e-rewardsresearch.com/downloads/What Defines Online Panel Qual.pdf. 所有提到的要点都适用于在线奖励小组（e-Rewards panel）。此外，知识网络（Knowledge Networks）也提供了对小组评估和检验的洞察，见 http://www.knowledgenetworks.com/ganp/reviewer-info.html。

[12] M Q. Patton (1990). *Qualitative Evaluation and Research Methods* (*2nd ed.*) (Newbury Park, CA: Sage Publications).

[13] Patton, op. cit.

118 [14] R. Gomm, G. Needham and A. Bullman (2000). *Evaluating Research in Health and Social Care* (London, Eng-

land：Sage Publications).

［15］见 Imelda T. Coyne (1997). “Sampling in Qualitative Research. Purposeful and Theoretical Sampling；Merging or Clear Boundaries?” *Journal of Advanced Nursing* 26：623－630。

［16］Margarete Sandelowski（1995）. “Sample Size in Qualitative Research.” *Research in Nursing & Health* 18：179－183.

［17］Sandelowski，op. cit.

［18］当目标人群超过 20 000 人时，样本量和置信区间的关系就不再为目标人群规模所左右。不管目标人群是由 20 000 人、1 000 000 人还是 10 000 000 人组成，一个 1 000 人的样本都能够提供相同的置信区间。

（本章翻译：田卉，本章校译：杨雪睿）

第三部分

定性调查

第5章

定性信息的收集

119 定性调查通常以小样本量和探测性的开放式问题为标志，通过提供情感、特质、（感觉的）强度，以及定量调查所提供的数字描述之外的细微差别，来帮助调查者“透过现象看本质”。本章聚焦于定性调查技术并由讨论定性调查的特征开始，讨论收集定性数据的三种主要的问题和技术，最后讨论定性访问的方案和实施。

* * *

阅读本章之后，你会对以下内容有深刻理解：

- 不同定性调查方法和定性信息收集方法的优点和不足；
- 直接的、投射的和需要特殊处理的访问技术的特征和恰当使用；
- 如何策划和实施定性访问，包括何时以及如何探测额外的信息。

120 定性广告调查通常涉及少量个体的深度访问，以获得他们态度、信念、动机和生活方式的细节和深度洞察。[1]目的是获得对个体为什么如此行动的深刻理解，而不是人们做什么和想什么的数字描述。因此，定性调查重点是发现态度和动机的本质和结构，而不是它们的频率或分布。

定性调查的特征和目的使其尤为适合满足更宽泛的广告信息需求。定性调查适合如下各种需要：

● 了解消费者情感、态度、信念与他们行为之间的潜在关系，尤其当这种关系的信息不能通过直接的、结构化的、基本以封闭式问题为主的询问获得时。

● 所知甚少，获得初步或背景信息时。

● 听取消费者用他们自己的语言表达他们的想法，或做旨在获取消费者反应的一手观察时。

● 在调查初期或后期，为定量调查提供补充时。[2]在这方面，定性调查有助于

■ 在实施定量调查前，更好地定义和了解市场营销和广告问题；

■ 在策划和开始定量调查前形成假设；

■ 评估一个定量调查设计和抽样方案的适用性，例如在确定包含或排除具有某些人口或行为特征的消费者时；

■ 获得对感兴趣的受众的洞察，以创建定量量表

或提供其他类型的问题；[3]

■ 检测调查问卷或类似形式的调查工具；

■ 详述、解释或进一步探索由定量研究得出的观点，而不必重复定量研究。

定性调查在上面每一种情况下都有效是因为它能够让调查者“接近数据”，观察和倾听消费者用他们自己的语言表达想法。这种由观察和倾听消费者获得的洞察通常是定量调查的数字总结报告欠缺的部分。戈德曼（Goldman）和麦克唐纳（McDonald）指出：

> 虽然定性调查不能告诉你态度或动机是如何分布的，但是它可以——以问卷调查不能告诉你的方式——告诉你这些态度从哪里来，它们是如何被结构化的，以及它们对于消费者的行为而言具有怎样的重要性。丰富的定性洞察来自近距离的个体观察，永远不能由大规模的问卷调查所复制，因为问卷调查从一个距离更远的有利于观察的地方来观察市场。[4]

观察和倾听消费者的能力是重要的。这不仅可以提供深度洞察，还可以让调查者从受访者处获得洞察和解释，而不是不得不预先确定需要回应的领域和重要的东西。

最后，与定量调查相比，定性调查通常更快且成本更低，尤其是对于满足那些不需要数字和统计上的投射数据的信息需求，此外它更灵活。定性调查允许调查团队在调查研究中途改变方向。例如，调查者可以调整问题的顺序，改变问题的措辞，或者增加新的探索领域。 121

然而，有必要注意的是，定性调查也有其局限性，其在满足某些广告相关信息需求上并不受欢迎。第一，也许也是最重要的，由定性调查得到的信息推及总体是受到严格限制的。实际上，调查者只能自信地将定性研究的结果推及那些参与了此项研究的个体，并不能保证参与调查的少量个体在任何情况下都能够代表更大的总体。考虑到其局限性，定性调查的结果更应被当作方向性而非决定性的。第二，定性调查中的小样本量不能对调查结果进行量化描述，因此，当需要人口特征的量化描述时，就不能使用定性调查。第三，定性调查数据的解释比定量调查更具有主观性，因为定性调查的基础是基于个体的评论和语言应答，而不是数字评分或排序。因此，当调查结果需要非主观和公正的描述时，就不应该采用定性调查。

个人访谈和焦点小组访谈

定性广告调查最常见的方法是个人访谈和焦点小组访谈。

个人访谈

个人访谈（又称一对一访谈、深度访谈），是训练有素的访问员和受访者之间不受干扰的、面对面的谈话，通常需要30～60分钟的时间。考虑到这种定性调查形式的时间和费用，大多数采用个人访谈的研究一般会选择5到15个样本。

个人访谈是访问员和受访者之间的一次自由但有结构的谈话。访问员与受访者都了解访谈中将要提及的话题，但访问员可以根据不同的受访者采用不同方式自由地追问每一个话题。而且，在访谈中，访问员可以自由地提问题，并探索那些看起来有趣并与调查目标和信息需求相关的应答。这样，在每一个具体的调查研究中，虽然访谈的实际结构会因不同受访者而有所差异，但每一次个人访谈的信息目标是不变的。（本章最后一部分会对定性访谈提出另外的见解。）

个人访谈适合于那些需要对态度、行为、动机进行广泛和细致探索的情况。这是因为在个人访谈设计中，受访者可以自由表达他的想法，而不必担心像焦 122
点小组访谈那样会有他人的评论或评价。此外，个人访谈避免了潜在的小组压力或社会准则，这些可能会改变或妨碍诚实应答。

焦点小组访谈和微型小组访谈

焦点小组访谈和微型小组访谈是由训练有素的主持人引导一组人进行的集中式讨论。主持人的角色是就促使与研究和信息需求相关的小组成员进行讨论。焦点小组访谈的灵活性使其成为满足许多营销者和广告主信息需求的一种常见方法，尤其在新产品的创意生成、产品定位和产品认知、产品创新和包装筛选以及消费者态度、信念、需求和动机探索等方面更为常见。

焦点小组访谈和微型小组访谈在方向和结构上是相似的。每一次访谈持续 1.5 到 2 小时，由主持人根据讨论提纲，在所需主题领域范围内推进讨论。焦点小组访谈和微型小组访谈之间的主要区别在于参与者的数量。焦点小组访谈一般需要 8 到 12 名受访者，而微型小组访谈的人员更少一些，一般只需要 3 到 6 名受访者。

焦点小组访谈的优点。焦点小组讨论的小组性质使其具有不同于个人访谈的 5 个优点。

第一，讨论的互动性有助于焦点小组访谈的参与者详述和提炼其意见。焦点小组访谈中的个人评论通常可以：

- 激发其他受访者的想法，
- 使其他受访者从不同的角度观察事物，
- 激发更深层次的讨论，
- 提醒受访者他们可能忘记的事情，或者
- 帮助其他受访者更好地用语言表达他们的想法和意见。

第二，对受访者来说，焦点小组访谈比深度访谈更具刺激性和使人兴奋。由参与群体讨论所带来的高涨的兴趣使得参与者更有可能提高注意力，参与讨论，并提供更深层的回应。

第三，焦点小组访谈比个人访谈更具自发性。一个主持较好的焦点小组访谈可以鼓励受访者表达他们的想法，并促进受访者之间进行积极和活跃的思想交换。这种自发性减少了防御机制和自我编辑，鼓励受访者分享真实的意见。而且，因为小组中总是有其他参与成员，小组自发性也降低了参与者对答案“造假”的可能性，因为这样做会感觉到压力。

第四，焦点小组访谈能比个人访谈更快地实施和分析。通常小组能很快地在一周或不到一周的时间内被召集在一起，并且在一周或两周内就能够出调查结果的报告。

第五，焦点小组访谈研究平均每一个受访者的成本通常要低于个人访谈每个受访者的成本。一个典型的焦 123
点小组，包括主持人的费用，通常需花费大约2 500美元，远远低于做同等数量的个人访谈的成本。

焦点小组访谈的不足。除了与所有定性调查所共有的无法推及总体的问题之外，焦点小组访谈相对于个人访谈而言，还有四点值得注意的不足。

第一，总会有一种可能，即某个受访者会控制整个讨论或强加某个观点，设置与小组或主持人偏好相反的论调和方向。例如，如果某个受访者在讨论之初就表示“只有那些不关心孩子健康的妈妈才会给她们的孩子吃含糖的麦片”，那么对于其他参与者来说就很难再承认他们给自己的孩子吃含糖的麦片。

第二，除了强势的受访者所引起的偏差外，还可能会存在主持人所引起的偏差。主持人太快转移或介绍话题，含蓄或明确地鼓励某种观点，或未能介绍或探索某个话题或回应，都可能会把明显的偏差带入小组，或误导小组讨论的方向。

第三，小组压力可能会歪曲个人意见的表达。有些受访者认为他们的意见与小组已经表达或认可的标准相违背，从而不愿意表达；还有一些人不愿意用语言表达那些他们觉得与占优势的小组共识相反的意见。

第四，也是最重要的，通过焦点小组访谈讨论获得的数据和洞察代表小组数据，而不是个人。焦点小组访谈数据反映了小组的集体意见，因此，焦点小组访谈并不能像个人访谈那样提供个人的深层的细节观点。[5]

收集定性信息的方法

通过个人访谈或焦点小组访谈收集定性信息主要有三种方法。本部分首先讨论直接的和投射的问题类型，然后讨论以过程为导向的定性调查技术。

直接询问的问题类型

直接询问的问题要求个体对某个聚焦的，通常范围很窄的信息请求作出回应。这些问题包括：

- 说明式问题
- 结构性问题
- 详细叙述式问题
- 理想化问题
- 假设—反应问题
- 第三人称问题

124 **说明式问题。**说明式问题是对特定的理性或感性信息的明确需求。这些问题在提供背景信息或为更广泛的讨论奠定基础的时候最有效。对于这种类型问题的回应能够成为探索深层次的受访者态度、信念和情感的出发点。虽然这些问题具有直接和真实的特性，但仍需以开放式问题的形式进行问答，例如：

> 上周内您所消费过的所有苏打水品牌的名字是什么？
>
> 您阅读 Daily Dirt Blog 的最重要的原因有哪些？
>
> 当你发现薯片不含脂肪，而是每份含有 880 毫克的钠时，您的感觉如何？

正如所见，这些问题通常会问“怎么样”或“什么”。你应该避免询问那些只能得到“是”或“否”的回答的问题。

你也许会认为说明式问题也可以问“为什么”，例如，“您为什么会更换牙膏品牌？”但是，定性访谈发现，可能应该避免询问“为什么”问题。达纳（Dana）注意到，“‘为什么’问题会让受访者为自己的回应、想法或情感去辩护，‘为什么’问题可能被受访者理解为威胁。如果受到威胁，受访者可能会对自己的回应进行防护，进而影响所收集的数据。如果过于极端，调查者有被受访者疏远的风险，从而失去采集和分析数据的宝贵信息源”[6]。“为什么”问题对于受访者来说也是比较难回答的问题，因为他们需要深度的自我分析和自省。因此，建议你采用可替换的问题类型来代替对“为什么”的洞察。例如，“您为什么会更换牙膏品牌”这样的问题可以替换成“您选择新的牙膏品牌的原因是什么？”

结构性问题。结构性问题比说明式问题更能帮助调查者全面了解受访者在某一个特定领域的情感和知识。因此，这类问题通常以一长串有关想法或情感的调查列表为出发点。例如，受访者可能被要求解释“您和您的朋友谈论社交网站的不同方式都有哪些？”或者“您评估不同的搜索引擎的标准都有哪些？”

详细叙述式问题。详细叙述式问题[7]比前面两类问题更开放，限制也更少。这类问题会要求受访者还原其生活中某个特定时刻的日常工作、程序、活动或事件。受访者是一个导游，向“不知情”的访问员描述每一个步骤以及与每一个步骤相关的想法或情感。受访者从问题所要求的某个时间点开始，一直到某个体验或事件被完整地描述，例如：

> 您提到在过去一个月中购买了一款新手机。您能描述一下导致您这次购买以及选择这款手机
> 的整个过程吗？请从您决定需要一款新手机开 125
> 始，并告诉我整个过程中您的每一个想法和行动。
>
> 您说您刚刚第一次尝试了一款脱脂冰激凌。您能描述一下当您第一次吃这款冰激凌时的反应和感觉吗？在第一次品尝之前您的想法是什么？这次品尝如何？品尝之后您的想法是什么？我想了解您在每一个关键点上的想法和感觉是怎样。

详细叙述式问题是超越说明式问题和结构性问题的一种极好的向前推进的方法，因为它们不具威胁性，没有唯一正确的答案，通过访问员表现出对受访者经历的兴趣来建立轻松愉快的氛围。当使用详细叙述式问题时，记住这是一种功能强大的技术，它可以让你超越对内容的讨论而进入对过程的讨论。利用这些类型的问题，你既可以了解一个人做了什么（内容）和他为什么做出某个决定，也可以了解与这些决定相关联的感觉（过程）。下面的一些指导有助于提高详细叙述式问题的成功率：

> - 不要催促。当受访者说话的时候，调整探测的速度，允许他更好地从事“进行回忆、考虑并最终清晰地表达想法这一系列复杂的任务。对过去的意识知觉与当下的认知有质的差别……收

集和重构这些不同的记忆痕迹需要花些时间……减慢访问速度，允许沉默可以给受访者所需的空间来识别、加工和表达……所需要的内在体验”。

● 专注于过去。在回答详细叙述式问题时，受访者容易进入现在的状态，对比描述过程中曾经历的感受，来评论当下的感觉。在这种情况下，使用类似“过去、曾经”之类的提示性语言有助于把受访者的注意力带回他最初的回忆中。

● 不要丢掉对过程的关注。与过程相比内容更容易讨论，所以受访者可能会关注关于“我做了什么”的讨论。当发生这种情况的时候，肯定内容的重要性是很重要，但也要“缓缓地使受访者重新回到内在过程上去”。例如：

受访者：我记得我第一次在 facebook 上建立我的个人主页时，我尝试做的第一件事就是把照片放到我的主页上去。结果证明是一塌糊涂。

访问员：那些照片对您重要吗？

受访者：是的，那是我建立个人主页的所有原因。

访问员：您说一塌糊涂，您能告诉我您指的是什么吗？

受访者：我无论怎么尝试，都不能让页面看起来好看。页面总是不能按照我想要的那样呈现。

访问员：那这让您感觉怎么样？您能为我描述一下那个时候您的感受吗？

126 **理想化问题。**理想化问题让受访者设想“理想的东西”，例如，理想的产品或理想的产品类型广告。一旦理想的东西被描述，具体和现有的例子就可以在理想的语境下被讨论。例如，受访者被要求“描述理想的餐具洗涤剂”，然后再拿具体的餐具洗涤剂的特征与理想的做比较。现有的产品和理想的产品特征之间的差距就会为识别潜在的产品缺口和新产品的机会提供方向。或者，访问员可以推荐或描述一个“理想”产品的特征，然后让受访者评价并对这个描述做出反应。例如，访问员可以说“这是一些被认为是理想的餐具洗涤剂的特征：它对手非常温和，并且是可生物降解的。这些描述与你理想的餐具洗涤产品的匹配度如何？有哪些优点被漏掉了？有哪些优点对你来说是很重要的？”

假设—反应问题。假设—反应问题呈现了一个看似真实的情境，然后让受访者来描述他对这一情境的反应。这些情境可以描述成受访者与其他个人或产品的互动，例如：

设想一下 CK 牛仔裤的广告总监和创意人员正坐在你的对面。描述一下你感受如何，正在想什么。你可能会问他们什么类型的问题？你期待他们对你的问题作何回答？

设想一下你被邀请访问一个社交网站，该社交网站的定位是“适于展现你的另一面的地方”，你期待的网站首页会是什么样？

假设—反应问题也可以用来引出有关品牌信念和态度等的更多延伸性问题。鲍梅尔（Baumel）[8]提供了如下案例：

首先，我想请你闭上眼睛，然后想象如下的情境。你赢了一个广播比赛——获得了一次免费的神秘旅行。你知道这一整周的旅行都是免费的，所以你很兴奋。现在，我想请你想象一下在去往神秘目的地的飞机上的情境：你非常放松；你坐在头等舱，座椅非常舒适；你有很宽敞的伸腿空间，可以尽情地伸展身体；你正使用飞行娱乐系统看一个非常棒的电影。伴随着放松的飞行，你开始想象你的旅行。当飞机开始降落时，飞行员说：“女士们、先生们，我们将很快到达卡尔加里。”这是你第一次知道你将要去的地方。

现在，你坐在飞机里，对于电台把你送往卡尔加里，你的感受如何？你想告诉他们的真实想法是什么？你如何勾画你将要开始的旅行？

现在，你已经下了飞机，当你环顾卡尔加里机场的时候，你看到了什么？你闻到了什么？你的行李箱怎么样？你是如何穿过飞机场的？ 127

接下来，你觉得电台会把你安排在哪种类型的酒店？你期望什么样的食宿条件？请详细地描述你所住的房间。

现在，你坐车从机场去酒店，你可以仔细看一下这个城市。当你向汽车外张望时，你看到哪些让你感兴趣的事物？仔细地看，请详细描述。现在，你朝另外一边的窗户外面看，你看到哪些让你反感的事物？仔细看，并请进行详细描述。现在，你接到了一个电话——是一位你会和他分享你所有最真实想法的朋友打来的——请根据到目前为止的经历，告诉他们你所看到的以及你的所想和感受。

详细叙述式问题、理想化问题、假设—反应问题利用了受访者的想象和实际经历。访问员通过这些类型的问题与受访者协作，可以明确受访者的潜在信念和态度，以及产生这些信念、态度和行为的原因。在焦点小组访谈中，主持人可以通过一个人的详细叙述或理想化问题的回答来开展进一步的讨论。详细叙述式问题、理想化问题、假设—反应问题后面经常会跟着第三人称问题。

第三人称问题。第三人称问题通常用在前面几类问题的后面，以超然物外的提问方式来表达，不具威胁性。第三人称问题要求精心设计匿名的、不在场的情境，例如：

> 你说你认为可以无限制发短信是挑选一款手机的重要因素。我聊过的其他几个人也这样认为。但是，我也听说有相当一部分人认为信号覆盖和音质是最重要的考虑因素。你如何看待这种观点？他们的看法对吗？你会用什么方式来说服他们相信你的观点是最正确的？

投射技术

前面讨论的技术是探索受访者态度和信念相对直接的方法。但有时候，语言或直接的问题并不能透过现象挖掘本质，或者受访者不能也不愿意表达他们的想法和情感。多诺霍（Donoghue）提出了某些情况下可以使用投射技术的基本原理。

> 在某些情况下不可能用直接的提问让受访者来表达他们的想法和情感，以获得关于他们所思所想的准确信息。在通常的访问中，研究对象不会总是和调查者分享他们最深刻的想法，因为调查者毕竟
> 128 是一个陌生人。而且，研究对象在购买一个产品或选择某一个品牌时经常意识不到他们的潜在动机、愿望、价值和态度。他们由于可能担心被认为不理性或“愚蠢”而不愿承认某种购买行为。[9]

在这种情况下，投射技术常常可以成功地替代更多直接的、逻辑性问题，因为投射技术“在规避有意回避直接问题方面尤其有效。通过让参与者非直接地评价某些事物，减弱抵抗，进而获得他们最真实的想法”[10]。

投射技术以临床心理学为基础，并基于投射假设。投射假设认为当人们试图去理解一个模糊不清的刺激物时，他们的解释以及反应能够反射出他们的需求、情感、态度和经历。例如，一个小孩子在深夜听到另外一个房间有声音的时候，他会把其解释为“怪兽在走”，这投射出他对这个声音的恐惧。声音本身是模糊不清的，是中性的刺激物，既不好也不坏，既不吓人也不友好。小孩子听到和用语言描绘出来的是他潜意识里恐惧和态度的反射。依托某些投射原理，投射技术被应用于广告和营销调查中。

记住，通过投射技术推断意义的时候，“研究对象的反应不能仅从表面意思理解……而要对其潜在的意义进行解读”[11]。使用这些技术的挑战就在于成功地挖掘这些潜在的意义。

广告调查中使用的投射技术可以分为以下三类：

- 使用语言刺激和反应的技术（词语联想、完成句子和故事）
- 需要使用想象和情景的技术（象征与拟人、角色扮演）
- 使用图片作为刺激物的技术

每一种技术既可以用在小组访谈中，也可以用在个人访谈中。下面将分别介绍以上几种技术。

使用语言刺激的技术

词语联想。词语联想要求个体对所展示的词语或短语迅速做出反应，说出脑海中出现的第一个事物。这种技术通常用来评估对潜在品牌名称、广告活动主题以及广告语的反应，也可以用来探索品牌形象。词语联想的流程如下：首先向受访者一次读出几个相关的中性词语，以建立技术需要。然后向受访者呈现广告主关心的词语或短语，每一个词语中间都穿插着几个中性词语（以减少因为预见或防御机制所带来的任

129 何偏差）。例如，一家航空公司可能会要求受访者对四条宣传口号做出反应：“空中最佳”、“次次准时”、“你的空中伙伴”和“宠坏乘客的航空公司”。所有宣传口号被测试之后，访问者即可探测各自的反应。[12]

完成句子和故事。完成句子和故事被许多调查者认为是最有效和最可靠的投射技术。这种方法要求受访者根据他自己的态度和信念来完成一个不完整的句子或故事。

完成句子要求受访者用第一个出现在脑海中的短语来完成一个句子。例如，一个人可能被要求完成“真正喜欢花大量时间在 Facebook 上的人是……”这个句子。乍一看，完成句子只是开放式问题的另外一种形式（比如，“哪种类型的人会喜欢在 Facebook 上花大量时间?”），但开放式问题与完成句子只是在形式上相似，它们得到的是不同类型的信息。通过开放式问题直接发问，受访者会经过逻辑思考和评估再给出答案。而完成句子把重心放在了反应的速度上，因此内在的防御和自我编辑会大大减少。

完成故事是完成句子的扩展版本。完成故事先由访问员向受访者读一小段故事，然后在某一个点上，故事叙述结束，要求受访者补充故事的结尾。与其他投射技术相似，完成故事希望受访者能够把其态度、信念和经历融入故事的结局中。例如，第一储蓄银行（First Savings Bank）做了一个广告活动，希望较之其主要竞争对手第一国家信托（First National Trust），提升好感度和贷款人员的响应能力。调查者既可以采用直接询问的方式来检验认知差异，也可以采用完成故事的方式，具体如下：

> 想象一对结婚 5 年的夫妇。他们有自己的住宅并用房屋抵押获得了足够的资金。现在他们希望使用贷款的方式来资助旅行。
>
> 一天晚饭后，丈夫汤姆和妻子玛丽开始讨论并试图决定选择哪一家银行贷款。他们打开当天的报纸，看了第一储蓄银行和第一国家信托的广告，然后开始讨论这两家银行。
>
> 汤姆问玛丽：“第一储蓄银行怎么样?”
>
> 玛丽回答说：______________________。
>
> （探测详细细节。要求有汤姆和玛丽之间的对话。结束这一环节之后，继续）
>
> 讨论完第一储蓄银行之后，玛丽问汤姆：“第一国家信托怎么样?”
>
> 汤姆回答说：__________________________。
>
> （探测详细细节。要求有汤姆和玛丽之间的对话。结束这一环节之后，完成故事结束。）

130

需要想象或情景的技术

象征和拟人。象征和拟人[13]要求个体在想象中作一个跳跃，把品牌或公司与一个知名的人、虚构的角色甚至一个动物联系起来。在这个过程中，这些方法有助于调查者发现一些细微的形象特征，而这些特征往往需要较高的语言表达技术才能描绘出来。

有两种不同的方法进行象征和拟人。第一，向受访者询问一系列的问题：

> 想象一下 Jeep 汽车。如果一辆 Jeep 汽车变成一个娱乐圈名人或其他著名的人物，他将会是谁？请在你前面的便签纸上写下你想到的第一个名字。现在，考虑一下雪佛兰汽车。如果雪佛兰变成一个娱乐圈名人或其他著名人物，他会是谁？请在你前面的便签纸上写下你想到的第一个名字。
>
> 想象一下 Jeep 汽车。如果一辆 Jeep 汽车变成一个动物，它会是什么动物？请在你前面的便签纸上写下你的第一个想法。现在，考虑一下雪佛兰汽车。如果雪佛兰变成一个动物，它会是什么动物？请在你前面的便签纸上写下你的第一个想法。

显而易见，在这个例子中，如果受访者说 Jeep 汽车是“阿诺·施瓦辛格（Arnold Swartzeneger）和一头美洲狮”，而雪佛兰是“帕丽斯·希尔顿（Paris Hilton）和一只老鼠”，那么访问员就探测到了品牌的不同形象。

第二，调查者可以列出一系列的拟人特征，让受访者来核对这些特征，并分别用在两个不同的品牌或公司上。这些列表和标记并不是量化的，而是用作进一步讨论的基础。让每个人把他们的意见写出来有助于减少小组影响（在焦点小组访谈环境中）的偏差，同时也有助于受访者在开始讨论前组织他们的想法。指导受访者的说明性的特征列表详见表 5—1。[14]请注意这个列表是如何把正面和负面特征混合在一起。

与之前的投射方法一样，这个技术的价值也在于选择特征之后的深度讨论。

角色扮演。最容易的投射技术之一就是角色扮演。在这个方法中，与其直接问一个人他是怎么想的，不如用“您的邻居会怎么想?”或者“您觉得一般人会怎么想?”这样的表述来提问。当所要探索的领域是敏感的或受访者的回答容易违背社会和其他准则的时候，这种技术会很有效。例如，焦点小组访谈由妈妈们组成，这些妈妈一直都用加糖的麦片给孩子们做早餐。即便她们知道有更好的选择，但仍然坚持这一行为，因此可能不愿意承认她们实际上在给孩子们吃这种麦片。在这种情况下，主持人可以通过角色扮演的方式提问，“想象一下你是一个一直给孩子吃加糖麦片的妈妈，你觉得这个妈妈会想些什么？她的感受如何？”类似的，访问员可以请受访者描绘一下被各种各样百货商店的柜台人员对待的感受，也可以让每一位受访者进行角色扮演，展示各种商店职员的行为，这样的方式也许更具洞察力。

131 **表 5—1　品牌拟人化中的人格特征**

以下是一个拟人特征的列表，包含两个纵列。在第一列中，请勾选尽可能多（或尽可能少）的你认为适用于 Facebook 以及它的典型用户的特征。在第二列中，请勾选你认为最适合用来描述 Facebook 及其典型用户的三个特征。回答无所谓对与错。

这个列表只是用来帮助你与我们共同讨论 Facebook 和 MySpace。我不会用它来收集你的信息。

	所有可以描绘 Facebook 的特征	最适合描绘 Facebook 的特征
反叛的	[ ]	[ ]
有野心的	[ ]	[ ]
没思想的	[ ]	[ ]
对生活充满热情的	[ ]	[ ]
懒惰的	[ ]	[ ]
傲慢的	[ ]	[ ]
成熟的	[ ]	[ ]
乐观的	[ ]	[ ]
可靠的	[ ]	[ ]
不安全的	[ ]	[ ]
不敏感的	[ ]	[ ]
严肃的	[ ]	[ ]
社会性独立的	[ ]	[ ]
爱冒险的	[ ]	[ ]
传统的	[ ]	[ ]
迟钝的	[ ]	[ ]
有创意的	[ ]	[ ]
精力充沛的	[ ]	[ ]
目的性强的	[ ]	[ ]
缺乏想象力的	[ ]	[ ]
结果导向的	[ ]	[ ]
冒险者	[ ]	[ ]
轻松的	[ ]	[ ]

用图片做刺激物

图片投射。图片投射技术使用视觉而不是语言刺激作为基础，让受访者编故事或进行描述。向受访者展示一幅图片，然后让他描述图片中人的对话、思想或情感。图 5—1 中所展示的就是这类投射技术的例子，它展示了新车购买过程以及福特经销商案例中的又一种评估认知的方法。可以依以下顺序向受访者展示图片，并进行相应的介绍：

132

图 5—1　图片投射的刺激物

图片 A：这对夫妻（如图 5—1 第一幅图片所示）正在考虑买一辆新车，重点考虑福特福克斯（Ford Focus）。但首先，他们需要做一些功课。

你觉得他们正在寻找哪些类型的信息？你能说出一些他们可能会浏览的网站的具体名称吗？他们会不会浏览一些博客或社交网站？为什么你 133
会这么想？如果有，你觉得他们会把哪些信息打印出来并带到经销商那儿？

图片 B：这对夫妇来到福特汽车的经销商那里。（如图 5—1 中间图片所示）他们进门的时候，脑海中会想什么？你能描绘一下他们的想法和情绪吗？他们的期待是什么？他们有任何害怕或焦虑的事吗？丈夫的想法和期待与妻子的会有哪些不同？又会有哪些共同点？

图片 C：当他们到达经销商那里的时候，他们看到了两个销售人员。（如图 5—1 下面的两张图片所示）他们的第一个想法是什么？这些想法是正面的还是负面的？丈夫的想法与妻子会有哪些不同？他们会走向哪一个销售人员？为什么？他们期望从他们所选的那个人身上获得什么？

图片投射技术可以使用简笔画、完成图或者照片。无论用哪种类型的图片，图片刺激物都要允许受访者可以运用他的想象来描绘发生了什么。

图片分类。图片分类是探测消费者如何基于品牌形象对品牌进行分类的一种有效方法，既适用于个人访谈，也适用于焦点小组访谈。这种技术要求受访者基于品牌对一组个人图片进行分类，将他们认为最有可能使用某个品牌的人的图片进行相应的放置。这种技术需要大量的图片，所有感兴趣的品牌都要被提前标识。图片分类的方法和目的体现在如下个人访谈指导中：

1. 标识出目标品牌。这些品牌是你自己的品牌的竞争对手，或者有意竞争的品牌。品牌数量不要太多，但要确保这些品牌包含了该品类的领导者或者是重要的品类新进者。将品牌按重要性进行排序，选择出 5 个品牌（包括你所拥有的品牌）在下一步中重点关注。

2. 将每个品牌的标识或图片放在单独的索引卡片上，另外加一个卡片“其他”。将所有的卡片在受访者面前放成一排（如果空间有限，放成两排也可以）。

3. 向受访者解释说你想了解他是如何看待每个索引卡片上不同品牌的使用者的。将图片板递给受访者，让他们同时浏览图片上的人，并将每一个图片分别放在一个索引卡上或旁边，以表明这个图片上的人最有可能使用索引卡上的这个品牌。给受访者足够的时间，并告诉他们如果需要，可以调换这些图片。所有图片放好后，继续下一步。

4. 对于每一个品牌，让受访者解释那些被放在一起的图片上的人有哪些共性特征。完成后，再向他们询问不同组人还有哪些不同的特征。

134 焦点小组访谈遵循同样的步骤。可以将焦点小组分成2～3个小组，让他们分别协同完成图片分类的任务。仔细聆听各个小组在进行分类的过程中的讨论，并请每一个小组提交一个小组讨论的总结，以获得他们对于消费者品牌形象的深入了解。也可以让整个焦点小组共同完成这项任务，讨论每一个图片的放置，除非整个小组达成共识否则分类任务不能停止。和第一个方法一样，这样的讨论可以获得很重要的洞察信息。

过程技术

前面章节所介绍的问题和技术可以用来提供对个人态度、信念和行为的洞察。下面将要介绍的三种技术不再局限于单个问题或重点活动，需要受访者更广泛和积极的参与。

凯利方格法。凯利方格法很简单，但在帮助营销人员和广告主识别消费者、区分竞争品牌和产品的属性和利益点方面很有效。除了这一核心应用，凯利方格法还可以用来确定消费者评估任何产品组的维度，例如某一产品品类的广告和同类功能产品的包装设计。凯利方格法在个人访谈中最适用。

凯利方格法源于乔治·凯利（George Kelly）[15]的心理学著作，乔治·凯利认为每个人都会构建一个双极型结构（也称为维度）来帮助减少态度的复杂性，进而指导行为。“建构系统反映了我们了解世界做的不断努力，正如科学家为了搞清他们的研究主题而观察，然后得出因果模式的结论，并依照这些结论进行行动。”[16]建构通常简单、直接、容易评估并倾向于将一组事物分成两个相互排斥的组。例如，对于一个搜索引擎的建构可以是：

搜索结果繁复—搜索结果简洁

提供的搜索结果有用—提供的搜索结果无效

快—慢

下面介绍的访问过程描绘了在一组竞争品牌中如何发现建构。

1. 确定一组目标品牌。这些品牌是你自己的品牌目前的竞争品牌或有意竞争的品牌。确保这组品牌包括该品类的领导者或是重要的新进者。

2. 将前面确定的每一个品牌标识或图片分别放在单独的索引卡片上。

135 3. 向受访者解释你想要了解他对于不同品牌的态度和他看重或不看重该品牌的什么东西。以下指导语是解释该任务的一个模式：

说什么……	**做什么……**
我想了解您对于不同品牌的看法，尤其是您是如何区分这些品牌的。我把一些品牌的标识放在了这些索引卡片上，一张卡片代表一个品牌标识。	向受访者展示卡片
我会将这些卡片的顺序打乱，然后每次请您看三张卡片。	将卡片顺序打乱
在这三张卡片中，您认为哪两个最相似？ 这两个品牌区别于第三个品牌的最重要的共同点是什么？	给受访者三张卡片。等待并记录受访者的回答。将两张已选择的卡片放在一起，置于受访者面前，把第三张没被选择的卡片置于旁边，但也在可视范围内。记录回答。不断追问“还有其他吗？”直到没有其他回答后，把卡片放在桌面上，重新打乱，再随机选择三张卡片并重复前面的步骤。直到不能再获得额外的洞察。

正如访问所说明的那样，凯利方格法提供了两种重要的消费者洞察。第一，这种方法识别了消费者用来区分品牌的建构、维度和利益点。这种方法提供的是消费者而不是广告主的看法，因此不仅能够获得来自消费者方面对品类的理解，同时也可以获得调查之初广告主所不知道的潜在的识别维度。第二，这种方法提供了对品牌竞争位置的洞察。通过多轮打乱卡片顺序，获得了随机的品牌配对，可以让你看到你的品牌与其他品牌的异同点。

凯利方格法适合于不同的调查和信息需求。例如，你可以向受访者同时展示所有的索引卡片，然后让他选择最相似的两个品牌，并解释原因。或者，你可以随机选择一对品牌，向受访者展示并请他解释这两个品牌之间的异同点。

最后，在你考虑挖掘个体建构的时候，要始终记得：[17]

● 建构系统不是静态的。个体在遇见新案例的时候，都会重新评估建构系统。想象玛丽使用“有独家信息（exclusive information）……只是重复相同的旧信息”的建构来评估不同的音乐网站。她最喜欢的两个网站是 MaxMusic 和 MoreMusicNow，过去
136 她对这两个网站的评价在这个纬度上一直都是正面的。但是，最近几次浏览之后，她重新评估了建构系统：把 MaxMusic 放在了负面评价的维度，并增加了一个全新的建构“对斯卡的报道的深度……缺乏对斯卡信息的深度报告”作为评估音乐网站的维度。

● 建构系统影响预期和认知。建构系统是基于过去的行为形成的，因此他们会对未来的事物建立预期。如果 MaxMusic 网站始终缺乏独有信息，过一段时间后，玛丽就会完全放弃这个网站，因为她预计这样的情况会一直延续。

● 某些建构，或建构系统的某些方面要比其他建构更重要。“我们根据我们的建构系统感觉、思考和行为……我们的某些建构——那些代表我们核心价值观和与我们的主要关系相关的建构——是复杂、固定、范围宽泛并且很难改变的；而其他建构，关于那些并不重要或者我们还没有很多经验的事物的，是简单、狭隘和不需要个人过多参与的建构。”

● 当一个人理解了他的建构系统时，这个建构系统就代表了真实。“建构系统不能用客观的真实加以判断——无论‘客观’在个人的情感和选择世界中意味着什么。因此凯利方格法无所谓‘正确’或‘错误’的结果。”

梯式递进。一旦你识别了消费者用来区分品牌的维度（通过凯利方格法或知觉定位的方法，详见 18 章），梯式递进[18]就可以有效地帮助你理解消费者与这些维度相关联的意义和价值。梯式递进假设消费者以这些维度为出发点，那些说服性广告策略对消费者赋予这些维度的利益点和价值进行呼应。手段一目的理论为理解赋予维度的价值提供了理论依据，MecAnalyst 将其解释如下：

> 产品属性不过是一种手段，消费者通过这些手段，经由属性产生的积极结果和利益实现他们的最终价值和目的……在手段一目的链模型中，产品并不是因为它们自身或者它们的特征，而是它们在脑海中所形成的意义而被选择和购买的。用这种方法，产品虽然是根据具体的特性，例如它们的属性和特征（如脂肪比例、颜色、原材料、制作方法），以及它们能够提供的利益点——功能性或心理性的结果（如健康美味）——被选择，但实际上是与个人目标的实现或潜意识里的目标指向相联系的。[19]

例如，一个消费者可能会说，他买 iPhone 是因为它的 G3 功能（一个属性），但实际上与这个功能相关联的真实价值是这款手机会给他的朋友留下深刻的印象，进而增加他自身的地位感知。G3 功能只是帮助其实现更重要目的的手段而已。

收集梯式递进数据的方法有几种，而约翰逊 137
（Johnson）和克鲁奇（Crudge）使用的用来了解搜索引擎感知的方法最为常用：[20]

> 约翰逊和克鲁奇首先使用凯利方格法识别消费者用来区分不同搜索引擎的维度。然后用梯式递进来挖掘与每一个维度相关联的价值，例如“界面简洁/繁复”这个维度。注意，在梯式递进中，每一个维度都用相反的两极来展示。对于每一个维度，要求受访者选择更倾向于维度的哪一边，并解释原因。具体可以问“为什么这个对你那么重要？”得到回答之后仍重复询问这个问题，直到没有深入的信息可得。然后，将注意力重新放在这个维度之上，并追问“它的不同体现在哪些方面？”持续追问，直到没有进一步的洞察信息可得。一般认为，前面的问题把受访者带到了梯子的顶端，而后面的问题则把受访者带到了梯子的底部。

表 5—2a 展示了上一段中有关“界面简洁/繁复”的梯式递进概述示例。请注意，每一步所使用的追问类型的理论依据都用斜体字标注了出来。表 5—2b 则从视觉上提供了建构的层级。

情绪板。情绪板是由受访者创作而成的一幅拼贴画。这幅拼贴画主要是展示受访者对某个特定品牌、公司、产品品类、品牌使用群体、其他感兴趣事物个体的想法和感受。情绪板既适合个人访谈也适合焦点小组访谈。

138 **表 5—2a　　梯式递进访问的示例**

沿梯子向上		
访问员：	一个网站界面既可以简洁也可以繁复。您更喜欢哪种类型的界面？	*这个问题用来识别所倾向的一极。*
受访者：	我喜欢简洁的界面。	
访问员：	为什么这样的界面对您很重要？	*这个问题使讨论沿着梯子向上延伸。*
受访者：	因为这样可以更容易找到搜索栏。	
访问员：	为什么这样的界面对您很重要？	*这个问题继续将讨论向上推进。*
受访者：	因为我的时间很宝贵。这样的界面更有效。	
访问员：	为什么这样的界面对您很重要？（等）	
沿梯子向下		
访问员：	请想一些简洁和繁复的界面。您能想到它们有哪些差异吗？	*这个问题使讨论沿着梯子向下延伸。*
受访者：	繁复的界面有很多条幅广告和其他各种让人讨厌的广告。	
访问员：	您能想到的两种界面的差异还有哪些？	*这个问题继续询问差异，将讨论继续向下推进。*
受访者：	还有很多其他的视觉干扰。	
访问员：	视觉干扰是指？	*这个问题用来明确那些模糊的答案。*
受访者：	我并不关心的链接。	
访问员：	您能想到的两种界面的差异还有哪些？（等）	

表 5—2b　　梯式访问的视觉示意

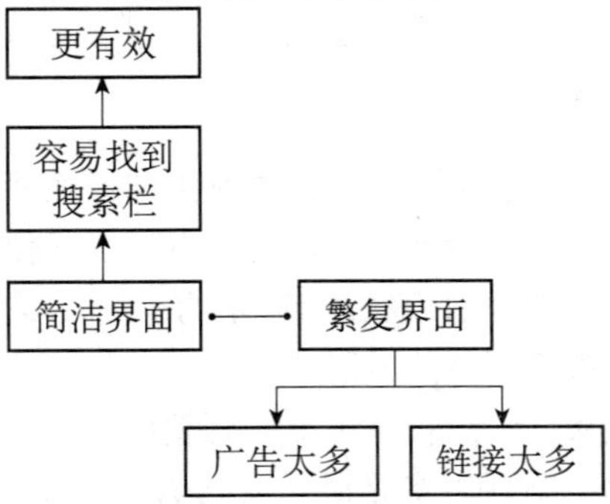

创作情绪板的过程很明确。访问员给每一位受访者（或一组受访者）提供很多杂志，最好是配有大量照片和插图的杂志。体育、新闻、生活、娱乐或八卦杂志都可以。给受访者一个白板、一把剪刀和一瓶胶水。想象你负责一个旅游网站的广告项目，该网站的目标人群是20～40岁的人。你想用情绪板了解他们关于国际旅游的目标、梦想和态度。以下是给受访者的指导示例：

> 我会给您一些杂志，一把剪刀，一瓶胶水和一个大的白板。欢迎回到幼儿园。下面请想一下您国际旅行的目标、愿望和梦想。浏览这些杂志，剪下那些最能表达您个人想法的图片，并把它们贴在白板的合适位置上。你可以剪下任何你想要的图片……人物的、地方的、事物的或文字的图片……只要能把您所想的很好地展示出来。一切选择都在您。如果您完成了，请您解释一下您做这样拼贴选择的原因。

与其他过程技术一样，这种活动的价值不仅在于 139
情绪板的完成情况，还在于关于情绪板构建的讨论。此外，在焦点小组访谈中，对不同情绪板之间“对比和比较”的讨论通常能够提供有价值的洞察。

广告创意。广告创意是情绪板的另一种形式。这种技术有助于广告主更好地了解消费者对于产品品类广告的态度以及不同产品利益点之间的相对重要性。广告创意既适合个人访谈，也适合焦点小组访谈，但是焦点小组访谈中的讨论更具启发意义。具体步骤如下所示：

1. 开始焦点小组访谈前，收集你自己的品牌和竞争品牌平面广告的副本。把一整套的广告制作为一个文件夹。文件夹的副本数量要足够多以方便向焦点小组加以解释（一般要复印焦点小组成员数量的3倍）。在一个单独的箱子里，放进剪刀、白纸和胶水。至少应该准备4个这样的箱子。

2. 在合适的时间点，把焦点小组分成几个小组（一般3～4人一组）。给每一个小组发一个装有广告的文件夹和带有剪刀等的箱子，并做如下解释：

> 文件夹包含了大量广告（产品的名字或品类）。我希望您能把这些广告作为素材，创作一个您认为最满意的适合（产品的名字或品类）的广告。您可以把从文件夹的广告中选择、剪下的任何图片或文本粘贴到白纸上。我不期望您是一名艺术家，所以请将注意力放在广告通过语言或复制所要表达的内容上，而不必担心广告的样子如何。您会在一个小组中和他人共同工作，所以所有的决定都应反映小组的一致意见，即便您可能对任何事情都不同意。我会给您15分钟左右的时间来完成这个广告，之后我会请每一组来展示并解释你们的广告。

3. 请每个小组开始创作广告。巡视房间，并倾听每一组在创作广告过程中的谈话。这些谈话内容会提供非常重要的洞察。

4. 时间到的时候，请每一组展示并解释广告中每一个元素的基本理由。

定性访问

访问员在受访者面前坐下之前，定性访问（既指个人访谈也指焦点小组访谈）就已经开始了。访问员、代理公司调查团队和客户聚在一起讨论并识别关键问题、所需的调查结果、目标和所需的技术。一旦在这些问题上达成共识，访问员就会制作一份访谈提纲。

如表 5—3 的摘录所示，这份提纲旨在给任何一个需要的追问或后续的问题提供顺序列表并做提醒。这份文档是贯穿整个访问的指导。访问员具有绝对的控制权来决定提问的顺序或增补问题，增补的问题可以进行有效的解释说明或提供额外的洞察。

140 **表 5—3　个人访谈提纲摘录**

个人访谈提纲
（在线广告）

访谈介绍
解释访谈的目的
自我介绍
解释没有正确答案
解释访谈需要录音等
展示、解释并请受访者签署知情同意书

背景问题
我想从与您的网络行为相关的问题开始提问。这些问题将有助于我们更好地在访问的后半部分聚焦于特定的问题。首先请您思考一下您通常的一天。
——您每天在互联网上花多长时间？
——您使用的网络浏览设备是什么？（追问是计算机、手机还是其他移动设备）
——您通常浏览哪些网站？
——您一般花在每个网站上的时间有多长？
——您浏览每个网站的原因是什么？

广告认知
现在，我想请您考虑一下您最经常浏览的三个网站。它们是（三个网站的名称）。让我们分别谈论一下这三个网站（对于每一个网站重复以下的问题。在相应问题部分插入相应网站的名称）。
——（网站名称）上有广告吗？
——这个广告是出现在首页还是其他页面？还是所有页面上？
——想一下广告的形式。这是一张显示各种广告尺寸的纸。这上面哪种尺寸的广告出现在了（网站名称）上？
——这个广告是静态广告（例如不能移动的广告）、动画广告还是视频广告？在（网站名称）上，您记得看过哪种类型的广告？

广告反应
您在前面的问题回答中提到看过（插入广告类型）。我想了解一下您对这种类型广告的反应。
——您多久会注意一次这样的广告，也就是说，真正阅读过这个广告的内容？
——您最关注哪种类型的广告？最不关注哪种类型的广告？您能描述一下这种广告是如何吸引或不能吸引您的注意力的吗？
——您多久会点击一次广告，以了解更多？
——如果会点击广告，继续追问：您能解释一下点击这个广告而不点击其他广告的原因吗？
——如果不会点击广告，继续追问：看来你不会点击广告。您能解释一下具体的原因吗？
——刚才您提到经常浏览三个网站（插入网站的名称）。相对于其他网站，您对这三个网站上的广告会更关注或更不关注吗？原因是什么呢？
——请继续想想这三个网站，相对于其他网站，您会更倾向于点击这三个网站上的广告吗？原因是什么呢？

访谈提纲中的问题不需要逐字逐句去读，但问题的措辞要适合于定性调查是很重要的。在这方面，请注意以下的指导准则：[21]

● 使问题精简化。避免问题过长或包含太多的附加说明短语来“解释”。例如“您如何看待品牌（品牌是指品牌名称和形象）和品牌忠诚用户（也就是那些要购买该品牌的主力）之间的关系？”

● 一次只问一个问题。避免这种类型的问题：“您第一次是如何意识到品牌包装发生了变化的？您认为这些变化怎么样？”

● 避免那些给出答案或答案暗含于其中的问题。例如，“您不认为品牌质量比价格更重要吗？”

● 避免“为什么”问题，讨论详见 86 页。

主动倾听和追问

言语问题是开始访谈的刺激物。追问和后续问题为进一步深层挖掘答案、进行问题的解释以及“推着”受访者提供更深和更具意义的回答提供了机会。

进行有意义追问的前提条件是访问员或主持人要主动倾听（与简单倾听和被动倾听相对）。简单倾听，指向受访者表明他说的内容是重要的。多用言语回应，例如“是的，请告诉我更多”，“这个很有趣，还有吗”，“我知道了”，以及非言语回应例如表达“注意”的肢体语言，如点头、微笑和眼神的交流等，向受访者表明访问员对谈话的内容很感兴趣，并认为所交流的内容是有价值的。主动倾听比简单倾听更进一步。主动倾听意味着倾听并对受访者谈论的重要性进行回应。访问员倾向于关注“谈话内容的情感方面、修辞、前后矛盾、隐含的联系、模糊的所指、令人吃惊的洞察、重复（为了明确受访者的用意）以及受访者谈话内容之外的所指”[22]。

主动倾听重要的原因如下。首先，主动倾听表明访问员对于所谈论的东西感兴趣并密切关注。这向受
142 访者传达了他的回答是重要的。一种表明主动倾听的方法是在追问和后续问题中使用受访者自己的话，例如：

> 对于除了壳牌以外其他汽油都一样的感受，请您再跟我多聊聊。您提到广告并不总是把产品真实性全都告诉我们。您能给我举一个例子吗？

（以一种不具威胁和客观的方式）注意那些有矛盾的表述也是展示主动倾听的一种方法，例如：

> 玛丽，之前在小组讨论中你提到从来不会考虑购买一款高端汽车。但是，最近你说你可能考虑买一款雷克萨斯或者英菲尼迪。你能说一下你的想法吗？你能解释一下对购买高端汽车的态度以及购买雷克萨斯或英菲尼迪的态度吗？

其次，主动倾听常常有助于强化受访者形成这样一种认识，即他和访问员在共同处理一个问题，访问员真正了解他独特的观点。最后，在主动倾听中获得的追问和后续问题有助于提升受访者所表达信息的质量和深度。

只有当追问和后续问题获得的深度信息被正确使用，追问和后续问题才完成了目标。因此，对于追问和后续问题，对定性调查者推荐如下指导：[23]

● 用受访者的原话追问受访者的谈话内容；

● 通过追问来解决模糊不清的问题并令其更清晰；

● 不要为了追问而追问。每个问题在推进访谈或讨论中必须有其相应的角色；

● 不要打断或使受访者丢掉他们的思路。在逻辑化的停顿或转折点上跟踪和追问问题；

● 通过询问具体的细节来追问以增加深度；

● 追问要简单、直接和容易，从而让受访者理解；

● 使用跟踪和追问问题来刺激关于情感和认知的回答。

设置正确的环境

个人访谈或焦点小组访谈的环境在确保所获得洞察的质量方面扮演着重要角色。访问员或主持人创造一个合适的访谈环境会增加定性调查访问或焦点小组访谈成功的可能性。

成功的定性调查的实施环境应让受访者感到安 143
全、舒适和能够自由表达观点。这种环境最有可能出

现在

● 访问员或主持人个人不表现出审判的姿态，并防止其他人如此时，

● 受访者之间、小组讨论中受访者彼此之间的氛围轻松愉快时。

不偏不倚的态度。访问员或主持人必须以一种不偏不倚的态度与受访者互动，也就是说，他在问问题、追问答案或对所提供的信息进行反馈的时候，都不能以直接或暗示的方式来表明什么是“对的”、“更好的”或“期望的”答案。最好的访问员或主持人应采取中立的立场，他们不会让自己的观点外露，也不会评价他人的回答。但这并不意味着主持必须有距离感或面无表情。相反，在鼓励受访者舒适地表达私人或社会不认可的情感，以及与占主导地位的小组意见相反的意见方面，轻松的、令人感兴趣的、愉快的但中立的方式是非常有效的。

避免明显的判断（以及由此导致的偏见）相对简单。访问员或主持人应避免引导性的或评价性的问题和追问，例如：

> 约翰，你真的会相信广告主在他的广告中所说的话吗？
>
> 小组中还有哪些人参与了这种不同寻常的行为？

避免潜在的判断同样重要，但经常很难控制。例如，肢体语言和记笔记会带来判断偏见。访问员肢体语言的变化，抬眉毛或目光接触的转移都是评价判断的信号。而且，偶尔地记一下笔记，可能会使受访者推测记录下的评论比那些没有被记录的评论更加重要和正确。

友好关系。在访问员和受访者之间建立友好关系是访谈或小组环境中重要的元素。林德夫（Lindlof）[24]把友好关系描述为当“访问员和受访者在交流方式和可以探讨或不可以探讨的话题上基本达成一致”的时候，“双方对彼此的认知能够产生共鸣的一种能力”。他认为友好关系是重要的，因为“它消除了不得不将一人所说的内容转化成一种正式或陌生方式的负担”。它也消除了被误解的担心。在这种情况下，它还意味着环境适合于轻松地表露想法和情感。

访问环境和访问员的行为影响友好关系的建立。提到访问环境，当访问在一个舒适的环境中进行，并且访问员与受访者之间的最初接触是积极的时候（例如相互问候并握手），友好关系更有可能建立。提到 *144*
访问员的行为，当访问员有如下行为时，友好关系更有可能建立：

● 访问员注意并追踪受访者所说的话，

● 询问问题以澄清并扩展受访者的陈述，

● 对受访者的认知和情感表达追问进一步的信息，

● 追问更多但不为此而打断受访者，

● 展示适宜的情感（如听了受访者的笑话大笑），

● 容忍沉默的存在，不对受访者施压，

● 关注受访者的肢体语言并做适当的回应。

访问员与受访者之间友好关系的建立并不是要放弃访问员的中立性。巴顿对二者之间的差异性做了如下解释：

> 友好关系是对受访者的一种面对面的姿态。中立则是对那个人所说话内容的一种面对面的态度。友好关系意味着我尊敬那个被访问的人，因为是他说的话，因此他所说的话是重要的……但是，我不会对他们所说话的内容进行判断。[25]

焦点小组和微型小组的成员之间也需要友好关系。受访者相信他和其他小组成员之间有共性，并且其他人不会评价他态度和信念的“正确性”的时候，才更有可能表达真实想法。

小结

定性广告调查包含细致的观察和对少量个体的访问，由此获得对他们态度、信念、动机以及生活方式的具体的、深入的洞察。定性调查的目标是形成对个体行为原因的更好的理解，而不是获得对人们做什么的数字描述。

较之定量调查，定性调查有几个优点和不足。优点包括所得信息具有深度，可通过观察受访者自身获得“亲密接触数据”的机会，节省成本和时间。不足则与推及总体、投射力（projectability）、缺乏数字汇总以及调查结果解释的更大的潜在偏见等问题有关。

定性广告调查通常使用个人访谈或焦点小组访谈。个人访谈一次访问一个个体，能提供最有深度的细节，最适合于以下情况

145 ● 访谈主题是秘密的，

● 小组压力可能会歪曲答案，

● 在小组讨论中存在法律或秘密的限制，

● 需要花费更长的时间建立友好关系或理解目标态度和行为。

而焦点小组访谈适合需要自发和互动的小组讨论。

访问员或焦点小组访谈的主持人是从定性调查研究中获得有价值洞察的关键要素。访问员或主持人准备充分，适当地推进访问，并使用恰当的提问和投射技术时，调查更有可能获得有价值的洞察。准备一份访谈包括获得准确和全面的调查研究的背景以及所需的信息，确定获得所需信息的最优方式和准备一份经过测试和构思的讨论提纲。实施个人访谈或焦点小组访谈的合适方式包括使用不偏不倚的态度、建立友好关系和做一个主动倾听者。

定性访问技术可以根据问题的类型和引导回答的过程进行分类。直接询问的问题（说明式问题、结构性问题、详细叙述式问题、理想化问题、假设—互动问题和第三人称问题）要求个体对某一聚焦的、涉及面通常很窄的信息产生回应。投射技术要求个体运用他们的想象对语言或图片刺激进行回应。后者包括：词语联想、完成句子和故事、象征和拟人、角色扮演、图片投射和图片分类。其他技术（凯利方格法、梯式递进）依赖于深入和有次序的访问，或者依赖于受访者的创作如一个广告或情绪板。

复习题

1. 列出三个定性调查适用的领域。

2. 列出三个定性调查的不足。

3. 焦点小组和微型小组的优缺点是什么？

4. 定性访问中直接询问的六种问题类型分别是什么？对各个类型的应用做简单描述。

5. 通过哪些方式可以提高说明式问题的成功率？

6. 列出可以用在理想化问题中的两个方法。

7. 哪类问题适合询问受访者的想象和实际体验？请分别举例。

8. 投射技术的三种主要类型是什么？

9. 哪些类型的投射技术使用语言刺激？请分别举例。

10. 哪些类型的投射技术使用想象或情景模拟？请分别举例。

11. 哪些类型的投射技术使用图片刺激？请分别举例。

12. 如何组织和控制一场采用凯利方格法的访问？

13. 凯利方格法可以提供哪些消费者洞察？

14. 操作梯式递进的假设是什么？这种方法是如何帮助调查者更好地了解消费者的？

15. 什么是情绪板？它的主要用途是什么？ 146

16. 简要列出并解释广告创意的步骤。

17. 定义并提供主动倾听的例子。

18. 追问的价值是什么？在定性访问中如何更好地使用追问？

19. 友好关系是定性访问的重要因素吗？为什么？

20. 好的友好关系有哪些指标？

应用练习

1. 你是一个定性调查研究的负责人。你的一个助手已经完成了一项定性访问。访问的目的是确定人们对之前总统大选中政治广告的反应。

你需要对你助手的访问做出评价，指出其中做得

比较好的地方和存在问题的地方，换句话说，你想要帮助你的助手提高他的定性访问技术。通读以下访问，写一份访问分析。注意：你的任务是评价你助手所进行访问的优劣。你对访问内容本身并不感兴趣。另外，这个访问副本是从友好关系建立之后开始的。仔细看每一个访问评价、问题或反应，并讨论其是否合适。对你的评价做出解释。如果不合适，说明你会给访问员哪些建议以改进她的表现。（在访问副本中，“I”代表访问员，“R”代表受访者。副本从访问的中间开始。“I”后面的数字代表访问员互动的数量，在你的评价中可以引用。）

I（1）：让我们把注意力转移到过去三个月中所见到的大量政治广告。具体而言，我想了解您对于这些总统竞选广告的反应。可以吗？

R：好的。

I（2）：在过去三个月中，您观看谁的广告更多？奥巴马（Obama）还是麦凯恩（McCain）？

R：奥巴马。

I（3）：好的，那让我们把注意力放在奥巴马的广告上。在回想这些广告的时候，您的脑海中会跳出哪些想法或感受？

R：我觉得他的广告很直接。

I（4）：您说的直接可能是指？

R：我觉得它表达了需要被表达的主题。他的广告不会涉及大量的性格攻击，不会像麦凯恩的广告那样离题太远。

I（5）：您不会相信那些，是吗？

R：是的。

I（6）：还有其他想法或感受吗？

R：你知道的，我真的不喜欢那些刺耳的东西，大声喊叫和咒骂。有一个麦凯恩的广告真是把我惹火了。我记得我当时在想：“谁会用这样的广告呢？”

I（7）：好的……现在让我们重新回到奥巴马的广告。许多人喜欢选举前一天他播放的那个广告，30 分钟的专题广告片。您看到这个广告了吗？

R：看到了。

I（8）：您如何比较这个广告和同样长度的麦凯恩广告？

R：我两个都喜欢。他们都感动了我。

I（9）：在哪些方面呢？

R：在不同的方面。

I（10）：如果您能给出更具体的解释那将会非常有帮助。大多数人都能够解释这一情况。请您试一试，好吗？来吧，您能做到。

R：不，这是我能说的全部了。

I（11）：最后一个问题，这些广告对于您决定投 147
票给谁有多大影响？

R：我不想回答这个问题。

I（12）：好的，访问到此结束。

2. 选择一个适合你的同学的访问主题，然后准备一份讨论提纲（访问大约需要 20 分钟）。访问时进行录音。访问结束后，听录音并评价你在以下方面的表现：

- 准备是否充分，这些准备是如何影响访问的成功率的。
- 建立友好关系。
- 恰当和成功地追问问题。

此外，讨论你作为一个访问员的表现的优缺点。举例解释。

3. 选择四个人进行个人访谈。这四个人要是减肥软饮料的长期消费者。在每一个访问中你的目标是挖掘：（1）对不同减肥软饮料品牌的认知差异，重点关注健怡可乐和无糖百事可乐；（2）认知与减肥软饮料消费量的关系；（3）认知与品牌选择和品牌形象的关系。你的访问至少需要使用 3 种本章讨论过的技术。完成访问后，写一篇简短的文章介绍你的收获。

4. 你想了解使用语言刺激（详见 88～89 页）的投射技术如何帮助识别并解释人们对两个流媒体音乐网站——Pandora 和 Maestro. fm 的个人认知差异。准备一份讨论提纲，说明如何使用各种技术。在准备讨论提纲的过程中，确保清晰地介绍每一种技术及其方法。

5. 选择两个同品类的竞争品牌。准备一个情绪板来展示每一个品牌的消费者。写一篇简短的文章解释你为每一个品牌所选择的图片的依据。

6. 你希望了解你的同学如何看待他们在社交网站上的角色。你需要做两个访问。对于第一个访问，设计一个访问提纲，追问为什么和如何使用社交网站，它们的优劣势，以及受访者如何看待在社交网站上的自己。提纲可以包括本章讨论过的除图片投射外的任何一种技术。对于第二个访问，扩展前面的访问提纲，在访问最后加入图片投射。把图 5—2 展示给受访者，并询问“这两张图片是两个不同的社交网站的组织结构，哪一张图片最能代表你所上的社交网站，你是如何看待你在社交网站上的自己的？”追问回答。完成两个访问之后，写一篇文章来介绍通过图片投射得到了哪些额外的收获和洞察。在你的访问过程中，这些方法的优缺点分别是什么？

图5—2

148 **【注释】**

[1] 访问，无论是一对一还是焦点小组，都是广告调查者最常使用的定性调查形式。还有其他一些定性调查方法，尽管它们很有趣且能提供很多信息，但使用较少。对这些方法的回顾请参见 Research Methods Knowledge Base（2006）. "Qualitative Methods" at http：//www. socialresearchmethods. net/kb/qualapp. php，更多延伸讨论请参见 Thomas Lindlof and Bryan Taylor（2002）. Qualitative Communication Research Methods（Thousand Oaks，CA：Sage Publications）。

[2] 例如参见 D. K. Padgett（1998）. *Qualitative Methods in Social Work Research*：*Challenges and Rewards*（Thousand Oaks，CA：Sage Publications）。

[3] Noell Rowan and Dan Wulff（2007）. "Using Qualitative Methods to Inform Scale Development." *The Qualitative Report* 12（3）：450－466.

[4] Alfred Goldman and Susan McDonald（1987）. *The Group Depth Interview*：*Principles and Practice*（Englewood Cliffs，NJ：Prentice-Hall）.

[5] 下一章提供了对策划和实施焦点小组访谈更多的洞察。

[6] Nancy F. Dana，et al.（undated）. "Qualitative Interviewing and the Art of Questioning：Promises. Possibilities，Problems and Pitfalls" at http：//www. coe. uga. edu/quig/dana92. html.

[7] 详细叙述式问题在方法上与人际关系过程回忆（Interpersonal Process Recall）很相似。见 Denise Larsen，Keri Flesaker，and Rachel Stege（2008）. "Qualitative Interviewing Using Interpersonal Process Recall：Investigating Internal Experiences during Professional-Client Conversations." *International Journal of Qualitative Methods* at http：//ejournals. library. ualberta. ca/index. php/IJQM/article/view/1617/1155。Larsen 等对该方法的一些建议都总结于该讨论中，所有的引用也来源于此。

[8] Brian Baumal（undated）. "A New Definition Of Projective Techniques" at http：//thinklounge. blogspot. com/2006/02/new-definition-of-projective. html.

[9] Sune Donoghue（2000）. "Projective Techniques in Consumer Research." *Journal of Family Ecology and ConsumerSciences*，28：47－53.

[10] David Jacques（2005）. "Projective Techniques：Eliciting Deeper Thoughts" at http：//www. customerinput. com/journal/projective_techniques_eliciting_deeper_thoughts. asp .

[11] Donoghue，op. cit.

[12] 词语联想同义词典（The Word Association Thesaurus）提供了常用词汇最常见的联想，见 http：//www. eat. rl. ac. uk/。

[13] 更详细的讨论见 Anouk Hofstede et al.（2007）. "ProjectiveTechniques for Brand Image Research：Two Personification-Based Methods Explored." *Qualitative Market Research* 10（3）：300－309. Personification occurs when people are used as a metaphor for the brand while anthropomorphism uses animals as a metaphor。

[14] 该表改编自 Roy Posner（undated）. "Traits of Human Consciousness"，见 http：//www. gurusoftware. com/guru net/Personal/Factors. htm。

[15] George. A. Kelly (1955). *The Psychology of Personal Constructs* (New York, NY: Norton).

[16] Enquire Within ® (undated) “Kelly's Theory Summarised” at http: //www. enquirewithin. co. nz/theoryof. htm.

[17] 改编和摘录来自 Enquire Within ®, op. cit，所有的引用都来源于此。

[18] 梯式递进方面影响深远的论文见 Thomas J. Reynolds and Jonathan Gutman (1988). “Laddering Theory, Method, Analysis, and Interpretation.” *Journal of Advertising Research* 28: 11 - 31。也可以参考 Tiana Veludo-de-Oliveira, Ana Ikeda, and Marcos Campomar (2006). “Laddering in the Practice of Marketing Research: Barriers and Solutions.” *Qualitative Market Research* 9 (3): 297 - 306。

[19] MecAnalyst (undated). “The Means-Ends Chain Model” at http: //www. skymax-dg. com/mecan-alyst/chain. html.

149 [20] Frances Johnson and Sarah Crudge (2007). “Using the Repertory Grid and Laddering Technique to Determine the User's Evaluative Model of Search Engines.” *Journal of Documentation* 63 (2): 259 - 280.

[21] Dana, op. cit.

[22] Lindlof and Taylor, op. cit.

[23] I. E. Seidman (1991). *Interviewing as Qualitative Research* (New York, NY: Teacher's College Press)

[24] Lindlof and Taylor, op. cit.

[25] Patton, op. cit.

（本章翻译：田卉，本章校译：杨雪睿）

第6章 焦点小组访谈

150 焦点小组访谈是定性调查中最常用的形式之一，通过受访者之间的互动，可以对个体的思想、态度和行为产生有意义的洞察。焦点小组访谈不适于需要数据描述的信息需求，不适于替代更为复杂的定量调查，也不适于在做出决策之前只是因为觉得应该做调查而进行的调查。本章第一部分概述了适合使用焦点小组访谈的情境，接下来具体讨论了焦点小组访谈策划和实施的步骤和过程。本章内容既包括面对面的焦点小组访谈指导，也包括对在线焦点小组访谈的讨论。

* * *

阅读本章之后，你会对以下内容有深刻理解：

- 最适合使用焦点小组访谈的情境
- 焦点小组访谈策划过程，包括小组访谈所需要的各种材料
- 如何进行焦点小组访谈
- 如何观察小组以提升洞察力和有效性
- 在线焦点小组访谈的优势和不足

151 “焦点小组访谈”的定义有很多。[1]虽然用词和重点各有不同，但所有定义都有一套共同的标准。焦点小组访谈被定义为7～12人参与的小组

- 共同参与一系列精心策划的讨论，
- 讨论处于自由和不具威胁性的环境中，
- 有一个训练有素的主持人，
- 在预先明确的兴趣领域进行讨论，以揭示态度和认知，
- 能够使决策者获得全面信息，并做出更为成功的决策。

焦点小组访谈已经被大量用于与广告相关的调查，例如：

- 挖掘与广告策略相关的主题，例如目标受众的选择，受众认知和品牌的优势和不足；
- 挖掘对备选的广告信息和方法的反应；[2]
- 理解对品牌和品类广告当前使用的方法的反应；[3]

● 识别感知的和期望的品类和品牌利益点，挖掘通过广告表达这些利益点的潜在方法；

● 发现和提炼有关消费者动机的假设，尤其是在广告中如何“开发”这些动机；[4]

● 发现并获得对潜在的新产品和新产品想法的反应，也包括对备选的产品包装的想法。[5]

前面的例子展示了在广告策划过程中焦点小组访谈可以做出重要贡献的领域。然而，尽管对“恰当使用焦点小组访谈是有效的”这一点人们少有异议，但在广告创意“做还是不做”的决定上，还是要谨慎使用焦点小组访谈。用焦点小组访谈评估广告创意，只是为了获得对备选方法的潜在优劣势的理解，而不是用来选择一个“成功的广告”，如要选择最好通过定量调查来完成。商业调查实验室（Business Research Lab）做了如下说明：

> 最好能通过定量的方式检验实际的广告，通过具体的方法来量化某一个广告对购买意向、产品/服务/公司形象、可信度、实际广告和广告信息能被记起的程度，以及人们能够多大程度地识别被广告的产品/服务/公司的影响。[6]

那些坚持用定量方法选择广告的人认为焦点小组访谈不适合用来选择“成功的广告”，因为在焦点小组访谈的情境下，消费者会从一个高度卷入的、分析的、逻辑的、“艺术—文案—导演”的角度来评价广告，而不是在自然的情境中，以通常的低度卷入角
度、凭感觉来评价广告。毕竟，在家看“超级碗”赛 152
（Super Bowl）电视广告的消费者很少会注意到“对话简洁但有一些分散注意力的视觉元素”。但这正是很多人在焦点小组访谈中情境中对广告测试的反应。焦点小组访谈中消费者的思维模式适用于获得对广告的最初反应，但这些反应需要经过专业判断进行整合，进而再确定“成功的”广告。

计划焦点小组访谈

焦点小组访谈与其他类型的调查有相同的策划和决策过程。首先需要检测诱发调查的条件，形成问题陈述，明确信息需求，并将焦点小组访谈作为满足信息需求的手段。一旦做出了决定，就可以开始策划焦点小组访谈。焦点小组访谈策划和实施的步骤如图 6—1 所示。本部分的讨论将具体解释每一步骤，后面的部分会将讨论应用到实际的焦点小组访谈调查中。

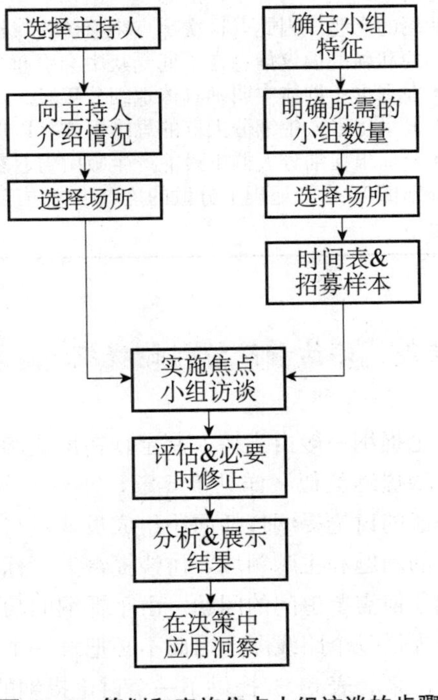

图 6—1　策划和实施焦点小组访谈的步骤

选择一个主持人

153

焦点小组访谈工作的开始伴随着两个活动的同步进行。图 6—1 中的一条线展示了与主持人相关的活动。任何焦点小组访谈的成功都直接有赖于所选主持人的技能和表现。因此，这条线的活动从评估潜在的主持人并选择一个主持人来执行焦点小组访谈开始。

在选拔过程中，应从多个不同的方面来考量主持人的特征。首先是个人性格特征。在推进焦点小组访谈过程中表现优秀的主持人一般都是

● 真的喜欢倾听他人的想法和感受，

● 能够用语言清晰地表达他们自己的感受，

● 活跃的和自发的健谈者，

● 积极的倾听者，

● 能够理解他人的感受，从他人的角度看待生活，

● 能够认识到并控制他们自己的偏见，

● 对“什么使得人们做出反应”感到好奇，

● 灵活的，能够对改变的状况随时做出反应，

● 有创新性的，能够找到新的方法来挖掘主题并推进小组讨论。

其次，小组成员对于主持人所表现出来的特征感到舒服也是重要的。例如，如果小组成员是女士，并且讨论她们的个人健康和美容产品的话，找一个男性主持人的效果就不会很好。主持人必须能够从广告或商业的角度理解为什么要进行小组访谈、所需要的信息类型以及需要什么样的信息来做出广告决策。但主持人不需要具备待探讨的业务类别方面的特定专业知识。

向主持人介绍情况

一旦选定主持人，就要告知主持人调查问题、调查目标、信息需求、时间、其他研究限制因素、在小组访谈中需要用到的产品、材料或者其他有形物品（例如需要被品尝的产品等）。这种介绍通常需要花几个小时，帮助主持人了解需要从小组访谈中获得什
154 么，以便他能够在讨论中处于最佳位置，把讨论聚焦在重点方面，规避或减少不相关的讨论。

向主持人介绍情况的目的不是试图使主持人变成所调查领域的专家，这样会限制受访者的讨论。相反，主持人应该足够了解调查材料，以便他能够追问重要的方面，主持人还要熟悉消费者在被调查领域使用的语言。[7]

最后，在进行正式情况介绍之前，如果主持人能够得到有关调查研究背景和信息需求的文件，并有充裕的时间去阅读，那么向主持人介绍情况就会更具成效。表6—1提供了向主持人介绍情况的开始。[8]

表6—1　　向主持人介绍情况的举例

2000年，疾病控制与预防中心（CDC）受国会委托，牵头策划、开展和评估了一个全国的年轻人媒体活动（Youth Media Campaign），来促进青少年（年龄在9～13岁的男孩和女孩）强健体魄。这项活动从2001年到2006年成功举办，标语为：这正是你要做的（It's What You Do）。国会和CDC想要了解重新启动这项活动的可能性。

最初的活动通过广泛的、格式化的调查展开，包括多个焦点小组访谈和针对目标受众的个人访谈。访问主要用来挖掘青少年与这项活动相关的态度和行为，为信息策略和广告开发提供基础。

国会和CDC正在探索重新启动这项活动的可能性。考虑到从上次活动结束到现在已经过去了很长时间，焦点小组访谈将有助于确定今天青少年的态度与最初活动时相比是相似还是有差异。这些焦点小组访谈将会复制最初活动开展过程中所使用的问题。因此，这次焦点小组访谈将根据青少年群体中存在的细分心理群体进行相应的设计并提供信息，以确定最初的和新的倡议信息在不同受众中会引起多大程度的共鸣。围绕着这个调查目标，计划的调查将专门

● 在青少年群体中明确具体地细分年轻人，以确保得出适合的和独特的信息策略；

● 揭示年轻人中细分人群的思维模式，以促进信息的开发；

● 分离出在细分人群中最能产生吸引力、相关性和所希望行为的那些主要的信息和信息成分。

计划做16个在地理上分散的焦点小组访谈。按照年龄、种族和当下的体育活动水平，参与者分别被安排在具体的焦点小组中。

准备、评估和修订讨论提纲

讨论提纲一般由主持人制定，在形式和方法上与个人访谈提纲类似（详见第5章，95～96页）。焦点小组访谈的讨论提纲包括向小组成员展示将要在小组中讨论的问题和主题领域，访谈提纲上要标注提问的顺序和任何需要追问的问题。由于提纲的功能是为小组访谈提供一个路线图，因此不必把每一个要问的问题都写出来。表6—2提供了一个讨论提纲的例子。

讨论提纲的草稿应该在实施焦点小组访谈之前，由所有参与调查的人共同讨论。讨论中，主持人应作如下解释：（1）提纲结构的理据，尤其注意问题的连贯性和顺序；（2）问题措辞和顺序将如何使决策制定者获得所需的见解；（3）提纲如何被用作一个路线图；（4）可能根据小组讨论的方向和动态调整问题措辞和顺序。这个讨论将会对原始草稿进行修订。

155 **表 6—2　讨论提纲示例**

信息调查的主持人提纲
青少年焦点小组访谈

1. 介绍和热身

● **欢迎。**解释该调查的目的（了解参与者的态度和行为，谈论新广告创意，获得参与者对广告创意的反应）。

● **方法。**答案无所谓正确或错误。每个人都需要讨论——所有的意见都是重要的。一切信息都将是保密的。报告中不会记录参与者的名字。

● **设备。**焦点小组访谈会被拍摄和记录。在单向镜的另一边会有观察者。

● **介绍。**主持人。受访者（姓氏、在业余时间喜欢做的事情）。其他活跃气氛的话，以使受访者处在舒适的环境中，与其他受访者能够和谐相处。

2. 业余时间、兴趣爱好和体育运动

● **普通的一天。**

—普通的一天是什么样的？
—最常参与的活动？
—喜欢但没时间做的事情。
—不喜欢的事情。

● **业余时间。**

—有多长？在什么时候？
—最常参与的活动。

● **被动还是主动参与活动？**

—最常参与的活动。
—任何参加过的体育活动（前面没有提到过的）
—体育活动的类型
—体育活动的吸引力
—（追问：参与更多体育活动的障碍）
—（追问：如何看待那些积极参与体育活动的人）
—（追问：如果吸引力很大但参与较少，询问原因）

3. 对潜在信息的反应

● **解释过程。**一次展示一个创意。创意尚未最终确定，还会有所改变。你的意见将有助于确定需要做出哪些改变。需要看三个不同的广告。

● **在小组中轮换展示顺序。在开始进行讨论前每个创意展示两次。**

对于每一个广告创意：

● **第一印象。**让受访者写下脑海中最先出现的两到三个词汇（正面或负面的）。完成后，让每个受访者读出自己的词汇。

—为什么是这些词汇？
—对于其他人的词汇同意还是不同意？为什么？
（涵盖以下各项。但要按之前反馈的最有意义的顺序进行。）

● **情感反应。**

156 —对于所呈现的广告创意的想法和感觉？
—比起其他看到过的广告，这个感觉是更好还是更坏？
—这个广告所面向的对象是谁？
—这个广告在对你表达吗？
—你喜欢哪些内容？不喜欢哪些内容？

● **对信息的反应。**

—你认为主要的信息或创意是什么？
—广告中的哪部分内容让你有这样的想法？
—你认为传达的信息如何？
—信息重要吗？
—信息可信吗？
—信息是否适合像你这样的人？或者与你相关？

● **动机。**

—看完这个创意之后，你可能会做什么？

—你为什么会有那样的想法？
—如果动机较弱，询问：如果有可能的话，对广告做哪些改变能够使你更有可能参与广告中所提到的活动？
所有广告都看完后：
—让参与者投票选择最喜欢/最不喜欢的广告。解释原因。

4. 总结、达成共识和幕后的问题

确定小组特征

正如图 6—1 所示，确定小组特征和调查逻辑与向主持人介绍情况和讨论提纲的制定是同步进行的。在策划小组访谈时，第一个做出的决定即与小组构成有关。

毫无疑问小组的和谐性是小组访谈成功的关键要素。小组成员之间彼此感觉越舒服，他们越有可能融入谈话，并提供更深层的、更个人化的评论和见解。有关这方面，克鲁格（Kruger）提到，相关的共性特征、和谐性和兴趣“有助于增强环境的自由度或无威胁性，参与者可以表达有争议或私密的观点”[9]。因此，策划每一个小组访谈，确保高度的和谐性是很重要的。调查者应提前思考并提问：“如果我邀请的所有人都认识彼此，他们会是朋友吗？”小组的构成应允许这个问题的回答是肯定的。

157 应注意的是，和谐性并不意味着小组成员在各个方面都是完全一样的。和谐性意味着使小组成员之间相处感觉自在，他们在一些重要的和决定性的方面要有足够的一致性。

● 有的时候态度是决定性的特征。为了挖掘人们对候选人汤姆·史密斯（Tom Smith）的政治广告的反应，焦点小组访谈可能想要了解那些对史密斯持正面和负面态度的人。在这种情况下，最好能够将这两组人群分开。其他受访者的特征，如年龄、性别和收入看起来对史密斯的支持无关，因此不是小组构成的一个考虑因素。这样，史密斯项目就需要有两种类型的小组：一组是“支持者”，另外一组是“非支持者”。类似的，探索对不同类型酒的认知的焦点小组访谈，需要把那些认为自己是“鉴赏家”的人与那些只是随意饮酒的人区分开来。

● 在其他情况下，人口统计特征和产品的使用是决定性的特征。探索染发的焦点小组访谈可能需要寻求那些染发和不染发的人的反应。因为性别差异，男人和女人在同样性别的小组中可能会感到更舒服。此外，如果参与者能够与其他有共同染发行为的人分在同一组的话，可能会使他们感到更舒服。这样，就需要四种分组：（1）染发的女性；（2）不染发的女性；（3）染发的男性；（4）不染发的男性。其他人口统计标准（例如年龄和收入）与这个小组构成的设置就关系不大了。

确定所需小组的数量和访谈地点

确定小组特征已经包含了所需小组的数量。一旦确定了小组数量，调查者需要决定需要多少个访谈地点，如何在每一个访谈地点分配小组的数量。

通常一个访谈地点只进行一场焦点小组访谈是不明智的。如果样本量较小且没有随机抽样程序的话，只依赖一组成员的认知、态度和行为是危险的。因此，一般推荐每一个访谈地点至少要进行两场焦点小组访谈。

所选访谈地点的数量反映了调查者在多大程度上相信地点差异能够影响明显的态度和行为。如果认为存在地理位置上的差异，那么应在地理上分散的场地进行焦点小组访谈。地理分散性可以提供更好的洞察，并减少受访者因为来自同一个地方而误导调查结果的可能性。但是，地理分散性在以下情况中并不重要：[10]

● 用来提供初步创意指导的小组访谈；

● 在已有更广泛的调查基础之上确定或延展行动的小组访谈，例如产品定位的修正或产品标签的改变；

● 为制定问卷提供支持的调查；

● 销售数据表明产品购买行为上并无区域差异；

● 之前的定量调查表明在相关认知或态度上无区

域差异。

选择设施

焦点小组访谈设施是用来具体实施焦点小组访谈的地方。虽然一些广告代理公司有自己的室内设施，但大多数焦点小组访谈都是在那些专门设计用来实施和观察焦点小组访谈的设施中进行的。不管设施安排在哪里，它至少需要：一个接待区，在小组访谈前用来迎接和组织受访者；一个有单向镜的会议室，用来进行焦点小组访谈；视频或音频记录设备和一个观察室。大多数焦点小组访谈设施使用会议室的方式，即一个大屋子的中间放置一个长形桌（如图 6—2a 所示）。但是，最近调查者发现如果焦点小组访谈在一个更自然和舒适的环境中进行的话，受访者会感到更自在并更乐意发表自己观点。图 6—2b 展示了 Catalyst Ranch 公司是如何设计它的设施以使小组“房间”的友好性最大化，进而增强受访者交流和分享的愿望。[11]

除了设施的物理布局外，还应考虑受访者的交通需求，理想化的地点应该对所有参与者都是方便的。

158

图 6—2a　传统的焦点小组访谈环境

图 6—2b　Catalyst Ranch 公司焦点小组访谈设施

设定时间表，明确样本并招募参与者

针对不需要外出工作的参与者的焦点小组访谈可以在白天或者晚上进行。针对那些要外出工作的参与者的则一般都在晚上进行（一般的时间是在晚上 6 点和 8 点）。

大多数提供焦点小组访谈设施的公司都具有招募受访者的能力。在调查者确定了每一组个体的特征之后，由提供设施的公司来寻找并招募受访者。表 6—3 展示了一个样本招募筛选表。注意这个筛选表不仅识别所需的参与者，将不同类型的参与者分配到不同的组别中，还需要排除那些“不符合要求的”受访
160 者：职业的焦点小组访谈参与者（第 4 题）、从事广告或市场营销行业的人，或者那些在某一个领域是“专家”的人（第 3 题）。

一个设计合理的筛选表会增加招募到感兴趣个体的可能性。但是，即便一个设计合理的筛选表也不能弥补带有瑕疵的招募过程，或存在问题的用来识别潜在消费者的数据库。因此，调查者在选择提供焦点小组访谈设施的公司作为焦点小组招募者之前，检验其招募的合适性是很重要的。该公司对相关方法和程序的可证实的陈述是有效的切入点，例如：

> 在 Observation Baltimore 公司，招募是我们的重点。我们在招募过程的每个阶段都会有质量控制。我们的质量控制涵盖了训练专业招募人员到电话监控和日常的数据库维护。我们日常维护的一个关键特征包括参与日期标注，以确保参与者是没有访谈经验的。我们每个月会在数据库中增加 500～750 个新的参与者。在每一次资料入库之前，我们都会对数据库进行彻底的清查，包括姓名、地址和电话号码。这个过程有助于我们防止职业受访者的进入。[12]

受访者招募的一个重要部分是奖励。奖励是支付

给参与焦点小组访谈的受访者的费用。奖励的数额一般会根据受访者招募的难度来定。容易招募的受访者可能支付30～40美元，较难招募的受访者，例如那些专业商业领域的人，可能要支付超过150美元。

招募程序的最后一部分实际上就在小组访谈开始之前。一般会要求招募的受访者在小组访谈开始前15分钟到达。每个人到达后不久，发给他一张打印版的筛选表（用来招募的筛选表）让其完整填写。这个重新筛选的过程可以完成几件事情。第一，也是最重要的，能够确保参与者的确具备调查关注的特征。第二，“因为讨论的质量有赖于受访者的质量，在开始之前重新筛选有助于提供质量保障。第三，提供焦点小组访谈设施的公司倾向于多招募一些参与者以保证出现率。重新筛选个体有助于你决定把哪些人从讨论中排除”[13]，例如，那些可能会妨碍或干扰讨论的人，如有严重咳嗽的人或表现出异常粗暴举止的人。

表6—3　　焦点小组访谈筛选表

信息调查的筛选表
家长焦点小组访谈

招募者指导语：现在为4个焦点小组访谈招募家长。小组访谈时间是：

周二，6月23日	A组	晚上6点	（女性，孩子略活跃）
	B组	晚上8点	（女性，孩子不活跃）
周三，6月24日	C组	晚上6点	（男性，孩子略活跃）
	D组	晚上8点	（男性，孩子不活跃）

筛选表：

你好，我是来自________________市场调查公司的________________。目前我们正在做一个市场调查研究，能问您几个问题吗？您的回答会被保密，我向您保证我不是推销员。

1. 首先，您家是否有年龄在9～13岁的孩子？
   有　[ ]　继续第2题
   没有　[ ]　致谢并终止访问
2. 在养育9～13岁孩子的过程中，您的角色是怎样的？
   主要负责做决定　[ ]　继续第3题
   和其他人共同做决定　[ ]　继续第3题
   家里其他人负责做决定　[ ]　致谢并终止访问
3. 您家里人中有从事以下工作的吗？
   广告或市场营销　[ ]　致谢并终止访问
   体育教育或培训　[ ]　致谢并终止访问
4. 过去30天中您参与过焦点小组访谈或其他形式的市场调查吗？
   有　[ ]　致谢并终止访问
   没有　[ ]　继续第5题
5. 明确性别
   女性　[ ]　继续第6题
   男性　[ ]　跳答第7题
6. 请想一下您9～13岁的孩子。您如何描述孩子参与体育活动的程度呢？一般而言，这个孩子参与某种体育活动……
   经常，至少一天一次　[ ]　致谢并终止访问
   经常，一周几次　[ ]　致谢并终止访问
   有时候，但一周不到一次　[ ]　邀请参与A组访谈
   很少，几乎不参与体育活动　[ ]　邀请参与B组访谈
7. 请想一下您9～13岁的孩子。您如何描述孩子参与体育活动的程度呢？一般而言，这个孩子参与某种体育活动……
   经常，至少一天一次　[ ]　致谢并终止访问
   经常，一周几次　[ ]　致谢并终止访问
   有时候，但一周不到一次　[ ]　邀请参与C组访谈
   很少，几乎不参与体育活动　[ ]　邀请参与D组访谈

实施焦点小组访谈

图 6—1 展示了两条策划路径的完美终结，即实施焦点小组访谈。一个普通的焦点小组访谈过程如下所示。

161 开场致欢迎词，介绍主持人，解释焦点小组访谈的安排和接下来两个小时讨论的规则。大多数开场白的内容包括以下内容：

● 介绍主持人的名字；

● 解释主持人的角色（“确保讨论的进行”、“帮助引出想法和观点”等）；

● 详述讨论的主题（“今晚我们将讨论……”）；

● 参与者规则：不要同时说话，关注彼此而不是主持人，坦率和真实，不要尝试回答正确——因为并不存在正确答案；

● 监控：单向镜，录像或音频记录，观察者在单向镜后；

● 报告的规则：不会出现参与者的姓名；所有信息都是保密的，只为内部代理公司和客户服务使用。

开场之后介绍个人信息。每一个小组成员介绍自己的姓名，讲述关于讨论内容的一些其他的信息。如果合适，可以邀请每一个受访者分享个人的人口统计信息，例如婚姻状态、孩子的数量和职业。通过这样的方式开始焦点小组访谈有三个原因。第一，这为每一个受访者提供了说话的机会，潜在地表达了每一个人的观点都是重要的。第二，在受访者中展示一些重要特征的相似性，有助于建立小组成员的友好关系。第三，分享与小组讨论主题相关的信息可以在一开始就把受访者的注意力集中在小组讨论和询问上。

接下来设定讨论的背景。对于主持人和观察者而言，了解每一个人评论的背景是很重要的。因此，小组讨论经常可以从一系列的简短问题开始，以探测对小组访谈主题的态度和行为。设想一个小组讨论用以评估母亲对于孩子吃的麦片的反应和定位。在小组访谈的这个阶段，为了更好地了解后续的讨论，主持人可以请受访者综述他们与孩子吃的麦片有关的行为，例如，他们经常购买的品牌，购买每一个品牌的频率等。

讨论。小组访谈的大多数时间都用来进行讨论。主持人可以使用开放式问题，用追问和投射技巧来激发和引导讨论。

总结。在讨论的最后，主持人经常会进行总结来确定他对小组主要评论和观点的理解。例如，在这个时候（小组访谈快结束时）主持人可以说：

> 今晚我们已经完成了大量的工作，我想说非常感谢各位能够与我分享你们的想法和观点。我们的讨论马上就要结束了，在我们结束之前，我 162
> 想花一些时间来明确我是否正确地理解了你们的话。好，首先，看起来几乎所有人都感觉儿童麦片广告主把太多重心放在盒子的额外费用上了。小组成员基本同意这对于销售麦片很不公平，对吗？

这样重述要点有三个目的。首先，也许是最重要的，确保主持人认为他所听到的是正确的；其次，小组参与者有最后的机会来告知他们的想法；最后，向观察室里的人提供清晰和简洁的总结。

最后的问题。主持人总结完后，会表示歉意离开讨论室，到观察室中听取问题。这个时候，主持人可以说：

> 各位应该还记得在观察室中有一些人在观察我们的小组讨论。在各位离开之前，请允许我过去询问一下他们是否还有任何想问的问题。

然后主持人到观察室中去询问观察者是否还有需要询问的、重要的和尚未解决的问题。观察者可能会说：“那位穿红色衣服的女士说她没有再购买过产品。但是，其他人阻止了她继续解释原因。你能问一下具体的原因有哪些吗？”如果合适，主持人带着观察室的问题回到小组中与成员们交流。小组访谈最终以致谢和发放奖励品结束。

评估小组访谈是否成功，如果有必要，修订讨论提纲

焦点小组访谈是一个动态的而不是静止的过程，因此供讨论的提纲应该是一个非固定文档，如有必要可随时更改和调整。在第一场焦点小组访谈结束后，评估小组讨论的内容有益于策划下一场小组讨论。此时做以下注释对于后续的几场小组讨论很重要。

● 在接下来的小组讨论中以同样方式追问的

信息，

● 因为之前的提问和投射技术不成功，在接下来的小组讨论中需要以不同方式挖掘的信息，

● 在接下来的小组讨论中需要挖掘的新问题，

● 在接下来的小组讨论中需要删除的问题。

以上每一个更改都要反映在修改后的讨论提纲中。

分析和展示调查发现，将发现应用到决策制定中

焦点小组访谈总结与其他广告调查的总结方式类
163 似。分析小组访谈讨论中得到的数据，展示主要发现，并将发现应用到决策制定中。焦点小组访谈和其他定性数据的分析将在第7章中讨论。

观察焦点小组访谈

正如前面所介绍的那样，焦点小组访谈的优点之一是允许广告代理公司和客户亲自观察和倾听消费者的看法。但是仅是观察并不足以提供对讨论"有意义"的洞察。焦点小组访谈观察者必须以一种能够增进对所听到内容理解的方式进行观察，并将注意力集中在小组讨论的重要方面。观察者如能坚持以下建议，将有助于获得更多积极的、有价值的和有洞察力的观察体验。

● 有备而来。信息了解充分、有准备的观察者在参与有意义的、富有成效的小组观察以及小组访谈后的讨论中能做得最好。观察者至少需要做如下准备：

■ 熟悉调查项目的背景、目标和信息需求。

■ 手边准备好所有所需材料（例如，记笔记的纸和笔、主持人提纲的复印件）。

● 从一开始就参与观察。焦点小组访谈的第一个主要环节（介绍、个人信息、设定背景）提供了大量的、有意义的背景信息，能够为更具体的讨论提供清晰的背景。注意小组讨论前期的内容很重要。

● 聚焦总体情况。焦点小组访谈观察者经常只见树木不见森林。他们会关注那些少有的、不同寻常的事情，或者把视线固定在1～2个人身上。这两种观察行为都是危险的和达不到预期目标的。虽然细节总是重要的，但将注意力放在更大范围的小组成员的共识或分歧上更加重要。

● 倾听每一个人的发言。焦点小组访谈观察者倾向于倾听那些与自己观点一致的人的发言，并且对其更信任认为那些与自己观点存在差异的人的评论不那么重要。因此给予所有小组成员以同等的关注和考虑是重要的。

● 倾听所有评论。与观察者有关的一个行为是选择性倾听。不管是哪一个参与者表达他们的想法，观察者都倾向于倾听那些与自己观点一致的意见，不考虑那些与自己观点不一致的意见。例如，某种观点的支持者往往会引用那些与自己观点一致的意见，即便存在着同等数量甚至更多的反对意见。选择性倾听容易曲解由小组讨论得出的结论，应该避免。

● 不要过早得出结论。观察者应专注于倾听和解
释小组的讨论，格林鲍姆（Greenbaum）指出： 164

> 小组讨论的焦点是深入细致地倾听讨论，以便观察者能够记下有关主题讨论的解释。小组讨论结束后，要有足够的时间检查笔记来整理关于讨论的想法，并形成结论。这是重要的一点；很多焦点小组访谈观察者在小组讨论中就轻易得出结论，进而丢失了客观性。然后他们会带有偏见地评估讨论（形成自己的结论之后），并倾向于只倾听那些支持其结论的论点。[14]

● 不要让性格判断影响对小组成员意见的看法。有些观察者倾向于根据受访者的个人性格特征来评价他们意见的价值。在这种情况下，观察者认为，那些积极的、善于表达的或者有趣的受访者的意见更有效和有洞察力。这是一个危险的观点，应该避免。

● 不要受强势性格的偏见影响。正如前面所讨论的，焦点小组访谈的一个危险是强势性格，那些（经常）第一个说话的人会影响整个小组讨论的方向和基调。观察者必须小心不要让这种"更大的声音"影响对整个小组观点的解释。

在线焦点小组访谈

有关在线焦点小组访谈是否是“真正的”焦点小组访谈存有大量争议。一些人认为因为缺乏在场的互动，不能运用非语言线索，在线焦点小组访谈不能称为真正的焦点小组访谈。[15]还有些人认为，在线焦点小组访谈满足了焦点小组访谈的基本定义：“一种小组访问，主持人与小组成员以及小组成员之间进行互动，通过对精心设计的问题进行回应得到信息和洞察的方法。”[16]我们认为，争论“在线焦点小组访谈是‘真正的’焦点小组访谈吗”这个问题既分散精力，又浪费时间。一个更重要的问题是：“在线多人讨论（不管你称它为什么）是否提供了对广告决策制定有价值的洞见？”我们相信，在使用这种方法的时候，能够清楚地了解它的优缺点（与其他所有的调查技术一样），那么答案就是“肯定的”。本节剩余部分将讨论在线多人访谈的具体方法。

在线多人访谈的方法有三种：同步法、非同步法
165 和混合法。同步法与传统的焦点小组访谈最相似，因为所有参与者都同时在线并进行互动。多伊尔调查公司（Doyle Research）对这种方法进行了介绍：

> 在一个有密码保护的虚拟焦点小组访谈室，用网络摄像头和（或者）文字聊天，实时进行讨论，利用网络的优势提供实时的个人互动调查。一个共享的屏幕可以展示刺激物，并让受访者和主持人一起关注；调查可以让受访者在开始进一步讨论之前各自填写选择的题目。[17]

非同步法的讨论需要一段时间，因为这种方法不需要所有小组成员都同时在线。这个方法会为小组参与者创建一个在线聊天室。主持人提出问题，小组成员把对主持人问题的回应和对其他成员的意见反馈发布上去。在整个讨论过程中，主持人穿插评论，并提出额外的问题，将讨论引至新的领域或请受访者澄清或详细说明之前的意见，或者鼓励个体对其他人的意见积极互动并做出反馈。混合法是同步法与非同步法的整合。调查开始于非同步交流。然后进行同步焦点小组访谈，进一步详细挖掘非同步交流中的一些主要话题和达成一致或存有异议的问题。

在某些情况下，这三种方法都具有传统焦点小组访谈所不具备的优点。一个优点与组织工作有关：在线方法尤其适合于小组成员分散在不同的地方，或者小组成员或观察者很难到达一个中心场所的时候。非同步方法的一个独特优点是允许分散在不同时区的受访者来参与同一个焦点小组访谈。除了地理位置，在线方法的匿名性也使调查者能够更容易接触到那些很难接触或被污名化的人，并把他们列入访谈对象。第二个优点与讨论的活力有关。

> 互联网允许参与者克服他们的顾虑和社交角色限制，能够进行更加自由和自发的互动……环境的匿名性看起来能让意见贡献者更开放和更愿意讨论私人的或涉及情感的经历。[18]

除了以上优点，非同步法和混合法看起来也更适合那些在回应前需要深度思考的话题和问题。这两种方法允许受访者考虑、思考并形成回答而不必急着给出回应。最后一个优点是给调查者提供了便利，非同步法或同步法需要参与者手写意见，调查者会发现由于讨论内容能够自动和准确地获得，从而节省了时间和金钱，并且数据分析能力也显著提高。

但是，只有当信息质量与传统面对面的焦点小组 166
访谈方式所获得的相当或者更优的话，在线方法的优点才有价值。调查显示，如果主题合适，由在线方法获得的信息和洞察的质量会很高。泰特等人（Tate et al.）总结了有关数据质量的发现：

> 一些研究……似乎显示了在线调查获得的数据数量和质量与传统焦点小组访谈所获得的是完全具有可比性的。在线数据提供了有效的方式收集敏感的或个人的健康信息，从而表现出更多的优势。自我表露（self-disclosure），被定义为“向他人揭露个人信息”，是焦点小组访谈的一个主要目标，因此缺乏自我表露往往被看成有效的小组讨论的障碍。在线交流所具有的匿名性在提高在线焦点小组访谈的自我表露水平方面是重要的。可感知的私密性使在线环境更有助于产生诚实的和有想法的应答。此外，视觉上的匿名可以减少社交吸引力偏见，使得受访者在表达自己的观点时感觉更舒适。在传统的焦点小组访谈中，参与者在那些更善谈的参与者面前会更沉默和怯场。在线方法的一个重要优势是参与的更大平等

性，讨论中所表达出的所有观点都会被给予更平衡的印象。最后，非同步的在线讨论因为没有时间压力，允许深思熟虑的回应，这些回应比那些同步法或传统方法中的回应更长和更具体。在线小组讨论的上述优势提高了所得数据的准确性和客观性，即提高了数据质量。[19]

综上所述，当目标受众特征或主题合适的时候，在线方法是传统焦点小组访谈的切实可行的替代方法。

168 小结

焦点小组访谈是最常见的定性广告调查形式，被定义为一个由6到12人组成的小组，他们

- 共同参与一系列精心策划的讨论，
- 讨论处在一个自由和不具威胁性的环境中，
- 有一个训练有素的主持人，
- 在预先明确的兴趣领域进行讨论，以揭示态度和认知，
- 使得决策者能够获得全面信息，并做出更为成功的决策。

焦点小组访谈已经大量被用于与广告相关的调查，例如：

- 挖掘与广告策略相关的主题，例如目标受众的选择，受众认知和品牌的优势和不足；
- 挖掘对可替换的广告信息和方法的反应；
- 理解对品牌和品类广告当前方法的反应；
- 识别感知和期望的品类和品牌的利益点，挖掘通过广告表达这些利益点的潜在方法；
- 发现和提炼有关消费者动机的假设，尤其是在广告中如何“开发”这些动机；
- 发现并获得对潜在的新产品和新产品想法的反应，也包括对备选的产品包装的想法。

焦点小组访谈策划开始于两个平行的活动路径。第一条关于主持人，包括挑选主持人、向主持人介绍情况以及制作焦点小组访谈的讨论提纲。第二条关于焦点小组访谈的组织工作。包括做出有关小组特征、小组数量和访谈地点、设施选择以及参与者招募的决定。这两条路径的成功完成会带来焦点小组访谈的最终实施。一个典型的焦点小组访谈会经过六个阶段：开场白、介绍个人信息、设定讨论背景、讨论、总结和最后的问题。这个过程包括对最初的焦点小组访谈的评估、修改和修正（如有必要）、分析、展示并应用于决策制定。

通过焦点小组访谈获得的信息的质量受观察者行为的影响。观察者需要有备而来，从一开始就进行观察，聚焦总体情况，倾听每一个人的看法，倾听所有评论，不要过早得出结论，不要让性格判断影响对小组成员意见的看法，不要受强势性格的偏见影响。

技术的发展为面对面焦点小组访谈带来了切实可行的替代方式。当目标受众特征或主题合适的时候，在线方法是传统焦点小组访谈的切实可行的替代方法。

169 复习题

1. 焦点小组访谈的定义。
2. 焦点小组访谈可以应用于广告决策制定的哪些方面？
3. 焦点小组访谈可以用来检验和评估广告创意吗？为什么？
4. 焦点小组访谈选择主持人时应重点考虑哪些要素？
5. 向主持人介绍情况的目的是什么？向主持人介绍情况一般都包含哪些内容？
6. 什么是讨论提纲？描述一下如何形成一个讨论提纲。
7. 在确定焦点小组访谈构成的时候，都要重点

考虑哪些内容？为什么不同类型的焦点小组需要不同的考虑？

8. 焦点小组访谈的数量是如何确定的？

9. 焦点小组访谈设施有哪些重要特征？

10. 哪些类型的问题是用来排除焦点小组访谈参与者的？

11. 焦点小组访谈有哪几个主要阶段？每个阶段的主要内容是什么？

12. 焦点小组访谈讨论提纲一旦设计完，还应该改变或修订吗？为什么？

13. 对焦点小组访谈观察的指导有哪些？为什么每一条都很重要？

14. 在线焦点小组访谈是“真正的”的焦点小组访谈吗？为什么？

15. 在哪些情况下，在线焦点小组访谈比传统的面对面焦点小组访谈更有优势？

应用练习[20]

1. 你正在参与戴尔电脑（Dell Computer）的客户调查。戴尔正在评估当下的广告活动，尤其关注年龄在15～18岁的青少年的态度和信念。希望了解（1）购买电脑的潜在过程，（2）对于戴尔和其他竞争品牌的认知，（3）广告对于品牌认知和品牌选择的效果。作为调查者，你需要进行焦点小组访谈来了解这些问题，并开始策划整个过程。但是，你的客户从未参加过焦点小组访谈，你需要写一封信向你的客户介绍整个活动。在你的信中，你要明确表达

● 到目前为止为了准备焦点小组访谈你都做了哪些工作。例如，你怎么才能向客户保证合适的人群会参与焦点小组访谈，并且焦点小组访谈会以有利的和专业的方式进行。

● 观察焦点小组访谈的时候，客户能有哪些期待。具体讨论这些焦点小组访谈期间的各个阶段或进程，尤其注意贯穿焦点小组访谈始终的各个环节将会进行的讨论的类型和关注点。一定要具体。解释在小组访谈开始的时候会发生什么，接下来你预计会发生什么，等等。

● 倾听、了解并从小组讨论中得出结论的最好方法是什么。阐述要具体明确，避免大而化之。

2. 你的客户希望能够进行前面练习中提到的焦点小组访谈。接下来，你需要推荐焦点小组访谈合适的数量。首先，提供一份焦点小组访谈的书面介绍：应该进行几场焦点小组访谈，这些访谈将在哪个或哪些城市进行，参与每一组访谈的个体特征是怎样的。其次，基于上述介绍，准备一份筛选表来招募所需要的参与者。

3. 现在离实施前面练习中提到的焦点小组访谈还有两周的时间。准备一份小组访谈使用的讨论提纲。

4. 你是一名负责客户K-Mart广告项目的团队的调查员。K-Mart打算重新定位。K-Mart过去的顾客是年龄在25～49岁的“美国中产”全职家庭主妇和家庭年收入在15 000～35 000美元的工薪阶层家庭。 *170*
K-Mart现在希望吸引更现代和高端的客户。它的新目标顾客群包括年龄在25～49岁的男性和女性，家庭年收入超过40 000美元的白领阶层。K-Mart相信它能够在保持原有顾客群的基础上吸引上述新的目标顾客群。

K-Mart已经批准了8场焦点小组访谈。你建议应该进行几场？为什么？每一场参与者的具体特征有哪些？为什么？避免在你的建议中出现概括性的语言。具体化，并提供你所建议的小组数量和参与者特征的合理依据。

5. 考虑以下几种情况。对于每种情况，确定你是推荐面对面的焦点小组访谈还是在线焦点小组访谈。解释原因。

a. 约翰·迪尔（John Deere）希望了解农民对最新的拖拉机广告的反应，并挖掘对新的广告创意的反应。

b. 卡夫通用食品（Kraft General Foods）想要用焦点小组访谈的方式挖掘零售店购买经理对传统广告的反应。

c. 露华浓（Revlon）想要探索对几个新的化妆品配方的反应。调查对象为在过去60天内购买过腮红或眼影的25～44岁的女性。对于每一种新产品，小组访谈参与者将描述产品、使用产品、评价产品并讨论新产品描述和实际产品性能之间的关系。

d. Toys“R”Us希望了解视频游戏市场的“热

点”。具体而言，Toys “R” Us希望更好地了解12～16岁男孩对视频游戏的认知（包括综合认知和对具体游戏的认知）。

171 **【注释】**

[1] 例如：Iowa State University Extension (undated). “Can You Call It a Focus Group?” at http://www.extension.iastate.edu/Publications/PM1969A.pdf; Mary Marczak and Meg Sewell (undated). “Using Focus Groups for Evaluation” at http://ag.arizona.edu/fcs/cyfernet/cyfar/focus.htm; Richard A. Krueger and Mary Anne Casey (2009). *Focus Groups: A Practical Guide for Applied Research* (Thousand Oaks, CA: Sage Publications); David Gordon (1996). “Focus Groups.” *Annual Review of Sociology* 22: 129-152。

[2] 例如：Ioni Lewis, Barry Watson, Katherine White, and Richard Tay (2007). “Promoting Public Health Messages: Should We Move Beyond Fear—Evoking Appeals in Road Safety?” *Qualitative Health Research* 17 (3): 61-74; Denise DeLorme, Scott Hagen, and I. Jack Stout (2003). “Consumer Perspectives on Water Issue: Directions for an Educational Campaign.” *Journal of Environmental Education* 34 (2): 28-35。除了这些文章，路兹（Lutz）写道：“1988年在新泽西州帕拉默斯（Paramus, NJ.）进行的共和党焦点小组访谈已经达到了传奇的高度，毋庸置疑，就是这次集会可能改写了美国的历史。在竞选马萨诸塞州州长时，乔治·布什（George Bush）在关键的目标群体，也就是里根派民主党中落后迈克尔·杜卡基斯（Michael Dukakis）两位数。聚集起来的就是这样一个群体，他们被灌输了长篇累牍的关于杜卡基斯的负面信息，从威利·霍顿（Willie Horton）到波士顿港（Boston Harbor）。单独来看，这些负面信息并没有造成严重的冲击［尽管监狱休假计划（the prison furlough program）激起了相当大的不安］。然而这些信息累积起来的效果使得参与者一个接着一个地离开了杜卡基斯，很明显布什阵营之前所做的一切为他赢得了胜利。”（美国政治的焦点小组调查见 http://www.pollingreport.com/focus.htm）

[3] 例如：Elizabeth Waiters. Andrew Treno, and Joel Grube (2001). “Alcohol Advertising and Youth: A Focus-Group Analysis of What Young People Find Appealing in Alcohol Advertising.” *Contemporary Drug Problems*, 28: 695-718; Gage Chapel, Kristen Peterson, and Roy Joseph (1999). “Exploring Anti-Gang Advertisements: Focus Group Discussions with Gang Members and at Risk Youth.” *Journal of Applied Communication Research* 27: 237-257。

[4] 例如：Laura Bellows, Jennifer Anderson, Susan Martin Gould, and Garry Auld (2008). “Formative Research and Strategic Development of a Physical Activity Component to a Social Marketing Campaign for Obesity Prevention in Preschoolers” *Journal of Community Health* 33: 169-178。

[5] 例如，佳洁士利用焦点小组来帮助理解消费者对一款新牙膏的反应，并识别出该款牙膏应该包含的三种味道。消费者选择了介绍中提到的肉桂味、草药味和柑橘味。详见 Louise Story (2005). “Consumers, Long the Targets, Become the Shapers of Campaigns,” *New York Times* (July 1)。要了解关于备选包装的观点的焦点小组讨论，见 http://www.youtube.com/watch? v=_vII8dJsBZ0。

[6] Business Research Lab (2007). “The Role of Focus Groups in Advertising” at http://www.busreslab.com/tips/tip9.htm .

[7] Thomas L. Greenbaum (1983). *The Practical Handbook and Guide to Focus Group Research* (Lexington, MA: D. C. Heath and Company).

[8] 介绍和讨论提纲（如表6—2所示）以及筛选（如表6—3所示）皆为虚构，只作说明之用。

[9] R. Krueger (1994). *Focus Groups: A Practical Guide for Applied Research* (2nd. ed.) (Thousand Oaks. CA: Sage Publications)

[10] Alfred E. Goldman and Susan McDonald (1987). *The Group Depth Interview: Principles and Practice* (Englewood Cliffs, NJ: Prentice-Hall).

[11] Catalyst Ranch公司的网址为 http://www.catalystranch.com/。

[12] Observation Baltimore at http://www.ohservationbaltimore.com/focus_group_facility_mary-land_dc/qualiitative_research_analysis.html.

[13] Research Inc. at http://www.researchincorporated.com/maximizing-results-at-a-focus-group-facility .

172 [14] Thomas Greenbaum (2008). “Online Focus Groups are no Substitute for the Real Thing” at http://www.groupsplus.com/pages/qmr0601.htm.

[15] Greenbaum, op. cit.

[16] New York State Teachers College (2009). "Focus Groups," at http://www.programevaluation.org/focusgroups.htm.

[17] 多伊尔调查公司的网址为 http://www.doyleresearch.com/index.php/live-online。该方法的视频可以在 http://www.youtube.com/watch?v=5z6xYd7NZFk 上找到。其他使用该调查形式的公司名单见http://www.greenbook.org/market-research-firms.cfm/online-focus-groups。

[18] G. Graffigna and A. C. Bosio (2006). "The Influence of Setting on Findings Produced in Qualitative Health Research: A Comparison between Face-to-Face and Online Discussion Groups About HIV/MDS." *International Journal of Qualitative Methods* 5 (3) at http://www.ualberta.ca/~ijqm/backissues/5_3/pdf/graffigna.pdf. 其他对网络调查数据质量的回顾，见 Katharine Hansen and Randall Hansen (2006). "Using an Asynchronous Discussion Board for Online Focus Groups: A Protocol and Lessons Learned" at http://www.quintcareers.com/KH_Teaching/ABR_2006.pdf and Kate Stewart and Matthew Williams (2005). "Researching Online Populations: The Use of Online Focus Groups for Social Research." *Qualitative Research* 5 (4): 395-416。

[19] Kiek Tate et al. (2009). "Online Focus Groups as a Tool to Collect Data in Hard-to-Include Populations: Examples from Pediatric Oncology." *BMC Medical Research Methodology* at http://www.biomedcentral.com/1471-2288/9/15#IDALRX2E.

[20] 所有的练习均为虚构。

（本章翻译：田卉，本章校译：杨雪睿）

第7章 定性数据的分析

173 定性调查研究通常收集描述受访者态度、表达受访者思想和观念、传递受访者感受和情绪的数以千计的词语。定性分析试图透过文字本身理解这些文本数据隐含的主题、共同点和受访者之间的差异。本章将向你介绍定性数据分析的流程。

* * *

阅读本章后，你可以：

- 定义定性数据分析的特征；
- 明确从定性数据中获得洞察和得出结论的技术；
- 理解如何评估定性分析的质量；
- 理解定性数据分析软件的优势和不足。

174 如同任何形式的数据分析一样，定性数据分析的目标，是要产生有意义的与诱发调查的问题相关的发现，同时提供洞察以帮助个体做出更好的决策。只有当在定性调查研究中收集的大量文本数据简化为一套完整定义和清楚解释的模式和主题时，这些目标才能实现。不幸的是，几乎没有一致认同的、外部的客观技术来完成这些。例如，没有确定统计显著性的数学公式，也没有办法将分析员通过数据推断主题的过程完美复制。简而言之，除了“尽最大努力用你的智慧解读数据，并根据研究目的呈现数据揭示了什么”[1]之外，没有绝对的规则来指引定性分析。因此，定性调查能在多大程度上产生相关的、精确的发现在很大程度上取决于个体进行分析的技巧。

这并不意味着定性数据分析是因某个分析员心血来潮而随意的和主观的。事实上，没有任何情况远离真相。尽管定性数据分析没有硬性的规则，但仍然存在指导原则。调查者系统应用这些指导原则的程度越高，分析能够准确反映消费者应答的真实趋势和模式的可能性越大。在这点上，巴顿指出了分析流程、分析技巧与分析结果之间的关系：

> 指导原则和程序化的建议并不是规则。应用指导原则需要判断和创意。因为每一个定性研究都是独一无二的，使用的分析方法也是独一无二

的。因为在每一个阶段，定性调查依赖于调查者的技巧、受过的训练、见解和能力，定性分析最终取决于分析员的分析能力和风格。人的因素是定性调查和分析中最大的优势和最基本的不足。[2]

本章的余下部分将展现指导定性数据准备、核查和解读的策略。定性数据的展示和报告将在第21章列出。

数据检查前的工作

在最初阶段有两项重要的工作：(1) 回顾调查问题和信息需求；(2) 评估研究样本。

回顾问题定义与信息需要

一个有用的定性分析要回应诱发调查的问题，符合相关营销或广告决策所需的信息类型。因此，这个阶段要对问题定义和信息需求进行清晰的回顾。广告代理公司和客户会议上的注意事项和文件，连同调查方案本身都要进行回顾。由于信息需求也反映在讨论
175 或访谈提纲中，因此这个也需要回顾。回顾的结果是列出分析的具体领域和分析要提供的信息类型。

在定性调查研究中信息需求有时会改变。一些最初的信息需求可能变得不太重要，在调查过程中新的信息需求可能会被提出。此外，一些重要的信息需求也可能没有在最初的讨论和调查计划会议中清晰地列出。因此，建议在进行数据分析前，召集所有调查涉及的人开会以确保建议分析的重点满足现在的信息需求。这次会议的结果或者是接受或者是修改分析领域的列表。信息需求和分析领域列表的修正（如果需要）的确认有两个重要的目的。第一，为后续数据分析提供提纲和重点。它可以让分析员重点聚焦于一套完整定义的主题。考虑到大多数定性调查都会收集大量数据，聚焦分析的能力是成功的重要组成部分。克鲁格（Kruger）指出：

> 调查者的挑战是重点关注研究的基础问题。聚焦分析可以节约资源，但更重要的是，它能够使分析员全神贯注于关键问题。[3]

第二，通过数据分析前信息需求和分析重点的确认核实研究发现和结论演示所涉及的信息类型。这一认同会大大降低在演示阶段最终使用者不满意的概率："这个报告是不完整的。你应该看一下……？我需要知道……！那个信息为什么没在这里！"

评估样本与标注局限

接下来要评估参与调查的受访者样本的"质量"，为诱发调查的相关信息需求提供可信赖的信息。

定性调查几乎不使用概率抽样，因此，它通常坦率地承认对广泛人群的代表和概括有局限。然而，即使承认这些局限，也必须核查受访者的特征以确保 (1) 样本拥有的人口特征、品牌相关性和（或）态度特征与预期一致，(2) 没有偏见或混淆效应。此时的目标是，确保计划的样本中预期的特征实际出现在招募的样本中。以下情境解释了这一步骤的重要性。

> 索尼（Sony）进行了一系列焦点小组访谈以探求大学生对不同品牌便携式音乐播放机的反应、感知和体验。索尼想知道那些现在拥有索尼产品的人和那些拥有竞争品牌产品的人的感知。招募索尼产品拥有者作为小组访谈受访者没有问题。受访者很好地代表了大学生总体，他们拥有 176
> 指定的品牌和人口特征。而且，这些受访者在参加小组访谈之前相互并不认识。然而，招募拥有其他品牌产品的小组访谈者出现了问题。这一小组的所有参与者拥有的竞争品牌产品都是同一个牌子，因此局限了竞争品牌产品的体验范围。

在分析过程中这一局限必须铭记于心，在结果展示中必须承认。

数据检查

定性数据分析的下一个阶段是必须回顾原始数据：音频或视频材料、用文字做的任何笔记以及任何由受访者产生的材料。[4]这一阶段的目标是沉浸于数据中以体验受访者语言（和如果能得到的非语言）交流中的结构、语调、语气、范围和内容。然而，这种沉浸并不是结果导向的过程。目标不是判断数据意味着什么，而是变得对数据本身越来越熟悉。莫斯塔卡斯（Moustakas）认为这种沉浸式的数据回顾让分析员“品尝、欣赏、闻出、触摸、品尝、感受‘信息’，而没有具体的目标或目的”[5]。因此，数据回顾的目标是理解受访者交流的是什么。这种理解有助于在回顾过程中牢记以下指导原则：[6]

以开放的心态回顾数据。目标是回顾和熟悉受访者做的和说的。没有偏见地回顾评论和其他材料，非选择性地寻找应答模式以确认或驳斥预期的观念。

尝试理解隐含在态度和行为背后的原因。对某一观点的陈述和一系列特定行为的描述提供了一个层面的信息。然而，对态度和行为的明智的理解需要进行更深层次的分析。这里，很有必要“深入表层”，理解为什么持有这样的观点或表现出这样的行为。因此，对数据的最初回顾尤其应该关注个体为什么会有这样的态度和行为。例如，许多受访者也许声称他们被香水广告现在的表现方式所冒犯。对广告的普遍反感喜欢提供了一个层面的洞察。然而，这些对营销和广告的态度在下面各种情况下有不同内涵：

- 大多数受访者反感是因为觉得广告贬低了女性，将女性描述为性的对象。
- 大多数受访者反感是因为觉得广告排除了他们，只针对年轻受众。
- 大多数受访者反感是因为他们相信广告会导致滥交。

受访者通常能够解释他们态度和行为隐含的原 177
因。然而，有时候受访者也无法用语言解释为什么他们这么觉得或这么做。在这些情况下，隐含的原因可以从语言和受访者描述他们观点的原因时使用的类比推断出来。因此，对数据的最初回顾必须对受访者用以表达他们为什么持有某些信念或参与某个特定行为的直接和间接的方式非常敏感。

理解受访者情感的强度与观点

定性数据分析通常旨在揭示在受访者样本中，是否存在他们一致赞同或一致不赞同的领域。此外，指出这种一致性的程度，以及表达观点时的强度和确信程度也很重要。例如，可以利用个体受访者判断两则被提议的广告语的最初吸引力。对这些广告语的应答模式可以暗示出整体的一致性，大多数受访者两则广告语都喜欢，而一小部分受访者不喜欢其中一则广告语。这个发现也许建议选择其中一则广告语。然而，受访者反应的强度提供了额外的洞察，并且极大地影响了决策制定过程。应答强度的检查如下：

> 广告语1：大多数受访者喜欢（尽管风格相当平淡）这则广告语。少数受访者非常不喜欢这则广告语。这些受访者非常坦率地表达了对这则广告语的厌恶。

> 广告语2：大多数受访者非常喜欢这则广告语。受访者花费了很长时间来描述由广告语唤起的积极感受。少数受访者不喜欢这则广告语，但这种不喜欢的感受不强烈。

因此，尽管每一则广告语喜欢和不喜欢的个体相对数量相当，但观点强烈的程度暗示了每一则广告语隐含的反应的差异。尽管广告语表面上看起来相同（看起来都有相同比例的受访者喜欢），观点的强度则清晰地表示选择广告语2优于广告语1。

信念强度可以通过信念表达的方式推断。很显然，清楚明白的、有说服力的语言通常暗示着强烈的感受。受访者如果直截了当地表示“我讨厌那条广告！”毫无疑问其观点坦率而强烈。当受访者对几种不同（或者措辞不同）的盘问和问题做出相同的回答时，重复也可能是一个强烈信念的信号。最后，受访者也可能通过反语、隐喻或嘲笑式的幽默发出持有强烈信念的信号。看了一个新的产品概念的受访者可能说（带有大量反语）：“哦，当然，我会买这个产品。我用一生在等待这个产品。哪儿，哦它在哪儿?”这也是传递持有强烈观点的信号。

理解受访者而不是个体的应答

大多数受访者试图为被询问的问题提供真实的应答。有时在访问或焦点小组访谈中观点可能会改变，
178 或者最初的表述不能展现完整的个体观念。因此，查看全部语料库数据的趋势，而不是回顾带有应答偏见的评论和陈述就非常重要。当检查到自我矛盾的陈述时，这种数据回顾方式的重要性就非常明显。

当受访者在小组访谈或个人访谈的某一时刻做出的评述与在另一时刻的评述不一致时就会出现自相矛盾。例如，在焦点小组访谈刚开始时可能进行这种形式的对话：

> 受访者 1：我从没有买过或用过杂货店的洗发水。它们的质量真的很差，会损伤你的头发。
>
> 受访者 2：是的，你真的需要购买发廊的洗发水。我就是用的这个，它值这个价钱。
>
> 受访者 1：你的头发看起来没得比。使用发廊洗发水洗发后，头发看起来会更有光泽和吸引力。杂货店品牌没法与之相比，因此我从不在那里买。
>
> 小组访谈的后面部分发生了这样的对话：
>
> 受访者 2：那你怎么做呢?
>
> 受访者 1：我会买。有时我在杂货店看到知名的品牌正在促销，价钱很合适，我就会买。我真的不在意任何短期的伤害。当我用完这瓶后，我再回头去用我的发廊品牌。

受访者 1 给出了自相矛盾的陈述。这个受访者的最初评论可能并不是想误导主持人，而是诚实地表述了她的观点。受访者最初的评论是夸大的，并没有提供对她完整行为模式的洞察。只有审视这个受访者的整体陈述，特别是结合她刚开始时和后面的陈述，才可以洞察她的态度，理解她的行为。

以挑剔的态度“看”和“听”

大多数受访者试图告知真相。他们试图诚实地表达他们的态度和观点，并且准确报告他们的行为。然而，有些受访者在某些情况下，可能会有意或无意地不告知真相。定性分析的挑战是什么时候把受访者的评论当真，什么时候不全信或完全不相信他们的评论。例如，判断哪些受访者是真的不喜欢被提名的电视节目，哪些受访者是真的喜欢，但由于小组其他受访者表示不喜欢而表现出消极的反应，这一点很重要。

判断受访者评论的真假是定性分析最大的挑战之一。矛盾的陈述为判断真假提供了一些方向。此时，一种情况是看到应答的全部，并推断出真实观点的本质。另一种情况是以与社会规范和社会默许相关的虚
179 伪陈述为线索。当受访者认为访问员、主持人或其他小组成员希望听到某些答案时这种情况就会发生。受访者发出这类虚伪陈述的信号如下：

- 在回答问题时简单作答（例如“是的，这是真的。”和“不，我不这样认为。”）但很少主动回答。
- 应答或者是有敌意的，或者是表忠诚的。（例如“我已经说过两遍了!”和“你一定要相信我。”）
- 不愿意解释观点的含糊回答。（例如“我要说的就像这样。”和“你知道我的意思。”）[7]

在这部分分析中，“看到”和“听到”受访者没有说出的信息也很重要。受访者没有谈论话题或没有提供信息可能是由于以下四种原因。第一，受访者可能觉得话题完全不重要，因此他们感到没有必要讨论和探究话题。第二，受访者可能以为这个话题如此重要以至于没必要提到、讨论和探究。（例如，在被要求列出他们认为的航空公司重要事项中，受访者可能不会提到“避免坠机”。他们认为这一重要性已经众所周知。）第三，话题可能过于私密或敏感，以至于受访者不想在那种特定场合公开。在回顾过程中，分析员必须尝试判断这些原因中的哪一个是某个话题没有被提到的原因。第四个原因相对容易确认。受访者可能拐弯抹角，可能以第三人称谈论话题，或者避免直接面对话题。受访者也可能明确声明他们不希望参与话题。判断是第一种还是第二种情况更为困难。此时，分析员必须查找讨论中趋向或远离主题重要性的

线索。如果没有这些线索或线索模糊不清，分析员必须小心，不能让他的偏见影响从访谈中获得的推断。

思考

思考是数据分析阶段的最后一项活动。这是“安静沉思”的时间，调查者有意从正式的分析进程中“撤出”。[8]在这个时间段（通常持续一天到几天），之前回顾数据得到的印象和意义无结构、无指导地“孵化”，成为下一阶段正式分析的序曲。

主题确认、分析与修正

定性分析通常围绕主题展开，这个主题被定义为从数据中可以清楚地或间接地发现的连续的、反复出现的思想的表达。主题帮助调查的最终使用者理解数据暗含的趋势和模式。本小节描述了主题形成、评估、修正和最终作为调查发现的真正代表被采纳的过程。图 7—1 展现了这一过程背后的具体步骤，这不是一个线形路径。主题的形成和评估是一个循环的过程，需要持续的数据检查和主题修正。

180

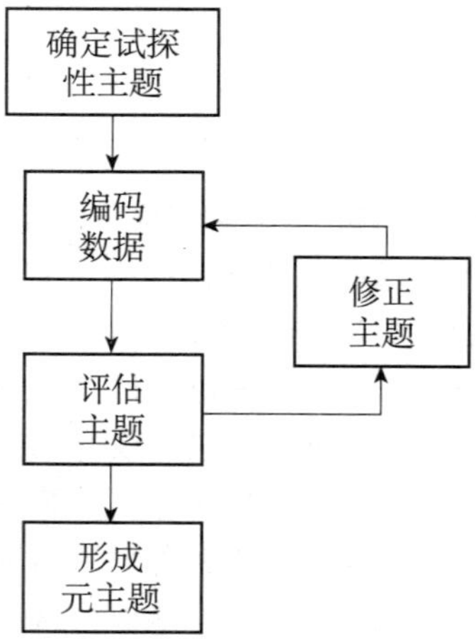

图 7—1　主题形成过程

这个过程的循环性是有意而为的，也是分析过程的基本特征。这个过程的特殊性质和价值述如下：

> 随着问题不断出现，可以多次循环地阅读数据。随着对材料理解的深入，可能挖掘出新的联系以及更为复杂的构想。[9]

注意在这个反复的过程中分析的顺序很重要，在数据回顾和思考之后，首选提出试探性的主题，然后收集评价主题的相关数据。最后，基于数据检查，接受、拒绝或修改主题。布拉德利（Bradley）等人指出：“不用编码而是（以这种方式）回顾数据有助于确认自然出现的主题，而不会丢失概念和它上下文之间的联系。”[10]

有一种争论认为这种方式是对“正确”过程的推翻，所谓“正确”过程是首先整理、编码数据，然后主题从数据中“流”出。这个被推翻的过程当然也可以产生一系列结果，分析得出结论。然而，我们还是推荐主题—数据—评估—修正这个过程，原因如下：首先，经过数据回顾和思考之后，调查者心目中肯定已经有了主题。在正式数据分析开始时忽略这些洞察对我们意义不大。其次，在数据分析开始时利用主题为相关数据的收集、编码和评估提供了一个可感知的焦点。最后，推荐的这一过程需要更广泛深入的数据分析，通过对数据的多次分析以确认或否定提出的主题。

主题形成

主题形成从要着手的领域列表开始。在每一个领域内，写清楚与这个领域相关的一个或多个主题。主
181 题代表了调查者的直觉和关于每一个主题领域内研究发现的内容和模式的明智判断，以及合适的隐含原因的详述。

> 整体上，受访者对“多功能音乐播放机”产品概念的反应积极。产品被认为是合适的、有趣

的和独特的。如果产品售价低于 90 美元，许多人表示有兴趣购买。有热情的首要原因与多功能和价值有关。性别和收入都没有表现出与应答的层面或类型相关。

根据主题编码数据

一旦写下所有主题，调查者就要检查和编码所有可用的数据。对文本的编码，如个人访谈或焦点小组访谈笔录，都相对直接明了。调查者阅读笔录本，寻找与每一条主题相关的陈述，某条陈述可能支持提到的主题，也可能与之相对。一旦定位了相关的陈述，就相关主题和支持的方向（或者积极或者消极）在笔录本上编码。

检查相关数据

每一个主题都提供了一个具体的、可感知的观点，它可用于整理结果，也可以基于对编码数据趋势的检查被确认或反驳。因此，下一步是收集和检查与每一个主题相关的编码信息，以判断主题的正确性。如表 7—1 所示的这类记录页有助于过程的进行。表格的顶部显示了主题——分析员认为的应答改动或者发现的主要模式。本案例中表格顶部显示的主题在本节开始时出现过。主题下面被分成两半。在前面一步使用编码计划，原始数据中支持主题的证据被抄写在页面的左边，驳斥或与主题矛盾的证据被抄写在页面的右边。

182 当记录应答时，记录受访者逐字逐句的评论连同任何相关的人口特征、态度或品牌信息都很重要。逐字逐句地记录评论而不是转述评论有两个原因。首先，这些评论可在后期为书面或口头演示中得出的结论提供细节和证明。其次，在记录表格中逐字逐句列出评论，为分析员证明和解释从数据中得出的结论提供了一种方法。（这方面的分析将在下节中讨论。）这两种对受访者评论的使用都需要使用原始的、未作任何改动的评论。

表 7—1　　记录支持和反对主题的表格

主题： 整体上，受访者对“多功能音乐播放机”产品概念的反应积极。产品看起来是合适的、有趣的和独特的。如果产品售价低于 90 美元，许多人表示有兴趣购买。有热情的首要原因与多功能和价值有关。性别和收入都没有表现出与应答的层面或类型相关。	
支持主题的证据 **（支持的证据放在此列）**	**反对主题的证据** **（反对的证据放在此列）**

主题评估与修正

一旦与一个主题相关的评论都被记录下来，就可以根据记录的数据对主题再次进行审视，以判断考虑到潜在的数据，主题在多大程度上能被接受或者不被接受。一个被接受的主题可以准确反映记录数据的内容。一个不被接受的主题不能准确反映记录数据的内容，因此必须被拒绝或修正。主题评估的过程如下：

> 分析员检查数据。每当发现有数据支持主题，主题就被加强。但是，如果数据的某个方面反驳主题或者与之相关的内容模糊不清，分析员就要重新定义或重新叙述主题以反映相反的数据。分析员考虑每一部分数据，相应地修正主题直到检查完所有相关数据。[11]

这个主题修正的过程倾向于形成能高度准确描述隐含数据的主题。而且，过程本身也是提升和论证结论效度的有效方式，尤其是定性数据分析具有理解主观性。

正如预期的那样，此时很少有主题以原始的形式被完全接受或完全拒绝。更普遍的是，修改或修正主题以使其更加明晰和准确。主题修正通常有两种形式。第一，通过附加的特征和细节详细说明主题，例如，本节前面展示的主题可能被修正如下：

> 受访者对“多功能音乐播放机”的反应普遍积极，产品也显示了一些承诺的特点。对男性和女性来说首要的吸引力是多功能性。当产品标价为 115 美元时，受访者没有了赞美之辞。受访者普遍认为在这个价位上，其价值（主要提供的多

功能性）没有“那么大”。受访者认为产品的合适价格是90美元，这个价格抵得上它的价值。除了认为不值这个价钱外，消极应答的主要原因还包括认为这个产品没有真正的需求，它只是个“噱头”。

183 第二，在主题中增加细节可能会限制它对于包含样本在内的特定群体的适应性。下面是对之前主题的进一步修正：

受访者对“多功能音乐播放机”的反应普遍积极，产品也显示了一些承诺。在提及价格之前，男性和女性对这个概念都表现出积极的反应，尽管更多女性比男性更为赞同。对男性和女性来说首要的吸引力是多功能性。女性比男性对两个产品特征表现出更积极的反应：完好的质量和产品的大小。当产品标价为115美元时，受访者没有了赞美之辞。受访者普遍认为在这个价位上，其价值（主要提供的多功能性）没有“那么大”。受访者认为产品的合适价格是90美元，这个价格抵得上它的价值。除了认为不值这个价钱外，消极应答的主要原因还包括认为这个产品没有真正的需求，它只是个“噱头”。

相关的单个主题形成元主题（metatheme）

到目前为止，已经形成和评估了描述数据趋势和模式的单个主题。而且，单个主题也被修改以确保它们能准确反映数据。有必要增加一个步骤，使定性研究的结果最大程度有助于制定决策的信息使用者。单个主题之间的相互关系必须清楚明确才能促进理解数据的整体趋势和模式。元主题就是给主题一个标签以提供这些相互关系。[12]例如，描述索尼三个新产品概念的每一个反应的主题可以联系起来形成一个元主题。这个元主题可以归纳每一个主题的相似性和差异性，如下：

元主题：总体说来，对所有三个概念的反应都很积极。然而，男性和女性表现出不同的反应模式。

女性对每个概念都比男性更为赞同。她们对每一个建议的概念的详细特征都做出了反应，确认了使产品有吸引力的具体产品属性。此外，女性感觉三个产品概念都是“最前沿的”，并且“会使生活更好或者更愉快”。

另一方面，男性对每个产品的便利性印象深刻。此外，男性比女性对价格更为敏感，经常认为产品“仅仅是个噱头”，价格“并不值得”。

偶然的发现

前面的步骤反映了主题形成、评估、修改、修正和最终选择这一顺序。这个过程评估的主题是明确规
184 划好的，对应于已经预先确定的需求领域或信息需求。然而，定性分析的最大优点之一是有机会在预期外的领域获得洞察。在分析阶段进行的每一项活动，分析员都必须敏感，以开放的心态对待未预见或未期望的洞察。这些洞察也应像表7—1显示的形式那样被记录，与其他被预先确定的主题一样被评估。

分析结果的评估

定量调查依赖于信度和效度的评估来帮助调查者判断他们对数据本身以及通过数据分析得出的结论和洞察的信心。这些评估的结果是数字化的，并且只是在狭窄的可选择范围内解读。定性调查是非数字化的，许多人争论说其不能使用信度和效度的概念。但是，这并不意味着没有标准来分辨好的/可接受的与不好的/不可接受的定性分析与报告。定性分析的质量可以通过审视研究的计划和执行方式、分析执行和报告的方式来评估。

克拉布特里（Crabtree）和米勒（Miller）[13]提出

了评估定性调查设计和分析要素的标准：

● 使用了合适的方法回答诱发调查的问题吗？例如，是否解释了为什么采用焦点小组访谈，而不是个体深度访谈？

● 是否使用了合适的和足够的抽样来回答问题？是否确保在样本选择中没有固有的偏见，有足够的人群被研究从而有足够的信心加强展示的结论？

● 数据收集和分析是反复的过程吗？数据达到饱和了吗？在定性调查中，调查组要在调查进展中了解话题。研究设计应该包括数据收集和分析、接着更多地收集数据和分析这样反复的过程直到不再能获得新信息。例如，从最初焦点小组访谈或访问中获得的知识用于提示和指导后面的访问了吗？

● 是否呈现了彻底全面的分析？一个高质量的研究不仅要呈现结果，还要提供对数据的彻底全面的分析。要注意研究不能仅仅是简单地显示表面结果，而没有解读。

● 是否描述了调查者的背景、培训情况和成见？因为数据分析依赖于调查员，我们必须了解他们所受的培训和成见。一旦了解了这些特征，我们就可以利用这些评估他们的结论。

调查者还必须确保调查的最终使用者理解主题是如何定义的。这被称为透明度。透明度并不意味着其 *185*
他调查者需要认同解读和结论，而是意味着其他调查者必须理解和认同得出结论的步骤。当提及和解释几个与数据相关的问题时，透明度会提升可信度：

● 数据选择和检查中有没有偏见？所有的数据都被检查和考虑了吗？一些数据是否比其他数据被给予了更高权重？一些数据是否被排除在分析之外？

● 在主题创意中有没有偏见？

● 是否有足够的证据支持每一个展示的主题？

● 最初的主题是如何被提出的，在数据分析过程中又是如何被修正的？

● 分析是否以严格的和系统的态度进行？

透明度可导致更高的可信度，更高的可信度反过来能导致对结果的更多信任。一个可接受的定性报告的最终标志是最终使用者信任结论、洞察和推荐。

CAQDAS：电脑辅助定性数据分析软件

正如前面章节中显示的，定性数据分析非常耗费时间。因此，软件程序被开发出来以帮助和指导编码和分析过程。

> 统称为 CAQDAS 的软件包括一个范围很大的软件包，它的基本原则是对定性数据运用定性的方法。定性方法需要通过主题、概念、过程、上下文等的定义、联系或编码来解读数据，以构建解释或理论，检验或扩充理论。[14]

使用 CAQDAS 并非没有争议。CAQDAS 的缺点如下：

● 以一小部分、孤立的文本作为分析的重点，导致只有通过更大部分的分析才能得到的真正意义的缺失。[15]聚焦于一个小单位文本的编码也可能存在过度编码，过度编码可能会妨碍调查者了解数据的全貌。[16]

● 重点放在文字内容，而不是访问或焦点小组访谈笔录本的检查上。[17]

● 可能会有调查者将编码过程与分析过程混淆的风险，从而导致对数据及其意义的肤浅洞察。

也有人相信如果他们在使用软件的过程中将其铭记于心，就可以将 CAQDAS 潜在的问题显著减轻或排除。雷蒂（Retie）等人认为："CAQDAS 的优点是有大量的文献。它尤其有助于数据简化、系统编码、有效搜索、大数据集的分析、假设检验和消极案例的 *186*
确认。"[18]当 CAQDAS 被用作工具而不是代替分析员的技巧和判断时，这些优点就很有可能起作用。在这点上，西尔弗（Silver）和刘易斯（Lewis）认为：

> 尽管我们可能认为一些软件包可能适合某种特定类型的方法，但它们的目的不是给你提供一个方法论的或分析的框架……作为一个调查者，你应该保留对解读过程的控制，并决定在软件包内使用哪个工具有助于使你的分析更有效。[19]

多样化的 CAQDAS 程序有助于数据分析。尽管各种程序有不同的方法，但所有程序都允许多种形式（例如 Word 文件和 PDF 文件）文本的检查和分析，允许图片和富媒体（例如声音和视频文件）的分析。

CAQDAS程序中比较受欢迎的两款软件的进一步信息可以在它们各自的网站上找到：NVIVO和XSIGHT（http：//www.qsrinternational.com）和ATLAS.ti（http：//www.atlasti.com/）。这些软件的第三方评估和其他CAQDAS程序可以在CAQDAS网络工程网站（Networking Project Web site）上找到。[20]

小结

当分析员运用系统的方法时，定性数据分析可以进行得很好。本章展示了一种方法，包括三个主要阶段。

- 第一个阶段包括数据检查前进行的工作。在这个最初的阶段有两项重要工作：（1）回顾调查问题和信息需要，（2）评估研究样本。
- 第二个阶段是回顾原始数据。这一阶段的目标是沉浸于数据中以体验受访者语言和非语言交流中的结构、语调、语气、范围和内容。沉浸之后是思考读到、看到和听到的内容。
- 第三个阶段是单个主题的确认、分析和修正。通过数据归纳主题，帮助决策制定者更好地理解数据建议的趋势和模式。主题形成是一个确认和修正的循环过程。一旦所有的主题被确认，就可以形成元主题以揭示单个主题的相关关系。

有几个标准可以用于评估定性分析的信度和效度。这些标准出现于下列问题中：

- 使用了合适的方法回答诱发调查的问题吗？
- 是否使用了合适的和足够的抽样回答问题？
- 数据收集和分析是反复的过程吗？数据达到饱和了吗？
- 是否呈现了彻底全面的分析？
- 是否描述了调查者的背景、培训情况和成见？

如果使用恰当，电脑辅助定性数据分析软件 187
（CAQDAS）可以有助于多种形式的定性数据的编码和分析，包括文本、图片、口头表述或影片。

复习题

1. 定性数据的分析是否只有一种方法？请解释。
2. 在定性数据分析的第一个阶段有哪两项工作要进行？
3. 为什么在数据分析开始前回顾问题定义和信息需求很有必要？
4. 为什么在数据分析之前检查和评估样本很重要？
5. 什么指导原则有助提升数据检查的质量？
6. 为什么思考的时间是数据分析中重要的组成部分？
7. 什么是主题？
8. 数据编码的目的是什么？
9. 主题的创建应该先于还是在数据编码之后？为什么？
10. 主题一旦创建还能进行修改吗？为什么？
11. 什么是元主题？它的功能是什么？
12. 如何判断定性分析是可信的和有效的？
13. 什么是CAQDAS？它对定性数据分析有何帮助？
14. CAQDAS的优点和缺点是什么？

应用练习[21]

1. 为评价索尼PS游戏机的广告客户，索尼给20家广告代理公司发送了调查问卷。索尼会检查它们对问题的应答，然后选择4家代理公司参与合作。你的代理公司收到了其中一份调查问卷。

调查问卷中的几个问题是要求你的代理公司分析索尼和竞争品牌的广告。为回答这些问题需要两种类型的调查。第一，几个创意人员和客户经理要收集、检查和回顾广告。这个回顾将从专业广告主的角度进行广告优势和弱势观点的准备。第二，广告将被展示给广告的目标受众个体。在这些个体中进行三场焦点小组访谈，在访谈中展示广告，并探寻他们的反应。焦点小组访谈参与者的反应将被用于回答索尼的调查问卷。

时间很紧张。小组访谈要在两天之内进行。三天后，调查问卷必须提交给索尼。你的上司说（不是开玩笑）你在观察小组访谈时就要开始撰写小组访谈的结果报告。描述从现在开始（小组访谈开始的两天前）的每一个步骤和行为，以确保提供可信的、合适的信息的任务圆满完成。

2. 对经常租赁汽车的个体进行一系列个人访谈。从中选出的部分访问显示如下。回顾这些访问，然后分析数据以发现隐含的主题。准备一个备忘录以显示每一个确定的主题和对主题效度的支持。

萨莉（23岁）：你知道，在租了相当数量的汽车之后我意识到一些事情。一分钱一分货。我支付的和我期望得到的，是服务人员的礼貌、正确无误的账单和我到达租赁柜台时已经为我准备好的汽车。我发现我可以从Avis或者Hertz公司得到这些。Budget公司正如其名。

吉姆（53岁）：我讨厌到市外旅行，但是后来我越来越多地这样做了。因此，当我旅行时，我试图尽可能使它变得容易。我住在比较好的旅馆，以让事情顺利进行。下了飞机后我需要做的最后一件事情是租
188 车。我曾经拿到很脏的汽车，还要加油，烟味很大，并且出了故障。这些情况通常出自Budget这样的便宜公司。现在我打算避开这些公司。我希望事情顺利进行。没有烦恼。不租那些车，不乘那些车。柜台后面的微笑很亲切。服务人员知道他们要做的甚至更好。我能从Hertz公司还有Avis公司得到这些，其他许多公司则不然。

亚当（28岁）：我喜欢干净的汽车。车里面的地面要打扫干净，窗户要擦干净。我还讨厌站着等车。柜台后面的服务员需要快速而有效。有的旅客会花三个小时填写租赁表格，我真的讨厌站在等待线后。如果有窗口或俱乐部是为我这样的人准备的就太好了。Avis和Hertz公司有，我认为Budget公司没有。

马修（31岁）：对我来说重要的是，没有争论，没有问题。汽车已经为我准备好。服务人员和柜台人员知道他们要做什么，他们能够提供帮助并且有礼貌、面带微笑。我从大公司租赁过汽车，除了Budget公司。

凯西（54岁）：经过这么多年后，在工作中给老板留下深刻印象仍然很重要。一个方法就是让我值公司为我付的薪水。我去哪里租车？Budget公司。

梅拉妮（32岁）：你知道，我已经租过至少75辆汽车。但情况显然已经越来越糟。在几年前我认为理所应当的事情是：亲切的工作人员、微笑的工作人员、知道自己做什么的工作人员，现在看起来好像都不存在了，或者至少没有那么多了。我认为仅有的这样的工作人员被Hertz公司雇用了。

托德（53岁）：我永远不能忘记我第一次租车的经历。现在我是个老手了，我猜我了解的租赁公司提供的服务的确有所不同，比如他们的工作人员。Hertz和Avis公司花费了大量时间培训工作人员，他们知道他们要做什么，并且做得很好。我来这里期望得到这种服务。Budget公司则不是这样。当然，我也喜欢驾驶新车。我要租的车为我准备好，这很重要。不仅车要多，而且要干净和加满油。

黛安娜（49岁）：汽车就是汽车。它可以让你从这儿到那儿。它就是个交通工具。我不需要也不期望有任何特殊的东西。我也不想我花的钱仅仅是“坐个车”。所有的公司都一样，不过我通常从Budget公司租车。

3. 设想一下你的助手在准备Jeep焦点小组访谈的报告草稿。这个报告的一部分是用拟人方式调查Jeep的形象。以下是报告中的部分内容。对这个分析你的反应是什么？对报告的内容是接受还是不接受？你有哪些改进的建议？在评论中你看到的主题是什么？

在小组访谈中，主持人要求参与小组的受访者想象一下如果产品是个动物它应该是什么。（产品是Jeep 4×4。）小组中的每个人都写下了他的答案，然后在主持人询问时说出这个答案。小组有10人，这是他们的回答。

玛丽	大象
休	犀牛
埃伦	大象
特蕾莎	河马
玛莎	公牛
约翰	美洲虎

马克斯　美洲狮
乔　狮子
戴维　狮子
格伦　老虎

正如你所看到的，所有的女性填写的都是相似的动物，而所有的男性填写的动物也相似。现在有两种认同，一种在男性中，一种在女性中。主持人接下来询问了每一个人他为什么选择这种动物。这是回答：

玛丽　因为汽车可以去任何地方，大象也是。
休　犀牛是笨重和厚实的，Jeep也是。
埃伦　大象是庞大的，并且像箱子一样四四方方，可以去它想去的任何地方。
特蕾莎　河马体积庞大、像箱子一样四四方方并且很丑陋。
玛莎　它缓慢、笨重，可以很好地完成很多笨重的工作。
约翰　它是快速的、有男子气的、难以驾驭的。 189
马克斯　它体型优美、好掌控、速度快。
乔　它是百兽之王，Jeep是汽车之王。
戴维　它难以驾驭，和驾驶Jeep的感觉很像。
格伦　强壮结实。

【注释】

[1] Michael Q. Patton (1990). *Qualitative Evaluation and Research Methods* (Newbury Park. CA: SAGE Publications). The discussion in the introduction of this chapter is also adapted from this source.

[2] Patton, op. cit.

[3] Richard A. Krueger (1994). *Focus Groups, Second Edition* (Thousand Oaks, CA: Sage Publications).

[4] 回顾可以基于录音带或手抄本，尽管两者都有不错的效果，但是在可能的条件下我们更推荐使用录音带。录音带能够更好地使我们理解个体消费者回答时的语气、想法和表达方式。例如，设想两个受访者回答同一个问题说“这个很好”，手抄本仅仅能够报告他们的话，然而录音带则能够对言下之意提供更好的理解。例如，比较一下“This ONE was good”（意味着“这个特别好，其他的则不是”）和“This one WAS good”（意味着这个这一次很好，但以后不一定）。

[5] Clark Moustakas (1981). *Rhythms, Rituals and Relationships* (Detroit, MI: Center for Humanistic Studies).

[6] 这里的一些推荐改编自 Alfred Goldman and Susan McDonald (1987). *The Group Depth Interview: Principles and Practice* (Englewood Cliffs, NJ: Prentice-Hall) and Krueger, op. cit。

[7] Goldman and McDonald, op. cit.

[8] Patton,. op. cit.

[9] S. Berkowitz (1997). “Analyzing Qualitative Data.” In J. Frechtling and L. Sharp (Eds.). *User-Friendly Handbook for Mixed Methods Evaluations* at http://www.nsf.gov/pubs/1997/nsf97153/start.htm.

[10] Elizabeth H. Bradley, Leslie A. Curry and Kelly J. Devers (2007). “Qualitative Data Analysis for Health Services Research.” *HSR: Health Services Research* 42 (4): 1758－1772.

[11] 这个过程改编自一个被认为是负面个案分析的定性分析过程。见 Thomas R. Lindloff (1995). *Qualitative Communication Research Methods* (Thousand Oaks, CA: Sage Publications) 和 Y. S. Lincoln and E. G. Guba (1985). *Naturalistic Inquiry* (Thousand Oaks, CA: Sage Publications)。

[12] “Meta”是一个前缀，在字面意义和比喻意义中都表示“超过”的意思。因此，metatheme 是一个超越单个主题的主题，并能够揭示它们的内在联系。

[13] B. F. Crabtree and W. L. Miller (2006) “A Worksheet for Assessing Qualitative Articles” at http://www.qualres.org/HomeGuid-3934.html.

[14] Christina Silver and Ann Lewis (2009). “Choosing a CAQDAS Package” at http://caqdas.SOC.surrey.ac.uk/PDF/2009ChoosingaCAQDASPackage.pdf.

[15] S. A. Bong (2002). “Debunking Myths in Qualitative Data Analysis” at http://www.qualitativeresearch.net/fqs/fqs-e/inhalt2-02-e.htm.

[16] K. A. Roberts and R. W. Wilson (2002). “ICT and the Research Process: Issues Around the Compatibility of Technology with Qualitative Data Analysis” at http://www.qualitative-research.net/fqs-texte/fqs-e/inhalt2－02/2－02robertswilson-e.htm.

[17] M. Catterall and P. Maclaran (1998). "Using Computer Software for the Analysis of Qualitative Market Research Data." *International Journal of Market Research* 40 (3): 207 - 222.

[18] Ruth Rettie, Helen Robinson. Ania Radke and Xiajiao Ye (2008). "CAQDAS: A Supplementary Tool for Qualitative Market Research." *Qualitative Market Research: An International Journal* 11 (1): 76 - 88.

[19] Silver and Lewis, op. cit.

[20] 见 QUIC Working Papers at http://caqdas. soc. surrey. ac. uk/QUICworkingpapers. html。

[21] 所有的情境都是虚构的，使用真实公司的名称仅仅是出于说明之用。

（本章翻译及校译：杨雪睿）

第四部分

定量调查

第8章

观察法：人员观察与机器观察

190 观察法是不通过语言提问而收集信息的方法。调查者确定信息需求后，使用观察法收集与需求相关的数据。本章和下一章将讨论三种基本的观察法类型：人员观察、机器观察、生物测定学（心理学的）观察。本章聚焦于前两种形式的观察，下一章聚焦于生物测定学观察。

* * *

阅读本章之后，你会对以下内容有深刻理解：

- 如何使用人员观察和机器观察；
- 每种观察法的优势、劣势和局限；
- 每种观察法的洞察范围，以及如何运用这些洞察作广告决策。

191 观察是一种自然的行为。当我们在杂货店排队时，我们观察其他顾客的行为。当我们经过餐厅时，我们观察顾客正在吃的食物。当我们第一天走进教室时，我们环顾四周观察等待课程开始的学生。帮助制定广告决策的观察法不限于以上提到的形式，这里的观察还需要系统地计划、执行和分析。

本章讨论制定广告决策普遍使用的两种观察法。

- 人员观察是由调查者观察其他人的行为。所有数据都是由观察人员收集。如观察顾客在决定购买之前如何阅读食品标签。
- 机器观察是使用计算机或机械的追踪装置观察行为。一旦观察程序被启动，数据收集过程就不需要人员介入。如在计算机中设置 Cookie[1] 以追踪个人访问的网站。

本章的余下部分将讨论这两种观察法。每一种都将讨论在适合使用观察法的情况下，收集的信息类型（定性的或定量的）、数据收集采用的程序。

人员观察

以下四种情况最适合使用人员观察：

● 当观察比描述更能够深刻理解消费者行为时。设想一下如果三星想知道消费者如何能更好地了解和使用三星新款手机功能，观察人们实际上如何使用手机比在人们使用手机后调查询问更能提供深刻的、可行的信息。

● 当受访者不能用语言表述态度时。例如，有一条为新款儿童玩具发布的广告，你想知道广告使儿童产生兴趣的程度。在这个案例中，让儿童玩做广告的玩具和其他玩具，观察他们的选择，比通过询问问题来评估他们的兴趣要好得多。

● 当通过调查测量的态度不能准确预测实际行为时。许多母亲在面对调查问题时，声明她们可以“掌控”儿童，她们的孩子不会影响她们对快餐、苏打水、麦片的购买决定。实际观察母亲和儿童在杂货店如何互动也许能够对他们之间的相互关系提供更准确的洞察。

● 当行为本身是最好的洞察来源时。想一想快餐店播放的背景音乐，快节奏的音乐会使人们吃得更快并更快离开吗？观察法最适合解答这类问题。 192

定性的还是定量的？

人员观察法是定量的还是定性的取决于样本量、样本如何选择，最重要的是所收集的数据类型。与焦点小组访谈相似，从小规模的便利样本中获得数据的——尤其是数据中包含语言描述——应该被看作定性调查。可以被量化表现、并且从相对大规模的随机抽样中获取信息的一般被看作定量调查。是收集定性数据还是定量数据要反映在调查设计中，并且服从广告主的信息需要。

设想一下这种情况，你想知道给儿童看鼓励体育活动的广告是否真的可以刺激他们多运动。[2] 你可以选择一些儿童，然后随机把他们分成两组：

> 让对照组的儿童观看一集录下来的电视节目《辛普森一家》（*The Simpsons*），中间插播三条30秒长的宣传体育活动的广告。让控制组的儿童也观看同样一集节目，但是插播的是适合儿童观看的广告，而不是体育活动广告。

观看节目和广告之后，给儿童时间在户外玩耍。在玩耍期间，一个受过训练但并不知道儿童们分组情况的观察者观看儿童们游戏并收集观察数据。此时，数据可以是定性的，也可以是定量的。

● 定性数据包括调查者对儿童玩耍情况的记录，记录他是否有可以被看作“体育活动”的任何具体事例。观察者记录并描述儿童们参与的活动类型，在活动中的行为，是独自进行体育活动还是参与其他人的活动，当一个儿童鼓励另一个儿童参加体育活动时发生了什么。这些观察所得将被分析并成为定性资料。

● 定量数据包括调查者准备的可以被看作“体育活动”的列表。这个列表要在观察进行前准备。当列表上面提到的活动开始时，观察者要观察每一个儿童，记录活动进行的时间。一般用秒表测量时间。

尽管每一种方法提供的洞察类型不同，但都是正确的。因此，用人员观察法收集数据，同所有的调查相似，也要以调查者的信息需要为导向。

193 ### 人员观察法的类型

人员观察法的特点可以从四个维度考察：观察发生的情境、观察者是否出现、观察者参与的程度、数据记录的形式。

情境：自然的观察 vs. 经过设计的观察

对个体、情境、对象或活动自然的观察是让他们在自己的环境中自己展开行为。前面例子中在儿童玩耍时观察儿童就是自然的观察，属于自然的观察的例子还有：

● 在售货员为顾客服务时观察售货员，

● 观察消费者购买某类型罐装食品时阅读标签的行为，

● 记录顾客阅读不同售点陈列广告的时间，

● 记录个体在产品说明书指导下使用产品的步骤和过程。

当目标行为是重复的、频繁的并且（或者）是在合理的短时间内发生时，对活动、情境和个体的自然观察是合适的。对商店售货员或对繁忙的超市中顾客行为的观察也是自然的观察适用的情境。当目标事件或行为不是重复的、频繁的，数据收集需要的时间就会延长，由此导致的费用极有可能超过所收集信息的价值。因此，当发生这种情况时通常会使用经过设计的观察。

经过设计的观察是在有意制造的情境下记录目标行为或活动。这种情境可能是在实验室或一个“真实的世界”中，调查者或其他被选中的个人扮演角色以刺激目标行为的出现。经过设计的观察能使调查者通过主动开始观察的情境来加速数据收集的进程，而不是等待事情自然发生。此外，经过设计的情境允许调查者控制可能影响正在被观察事物的无关变量。在这种情况下，不是等待顾客去接近售货员，而是由调查者扮演消费者，观察其如何被目标雇员对待。

观察者出现：公开的观察 vs. 掩饰的观察

观察法的第二个特点是观察者在多大程度上被处于观察中的个体知晓。公开的观察是观察者的出现被清楚知晓，而掩饰的观察要在被观察者面前掩藏观察者的出现。

研究表明知晓观察者的存在极有可能改变被观察者的行为。而且，观察者的出现也会加大与真实或真正行为的偏差。设想一下，一个汽车制造商希望观察个体在展销厅的行为。如果个体知道在被观察，他们
194 的行为很有可能改变。因此，为避免观察者出现可能引起的偏差，许多广告和营销调查者采用掩饰的观察。

观察者参与：主动的 vs. 被动的

在被观察的行为中，观察者或者是主动参与，或者是被动参与。主动的观察者通常参加被观察的活动。“神秘顾客”主动与销售人员交谈就是在调查过程中的主动参与。同样地，当观察博客上与品牌相关的对话时，积极跟帖的调查者也是主动参与。被动观察者通常只观察，而不干扰被观察的人或事物或与其互动。因此，只是观看销售人员如何与真正的顾客互动的“神秘顾客”就是被动的观察者。

主动的和被动的观察者都有令人称赞的优势，也有不足。主动的参与更接近数据来源，并且有机会直接与被观察事物互动，以免产生问题或者需要澄清具体细节。这些活动可以在公开和掩饰的观察中进行。主动参与也允许观察者不易察觉地引导活动，以使焦点集中在最感兴趣的部分，例如，一个无礼的神秘顾客要求售货员“解决问题”。被动观察要求调查者根据实际情况参与其中。尽管这种方式十分浪费时间，但是它可以提供最干净的数据，因为活动或行为的开展没有受任何人为的影响。在这种情况下，被动观察排除了对主动参与的持续的担忧：“活动或行为会和调查者没有干预时一样吗？”

数据记录：结构性的 vs. 非结构性的

观察记录可以是结构性的，也可以是非结构性的。观察者以结构性的方式记录数据需要事先了解要观察的信息和行为的类型。相关的数据被记录在清单或观察表格中，而所有其他的信息和行为将被忽略。最初不是以数值形式收集的数据通常要在收集结束后进行编码。[3]观察者以非结构性的方式记录数据要用语言记录观察的行为中对他有印象的部分，通常是记叙性的描述或者田野记录。尽管应该进行详细记录的目标行为事前已确定，但对观察的行为类型没有限制。表 8—1 和表 8—2 展现了假设的案例中对儿童玩耍结构性和非结构性的观察。

结构性的和非结构性的观察也有其令人称赞的优势和不足。结构性的观察需要在观察之前投入大量时间，以便制作观察表格，也正因为如此，数据收集和分析比非结构性的观察更有效率。非结构性的观察则有更多机会有更多发现，因为观察者不受限于观察和记录事先确定的行为。然而，如果要将非结构性观察中得到的数据资料进行定量分析，在分析之前必须花时间完成编码。

195 **表 8—1**　　**结构性的观察（儿童玩耍）**

儿童玩耍的观察清单

日期：__________　**开始时间：**__________　**观察者：**__________

结束时间：__________

观察编号：__________

体育活动开始时间：__________

体育活动结束时间：__________

性别：男性□　　女性□

活动类型：如果在操场的游乐设备上玩耍，在下面图片选择合适的地方

跑/追□　　捉迷藏□　　打闹/儿童足球□　　其他□

活动：一个人□

和其他人在一起□→由儿童发起□

由其他人发起□→男性□

女性□

196 **表 8—2**　　**非结构性的观察（儿童玩耍）**

日期：________________　　**观察者：**________________

玩耍时间从 10：01 开始，到 10：13 结束。两个女孩在玩耍时间开始时来到操场。第一个女孩（女孩 A）立刻走到操场上，第二个女孩（女孩 B）走向一个长椅开始看书。

女孩 A 从 10：02 开始玩游乐设施。开始她玩了几次滑梯，然后去玩攀爬设施，然后又回到滑梯。她在 10：04 停止玩耍。很显然她玩得很愉快，玩的时候时而微笑，时而大笑。当女孩 A 停止玩耍时，她走向女孩 B，与女孩 B 交谈，并同时指向游乐设施。尽管我听不到她们的谈话，但可以看出来女孩 A 鼓励女孩 B 和她一起玩。尽管有些不情愿，女孩 B 还是与女孩 A 一起走到操场上。

女孩 A 从 10：06 开始玩攀爬设备，女孩 B 看着她。由于女孩 A 在攀爬，当她悬在障碍物上时停止与女孩 B 的交谈。在 10：08 她爬到顶点。在障碍物顶点，女孩 A 向女孩 B 做手势想让女孩 B 也爬过障碍物和她在一起。女孩 B 摇摇头，几次做了"不"的手势。女孩 A 又多次鼓励之后，女孩 B 从 10：10 开始爬障碍物（非常非常慢和小心），在 10：12 到达顶点。她对女孩 A 微笑并且给了她一个拥抱。当玩耍时间结束的铃声在 10：13 响起的时候，两个女孩从障碍物上跳下，跳跃着回到教室。

（老师后来回到操场取回女孩 B 落在长椅上的书。）

人员观察：案例

前面部分描述了观察法的四个维度。这些维度结合起来以各种不同的方式满足广告主的信息需求。当观察法不能完全满足广告主的信息需求时，观察法可以和其他调查方法结合使用，如调查法。下面三个案例解释了如何将观察法的不同方面应用于实际。

案例 1：态度与行为并不完全相关

这个案例使用的是自然的、掩饰的、被动的、结构性的观察法。

广告主通常假设建构合理的态度题可以成为预测和理解行为的可靠方式。然而，这种联结有时也很难理解，或者有时表达的态度和实际行为之间并不完全相关。在这类案例中，观察法可以用来解释态度和行为之间的关系。这也正是绿色环球（Green Globe 21）所面对的问题。

绿色环球是一个旨在推动可持续旅游和观光的国际认证节目。[4]绿色环球的生态评估标签适用于产品、地区和原材料。调查发现旅游者对绿色环球生态评估标签的态度非常积极，并且他们倾向于高度关注与可持续相关的议题。然而，在这些积极的、支持的态度
197 是否会转化为实际行为方面存在一些问题。因此利用观察法来判断这些积极的态度是否会导致个体实际寻找有绿色环球生态评估标签产品的行为。[5]观察法的实施如下：

> 选择一个游客中心作为观察地点。这个中心包含大量明显贴着绿色环球标签的材料和其他没有该标签的材料。观察分两步进行。首先，收集基础数据。游客围绕中心的行走方式被观察和编码。观看材料（包括有绿色环球标签和没有标签的）的数量和时间被观察和记录。收集这些数据之后，在中心前面安置大的、引人注目的展示并播放解释绿色环球的幻灯片。展示的目的是促使游客回想起他们对绿色环球评估标签的积极态度。与收集基础数据阶段相同，观察和记录行走方式和与材料的互动。在实验阶段，当游客离开中心后会选择个体进行访问。

观察分析的结果显示态度和行为之间并不完全相关。尽管游客的行走方式显示他们有机会看到有绿色环球标签的原材料，但是几乎没有任何游客驻足停留仔细查看这些原材料。所有的游客都是这样，尤其是那些在之后的访问中表现出对环境高度关心并且知晓绿色环球的游客也是如此。简言之，消费者对绿色产品和生态评估标签的偏好并没有转化成他们主动寻找此类产品的行为。

案例 2：对态度和行为的自我描述数据可能并不准确

这个案例使用的是自然的、掩饰的、被动的、结构性的观察法。

夏普（Sharp）和塔斯廷（Tustin）[6]就酒类产品的购买比较了个体在焦点小组访谈中的自述和他们的实际行为。观察消费者购买酒类产品后，他们得出结论，“看起来在访问或小组情况下，讨论行为而不是观察行为时，人们对品牌选择的考虑要大于他们在观察记录中的行为表现，人们也夸大了促销和广告的影响。”具体地，他们发现：

> 消费者表示他们平时在商店内消费时要花费超过 10 分钟阅读产品标签，……对比观察到的结果显示，只有不到 10%的消费者阅读标签，并且平均来看，消费者从进入商店、做出决定到购买后离开的时间少于 3 分钟。
>
> 在访问和焦点小组访谈中，就消费者声称的购买的品牌数量而言，他们总是夸大自己的品牌忠诚度，而观察到的结果清楚地呈现了全部行为和在品类间的转换。通过回忆消费者给出的平均品牌使用数量为 4，而观察到的结果在某些地方则接近 6。
>
> 就售点促销的影响而言，几乎没有观察到受 198
> 访者注意招贴、赠品或者返利，而这些正是产品通常的促销方式。形成对比的是，在访问和焦点小组访谈中，受访者声明注意到了这些营销方式，并且这些营销方式对许多购买决定有影响。
>
> 大约有一半的受访者表示他们购买过特价商品，而从观察中得到的数据不到 10%。在焦点小组访谈和访问中，受访者谈到他们信任标明价格的促销传单，但是却没有观察到他们在购物时带着有详细价格说明的传单，也几乎没有人能回想起价格明细。

案例 3：重点是行为的变化，而不是态度的变化

这个案例使用的是经过设计的、公开的、被动的、结构性的观察法。

有些广告的最终目的是改变态度。而有些广告，尽管目的是塑造某种态度，仍然是为改变行为而设计，这是判断广告是否成功的标准。一般来说，观察

法是一种评估行为改变的较好的方式，尤其是对于要求人们学习并且保持新技巧的行为，或者对调查问题有一套社会认同或期望的回应。在这些案例中，调查者需要判断对于信息暴露的回应，实际行为是否发生了改变，而不仅是态度。例如：

> 鸡肉处理是一个关乎健康的食品安全议题。未经加工的禽类必须小心处理以避免细菌交叉感染其他食品。如果未经加工的禽类或者禽类的肉汁接触了烹调后的食品，或者如沙拉等可以生吃的食品，这种交叉感染就会发生。在刚刚切过生鸡肉而没有清洗的案板上切土豆就是这样的例子。
>
> 调查者想了解是否可以通过以广告、传单、新闻稿和其他以促销方式为主的传媒活动改善人们处理鸡肉的行为。[7] 利用前后实验设计的方法对比接触传媒活动的人群和控制组（未接触传媒活动）来评估这一活动的影响。目标行为是在准备生鸡肉和其他食物时是否分开使用案板和刀，或者把案板和刀彻底清洗和干燥，或者在准备鸡肉之前准备所有其他食物。
>
> 利用观察法收集数据，可以使调查者就目标行为对比个体的实际操作与他们所表述的行为。观察和数据编码操作如下：在每一餐的准备环节，要求参与者在模拟的家庭厨房中利用未经加工的食物准备鸡肉沙拉。准备鸡肉沙拉需要处理生鸡肉和即食食品（沙拉原料和熟火腿），因而可能会出现导致细菌交叉感染的行为。利用闭路电视监控系统观察每一步指定操作，并利用详细的观察清单进行记录。对风险计分系统定量评估食品安全行为，根据食品失误操作的执行标准判 199
> 定失误风险得分。利用对数表对食品安全失误操作进行评分，并对高风险行为进行加权，因此，得到的风险分数总分越高，表明参与者进行的食品安全失误操作越多。
>
> 结果发现这种“干预”可以导致短期内消费者食品安全行为的改善。针对目标食品安全行为的“干预”可以在已知的其他食品安全行为方面产生“光环效应”，然而在家庭食品准备中并没有始终贯彻执行。“干预”的效果在策略执行开始时的效果远远大于4～6周之后。对风险计分系统和观察技术的运用有效地评估了食品卫生行为，并且评价了“干预”的效果。

机器观察

第二种观察是机器观察。此时，对人类行为的观察不是由人来完成，而是由机器收集观察数据。这种监测和追踪消费者行为的方法，通常以结构性的、掩饰的方式收集定量数据。机器观察主要有两种形式。第一种是直接监测消费者行为，例如，利用cookies跟踪个体的在线行为，或者在超市中使用忠诚卡(loyalty cards)。第二种是监测消费行为的产出。例如，利用计算机测量在线“信息”，或者监测博客或其他形式的消费者自主媒体（consumer-generated media，CGM）中品牌观念的变化。本部分将讨论机器观察的这两种方法。

观察在线行为

Cookies是广告主观察在线行为最普遍的方式。例如，cookies和用它收集来的数据可以监测在线行为，以评估网站设计或销售结果。尽管cookies可用的调查范围很广泛，但它在广告主中最普遍的使用是监测浏览和广告回应行为，目的是提升广告相关性和评估多媒体广告策略中的不同组成部分。

提升广告针对性

数以万计的网站都会展示广告。这些网站通常都不是从他们自己的服务器推送广告，而是由广告网络的服务器提供。网络服务器决定了每个个体显示器上出现的广告。两个人同时登录同一个网站可能会看到完全不同的广告。Cookies 帮助存储和检索过去的在 200
线行为，帮助广告网络决定每个个体应该看到哪个广告。这种方式通常被总结在网站隐私政策中，例如：

> 当你访问我们的网站时，（我们）使用包括 Google 和其他公司在内的第三方广告公司来提供广告。这些公司可能使用你访问这一网站和其他网站的信息（不包括你的名字、地址、电子邮件地址或者电话号码），以便提供你感兴趣的商品和服务的广告。[8]
>
> 如果可能，我们将尽可能把你感兴趣的广告呈现给你。我们称之为“广告匹配”（有时也称为广告定制），我们这样做的目的是使你看到的广告与你更相关，对你更有用。广告匹配使用的数据包括你访问 Yahoo！和其他我们合作网站的情况、你观看和点击广告的情况……我们（Yahoo!）观测每一个人的浏览活动，例如获取的内容类型、点击的广告、进行的搜索。基于这些数据，我们推断每一个人的特定兴趣，然后尽可能符合每一个人的需要推送广告。例如，对于在 Yahoo！体育上喜欢检索高尔夫分数的人，我们可能向他推送与高尔夫相关的产品和服务的广告。[9]

DoubleClick 公司的 DART 是最大的广告服务网络之一。广告主利用 cookies 和 DART 使得个人看到与其相关的广告的可能性最大化，这种相关性基于个人对广告的先前反应。例如，一个点击了园艺广告的人，在未来更可能被推送园艺广告。这是因为先前对园艺广告的点击已经与分配给个人的唯一的 cookie ID 联结起来。DoubleClick 公司解释了进行定制广告服务的过程：

> 我们的客户将他们的广告存储在 DoubleClick 公司的广告服务器中。当你访问一个客户使用 DoubleClick 公司的技术推送广告的网页，网页的发布者已被编码，并指令你的计算机浏览器向 DoubleClick 公司广告服务器发送广告需求。当 DoubleClick 公司广告服务器接收到这一需求，它将基于客户选定的标准，连同与独一无二的 cookie ID 相关的信息选择广告。[10]

DART 的目标是使用观察法以提升广告相关度，这也就意味着提升广告回应。FetchBack 公司以另一种方式处理广告定位。FetchBack 利用观察法使广告暴露与先前的网站行为匹配，向网站过去的访问者展示专门的广告。FetchBack 解释的过程如下：

> 利用我们申请专利的技术，当人们上网冲浪时，我们能够在他们离开你的网站之后推送你的信息。你的广告将会出现在他们最喜欢浏览的网站中——从受欢迎的新闻网站、社交网站到各种博客和信息网站。这些并不是弹出广告，而是用户在访问网页时正常看到的广告；只不过不是随机显示广告，而是针对他们做定制的广告。[11]

几个免费程序有助于你了解 cookies 和广告服务 201
软件如何一起工作以监测网络使用行为，并定制广告观看体验。Ghostery 就是其中之一，它是火狐（Firefox）浏览器的插件，可以清楚看到正在监测你的网络冲浪行为的网络 bug、广告网络和插件。[12]

合并在线观察和线下观察

DoubleClick 公司和其他使用 cookies 追踪广告先前反应的公司目的是使未来广告投放的相关性最大化，他们相信当相关性提升时，消费者会更加喜爱广告。另一些公司则提高观察水平，追踪在线和线下的行为。

Coremetrics 就是一家这样的公司。Coremetrics 相信这样就会成功，“你必须坚持不懈地随时跟随消费者，从在线到线下；基于历史预测他们未来的购买决定，发掘丰富的历史数据以在每一时刻，针对每一个消费者传送正确信息”[13]。Coremetrics 使用观察法和追踪来提供完成这些所需的信息。Coremetrics 方法的核心是“个体访问者终生体验画像”［Lifetime Individual Visitor Experience（LIVE）Profile］。LIVE 画像追踪消费者，并对他们与在线商务互动、各种广告网络的交叉互动，或者电子邮件、视频、联盟网站、社交媒体及其他方面进行仔细考察。整合这些数据和线下信息，随着时间的推移、通过多种渠道，提供对每一个访问者行为单一的、综合的形象。LIVE 画像是利用独一无二的识别符分配给每一个访问者永久 cookie 而形成。在这个 cookie 中没有存储其他数据。当个体与活动和内容互动时，Coremetrics 为每一个独一无二的访问者创建 LIVE 画像，并且将其存储在巨大的可升级的数据库中。所有个体的行为被记录在数据库中，并且与访问者的终生 ID 相联结。

由 LIVE 画像提供的这种洞察的实例如表 8—3 所示。[14]

评估多个媒体活动中的各个组成部分

通过表 8—3 的例证，LIVE 画像展示了消费者在最终购买决策之前如何受多个广告影响。由此来看，如果将评估广告效果的传统方法应用于在线广告，就会将带来“转变”（例如购买或者其他打算做的行为）的影响 100%归功于最后一条广告，而这显然有失偏

202 **表 8—3 利用 LIVE 画像对消费者行为进行洞察**

玛丽为度假进行的搜索

星期一	7 月 23 日	在 Google 上搜索“Vacations”
		点击付费搜索结果“Travelocity”
		在 Travelocity. com 上搜索
		在 TripAdvisor. com 上搜索
		询问两家旅馆的价格。
星期二	7 月 24 日	点击 Yahoo! 上的 Sunrise 旅馆横幅广告
		点击 Yahoo! 上 NapaValley. com 的付费广告
		点击 Sunrise 旅馆广告
星期三	7 月 25 日	点击 Sunrise 旅馆网站的链接
		预订位于索诺马（Sonoma）峡谷的 Sunrise 旅馆的房间，价格为 355 美元
星期四	7 月 26 日	直接进入 TripAdvisor. com 网站
		点击 EuroSpa 的广告
		在 Hotels. com 上询问 EuroSpa 的价格
		取消 Sunrise 旅馆的预订
		预订 EuroSpa 的房间，价格为 325 美元
星期五	7 月 27 日	在 Google 上搜索“Napa 的旅馆”
		点击 Serenity 旅馆的付费广告
		直接进入 Serenity 旅馆的网站
		取消 EuroSpa 订单
		预订 Serenity 旅馆的房间，价格为 300 美元
星期六	7 月 28 日	访问 Expedia. com
		询问 Napa 的旅馆价格
		在 Bing 上搜索“Napa 的旅馆”
		点击 Bing 上 Sunrise 旅馆的横幅广告
		预订 Sunrise 旅馆的房间，价格为 285 美元
		取消 Serenity 旅馆的预订
星期日	7 月 29 日	访问 Orbitz. com
		询问 Napa 的旅馆价格
		取消 Sunrise 旅馆的预订
		预订 Serenity 旅馆的房间，价格为 275 美元

洞察：

* 玛丽最先由 Yahoo! 的横幅广告访问 Sunrise 旅馆，后又由网络联盟广告和 Bing 横幅广告回到这家旅馆。这三则广告在最后的预订中都起了作用，而不仅仅是 Bing 横幅广告。

* 玛丽非常喜欢 Sunrise 旅馆，但是很在意价格（正如她所预订的房间价格所显示的）。在决策制定过程中，以及预订取消后，玛丽总是能得到关于 Sunrise 旅馆的特别优惠。

* Sunrise 旅馆的直接竞争对手看起来是 Serenity 旅馆。访问或搜索 Serenity 旅馆的个人总是会看到 Sunrise 旅馆的特别处理或包装。

* Sunrise 旅馆需要强化预订之后的购买决策，以避免之后改选别家（特别是在依据价格选购时）。

颇。阿特拉斯（Atlas）研究所解释了传统方法存在的问题：

> 这种方法存在的问题是忽视了导致消费者发生转变的任何先前广告的贡献。此外，“最后一条广告模型”（the last ad model）完全忽视了一个关键的市场营销概念——销售漏斗（the sales funnel）。道理很简单，不同营销信息会对消费者起到不同作用。一些营销信息起知晓作用，另一些则导致最后决策。如果你的目的仅仅是评估“销售漏斗”中最底层接触点的效果，那么“最后一条广告模型”是最适合的。[15]

包括 Coremetrics 公司和阿特拉斯研究所在内的研究机构为广告主提供方法和动力改变对“最后一条广告”的态度，开始从多个广告活动各自的影响审视广告。[16]这样可以全方位观察消费者行为，将对消费 203
者最终“转变”的不同程度的影响归因于之前多种信息的暴露。

很显然，将“转变”之前不同广告或其他传播手段的影响程度进行归类是一个数据强化活动。机器观察可以收集相关数据，并且有专门的计算机软件帮助数据分析。将这种方法命名为“行为定位”（Engagement Mapping）的阿特拉斯研究所进行了具体解释：

> 后端技术（back-end technology）使行为定位成为可能，它可以分析许多场景背后的因素，因此营销者不必担心对现今广告活动中产生的数以百万兆数据技术上的处理……关键影响因素可以综合成非常明确的站点到站点分析以简洁地总结出行为 ROI。考虑的因素包括广告频率、广告尺寸、近因效应、广告排版、互动和顺序。[17]

观察线下行为

观察消费者的在线行为对在线广告主和营销者来说固然重要，观察线下发生的与销售相关的行为也很必要。商店忠诚卡（Loyalty cards）就是线下观察的一种方法。忠诚卡是带有条形码或磁条的信用卡或钥匙链大小的卡片，大多由大型零售连锁机构提供，尤其是超市、药店和服装店。这些卡片的功能如下：

- 在收银机上扫描时，这些卡片会给“忠诚”顾客提供专享折扣。
- 作为回报，忠诚卡持有者允许零售商店追踪他们每次购物时的购买情况。
- 零售商店利用这些信息来决定采购哪些商品、要价多少，在有些情况下，代表零售品制造商向目标消费者提供具体的优惠券和促销信息。[18]

可以想到的是，零售商店将这些聚合的、隐蔽的数据作为市场调查的一部分。例如，利用这些卡片可以了解某款顾客喜欢的洗衣店洗涤剂或者肉制品是否被购买。此外，广告主可以通过在每一市场投放不同广告来适应市场，并且了解在品牌销售中广告的不同效果。在个体层面，这些卡片提供的观察数据能使营销者判断各种促销活动是否成功，或者是否需要为某种行为或购买模式提供定制服务。

观察消费者自主媒体

正如前面提到的，第二种观察方式机器观察是监测个体行为的产出。这种观察最普遍的形式是对消费者自主媒体（Consumer-Generated Media，CGM）的调查。

204 消费者自主媒体一词是由皮特·布莱克肖（Pete Blackshaw）创造，用来描述互联网上不断发展的消费者自创空间。CGM 指广泛的在线口碑传播工具，包括但不限于“消费者对消费者的电子邮件、公开的互联网论坛上的帖子、新闻组和目录服务、消费者发表评价的网站或论坛、博客、移动博客（用户可以发布数字图片、照片、电影的网站）、vlongs（视频博客）、社交网站和个人网站”[19]。考虑到这些网站分布广泛的、不断增加的读者群，以及消费者感觉这种传播方式比传统媒体更值得信赖，广告主和营销者都非常重视委托监测 CGM 中与他们特定品牌或品牌形象、美誉度相关的对话内容和帖子。[20] 尼尔森在线（Nielsen-Online）这样表述监测与品牌相关 CGM 的重要性：

> 消费者倡导是品牌潜在发展中一个最重要的标准，利用这种倡导对任何品牌的健康发展和生命周期都很关键。拥趸们所鼓吹的卓越的品牌和产品体验，是当今由消费者驱动的营销环境的力量之源。它使得消费者去访问你的网站、在公共网络空间撰写关于你的积极评价，尝试你的产品或服务，以及告诉其他人对你的体验。[21]

需要被监测的信息源是海量的，这使机器观察成为必要，并且有很多公司提供这种服务。虽然每一家公司完成的任务和报告的数据有细微差别，但其提供的核心信息都基于对上百万 CGM 来源的持续观察。CGM 观察提供的信息通常包括：

- 规模：品牌或话题被提及的次数。
- 深度：品牌细节的数量。帖子如何深度讨论品牌？只是短暂提及还是深入主题且有大量评论和链接？
- 内容：帖子的客观性。发帖是为了解决问题、比较不同品牌、传递信息、有理由地支持、批评某个机构，还是简单地出于发泄？
- 态度：帖子的态度。CGM 的语气和情感如何？

一般是积极的、消极的，还是中立的？

以上列出了两种类型的观察。前两个方面是单纯的描述，机器观察可以利用计数和相关的测量来报告数据。[22]后两个方面是描述分析结果。计算机软件进行的观察必须分析和评估原始数据以判断信息的性质和态度。两种类型的数据都很重要。计数和相关的测量提供了理解品牌讨论程度的背景，但是如果广告主不能理解讨论是积极的、消极的还是中立的，数据的价值就大打折扣。很显然，1 000 条积极的信息与 1 000 个消极的帖子相比含义完全不同。因此，公司评估态度过程的有效性就显得尤为重要。表 8—4 描
206 述了搜索实验室如何判断态度，而图 8—1 提供了态度报告的例子。[23]

应用消费者自主媒体观察进行广告决策制定

广告主参考消费者自主媒体观察进行策划和制定决策主要有四种基本方式。

活动监测：广告主可以把与他们的传播活动相关的 CGM 的趋势和转换联系起来，确定活动的哪些方面看起来有效果，哪些方面有问题并且需要特别关注。图 8—2 显示了这种分析类型。数据显示了对于一款新型软饮料传播活动中前 12 个月的关键活动，
消费者评论的数量和态度。就传播活动的影响而言显 207
示的趋势如下：

● 由于这是一款新型软饮料，在产品问世和广告活动开始之初几乎没有消费者评论。在这期间的所有 CGM 监测基本为预告推测。

● 在 3 月末投放电视广告。广告的效果极好，CGM 数量不断提升。对态度的监测显示增加的 CGM 呈压倒性的积极趋势。随着广告活动的持续进行，有“视觉疲劳”的迹象，积极态度开始缓慢下降。

表 8—4　　搜索实验室如何判断态度

搜索实验室（Scout Labs）测量的态度是“实体明确的”（entity specific）。有些做法是用“机器产生态度”（machine-generated sentiment），在一则新闻中对比“快乐词汇”（happy words）和“悲伤词汇”（sad words）的数量。文章的“基调”（tone）由快乐词汇的数量来定。“我喜爱棒球。我一生中最快乐的记忆是在 Fenway 的露天看台上看球。那是世界上最伟大的运动。但是像邦兹和罗德里格兹这样的人却给这项运动带来很多负面影响。”尽管有高频度的快乐词汇出现，但这句话对邦兹和罗德里格兹并不持积极态度。

在搜索实验室的应用中，我们不去数快乐词汇的数量。我们根据你搜索的某个单词或短语评估态度。我们可以说对棒球的态度是积极的，而对邦兹和罗德里格兹的态度是消极的。这是通过词性标注来完成的：分析一个句子的潜在语义结构，然后判断哪些情绪词汇是关键词。这些情绪词汇都来自标准的英文词典，同时为了更好地与社交媒体世界相匹配，又增加了一些短语和俚语。这也是说搜索实验室测量的态度是“实体明确的”的原因，这一点很重要。

用户可以改变搜索实验室的态度判断。我们使用置信区间来确定某个事情是积极还是消极，但如果我们错了，你可以改变评分，你和你的团队一更新词条，图表也会立刻更新。真正“酷”的地方是每一次用户改变态度取值，那个词条都会有数据标记，我们可以基于此抽象出额外的规则，并为我们的词典增加单词和短语。而我们判断态度的能力也会随着时间的推移而不断增强。

这管用吗？

管用。我们已经做了大量的人工和机器的对比测试，准确率在 70%～80%，也就是说我们的计算与人工打分的结果有 70%～80%是一致的。这比人们对彼此的认同度稍低。我们测试的其他洞察和发现有：

* 受过大学教育并且有从商经历的人对于一篇博客的态度的判断有 85%是一致的。而条件稍差的人，例如在随机的“土耳其机器人”（亚马逊旗下的威客众包任务平台，能使计算机程序员调用人类智能来执行目前计算机尚不足以胜任的任务。——译者注）实验中找的人，态度判断的一致率要低。让人惊讶的是，我们很难提高判断的一致率。一些差异来自人们把消极看法等同于消极信息的倾向：“我不喜欢可乐”是一个消极的看法，“美林证券对可口可乐进行了降级处理”是一则消极的信息。

* 搜索实验室的态度判断与受过大学教育的人的一致率为 75%。我们试图对我们称之为积极或消极的结论用保守的方式来弥补差异——如果事情不明确，那我们会称之为中立。

* 搜索实验室对反语和讽刺的判断很糟糕。完全是反讽的帖子通常被认为是“中立的”，因为机器不会猜测。设想一下“另一个赢家来自全能的微软”。这是一种很难测量的态度。

* 机器也不能理解商业背景。也许你为苹果（Apple）工作，每提到 iPhone 解锁态度都是负面的，因为人们不应该对 iPhone 解锁。依据规则使用语法和词语的运算不会将这个帖子对 iPhone 的态度归为负面的：“我喜欢我的 iPhone，我的男朋友昨天晚上帮我把它解锁了。”

因此态度特征可以进行很好的推测。我们最好的推测，加上您的团队对我们的遗漏或者错误判断所进行的及时纠正，意味着可以用最小的工作量和最少的花费，得到非常高的准确率。

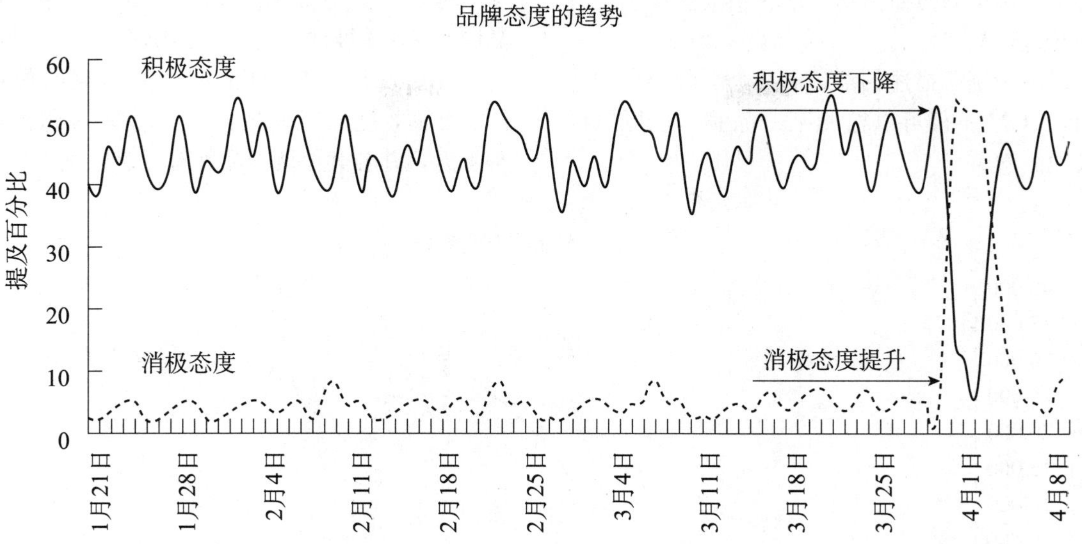

图 8—1　态度监测

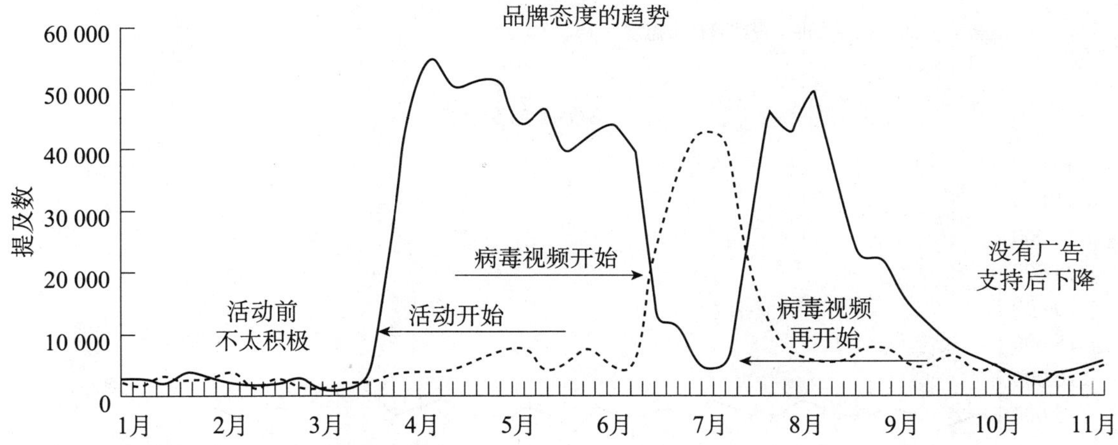

注意：实线是积极态度，虚线是消极态度

图 8—2　CGM 监测为活动评估提供的洞察

● 7 月开始进行的病毒视频活动宣告夏季促销的开始。结果显示这项活动是个灾难。在病毒视频活动开始之后消极的 CGM 评论瞬间提升，而积极的 CGM 陡然下降。

● 最初的病毒视频活动几周后被第二次病毒活动取代。第二次病毒活动的效果很好，颠覆了之前的趋势，产生了较高水平的积极态度，而消极态度则有显著下降。

● 第二次病毒视频活动在 9 月份结束，在全年剩下的时间内没有其他广告活动。从这一时间点开始，CGM 评论中的积极态度和消极态度都显著下降，最后跌落到没有进行传播活动之前的水平。

形象监测：广告主可以从 CGM 中监测自身品牌形象，并追踪与主要竞争对手相比品牌的任何变化。这些信息可以用来判断传播活动是需要加强还是建构品牌形象。图 8—3 显示了三个竞争品牌的数据。图 8—3 最上面的图是品牌 A 的数据。品牌评论提升，并且态度逐渐为积极。基于数据，该品牌应利用这一契机设计传播活动以加强和延伸这些积极趋势。图 8—3 中间的图显示了相反的形势。尽管很多时候消极的评论多于积极的评论，但该图中二者之间的鸿沟正逐渐加大。这个趋势不容乐观，广告主需要运用新计划以扭转这种趋势。图 8—3 底部的图显示该品牌可能正在从公众视野中退出。尽管积极评论和消极评论的总体比例已经相当稳定，但 CGM 中评论的总体数量在下降。这种现象表示品牌已经退出公众视野，因此，必须通过策划传播活动，培养积极态度和提升感知来扭转这种趋势。

以上每一个例子描述的都是对某个品牌形象的监测。然而，CGM不仅可以监测某一品牌，也可以同时监测其他品牌。

图 8—4 显示的就是这种方式。图中显示了三个品牌 CGM 积极评价的数量。所有三个品牌都是从同一点开始，此时 CGM 品牌积极评论的数量大致相同。然而，随着时间的推移，品牌 A 积极评论的水平上升，并与其他两个品牌有显著区别。

208

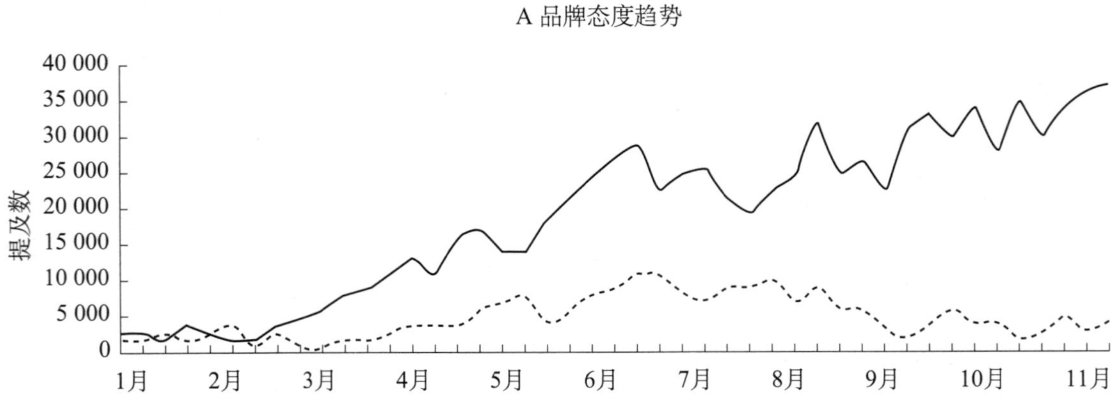

注意：实线是积极态度，虚线是消极态度

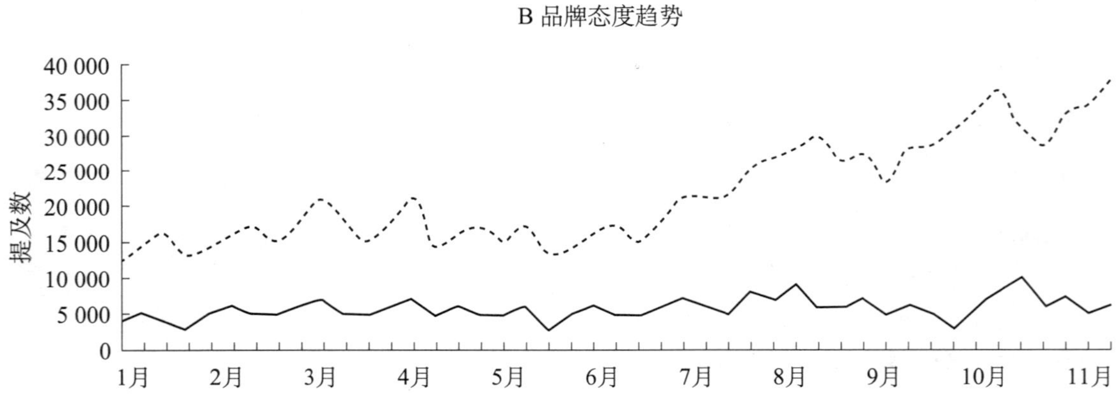

注意：实线是积极态度，虚线是消极态度

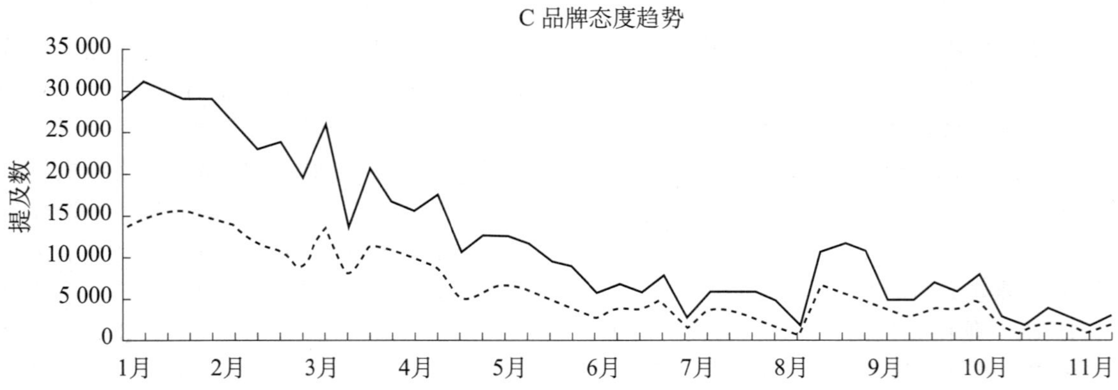

注意：实线是积极态度，虚线是消极态度

图 8—3 CGM 与品牌形象监测

209

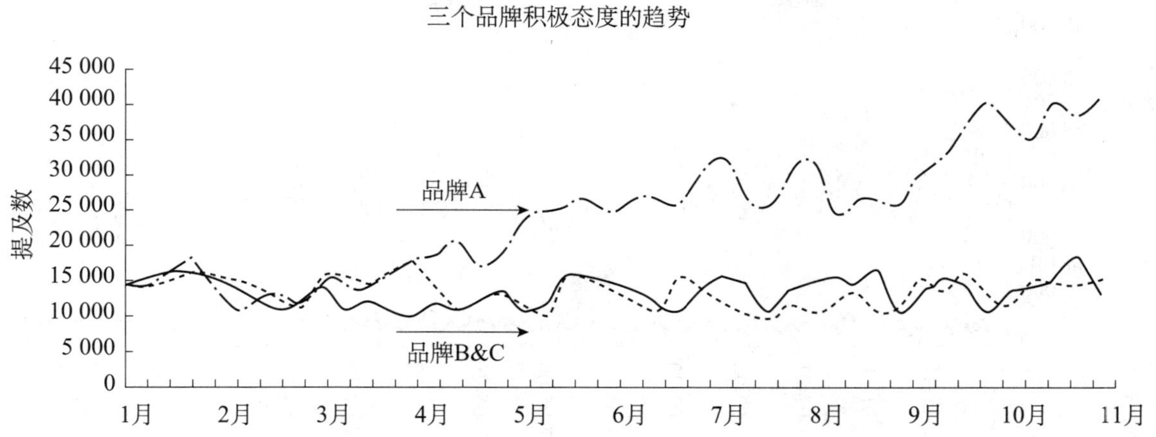

图 8—4　品牌形象监测比较

态度洞察：CGM 观察可以提供对消费者观念、态度和信仰的洞察。对消费者的这种理解显著提升了广告主成功策划传播活动的能力。表 8—5 提供的分析解释了这种方式。[24]

危机管理：CGM 观察可以就需要立刻做出回应的危急情况给广告主预警。CGM 评论中尖锐并且消极的态度表示需要立刻关注品牌维护。表 8—6 讨论的美国有机食品（Whole Foods）就是这样的例证。[25]

表 8—5　　CGM 与态度：DVD 之战

蓝光与 HD-DVD 案例研究

在线心得分享如何打破消费者"僵局"的故事

这种情况十年发生一次。一种新的数字存储格式问世，给消费者的娱乐活动带来全新的视听体验。一种新的格式最终改变了信息和娱乐生产、运行和存储的形式，这是一个很大的、不同寻常的游戏，并且有巨大的潜在商业价值。

当新一代计算机微型处理器（micro-processor）问世时，它主要是由两个竞争对手英特尔（Intel）和 AMD 的产品同时推动发展的。对于微型处理器，消费者的选择相对容易，因为这两家公司产品都可以运行所有程序，并且差别很小。相比之下，消费者总是需要在两个数字存储格式之间做出决定，因为研发者通常利用硬件（播放机）制造者和内容生产者来保护它的格式独有性。在 20 世纪 80 年代初期，是 JVC 的 VHS 和索尼（Sony）的 Betamax 的对抗。如果你有一个 VHS 播放机，你就不能用它来播放 Betamax 格式的录像，反之亦然。这就意味着消费者"用钱包来投票"以支持其中一
210 种格式（因此鼓励内容生产者为适应不同格式研发产品）。投资一个新的播放机意味着会有内容质量差的风险。这就是为什么新一代格式引发了一场"格式之战"，而研发公司尽最大努力希望消费者坚定支持它们的格式。

现在，在高清时代，是索尼的蓝光与东芝的 HD-DVD 光盘格式对阵。"高清格式之战"至今已经有两年时间。索尼和东芝在营销、促销和与内容供应商（例如电影工作室）的战略联盟方面都有巨大投入。但是在 2007 年临近度假季的时候，"格式之战"已经陷入僵局。

1st2c 公司从消费者的角度深入调查了"僵局"，发现在线心得分享对"格式之战"的动态提供了令人惊讶的准确的诊断。1st2c 在线策略研究（1st2c Online Strategizing Research）发现了更为混乱的消费者观点，并且看到对于数字存储整体未来潜在的不确定性。显露出的市场动态建议需要新的模型来定位和营销高清播放机。

不止是"另一个"格式的战争

消费者对这两种格式有何反应？什么能吸引他们的关注？为什么营销最初提供的只是短期影响？这些问题被数以千计的消费者在线心得分享所回答。1st2c 的深度网站监测提供了对进行中的"格式之战"动态的深入理解（见下页图）。

也许直接的显著洞察是，对于 DVD 格式整体的关注明显持续下降。同时对新的蓝光和 HD-DVD 格式关注的提升不大并且不一致。换句话说，消费者对光盘格式整个话题的接触都在减少。

深入分析网络市场可以看出消费者的选择并不局限于蓝光或 HD-DVD。围绕着能够达到相同目的（内容消费和拥有）的其他解决方案，积极的消费者想法更发散。

我们的分析发现，蓝光和 HD-DVD 实际上并不只是和对方竞争（例如以 IP 为基础的解决方案正在流行，并且受到不太心急的消费者的欢迎），这增加了消费者选择其中一个的风险。

聚焦于蓝光与 HD-DVD 的"格式之战"，并肩竞争的状态很明显。两类焦点格式共鸣趋势线的显著相似对于不稳定的市场来说很典型。在这种情况下，消费者倾向于讨论每一个选择各自的优点，以应对任何相关的市场发展。

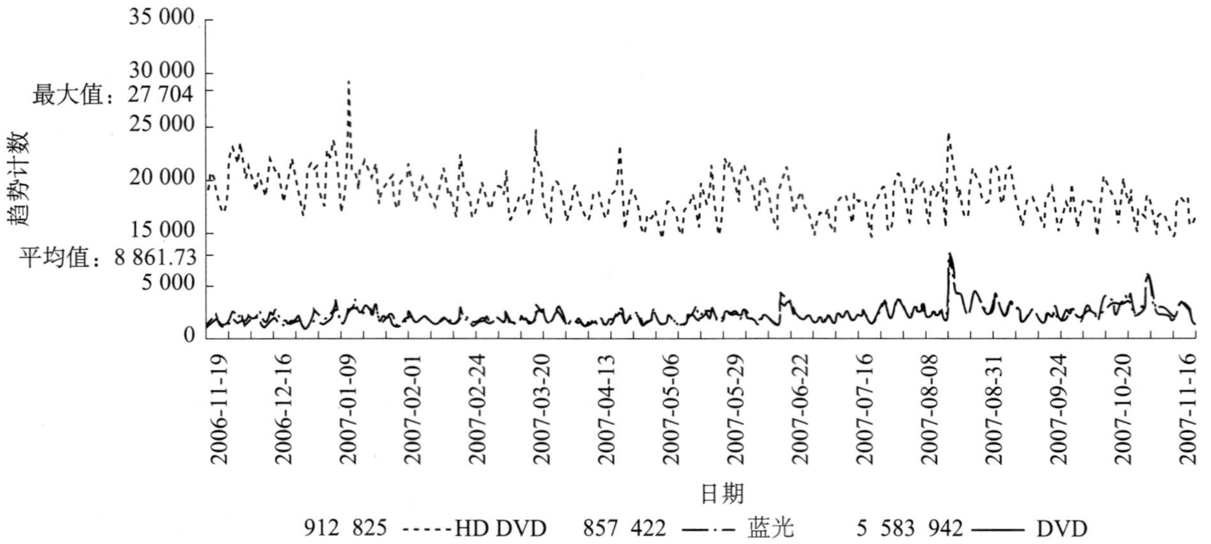

DVD、HD-DVD 和蓝光在线共鸣的趋势线

已有的营销模型可能需要重新思考

对在线消费者共鸣更深层次的洞察（见下图）

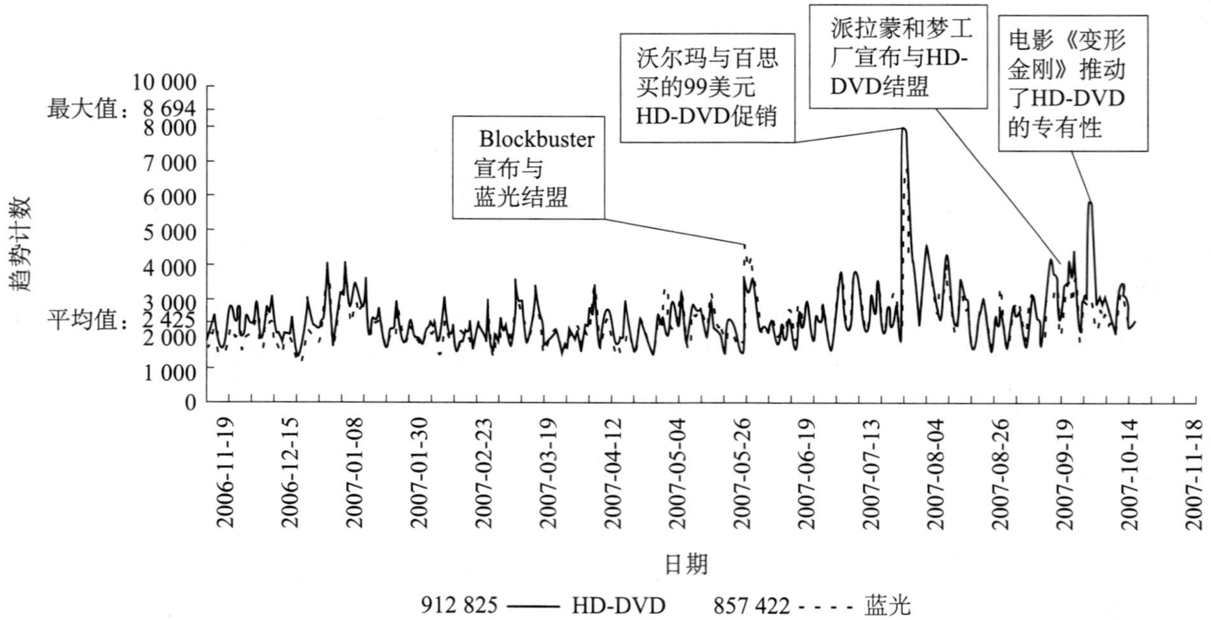

批判活动影响 HD-DVD 和蓝光的在线共鸣

在最后阶段，基于内容的提案引发了关注浪潮，但并没有为每个格式造就决定性的关注度优势。比如从 Blockbuster 与蓝光结盟（6 月 18 日）、派拉蒙和梦工厂与 HD-DVD 结盟（8 月 21 日）、电影《变形金刚》（Transformers）发行 HD-DVD（10 月 16 日至 24 日）都可以看出这一点。

但是 11 月发生了一件事打破了长期的僵局。由于一场大规模的零售商竞争，在线心得分享在消费者心中引起震动。在 10 月下旬，沃尔玛、电器城（Circuit City）和亚马逊将东芝 HD-A2 HD-DVD 播放机的标价调低至 198 美元，这引发了消费者谈论的热潮，对 HD-DVD 显著有利。在那之后不久，11 月 1 日，沃尔玛和百思买宣布进行专门促销，将其价格降至 99 美元。于是消费者对 HD-DVD 的共鸣如火箭般蹿升，将蓝光远远地甩在后面。一年之内（至少）僵局第一次打破。

这是一个契机的开始还是仅仅是 HD-DVD 的短期成功？这与营销者在度假季如何进行营销有很大关系。但是消费者的谈论已经提供了显著洞察。到目前为止，以价格为基础的杠杆作用比以内容为基础的杠杆作用提供了更好的竞争区隔，至少就消费者参与而言是这样。

结论清晰而有力。

大幅降价刺激了消费行为。这一点无需惊讶。但是对一个网络主动受众而言，尤其是广泛的网络受众，在线共鸣既是一种重要的市场潜流的评估，也是一个有力的影响通道。深入分析网络市场得到的启示是，审视诱发从“购物”转换到“冲动”购买行为的营销策略的优点，并以此为杠杆打破僵局，改变心意。

212 **表 8—6　　CGM 与 The Whole Foods 的危机管理**

CGM 报告：The Whole Foods 案例研究

一个 CEO 不遗余力地推销他的品牌没有任何错误。一个 CEO 在线与他的网络销售市场进行沟通也合情合理。在品牌和业务被讨论的地方做这些是非常明智的。

消费者与商家在互联网的社交媒体上进行互动的一个不成文的规则最近被现场测试，并得出了一些每个商家都可供借鉴的东西。

约翰·麦基（John Mackey）是一名非常有远见的企业家。八年来，他带领以得克萨斯州奥斯汀市为基地的有机食品产业连锁超市 The Whole Foods 取得了巨大的成功，并一度活跃在雅虎股票社区（Yahoo's Stock community）。用他妻子名字的反写“rahodeb”作为笔名，麦基先生已经在各种各样的出版物上就他的企业发表了很多文章。

6 月初，美国联邦贸易委员会因为麦基先生发布了有争议的商业信息，涉嫌扰乱竞争和刺探管理信息，而提起反垄断诉讼。麦基先生的“马甲”事件随后也为众人所知。

社交媒体没能展示“CGM 自动驾驶仪”效应

被官方贴上“严重标签”的如此轰动的新闻事件，一定会引起在线消费者的激烈反应，甚至可能导致对这个品牌的抵抗危机。这对于 1st2c，在线策略调查公司（Online Strategizing Research）的前身来说，检测在线消费者驱动的危机形势，是一次具有典型意义的个案研究。

一个逐日进行的在线消费者反应监测显示，认为社交媒体会对消费者反对“行为不端”的商人推波助澜的刻板印象有些过于简单了。

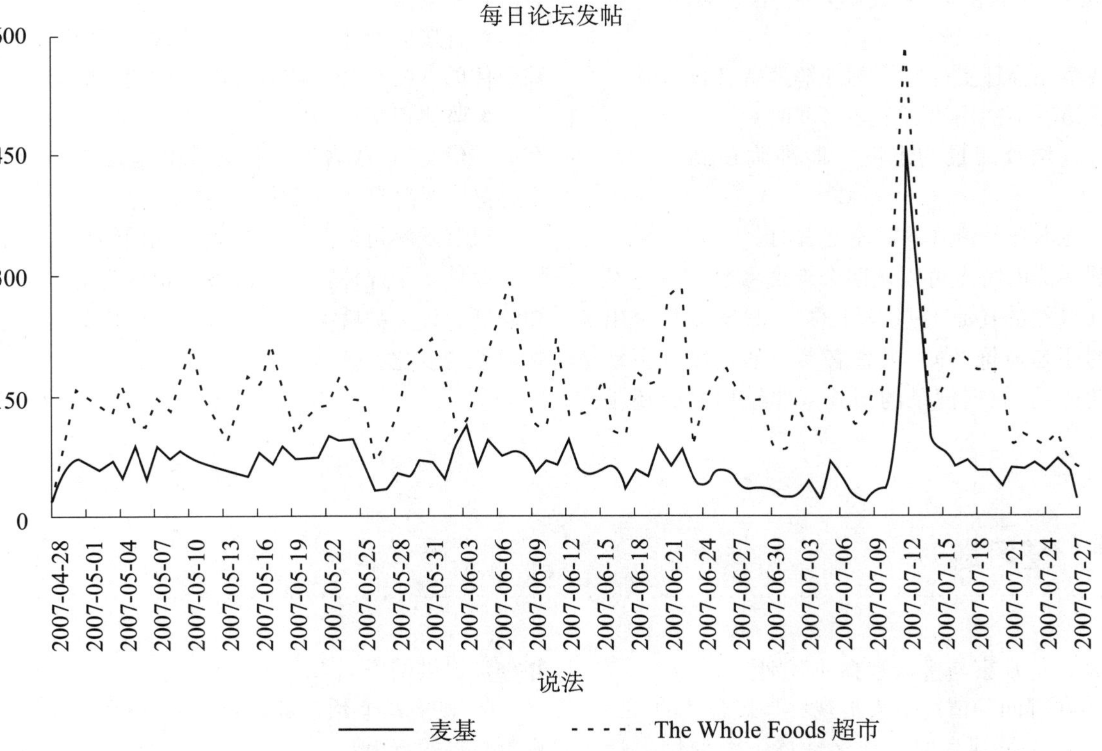

关于约翰·麦基和 The Whole Foods 的发帖

213 2007 年 7 月 12 日爆出的新闻的确触发了大量的有关约翰·麦基和 The Whole Foods 超市的讨论。然而，正如 1st2c 的追踪报告所显示的，消费者的讨论在第二天就回到了原来的水平，而且有关麦基的讨论与 The Whole Foods 超市的讨论是完全不同的。接下来的讨论高峰均与媒体报道的话题以及麦基于7月17日在The Whole Foods超市公司博客上发布的道歉信有关。有意思的是，博客上的内容比信息分享平台（例如论坛或留言板）上的更激进，也更试图激发大众行为。

个案研究收获

通过分析消费者反应的本质，1st2c强调了以下发现：

1. 如果消费者并不认为CEO的“行为不端”与他们的健康或利益有直接和关键的关系，他们更有可能会根据品牌所附带的含义来判断自我行为的话，那么有关CEO的争议并不一定会影响品牌。

2. 考虑到消费者的关注，约翰·麦基会如同一个品牌一样行事。许多有关麦基的热议都与对The Whole Foods超市的热议有关，有时热度差不多。我们注意到这种现象，即关注消费者品牌（大多是消费品），并将其视为CEO们对品牌价值能够产生重要的正面或负面影响的象征。

3. 博客代表了不同的受众群体，所扮演的角色也与社交网络不同。博客不是市场的直接映射。在许多方面，博客都不像社交网络（论坛、留言板等）那样能够直接反映市场。活跃的（不同于一次性的）博客倾向于代表那些内行、活跃和有影响力的受众，而社交媒体则代表那些“参与的受众”。

小结

观察法有人员观察和机器观察两种基本形式。

人员观察法利用调查员观察其他人的行为，所有数据由观察者收集。这种形式的观察法既可以收集定性数据，也可以收集定量数据，适用于以下四种情况：

- 当观察比描述更能够深刻理解消费者行为时。
- 当受访者不能用语言表述态度时。
- 当通过调查测量的态度不能准确预测实际行为时。
- 当行为本身是最好的洞察之源时。

人员观察法的特点可以从四个维度考察：观察发生的情境（自然的还是经过设计的）、观察者是否出现（公开的还是掩饰的）、观察着参与的程度（主动的还是被动的）、数据记录的形式（非结构性的还是结构性的）。

机器观察使用计算机或仪器追踪设备来观察行 217
为。这种形式的数据收集不需要人员参与。机器观察有两种主要形式：

- 直接监测消费者行为。例如，利用cookies跟踪个体的在线行为，或者在超市中使用忠诚卡。
- 监测消费行为的产出。例如，利用计算机测量在线“信息”，或者监测博客或其他形式的消费者自主媒体中品牌观念的变化。

机器观察可以帮助广告主使他们的广告更有针对性、评估多个媒体活动中的各个组成部分、追踪品牌知晓度、评估品牌态度以及监测和回应品牌态度或品牌形象的变化。

复习题[26]

1. 解释人员观察与机器观察的区别。
2. 说出在哪四种情境下人员观察是最合适的。
3. 在进行人员观察时，什么情境下会使用定性调查？什么时候应该采用定量调查技术？
4. 哪四个维度能够被用来描述人员观察？
5. 说出自然观察和经过设计的观察之间的区别，并分别提供例子。
6. 观察者干预意味着什么？干预的程度如何影响参与者的行为？
7. 一个主动的观察者与被动的观察者有什么区别？两种观察方法的优势和劣势是什么？
8. 简要描述结构性的观察记录与非结构性的行

为之间的区别。两者的优势和劣势各是什么？

9. 机器观察的两种主要形式是什么？

10. 广告主使用 cookies 的目的是什么？它们是如何起作用的？

11. 提供一则观察线下行为的例子。为什么这些行为对广告主是重要的？

12. 消费者自主媒体（CGM）的含义是什么？为什么观察 CGM 成为广告主和市场营销人员的首选？

13. 哪种类型的信息是由观察 CGM 提供的？

14. 应用 CGM 提供信息和制定决策的方式有哪些？简要描述这些方式。

应用练习

1. 汰渍（Tide）正在为其新产品冷水清洁剂开发一系列售点展示广告。在最后审批之前，汰渍希望通过观察来判断售点广告展示对购物者行为的影响（如果有的话）。该展示广告被放置于 10 个用于测试的商店，且每个商店都配有一名受过训练的观察员。准备一个简短的报告对下列与调查相关的问题作出回答：

a. 思考文中讨论的观察法的三个首要特征（观察发生的情境、观察者是否出现以及观察者的参与程度）。对于每一项特征，你的建议是什么？为什么？

b. 你的同事建议主要的测量内容之一应为"观看售点展示广告所花费的时间"。你表示同意，你认为还有什么其他测量内容应当被包含在观察中？

c. 你推荐使用结构性的观察还是非结构性的观察手段来记录观察？为什么？

d. 你的客户对你建议的观察手段很感兴趣，但他还想了解结构性的观察手段。请准备一份。

2. SmartRevenue 是一家做店内观察的市场调查公司。SmartRevenue 认为杂货店内的观察主要包括以下购买者行为：

- 购买者浏览品类花费了多长时间？
- 购买者从哪个方向进入的通道？
- 停下来浏览的次数有多少？
218 ● 浏览货架的方式是什么样的？例如，他们是从中间开始，还是从左边开始，还是从右边开始呢？
- 他们阅读产品标签吗？
- 他们是否阅读货架的引导标识（例如，价格、促销信息等）
- 他们是否会将商品与其他商品进行比较？如果是的话，观察到的比较基础是什么（例如价格、型号、品牌、特征）？
- 拿起又放回产品有几次？
- 购买者徘徊于货架前的时间有多长？
- 购买者和谁一起来的（例如和孩子、朋友、父母或者配偶一起）？
- 购买者朝什么方向离开（例如左边、右边、临近的楼道、周边的楼道）？
- 没买东西的人做什么了？[27]

想象一下你要代表梅西百货（Macy's）的管理者进行一次观察，帮助他们理解年轻男性购买者与服装相关的购买特征。准备一个简短的报告，根据对服装店中的行为的观察来对之前的列表进行修正。注意提出你认为有价值的其他措施并说明原因。

3. 访问你最喜欢的三个有展示广告的网站，阅读各网站的隐私条款，判断这些网站是否使用 cookies 来追踪访客，如果是的话，它们是如何被运用的。

4. 尼尔森的博客脉冲（http：//www.blogpulse.com/）可以通过输入品牌名称或其他关键条目查看过去 180 天内博客提及率的走势。挑选三个竞争品牌并搜索它们过去 180 天的博客提及率走势。准备一篇小的论文来展示你对观察到的趋势的分析。

5. 你的客户希望雇用一家公司来监控与其品牌相关的消费者自主媒体，你需要对即将雇用的公司进行推荐。你可以通过搜索引擎或从 http：//econsultancy.com/reports/online-reputation-and-buzz-monitoring-buyer-s-guide-2008 的 Econsultancy's Online Reputation and Buzz Monitoring Buyer's Guide 2008 获取潜在的公司列表。不管你采用什么方法，选择三家公司然后（1）提供公司优劣势的分析，（2）向客户推荐要雇用的公司并给出理由。

【注释】

[1] cookie是"网络服务器发送给网页浏览者少量信息的总称，这种信息希望当用户再次访问服务器（网站）时，浏览者会将信息反馈到服务器中。网络服务器利用cookies在用户的电脑上储存用户的特定信息。例如，cookies可能会用来将用户的网站id储存在他的电脑里，这样一来用户任何时候访问该网站都不必再提供id。为了成功访问网站，浏览者就要将包含id的cookies发送到服务器，这样才能辨识出用户。"该定义见David Kristol (undated). "Cookies and Advertising Networks" at http://www.silicon-press.com/briefs/brief.cookiead/index.html。

[2] 该案例来自Evan Atlantis, Jo Salmon, and Adrian Bauman (2008). "Acute Effects of Advertisements on Children's Choices, Preferences, and Ratings of Liking for Physical Activities and Sedentary Behaviours: A Randomised Controlled Pilot Study." *Journal of Science and Medicine in Sport* 11 (6): 553-558. 不过为了提供案例，对方法有所修改。在他们的调查中实际使用的广告见http://www.health.gov.au/internet/healthyactive/publishing.nsf/content/getmoving。

[3] 这是观察数据的一个重要方面，大量的信息显然能够以定量的方式来处理。然而，叙事性的信息是以定量还是定性的方式处理，取决于样本以及它收集的方式。叙事性的材料总是可以被大量编码，然后用作定量分析。

[4] 绿色环球21的主页为http://www.tianz.org.nz/Current-Projects/Environmental-Plan.asp。

[5] 该案例来自Axel Reiser and David G. Simmons (2005). "A Quasi-Experimental Method for Testing the Effectiveness of Ecolabel Promotion." *Journal of Sustainable Tourism* 13 (6): 590-616。

[6] Anne Sharp and Michelle Tustin (2003). "Benefits of Observational Research" at http://smib.vuw.ac.nz:8081/WWW/ANZMAC2003/papers/RES02-sharpa.pdf.

[7] Elizabeth C. Redmond and Christopher J. Griffith (2006). "A Pilot Study to Evaluate the Effectiveness of a Social Marketing-Based Consumer Food Safety Initiative Using Observation." *British Food Journal* 108 (9): 753-770. Quotes are from this source.

[8] Anticlown Media Privacy Policy (2009) at http://www.anticlown.com/privacy_policy.php Italics added.

[9] 雅虎的隐私政策见http://info.yahoo.com/privacy/us/yahoo/opt_out/targeting/details.html. Italics added。

[10] DoubleClick (undated). "Privacy FAQ" at http://www.doubleclick.com/privacy/faq.aspx. Italics added.

[11] FetchBack (2009) "Retargeting" at http://www.fetchback.com/retargeting.html.

[12] Ghostery的网址为http://www.ghostery.com。

220 [13] Coremetrics (2010). "Coremetrics Continuous Optimization Program" at http://www.coremetrics.com/solutions/continuous-optimization-platform.php.

[14] 表8—3的情境和解释改编自Coremetrics (2009). "Increasing Relevancy, Loyalty and Conversions Online" at http://www.coremetrics.com。

[15] Atlas Institute (2008). "Engagement Mapping" at http://www.atlassolutions.com/.

[16] Lovett将多个活动的归因（multicampaign attribution）描述为"由于所有营销方式对网站的曝光，导致转变的发生，而不是所有的曝光立刻导致转变"，见John Lovett (2009). "A Framework for Multicampaign Attribution Measurement" at http://www.coremetrics.com。

[17] Atlas Institute, op. cit.

[18] Boston University College of Communication (undated). "Grocery Store Loyalty Card Use Is Strong Despite Privacy Concerns" at http://couponing.about.com/od/groceryzone/a/loyalty_cards.htm.

[19] Nielsen-Online (2006). "Consumer-Generated Media (CGM) 101: Word of Mouth in the Age of the Web-Fortified Consumer" at http://www.nielsen-online.com/downloads/us/buzz/nbzm_wp_CGM101.pdf. 对CGM所有范围的讨论，见Pete Blackshaw (2005). "The Pocket Guide to Consumer-Generated Media" at http://www.clickz.com/3515576。

[20] 对CGM学术角度的洞察，见Mike Thelwall (2007). "Blog Searching: The First General-Purpose Source of Retrospective Public Opinion in the Social Sciences." *Online Information Review* 31 (3): 277-289。

[21] Nielsen-Online (undated). "About Consumer Generated Media" at http://www.nielsen-online.com/resources.jsp?section=about_cgm&nav=7.

[22] Nielsen-Online's Blog pulse provides this type of data without charge. 见http://www.blogpulse.com/。

[23] 表8—4经ScoutLabs授权引自at http://www.scoutlabs.com/2009/02/26/how-does-sentiment-work-and-how-accurate-is-it-anyway/。图8—1改编自ScoutLabs'Netflix的案例研究，见http://www.scoutlabs.com/cgi-bin/mt/mt-search.cgi?search=netflix。

[24] 该案例由 1st2C（http://www.1st2C.com）公司的 Ofer Friedman 撰写，见 http://cgmtrends.wordpress.com/2007/12/01/bluray-vs-hd-dvd-case-study-online-mind-sharing-tell-the-consumer-side-of-the-stalemate-story/，本书经允许进行再加工。

[25] 该案例由 1st2C（http://www.1st2C.com）公司的 Ofer Friedman 撰写，见 http://cgmtrends.wordpress.com/2008/01/06/1st2c-cgm-report-the-whole-foods-case-study/。该研究于 2007 年 9 月执行，本书经允许进行再加工。

[26] 练习 1—5 皆为虚构。品牌名称和数据仅用做举例。

[27] SmartRevenue (2009). "Ethnographic Observation" at http://smartrevenue.com/methods/observation.

（本章翻译及校译：杨雪睿）

第9章

观察法：生物测定学

221 第 8 章讨论了观察法的两种常见形式：人员观察和机器观察。毋庸置疑，合理使用这两种调查方法，我们可以得到关于个体态度和行为的重要洞察结果。观察法的第三种形式是生物测定学（Biometric）——监测和分析被测者受到广告或其他视觉或语言的刺激之后的生理反应。这种形式的观察法受到了更多争议。本章将探索生物测定学观察法以及它在广告决策制定中的应用。

* * *

阅读本章之后，你会对以下内容有更深刻的理解：

- 如何运用各种形式的生物测定学观察法；
- 各种形式的生物测定学观察法的优势、不足和局限；
- 各种形式的生物测定学观察法如何有助于广告决策制定。

222 生物测定学测定的是个体对于刺激有意识的和无意识的（voluntary and involuntary）反应，这些刺激可以是广告、网页或者产品包装。测量有意识反应最常见的方法是眼动追踪，最常测量的无意识反应是脑电波或一些生理反应，比如皮肤电反应、心率和血压。眼动追踪是生物测定学中受争议最少并且最广为接受的方式，我们接下来将进行讨论。之后，我们将讨论无意识生物测定学观察法，聚焦于脑电波分析和一些综合的生理测量[1]。

眼动追踪

当一个人观看电视广告、阅读广告、看产品包装或与网页互动时，电脑技术和视频技术的融合能够记录人的眼球在这些过程中的移动状态。现在的眼动追踪技术是没有干扰性的，它能让受访者在实验过程中表现自然（见图 9—1）。当受访者坐在位置上，眼动追踪设备的初始校准刻度已经形成，接着设备上会呈现刺激物。当受访者读到或观察到刺激物，眼动追踪设备会向受访者传送不可见的滤光光束。之后，这些光束从受访者的眼睛折射回来，传送到追踪设备，设备从而能够识别受访者的视觉焦点，也因此可以显示出受访者在看的位置。数据的记录是持续的，受访者看哪里、看的时间长度以及看不同位置的前后顺序等信息都会被自动地记录下来[2]。

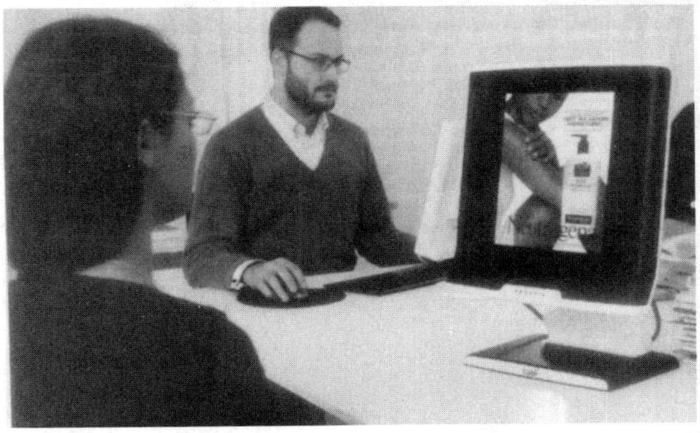

图 9—1　操作中的眼动追踪

223 当一则广告或其他刺激物呈现在受访者面前时[3]，眼动追踪调查能提供大量关于受访者视觉行为的信息。与广告相关的眼动追踪研究将聚焦于以下六个关键测量：

● 首次定位（first fixation）识别出吸引最多初始注意力的视觉元素。这个元素是广告中的初始焦点（initial focal point）。

● 首次定位时长（time to first fixation）是指从视觉传达（visual processing）开始到受访者注意到刺激物中一个特定的元素所经历的时间。

● 最多次定位（most fixation）用来识别持续吸引注意力的视觉元素。这些元素在不同的观众中持续吸引注意。

● 单次注视时间（individual gaze time）是指注视广告中单个元素的时长。注视时间越长，说明越感兴趣，或者信息和视觉处理的层次越深。

● 总注视时间（total gaze time）是指所有单次注视时间的总和，它反映了观众在整个刺激中的参与度。总注视时间越短，通常意味着观众对于刺激的困惑或者不感兴趣，总注视时间越长，则说明参与度越强。

● 元素间移动（movement between elements）反映出刺激如何被接收和处理。系统的或结构清晰的方式，让人的眼睛从一个元素转移到下一个与之有逻辑联系的元素，总会比无序地去看元素的方式要好。

这些测量十分重要，因为它们不仅使广告主能够更好地理解一个刺激如何被接收和处理，而且能更好地识别出哪些广告元素没能被接收和处理或者说哪些元素没能吸引注意。

眼动追踪的数据收集完毕后，数据可以通过多种方式展现出来。最常见的展示方式如图 9—2a 至 9—2d 所示[4]。

设想图 9—2a 展示的是一则平面广告。它是一则测试广告。这则广告旁边（图 9—2b）展示的是注视路径（gaze paths），也就是个人看这则广告时的搜索路径。圆圈越大表示在这个特定区域注视的时间越长，圆圈中的数字表示注视的顺序。注意数字较低的集中在一起，数字较高的集中在一起。这表明虽然不同受访者之间有区别，但是个体的视觉模式还是比较一致的。

图 9—2c 是热点图（heatmap），这是展现眼动追踪数据的常用形式之一。热点图通过颜色或者黑白阴影来呈现视觉注视在特定区域的时间长短，由此概括了整个样本的观察模式。颜色越明亮的区域表明个体注视这块区域的平均时间越长。因此，热点图能够洞察到被展示刺激物的受访者可能看到什么，以及有可能看不到什么。热点图可以有不同方式的运用。首先，热点图和注视路径图可以结合使用：后者表明注视的顺序，前者显示出注视路径中每一步的注视时长或注视强度。其次，热点图还能有顺序地运用。主要注视区域的顺序变化（图 9—3）展现出了刺激被接收和处理过程中每个阶段注意力和参

224

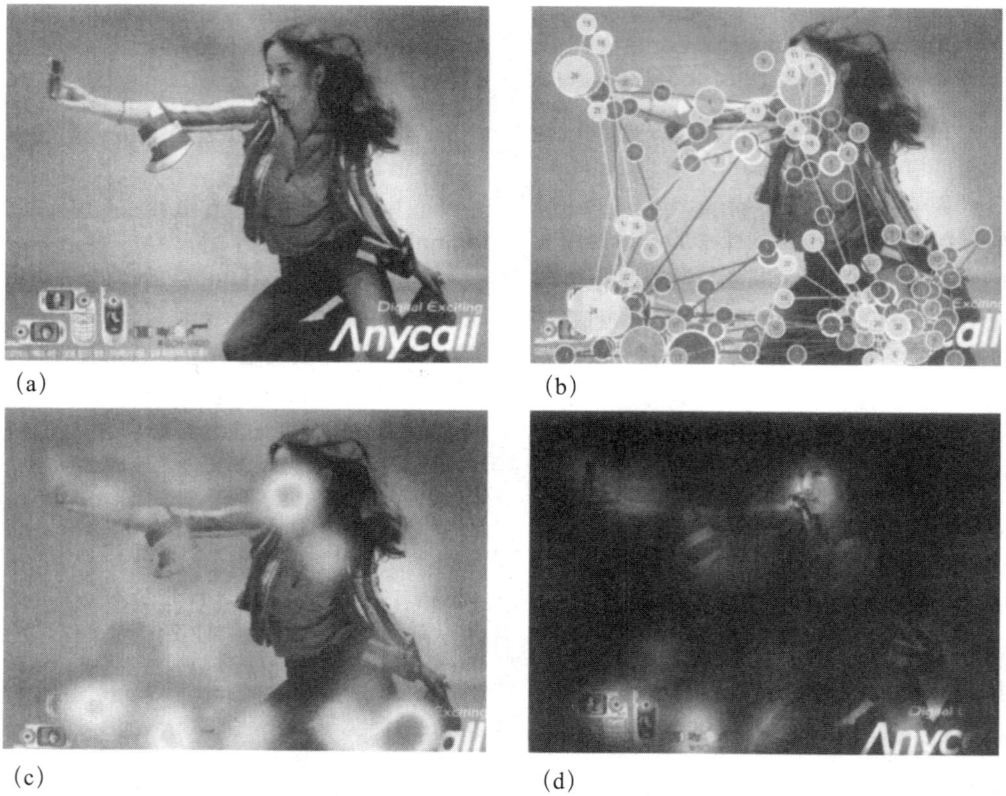

图 9—2　眼动追踪结果的展示方法

与度的变化。

一些人认为热点图不太好用，特别是在无法提供彩色复印件时。（当热点图是用灰色阴影表示时，注视区域之间的区别很难识别。）热点图的替代选择是阴影图（图 9—2d）。在阴影图中，刺激物的被注视情况以“开口子”的方式呈现，就如同热点图中的颜色区。一则广告中能看到的部分越清晰，则表明该部分被注视的时间越长、强度越大。

眼动追踪在广告策划中的运用

眼动追踪的数据有助于改进广告策划，它帮助广告主在媒体选择和特定媒体广告的位置摆放上做出更加明智的决定。

Enquiro 公司在谷歌搜索结果页面做的眼动追踪研究是运用眼动追踪并用热点图呈现结果的创新研究之一。接下来我们会说明，这项调查对于帮助广告主更好地策划搜索引擎活动的重要作用。

Enquiro 公司运用眼动追踪的数据发现了谷歌的“黄金三角”。谷歌黄金三角是眼睛扫描活动的一块特殊区域，如图 9—4 所示[5]。（由于所有的热点图都是以灰色阴影呈现，因此区域越明亮表明注视强度越大）这个三角形的范围上至搜索结果的顶部，略高于第一条搜索结果，下至“第一屏”（“above the fold”）可见搜索结果底部的一点。100％的参与者都会注视这一关键区域。一般来说，这片区域会包括页面顶端赞助商、页面顶端自然搜索结果和谷歌提供的其他结果，比如说购物信息、新闻或者当地资讯。另外，这片区域看上去像“F”形，在这种视觉模式下，人们的眼睛为了捕捉视觉线索（相关词、品牌等），通常会从最左侧垂直地扫视结果，并且当人们对最左侧的某条信息感兴趣时，他们会开始往右侧浏览。Enquiro 公司对于这个三角区域的重要性解释如下：

> 把搜索结果页面看做一个购物商场，把眼睛的浏览活动看做步行逛商场。在一个商场里，你拥有一些有名的商户，他们会吸引大多数的客

225

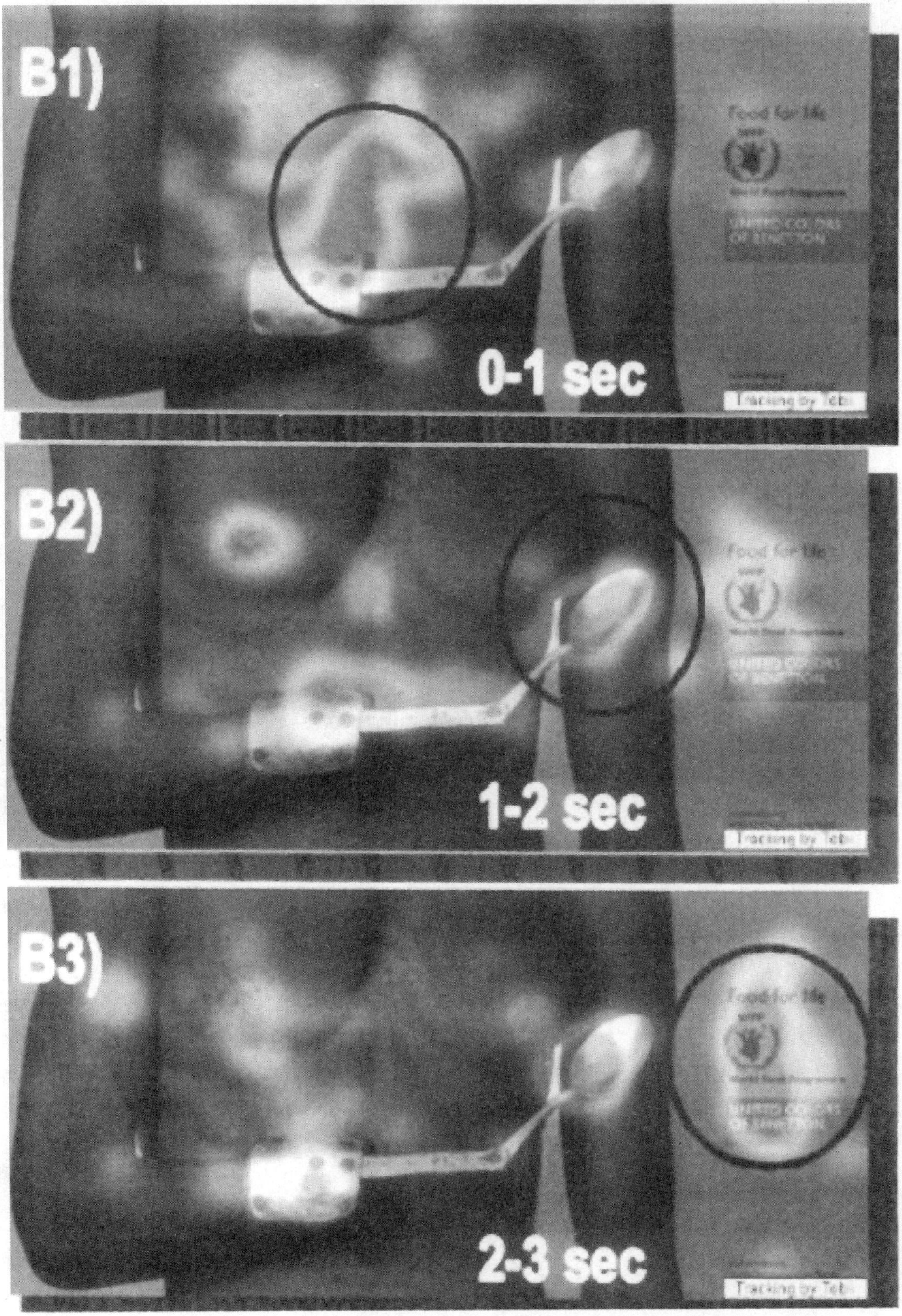

图 9—3　有顺序的热点图

226

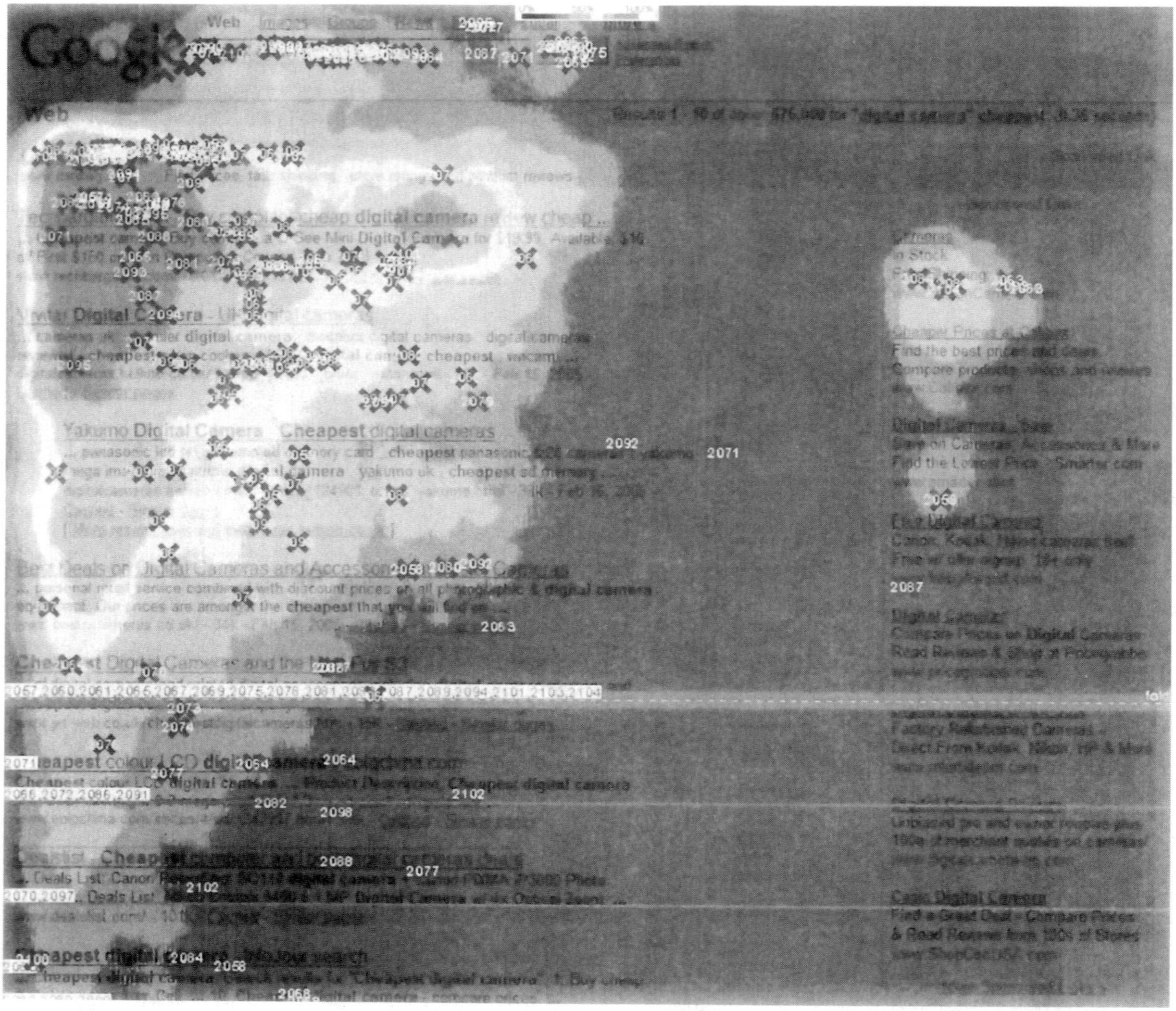

图9—4 谷歌的“黄金三角”

227 流量。商场通常会把两三个主要商户平均地分布在商场的边缘，这样一来客流量就会产生，从一个主要商户流动到下一个主要商户。由此，其他所有商户就能从中获利，在客流经过他们的时候吸引客人的注意。

谷歌的搜索结果页面有一个锚点（anchor），它一般在页面的左上角。这个锚点是第一条自然搜索结果，也是所有用户都在寻找的东西，其他的都只是配角（a detour on the way）。毋庸置疑，页面顶端赞助的搜索结果会有很高的关注度（visibility），也会获得不错的点击量，但是通常这些赞助的搜索结果只是当我们正在找自然搜索结果的头条时，偶然引起我们的注意。除了极少数情况，我们通常都不是在找赞助的搜索结果。

让我们回到上面提到的那个类比。如果一个商场里只有一个角落里有一个所有购物者都会去逛的有名商户，结果会怎么样？你将会看到客流蜂拥而至地流向商场的那个角落，其他地方却门可罗雀。你离那个有名商户越远，你的客流量也就越低。这就是“黄金三角”。在谷歌搜索结果页面中，那个有名商户非常清晰，就是牢牢定位在搜索结果页面左上角的位置，这里是我们在浏览自然搜索结果首页时的第一注视位置。或许我们会从这个方位点调整到别的位置，但是那里仍然是我们开始浏览页面的地方[6]。

不同位置广告观看人数比例就体现了这些结果在广告策划中的运用。

自然搜索结果列表中不同排名的关注度变动非常大，列表最顶端的搜索结果有高达100%的关注度，而首屏结果中的最底部就下降到

85%的关注度，接着滚动到下一屏顶端的关注度为50%，最底部的关注度仅为20%。在赞助广告这一侧，最顶端的结果会得到更多注视和点击。只有10%的参与者看过网页排位在第六、第七或第八的广告，而大约有50%的参与者看过最顶端的广告。在搜索时，排名靠前的赞助广告搜索结果又会回到最右侧的赞助广告栏中，位于最顶部的广告会有很高的关注度，80%～100%的参与者会看到这则广告，而只有10%～50%的参与者会看赞助广告栏那边[7]。

谷歌黄金三角的眼动追踪结果让调查者们思考这个结果是普遍效应还是仅仅针对谷歌。如今调查表明，虽然大体现象是基本一致的，但是不同搜索引擎和文化之间还是存在差异。搜索的过程虽然大同小异，但是同一个国家互为竞争对手的搜索引擎之间存在着很大差异，例如MSN相对于谷歌有更大的黄金三角[8]。眼动追踪研究还发现美国和中国的用户在处理谷歌搜索页面时存在差异：美国用户主要的注意范围是黄金三角区，而中国用户主要的感知范围则在搜索结果页面顶端的矩形区内[9]。总的来说，了解消费者信息处理方式的差异能够帮助我们成功策划广告。

228 眼动追踪在评估和修正广告创意中的应用

正如之前说到的谷歌黄金三角，了解广告内容如何被接收处理，有助于为广告策划和媒介投放提供重要洞察。但是，广告人必须明确，广告的内容仍然是最重要的。眼动追踪在这一方面也能提供帮助。眼动追踪非常适合用来判断一个刺激的优势和不足，并提供有依据性的修改建议。眼动追踪之前和之后的结果如图9—5和图9—6所示，它们展现了眼动追踪在这方面的运用[10]。

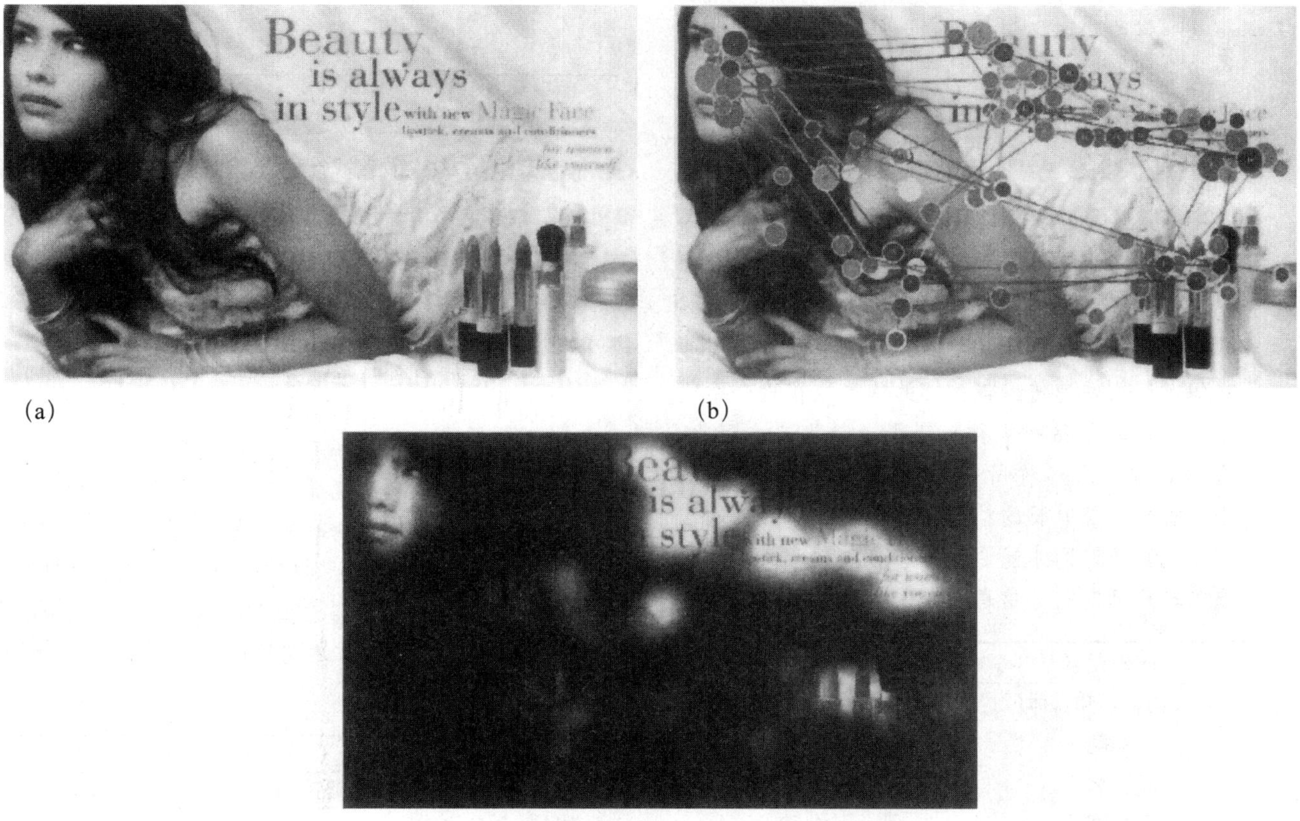

(a)　(b)　(c)

图9—5　测试广告与眼动追踪结果

229

(a)

(b)

图 9—6　修正后的广告与眼动追踪结果

图 9—5a 所示的广告是测试广告，第二幅图（图 9—5b）是注视曲线（Gaze Plot），展现了七位参与者定位的顺序。每个“气泡”最少代表 250 毫秒，气泡的大小反映了注视的时间长短。最底下的是热点图，图 9—5c 将注视数据用阴影图展现出来。阴影图中看得见的部分表明在所有受访者中，这块区域被注视的时间最长。综合来看，通过注视曲线和阴影图，这则广告被分成了四个不同区间：脸部和身体、标题、广告语和产品图片。这则广告的目的是传达“Magic Face”这个品牌名称，因此品牌名也被认为是这则广告的一部分。

两个关键的测量是首次定位时长和平均注视时长。首次定位时长反映了每个广告元素是否成功吸引了观众的注意，因为大多数人只会用 3 到 4 秒的时间看一则平面广告，然后就翻页，因此在短时间内快速传递最关键的信息（在这个案例中关键信息是品牌名称）变得十分重要。因此，人们看到品牌名称所需的时间是非常关键的数据。首次定位时长的结果如下表所示。注意人们需要花很长时间才能通过品牌名称和产品图片获取到与产品有关的信息。

广告元素	首次定位时长（秒）
人物脸部和身体	0.33
标题	1.38
品牌名称	3.36
产品图片	4.10
广告语	4.14

虽然人们需要相对长的时间才关注到产品的相关信息，但如果人们一开始就花时间看广告的这些区域，这并不一定就是明显的弱势。如下表所示，人们在看产品图片和品牌名称上花的时间少之又少。

广告元素	平均注视时长（毫秒）
人物脸部和身体	1 237
标题	854
广告语	790
产品图片	572
品牌名称	322

从数据中我们可以得出以下建议：将广告中 230
的主要信息（在这则例子中，传达的主要信息是品牌名称“Magic Face”）移到靠近人们自然注视的区域。修正后的广告如图 9—6a 所示。可以看到，品牌名称被放大，并且品牌名称的区域被挪到了广告中靠近模特脸部的另一边，模特的脸正看向品牌名称这边。修正后广告的阴影路线图如图 9—6b 所示。相比于修正前的广告，所有主要广告元素仍然清晰可见，这表明修正并没有削弱这则广告信息的视觉处理。修正后广告的首次定位时长和平均注视时长的相关数据表明，修正很大程度地提升了这则广告的效果。比较修正前后的数据，特别值得注意的是品牌名称“Magic Face”和广告语的首次定位时长都减少了（如下表所示）。

广告元素	首次定位时长（秒）	
	修改前	修改后
人物脸部和身体	0.33	0.47
标题	1.38	1.71
品牌名称	**3.36**	**2.08**
产品图片	4.10	4.24
广告语	**4.14**	**0.76**

另外，一旦人们关注到这些区域，他们看这些区域的时间也会更长。如下表所示，可以看到，品牌名称的平均注视时长增加了，而产品图片的平均注视时长并没有因此而减少。

广告元素	平均注视时长（毫秒）	
	修改前	修改后
人物脸部和身体	1 237	1 299
标题	854	853
广告语	790	509
产品图片	572	598
品牌名称	**322**	**604**

眼动追踪与回顾访问（Retrospective Interviews）相结合

第 5 章到第 7 章我们描述了用来获取人们态度和信念的定性调查技术。正如之前所说，这些技术通常用来获取人们对于广告或者其他聚焦消费者的传播活动的反应。在定性调查中，首先刺激会呈现给受访者，在测试过程中，或者在测试结束后，受访者会被要求表述自己的反应。巴特尔斯[11]（Bartels）认为无论陈述的环节安排在哪个时段，这个过程都可能存在问题：

> 可以要求受访者在与刺激互动的同时边想边说，也就是说在刺激呈现的同时，让受访者表述
> 231 自己的想法和观点。然而，这种方式也许不能提供准确的洞察结果，因为当受访者被要求在刺激同时说出自己的观点时，他们观点的形成也许就被人为地影响了。
>
> 受访者也可以在刺激互动完成之后再表述自己的想法和观点。尽管这个方法会比边想边说的方法要实际一些，但是这有丢失信息的风险。第一感觉（first impression）和访问开始之间，大量的信息可能丢失。人们会遗忘，或者改变，甚至在不知道的情况下编造故事。本能的反应是短暂的冲动，一旦这个瞬间错过了，这种感觉就很难重新找回了。

巴特尔斯的建议是事后评估访问（ActionReview Interview），一种眼动追踪和追踪后访问的结合。首先，刺激物呈现给受访者，收集眼动追踪的数据，然后，眼动追踪的数据会再次演示给每一个受访者，当看到这些数据时，受访者会叙述他们的想法和感受。

> 这些回顾能够让受访者重温刺激过程中自己直觉反应的细节。比如说，受访者对于网页的反应。在没有眼动追踪录像的帮助下，受访者在被要求回想对于网页的印象时倾向于总结概括（比如，“我觉得麻烦”或者“这个操作简单”）。因为受访者往往不是每一刻的印象都能回想得起。关于网页易用性、优势和劣势的信息也就丢失了。然而，给受访者提供可视化提示（visual cue），提示中包括大量受访者视线方位的具体细节，我们就可以得到大量的具体信息（比如，“我搜索了所有地方，但是我找不到 X”、“我期望 Y 在顶部导航的位置”、“Z 是我第一个注意到的东西”等等。）当回放一个部分的每个瞬间时，受访者能够回想起思维过程并且告诉调查者，从而使调查获得关于互动过程的清晰陈述。

事后评估访问是不同调查技术结合的一个极好的例子，这种结合能够比单独一种技术提供更多的洞察结果。

结合眼动追踪、面部编码和口头回应

前面的例子解释了如何通过两种调查技术的结合来获得重要洞察。而另一种调查方法则包含了三种数据采集手段：眼动追踪、面部编码（facial coding）和口头回应（verbal response）。（面部编码能够记录基于七种核心情感——惊讶、恐惧、愤怒、悲伤、厌恶、蔑视和高兴，通过刺激产生的情感反应的强度。）范·伦（Fan Lun）解释了这一方法的基本原理：

> 我们的大脑是反向处理信息的。首先，刺激因素会进入旧脑（old brain），然后依靠直觉或潜意识完成处理。旧脑负责匹配模式，即它自动将新旧经历进行对比。接下来，刺激因素被送至潜意识的情绪大脑（emotional brain），并被赋予

一种价值（比如说一种情感）。最后，刺激因素到达理性大脑（rational brain）。与其说后者对刺激因素产生了什么真正的影响，倒不如说它更像
232 是一个说客。它给我们提供了智力上的托辞，让我们为与家庭和朋友相关的购买行为辩解或正名，同时还避免认知失调。由于面部编码涉及这三种处理层级，它也衡量了这三种不同的层级。

- 在旧脑的眼部追踪探查哪种刺激因素被观察，需要多久，以何种强度以及何种次序进行。
- 用面部编码确定人们在亲眼目睹刺激时有何感受（这与眼部追踪在以秒为单位的信息图中同步）。
- 在人们需要给出口头回应的时候，对刺激因素的理性反应。这样能够衡量人们所说是否符合人们所感（面部表情）[12]。

Sensory Logic[13]是一家调查公司，提供独立的面部编码以及结合眼动追踪的面部编码服务。Sensory Logic公司的系统提供一种对面部表情的自动检查，其中包括对 43 种肌肉的分析。

> 这 43 种肌肉对应 23 种肌肉活动形式，称为活动单元。这些活动单元又对应 10 种感情状态。面部编码的数据结果包括参与程度。积极、消极、正常情绪的占比以及对影响和吸引力的衡量。事实上，在使用口头问题之前用这种方法，可以使广告主判定人们在关注广告或是其他沟通手段时的心情。

“广告时代”（Ad Age）[14]曾制作了一个视频，描述的是面部编码在 2008 年奥巴马和麦凯恩竞选广告中的应用。

神经营销

神经营销（neuromarketing）是指出于营销目的的脑电波观察（brain observation）。简单地说，脑电波观察能够检测在广告、包装或其他传播形式的刺激下脑部活动的变化。神经营销运用先进的技术，比如功能性磁共振成像（Functional magnetic resonance imaging，fMRI）、脑磁图（Magneto-encephalography）以及较为传统的脑电图（Electroencephalograms，EEGs）技术来观察受试者在接收和处理刺激时兴奋（light up）的大脑区域。这些区域的活动如伏隔核、脑岛、内侧前额页皮质让调查者深入地了解消费者对特定刺激物[15]的反应。神经营销的原理很简单：

> 神经营销的前提是消费者的购买决定是由大脑潜意识和情感部分瞬间完成的，是根据自身喜
> 233 恶做出的。根据我们的大脑对于品牌刺激的反应，营销者可以通过设计产品或者传播方式来更好地满足“未满足的”市场需求，连接并促成购买[16]。

虽然“神经营销”这个词相对比较新，但是神经营销的起源却可以追溯到将近 40 年之前[17]。虽然神经营销的总体目标没有很大的改变，但是两个现代发展成果大大改变了实现目标的方式。第一个进步是便宜、便携并且功能十分强大的电脑的普及。这些电脑使得在一次测试时收集、处理和分析千百万条数据成为可能。第二个进步是测量设备的发展。相比于以前，极度灵敏的测量设备现在不再十分昂贵、干扰较少，并且便携性更强。

随着主流广告主们开始探索神经营销的应用，脑电波不再是一种边缘技术，例如：

> 谷歌对他们去年在 YouTube 发布的半透明、动态覆盖广告 InVideo 会是游戏规则的变革者十分自信，他们求助脑电波调查者来证明其有效性。这个搜索巨头联合了 MediaVest 以及 NeuroFocus（一个专门从事生物测定学观察的研究所），以此来测量用户对于 Invideo 广告的反应，以及 Invideo 广告多大程度上补充了传统的横幅广告[18]。
>
> 研究发现观看者认为覆盖广告是强制性的和引人注目的，并且这些广告在不同的品牌和视频类型中都获得了大量的注意和情感投入。另外，相比于单独的横幅广告，覆盖广告旁边的横幅广告会获得更多的品牌回应。[19]

测量脑电波活动模式的两大主要技术是功能性磁共振成像和脑磁图。[20]

- 功能性磁共振成像运用磁共振扫描仪获得X线断层照片，也就是大脑的截面图。这使得功能性磁共振成像能够识别在特定时间点上脑部的特定兴奋区。不同于脑磁图直接监测脑电活动，功能性磁共振成像观察并测量血流量和大脑的氧合作用，将观测结果对应大脑活动的兴奋水平。这种对应是可能的，因为兴奋的神经细胞会比未兴奋神经细胞携带更多的氧。当大脑的兴奋区需要更多的氧气时，这块区域的血流量也会增加。
- 脑磁图测量并记录脑电活动，由此提供大脑在特定时间的兴奋度。但是，不同于功能性磁共振成像，脑磁图并不能准确找到兴奋的具体区域。脑磁图需要在受试者的头部安装特别的感应器（电极），这些感应器相应地连接在电脑上，由此可以看到脑部活动的变化。脑磁图能够读出脑部哪些区域兴奋并且兴奋的强度如何。

功能性磁共振成像和脑磁图都是十分可靠的脑活动测量方法，这已有广泛共识。但是哪种测量具有更高的价值却有不同的看法。

234 功能性磁共振成像：特定脑部区域的激活

一些调查者试图将特定脑部区域的活动与不可观察的心理表现如情感回报、反感、品牌忠诚度和说服力等联系起来。大量调查已证实了一些特定脑部区域与上述现象的相关性。因此，当通过广告暴露激活这些以及其他功能性区域时，神经营销者假设相关心理表现也会相应呈现。例如，可以将脑部控制回报的区域激活程度提高看做广告暴露的积极反应。

“百事可乐口味测试”中，可口可乐与百事可乐这一案例便是该类型调查的早期应用。麦克卢尔（McClure）和他的同事[21]

> 让67位受试者蒙着眼品尝可口可乐和百事可乐。随后，他们使用扫描仪，通过磁场记录受试者消耗多少氧气来供给能量观察他们体内细胞的活性。在品尝两种饮料后，所有受试者的脑部回报区域——与快感和满足感相关联的区域——都显示出较强的激活作用。在对于两大品牌的偏好上，受试者并没有表现出明显的差异。但当麦克卢尔重复该试验并在过程中告知受试者他们所喝饮料的品牌，3/4的测试者表示他们更倾向于可口可乐。他们的脑部活动给出了解释：在第二次试验中，除了脑部回报区域，前额叶皮层和海马区中与记忆相关的区域也会有反应。（调查者称）“这表明品牌在脑部系统中对消费者的影响超越了消费者对饮料本身的需求”。换言之，所有在商业广告中喝着可口可乐的快乐、迷人且活力四射的人做的正是他们应该做的事情：他们渗透到消费者的大脑里并建立了极强的联系，从而能够覆盖消费者对于百事可乐的偏好。[22]

最近，斯坦福大学的克努森（Knutson）和他的同事研究了大脑中与回报和损失有关的神经通道并展示出人们在决定购买（或不购买）一件商品之前的脑部活动序列。一旦该序列确定，调查者便可以通过监控他们的大脑成像来预测目标人群是否会购买其他商品。与之相似的是，脑部中负责评估和发展“信任”的区域也已被发掘。神经营销者现在正在测试广告是否能够激活该区域，从而影响消费者对广告和品牌的信任度。最终，宾夕法尼亚大学安纳博格学院（University of Pennsylvania Annenberg School）的朗勒本（Langleben）和他的同事利用功能性磁共振成像来

> 评估其用于研究脑部对反吸烟公益广告（PSAs）反应的可行性。在初步研究中，调查者为对鸦片有依赖性的病人播放了一段10分钟的关于海洛因的视频，并运用灌注功能性磁共振成像来检测部分大脑边缘系统的活动是否增强。结果显示：(1) 功能性磁共振成像可用于测量脑部对于传媒的反应；(2) 不同受众的脑部反应存在差异；(3) 调节兴趣的特殊脑部结构可激活，但控制兴趣的部分不可。除此之外，功能性磁共振
> 成像可以（已被用于）检测脑部对于感性图像的 235
> 不同反应。在探究将磁共振信号作为对不同PSAs的认知（如注意力）与情感（如激励）反馈指标的可行性这一层面，该试验性研究迈出了极其重要的第一步。它的结果有助于我们依据已知的认知功能脑定位来理解脑部对PSA的反应。[23]

诸如Mindsign这样的商业公司正在更多的应用情境中利用fMRI进行测试。Mindsign这样解释他们的方法：

> 我们选取你们在电视、网络上投放的视频片

段或广播广告，并向你们展示哪些部分或场景会引起激活（activation），哪些会引起钝化（deactivation），哪些部分最具吸引力，而哪些部分最没吸引力。我们会将你的广告与其他竞争对手的广告对比，找出哪一个最能够激活消费者的脑部活动以及激活哪一部位。之后我们会将你的广告产生的脑部反应绘制成图像，并与我们的数据库进行对比，展示你的广告中哪些部分产生的脑部激活高于平均水平，哪些低于平均水平。我们将制作动态影像，使得你可以在观看广告的同时看到实时脑部反应。也就是说，你可以在观看广告的过程中，不断地观察广告如何激活或钝化脑部。之后，我们会进行一项可称为“电视广告再编辑”的工作，收集脑部对于不同版本的电视广告或广播广告的反应，选取其中高于数据库平均水平（即产生激活）的部分，删去其中低于数据库平均水平（即产生钝化）的部分，进行再编辑，形成一个全新的、流畅的广告。我们随后可以重新扫描观看广告的个体的脑部特定部位，并展示新版本广告如何产生比原始版本更高的脑部激活。[24]

图9—7说明了fMRI数据如何帮助我们理解消费者反应。在选取维珍移动的一条广告作为测试对象时，测量的场景呈现在图片的右上角，两张关于脑部活动的图像也标记在图中，其中较暗的部分正处于激活中。此时广告刚刚开始播放，观看者脑中特定部分开始激活。值得注意且十分明确的是，激活的是脑部与个人意义（personal meaning）和关注（attention）相关的部分。换言之，观看者正专注于此条广告。 236

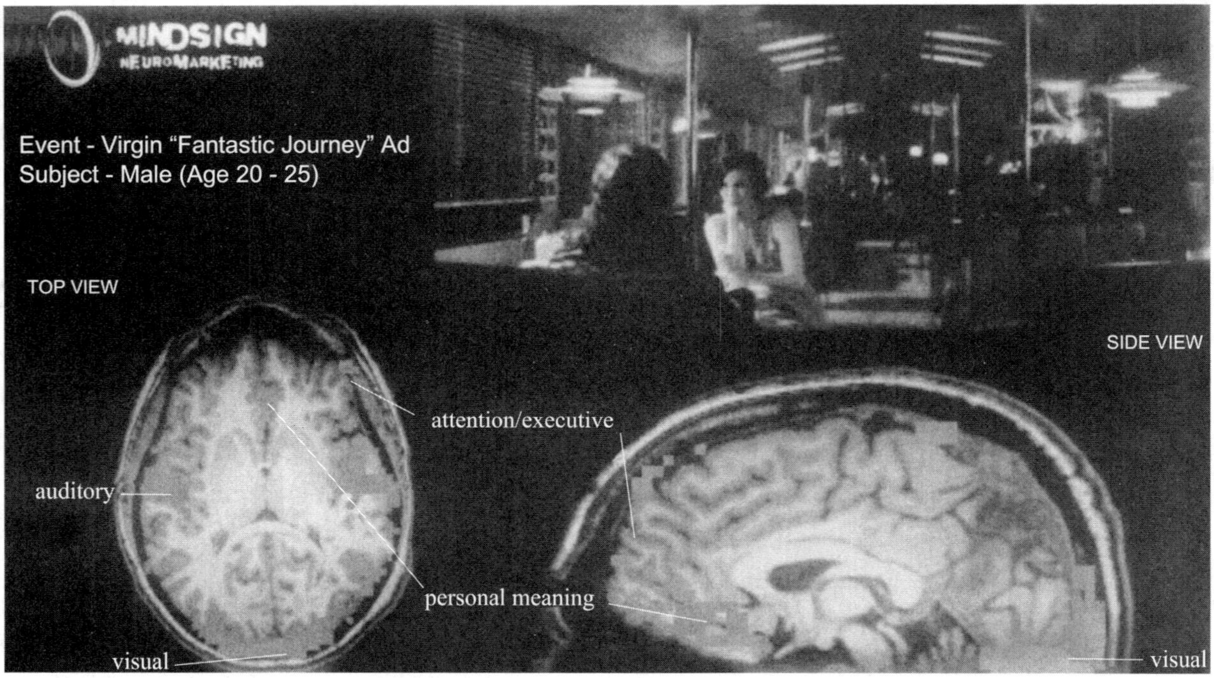

图9—7 MindSign公司fMRI测试举例

整体脑部激活（脑电图）结合生理测量

第二种基于神经营销学的脑部活动测量方法更加全面。此方法并不试图将脑部活动的特定变化与某些心理表现相联系，它的目标在于测量脑部整体参与度，例如在广告传播过程中受试者情感功能发挥作用的程度。发挥作用的程度越高（反映为整个脑部活动增强，这一点在脑电图上也有相应体现）往往意味着广告越成功。神经营销家通常将脑电图资料和生理方面的方法（如测量皮肤电反射和心率）相结合来综合测量受试者的反应和参与度。Sands Research和One to One Insight是采取此类方法的两大代表性公司。

Sands Research。 Sands Research[25]公司利用其专

有算法结合整体神经活动和其他生理方法，估算出一种刺激的神经介入因素（Neural Engagement Factor，NEF）。该公司称该方法能够更好地展现脑部对广告的反应，因此与传统方法如焦点小组访谈或定量调查相比是更准确的对于广告成功率的测量方法。

与其他神经营销公司相似，Sands Research 公司通常选用外部事件来对公司的发现和结论的有效性予以测量。例如，杜利（Dooley）曾谈到：

> 今年早些时候，在美国国家广播公司（NBC）转播第 43 届美国职业橄榄球锦标赛（Super Bowl）时，神经营销界的领导企业 Sands Research 公司对转播过程中播出的全部 72 条广告进行了全面研究。公司依据神经介入因素打分系统对每条广告进行排名，这套系统是基于对观看者脑电波活动的测量以及 Sands Research 公司利用其专有软件及算法对观看者关注度的测量形成。
>
> 该研究中得分最高的五条广告中有三条获得了令人垂涎的电视艺术与科学学院颁发的艾美奖创意艺术奖（Academy of Television Arts and Sciences' Creative Arts Emmy Award）。过去的这一周里，威登肯尼迪（Wieden ＋Kennedy）为可口可乐制作的广告《抢劫》（*Heist*）获得了为杰出电视广告而设立的 2009 年艾美奖创意艺术奖。这条电视广告在 Sands Research 的调查中获得了排名第二的高分。[26]

One To One Insight。 One to One Insight[27]公司也将生理测量和脑电图资料相结合，从而综合计算受试者在受到视觉刺激后的介入度。这一方法以眼动追踪
237 信息和刺激后访问作为补充，以此提供额外的解读和洞察的角度。One to One Insight 公司把这种方法称作 Quantemo™，具体描述如下：

> Quantemo™能够同时获取除了眼动追踪的信息之外的生理反应（呼吸频率、皮肤电反应和心率）。在记录完生理反应之后，Quantemo™将把所有测量指标合并成能代表生理介入度（physiological engagement）的测量指标。Quantemo™的生理指数（Quantemo™ Physical Index，QPI）记录了调查参与者总体生理介入度（或者不介入度）的一个参考点。正向 QPI 分数表示较强的生理介入度，负向 QPI 分数表示较弱的介入度。[28]

QPI 是介入度总体评估的一个组成部分。最终总体分数（Quantemo™介入度指数，QEI）综合了参与者对 PrEmo 的反应，PrEmo 是荷兰代夫特科技大学（Technical University ）研发的一种跨文化情绪标签仪器。PrEmo 要求受访者用富有表现力的卡通动画来记录自己的情绪。[29]生理测验的数据和自我记录的数据相结合，能够帮助调查者将理性的 QPI 生理数据和主观的、自我记录的数据结合起来。Quantemo™介入度指数（QEI）被广泛运用于数字媒体中，现有的调查研究[30]包括：

> "搜索结果页用户介入推测"（Implications of User Engagement with Search Result Pages）通过记录用户的眼动追踪、点击追踪、生理和情绪反应来比较使用整合检索和传统文本检索的用户的参与度。
>
> "情绪、行为与网络视频"使用了来自 Quantemo™的数据源，并且提供了三个方面的洞察，包括用户如何搜索网络视频、对于网络视频的反应和如何与之互动。
>
> "功能性游戏营销"（Serious Games for Marketing）为定位于未来虚拟世界的营销和品牌宣传活动（例如"虚拟人生"）提供了五种洞察。

One to One Insight 公司近期做的调查表明 QEI 能够区分对广告的不同反应。这家公司运用了 Quantemo™全部的方法检测了视频游戏玩家对于视频游戏植入广告的反应，方法包括：脑部监测、生理测量、眼动追踪和后续调查。所有参与者在他们玩有植入广告的视频游戏时都被进行了监测。关于 QEI，调查发现 QEI 水平和品牌回想或识别直接相关。QEI 水平越高，品牌回想水平或识别度越高，如下表所示[31]。

QEI 参与度指数	品牌识别度（%）
0.87	30.2
1.08	42.0
2.0＋	＞50.0

238
对生理测量法的高度依赖

当像 Sands Research 和 One to One Insight 这样的一些公司试图通过一系列脑部监测与其他生理测量

的方法组合来量化广告反应的时候，另一些公司则采用纯生理测量法例如心跳、皮肤电反应或者呼吸方式。Innerscope Research 就是这样的公司。[32]

Innerscope Research 利用可穿戴的传感设备（类似于装有传感器的马甲）来收集人体的生理信息。该公司这样描述这项技术：

> Innerscope 生物计量监测系统包括一套独特的生物计量传感器，它内置在一件舒适的、不打眼的衣服里，探测和整合关键的生理信息，而这些信息是人类情感的生理基础：呼吸、运动、心率和皮肤电系统。与之同时进行的是，最先进的眼动追踪技术随时精确地识别一个人在做任何反应的时候在看什么。这些生理测量方法对于媒体刺激有时间控制，能够直接在刺激过程中收集数据信息。

参考外部事件是 Innerscope 验证其调查过程的一个方法。Innerscope 运用它的生物计量监测系统对超级碗广告进行了评估和排名。然后，基于对 Myspace 上广告评论与观看数据的观察，该机构推断，有更多互动的广告相比没有介入度的广告能够吸引更多人。当基于脑电波来对广告进行排名时，Innerscope 排名较高的广告表现得更为出色。Innerscope 发现，基于它自身方法进行排名的前 5 位广告比基于脑电波测试进行排名的前 5 位广告多出 1.5 倍的观看次数和 6 倍多的评论数。

其他不同意见

很明显，神经营销目前为广告策略制定提供了信息，并且有潜力在未来提供更多的洞察。这一方法也引起了业界的关注。之前的章节已经提及了其中之一，即外部效度。斯坦伯格（Steinberg）总结的观点如下：

> 若调查者能够证明一条电视广告激发了快速的心跳、流汗或者一切面部肌肉的运动，也能够促进销售，那么他们一定会欢呼雀跃。但直到目前，测试仍在进行当中。[33]

第二个关注话题是关于利用大脑成像技术制定广告决策所涉及的伦理道德问题。[34] 威尔逊（Wilson）和他的同事总结了伦理异议：

> 我们的争论焦点是神经科学的研究发现以及方法在市场营销实践中的运用会威胁消费者根据自己偏好进行自主选择的自由并且与罗尔斯正义
> 239 （Rawlsian justice）相悖。这意味着利用神经操控从外部影响决策可能是一种侵犯。这种侵犯在潜在的操控没有被明确意识、同意以及理解的时候尤其严重。[35]

最后一个担忧是，对神经营销的关注分散了广告主一向的秉持的信念与目标：创造那些能够区分品牌以及触及消费者内心的广告。这个观点由劳里（Lowry）提出：

> 我认为整个神经营销的实践是对消费者体验原则性的侵犯和违背。与其扰乱消费者的大脑，还不如关注消费者的内心：创造出具有吸引力和经济的体验，从而使其自愿参与其中。消费者变得越来越聪明而且也更强大。是时候停止看轻他们了，把他们当作互惠关系中的可靠伙伴。把他们看作有灵魂的个体而不是机器，吸引他们然后让他们自己做出决策。如果你想让他们做出正确的决策，那么给他们合理的理由，而不是进行脑部扫描。[36]

小结

生物测定学研究测量个体对于刺激物，如广告、网页或包装的有意识或无意识反应。测试的最普遍的有意识反应是眼动追踪，最普遍的无意识反应则是脑电波或生理反应如皮肤电反应、心率和血压。

眼动追踪研究监测当视觉刺激被处理时的行为。眼动追踪调查获得的六个关键测量结果是：首次定位、首次定位时长、最多次定位、单次注视时间、总注视时间和元素间移动。眼动追踪的数据可以以注视路径图、热点图和阴影图的形式呈现。许多调查者注意到如果通过面部编码和回顾访问得到额外的数据，眼动追踪的洞察结果会更深入。眼动追踪调查对广告策划和创意的发现、评估与修正都有帮助。

神经营销是以市场营销为目标对大脑进行观察的一个名称。在其最简单的形式中，脑电波观察可以检测到在广告、品牌或其他传播方式面前大脑活动的变化。神经营销利用最先进的技术，如功能性磁共振成像、脑磁图和更为传统的脑电图来观测当受试者看到或听到广告或其他传播方式时，大脑的哪一个区域会兴奋，功能性磁共振成像可以使调查者确认大脑激活的特定区域，脑电图可以进行大脑活动的整体评估。脑电图通过生理测量如心率、血压和皮肤电流反应获取关于脑部的重要补充数据。

神经营销在三个方面受到批评：缺少外部效度、伦理道德和对于广告策划及创意的影响。 242

复习题

1. 定义生物测定学调查。
2. 解释如何收集眼动追踪数据。
3. 眼动追踪的六个关键测量结果是什么？为什么每一个都很重要？
4. 热点图和阴影图的关系是什么？
5. 谷歌的金三角是什么？金三角对于广告策划的影响有哪些？
6. 解释眼动追踪数据如何影响广告形成和修正。
7. 什么是回顾访问？
8. 将回顾访问和眼动追踪相结合的优势是什么？
9. 什么是面部编码？
10. 将面部编码与眼动追踪相结合的优势是什么？
11. 定义神经营销。
12. 神经营销的潜在前提是什么？
13. 脑电图和功能性磁共振成像数据的区别是什么？
14. 解释功能性磁共振成像如何影响广告策划。
15. 通常哪种类型的生理测量会与脑电图数据相结合使用？
16. 描述神经营销人员是如何阐述外部效度问题的。
17. 描述大脑激活、生理测量和介入之间的关系。
18. 对神经营销最普遍的三个异议是什么？

应用练习[37]

1. 图9—8a和图9—8b展示的广告是同一广告的不同形式，两则广告均用眼动追踪进行了测试并以热点图表现如下，两则广告有相同的传播目标和文案元素，在两则广告中婴儿的视觉导向不同，广告关键片段的首次定位时间和平均注视时间的数据报告如下表所示。基于这些信息，准备一篇短文：(1) 讨论在广告中婴儿视觉导向的影响；(2) 为减少广告不足和增强广告优势提出建议。

243

广告内容	首次定位时长（秒）	
	图9—8 a	图9—8b
婴儿	1.10	1.75
产品	2.50	2.30
文本	0.75	0.10
商标	2.75	2.65
页脚	3.75	3.65

广告内容	观察时长（秒）	
	图9—8 a	图9—8b
婴儿	0.75	0.60
产品	0.38	0.30
文本	1.75	2.00
商标	0.42	0.40
页脚	0.62	0.70

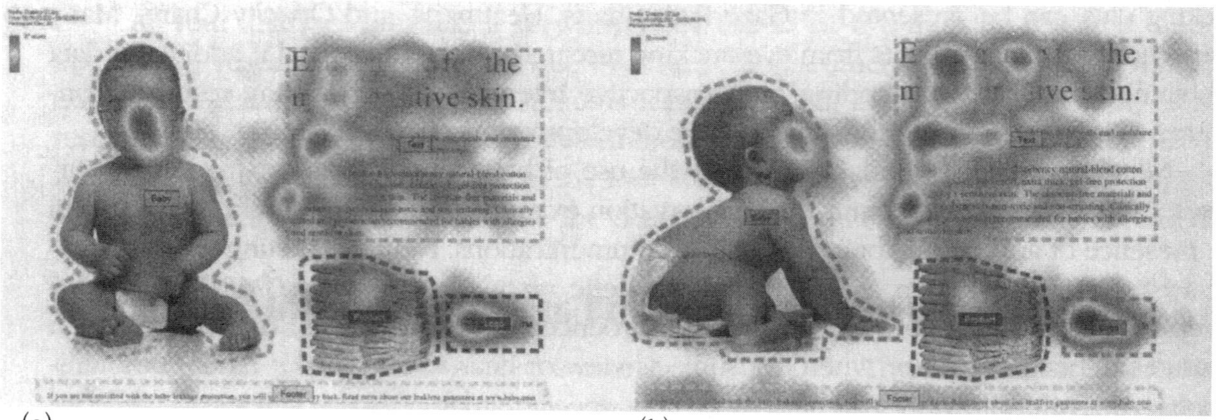

(a) (b)

图9—8 应用练习1的眼动追踪调查结果

2. 你的客户必胜客要求你提供关于神经营销的观点，准备一篇短文，分别表述支持和反对用这种方法进行广告测试的观点。

3. 你的客户麦当劳决定使用脑电波分析来测试最新的广告的效果，你建议使用功能性磁共振成像还是脑电图测试？准备一篇短文呈现你的建议并解释为什么你认为该选择更合适。

4. 在你常用的搜索引擎中搜索关于“神经营销”的文献，准备一篇短文总结过去六个月中该领域的研究进展。

5. 你的客户露华浓决定使用脑电波分析来进行广告效果测试，用你常用的搜索引擎确定三个能够执行该调查有的潜力的公司，访问每家公司的网站，总结每家公司的优势及劣势。然后准备一篇短文：(1) 呈现你针对每家公司分析的优势及劣势；(2) 针对你会建议露华浓雇用的调查公司，给出你的建议和理由。

【注释】

[1] 其他生理技术如面部分析和声音分析同样也会被使用。这些技术通常主要用来为无意识生理测量提供额外的细节
244 补充。对生物测量详细的讨论见 Yong J. Wang and Michael S. Minor (2008). “Validity, Reliability, and Applicability of Psychophysiological Techniques in Marketing Research.” *Psychology & Marketing* 25 (2): 197 - 232。

[2] 眼动追踪技术得以提高，主要表现在眼动追踪的数据现在可以在实验室外的自然环境中进行收集。见 Tobii Technology (undated). “Tobii Glasses Eye Tracker Product Leaflet” at http: //www. tobii. com/archive/files/20826/Tobii_Leaflet_Glasses_Eng_Web. pdf. aspx。

[3] 见 Tobii Technology (undated). “Eye Tracking for Marketing Research Seminar” at http: //www. slideshare. net/Tobii/eye-tracking-for-market-research-seminar。

[4] 图片经 Tobii 科技同意进行了加工。

[5] 图片和引用经 Enquiro (http: //www. enquiro. com) 同意进行了加工。

[6] Enquiro (2005). “Enquiro Eye Tracking Resport I; Google. Sample” at http: //www. enquiroresearch. com/images/Eyetracking2-Sample. pdf.

[7] Eyetools (undated). “Google Search's Grolden Triangle” at http: //evetools. com/research. google. eyetracking-heatmap. html.

[8] 雅虎、谷歌和 MSN 的热点图见 http: //www. enquiroresearch. com/eyetracking-report. aspx。

[9] “Enquiro Presents: Chinese Eye Tracking Study” at http: //www. slideshare. net/enquiro/enquiro-presents-chinese-eye-tracking-study-70751.

[10] 该案例研究由 HCD Research (http: //www. hdci. com) 提供，经同意进行了加工。完整的演示见 http: //www. slideshare. net/hedodiver/eyetracking-presentation-presentation。

[11] Mike Bartels (2008). “The Objective Interview: Using Eye Movement to Capture Pre-Cognitive Reactions.” *ORCA Views Spring*: 58 - 61. 所有的引用均源于此。

[12] Erwin Van Lun (2008). "Facial Coding: What our Facial Expression Shows" at http://www.erwinvanlun.com/ww/full/facial_coding_facial_expression/.

[13] Sensory Logic 的网址为 http://www.sensorylogic.com。

[14] 该视频可从以下途径获得：http://adage.com/brjghtcove/single.php? title=1825806615，同样见于 Tobii Technology (2009). "Facial Coding Brochure" at http://www.tobii.com/archive/files/19030/Facial+Coding+Brochure.pdf.aspx。

[15] Amber Haak (2007). "This is Your Brain on Advertising" at http://www.businessweek.com/globalbiz/content/oct2007/gb2007108_286282.htm.

[16] Kevin Randall (2009). "Neuromarketing Hope and Hype: 5 Brands Conducting Brain Research." *Fast Company* at http://www.fastcompany.com/node/1357239/print.

[17] 例如，见 S. Weinstein, R. Drozdenko, and C. Weinstein (1984). "Brain Wave Analysis: An Electroencephalographic Technique Used For Evaluating the Communications-Effect of Advertising." *Psychology & Marketing* 1 (1): 17-42 and J. Cacioppo and R. Petty (1985). "Physiological Responses and Advertising Effects: Is the Cup Half Full or Half Empty?" *Psychology & Marketing* 2 (2): 115-126。

[18] Mike Shields (2008). "Google, MediaVest Tap Biometrics for InVideo Ads Play" Mike Shields. *Mediaweek* p. 7. See also "Google Reading Brain Wave Patterns to Test Ads" at http://searchmarketingfornonprofits.wordpress.com/2008/12/02/google-reading-brain-wave-patterns-to-test-ads/.

[19] Bob Heyman (2008). "Google's New Metric For YouTube Ads: Brain Waves" at http://searchengineland.com/google-explores-brain-waves-15256.

[20] 关于本技术与其他技术的额外详细内容，见 Peter Kenning, Hilke Plassman, and Dieter Ahlert (2007). "Applications of Functional Magnetic Resonance Imaging for Market Research." *Qualitative Market Research* 10 (2): 135-52 and Carl Senior, Hannah Smyth, Richard Cooke et al. (2007). "Mapping the Mind for the Modern Market Researcher." *Qualitative Market Research* 10 (2): 153-167。

[21] S. M. McClure et al. (2004). "Neural Correlates of Behavioral Preference for Culturally FamiliarDrinks." *Neuron* 44 (2): 379-387.

[22] Alice Park (2007). "Marketing to Your Brain" available at http://www.time.com/time/magazine/article/0, 9171, 1580370, 00.html. 又见 McClure et al. (2004). "Neural Correlates of Behavioral Preference for Culturally Familiar Drinks." *Neuron* 44: v379-387。

[23] Neuroethics and Law Blog (2006) at http://kolber.typepad.com/ethics_law_blog/2006/08/neuromarketing_.html

[24] MindSign (undated). "MindSign Services: Neuromarketing" at http:/mindsignonline.com/services-madison.html.

245 [25] Sands Research 公司的网址为 http://www.sandsresearch.com。

[26] 见 Roger Dooley (2009). "Emmy Awards Match Neuromarketing Study" at http://www.neurosciencemarketing.com/blog/articles/emmy-awards-neuromarketing.htm。

[27] One to One Insight 是一家一对一互动的公司，公司网址为 http://www.onetooneinteractive.com/otoinsights。所有的引用和描述都来源于该网站。Quantemo 是 One to One Insight 公司的一个注册商标。

[28] 经允许进行了再加工，原内容见 One to One Insight (2009). "Social Media for Marketing: An Analysis of Digg.com Engagement and User Behavior" at http://tr.im/otoinsights_digg。

[29] One to One Insight (undated). "Quantemo" at http://www.onetooneglobal.com/insight/quantemo/what-is-quantemo/.

[30] 该调查可以通过以下链接进行下载：http://www.onetooneinteractive.com/otoin-sights/research-studies/。

[31] One to One Insight (2009). "Player Engagement and In-Game Advertising" at http//www.slideshare.net/OnetoOneInteractive/otoinsights-player-engagement-and-ingame-advertising-1681643.

[32] Innerscope Research 公司的网址为 http://www.innerscope.com。

[33] Brian Steinberg (2009). "Advertisers Aim to Measure Watchers'Responses." *Boston Sunday Globe* (September 3): G1.

[34] 对神经营销伦理的延伸讨论见 Emily Murphy，Judy Illes，and Peter Reiner（2008）．"Neuroethics of Neuromarketing." *Journal of Consumer Behavior* 7：293－302。

[35] R. Mark Wilson，Jeannie Gaines，and Ronald Hill（2008）．"Neuromarketing and Consumer Free Will." *The Journal of Consumer Affairs* 42（3）：389－410.

[36] Lior Arussy（2009）．"Neuromarketing Isn't Marketing." *Customer Relationship Management*（January）：12.

[37] 应用练习 2—5 皆为虚构。应用练习 1 中的广告和公司数据反映了真实的眼动追踪研究，该内容由 Tobii 科技提供。

（本章翻译：喻钦文，本章校译：杨雪睿）

第10章

通过调查收集数据

246 正如在第8章和第9章中所阐述的，观察法不通过向受访者提问的方式来收集信息。而调查法则通过提问来探寻受访者的态度、观念和行为。本章将主要为大家介绍用于收集信息的调查法、选择调查步骤的考虑因素以及调查过程中存在的误差问题。

* * *

阅读本章之后，你会对以下内容有深刻理解：

- 不同的收集调查数据的方法以及每种方法的优点和不足；
- 如何根据不同信息需求和调查情境选择最合适的数据收集方法；
- 为什么应答率、拒访率和拒访误差是评估调查数据质量的重要考虑因素；
- 如何提高问卷调查的应答率。

调查提供了关于受访者态度、观念和行为的“时间点”快照。它通常通过使用问卷（也称问卷调查）来向受访者询问感兴趣的问题，从而获得对消费者态度、观念和行为方面的洞察结果。

广告和市场营销调查者通常通过以下四种方法展开调查。这四种方法分别是：个人访谈（面对面的访问）、电话访问、自填式的邮寄调查以及在线调查。（将一种或多种现有方法结合起来的混合调查也在实 247
际应用中越来越多地使用。）每种方法都有自己的优点和不足，因此针对特定的调查研究，必须衡量方法的适当性，即哪种方法最有可能在最短的时间内以最低的预算提供最准确的信息。下面的部分将首先介绍每种数据收集方法的特征、优点和不足，最后来探讨混合调查的数据收集。

通过调查收集数据的方法

个人访谈

个人访谈通常发生的情境是访问员面对面地对受访者进行调查。个人访谈主要有两种形式：拦截式和事前招募[1]。

拦截式访问在现场招募受访者，例如，当一个人路过商场、杂货店、机场或者火车站时。不管访问地点在哪里，所有拦截式访问都以相同的方式进行。例如：

> 一个受过训练的访问员通常会在受访者路过一个人流量较大的公共场所时接近他。访问员事前会拿到一份关于目标对象的描述，例如，他可能会被要求去接近看上去年龄在 18～49 岁的女性。访问员会去接近那些满足一般目标描述的个体，表明自己是一名市场调查人员，然后询问一些更加详细的问题来确认拦截的个体具备调查研究样本所需的特征。符合要求的受访者会被邀请参与到调查当中，调查通常在调查公司的办公室（若拦截发生在商场中）或者其他私人的环境中进行。

在商场中进行拦截式访问可能是拦截式访问最普遍的情境。考虑到这种情境的普遍性，许多市场调查公司已经建立了固定的商场调查设施[2]。大量设施被安置在不同地理和社会经济区域中的商场里，这也使访问员能够以极高的效率接触到广泛的受访者。

在商场和其他地方进行的拦截式访问在获得高发生率事件目标人群或定位具体特征的人群方面是有效的手段。（例如，租车人就有可能在机场被找到。）然而，由于访问的对象缺乏共性特征，拦截式访问其实是一种低效率寻找受访者的方式。因此个人的筛选和事前的招募就显得尤为重要。访问员通常会以邮件、网络及电话的形式联系受访者，来确定个人访谈的时间。

由于执行调查的是受过训练的访问员，以及受访者与访问员之间是面对面地接触，个人访谈相比于其 248
他调查方法来说，一般能够提供最好的数据质量。除了数据质量之外，相比于其他调查方法，个人访谈还有其他优势：

- 在问卷很长且（或）很复杂时，个人访谈会获得非常好的效果；
- 个人访谈能够使用视觉刺激，例如能让受访者收看电视广告；
- 个人访谈让访问员能确保受访者理解调查的问题以及一些复杂的指令。

个人访谈的主要缺点是完成个人访谈需要较高的预算和大量的时间。无论是培训访问员，进行访谈，提前招募受访者（在需要的情况下），还是到达访问地点，都是既昂贵又花费时间的事情。除此之外，就样本特征而言，获得真正的随机样本是一件非常困难的事情。利用个人访谈进行调查研究时，随机样本的选择通常需要较长的时间和较高预算。因此，推及更广泛的人群通常会是一个问题。（见第 4 章）

电话访问

电话访问通常是由一些经过培训的访问员在固定地点打电话的方式来进行的[3]。现在几乎所有的电话访问都使用电脑辅助电话访问（CATI）的形式，访问员从电脑中读取调查问卷并输入受访者的回答。CATI 电话访问相比于纸笔记录的电话访问有很多优势。

> 首先是速度快。利用 CATI 电话访问，访问员能够较好地进行调查，因为电脑能够自动对问题进行划分，也就是根据先前问题的回答，自动呈现相应的下一道问题。访问员实时输入答案，然后立即生成一个数据文件。这种方式不仅减少了误差，还能够避免受访者答案中的前后矛盾[4]。

电话访问和个人访谈一样，为访问员提供了解释复杂指令和问题的机会，尽管相比于面对面的解释，通过电话解释要困难得多。除了这种相似性之外，相对于个人访谈，电话访问还有其他优势和不足。从积极的方面来说，电话访问：

● 特别是那些利用 CATI 辅助的电话访问，能够执行非常复杂的跳答模式调查。这是因为电脑能够根据受访者当前的答案自动跳到下一个最合适的问题。

● 边际成本更低，抽样框中的个体即使在第一次联系时没有接听电话，还是能被再次联系。

● 能够更有效地获得一个真正的随机样本，从而提升调查结果推总的程度与代表性。

249 另一方面，相比于其他调查形式，电话访问也存在局限。

● 问卷长度必须相对较短，让受访者接太长时间的电话是非常困难的。

● 问卷不宜过于复杂，对于受访者来说，太复杂或太详尽的问题和测量很难回忆和回答得很精确。

● 敏感数据难以收集，因为受访者常常不愿意将这些信息透露给陌生人。

● 拒访率高。

● 尤其难以使用视觉刺激，比如让受访者观看一条电视广告。[5]

选择电话访问的样本时必须十分谨慎。提供或购买姓名及电话号码的调查者必须确保这份名单覆盖面广且没有偏差。无法获得名单或名单不合适时，可以使用随机数字拨号。[6]表 10—1 呈现了皮尤民众与媒介研究中心进行随机数字拨号的方法。[7]

表 10—1　　皮尤民众与媒介研究中心电话访问抽样法

250 典型的皮尤民众与媒介研究中心的全国调查，通常在美国本土的固定电话和手机号码中共同选取随机数字样本。由于美国人只用手机或大多使用手机来打电话的比例正在不断增长，所以同时从固定电话和手机号码中选取样本保证了我们的调查能够代表所有使用固定电话或手机的成年人。我们进行调查的固定电话样本和手机样本的比例大约是三比一，这个比例建立在分析的基础上，力求平衡预算和实地调查的支出，同时优化整体的人口构成（在年龄、种族和教育等方面）。这个比例也保证了在调查中只使用手机的受访者数量最少。

全体双重抽样框设计			
调查	手机样本（25%）	固定电话样本（75%）	
人口	只使用手机（17.8%）	同时使用固定电话和手机（66.6%）	只使用固定电话（15.6%）

固定电话样本的设计要通过随机数字拨号的方式，来确保样本既能代表电话名录上有的用户，也要代表电话名录上没有的用户（包括那些还未列在电话名录上的电话号码）。这种方法是用基于区号、电话交换机和号码库选出的电话号码的最后两位数字随机生成。一个号码库被定义为 100 个连续的电话号码，例如，800－555－1200 到 800－555－1299。根据县和县内的电话交换机按比例选择电话交换机。也就是说，在一个给定的县内随机抽取的电话号码的数量所占比例与这个县在美国电话号码总体中所占的比例是相等的。只有包含了 3 个以上住宅电话的号码库才会被选择。

手机号码样本通过系统抽样从包括 100 个连续号码的手机号码库中抽取，或者是从那些没有列入名录的共享服务号码库中抽取，以确保手机号码样本不包括那些内有固定电话样本的号码库。样本无论在地域范围上还是大大小小的无线运营商方面都要有代表性。

所有的固定电话样本和手机样本都以同样的形式被分配，它们都是大样本当中小的随机样本。使用同样的形式来控制电话号码的分批保证了所有样本都能够按照完整的呼叫程序执行，同时它能够保证被呼叫的号码在地区分配上的合理性，它同样有助于提高样本的代表性。

很多人都取消了固定电话，转而将手机作为唯一的依赖，电话访问中的误差问题也日益受到关注。下面皮尤研究中心阐述了他们为减少这种偏差所做的一些尝试：

不同于其他一些民意调查机构，皮尤的选举调查包含了一个全体双重抽样框设计（full dual frame design）（见表 10—1）。通过这个设计，不仅能够接触到那些既有固定电话又有手机的受访者，而且能够接触到只使用手机的受访者。相比之下，之前大部分在选举调查中纳入手机用户的民意调查专家真正调查的样本其实是只使用手机的受访者。

这两种方法之间的差异在方法论的挑战上可以被看作一个折中。在只使用手机的样本中补充进固定电话的样本能够更好地避免重复调查那些同时拥有这两种类型电话的受访者。这使得样本的整合更加直接，但是提前假定了固定电话样本是能够平等而精确地接触到所有个体的。如果有些个体拥有固定电话，但是因为偏爱使用手机他们很少或者从来不接听固定电话，他们在调查中就没有充分的代表性。皮尤研究中心这种同时调查固定电话样本和手机样本中所有人的方法，确保了调查能够覆盖每一位有电话的成年人，但是由于一些拥有超过一部电话的个体很容易参与到调查中，这种方法又增加了数据整合方面的挑战。

皮尤研究中心根据受访者选择使用每种电话的可能性和规律性来解释这种双覆盖的调查方法。

邮寄调查

邮寄调查首先需要给每一位潜在的受访者寄送一个包裹，包裹中包含问候信、调查问卷、完成与回收的说明和一个写着执行调查的调查公司地址并粘贴好邮票的信封。类似于金钱或者小礼物等奖励可能包含在也可能不包含在包裹中。由于在受访者和调查者之间没有人际交流，因此邮寄调查与个人访谈或者电话访问有很多不同。受访者只需要填写完问卷并在方便时寄回即可。

251 邮寄调查可以通过以下两种方式的一种进行。第一，通过直接邮寄给总体中选定样本的方式进行。类似于电话调查，姓名和地址列表可以通过内部产生或者通过购买的方式来获取。第二，使用邮寄样本组。邮寄样本组由一群同意持续参与到调查研究中的个体组成。样本组通常由独立的市场调查机构组建和维系，如 Market Facts National Family Opinion 和 National Panel Diary（NPD）Group。样本组的规模从10万人到100多万人不等，相比于邮寄给一般人，这也提供了许多优势：

● 应答率显著提高，样本组成员通常愿意回答邮寄给他们的问卷。

● 成本效率更高，相对较高的应答率降低了平均访谈成本。

● 选择具有特定人口或产品使用特征的受访者时无需再通过预先筛选，因为市场调查公司已经收集了样本组中所有成员在这方面的信息。

● 能够更有效地预先筛选出低应答率的受访者。包含有筛选特征的明信片会被邮寄给样本组中的大部分人，然后主问卷才会被邮寄给其中那些符合特征的人。

不管邮寄调查的形式如何，相比于个人访谈和电话访问，这种类型的调查研究也有优势和不足。它的优势包括：

● 成本效率高。经过合理设计的邮寄调查，每一份完成的样本的成本，要远远低于同类的个人访谈和电话访问。

● 方便受访者。受访者可能更愿意参与，因为他们可以在自己方便的时候完成问卷。

邮寄调查的不足包括：

● 应答率较低。受访者可能不会完成或寄送回问卷，从而造成数据的不完整。

● 限制了问卷的长度和复杂性。从理论上来说，我们可以将问卷设计得非常冗长和复杂，但是随着问卷长度和复杂性的增加，应答率则会相应地下降。

● 花费的时间更多。问卷的回复需要经过信件的递送，然后才能够进行数据收集，这将比其他方式花费更多的时间。

最后，客观存在的邮寄调查的非互动的特征既是它的优势又是它的不足。一方面这种客观属性通常能够促使受访者在个人感受和敏感问题上提供更加精确的数据。然而另一方面，受访者无法弄清自己困惑的地方，同时在问卷是否被正确完成方面也缺乏外部检查。

与邮寄调查密切相关的是自填式（self-administered）调查，它由访问员亲自分发，但通过邮件寄送或放在固定地点的方式进行回收。这样的调查在问题 252
数量方面通常有所限制，它们主要被用来测量顾客满意度，以及顾客与品牌相关体验的质量。图10—1就是这种类型调查的案例。

顾客满意度调查

感谢您光临 Snakz Joint。我们希望了解您是否喜欢本次体验，请帮助我们完成下面这个小调查。

访问日期 ________　　　　访问时间________

桌子编号 ________

这是您第一次来吗？	是☐	否☐
等待座位花费了您多少时间（分钟）？________		
您的等待时间（单选）：	比预期时间长☐	
	比预期时间短☐	
	和预期差不多☐	
您是否预约：	是☐	否☐

请告诉我们您对食物的感受，每个表述后只选择一项。

	非常满意	较满意	较不满意	非常不满意
食物供应时的温度	☐	☐	☐	☐
食物的味道如何	☐	☐	☐	☐
盘子中食物的外观	☐	☐	☐	☐
食物的价值（性价比）	☐	☐	☐	☐
种类和选择	☐	☐	☐	☐

请告诉我们您对服务人员的感受，每个表述后只选择一项。

	非常满意	较满意	较不满意	非常不满意
礼貌	☐	☐	☐	☐
形象	☐	☐	☐	☐
知识	☐	☐	☐	☐
专注	☐	☐	☐	☐
热情	☐	☐	☐	☐

你是否会将 Snakz Joint 推荐给您的朋友？　是☐　否☐

如果不会请告诉我们为什么：

图 10—1　自填式调查案例

253 ## 在线调查

在线调查通过互联网进行管理，近来也更多通过手机来进行。这些调查通常在公共网站上发布，让受访者可以在自己方便的时间用电脑或手机填答。这种调查方法有三个必备要素：邀请、问卷设计及发布、数据收集。

邀请参与调查，一般来说主要通过电子邮件的形式邀请样本成员参与到调查中来。电子邮件中一般包含链接，这个链接将受访者引入问卷填答的网站。这个网站能够让调查者不用任何额外的软件或硬件就设计和发布问卷。正如在下一章中我们将要讨论的，这些网站能够提供非常广泛的问卷形式选择，还包括分支问题、跳答模式等。正因为跳答模式能够通过电脑自动生成，这种调查形式是那些包含了复杂跳答模式的问卷的理想选择。

在线调查除了能够实现跳答模式外，还有其他优势。第一，许多在线调查网站可以将个体随机分配到不同组别，也可以将刺激材料随机呈现。当我们用这些网站来收集实验数据时，这个优势就显得极为重要。第二，通过问题应答选项的随机排列，可以明显减少或消除问题偏见。比如，一个五选项排序问题的选项就可以以不同的随机顺序呈现给不同的受访者。第三，数据收集通常很快，因为样本中许多成员的问卷都能够同时进行。第四，预算通常低于其他数据收集方式。最后，如果你对罕见的人群（如有特殊疾病的人、龙凤胎、非洲裔美国犹太女性）感兴趣，在线调查技术能够让你收到来自世界各地的回复，因此你也能比传统的调查方式获得更大的样本量。[8]

在线调查首先要注意的就是样本构成。由于互联网接入还不普遍，习惯使用互联网的人在不同的年龄组中也存在差别，因此总是存在着样本是否具有代表性的问题。用这种数据收集方式可能无法获取抽样框中的一些个体。

混合（混合模式）调查

之前提到的每一种数据收集方式都有自己独特的优势和不足。考虑到这种情况，调查者越来越主张在一些情况下，收集数据的"最佳"办法其实是多种模式，也就是同时使用多种方式收集数据。调查抽样中我们这样描述：

> 混合抽样模式是指在同一项研究中，使用超过一种模式来接触消费者的过程。这可能以两种形式发生：不同形式可能只被用在与受访者联系的层面，但样本本身只保持一种模式——比如，通过电子邮件联系某人，请求他通过电话参与一个研究，或者通过电话来招募在线或邮件研究的受访者。混合模式也可以被用于问卷中，填答问卷的一部分样本通过在线回答，另一部分则通过电话回答。
>
> 混合模式之所以非常重要是因为30%的美国人都不上网，老人、家庭不富裕的人以及一些乡村人口都不太可能使用网络。但是，同时使用电话、邮件和个人访谈的形式来进行整个研究在预算上是不允许的。这时，混合模式的解决方法就要尽可能多地使用在线的方式来进行，同时用电话和邮件样本作为补充以填补人口差距。[9]

254

混合设计有可能提高应答率，因此也能够提高数据的质量。例如，克鲁思等人（Kroth et al.）发现那些没有应邀参与在线调查的人，在被提供通过邮件参与调查的机会时，参与率提高了24%。[10]尽管这种混合设计在提高应答率方面效果显著，但它仍存在两个明显的制约。首先，实施起来比较困难，不同的抽样框需要不同的数据收集模式。其次，混合设计假设不管采用什么模型、抽样框和抽样方法，同一个人（或者非常类似的人）对同样的问题会给出相同的回答。[11]由于这样的假设是值得怀疑的，因此混合设计的数据聚集和数据分析也非常复杂。[12]

选择数据收集方法的准则

当决定哪种调查方法是某一特定调查研究的最佳选择时，我们需要考虑六个因素。这些因素是：

- 花费
- 时间要求
- 样本、访问以及管理控制
- 信息需要
- 主题和问卷的复杂性
- 访问时间长度

花费

花费是调查研究中一个极其重要的考虑因素。任何一个特定调查研究的花费反映了问卷的长度、应答率的要求、地域覆盖及样本特征。然而，当我们面对这些方面的比较参数时，个人访谈（尤其是那些在受访者家中或工作地点进行的）比其他数据收集方式要更加昂贵。

研究花费是衡量选择哪种数据收集方法最合适的起点，但它不是最终和唯一的考虑因素。毫无疑问调查者的职责是以高成本效率的方式收集信息，并保证信息的可靠性和有效性。当相比于其他方法会明显牺牲数据质量时，选择绝对成本最低的数据收集方法常常是不合适的。以低成本收集不可靠的数据并不划算。

255

时间要求

不同调查方法在数据收集的速度上有差别。

电话调查和在线调查一般来说收集数据所需的时间最短。电话调查相对较快主要有两个原因：所有的培训和协调都可以在一个集中的设施中进行，调查团队也可以同时工作。因此，只要增加调查员就可以缩短调查的周期。在线调查收集数据同样很快，因为从联系受访者到调查的实施之间只有微小的延迟。同样，因为数据是通过中央服务器统一收集的，许多问卷可以同时完成。

邮寄调查则需要花费比较长的时间。问卷需要放入邮件中，通过邮局寄送，然后在受访者方便的时候完成，放回邮件中，再由邮局重新寄回。除了这种最基本的邮件寄送寄回需要时间，提醒、额外的接触和后续的邮件都需要时间。

个人访谈通常是最慢的数据收集方式，特别是当样本量增加时。这主要是由事前招募或在商场进行拦截时确认受访者是否符合要求造成的。

样本、访问以及管理控制

样本控制指的是调查者控制由谁来回答调查问卷。很显然，满足样本定义的个体才是适合填答问卷的人。四种数据收集方法在确定目标受访者，也就是参与调查并提供问题答案的人方面的能力是不同的。个人访谈和电话访问具备最佳的样本控制水平，个人访谈和电话访问中的人际接触和即时性能够帮助我们确定目标受访者就是提供回答的人。邮寄调查和在线调查具备的控制程度则相对较弱，我们无法保证问卷寄送的对象就是问卷的填答者，就这一点来说，我们也无法保证招募的问卷填答者在个人特征和人口特征方面是真实有效的。

访问控制是指调查者控制受访者在什么环境下给出调查的答案。类似于样本控制，个人访谈和电话访问同样具有最佳的访问控制能力，因为访问员能够确定受访者参与到每个必要的活动中（例如倾听或阅读产品说明），并以问卷指定的顺序对每一个调查问题的信息需求都做出最合理的回复。除此之外，个人访谈和电话访问的即时性让访问员能够在模糊或错误回复发生时就能及时向受访者提出。在线数据收集技术具备的访问控制水平相对较低。尽管电脑可以针对不合理的问题回复进行设置，并且可以通过合理的访问顺序来引导受访者，但是仍然无法保证受访者在答题前阅读了所有需要的材料。邮寄调查所具备的访问控制水平最低，因为它无法 256
保证受访者回复时阅读了所有必需的材料、以正确的顺序答题，也不能及时纠正错误。

管理控制是指调查者监控访问员质量的行为，这种控制只能在电话调查和个人访谈中实现。在电话调查设施现场的督导员能够控制每个电话调查的质量，并立即纠正访问员在语音语调、风格和问卷调查执行中的问题。CATI 程序能够确保每个调查以相同的方式进行，并且跳答的问题也遵循着合理的顺序。个人访谈，特别是那些田野调查管理控制的程度最低，调查者不可能监管每一次个人访谈。因此，虽然访问员培训在所有的调查方法中都很重要，但考虑到管理控制的缺失，它在个人访谈中是最重要的。

信息需要

当调查主题比较敏感或具有个人特征时，一些调查技术会比其他技术更有效。

相比于个人访谈，受访者在电话调查特别是邮寄调查中会更加诚实和坦白。电话调查较少引发被调查者觉得是“社会可以接受”的回答。例如，克里姗（Krysan）在非洲裔美国人和白人受访者的比较组中进行了一次个人访谈和邮寄调查，她发现相比于个人化的环境，邮寄调查中的受访者对种族融合和积极行动表达了更加消极的态度。[13]依照这种方法，毕比等人（Beebe et al.）在药物滥用的案例中，也发现邮寄调查相比于电话调查是收集敏感和个人信息的更好方式。[14]

电话调查和邮寄调查看起来更适合用来收集敏感数据和避免“社会可以接受”的答案，个人访谈则适合用来收集完整和经过深思熟虑的回复。访问环境的个人化属性，连同访问员的亲临现场，都能够更好地激励消费者去仔细考虑每一个问题，从而避免了快速和简单的回答。

主题和问卷的复杂性

有些调查的主题本身就要比其他调查复杂得多，那些探索消费者对政府修订卫生保健、福利政策计划态度的调查，比那些获取对电视广告反应的调查在主题上就要更为复杂。除了主题的复杂性外，一些问卷也比其他问卷要复杂。问卷的复杂性随着跳答模式和复杂表达问题的增加而增加。根据受访者的回答，跳答模式会指导受访者和访问员从问卷上的一个点跳到另一个点，复杂表达的问题则要求受访者运用大量认知能力来抓住和回忆问题的要素和需求。例如：

- 有许多可能选项的多项选择题；
- 排序类问题，要求受访者回忆大量事物并将它们按顺序排列；
- 257 总和恒定类问题，要求受访者针对一系列目标分配分数；
- 有很长导入语的问题，或在回答前必须记住所提供信息的题目。

当主题与问卷都比较复杂时，个人访谈是最合适的。访问的个人化属性提供了最佳的复杂主题讨论环境，对呈现和探寻开放式问题会尤其轻松舒适。除此之外，复杂问题能够展示给受访者看，也减少了文字记忆的需要。

由于电话访问的跳答模式，它在主题和问卷较复杂的时候也能够起到比较好的效果。和个人访谈一样，电话访问的互动性为复杂主题的讨论和开放式问题的使用提供了好的环境。使用电脑辅助访问能够在跳答模式中自动最小化误差，同时检查回复的合理性。但是电话访问并不适用于那些由于口头表达所致以及问题本身就很复杂的问卷，因为受访者无法亲眼看到这个复杂的问题，这可能会影响他对问题的理解，从而降低他们提供信息的质量。

在线调查适合那些主题相对简单、复杂与否皆可的问卷，这种调查的非人际性特征使得调查很难使用开放式问题来调查人们在复杂领域的态度（尤其是问题的答案必须输入电脑中）。然而，受访者理解问卷和被电脑引导的能力允许我们使用相对复杂的问卷。类似于电脑辅助电话访问，电脑程序能够确保受访者面对更加复杂的问题时，给出问题所需的合适回复。

访问时间长度

访问时间长度是指受访者完成调查通常所需要花费的时间。访问时间长度会随着问题的绝对数量、问题的复杂性和开放式问题数量的增加而增加。

人际接触对于较长时间的调查来说是很有必要的，调查的个人化属性和面对面的特征让访问员能够保证受访者在调查中的兴趣、注意力、涉入程度和持续的参与。因此，时间较长特别是那些有许多开放式问题的访问，通常采用个人访谈作为数据收集的方法。邮件、电话和交互式的数据收集技术一般只适合时间较短的访问。

- 长度较长的邮寄调查看起来令人难以应付，而且需要受访者投入相当多的时间和精力。大部分受访者都不愿意这样做。

● 电话访问和其他的家庭或商业活动有冲突，因此很难让受访者保持 5～10 分钟以上的参与。

● 较长的互动式访问和邮寄调查有许多相同的问题；也就是大部分受访者都不愿意付出调查需要的那么多的时间和精力。

258

应答率、拒访率和拒访误差

应答率是调查研究的一个关键因素，它指的是通过访问或调查参与到整体调查中的有效样本所占百分比。低应答率会严重降低收集到的数据的效度和普遍性，因此也会降低数据真正地和精确地促成决策过程的能力。应答率用完成调查的受访者数量除以有效样本中受访者的总量来计算，而拒访率则是应答率的补集，通过 100%减去应答率来计算。

表 10—2 举例说明了一个假设的电话调查中应答率和拒访率的计算方法。通过随机数字拨号我们总共联系了 1 200 个家庭，在这当中，有 150 个因为电话没有接通、是传真机或企业电话而被排除在期望的样本之外，将这些样本从总样本中减去之后，就剩下了 1 050 个可操作的号码样本。在这些保留的家庭样本中，有 250 个不满足任何一项样本特征，这些家庭也同样被排除在有效样本之外，最后剩下了 800 个有效的家庭样本。在保留的这 800 个家庭中，有 100 个拒绝参与调查，150 个不在家。因此访问员对保留的 550 个家庭进行了调查，应答率为 68.8%，拒访率为 31.2%。

表 10—2　　应答率与拒访率的计算

原始样本	**1 200**
排除无效样本	(150)
共得可操作样本	**1 050**
排除不符合定义的样本	(250)
共获得有效样本	**800**
减去拒绝样本	(100)
减去不在家的样本	(150)
减去因为其他原因无法接受调查的样本	(0)
共获得参与受访者数量	**550**

用参与调查的受访者数量除以总有效样本数量得到应答率：

550÷800 ＝68.8%

用 100%减去应答率得到拒访率：

100%－68.8% ＝ 31.2%

应答率和拒访率是数据完整性的重要指标。高应答率，也就是低拒访率，通常表明了在对调查作出回复和没有作出回复的人之间不存在重要的差异。而低应答率，也就是高拒访率，则通常表明数据的来源存在着比较严重的问题。它表明调查中可能存在着数据
259 偏差，反映了参与调查的受访者和没有参与的受访者在特征上存在着差异。

表 10—3 中显示的数据说明了拒访误差的危险性，表格上方的数据显示了在一个禁止吸烟的广告活动开始前进行的观点调查的结果。男性和女性的应答
率都比较高且完全相同，这让我们很容易地就接受 260
了调查结果尤其是总体均值，并认为它们对抽样的人口是具有代表性的。中间的图用三道题对总体样本在广告活动前测和后测的均值做了比较，它显示广告活动对人们的态度发挥了积极的影响，三道测量题的总体样本均值都出现了上升，这也就表明了样本中更多的人相信广告活动是可信的，吸烟行为是愚蠢的以及应该停止吸烟。然而，认为这次广告活动是有效的结论是不正确的，这是由于拒访误差的影响直接导致的。表格的下方呈现了更详细的数据，这些数据是关于人们在广告播出六个月后的观点。我们注意到男性和女性的观点相比于前测并没有发生变化，然而，由于拒访误差（如回答的男性比例较小），女性在最终样本中过度代表，整体的均值便上升了。

拒访误差原因

拒访误差两个最主要的来源是受访者拒绝回答和不在家（not-at-homes）。当受访者拒绝参与调查研究或者在调查开始后没能完成调查，这时候就发生了受访者拒绝回答的状况。不同的研究中拒绝回答的数量

表10—3 拒访率在得出调查结论中的影响

活动前测

调查问题	男性（人数=180） 应答率=90%	女性（人数=180） 应答率=90%	总计（人数=360） 应答率=90%
禁止吸烟广告是可信的	35%	53%	44%
吸烟是一件愚蠢的事情	34	52	43
我应该停止吸烟	**23**	**43**	**33**

活动前测和后测比较：总体样本均值

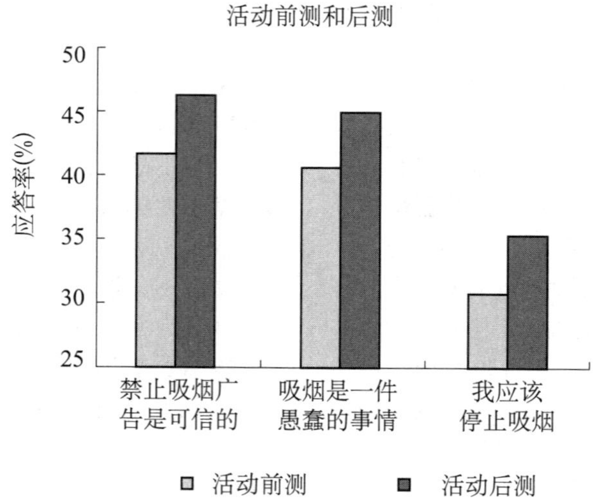

活动后测

调查问题	男性（基数=50） 应答率=25%	女性（基数=150） 应答率=75%	总计（基数=200） 应答率=50%
禁止吸烟广告是可信的	35%	53%	48.5%
吸烟是一件愚蠢的事情	34	52	47.5
我应该停止吸烟	**23**	**43**	**38**

有所不同，并会受到许多因素的影响：访问员的个性、调查的类型、受访者对于调查主题感兴趣的程度、联系受访者的时间以及向受访者介绍调查的方式。不在家的拒访误差通常发生在一个受访者在可能的联系时间内却无法联系到的时候。虽然拒绝回答一直是拒访误差最基本的原因，但是随着社会生活方式的变化，不在家造成的拒访误差也在不断增加。

提高应答率来降低拒访误差

对拒访误差来源的理解是在特定调查中设计方案以减少这类问题的基础。减少因为拒绝回答和不在家而产生的拒访误差最基本的方法就是提前通知、激励、回访和二次联系，这些方法在个人访谈、电话访问和邮寄调查中的执行上也存在差异。[15]

减少个人访谈和电话调查中的拒访。拒绝回答是个人访谈和电话访问共同面临的问题。由于许多拒绝都发生在首次联系时，因此尝试和确保潜在受访者的第一次合作非常重要。在个人访谈和电话调查中成功提高合作的技巧包括：

- 明确地提及访问的主题并描述这个主题为什么重要，以及为什么与受访者相关。
- 高效和准确地描述调查的目的和目标，提出受访者回答对实现目标的重要性。

261 ● 向受访者确保他们不会因为参与调查或者他们的答案被使用的方式而感受到威胁。

● 使用一些符合调查需求水平的激励措施。10 美元的奖励在要求受访者收看特定电视节目的调查项目中能够提高应答率[16]，而 2 美元或者一份小礼物在相对短小的商业区拦截式访问中就能够有效提升应答率。

● 提前通知。为了取得合作，我们可以在访问前联系受访者，这在电话调查中是非常适用的。例如，亨布罗夫等人（Hembroff et al.）发现，尽管任何形式的提前通知总比没有好，但是信件是比明信片更好的提前通知方式。[17]

除了这些运用到个人访谈和电话访问中的技巧，费尔特瑟（Feltser）还提出了一些能够有效提高商业区拦截式访问应答率的特定方法。[18] 费尔特瑟的建议包括：

● 让筛选更快、更简洁，并重点关注最重要的特征。“筛选和问卷的界限有时候是非常模糊的，特别是在两阶段研究中（首先进行筛选，然后在访问地点对受访者做较深入访问），……想象一下当你向受访者解释之前 6～7 分钟的问题只是调查的开始，现在开始还有很多问题在等着他们时（‘还有更多？我以为我已经完成了你的调查！’），你为了讨受访者欢心并令其愿意继续接受调查而需要的小花招。简短、快速的筛选常常能够提高符合要求的受访者能坚持到最后的几率。”

● 减少筛选环节中的跳答模式，以易于招募者区分符合要求和不符合要求的受访者。成功的商业区拦截式访问的实质在于速度和效率。有经验的访问员能够很从容地处理一般的跳答模式，因为他们都有自己的战术。一个优秀的案例是访问员给不同的答案分配数值，这儿加一点，那儿减一点，来判断受访者是否符合研究的需要。很常见但还是会让人感到惊讶的问卷常常包含一些这样的指令：“如果受访者对 Q. 4 和 Q. 12b 的答案是肯定的，请问 Q. 23a；如果受访者对 Q. 7、Q. 15 和 Q. 16a 或 Q. 16b 的答案是否定的，请问 Q. 23b。”这些让访问员来回翻看问卷的跳答，不仅容易产生错误，花费时间也较长，会让受访者感到厌倦并认定去吃比萨将会是比这个更有趣的事。

除了这些以受访者为中心的技巧外，对访问员进行仔细的培训和控制也可以降低拒访率。确保访问员具备以下特征是非常重要的：

● 经过成功培训，能够与受访者快速建立密切的关系。研究表明访问员声音的语调能够影响受访者的合作和参与。

● 仔细控制访问员访问对象的拒访率，那些拒访率特别高的访问员应该立即重新训练或被替换。

当我们尝试使用各种方法接触特定受访者时，由 262
于无法联系到受访者所造成的拒访误差能够显著降低。调查者发现第二轮接触能够使应答率提高一倍。下面这些准则在提高重复联系成功率方面的有效性已经得到了验证效性：

● 尝试着重复联系 3～6 次；

● 改变一天中打电话的时间，利用工作日的晚上和周末的时间联系那些不在家的全职工作者。

减少邮寄调查中的拒访。邮寄调查中拒访的原因与个人访谈和电话调查不同。调查者使用邮寄调查时，事先假定了名单中的姓名和地址都是准确无误的，送达给受访者的过程也不会出现问题。邮寄调查的主要问题在于拒绝回答，也就是许多邮寄调查的接收者不会花时间来完成和回复调查。

提前通知是引导受访者合作和参与研究的有效方法。可以提前简洁地通知受访者研究的特征和重要性，他们被选中参与调查的原因，以及他们可能会接收到调查问卷的大概日期。除此之外，也可以通过设计邮件本身来提升参与研究的可能性。提高应答率的技巧包括：

● 使用附函清楚地陈述调查的主题，并描述为什么这个主题很重要及为什么与受访者有关，高效和精确地描述调查的目的和目标，并解释清楚受访者答案的重要性。

● 内附一个支付过邮资的回复信封。

● 准备和打印好问卷，使其看起来最简单并专业。

● 将金钱奖励连同问卷一起装入信封，预付的金钱奖励是提高企业和消费者邮寄调查应答率最有力的方法。虽然大额的奖励（5 美元及以上）趋向于比小额的奖励（1 美元及以下）有更好的效果，但它们的实际差别其实很小。

最后，在调查问卷被寄出后，再次和受访者联系是提高应答率的有效方法。可以给不愿意参与调查的受访者寄一张明信片或一封信，请他完成并寄回问卷。然而，考虑到许多受访者早就找不到最初邮寄的问卷，许多调查者会在再次接触的邮件中放入第二份调查问卷。调查表明，一次后续跟进的邮件能够使应答率得到显著提升。

减少在线调查中的拒访。有一些技巧已经被证明在提升在线调查参与度方面是有效的，从而能够降低拒访误差。第一，类似于邮寄调查，一封精彩的、激励人的邀请函能够鼓励受访者点击和参与。第二，奖励能够提高参与度，在吸引受访者方面有很好的效果。第三，个人称呼在电子邮件邀请函中的使用也能
263 够提高参与度。一封写给“亲爱的丽莎”的邮件要比一封写给“亲爱的同学”或者“亲爱的小组成员”[19]的邮件起到的效果更好。除此之外，理查德·冈特（Richard Gaunt）还给出了如下建议：

> 确保你的调查链接是可点击的：调查软件经常会对个人调查生成很长的链接，你可以通过隐藏原链接来避免这个问题，像“点击此处进入调查>>”。然而，有些邮件系统是无法识别隐藏后的链接的，因此你最好将完整的链接复制到电子邮件中。
>
> 再次向受访者保证他们的隐私和保密性：人们需要确认他们的个人数据和观点不会被滥用。包含这一点的句子应该出现在电子邮件中，并且在网络调查的首页再次重复。
>
> 注意“发件人”、“收件人”和“主题”：如果可能的话，“发件人”中的电子邮件地址应该是真正存在的人，“收件人”中应该只有收到这封电子邮件的人的邮件地址。电子邮件的“主题”也同样重要，应该短小而且开门见山。
>
> 让电子邮件尽量短一些：你时常会陷入过度解释调查问题，把链接藏到邮件正文的某处或正好放在最后。试着让你的正文短一些——大部分人都会在几秒钟内就决定他们是否要参与调查——他们需要知道他们为什么要参加，为谁做这个调查以及需要花费多长时间。

表 10—4 是一封电子邮件邀请函的示例。[20]

表 10—4　　邮寄调查邀请函范例

发件人：j. Mckenna@summit. net
收件人：g. daniels@gmail. com
主题：搜索引擎优化：新境界 2010 年会——寻求您的反馈

亲爱的 Daniel 先生：

首先代表峰会感谢您参加 2010 年搜索引擎优化：新境界年会。

本次会议的策划者和发言人都非常希望得到您对本次会议的反馈。您的回复将会帮助我们更好地了解今年年会的优点和不足，也会帮助引导明年年会的策划。本次调查只需花费您不到五分钟的时间来完成，所有的回复都是匿名并会被保密。

完成调查，请点击此处>>G. DANIELS 调查链接

如果链接无效，请复制粘贴下方的链接浏览：

http://www. surveymonkey. com/SurveyPop. aspx?query=view&SurveyID=75&KiRb098765th

在此先感谢您的参与，您的反馈对我们很宝贵。如果您有任何问题或希望更详细地讨论本次会议，请放心通过邮件或电话（555－987－9087）联系我。

谨致问候

J. McKenna
Summit. net

264

小结

问卷调查提供了关于受访者态度、观念和行为的“时间点”快照。广告和市场调查者通常用四种数据收集方法来进行调查：个人访谈（面对面）、电话访问、邮寄或自填式调查、在线调查。每种调查方法都有其自身的优势和不足。

● 个人访谈的数据质量一般来说是最高的。其他优势包括：适合较长或较复杂的问卷，能够使用视觉刺激，同时也允许访问员确认受访者能充分理解被问及的问题。个人访谈的不足之处包括进行访问的成本较高，而且需要花费大量时间。

● 电话访问的优势包括：容易进行有复杂跳答模式的访问，边际成本较低，能够获得真正的随机样本。它的局限包括：问卷长度需要相对较短，问题结构需要相对简单，高拒访率，使用视觉或其他刺激比较困难。

● 邮寄调查允许受访者在他们方便的时候进行回答，一般成本效率较高。邮寄调查的局限包括：应答率较低，问卷长度和复杂性的限制，寄送给受访者的周期较长。

● 在线调查同样允许受访者在方便的时候进行回答，同时也有非常高的成本效率。类似于 CATI 访问，在线调查同样能够很好地处理复杂的跳答模式。在线调查最需要留意的是样本的代表性问题。

混合调查，就是将上述一种或多种方法结合起来

的形式，也在越来越多地被使用。

选择数据收集方法的原则一般有六项：花费，时间要求，样本、访问以及管理控制，信息需要，主题和问卷的复杂性以及访问时间长度。

应答率是衡量调查数据完整性的重要方式。高应答率，也就是低拒访率，通常表明在对调查作出回复和没有作出回复的人之间不存在重要差异。另一方面，低应答率则通常显示数据来源有着显著的问题，并且严重限制了调查者从抽取到的样本推及更广泛人群得出结论的程度。应答率能够通过采取行动减少拒访和“不在家”来提升。

复习题

1. 通过调查收集数据的四种基本方法是什么？

2. 拦截式访问是什么？拦截式访问与事前招募访问有什么不同？哪种类型的拦截式访问最有可能发生在商场中？

3. 个人访谈的相对优势和不足是什么？

4. 电话访问的相对优势和不足是什么？

5. 描述电话访问中可能的偏见来源。

265 6. 邮寄调查的相对优势和不足是什么？

7. 在线调查的相对优势和不足是什么？

8. 什么是混合模式调查？这种类型的调查在什么情况下最合适？

9. 选择数据收集方法的六个考虑因素是什么？为什么每个因素都很重要？每种因素是如何影响每种数据收集方式的优势和不足的？

10. 定义应答率和拒访率。

11. 在个人访谈和电话访问中如何降低拒访误差？邮寄调查中呢？在线调查中呢？

应用练习

1. 假定下列各情境最适合使用调查研究。思考每个情境并判断，你会推荐使用个人访谈、电话访问、邮寄调查还是在线调查。你的推荐应当反映出你的决定是最佳的数据收集方式，并给出各方法的相对优势和不足。充分解释和证明你的决定。

a. Yolin 实验室是一家处方药的制造商。他们最近的产品刚刚获得 FDA 认证，是一款能够抑制食欲至少 16 个小时的减肥药片。这款药品是专门为那些严重超重的人（定位为一定年龄和身高，体重超过标准体重 75 磅的人）研制的。在进行广告活动之前，广告公司及客户希望确定他们目标消费者目前的节食行为及他们对该新药的反应。

b.《健康之友》（*Woman's Day*）杂志的编辑刚刚完成了对该杂志的重新设计。重新设计的杂志将会在一周内发售，编辑希望确定读者在引入新设计三个月之后对新设计的反应。

c. 丰田汽车准备在底特律车展中推出三款新型小货车，丰田集团希望获得人们对这些新型车的反应。

d. 苹果公司新的广告活动中有一部分明确计划针对中小学特级教师。在进行广告活动之前，苹果公司希望了解这些个体的电脑拥有情况、电脑品牌认知以及评估电脑品牌价值的维度。

2. 你正在对医生进行一个全国性的调查，你已经表达了你对潜在高拒访率的担忧。该调查涉及广告对医生开处方行为的影响。第一，选择收集数据的方法。第二，讨论拒访误差和你选择的方法出现拒访误差的可能性。第三，解释为什么需要将拒访误差控制在最小。第四，就你选择的方法如何降低拒访误差提出具体的建议。

3. 思考下列数据，计算应答率与拒访率。

原始样本数量	2 000
无效样本	(300)
小计	?

未满足样本定义 (300)
小计 ?
拒绝 (150)
不在家 (50)
因为其他理由不接受访问 (0)
小计 ?

4. 想象一下福特汽车公司就其汽车的可靠性开展了一个新的广告活动。在活动开始之前，公司尝试在三个消费群体中进行750个样本的调查，三个消费群体中同样的750个样本在活动进行两个月后再次接受了调查。（每个群体250个样本。）对三个重要消费群体采取的主要措施如下表所示，通过对活动前后总体样本均值的比较，福特公司总结认为该活动是成功的。你是否赞同这个结论？为什么？[21]

266 **活动前的措施**

调查问题	福特车主（样本=200）	前福特车主（样本=210）	从未买过福特车（样本=225）	总计（样本=635）
福特汽车制作精良	55%	40%	20%	37.6%
福特汽车很可靠	65%	35%	15%	37.4%

活动后的措施

调查问题	福特车主（样本=230）	前福特车主（样本=80）	从未买过福特车（样本=75）	总计（样本=375）
福特汽车制作精良	50%	40%	20%	42.1%
福特汽车很可靠	60%	35%	15%	46.0%

5. 想象一下YouTube重新设计了主页，且希望获得访客对其新设计的反应。该调查将会在线上进行，请写一封邀请参与调查的邮件。

【注释】

[1] 个人访谈也可以通过挨家挨户的访问在家中进行，然而，由于较高的成本和时间，以及安全考虑，这种技术很少用于广告调查。

[2] 这些公司的名单可以在 http://www.greenbook.org/market-research-firms.cfm/mall-intercept 上找到。

[3] 这些公司的名单可以在 http://www.greenbook.org/market-research-firms.cfm/interviewing-cati 上找到。

[4] Smari.com (undated). "Computer Assisted Telephone Interviews (CATI)" at http://www.smari.com/cati.stm.

[5] 在初次接触后，可以将刺激物（stimuli）邮寄给受访者，受访者查看之后，便可以在第二次电话访问中进行讨论。然而，这种程序会带来较高的成本和方法上的问题。

[6] 此处所列的过程为人们所偏爱，因为它能够创造出无偏样本。然而，这种技术也会产生较多的无法联系的号码、企业和政府部门号码以及一些不存在的号码。因此，我们推荐一旦采用这种技术，初始样本的数量至少要是最终需求样本的五倍。Plus one技术会更有效率，因为它产生的不存在号码通常会少一些。这也反映出电话公司也会分配一些与现有号码很相近的号码。需要注意的是，必须保证所使用的电话目录能够代表当前的市场信息。

[7] 见 Pew Research Center for the People & the Press (2009). "Sampling" at http://people-press.org/methodology/sampling。

[8] Information Technology Services at the University of Texas Austin (2008). "Advantages of Online Surveys" at http://www.utexas.edu/learn/surveys/advantages.html.

[9] Survey Sampling International (2008). "Multi-Mode Sampling" at http://www.surveysampling.com/en/methodologies/multi-mode-sampling.

[10] Philip J. Kroth, Laurie McPherson, Robert Lawrence, William Pace et al. (2009). "Combining Web-Based and Mail Surveys Improves Response Rates: A PBRN Study From PRIMENet." *Annals of Family Medicine* 7 (3): 245-248.

[11] George Terhanian (2006). "Multi-Modal Research and Data Linkage: Theoretical and Practical Advise" at http://www.slideshare.net. 混合设计中数据分析的讨论也可参见此来源。

[12] 例子见 Dirk Heerwegh and Geert Loosveldt (2008). "Face to-Face Versus Web Surveying in a High Internet Cover-

age Population. " *Public Opinion Quarterly*, 72 (5): 836 - 846。

[13] Maria Krysan et. al (1994). "Response Rates and Response Content in Mail Versus Face to Face Surveys. " *Public Opinion Quarterly* 58: 381 - 99.

[14] T. Beebe, J. A. McRae, P. A. Harrison et. al. (2005). "Mail Surveys Result in More Reports of Substance Abuse. " *Journal of Clinical Epidemiology* 58 (4): 421 - 424.

[15] 从方法论的角度来看，最好能够尝试应答水平最大化与拒访误差最小化。该部分描述的技术向我们展示了实现这一目标的方法。当调查者尽力之后应答率依然很低时，可以使用统计技术来补充和调整数据。然而，这些技术依赖于很多假设，实际上可能会也可能不会提高数据的有效性和代表性。对这些技术的讨论见 G. Kalton (1983). *Compensating for Missing Survey Data* (Ann Arbor, MI: University of Michigan Institute for Social Research)。对当前拒访误差的回顾以及减少拒访误差的方法见 Nejdet Delener (1995). "An Integrative Review of Nonresponse Errors in Survey Research: Major Influences and Strategies. " *Research in Marketing* 12: 49 - 80。

[16] E. G. Goetz, T. R. Taylor, and E L. Cook (1984). "Promised Incentives in Media Research. " *Journal of Marketing* Research 21 (May): 148 - 154.

[17] Larry A. Hembroff, Debra Rusz, Ann Rafferty et. al. (2005). "The Cost-Effectiveness of Alternative Advance Mailings in a Telephone Survey. " *Public Opinion Quarterly*, 69 (2): 232 - 245.

[18] El B. Feltser (1996). "Pain-Free Mall Intercepts" at http://www.quirks.com/articles/a1996/19961102.aspx?searchID=28497451&sort=9.

[19] 见 Dirk Heerwegh (2005). "Effects of Personal Salutations In E-Mail Invitations to Participate in a Web Survey. " *Public Opinion Quarterly*, 69 (4): 588 - 598 and Steven R. Porter and Michael E. Whitcomb (2003). "The Impact of Content Type on Web Survey Response Rates. " *Public Opinion Quarterly*, 67: 579 - 588。

[20] 前面的建议引自 Richard Gaunt (2008). "Seven Tips for Better Email Invitations" at http://intelligentmeasurement.wordpress.com/2008/02/12/seven-tips-for-better-email-invitations-for-web-surveys/。

[21] 数据为虚构。

（本章翻译：钱莉莉，本章校译：杨雪睿）

第11章 测量

268 定量的广告调查专注于数据的收集、分析和解读。数据为一个与广告相关的问题提供有用和可靠的洞察的能力，在很大程度上取决于测量过程的严谨性。并不是所有的测量都适用于所有的情境，也不是所有的测量都能够提供有用和可靠的信息。测量的质量直接决定了所获得洞察的深度和质量。本章主要介绍测量的相关概念。

* * *

阅读本章之后，你会更好地理解如何：

- 描述测量过程；
- 解释四种不同测量级别；
- 判断测量的信度和效度。

测量是一种能够将抽象的、通常无法观察到的概念同可以被观察到的活动联系起来的方法[1]。例如，对于“对广告主的态度”（抽象的、无法观察到的概念）感兴趣的调查者可能会使用问卷调查（可观察的事件）中问题的答案，来得出个体对广告主持积极或消极态度程度的结论。调查者将无法观察到的概念转化成可以被观察到的结果的过程是一个重要过程，一个系统的将概念转化成事件的方法能够提高从调查中得出合适的、可信的和有效的结论的可能性。 269

本章余下的部分阐述了测量过程的系统方法。我们从讨论测量过程本身开始：一个调查者从识别“我需要理解什么”到判断“我会收集到什么数据”需要经历的步骤，这个过程适用于所有数据收集的类型。接下来我们会讨论测量级别在数据收集中的角色。本章最后将讨论信度和效度，信度和效度是两种评估测量“优秀”与否的方法，它们适用于所有用于调查的测量。

测量的过程

图 11—1 是测量过程的具体步骤。这些步骤贯穿于调查研究中探索和测量的各个方面，它们可以被分成三个主要的任务：

- 确认和定义兴趣点；
- 详述可观察的事件；
- 评估和修正可观察的事件。

任务一：确认和定义兴趣点

测量过程的首要任务包括三个连续的步骤。如图 11—1 所示，这一阶段从建立对将要探索领域的总体概念开始，止于对即将被测量的事物下一个详细的、精确的操作性定义。

270

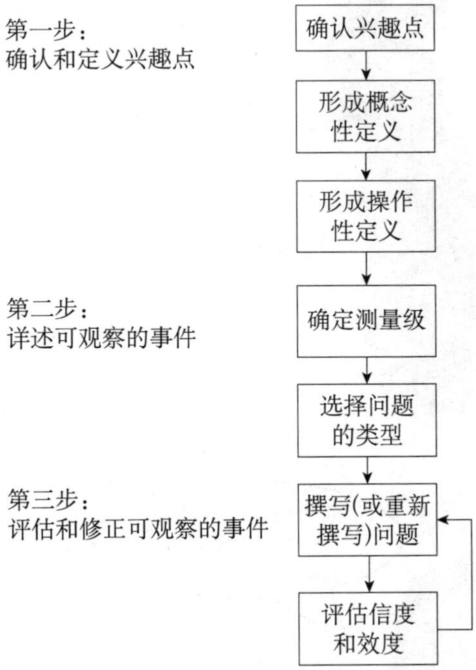

图 11—1　测量过程

确认兴趣点。所有的调查都是由对信息或洞察的需求激发产生的。精心设计的调查都明确地将精力集中于一个特定的领域或方向。因此，测量过程是从确认研究和探索的兴趣点开始。"点"是给事物、人、国家或事件起的名称。有些"点"，例如年龄、性别和收入等几乎不会出现测量问题，因为它们有清楚的定义，而且能够被清楚地记录和量化。其他在广告调查中探索的"点"，例如广告知名度、品牌忠诚度、传播反馈、Web 站点参与等都不能被清楚地观察，因此也更加模糊并且面临着更大的测量挑战。在这些类型的案例中，清楚地定义"点"以及那些可能被用来测量"点"的具体可观察的事件是非常重要的。而对兴趣点的提炼则通过概念性和操作性定义的创造来完成。

形成概念性定义。概念性定义传达了一个兴趣点的主要或核心思想，它清楚地说明了兴趣点的主要特征，并将目标概念同其他相似但不相同的概念区分开来。例如，对广告的态度就被概念性地定义为"一种在特定曝光环境中对特定广告刺激以认可或不认可的方式进行回应的倾向"[2]。这个定义阐明了当调查者说调查要探究对广告的态度时，他们要表达什么意思。概念性定义也要将调查重点同其他关注相关兴趣点的相似研究，例如"对广告的整体态度"区分开来。

每一个特定的兴趣点都存在着多种概念性定义，271
调查者应当对这一事实保持敏感。例如，思考一下，下面这些定义中哪个是对"品牌忠诚度"最合理的概念性定义：

- 消费者承诺在再次出现的购买场合回购某品牌；
- 消费者始终向自己的朋友和其他人积极地谈论某品牌的倾向；
- 一种对品牌非常认可的偏好，从而造成一种"退出壁垒"（barrier to exit），使其他品牌难以与之竞争[3]；
- 相比于消费者的平均消费水平，对某品牌有大额消费。

在这种存在多种概念性定义的情况下，如何选择最合适的一个？这通常需要多数人协商一致。这个过程需要所有参与到调查中的人对于选择的概念性定义达成共识。这一点很重要因为概念性定义直接导致我们的决定，也就是兴趣点实际上如何被测量。由于不同的概念性定义会导致不同的测量，因此调查开始时如果意见不够统一就会导致客户边看研究报告边说"你为什么这样测量品牌忠诚度？当我提到品牌忠诚度高的消费者时，我想表达的根本不是那个意思!”

形成操作性定义。一旦确认兴趣点，并进行概念性定义之后，接下来就需要进行操作性定义。操作性定义是通过明确描述最重要的观察事件，以及说明兴趣点的特征，将一个兴趣点转化成一个或多个可观察的事件。操作性定义在抽象的、理论的兴趣点和现实世界中的数据收集之间起到桥梁作用。

尽管调查者们可能会对一个兴趣点的概念性定义存有一些争议，但是对于一个兴趣点的操作性定义，则会有非常不同的观点。例如，思考一下图 11—2 中
272
对“爱”一词的操作性定义，尽管所有四个人都对它进行了相同的概念性定义（如：一种温情或者对另一个人的感情），但是操作起来却有着不同的定义。也就是，每个人都描述了一个不同的可观察的事件来解释和说明这个概念。

- 玛丽觉得她的男朋友皮特是爱她的，因为他可观察和可测量的行为和她的操作性定义一致；
- 约翰觉得梅格不爱他，因为她的可观察和可测量的行为与他的操作性定义不一致。

图 11—2　“爱”的不同操作性定义

在衡量一个人是否深情时，这些个体之间之所以存在差别是因为他们操作性定义的不同。

类似于对“爱”有不同的操作性定义，调查者们观点的不同也常常导致操作性定义的差异。这些差异并不是微不足道的小事，不同的操作性定义会导致不同的测量，转而导致不同的结论。例如，前面提出的品牌忠诚度的操作性定义，选择第一个操作性定义（如：重复购买）可能会得出对品牌忠诚的结论。

然而选择第二个操作性定义（如：积极地谈论品牌）可能会导致缺乏品牌忠诚度的结论。我们得到的结论受到操作性定义的直接影响。

表 11—1 举例说明了广告调查者是如何从相同的概念性定义开始，尔后随着兴趣点的操作性定义不同而产生分歧。和概念性定义一样，也没有“绝对正确的”操作性定义，尽管有一些方法可以保证我们选择的测量方式是有效和可靠的。测量的这些方面我们将会在本章后面部分进行讨论。

273 **表 11—1　“对广告的态度”不同的操作性定义**

兴趣点：对广告的态度
概念性定义：一种在特定曝光环境中对特定广告刺激以认可或不认可的方式进行回应的倾向
操作性定义：使用同意/不同意量表来评定广告等级

调查者 A	四个量表：	好/不好 有趣/枯燥 有创造力/缺乏创造力 相关/不相关
调查者 B	两个量表：	喜欢/不喜欢 满意/不满意
调查者 C	六个量表：	好/不好 有创造力/缺乏创造力 刺激/不刺激 令人愉快/令人不愉快 信息量大/信息量不足 令人信服/不容易相信
调查者 D	三个量表：	枯燥/不枯燥 优秀/差劲 令人兴奋/不令人兴奋

尽管表 11—1 中对于“对广告的态度”的操作性定义各不相同，但是它们都表明了从兴趣点转化成操作性定义的过程。下面这些工作是这个过程的基础：

1. 明确地说明兴趣点。在这个例子中，兴趣点或兴趣领域是“对广告的态度”；

2. 探索兴趣点含义的各个方面。从多个角度考虑兴趣点，问问自己：“我想（用兴趣点）表达什么？当其他人说（兴趣点）时，他们的意思是什么？”在这个例子中，这些问题的答案引出了概念性定义：“一种在特定曝光环境中对特定广告刺激以认可或不认可的方式进行回应的倾向。”这个概念性定义中最重要的部分是像“认可的”和“不认可的”这样回应的明确性。

3. 明确地阐述我们能够观察到什么。问问自己：“我会如何观察（概念性定义）？其他人会怎样观察（概念性定义）？”在这个例子中，这些问题的答案要求调查者说明这些认可或不认可的倾向如何实施，并进一步具体化。

4. 评估和选择一个或多个在前期步骤中识别的备选方案，你选择的方案或备选方案就是你的操作性定义。在这个例子中，表 11—1 中展示的第一个操作 274
性定义详细阐述了对一则广告认可或不认可的倾向，可以通过请受访者用四种不同的方式评估广告来实现，这四种方式是：好/不好、有趣的/枯燥的、有创造力的/缺乏创造力的、相关的/不相关的。

最后，记住操作性定义其实含蓄地定义了我们需要收集数据的类型，这一点也很重要。考虑一下这个常见的调查问题：

> 广告主想确定他的网站对访问者的吸引程度如何，他对这种吸引力的概念性定义是人们对网站内容进行积极回应的程度。

这个概念性定义可能会导致以下三种不同的操作性定义：

1. 吸引力是通过访问网站的时间和互动程度反映出来的。程度较高的吸引力通常反映为花在网站上的总体时间更多，对深度网站页面的点击和更多的总页面浏览数。

2. 吸引力是通过消费者访问网站后的态度反映出来的。程度较高的吸引力反映为消费者对于测量网站内容（如兴趣、关联性和适当性）反应、对网站感受（如乐趣和喜爱程度）和网站行为自我报告（如相对于竞争网站，花在该网站的相对总体时间）的调查问卷做出更加积极的回应。

3. 吸引力反映为对一个网站生理反应程度的提高，包括心率和整体 β 波活动的加快。

这三种对“吸引力”的操作性定义都能够恰当地表达它的概念性定义。然而每一种操作性定义又会导致不同的数据收集方式。第一种操作性定义需要实际的响应行为，而第二种则需要通过调查或其他问卷类型来收集数据，第三种操作性定义则需要对生理反应测量的收集。没有哪一种操作性定义是固有正确的，正如前面所阐述的，重要的是所有与调查相关的人对选定的定义达成共识。

第二步：详述可观察的事件

测量过程的第二步是创建一个可观察的事件。这时，调查者需要确定用什么具体的问题类型或其他数据收集来源来收集操作性定义中指定的信息。在这一阶段（见图11—1）要进行的步骤，我们将会在接下来的章节中讨论。

确定最合适的测量级。测量级主要有四种：名称级（nominal）、顺序级（ordinal）、间隔级（interval）和比例级（ratio）。表11—2显示了四种测量级的使用，注意每一种测量级是如何提供不同类型的信息，以及包含由所有低测量级所提供的信息的。下面的章节将讨论每一种测量级收集的数据类型。

275 **表11—2　测量级**

测量级别	分类	排序	判断差异	判断比例
名称级	×			
顺序级	×	×		
间隔级	×	×	×	
比例级	×	×	×	×

名称测量级。名称测量级在广告和市场调查中非常常见，当目标是将测量的特征或属性进行分类时，通常会使用名称测量级。名称测量级通过将每种特征和属性分配到不同的类别来进行分类，例如：

你的性别是？
男☞（1）
女☞（2）

名称测量级根据性别特征将个体分为两类：男性或女性。（名称类别后的数字用作数据分析，将会在后面的章节中讨论。）

名称测量级在收集可观察的或者行为的数据时也很常用，例如，点击率就是用来评估横幅广告效果的名称测量级。Cookie或其他不易察觉的数据收集工具将会记录每个人是否点击了特定的横幅广告。实际上，监测横幅广告回应情况的自动系统会回答下面的问题：

横幅广告是否被点击？
是☞（1）
否☞（2）

类似地，通过自动记录每一位没有提前订阅电子邮件简报的站点访客，网站也能够评估电子邮件简报中各选项的吸引力：

站点访客是否订阅了简报？
是☞（1）
否☞（2）

名称测量级有三个典型的特征，并都已经在前面举例说明。第一，在名称测量级中各个类别之间是互斥和穷尽的。也就是说每一种被测量特征和属性都属于且仅属于一个类别，并且每一种特征和属性都有自己所属的类别。在性别的例子中，类别是互斥的（没有人能够既是男性又是女性）和穷尽的（所有人不是男性就是女性）。同样，所有接触到横幅广告的人都得点击它或者不点击它。第二，为了进行数据分析，我们需要对答案的每种类别进行赋值。然而，在这种测量级中，这些数字仅仅是它们所代表的类别的标
签。因此，就性别而言，“1”代表的是男性的类别， 276
而“2”则代表女性的类别。但是这种赋值在总体上却是随意的，我们也可以用“1”来代表女性，而用“2”来代表男性。这些数字只有在不同的分类中区别个体时才有意义。第三，名称测量级假定内部各类别是同等的。只要被分到同一类别中，被赋予相同的值，所有的事物和人都被假定是相同的。例如，我们认为所有被分为“1”的个体，在“男性”这一点上都是相同的。

顺序测量级。如表11—2所示，顺序测量级是根据一些明确的维度按照有序的大小关系来对特征和属性进行排列，通常是从大到小，从多到少。顺序级的调查问题可能是：

思考一下你刚刚尝试过的五种软饮料的味道，它们的名称如下所示。请对这些软饮料进行排序来表明你的口味偏好。在你最喜欢的软饮料口味旁边写上“1”，在第二喜欢的软饮料旁边写上“2”，以此类推一直到“5”，也就是你最不喜欢的软饮料口味。从“1”到“5”每个序号只能使用一次（不能重复使用）。

可口可乐________
胡椒博士________
百事________
七喜________

新奇士________

这个问题要求受访者根据最喜欢到最不喜欢的口味偏好对五种软饮料进行排序（也就是按顺序排列）。受访者可能会对这个排序问题作出如下回答：

可口可乐___5___
胡椒博士___3___
百事___4___
七喜___1___
新奇士___2___

与在名称测量级中被用作分类的数字相比，顺序测量级中的数字则有一些数学意义。在这种测量级中，数字代表的是某事物相对于其他事物在感兴趣程度中的位置。对之前排序问题的分析能够表明，受访者最喜欢七喜的口味，最不喜欢可口可乐的口味。

因此，顺序测量级能够提供对于顺序特征的相对位置的洞察，这也是顺序测量级解读价值的总体程度。但是顺序测量级无法提供对于有序对象相对距离的洞察。在这个例子中，我们很容易相信七喜和新奇士（排名第一和第二，相对来说）在口味偏好方面的差异，与新奇士和胡椒博士（排名第二和第三，相对
277 来说）在口味偏好方面的差异是相同的。毕竟，在“现实世界”中，数字 1 和数字 2 之间的距离，与数字 2 和数字 3 之间的距离是相同的，但是，这种解读却可能是错的。在顺序测量级中，数字只是一个标志，代表着在序列中的位置。同样地，它们也不用做加法或者减法这样的数学计算。图 11—3 解释了为什么顺序测量级只提供顺序而不提供物体之间的距离。设想一下在三个不同的比赛中同样三匹马的表现。“Sam Fast”总是以一段相当长的距离赢过“Becky Slow”和“Karl Wash”，而第二名和第三名的距离非常相近，顺序一直是相同的。这些马在三次比赛中的平均水平就是：

Sam Fast	1.0
Becky Slow	2.0
Karl Wash	3.0

这样的平均水平可能会表明 Sam 和 Becky 之间的距离与 Becky 和 Karl 之间的距离是相同的，但是显而易见并不是这么回事。评估顺序测量级扭曲了我们的解读。

顺序测量级看起来也会超出调查的范围。例如，眼动追踪的数据能够显示各元素是按照什么顺序被注意到的。然而，我们不能得出结论说第二被注意到的元素被注意到的速度是第四被注意到的元素的两倍。同样地，一个网站的详细日志能够显示每位访客浏览网站页面的顺序，但是我们不能因此就得出结论说浏览的顺序是与浏览的时间相关的。

图 11—3　顺序测量级中不合适的平均水平

间隔测量级。间隔测量级包含了顺序测量级所有的特征，除此之外还包括另一个特征也就是假定在测量时任意两个相邻的数字位置之间的距离或大小是相等的。因此，间隔测量级能够提供比顺序测量级更深
280 入的洞察，间隔测量级既能判断事物的相对顺序，又能判断事物之间的距离。

华氏温度计就是间隔测量级的一个例子。34°到35°之间的温度差，与64°到65°之间的温度差是完全相同的。类似地，时间也是一种间隔测量级，从1901年到1903年之间经过的时间，与从1979年到1981年之间所经过的时间也是相同的。因此间隔测量级能够反映等量差别的形式特征，也就是间隔测量级中的数字能够进行比较，从而判断不同项目之间的相对距离。任意两点之间的距离都是完全相同的。需要注意的是，间隔测量级没有绝对的零点，因此要说明一个值比另一个值高出多少倍也是不可能的。时间测量中的等量差别代表着相同的时间差，但是2 000年却不是1 000年的两倍长。

一些间隔测量级例如温度、日历年份是天然合理的。我们的常识决定了在这些测量中，各点之间距离等值毋庸置疑。其他测量如果能够恰当地执行，也是假定各点之间是等距的，即使这种相距无法通过外部验证，例如：

> 回顾一下你刚刚看过的广告。与其他洗发水电视广告相比，你如何评估这条电视广告的可信度？
>
> 非常可信 ☞（1）
>
> 有些可信 ☞（2）
>
> 有些不可信 ☞（3）
>
> 非常不可信 ☞（4）

这种类型的测量先假定答案选项代表了一个连续序列，在这个序列中各点之间的距离都是相同的。上面显示的测量假定了“非常可信”和“有些可信”之间的距离，与“有些可信”和“有些不可信”之间的距离是相等的。因此，代表“非常可信”的“1”与代表“有些可信”的“2”之间的距离，也被认为与等级“2”和等级“3”之间的距离是相同的。

相比于名称级和顺序级的测量，表11—3通过相关的问题和随后的洞察举例说明了间隔测量级的作用。尽管所有的问题测量的都是同一件事，注意间隔测量级是如何提供比其他测量级问题更加深入的消费者洞察的。总的说来，间隔测量级的作用非常大。它不仅能够得出所有顺序级和名称级能够得出的结论，而且能够在事物之间的距离方面提供更多的额外信息。

279 **表11—3** **间隔测量级的作用**

情境：给受访者三个关于减肥软饮料的配方，目标是选出最具吸引力的配方。

名称测量级

问题

你喜欢配方A的口味吗？ 是□ 否□

你喜欢配方B的口味吗？ 是□ 否□

你喜欢配方C的口味吗？ 是□ 否□

结果

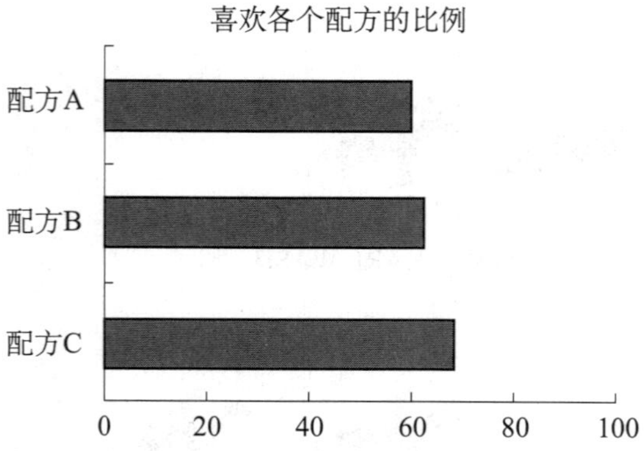

结论

三种饮料人们都很喜欢

顺序测量级

问题

思考一下减肥软饮料的口味配方，请将这些设想进行排序来表明你的总体口味偏好。请在你最喜欢的口味配方旁边写上“1”，在你第二喜欢的口味配方旁边写上“2”，在你最不喜欢的口味配方旁边写上“3”。从“1”到“3”每个数字只能使

续前表

用一次（不能重复使用）。
配方 A
配方 B
配方 C

结果

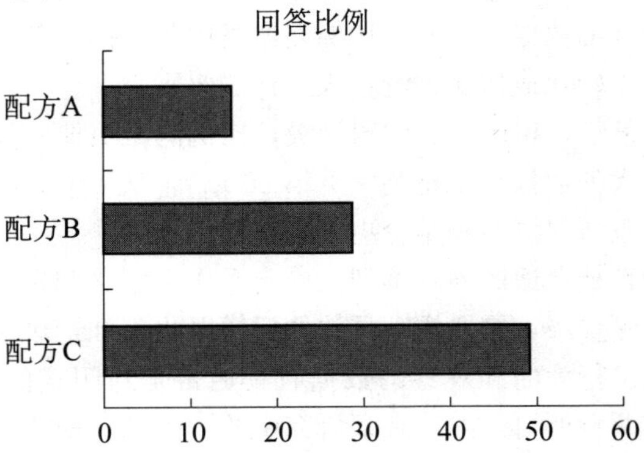

结论
当被强制要求进行选择时，更多的受访者选择了配方 C 作为他们的第一选择。将配方 B 作为第一选择的人要少一些，而选择将配方 A 作为最喜欢配方的人数最少。然而，这个数据并没有告诉我们受访者对于每一种品牌的偏好度比其他品牌要多多少。

间隔测量级
问题
请使用下面的测量尺度来表明你有多喜欢或者多不喜欢每种配方的口味。

	非常喜欢	有点喜欢	有点不喜欢	非常不喜欢
配方 A	☐	☐	☐	☐
配方 B	☐	☐	☐	☐
配方 C	☐	☐	☐	☐

结果

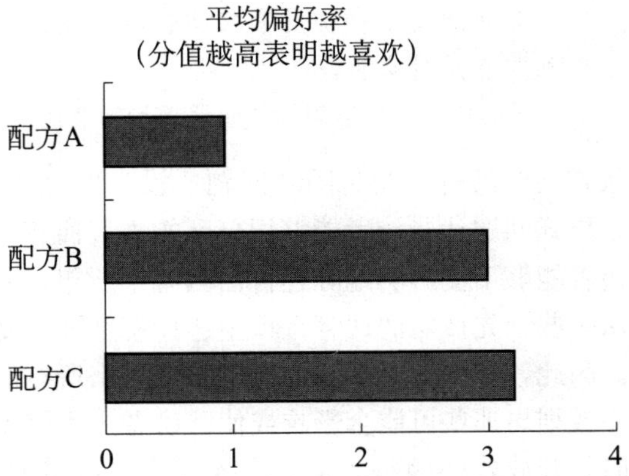

结论
配方 B 和配方 C 的感觉差不多，配方 C 比配方 B 在口味上只是略有优势，这两个品牌之间几乎没有差距。配方 B 和 C 看起来都比配方 A 的口味要好很多。这些品牌之间的差距非常大。

281 **比例测量级。**如表 11—2 所示，比例测量级拥有名称、顺序、间隔测量级的全部能力，同时还具备自己额外的和独特的能力——使调查者能够在各个量之间进行比较；也就是说，我们能够将比例测量级中的“10 分”解释成是获得“5 分”的属性的两倍。这是因为比例测量级各位置之间的距离是相等的，并且它也具备一个有意义的零点。你所参与的班级考试就是一种比例测量级，你可能会获得 0～100 之间任何一个分数，我们认为 80 分就要比 40 分高一倍。

用于调查的比例测量级的常见形式就是总和恒定量表。这时，会给受访者一些分数，然后要求其根据特定的标准将这些分数分配到一系列的事物中。例如：

> 思考一下你为什么要购买一款特定的儿童麦片，下面列举了一些可能的原因。我们想知道在你的购买决策中这些原因的相对重要性。假设你拥有 100 分，请将这些分数分给下列原因，从而表明每种原因的相对重要性。你给某些原因的分数越多，它也就越重要，你给每项原因的分数可多可少，但是需要保证总分仍是 100 分。

纯天然 ________
孩子喜欢 ________
含有水果 ________
价格低 ________
低脂/不含脂肪 ________
总分 100

如这个问题所示，比例测量级中的数字说明了被测量属性真正的量。比例测量级中的测量值为 0 真实地反映了被测量属性或特征的缺失。因此，在前面的例子中，如果“孩子喜欢”获得了 50 分，而“价格低”获得了 25 分，那么我们就可以推断出前面特征的重要程度是后者的两倍。

比例测量级在针对消费者行为的调查中非常常见。例如，调查可能会让受访者回忆在一段时间内看过的广告数量、看过的特定品牌广告的数量、访问特定类型网站的数量、前一天推特发布的信息数量，等等。比例测量级在监测受访者行为的调查中同样很常见，尤其是与互联网相关的行为。这时，通过信息记录程序或其他被动方式的使用，调查就能够推断出比如在过去一天中网页被浏览的数量，人们花费在特定网站上的总时间，转发给朋友的视频数，或者横幅广告被点击的次数。请注意在前面所有的例子中，“0”都会是一个可能的答案。

小结：选择测量级。四种测量级提供了不同类型的信息。那么，你应该根据什么来判断哪个测量级最合适呢？

测量级是由被测量事物的属性和特征、对调查信
282 息需求答案详细程度的期望以及计划的和潜在的数据分析所要求的详细程度来共同决定的。然而这些问题在不同的调查研究中各不相同，因为高测量级包含了低测量级的描述性能力，一般规则是用最合适的测量级来进行信息收集。例如，名称测量级和比例测量级都可以用来判断一个人的年龄：

名称测量级：你的年龄属于下列哪个组别？
18 岁以下 ☞ (1)
18～29 岁 ☞ (2)
30～49 岁 ☞ (3)
50 岁及以上 ☞ (4)
比例测量级：你的年龄是？ ________

比较一下通过这两个问题收集到的数据，我们可以发现使用高测量级来进行数据收集的优势。

● 第一，高测量级中收集的数据限制更少。你可以注意到名称测量级问题中的年龄组是相当受限的，我们无法判断 18～29 岁的年龄组中个体的分布，调查之后也无法验证和比较 18～24 岁和 25～29 岁的受访者。换句话说，由于可以知道每位受访者的年龄，比例测量级提供了更加详细的信息，因此之前名称测量级问题中的限制也都得以消除。

● 第二，高测量级中收集的数据都能够被转化成低测量级的数据。例如，比例测量级中收集的年龄数据都可以转化成像名称测量级一样的组别。

● 第三，相比于名称测量级，比例测量级能够用更加强大的数据技术检测（见第 16 章），从而使得我们对调查所得洞察和结论更加有信心。

确定最合适的问题类型。确定操作性定义和选择合适的测量级，需要撰写具体的问题以收集和记录所需信息。行为的和观察的数据收集通常是封闭式的。正如前两章所讨论的，观察研究中的“问题”回答和合适的数据收集通常是通过被动的或其他行为监测。调查在数据收集中有着更多选择的自由，因此无论是封闭式问题还是开放式问题都有可能用到。

开放式问题要求个体或观察者用自己的语言回答问题，而不是使用一套准备好的或预先确定的答案。典型的开放式问题如：

用你自己的话说说这则广告说了什么或者想展示产品的什么内容？

你认为将洗发水和护发素相结合的护发产品的主要利益点是什么？

你为什么停止使用通用的儿童服用的阿司匹林？

开放式问题具备一些封闭式问题所没有的优势。首先，开放式问题让受访者能够用自己的语言回答问题，受访者能够不受影响地陈述自己脑海中所想，而不是像从一些预先设定的回答选项中选择答案那样受到影响。因此，在调查者不能或者不愿意列出所有潜在答案，或列出那些可能会影响或使受访者产生偏见的答案时，开放式问题是非常适合探究这些情境的。下面列举的两个问题说明了两种方式的差异，注意开放式问题是如何在不提示受访者潜在答案的情况下，收集所需信息的。

开放式问题：思考一下你见过的那些利用广告宣传它们“关注环保”的公司，以这种方式做广告和谈论自己的公司给你什么感觉？

封闭式问题：思考一下你见过的那些利用广告宣传它们“关注环保”的公司，下面是否有哪个词汇或短语能够反映你对以这种方式做广告和谈论自己的公司的感觉？你可以多选也可以不选。

诚实的
愚钝的
完全是受利益驱动
真诚的
乐于助人的
虚伪的

其次，开放式问题能够提供一个语境，来解释受访者对封闭式问题的答案。这时，开放式问题可以让受访者为自己在封闭式问题中的答案提供选择的依据，例如：

1. 请使用下面的衡量标准来表明你有多喜欢或者多不喜欢你刚刚看过的广告。

非常喜欢	☞ (1)	继续回答 Q. 2
有点喜欢	☞ (2)	继续回答 Q. 2
不太喜欢	☞ (3)	跳到 Q. 3
非常不喜欢	☞ (4)	跳到 Q. 3

2. 关于这则广告，你最喜欢什么？
回答完后跳到 Q. 4
3. 关于这则广告，你最不喜欢什么？
4. 访问结束

再次，开放式问题是用来引入一个主题领域非常好的方法。引入主题后，问卷通常会系统性地缩小话题的宽度，同时强化随后问题的特征。最后，由于并不需要提前获知所有可能的答案，相比于各种类型的封闭式问题，开放式问题也能够更容易被撰写。

284 尽管开放式问题的优势很明显，但是这种类型的问题也有不足。第一，答案可能是不完整、不相关甚至是范围很狭窄的。第二，开放式问题需要花费更多的时间来管理，而且对于访问员的表达能力也有更高的要求。第三，也是最重要的，对于开放式问题答案的分析，比封闭式问题的分析要花费更多的时间，也更加困难。

封闭式问题呈现了一套固定的问题选项，因此，封闭式问题比开放式问题更倾向于：

- 在应答范围内产生更少的变化
- 令受访者回答起来更容易
- 能够快速管理
- 易于检验和分析

开放式问题和封闭式问题的相对优势为判断特定调查情境下什么是最合适的问题提供了方向。

除此之外，与评估和选择问题类型相关的还包括调查者和受访者的学识。当使用封闭式问题时，需要确认列举了所有选项。向受访者展示一系列选项时，受访者一般都会使用列举的清单来回答问题；如果这个清单是不完整的，调查误导判断的潜在可能性就会极大提高。除了清单的完整性，封闭式问题也有可能会事先给受访者以“指导”或“提示”。开放式问题在测量目标是获取无提示的回忆、观点或态度时非常合适，而封闭式问题在测量目标是有提示的回忆、观点或态度时更合适。在广告知名度这个案例中，无提示和有提示测量之间的差异，已经列举在下面两个问题中：

无提示的广告知名度

思考一下你在过去一周中看过或听过的所有广告，请说出在广告中宣称自己“关注环保”或“更环保”的电池品牌的名字。

有提示的广告知名度

思考一下你在过去一周中看过或听过的所有广告，下面列举的电池品牌有没有哪一个宣传自己是“关注环保”或“更环保”的？请选择你觉得合适的选项。

劲量（Energizer）
永备（Eveready）
雷特威（Ray-O-Vac）

第三步：评估和修正可观察的事件

一个调查问题或观察工具要产生有用、精确的信息，必须是可靠和可信的。因此，在开始任何调查研究之前，我们都需要进行前期调查来评估未经检验的测量的信度和效度。信度关注的是经过重复的尝试，调查的问题或其他测量过程在多大程度上
285 能产生相同的结果。效度关注的则是在多大程度上，调查的问题或其他测量过程实际测量的正是我们打算要测量的。

对测量信度和效度的判定是测量过程中的关键步骤。图 11—4 展示了只有可靠的和有效的测量才能够被用于真正的调查中。那些不可信的、无效的，或者信度和效度都不具备的测量需要重新修改，在用于调查研究之前还要进行信度和效度的进一步评估。下面的章节将讨论信度和效度。

信度和效度：概述

信度和效度是测量中两个相互独立又相互联系的方面。信度用于评估一个测量在多大程度上能够持续提供相同的结果，一个可靠的测量应该是稳定的，不会受到在多次执行中所产生的可比较结果的随机误差的影响。效度则是用来评估一个测量是否“优秀”，一个有效的测量应该能够精确地测量被测量的对象。任何一个特定的测量或者一组测量都可能具备信度和效度结合的四个特征之一。图11—4举例说明了每一种结合的结果。设想一下一些箭正瞄准目标，圆圈标识出每支箭停留的位置，这些箭（代表测量）可能是：

- 可信但无效：所有的箭都聚集在一起（表明信度高），但是没有一支箭命中目标中心的附近位置（表明效度低）。
- 有效但不可信：所有的箭都命中了目标中心的附近位置（表明效度高），但是这些箭并没有聚集在一起（表明信度低）。
- 既无效又不可信：没有一支箭命中目标中心的附近位置（表明效度低），所有的箭都是分散的（表明信度低）。
- 既可信又有效：所有的箭都聚集在一起（表明信度高），同时所有的箭都命中目标中心的附近位置（表明效度高）。

286

可信但无效
所有的箭（测量）都是一致的，表现为它们聚集在一起，这种聚集表明它们是可信的。

这些箭并没有射中目标，严重降低了它们的效度。

有效但不可信
所有的箭（测量）都接近目标中心，这样的位置表明它们是有效的。

这些箭的位置并不聚集，严重降低了它们的信度。

既无效又不可信
这些箭（测量）是分散的，严重降低了它们的信度。

这些箭也没有命中目标，严重降低了它们的效度。

既可信又有效
所有的箭（测量）都是一致的，表现为它们聚集在一起，这种聚集表明它们是可信的。

所有的箭（测量）也都接近目标中心，这样的位置表明它们是有效的。

图11—4 信度和效度的关系

评估信度

评估每个调查项目信度的方法有两种：重测（test-retest）和复本（alternative form）。

重测信度是用来评估一个调查项目信度的常见方法，通常通过在相同情境和相同人群的条件下，重复执行检验项目的方式来评估，然后将两次结果进行比较。两次答案之间的相似性越强，说明项目的信度越高。例如，设想一下要求一组受访者根据价值对五种冷冻食品品牌进行排序（顺序测量级），同时评估五种冷冻食品品牌的口味（比例测量级），来作为 2 月 1 日和 2 月 14 日执行的调查的一部分。如果两次调查中获取的相对顺序是一致的，那么这个顺序测量级就具备了重测信度，同时如果品牌之间的相对顺序和相对距离都是一致的，比例测量级也就具备了重测信度。

用复本的方法来评估信度与重测的方法类似，表现为在多次执行中选用相同的个体参与。然而，这种方法与重测有一个显著不同的地方：同样的测试不会再做第二次，更确切地说，是换其他方法来执行第一次的测试。由于它假设了两种形式的测试是被设计来测量同一事件，因此信度的评估是通过比较两种形式得到的答案来实现的。两种形式得到的答案越一致，信度也就越高[4]。

287 然而也有这样一些例子，单一的测量无法实现一个兴趣点的操作性定义，或者测量中的敏感性要远比单个问题能够提供的信息重要。正如在本章前面部分所看到的，对广告态度的测量可能会要求受访者回答几个相似但又不完全相同的问题，如果答案有内在一致性，那么这样一系列问题才会被认为是可靠的。看看下面这些问题，它们被用来测量消费者对名人代言产品的态度：

> 下面有五个量表，运用每一个量表表明你对刚刚在广告中看到的名人的感觉。在每一个量表合适的位置做出选择，以表明你的态度。
>
> 这个名人是……
>
> 吸引人的 _ _ _ _ _ _ 不吸引人的
>
> 不漂亮的 _ _ _ _ _ _ 漂亮的
>
> 可信的 _ _ _ _ _ _ 不可信的
>
> 不相关的 _ _ _ _ _ _ 相关的
>
> 令人喜爱的 _ _ _ _ _ _ 不令人喜爱的

如果持积极态度的受访者趋向于以积极的态度来回答所有问题，而那些持消极态度的受访者趋向于以消极的态度来回答所有问题，那么这些量表就是内在一致的，因此也是可靠的[5]。

那些被动获取的行为的测量（如通过 cookies 来记录网站访问数量）的信度，与调查项目信度的定义是一样的。然而评估信度的方法却不相同。在这些情境下，测量的信度被认为是记录准确性的反映，以及随着时间推移仍能够提供一致信息的能力。例如，如果 cookie 能够准确记录所需信息，那么在记录层面上数据是可靠的。然而如果发现有一部分网站的访客系统地删除了他们的 cookies，那么即使数据记录是准确的，总体上收集的数据也不是那么可靠，因为 cookies 所收集的信息最终是对访客行为不完整、不一致的测量。当这种情况发生时，就像在调查中一样，需要用另一种数据收集方式来确认。

评估效度

可靠的测量有一致性，但是被测量的东西却可能是也可能不是想要测量的。换句话说，正如图 11—4 中所示，一系列的调查选项完全有可能是可信却无效的。只有有效的测量才能真正地测量我们想要的，或者用更加正式的术语来说，只有当一个兴趣点的操作性定义和用来记录兴趣点的具体可观察的事件之间保持高度一致时，效度才会存在。就广告调查而言，效度通常通过以下三种方式之一来判断：表面效度、同时效度和预测效度[6]。

表面效度是效度评估最基础的形式，当具有专门知识的人通过主观判断认为这种测量能够准确地将操作性定义转化成可观察的事件时，测量便有了表面效度，换句话说，也就是大家一致认为这个测量确实能够测量出我们希望它测量的。例如，当问卷经过检查、修改并得到了客户的认同和公司人员的优先使 288
用，该问卷就是有表面效度的。在测量广告回忆度的例子中，那些清晰的、不模糊的问题如“你能否回忆起看过哪些福特金牛座这款汽车的广告？”通常让人感到具有表面效度。一个试图通过问“哪一个品牌最值?”来测量品牌忠诚度的问题可能缺乏表面效度，因为那些专业人士会注意到这个问题（品牌价值）探索的态度与概念性和操作性定义（品牌忠诚度）中具体的特征不同。

表面效度存在的问题通常会出现在行为的和观察的调查中。例如，设想一下在观看一则电视广告时要控制大脑活动或者其他属于生物测定学的反应，将具体变化当作电视广告效果的指示器[7]。测量之所以可靠，是因为经过重复的测量可以获得相同的结果。假设机器合乎标准，测量数据在确实准确地代表了个体回答方面也是有效的，但是这样的测量就是广告效果的有效测量吗？关于这一点存在不少争论，只有那些喜欢依赖数据来做判断的人会相信这样的测量是具有表面效度的。

同时效度一般通过比较一个新的测量结果和在同一时间进行的可接受的测量结果来进行评估。例如，假设有一个人们乐于接受并且有96个问题的调查，就特定个体对不同类型广告怎样做出反应这一问题做出了非常好的预测。尽管这个调查的预测能力很高，但是需要花费很长时间完成。当试图去解决这一问题时，一个新的、更短的、只包含15个问题的调查形成了。这个新的调查如果和既有的测试得分一样高，那么它就具有同时效度。

预测效度通过判断一个变量（今天测量的）的表现能够在多大程度上准确预测另一个变量（未来要测量的）的表现来评估。例如，SAT分数经常被用来预测大学第一年以GPA来测量的学业表现。这两种测量之间的高度相关被认为是预测效度的证据。

小结

测量是将抽象的、通常无法观察的概念同可观察的事件联系起来的过程。测量的过程包含七个步骤，表现为三个主要阶段（见图11—1）。第一阶段，确认和定义兴趣点，这一阶段从对将要探索领域（兴趣点）的总体概念开始，最后对要测量的事物形成具体的操作性定义。第二阶段，详细阐述一个可观察的事件，也就是创建测量工具。这一阶段要求调查者确定需求信息的特征，以及收集这些信息最合适的方法。这时，需要判断合适的测量级和合适的问题类型（开放式还是封闭式）。这四种测量级分别是：

- 名称测量级：将答案分成互斥和穷尽的类别。
- 顺序测量级：根据一个明确的标准，将答案按照顺序排列。
- 间隔测量级：在假定答案选项之间的距离相同的前提下将答案按照顺序排序。 289
- 比例测量级：包含前面所有测量级的特征并拥有一个真实的零点。

第三阶段，评估和修正可观察的事件，评估测量工具。可接受的测量工具需要同时具有信度和效度。

- 信度是用来衡量一个测量在多大程度上能够持续地提供相同的结果，而
- 效度是用来衡量一个测量在多大程度上精确地测量了调查者想要测量的内容。

那些不具有信度和/或效度的测量在用于调查研究时需要重新修正或摒弃。

复习题

1. 测量的含义是什么？
2. 测量过程的三个主要阶段是什么？每个阶段包含哪些重要的活动？
3. 概念性定义是什么？
4. 操作性定义是什么？
5. 为什么操作性定义很重要？
6. 描述从一个兴趣点形成操作性定义的过程。
7. 名称测量级是什么？

8. 名称测量级的特征是什么？举一个名称测量级的调查问题的例子。

9. 顺序测量级是什么？举一个顺序测量级的调查问题的例子。

10. 间隔测量级是什么？举一个间隔测量级的调查问题的例子。

11. 比例测量级是什么？举一个比例测量级的调查问题的例子。

12. 相比于封闭式问题，开放式问题的相对优势是什么？

13. 如何定义信度？

14. 测量信度的两种方法是什么？简要描述这两种方法。

15. 如何定义效度？

16. 测量效度的三种方法是什么？简要描述这三种方法。

应用练习

1. 三位调查者提出了一种测量品牌忠诚度的方法。他们使用相同的概念性定义：品牌忠诚度是消费者在一定时期内对一个品类中一种或者更多种产品的偏好行为。每位调查者的问题如下所示：

特里：想一下在过去两个月你购买过的所有洗衣粉。在各品牌旁的空格中填写你购买的该品牌洗衣粉的数量。

总计 ________

洗好（Cheer）________

汰渍（Tide）________

威斯克（Wisk）________

其他 ________

290 休：想一下你洗衣粉的购买情况，你是否会……

持续购买相同的品牌 ________ (1)

不持续购买相同的品牌 ________ (2)

斯泰西：我希望了解您对洗衣粉品牌的忠诚度。您认为自己……

非常忠诚 ________

比较忠诚 ________

不太忠诚 ________

非常不忠诚 ________

准备一篇短文描述每位调查者测量品牌忠诚度的方法有哪些优势和不足。

2. 与广告相关的调查发布在各大期刊上，例如《广告》（*Journal of Advertising*）、《广告调查》（*Journal of Advertising Research*）、《消费者研究》（*Journal of Consumer Research*）、《营销》（*Journal of Marketing*）、《营销研究》（*Journal of Marketing Research*）和《新闻与大众传播季刊》（*Journalism& Mass Communication Quarterly*）。这些期刊上发表的文章中经常探究的概念包括：广告态度、品牌态度、购买意向和对广告主的态度。选择其中一个概念或其他与广告调查相关的概念，提供至少三个来自学术文献的不同例子说明它们是怎样进行操作性定义的。提出自己的观点，说明每种方法的相对优势和劣势。

3. 选择前面问题中提到的某一种方法，调查者是如何解决与信度和效度相关的问题的？提出自己的观点，说明调查者使用方法在程序上的合理性。

4. 检验下列问题，对于每一个问题：（a）识别出问题的测量级，（b）提出观点说明该问题是否符合“以适合的测量级来收集信息”的原则。如果你认为该问题不符合该原则，提出自己的方案。对你的建议进行解释。

a. 思考下列三个产品：Spiffo、Boffo 和 Waxo。选出你认为清洁地板污渍最有效的一款产品。

Spiffo ________ (1)

Boffo ________ (2)

Waxo ________ (3)

b. 您的家庭年均收入属于下列哪个类别？

25 000 美元以下 ________ (1)

25 000～34 999 美元 ________ (2)

35 000～49 999 美元 ________ (3)

50 000～69 999 美元 ________ (4)

70 000～99 999 美元 ________ (5)

100 000 美元以上 ________ (6)

c. 目前您家中有多少年龄在 18 岁以下的孩子？

孩子的数量 ________

d. 请告诉我您是否喜欢广告？

喜欢 ________ （1）

不喜欢 ________ （2）

e. 请使用“0”到“10”的量表来表明您对于下列汽车品牌安全性的态度，其中“10”表明非常喜欢。为各品牌评级。

凯迪拉克________

福特 ________

丰田 ________

5. 设想一下你被雇用为区域公共交通管理局的顾问。该交通局打算拨款做一次广告活动，目的是提高公共交通工具乘坐率。为了准备该活动，他们请你进行调查来更好地了解（a）人们对于公共交通的态度及（b）对于乘坐公共交通工具的态度。写一封信给公共交通管理局，解释你如何将各个感兴趣的领域转化成操作性定义和具备信度和效度的调查问题。详细阐述你的决定及测量过程各阶段的步骤。

291 **【注释】**

［1］此处对测量的定义引自 Edward G. Carmines and Richard A. Zeller（1980）. *Measurement in the Social Sciences*：*The Link Between Theory and Data*（New York，NY：Cambridge University Press）；M. W. Riley（1963）. *Sociological Research*：*A Case Approach*（New York. NY：Harcourt Brace Jovanovich）。值得注意的是该定义与其他很多文章中的传统的测量定义不同，后者多将“测量”定义为“根据规则对事物与活动的数量分配”。卡麦恩和译勒提出了有说服力的论据来解释为什么后一种定义不适用于社会科学调查。见 Edward G. Carmines and Richard A. Zeller（1979）. *Reliability and Validity Assessment*（Beverly Hills，CA：Sage Publications）。引言部分的讨论基于卡麦恩和泽勒提出的观点。

［2］Scott B. Mackenzie，Richard J. Lutz，and George E. Belch（1986）. “The Role of Attitude Toward the Ad as a Mediator of Advertising Effect：A Test of Competing Explanations.” *Journal of Marketing Research* 23：130－43.

［3］Mohawk Fine Papers（undated）at http：//www. mohawkpaper. com/resources/glossary/terms/.

［4］重测和复本的信度主要通过相关分析进行评估，被表示为 r_{xy}. 第16章对相关系数进行了详细讨论。

［5］通常用来判定多个项目信度的统计技术是信度系数。对该方法特征、计算和测量的讨论见 L. J. Cronbach（1951）. “Coefficient Alpha and the Internal Structure of Tests.” *Psychometrika* 16：297－334。

［6］结构效度是效度评价的第四种方式。这种方式的效度因其复杂性较小而被应用于广告调查。结构效度关注的是特定测量在多大程度上与其他相关测量一致，其他相关测量上理论上源于对被测量概念的假设。为了证明结构信度，测试的测量必须：（a）与相同概念的其他测量呈正相关；（b）理论上与不相关概念呈较弱相关或者不相关，以及（c）与其他不同但是相关的概念在理论上一致的情况下相关。见 Donald S. Tull and Del I. Hawkins（1990）. *Marketing Research*：*Measurement and Method*（New York，NY：Macmillan Publishing）。

［7］例如，Stewart Elliott（2008）. “Is the Ad a Success? The Brain Waves Tell All”，见 http：//www. nytimes. com/2008/03/31/business/media/31adc01. html。

（本章翻译：钱莉莉，本章校译：杨雪睿）

第12章 设计调查问题

292 访谈和调查中问题的质量直接决定了所获得洞察的准确性和深度。在本章中，你将会了解如何去设计调查问题，以便能够成功收集到信息并洞察其中的见解，为合理的广告决策打下基础。下一章将会对如何将设计好的问题整合成问卷给出指导。

* * *

阅读本章之后，你会对以下内容有深刻理解：

- 了解如何恰当使用封闭式问题和开放式问题。
- 了解如何根据采集信息的不同要求，合理地设计出匹配的问题。
- 基于不同测量级设计出合适的问题。

293 定量调查一般使用两种类型的问题：封闭式问题和开放式问题。封闭式问题会给出预先设定好的一些选项，让受访者从中选择。开放式问题是指让受访者用自己的话对问题做出回答。这两种问题方式都可以对受访者的思想、信仰、态度提供有价值的洞察。本章将先讨论封闭式问题的类型和特点，然后是开放式问题，最后总结开放式问题和封闭式问题设计过程中特别要考虑的因素。

设计封闭式调查问题

上一章讨论了四种不同的测量级（名称级、顺序级、间隔级和比例级），针对每一个测量级都提供了若干示例问题。本章将会扩展之前的讨论，对如何根据四种测量级设计出最常用类型的问题提供详细指导。

名称级问题

名称级问题将受访者和他们的反应按照互斥的标准进行分类。三种常用的名称级问题类型是二项选择题（dichotomous questions）、多项选择题（multiple-choice questions）和列表（checklists）。

二项选择题

二项选择题是名称级问题中最为简单的一种，它将个人、对象、态度或其他应答划分在两个完全穷尽且互斥的类别之中。在二项选择题中最常用的形式是“是非题”，如：

你在过去24小时中，曾经看过泡泡糖的广告么？
是________
否________

但是二项选择题不仅仅局限于对问题进行“是”与“否”的回答。当需要将受访者、态度、行为分为两类的时候，二项选择题都适用，如：

作为减肥饮料的饮用者，你更喜欢减肥饮料中含有纽甜素还是阿巴斯甜糖？
纽甜素________
阿斯巴甜　________
你的性别是
男性________
女性________

与复杂的问题不同，二项选择题有若干优势：更
294 易于受访者回答，也更容易被编辑、编码、制表和分析。除此之外，二项选择题可以保证受访者在完成问卷的过程中只回答相关的问题，即“跳答模式”或称为“跳过逻辑”。思考以下四个问题：

1. 您目前是已婚还是未婚？
已婚________　继续回答问题2
未婚________　跳到问题3
2. 您结婚多久了？
________年　继续回答问题4
3. 是否有过婚史？
是________
否________
4. 访谈继续

上面二项选择题的问题1控制着跳答模式，基于受访者个人的回答转到下一题。

- 问题2只要求在问题1中选择已婚选项的受访者进行回答。
- 问题3只要求在问题1中选择未婚选项的受访者进行回答。
- 在完成合适的跳答问题后，所有的受访者继续回答问题4。

尽管有一定优势，但是二项选择题不能代替需详细描述的问题。例如，用来测量品牌使用情况就十分不合适，如“在过去一个月中，你是否用过三支或以上的牙膏？”同样是这个问题，使用“过去一个月中你使用了多少支牙膏？”的表述形式更为恰当。

多项选择题

多项选择题是将回答用三种或更多的互斥且完全穷尽的标准进行分类。和二项选择题相比，多项选择题可以将受访者的特征、属性或受访者的回应归到更为详细、更集中的类别之中。人口统计信息的收集最常使用多项选择题的方式。如：

你的年收入属于以下那个区间？
15 000美元以下　________
15 000～24 999美元　________
25 000～34 999美元　________
35 000～44 999美元　________
45 000～54 999美元　________
55 000美元以上　________

设计多项选择题时，保证分类互斥并且穷尽十 295
分重要。分类要包括会出现的所有回答，即每个受访者都能被归类。分类要互斥，确保不同的类别之间没有重叠，每个受访者都只能被归到唯一的类别中。当上述条件没有被满足的时候，就会出现以下例子中的问题。思考以下问题：

目前有多少个18岁以下的儿童正与你一起生活？
1～2个　________
3～4个　________
5～6个　________
6个或以上　________

这个问题既没有做到穷尽（如果受访者没有孩子呢?），也没有做到互斥（有6个孩子的受访者满足两个分类）。此问题可以修改为：

有多少个 18 岁以下的儿童正与你一起生活?

无　________

1～2 个　________

3～4 个　________

5～6 个　________

7 个或以上　________

但是，更为恰当的方法应该是以更精确的测量标准来收集数据：

在下面的空格处，请填写目前正与你一起生活的 18 岁以下儿童的数目，

________（儿童的数目）

下面的例子也同样没有做到穷尽与互斥。

你最近购买的洗衣粉的品牌是?

奥能（All）　________

洗好（Cheer）　________

汰渍（Tide）　________

这里缺少一个“其他”选项，让没有购买所列出品牌的受访者进行选择（并未穷尽），同时，如果受访者最近一次购物时同时购买了洗好和汰渍的话，他将无法被归类（不互斥）。

多项选择题的应用不仅仅局限于人口统计信息和行为信息的收集，只要可能的回答包括在列出的选项中，该方法也可以用以测量态度和动机。例如：

296 你购买丰田汽车最重要的原因是?

广告________

价格________

保修________

其他________请注明________

在未来的 12 个月中，你是否会准备买房?

当然会　________

可能会　________

可能不会________

一定不会________

多项选择题有诸多好处：(1) 形式非常灵活，适用情境非常广泛；(2) 和开放式问题一样灵活，但是不需要受访者自己概括、表达出他们的想法；(3) 和开放式问题相比，多项选择题更容易被编码、编辑、制表和分析。

同时，多项选择题的使用也有一些限制。第一，如之前说到的那样，确保所提供选项的互斥和穷尽是非常必要的。第二，不要去引导受访者。如下面这个问题：“以下汽车品牌中，你认为最为可靠的是?”以下三种选项的排列方式都是可能出现的，但是只有第一种方式是合适的。

凯迪拉克	凯迪拉克	福特
道奇	福特	土星
福特	道奇	凯迪拉克
土星	土星	道奇
其他（注明）	其他（注明）	其他（注明）

只有第一种排列方式是按字母表顺序排列。当一组产品名称或是相似的选项不是以字母表顺序排列时，受访者就会假设先出现的选项是“更好”的答案。第三，当利用多项选择题去测量行为时，要明确：(1) 要提供“无”选项与“其他”选项进行区别；(2) 选项的分类要相对平衡；(3)“典型”行为要放在一组选项中的中间部分。考虑下这个问题：“在过去的 24 小时中，你在 YouTube 网站上花费了多少小时?（半小时左右的四舍五入）”而以下选项是不合适的：

不到 1 小时　________

1 小时　________

1.5～5 小时　________

5.5～6 小时　________

6.5 小时及以上　________

上面选项分类的确做到了穷尽并且互斥，但是没 297
有把“从没有上过”和“不经常上”YouTube 的受访者进行区分。另外，分类也不能区分受访者的使用程度，因为很可能绝大多数受访者都会被分入“1.5～5 小时”这个选项内。更好的一组选项设置应该是：

从来没有上过　________

0.5 小时　________

1～2 小时　________

2.5～4 小时　________

4.5～6 小时　________

6.5 小时或以上　________

以上选项设置可以对 YouTube 的非使用者、轻度、中度和重度使用者进行有效区分。

二项选择题或多项选择题?

二项选择题和多项选择题可用来收集相似的数

据，但是它们所衡量的精确度有所不同。二项选择题将回答或受访者分成互斥的两类，多项选择题可以将回答或受访者分成三种或更多范围更小、细分的类别。考虑到两者精确程度不同，所以，建议只在所有回答只能被分为两类的情况下使用二项选择题。例如说，性别，每个人只能是男性或是女性，适合使用二项选择题。假设现在要为家得宝超市（Home Depot）拍摄一条电视广告，目标受众的教育程度为至少上过大学，针对广告进行一系列测试以保证广告的确对这一群体有吸引力。调查者利用下面问题来识别受访者：

> 你的最高学历是？
> 高中或以下________
> 上过大学或以上________

这一问题本应可以得到所需分类，但是它却违反了使用二项选择题的准则：所有回答只能被分成两类。因此，对于问题进行额外的扩展就会受限制，调查者无法得到以下问题的答案："本科学历的人和上过大学的人反应会不同吗？""拥有高中学历的人和上过大学的人的反应是相似的吗？"为了得到扩展的问题，使用多项选择题的形式可能会更合适，例如：

> 你的最高学历是？
> 高中以下 ________
> 高中 ________
> 上过大学 ________
> 大学学历或以上________

298 **列表**

列表是一种将一系列相关的二项选择题整合到单一问题中的名称测量级。和每个问题逐个询问相比，这是一种更节省时间的数据收集方式，也不会那么单调乏味。列表问题的两个例子如下：

> 想想在过去24小时内你在网上看过的音乐视频。你看过以下哪些类型的音乐视频？根据自身情况进行勾选（没有符合的也可以全都不选）
> 布鲁斯 ________
> 古典 ________
> 乡村 ________
> 民谣 ________
> 爵士 ________
> 电子乐 ________
> 说唱/嘻哈 ________
> 摇滚/流行 ________
> 斯卡 ________

> 想想你刚才观看过的电视广告。以下词语或短语中，哪个最能形容你对该电视广告的感觉？根据自身情况进行勾选（没有符合的也可以全都不选）
> 娱乐的 ________
> 令人困惑的________
> 愚蠢的 ________
> 可信的 ________
> 有趣的 ________
> 令人讨厌的________
> …… ________
> ________

这些问题展示出列表问题的重要特点。第一，问题必须明确地定义列表中选项的分类标准。第二，问题必须保证受访者会查看每一个具体选项。问题说明一定要明确：受访者根据自身实际情况进行勾选（甚至可以不选），只要他觉得合适。第三，选项的排列要减少偏见。因此，商品名单或购买原因，如前面第一个例子那样，要以字母表顺序排列。词语或者短语，如前面第二个例子，要包含数量相等的积极和消极词语，随机排列。

最后，上面的列表问题可以再附加一个问题，来帮助识别受访者的意见程度。就此而言，之前关于电 299
视广告喜好度的问题可以改为：

> 想想你刚才观看过的电视广告。在下面的第一栏中（标签为"描述我的反应"），选出能形容你对该广告感觉的词语或短语。根据自身情况进行勾选，选多选少都可以（没有符合的也可以全都不选）。在第二栏中（标签为"最符合的描述"），请选择最能够描述你对电视广告感受的两个词语。

	描述我的反应	最符合的描述
娱乐的	________	________
令人困惑的	________	________
愚蠢的	________	________
可信的	________	________
有趣的	________	________
令人讨厌的	________	________
……	________	________

顺序级问题

顺序级问题是指让受访者根据某一预先设定好的标准，对一系列调查选项进行顺序的排列。正如之前章节讨论过的，对此类问题的回答会展示出调查选项的相关顺序，但是不能看出各个调查选项之间的距离。最常见的顺序级问题是排序题。

排序题是将若干个特征、对象和态度展现在受访者面前，然后让受访者根据某一具体的标准，对其进行顺序排列，排序依据的特征要在问卷的导言部分被详细说明。以下问题对浏览过四种不同社交网站主页的网友进行了提问：

> 你刚刚浏览过以下四个社交网站的主页，Bebo、Facebook、MySpace 和 Twitter，请按照它们对你的总体吸引程度进行排序。请将序号“1”填写在对你最具吸引力的网站名称旁边，以此类推，序号“4”标注在你认为最不具吸引力的网站名称旁。排序不能并列，每个序号只能使用一次。
>
> Bebo ________
> Facebook ________
> MySpace ________
> Twitter ________

请注意，问题中要将受访者需要做的事（对主页进行排序）、排序标准（总体吸引程度）和排序的方式（序号“1”代表最具吸引力，等等）明确地解释清楚。此外，和多项选择题一样，选项要以字母表顺序进行排列以避免偏见。 300

在创建问题选项的排列顺序时需要保持敏感的是所列选项的数量。受访者通常能对 6 个选项进行排序；超过 6 项会让受访者感到困难，因此也会降低对受访者偏好提供准确洞察的能力。

间隔级问题

间隔级问题对调查选项进行排序，同时也估量调查选项间的相对距离。

量表（rating scales）是最常见的间隔测量级形式。这类问题要求受访者在表述明确、定义清晰的连续项间进行选择，例如：

> 你对刚刚看过的电视广告的相信或不相信程度是？
>
> 非常相信 ________
> 比较相信 ________
> 中立 ________
> 比较不相信________
> 非常不相信________

这个问题展示出了设计合理的量表问题的特点：

● 导语无偏见。量表中正向和负向的方面都阐述得清晰明白。

● 创建的量表不同点之间的间隔相等。即“比较相信”与“非常相信”的间隔同“比较不相信”与“非常不相信”的间隔相同。

● 问题中所需信息与用来收集信息的量表直接相关。问题要求受访者回答相信程度，通过量表选项来反映。

表 12—1 中的量表式问题给出了违反以上原则的错误示范。

表 12—1　设计不合理的量表式问题示例 301

(A) 导语有问题。只有一个方面的量表被提及。量表选项设定合理。

看过或收听过广告后，你有多大可能去购买此商品？

非常可能 ________
可能 ________
不可能 ________
非常不可能________

(B) 量表选项设定有问题。不同点之间的间隔不相等。导语无误。

看过或收听过广告后，你有多大可能性购买或不购买此商品？

非常可能________
很有可能________
些许可能________
有点可能________
可能 ________
很不可能________

(C) 导语、量表选项都不存在问题，但二者之间不一致。

看过或收听过广告后，你有多大可能性购买或不购买此商品？

非常同意 ________
比较同意 ________
比较不同意________
非常不同意________

只要满足前三点原则，调查者对于量表的选择就会非常灵活。对于“最优”选项的最终选择要反映出量表式问题所要收集的具体信息。有四点需要注意：

第一，由于量表式问题没有规定的类别数量，因此决定使用的类别数量很有必要。设定怎样的类别数量要视所调查的态度和行为的本质而定，首要的规则是，应答类别为四到七个，以保证足够的区分度。然而，如果决定增加应答选项，那么必须十分确定，量表选项中的更好的区分（例如下面的九级量表）与受访者相关，并且有意义。考虑以下两个量表：

极其同意	极其同意
比较同意	非常同意
无所谓	有些同意
比较不同意	比较同意
非常不同意	无所谓
	比较不同意
	有些不同意
	非常不同意
	极其不同意

302 五级量表（five-point scale）可以让受访者评估他们观点的方向和强度，而九级量表（nine-point scale）会让受访者做出极为清楚的区分。

第二，要判断量表是否平衡。平衡的量表在正负两端设置同样的应答类别，正负两端选项互为对照。前面提到的可信度测量的例子就体现了这种平衡，正负向的选项数目相同，而且使用的修饰副词也完全相同。不平衡的选项设定可能违反平衡的量表两个原则中的某一个，或是全都违反，例如：

你对海飞丝洗发水去屑效果满意或不满意的程度是？

满意 ________
比较不满意________
有些不满意________
很不满意 ________
非常不满意________

只有在调查前就已知道受访者对问题的反映和只需要一个方向的、更为细分的区分时，才建议使用不平衡的量表选项。除了上述两种极端的情况之外，不建议使用不平衡的量表的原因是：

● 偏见。问题可能使受访者无形中产生偏见。4个负向选项和1个正向选项的设定（如前面的例子）会引导受访者相信，他们对产品的去屑效果应该是不满意的。

● 不利于数据分析和解读。不平衡的量表会让分析数据更为复杂。不平衡的量表并不是真正的间隔级测量，因为量表中所有点之间的距离都不相同。因此，很难选取合适的数据处理程序，对于结果的解读也往往存在诸多问题。

第三，假定使用平衡的量表，还要注意选项的个数是奇数还是偶数。表12—2中问题A的选项数量是偶数，但是针对同一问题，问题B中设定了奇数个选项。设定奇数个选项常常是因为在选项中出现了“中立”（neutral）选项，但是该选项与“无观点”（no opinion）并不是一个意思。设定奇数个选项还是偶数个选项反映了调查者对于受访者会出现反应的假设。偶数个选项的支持者们认为，不应该设立“中立”选项，因为他们相信对此问题不应该出现中立态度，受访者需要表达出他们的观点和态度究竟如何。而反对者则认为，在很多情境下，消费者是会出现中立态度的，他们应该将这种态度表达出来。

表12—2　奇数个和偶数个的量表选项 303

（1）偶数个选项

“15岁以下的儿童如果要申请社交网站如Facebook的账号的话，需要得到父母的同意。”你对该说法的同意或不同意程度是：

非常同意 ________
比较同意 ________
比较不同意________
非常不同意________

（2）奇数个选项

“15岁以下的儿童如果要申请社交网站如Facebook的账号的话，需要得到父母的同意。”你对该说法的同意或不同意程度是：

非常同意 ________
比较同意 ________
无所谓 ________
比较不同意________
非常不同意________

最后，要决定问题是否使用参考框架。在非比较级量表中，受访者没有明确的参考框架，需要对问题直接做出评价。例如，评定某条具体电视广告的总体反应的题目可能是：

回想下刚刚观看过的电视广告。你对该电视广告相信或不相信的程度是________？

每个受访者都会用自己喜欢的参考框架进行回答。一些受访者可能会将测试的电视广告与相同品类的其他电视广告进行比较，受访者也可能将测试的电视广告与“我最近看过的广告”、“一般的广告”、“我喜欢的广告”进行比较。当调查需要绝对精度时，没有详细的参考框架适用。比较级量表会提供参考框架。例如：

> 回想下你刚刚观看过的电视广告。和其他啤酒品牌广告相比，你认为它的可信或不可信的程度是________？

正如它的名称一样，比较级量表适用于当调查需要相对精度时。

量表的不同形式。前面对于量表的讨论是假设所有可能的回答都被冠以标签。但这样量表形式并不是唯一的，尤其是可能出现的反应表现得更为分化时。从表 12—3 的四种方法可以看出呈现量表的形式非常灵活。

304 **表 12—3**　　**量表的不同形式**

问题：回想一下你刚刚看过的电视广告。你觉得该电视广告可信或不可信的程度如何？

可能的量表选项：

请圈出最能反映你的观点的数字

非常相信	1	2	3	4	5	6	7	非常不相信

请在最能反映你的观点的空格上标“X”

________ 非常相信
____
____
________中立
____
____
________非常不相信

请在最能反映你的观点的空格上标“X”

________	________	________	________	________	________	________
非常相信			中立			非常不相信

请在下面的空格上填写能够代表你态度的从 1 到 10 的任意数字。数字越大表明你的信任程度越高。

____

除了量表的设计可以灵活之外，这种形式也可以将其他相关的单一问题联系起来，组成“超级问题”（super-question），例如：

> 想一下最近沃尔玛为履行其保护环境的承诺所开展的活动。阅读以下各个短语，然后选择你对沃尔玛环保举措的同意或不同意的程度。针对每个短语，在能反映你的观点的合适的空格上打钩。

	非常同意	比较同意	比较不同意	非常不同意
只是为了利益	____	____	____	____
很真诚	____	____	____	____
是优秀的企业公民	____	____	____	____
引领者	____	____	____	____
是一种剥削	____	____	____	____

语义差别（semantic differential）。语义差别是请受访者针对目标对象在一定数量、相关联的七级量表（seven-point scales）中进行评价，七级量表的两端是完全相反的形容词。

下面就是一个用来语义差别的方式评估消费者对 305
产品代言人态度的例子：

> 回想你刚刚观看过的电视广告中的代言人。我们想知道你对代言人的态度。下面每一行有一组反义词。在每一行能代表你对代言人态度的空格上勾选，勾选位置越接近某个形容词，表明你越认为该词语能表达你的态度。

可信的	___	___	___	___	___	___	___	不可信的
信息量小	___	___	___	___	___	___	___	信息量大
不真诚的	___	___	___	___	___	___	___	真诚的
有资格的	___	___	___	___	___	___	___	没有资格的

在使用语义差别量表时要注意两点：第一，很多受访者对语义差别并不熟悉。因此，一定要详细说明如何在量表中选择。第二，要注意两端反义词语的排列。如前面例子所示，褒义词和贬义词要在左右两端都出现，这会增加受访者阅读所有形容词的可能性。问卷完成之后，为了数据分析和易于表现，所有褒义

词都可以同样地数字化，并连续地被置于相同方向。

比例级问题

比例级问题就是在固定的、以 0 为起始的封闭数字集合中测量对象、行为和态度。在集合中的位置反映出对象、行为和态度的程度，或想法与测量目标之间联系的强弱。最常见的比例级问题形式是总和恒定类问题（constant sum question）。

总和恒定类问题是一种要求将现有的数量（或总和）分给两个或更多对象，以此展现出受访者偏好、各个属性的相对重要性和调查对象每个属性程度的一种比例衡量方式。通常的形式如下：

> 思考你购买某一儿童麦片的原因。下面列出了可能的原因。我们想知道在你的购买决定中每个理由的相对重要性。假设你有 100 分，把分数分给每个原因，以表示每个原因的相对重要性。赋予的分数越多，表明它越重要。你可以给每个原因任意分数，不过要确保总分是 100 分。
>
> 纯天然 ________
>
> 孩子喜欢 ________
>
> 低脂肪 ________
>
> 低价格 ________
>
> 低糖 ________
>
> 总分 100

从这个例子中我们可以看到设计合理的总和恒定类问题的特点：分配的重点很明确（对于购买决定的影响），受访者需要完成的任务很明确（分配分数），分配分数的规则很明确（分数越高代表越重要）。 306

设计总和恒定类问题需要注意两点。第一，选项的数目要易于处理。通常来说，当需要给分的对象超过 7 个时，受访者就会有一点小麻烦，得出的数据准确性会下降。第二，给出分数的总和需要被设定好，分数总和的选择要合理，并容易拆分给不同对象（25 和 100 是最常用的总分数）。

设计开放性问题

定量调查不仅使用封闭式问题，同样也可以利用开放式问题来测量态度、信念、感知和行为。在设计开放性问题的过程中，除后面将要谈到的各种类型问题的相关考虑因素之外，还包括一些特别的注意事项。

问题必须是真正的开放。开放式问题可以减少、消除当将预先设定好的回答呈现在受访者面前时潜在的引导倾向。因此，开放式问题一定要表述清楚：受访者可以对该问题自由地回答，调查者在此过程中不应该有任何引导。看下面这个问题："你对该产品的满意程度如何？"它可能看起来像是一个开放式问题，但事实上并不是。调查者已经假定了受访者对产品是满意的这一事实。真正的开放式问题不会假定受访者的态度倾向、对问题的分析、想法和此问题对受访者的意义。因此，更好的开放式问题应该是："你对该产品的想法和感受是？"

一定要追问问题。对开放式问题的最初回答往往缺乏深度。受访者经常给出一些最简单、最能脱口而出的答案。或者，他们不会给出任何答案，因为觉得答案显而易见。因此，必须追问受访者对此问题是否还有其他态度、感知等。常见的追问方式有："还有其他的吗？""对此问题你还有别的想法和观点吗？""还有新的想法吗？"以下是一个如何利用开放式问题追问的例子：

> 看完此电视广告之后你有何想法和感觉？追问：还有其他的想法和感觉吗？追问："还有吗？"直到没有新的回答再停止追问。

问题应该只针对某一方面。每一个开放的信息需求都应单独提问。问题的独立性会让受访者更能专注问题的重点，对问题的编码、分析、解读也会更为容易。例如，问题"你觉得丝华芙洗发水的优缺点是什么？"就应该被分成两个问题："你能想到的丝华芙洗发水的优点有哪些？"和"你能想到的丝华芙洗发水的缺点有哪些？"

307

设计问题的考虑因素

到目前为止，针对某一特定测量问题可以有不同形式的选择。不同测量级和同一测量级的不同类型的测量经常是合适的和可得的。然而，不管选择何种具体类型的问题或量表，所有问题必须满足一组核心的要求。本节将详细介绍这些要求。

用简单的语言清楚地表明受访者的任务。问题一定要表述清楚受访者要怎样才能充分地完成问题。受访者要被告知，他们是用自己的语言来表达观点，还是选择、标记代表他们观点的词语，或是对对象进行排序。不要事先就认为受访者会凭直觉回答某一具体类型的问题。

运用简单的、主动语态的句子和常用语。问卷要达到与受访者进行沟通、帮助其完成回答的目的，而不是向受访者展示设计者的文学造诣。此外，要避免使用行业术语。如果术语的使用在所难免，要在问题中解释出它的含义。下面的问题展示了哪些需要避免。

> 想想你曾经观看过的并有积极或消极评价的电视广告，即在观看过程中你感觉它不错，或是很糟糕。在这些经历中，广告中的什么部分，即什么视觉或听觉元素，是这些感觉出现的潜在刺激？

避免引导倾向。有引导倾向的问题会暗示出你对此问题的观点，例如：

> 你还会继续购买白面包，这是真的吗？
>
> 很多人都致力于保护环境。下列哪些环保活动你曾经参与过？

当受访者听到这些问题时，他们给出你想听到的答案的可能性会增加，而不是表达出自己的态度和观点。有些问题的引导倾向会以不易察觉的方式表现出来。例如，要求受访者“利用下面的量表表示对广告的喜爱程度”就暗示了受访者是被期望喜欢该广告的，而不是讨厌。为避免这种倾向，问题要体现出正反两个方面的态度，例如“利用下面的量表表示你对该广告喜爱或不喜爱的程度”。最后，导语也可能对受访者有引导倾向。问题不要以“难道你不觉得……”“难道你不同意……”这样的方式开头。

避免在单一问题中出现多个信息需求。与设计开放式问题相似，每个问题都只能有一个重点。不要问“你最喜欢的洗发水品牌是什么？你多久使用一次”这样的问题，要将其拆分成两个问题。首先问“你最喜欢的洗发水品牌是什么？”然后问“你多久使用一次？”将问题分开会让受访者更容易回答，也更容易
被编码和分析。此外，在单一问题中避免出现多个信 308
息需求会极大地减少在数据解读过程中出现问题。例如，对于问题“你看过该品牌香烟的广告吗？你赞同这个广告吗？”受访者回答“是”可能是对针对第一部分（知晓）的，也可能是针对第二部分（赞同）的，或者是对两个部分一起进行回答的。所以你就不知道，“是”到底是针对问题中具体哪个部分而做出的回答。

避免歧义。歧义词语是会有多种解释的词语。所有问题中出现的词语都必须不会引起歧义，即便有些问题看来极其简单，例如“你使用哪种洗发水？”一些受访者会把“种”理解为品牌名称，而其他受访者可能会认为“种”是指形态（啫喱或是液体），或是种类（去屑、护发或是普通）。

当调查者试图去测量数量和时间时，歧义就更容易出现。思考下列回答选项：

非常久以前	不经常
很久以前	偶尔
最近	经常
这两天	

两个量表都有歧义，因为受访者可以对这些词语进行多种怪异的解读。有的受访者可能认为“最近”指的就是“昨天”，而另一位受访者可能认为“最近”是“过去几周之内”。同样，受访者对于“偶尔”、“经常”都会有多种解读。使用具体的数字进行描述可以有效避免数量和时间的歧义。

避免假设。设计合理的问卷不会假定受访者的想法。例如，问“喜欢这个广告的哪些地方？”就是在假定受访者的确喜欢广告中的某些元素。更好的方式是“如果有的话，你喜欢这个广告的哪些地方？”问题也要避免假定受访者的认知水平和能力。例如，“你最近购买的牙膏价格是？”这个问题就假定了受访者还记得牙膏的价钱。更好的方式是“你能想起你最

近购买的牙膏的价格吗?”如果受访者回答“是”，那么继续问“价格是多少?”

收集个人信息时要正当合理。当问到有关行为和态度时，只要是合理的、和个体无关的问题，受访者通常会是很合作的姿态。但是，受访者通常不愿意提供年龄、教育程度、收入和其他一些敏感信息，如资金或个人卫生用品的使用等个人化的信息。在这种情况下，当你声明调查信息会正当使用，并解释调查目的后，获取信息的可能性会提高。对于人口统计和其他相关问题，可以预先声明“以下问题只是用来对你的回答进行分类”。当问到敏感问题，可以声明“现在我想问一个关
309 于某某方面的问题，可能会触及个人敏感领域，非常感谢你的配合。你所有的回答都将会被严格保密”。

对于行为的问题要提供一个合理的时间范围。所有测量行为的问题都要提供行为发生的时间范围，时间范围设定要合理，以方便受访者回忆。当受访者颇费周折地回忆时间时，数据的质量和其代表的意义都会下降。下面的第一个问题没有提供任何时间范围，而第二个问题提供的时间范围过宽，对于行为的测量来说都不适合：

你浏览过 YouTube 多少次?
在最近一个月中你浏览过 YouTube 多少次?

更合适的方式会是：

在过去 24 小时中，你浏览过 YouTube 多少次?

问题设计：评估

表 12—4 中问卷的目标受众是大学生。每个问题都有些许纰漏。阅读此问卷，找出问题所在，并进行修改。检查和修改问题之后，要继续阅读并评估答案。

问题 1：选项分类不合理。几乎所有学生都会被划归到第一类。选项分类同时也没有穷尽（如果学生的年龄在 18 岁以下如何回答?）和互斥（28 岁同时满足两个分类）。选项分类也不合理。因此，该问题不能在最高测量级上收集数据。更好的问题应该是：

你的年龄是? ________

311

问题 2：该问题涉及两个方面，但是只有一套选项。通常应该将回答设计成“是/是”、“是/不是”、“不是/是”、“不是/不是”，但是按照原题的表述方法，这样的选项设计也不适合。至少有必要将问题拆分成两个：

你觉得上课有趣吗?
有趣________ 无趣________
你觉得上课有用吗?
有用________ 没有用________

然而，这种方法虽然可以测量出受访者对这两方面的反应，但是不能体现他们觉得“有趣”和“有用”的程度。更好的方法是提升测量级，并通过量表评价态度。

你觉得上课有多有趣/无趣?
非常有趣________
比较有趣________
比较无趣________
非常无趣________
你觉得上课有多有用/没用?
非常有用________
比较有用________
比较没用________
非常没用________

问题 3：这不是一个真正的开放式问题，因为“是”或“不是”就足以对其进行回答。“新”也会引起歧义，它是指一辆新车（例如之前没被使用过），还是指对于受访者来说是新的任何一辆车（不管它曾有过多少个车主）? 最后，问题没有时间范围，问题应该设计为：

表 12—4 大学生调查问题示例

校园调查
1. 你的年龄是? [ ] 18～24 岁　[ ] 24～28 岁　[ ] 28～29 岁　[ ] 30 岁　[ ] 31 岁以上

续前表

2. 你觉得上课有趣、有用吗？
   是 [ ]
   不是 [ ]
3. 你有购买新车的打算吗？ ________
4. 你会计划购买哪种电脑？ ________
5. 每个受访者都需要告诉我们收入以便对其进行分类。不撒谎、说实话对我们很重要。你的年均收入是？
   [ ] 5 000 美元以下
   [ ] 5 001～10 000 美元
   [ ] 10 001～20 000 美元
   [ ] 20 000 美元以上
6. 在一个月中，你多久阅读一次校报？
   每期都阅读 [ ]　经常阅读 [ ]　不常阅读 [ ]　从未阅读 [ ]
7. “本校校报是校园活动的客观信息来源。”对此说法你同意或不同意的程度是：
   [ ] 非常不同意
   [ ] 不同意
   [ ] 比较同意
   [ ] 非常不同意
   [ ] 极其不重要
8. 对于“电脑应该终生保修”这件事，你同意或不同意的程度是？
   [ ] 极其重要
   [ ] 重要
   [ ] 中立
   [ ] 不重要
   [ ] 极其不重要
9. 阅读以下形容词，给所有适用于“苹果”的词语打钩。
   ________ 有趣
   ________ 简单
   ________ 个性
   ________ 现代
   ________ 前沿
10. 假如你要购买一台电脑。考虑价格、耐用性、速度、功能、售后、芯片制造商、软件可得性和技术支持。请打分以表明电脑各个特性的重要性。给下面的特性排序。
    ________ 颜色
    ________ 款式
    ________ 大小
11. 总分 5 分，对与比萨相关的各方面进行打分。
    味道 ________　网上订餐 ________
    配送时间________　朋友推荐 ________
    价格 ________　支持信用卡付款________
    位置 ________　推出每日特价________
    广告 ________

在未来三个月内，你是否有可能去购买一辆新车（未被使用过）？

非常可能________

可能________

不可能________

非常不可能________

问题 4：问题假定受访者有购买电脑的计划且缺少时间范围。“种”会引起歧义，它是代表类别（笔记本、台式机）、种类（Mac、PC），还是功能（适合游戏、适合作图）？以下说法可以解决上述问题：

1. 在未来三个月内，你是否有购买电脑的计划？
   有 [ ] 继续问题 2
   没有 [ ] 跳到问题 3
2. 你会考虑购买哪种品牌的电脑？在下面

列表中可以任意勾选（也可不选）。

苹果 ________

戴尔 ________

惠普 ________

索尼 ________

东芝 ________

其他 ________

3. 调查继续

问题5：问题的导语不妥。多项选择题虽然穷尽但是不互斥（年收入20 000美元的受访者同时满足两个类别）。选项的分类范围对于大学生来说也非常不合适，应该设立“0”选项用以从低收入中区别无收入。最后，该问题涉及敏感话题，应该设立“拒绝回答”选项。更好的表述为：

为了对回答进行分类，我们想知道你的年收入。如之前所说，该问题的答案和其他答案一样都会被严格保密。你的年收入属于以下哪个范围？

0—无收入 ________

1～5 000美元 ________

5 001～10 000美元 ________

10 001～15 000美元 ________

15 001～20 000美元 ________

20 001美元及以上 ________

拒绝回答 ________

此问题确实违反了用最高测量级收集数据的原则。但是，与直接问“你的年收入是多少”相比，让其指出年收入所在的范围，会更容易被受访者接受。

问题6：时间范围太宽，受访者可能无法准确回忆。“多久一次”含义模糊，它指的是每天阅读同一篇文章，还是阅读不同文章的次数？量表不合理，选项有歧义，可以被主观地进行不同解读。最后，可以用最高测量级收集数据。更好的提问方式是：

313 学校校报每周一到周五出刊。上一周你阅读了几期校报？________（用0～5之间的数字填空）

问题7：选项设计不合理，正面选择与负面选择数量不对应。量表可以从同意程度的任何一边进行排列（同意……不同意，不同意……同意），顺序要和导语中的顺序保持一致。在本题中应该为同意……不同意，以下修正可以解决这些问题：

“本校校报是校园活动的客观信息来源。”你对这种说法同意或不同意的程度是：

非常同意 ________

比较同意 ________

比较不同意 ________

非常不同意 ________

问题8：问题的导语和量表均无误。但是导语和量表不匹配。修改之后导语和量表一致：

对你来说，电脑终生保修有多重要或不重要？

非常重要 ________

比较重要 ________

中立 ________

比较不重要 ________

非常不重要 ________

问题9：问题中“给所有适用于……打钩”的表述有引导倾向，受访者至少会勾选一项。列表应该包括随机排列的正向和负向词语，但是该题中只有正向词语。最后，“苹果”的含义模糊且有歧义。它指的是苹果公司，还是iPhone、iPod或者苹果公司的其他产品？更好的表述方式和选项列表可以是：

想一下“苹果”——并非某一苹果公司的具体产品，而是总体的品牌形象，你怎样看待苹果品牌？下列的哪些词语可以用来描述你对苹果品牌的感觉？你可以随意地进行勾选（甚至不选）。

有趣 ________

无聊 ________

经典 ________

个性 ________

过时 ________

价格过高 ________

前沿 ________

领导潮流 ________

问题10：导语设计不合理：没有具体的评判标
准，没有告知受访者要怎样进行排序，而且过于复 314
杂。列表也有问题，列表中的对象与导语不相匹配，另外选项要以字母表顺序排列。更好的表达方式可以是：

假如你要购买一台个人笔记本电脑。在你决策的过程中，哪些因素最为重要？下面列出五项个人电脑的特性，将序号“1”填在你认为最重要的特性旁边，序号“2”填在次之的特性旁边，序号“5”填在你认为最不重要的特性旁边。序号不能并列，只能使用一次。

颜色 ________

价格 ________

处理器速度 ________

屏幕尺寸 ________

重量 ________

问题 11：导语没有说明要测量何种对象，怎样分配分数和分配标准。列表过长，同时要以字母表顺序排列。最后，分数总和太小。可以修改为：

想想你购买某比萨的原因。下表列出了可能的原因。我们对这些原因在你做出购买决策过程中的相对重要性感兴趣，即为什么你购买此公司产品而非其他公司的产品。假设你有 100 分，给以下各个原因打分，分数越高表示该原因越重要。要保证分数总和是 100。

支持信用卡付款 ________

配送时间 ________

朋友推荐 ________

位置 ________

网上订餐 ________

总和 100

小结

调查者询问问题以获取制定广告决策所需信息。设计合理的问题会得到更多更为可信、更有洞察力的信息。

问题可以以四个测量级中的任何一个来设计：名称级问题、顺序级问题、间隔级问题和比例级问题。四个测量级问题的使用和特点各不相同：

- 名称级问题通常对受访者和回答进行分类。通常的问题形式包括二项选择题、多项选择题和列表。名称级问题的回答选项需要穷尽且互斥。
- 顺序级问题，如排序问题，要求受访者根据某一维度的标准对一系列对象进行排序。
- 间隔级问题，如量表和语义差别，让受访者判定回答的顺序和相隔距离。
- 比例级问题，如总和恒定类问题，拥有一个 0 317
的选项并且能够进行数量的比较（例如结论“品牌 A 的喜好度是品牌 B 的两倍”）

开放式问题和封闭式问题的质量可以通过几个首要原则来提升：运用简单的、主动语态的句子和常用语；避免引导倾向、歧义、假设、对信息的多个要求；证明个人信息需求的合理性，对于行为的问题要提供一个合理的时间范围。

复习题

1. 二项选择题的功能是什么？这类问题的设计属于哪个测量级？
2. 什么是多项选择题？这类问题的设计属于哪个测量级？
3. 多项选择题最典型的特点是什么？
4. 为什么分类问题中有“0”或“无”的回答很重要？
5. 列表问题最典型的特点是什么？这类问题的设计属于哪个测量级？
6. 排序问题最典型的特点是什么？这类问题的设计属于哪个测量级？
7. 间隔级问题最典型的特点是什么？
8. 应该如何确定量表式问题应答选项的数量？
9. 为什么参考标准是设计量表式问题时的重点考虑因素？
10. 语义差别问题最典型的特点是什么？这类问题的设计属于哪个测量级？
11. 为比例级问题举一个例子。比例级问题最典型的特点是什么？
12. 设计开放式问题时，需要重点考虑哪些因素？

13. 在哪些情境下，开放式问题比封闭式问题更合适？

14. 哪八种考虑因素有助于提升调查问题的质量？

应用练习

1. 下面每个问题在样式或形式上至少包含一个错误。识别这些问题的错误，然后再将这些问题改写成设计合理的调查问题。

a. 你现在拥有多少只宠物以及它们的年龄是多少？

b. 你目前拥有哪种类型的汽车？

c. 每个受访者都需要告诉我们他们的收入，以便对他们的回答进行分类。你的家庭税后年总收入属于下列哪个范围？

10 000 美元以下 ________

10 000～25 000 美元 ________

25 000～28 000 美元 ________

29 000～31 500 美元 ________

315 000 美元以上 ________

d. 下面哪个回答能够反映你对这句话同意或不同意的程度："美国大多数企业都关注环境问题。"

完全同意 ________

同意 ________

无所谓 ________

比较不同意________

完全不同意________

318 e. 在未来 12 个月内，你有多大可能会计划购买一辆新的汽车？

是 ________

否 ________

不确定________

f. 大多数父母非常关注他们将如何支付孩子的大学教育费用。我确定你也是这样的父母之一。这些父母为了孩子的教育尽力节省开支，我确定你也是这样。你平均每年为了孩子的教育节存多少钱？

无 ________

1 000 美元以下 ________

5 000 美元以下 ________

10 000 美元以下 ________

10 000 美元以上 ________

g. 你使用洗发水的频率是？

非常频繁________

频繁 ________

偶尔 ________

不频繁 ________

从不 ________

h. 请根据你的偏好将下列品牌排序。

可口可乐（Coke） ________

胡椒博士（Dr. Pepper） ________

雪碧（Sprite） ________

激浪（Mountain Dew） ________

红牛（Red Bull） ________

2. Quicko 蛋糕公司曾开展多项调查以了解四种重要因素对蛋糕粉的影响：是否容易准备、黏稠度、颜色和气味。Quicko 公司现在必须了解目标消费者在购买蛋糕粉时，认为这四种因素中的哪个最重要。我们可以使用排序、量表和总和恒定类问题来判断消费者的评价。你认为这几个题型中哪个更合适？为什么？

3. Millie 实验室刚刚推出了一款名叫 Prescription Flea Control 的防狗蚤项圈。现在他们希望测量消费者对这款项圈的反馈，从而为制订广告活动做准备。Millie 实验室制订了抽样计划，并在目标受众中筛选出同时知道 Prescription Flea Control 和 Hartz 公司以及 Pet-Pro 公司生产的防狗蚤项圈的受访者。表 12—5 中的第 1 到第 10 个问题是对受访者的提问，检查这些问题，然后解决下列问题：

- 评估这些问题的类型和形式，判断每个问题是否合适。如果不合适，你将怎样改写或修正？
- 这份调查问卷呈现了哪几种问题类型？每种题型代表哪个测量级？每种所需信息所采用的测量级和问题类型是否合适？
- 这份问卷过于冗长，是否有其他更有效的题型或量表来搜集所需信息？采用其他方式会不会降低获取信息的深度？
- 重新设计一份调查问卷来展现你的观点，用更好的方式来获得所需信息。

319 **表 12—5　　应用练习 3 的调查问题**

1. 我们对您关于三种防狗蚤项圈的总体评价十分感兴趣，这三种防狗蚤项圈分别由 Hartz 公司、Millie 实验室和 Pet-Pro 公司生产。请对这三个公司生产的防狗蚤项圈进行排序，“1”代表最有效的防狗蚤项圈，“2”代表其次有效的防狗蚤项圈，“3”代表最没有效的防狗蚤项圈。
   Hartz ________
   Millie Labs ________
   Pet Pro ________
2. 现在我想知道您对 Hartz 公司生产的防狗蚤项圈的评价。如果您完全赞同下面的描述，请填“10”，如果您完全不赞同下面的表述，请填“0”。你可以使用“0”到“10”之间的任意数字来表示您的赞同或不赞同程度。
   对宠物安全________
   没有使用杀虫剂________
   通过了 FDA（美国食品和药物管理局）的认证________
   至少 90 天有效________
   有较高的性价比________
3. 现在我想知道您对 Millie 实验室生产的防狗蚤项圈的评价。如果您完全赞同下面的描述，请填“10”，如果您完全不赞同下面的表述，请填“0”。你可以使用“0”到“10”之间的任意数字来表示您的赞同或不赞同程度。
   对宠物安全________
   没有使用杀虫剂________
   通过了 FDA（美国食品和药物管理局）的认证________
   至少 90 天有效________
   有较高的性价比________
4. 现在我想知道您对 Pet-Pro 公司生产的防狗蚤项圈的评价。如果您完全赞同下面的描述，请填“10”，如果您完全不赞同下面的表述，请填“0”。你可以使用“0”到“10”之间的任意数字来表示您的赞同或不赞同程度。
   对宠物安全________
   没有使用杀虫剂________
   通过了 FDA（美国食品和药物管理局）的认证________
   至少 90 天有效________

续前表

   有较高的性价比________
5. 想一想您之前五次购买的防狗蚤项圈，包括下面哪些品牌？
   Hartz ________
   Millie Labs ________
   Pet-Pro ________
   Store brand/generic ________
   其他________
6. 想一想您接下来五次愿意购买的防狗蚤项圈，它们会包括下面哪些品牌？
   Hartz ________ 320
   Millie Labs ________
   Pet-Pro ________
   Store brand/generic ________
   其他________
7. 当决定购买防狗蚤项圈时，您认为通过了 FDA 的认证有多重要？
   非常重要________
   重要________
   不重要________
   非常不重要________
8. 当决定购买防狗蚤项圈时，您认为没有使用杀虫剂有多重要？
   非常重要________
   重要________
   不重要________
   非常不重要________
9. 最后，我想问一些问题以便我们对您的回答进行分类。您属于下列哪个年龄段？
   25 岁以下________
   25～34 岁________
   35～44 岁________
   45～54 岁________
   55 岁及以上________
10. 您属于以下哪种受教育程度？
   高中没毕业________
   高中毕业________
   上过大学________
   大学毕业________
   更高学历________

【注释】

[1] Razorfish 的网址为 http：//www. razorfish. com。

[2] Razorfish（2009）. “Feed：The PDF” at http：//feed. razorfish. com.

[3] Cossette 的网址为 http：//www. cossette. com。

（本章翻译：胡慧，本章校译：杨雪睿）

第 13 章

问卷设计

323 在调查过程中，设计科学合理的调查问题是一个关键步骤。但是，你不能随意提问。这些问题应该按照一定的方式来组织，让它们能够在调查研究中获取到每一位参与者的合适回答。最常用的组织问题的方法当然是问卷，问卷被认为是调查者和受访者之间的沟通渠道。在这一章，你将会学到问卷构建的系统方法。

* * *

阅读本章之后，你会对以下问题有更好的理解：

- 在不同的调查情况下如何判定要使用的问卷类型。
- 如何描述和准备一份问卷的各个部分。
- 如何准备和安排问卷内容。
- 说明前测如何能极大提高问卷以及问卷所收集信息的质量。

324 一份问卷收集到的信息质量取决于这份问卷构建的仔细程度。不是所有问卷都能成功地收集到所需信息。一些问卷的组织方式很混乱，结果就导致受访者不能集中注意力回答所有调查问题，反而花费大量精力去努力理解到底问题问的是什么。一些调查问卷的头几个问题带有偏见，会使受访者对问卷后面问题的回答受影响。一些调查问卷内容不完整，因此调查者得不到许多问题的回答数据，而这些问题最初推动了调查的进行。问卷需要精心精确地准备，以克服这样那样的难题。

准备问卷时避免错误的最好方式就是采用系统的方法去设计和构建。图 13—1 显示了在准备问卷过程中应该解决的关键问题。本章接下来的部分将会讨论其中的每一个问题。

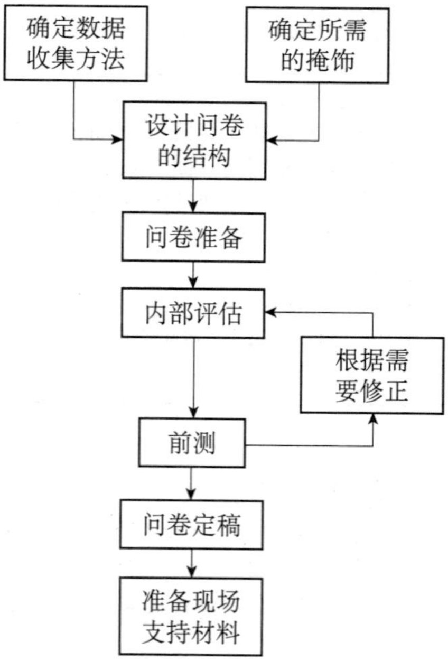

图 13—1　问卷设计步骤

325

确定数据收集方法

第 10 章讨论了四种主要的数据收集方法：个人访谈、邮寄调查、电话访问和在线调查。每一种方法有其特有的优势和不足，也需要不同类型的问卷。为面对面访谈设计的问卷在外观和内容上都不同于为电话访问或自填式在线调查而编写的问卷。在后两种情况下，由于访谈并非面对面接触，所以一般需要一份相对不太复杂的问卷。此外，自填式问卷和由访问员操作的问卷都是为“眼睛”看而编写的，这些问卷可以利用图片或各种各样的操作。电话调查问卷一般会为“耳朵”听而设计，更具交流感。显然，电话调查问卷就不能使用图片或其他视觉辅助措施。因此，正如图 13—1 显示的，问卷设计的第一步需要对数据收集方法进行选择。

确定所需的掩饰

问卷设计过程的下一步要确定所需的掩饰。

掩饰是指在多大程度上对受访者隐瞒调查目的或隐瞒调查发起者。没有掩饰的问卷会让受访者明确知道调查目的和调查发起者，通常是通过问卷介绍或措辞以及特殊问题设置让受访者明白。而有掩饰的问卷只向受访者提供大致的调查介绍，但会对受访者隐瞒更多有关调查目的和调查发起者的细节信息。决定是否对调查问卷进行掩饰取决于受访者知道调查目的和调查发起者后对他回答问题的影响程度。对受访者可能的影响或引起的偏见程度越高，越适合设计有掩饰的问卷。

当你决定掩饰问卷时，你必须确保没有任何能指向特定调查目的和调查发起者的线索。以壳牌石油公司为例，他们可能想通过与其他石油公司对比得到消费者对该公司以及公司产品的认知。一份没有掩饰的问卷可能会用下面的介绍：

> 感谢您同意参与这项消费者意见调查，发起者是一家重要的石油公司。在该研究中，我们将询问您对一些石油和天然气公司及它们产品和服务的个人意见。您需要明白的是，任何问题的回答都没有对或错。只需告诉我们您最真实的意见。

这份介绍会让受访者对访谈的重点没有任何怀疑。然而，消费者的回答可能会因为知道了调查是由一家石油公司发起的而存在偏见。因此，像下面这段对问卷进行掩饰的介绍可能是明智的：

> 感谢您同意参与这项消费者意见调查。在该研究中，我们将询问您对一些不同公司及它们产品和服务的个人意见。您需要明白的是，任何问题的回答都没有对或错。只需告诉我们您最真实的意见。

最后，有时你可能认为混合方法是最好的。在这 326
些情况下，你在掩饰的模式下开始调查，然后进入一系列没有掩饰的问题。

当考虑使用掩饰时，要记住的是，掩饰和没有掩饰的问卷在同样的信息设置下能提供不同的观点看法。这是因为，每一种类型的问卷为受访者提供的是不同的参考框架。在前面的例子中，一份掩饰的问卷会暗地里将壳牌石油公司与其他一些消费者产品公司进行比较，这些公司中有一些是石油公司，有一些不是。而没有掩饰的问卷仅仅将壳牌石油公司和其他石油公司进行比较。这无所谓对错。重要的是，当你在评估对比掩饰和非掩饰模式对一个特定调查问题的优势和劣势时，你在脑子里要记住这种参考框架。

设计问卷的结构

在选择好问卷的类型后，接下来就要逐一设计问卷的四个主要结构：介绍、筛选、主体和分类问题（见图 13—1）。

介绍

介绍其实是一份声明，用来解释调查意图和目的，并征求受访者的合作，令其参与到这项调查研究中来。介绍部分用什么样的特定措辞是根据掩饰、研究的复杂性和所收集数据类型的敏感性（如果有的话）来确定的。介绍的目的是为了激发受访者来参与，因此要减少拒访误差（参见第12章）。尽管问卷介绍的特定措辞会因调查研究的不同而有差异，但大多数介绍都包括下面一些共同要素：

● 一份明确或不明确阐明调查重要性的介绍信。介绍部分应该传达给受访者这样的信息：调查研究本身是重要的（因此受访者花费时间完成问卷是值得的），受访者自己的观点也是重要的（这样可以增加受访者参与调查的可能性）。

● 有关调查目的和基本原理的大致信息。细节信息的数量取决于掩饰的程度。

● 明确要求参与的请求。介绍可能会这样写："我们将非常感激您能分享您的想法和观点。"

● 再次保证参与调查的任务既不是负担也不会耗费时间。可以这样写："大多数问题都很简单且能较快回答。我们预期您能在10分钟内完成调查。"

● 需要真实的答案。例如："我们对您的意见很感兴趣。答案无所谓对或者错。"

327 ● 保密性的保证。例如："您的回答会完全保密。没有人会看到您个人的答案。"

● 再次保证这项调查是真实合法的。例如："我们做这项调查的目的是为了了解像您这样的人的意见。这不是产品推销。我们不会出售您的任何信息，也没有销售人员要求得到您的信息。"

一份问卷介绍提供的细节信息程度会因为数据收集方法的不同而有差异。面对面调查和电话调查的介绍会倾向于相对简短。这样的介绍通常会非常快速地解释调查原因和确保保密，说明不是产品推销，并邀请受访者更深入地参与回答。例如：

> 早上好。我叫艾丽丝·麦肯纳，我在Elyse McKenna市场调查公司给您打电话，Elyse McKenna是一个独立的市场调查公司。我不是销售人员，这也不是销售电话。我们正在与像您这样的人谈话，以便更好地了解你们对于圣地亚哥电台（San Diego radio stations）的态度。这些电台的主管们对您的意见很感兴趣。他们将会在电台的音乐选择、广播风格、促销和广告方面考虑您的意见。我只有几个问题想问您，整个调查大概会花费您不到10分钟的时间。大多数问题都很简单，能很快做出回答。当然，答案没有对错之分。我们只需要您的真实意见。您的所有答案会被严格保密。

邮寄或其他自填式问卷的介绍会尽可能长一些和更具体些，因为在这种情况下没有访问员可以面对面回答受访者的问题，尤其在说到研究目的和数据使用情况时应该尽可能长些和具体些。另外，自填式问卷的介绍部分必须包含整个问卷该如何返回的说明。表13—1展示的就是一份有关广播电台研究的自填式问卷的介绍。 328

表13—1　　自填式问卷的介绍

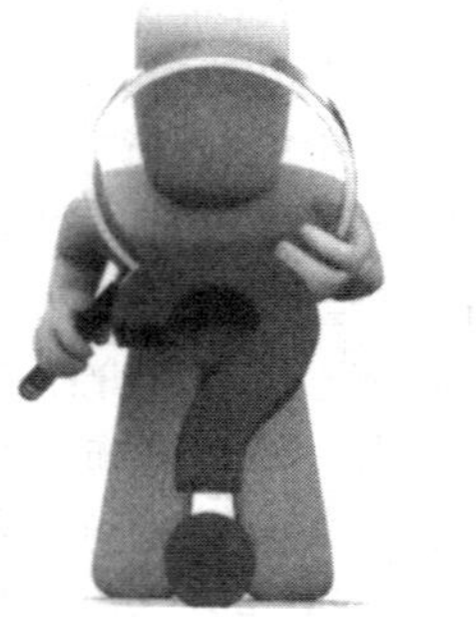

Elyse McKenna市场调查公司
伊利诺伊州，Randallville街
Tribotona路48474号
邮编60021

2010年6月23日
约翰·哈丁（Johan Harding）先生
加利福尼亚州 Tolono市
High Crest Blvd路23837号
邮编92009

亲爱的哈丁先生：

Elyse McKenna市场调查公司是一家独立的市场调查公司。我们受伊利诺伊州南部一些广播电台委托，来了解像您这样的人对本地广播节目有怎样的看法，以及对不同的广播电台有怎样的看法。

作为广播听众，您的意见对我们来说尤为重要。当地广播电台的主管们和节目制作人员在电台的音乐选择、广播风格、促销和广告方面做决策时将会考虑您的意见。

您可以用随信所附的调查让我们了解您的想法。您只需要认真地阅读每一个问题，然后做出诚实回答即可。答案没有对与错之分，完成整个调查问卷将花费您不到10分钟的时间。

当您完成调查问卷后，请您将它放进已付邮资的信封里回邮给我们。

我很期待收到您的问卷。当然，您所有的回答都绝对保密。您不需要在调查问卷上填写名字。

如果您有任何问题，请拨打号码555-765-9878联系我。

您会花几分钟时间让我们了解您的想法吗？

致敬

艾丽丝·麦肯纳

筛选

筛选工作就像是一道门，它决定了哪些具有全部目标特征的个体能够进入调查研究，并排除那些至少缺少一项已确认特征的个体。因此，筛选的使用和特性取决于调查研究的样本人口的特点。

一些研究采取对成年人口进行随机抽样的方法。在这些情况下，只需要非常简单的筛选，甚至不需要进行专门的筛选。然而，广告调查通常是在总体的子群体里执行，这个总体具有人口统计学、与产品品类或者与产品相关的多个特征。在这些情况下，介绍之后紧跟着的就是筛选，通过一系列简短的问题来识别哪些是应该参与调查的受访者。筛选的复杂性取决于样本定义的细节（参见第 4 章）。表 13—2 显示的是在一个购物中心调查中可能用到的筛选。注意，对筛选流程以及确定个体是否符合调查目标受众的特征进行清晰的说明非常重要。在这个筛选中，一开始设置的问题（问题 1 到问题 3）就是为了筛选满足需要的人口统计学和行为特征。

329 **表 13—2**　　**样本筛选**

目标受众定义：所有受访者必须是年龄在 25 岁到 49 岁之间在外全职工作的女性。所有受访者在过去 12 个月内必须至少有一次节食经历。那些目前正在节食的人在过去一周内必须购买过（用于个人消费）一次低热量的冷冻餐。那些当前没有节食的人在过去一个月内可能没有购买过（用于个人消费）一次低热量的冷冻餐。

接近那些看起来年龄在 25 岁到 49 岁之间的女性。

您好，我的名字叫________，来自 Mall-Vue 调查服务公司。今天，我们正在与许多女士交谈，来帮助我们更好地理解她们的观点和态度。我们正尝试和不同类型的女士交谈，因此在开始之前，我想问您几个简短的问题。

1. 在下面几个类别中，您的年龄属于哪个范围？
   - 25 岁以下　□　……　谢谢，不用继续作答
   - 25～34 岁　□　……　继续作答第 2 题
   - 35～49 岁　□　……　继续作答第 2 题
   - 50 岁以上　□　……　谢谢，不用继续作答
2. 您目前在家庭之外是做全职工作吗？
   - 是的　□　……　继续作答第 3 题
   - 不是　□　……　谢谢，不用继续作答
3. 在过去的 12 个月您有过节食的经历吗？也就是说，为了保持期望的体重或减肥，您对消费的食物类型和数量进行规定吗？
   - 是的　□　……　继续作答第 4 题
   - 不是　□　……　谢谢，不用继续作答
4. 你目前正在节食吗？
   - 是的　□　……　继续作答第 5 题
   - 不是　□　……　跳到第 6 题
5. 在过去一周，你购买过下面哪种产品用于个人消费？
   - 低热量的沙拉酱　□
   - 低热量的软饮料　□
   - 低热量的冷冻餐　□　……　如果买过，邀请参加访问
如果没买过，谢谢，不用继续作答
6. 在过去一个月，你购买过下面哪种产品用于个人消费？
   - 低热量的沙拉酱　□
   - 低热量的软饮料　□
   - 低热量的冷冻餐　□　……　如果没买过，邀请参加访问
如果买过，谢谢，不用继续作答

330 问题4仍旧对行为特征进行筛选，并允许跳到经过合适设置的与节食有关的问题。问题5筛选目前购买低热量的冷冻餐的节食者。而问题6筛选那些之前购买过低热量的冷冻餐的节食者。要注意，筛选过程要按照这样的方式组织起来：仅使目标样本能通过整个筛选。

重要的是，筛选只包含能将目标个体和非目标个体区分开的必要问题。任何非本质的问题只能让筛选加长，增加被筛选人不会继续作答或退出的可能性。因此，筛选唯一的目的就是筛选出受访者，重要但非必要的筛选问题应该放在问卷主体部分。

主体

问卷的主体包含能获取调查研究所需信息的问题。前一章已经详细介绍了设计这些问题的指导。

一旦问题设计完成，必须将它们在问卷上按逻辑顺序排列。此时，要牢记下面的指导原则：

● 要以简单的、没有威胁性的、有趣的、易于回答的问题开始。简单的问题会让受访者轻松进入访谈。这些问题可以表明参与访谈的任务并不困难。受访者越舒适，他们越可能参与并完成调查。

● 同一主题的问题要放一组，进入下一个主题前先完成前一个主题。在调查开始前，通常访谈要让受访者回答他们不会思考太多的问题。因此，受访者在回答每个问题前必须给出一些思考。一旦他们正思考一个特别的部分，将注意力保持在这个部分是很重要的，因为这会增加获取有意义的答案的潜在可能性。若没有逻辑地从一个主题进入另一个主题，会增加得到肤浅的、未经深入思考的回答的可能性。

● 在一个主题中，应该从最一般的问题过渡到最具体的问题。更多一般问题是为了介绍主题以及让受访者的思维停留在主题上的一种方法。一旦受访者已经集中了注意力，对他来说就更容易回答更多详细的或更具体的问题。

● 将难题或敏感性的问题放在问卷的最后。希望在问卷的最后，访问员已经与受访者建立了一定的友好关系，这就会增加受访者回答这些难题或敏感性问题的舒适度。虽然在邮寄调查中并不会建立友好关系，但仍希望到目前为止在完成问卷上投入的时间能激发受访者继续投入更多时间来回答这些问题的积极性。

● 避免问卷前面的问题出现偏见以致影响问卷后面问题的回答。必须注意，访问最初问的问题不会提供回答后面的问题所需的信息。例如，问题“你怎么给每种清洁剂的清洁力排序？”会对访问后面的问题 331
“你希望提高你所用清洁剂的哪个方面？”的答案有引导。

● 把最重要的主题放前面。有证据表明，问题回答的质量会随着受访者倦怠而下降。因此，探查最关键信息的问题应该在问卷中尽早出现。

分类问题

问卷的最后通常由以下一系列问题组成，这些问题能收集到相关的人口统计学信息、品牌使用情况，或者一些在筛选部分或问卷主体部分没有收集到的行为信息。人口统计学问题可能会涉及受访者的年龄、性别、教育程度、收入、种族、家庭或婚姻状况。如果品牌使用和行为方面的问题收集到的信息对于分析总样本中不同小群体很重要的话，那么这些问题可能也要包含进分类问题中。要记住，所有分类问题的目的就是提供一种在较大样本中检验重要小群体的方法。

问卷准备

下一步（如图13—1所示）就是全面设计、对调查问题排序以及构建问卷的阶段。当你开始对问卷进行内容安排和准备时，有三个方面的问题需要解决：（1）视觉化呈现；（2）重要主题部分和个人问题之间的过渡；（3）访问员或受访者说明。自填式问卷和个人访谈问卷在以上每一方面的执行上都有差别。

自填式问卷

好的组织架构在所有问卷中都很重要。有吸引力的视觉化呈现在自填式问卷中最重要，因为受访者看不到管理问卷的访问员（不同于个人访谈或电话访问）。

被邀请完成一份自填式问卷的个人会非常快速地浏览问卷，然后决定是否投入他的时间来完成问卷。完成问卷太难或太耗时的任何暗示通常都会导致受访者拒绝或退出这份调查。因此，非常重要的是，一份自填式问卷要整洁、容易理解和用易读字体打印。由访问员操作的问卷在视觉化呈现和布局方面也很重要。在这种情况下，有吸引力的视觉化呈现和合理的布局会确保访问员以恰当的方式执行访谈。

表 13—3 所展示的自填式问卷就做到了有吸引力的视觉呈现和合理布局。问卷整洁、易读，并且展现了其他方面完善的准备和布局。

● 问题要和答案有所区分。问题用粗体显示，而答案用正常字体。这种安排会帮助减少一个问题被不小心跳过的可能性。

● 答案编码不扎眼。用于代表特定答案的数字编码字体要小并且不要对问题或回答选项的文本产生干扰。

● 问题不要跨列或跨页。跨页的问题会容易让受访者和访问员感觉混乱。

● 使用列是为了让受访者保持注意力集中，节约空间，简化回答。

332 **表 13—3　　纸笔问卷举例**

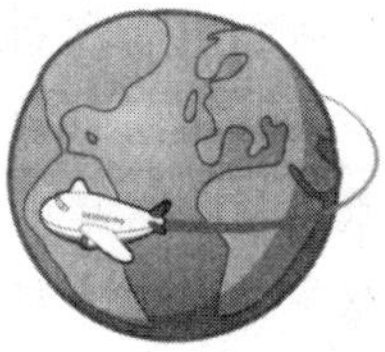

阿兹特克国际航空（Aztec International Airlines）

亲爱的乘客：

阿兹特克国际航空公司非常高兴您选择乘坐我们的航班。为了不断改进我们的服务，我们想听听您的体验。

您愿意花几分钟时间来完成这份小调查吗？您的航班空乘人员会在落地前不久收回调查问卷。

感谢您的帮助。

运营主管马克斯·莱特

1. 请告诉我们您的……

航班号 ________

今天的日期 ________

2. 您怎样评价您对这趟航班的整体满意度？请从下面方框中勾选。

非常满意 □1
比较满意 □2
比较不满意 □3
非常不满意 □4

3. 请针对您在本次航班上接受的服务，对下面每个项目作出评价。请为每一个项目在合适的方框内打钩。

	非常好	好	一般	差
礼仪	□1	□2	□3	□4
周到	□1	□2	□3	□4
友好	□1	□2	□3	□4
专业精神	□1	□2	□3	□4

4. 请针对您本次航班上的饮食，对下面每个项目作出评价。请为每一个项目在合适的方框内打钩。 333

	非常好	好	一般	差
外观	□1	□2	□3	□4
味道	□1	□2	□3	□4
种类	□1	□2	□3	□4

5. 您本次航班所带的任何行李都安检了吗？

是的 □1 ☞ 请继续作答第 6 题
不是 □2 ☞ 请跳到第 7 题作答

6. 您的行李安检过程……

效率高？
是的 □1
不是 □2
有礼貌？
是的 □1
不是 □2

7. 您是如何购买机票的？

从旅游网站在线购买 □1
直接从 Aztec Intl. 网站在线购买 □2
从旅行社购买 □3
直接从 Aztec Intl. 公司电话购买 □4
其他________ □5

8. 您愿意将阿兹特克国际航空公司推荐给朋友吗？

愿意 □1
不愿意 □2

在线问卷

在线执行的问卷有它们自身的独特设置，这些设
334 置会涉及：（1）问卷本身的形式和视觉化呈现，（2）调查公司通常都会有的问题类型的排列，（3）调查公司通常都会有的特定问题呈现方式。

问卷形式和视觉化呈现。对于在线问卷的形式和视觉化呈现要记住以下几点：

使用图片很重要。当使用图片时，这些图片应该具有明确的特定调查的功能，并且应该与调查问题有真实且有意义的联系。这是因为图片有可能会影响回答或让回答产生偏差，例如：

- 威特（Witte）等人为判定受访者对四种濒临灭绝物种的看法而进行了一项调查。给其中一些受访者展示一张这些物种的图片，然后问他们对此的看法。而另外一些受访者仅针对文字版本问卷作答。这些看到图片的受访者更可能表达他们对濒临灭绝物种保护的支持态度。[1]
- 库珀（Couper）等人对行为调查中图片的影响进行了检测。这些行为例如购物、旅行以及在外就餐。让一些受访者看某种低频率行为的图片（例如在好餐厅就餐的人们），而让另一些受访者看高频率图片（在快餐店就餐的人们）。无论被测量的具体行为是什么，这些看到高频率图片的人持续呈现出更频繁的行为。[2]

要认真考虑网页一页呈现多少个问题。在线调查可提供一系列连续选项。一种方法是整个问卷被放置在一页，受访者可以通过滚动拉到末尾。另一种方法是，每个问题都单放一页。在选项中间部分使用多个页面，但有关联的问题要作为一组放在一页。[3]一般而言，问题各页单放对较短的问卷来说会起到最好的效果，给受访者提示一份问卷的长度（整个问卷放在一页上）会增加他们退出和不继续作答的可能性。将有关联的问题聚集在一起单放一页，对较长的问卷来说会起到最好的效果，特别是如果受访者在完成每一页时被明确告知已经完成的部分占整个问卷的百分比。对较长的多页面问卷来说，在第二页之后退出率会大大上升。

要明白开放式问题提供的空白位置和回答深度之间的关系。受访者利用问卷提供的空白来回答开放式问题，他们似乎将此看做调查者要求他们回答数量的一个视觉化提示。提供的空白越大，回答长度也趋向于增加。因此，有必要认真地将空白的大小与期望得到的回答匹配起来。太小的空白会限制回答，而太大的空白可能会鼓动受访者用价值不大的信息来“填满空白”。

输入框如何标注会影响提供的数据的质量。与图片的使用类似，对输入框的标注也是一个重要的考虑因素，它对数据质量有极为重要的影响。例如，克里
斯琴（Christian）等人在问卷中对要求填写的日期和月 335
份使用不同的标注方式。她发现，在输入选项上有很大不同，这些不同是由能够提供正确信息的个体数量表现出来的。当输入框标注“MM/YYYY”时，填写准确信息的学生要比标注“Month/Year”时多两倍。[4]

不是所有封闭式问题的回答格式都是一样的。例如，“在选择一份谷物类早餐时，下面哪个选项对你是最重要的?”，受访者可以从11个可能的答案中选择。[5]这11个选项既可以按顺序列表的方式呈现给受访者，也可以是一个需要滚动的下拉框，或者是一个不需要滚动的下拉框。对比这三种选择形式的回答，库珀得出这样的结论：

> 网络问卷中选择使用什么样的回答形式会导致不同的回答分布。单选框和下拉框可能不是等同的测量工具。可以清楚地看出，滚动下拉框（其中某些回答选项是可见的，但不是所有的都可见）应尽量避免。当受访者必须从一列回答选项（例如所在州或居住国家）中搜寻一个已确定的目标答案时，下拉框在这种情况可能会有所帮助。但在某些问题的情况下，例如受访者需要计算答案而非给一个现有答案匹配选项时，选择一个特定的回答形式时就应该认真权衡设计考虑与回答过程之间的关系。

问题类型的范围和排列。几乎所有的在线调查公司[6]都允许使用最常用的问题类型：单选题、多选题、列表、单个和多个量表、开放式问题。[7]然而，不同公司在这些问题的形式方面有很大差别。除了这些基本问题类型之外，在呈现更多复杂问题类型的能力方面，各个公司也大不相同。例如，只有Zoomerange 和 Psychdata 公司允许使用排序题，只有 Psychdata 公司考虑用总和恒定类问题。由于存在这些不同，我们鼓励你通过免费试用各家公司的方法来让自己熟悉每家公司的方法。

过渡

过渡是对话和连接材料，过渡可以让问卷有一种流畅和连贯的感觉。过渡帮助受访者在一长串问题间保持注意力，可以提醒受访者主题的改变或提醒他们马上要注意，还能为敏感信息提供正当理由。尽管问卷之间过渡部分的言辞有所差异，但还是有一些常用的过渡规则。表 13—4 中对这部分有所呈现和讨论。

336 **表 13—4　过渡的指导原则**

设计较差的过渡

可能会让回答有偏差

现在我想和您谈谈广告。有那么多广告，您一定看过一些。

太长太琐碎，会增加问卷的难度

现在我想问您一些关于您如何看待不同广告主的问题，尤其是那些给产品做有关环保宣传的广告主。在这种情况下，环保声明是一个明确的或暗示性的信息，它可以传达出这样的意思：承诺使用一个独特产品会对环境有益。例如，一份环保声明可能会涉及生物降解能力，臭氧、氟氯化碳和氟氯烃的消除，再循环能力或者堆肥能力等内容。

太严苛，会破坏友好关系

现在我不能对这再强调什么了，您真的需要告诉我们您是怎样看待啤酒广告主的。

设计较好的过渡

借交谈的语气帮助保持友好关系

对于这个话题有很多观点，我想了解您的观点是什么。

提醒受访者注意一个新主题的说明

谢谢您分享关于____的观点。现在我想请您看另一个主题。我们能讨论下____吗?

该调查的第二个目的是更好地理解人们关于____的观点。我们能就此主题讨论一会儿吗?

提醒受访者注意一个主题中更多的细节问题

我想了解更多有关您对____的想法。有几个特定的领域我想了解下。

告诉受访者收集敏感或个人信息的原因

最后，仅剩下少量的问题想问您。这些问题非常重要，因为它们能让我们把您的答案和与您类似的人的答案结合在一起。

最后这些问题对我们来说非常重要。这些问题能帮助了解我们跟谁进行了交谈，以及不同个体所持观点的相似性和差异性。

访问员和受访者说明

一份问卷可以有两种形式的说明：(1) 完成单个问题的说明；(2) 从一个问题到另一个问题的说明。

为自填式问卷设计的问题大体上可以让受访者明白需要回答怎样的信息。因此，在自填式问卷调查中，具体问题说明比较少见。然而，有时在访问员执行的调查中，你想把这些问题的说明传达给访问员。在这种情况下，为访问员提供的说明通常全部使用大写字母来和问题进行区分。例如：

> 就你个人而言，在决定使用何种手机服务时你最重要的考虑因素是什么？请不要读选项，勾选第一个提到的(DO NOT READ LIST. CHECK FIRST MENTION)。

跳答模式。除了具体问题的说明，说明还需要帮助受访者或访问员在问题之间移动。这是因为问卷经常使用跳答模式。正如在前面章节讨论的，跳答模式就是要求某些受访者而不是另外一些受访者填答一系列问题，回答前面问题的答案决定了后面哪些问题会被问到。在纸笔自填式调查中，跳答模式被整合进问卷内，如下所示。

> 1. 现在我想把问题集中在儿童玩具商店的广告上。想想过去一周您可能看到过的任何儿童玩具商店的广告。您记得见到过这种类型商店的广告吗？
>
> 记得　　[ ]（1）　　跳答 Q2
>
> 不记得　[ ]（2）　　跳答 Q4
>
> 2. 您记得见过或听过 Toy-R-Us 的任何广告吗？
>
> 记得　　[ ]（1）　　跳答 Q3
>
> 不记得　[ ]（2）　　跳答 Q4
>
> 3. 您能说说这些广告主要是直接针对父母，还是直接针对儿童，或者同时针对父母和儿童？
>
> 父母　[ ]（1）
>
> 儿童　[ ]（2）
>
> 两者　[ ]（3）
>
> 4. 问卷继续……

问题 1 是探查对儿童玩具商店整体的广告认知。没有注意任何广告的受访者会被要求跳到问卷的下一部分（从问题 4 开始）。问题 2 想探查对 Toy-R-Us 的广告认知，这是调查的焦点。正如前面的问题那样，没有注意任何 Toy-R-Us 广告的受访者也被要求跳到问卷的下一部分。因此，问题 3 只问这些对 Toy-R-Us 广告熟悉的受访者。这个问题不需要有跳答说明，因为受访者回答完这个问题就直接到问题 4 了。

电话调查和在线调查的跳答模式都已经被编程放入调查中。电脑检查受访者每一个问题的回答，然后基于这个问题的答案决定下一个问题应该是什么。所有过程按照一定方式自动完成，受访者是看不到的。一些在线调查公司会打印出一份可以视觉确认的问卷跳答模式，作为确认跳答模式准确性的一种方式。由 PsychData 公司准备的表 13—5 显示了前面四个 Toy-R-Us 问题的跳答模式。一般推荐在实际执行一个调查之前对跳答模式进行严密检查。

跳答模式要确保正确的人被问到合适的问题。然而，跳答模式的复杂性也让它们成为问卷结构里常见的误差来源。当制定和准备跳答模式时，要确保以下几个方面：

● 所有的回答都要有说明。在前面系列问题中检查问题 1 和问题 2。所有回答都要指定一个目标。这在很大程度上能减少问题间不正确或不合适的跳转。

● 所有跳答方向都要让受访者转到合适的问题。当你让受访者回答特定的问题时（例如“跳答问题 6”），要确保这个编号的问题出现在问卷上，并且确保它是下一个要问的合适问题。

跳答模式在单独的调查问卷中很普遍，前面的指导原则有助于确保这些模式按照预期工作。然而，有时候根据信息需要，会在不同调查问卷中进行 338
跳答。

表 13—5　　PsychData 公司确认的跳答模式

PsychData™
CONFIDENCE IN RESEARCH

2009 年 11 月 28 日星期六

Toy-R-Us

*1）[多个选择：选择一个（纵向）]

现在我想把问题集中在儿童玩具商店的广告上。想想过去一周您可能看到过的任何儿童玩具商店的广告。您记得见到过这种类型商店的广告吗？

记得

逻辑

如果 [是的] 被选择，跳到问题 [#2]

不记得

逻辑

如果 [没有] 被选择，跳到问题 [#4]

*2）[多个选择：选择一个（纵向）]

您记得见过或听过 Toy-R-Us 的任何广告吗？

记得

逻辑

如果 [是的] 被选择，跳到问题 [#3]

不记得

逻辑

如果 [没有] 被选择，跳到问题 [#4]

3）[多个选择：选择一个（纵向）]

您能说说这些广告主要是直接针对父母，还是直接针对儿童，或者同时针对父母和儿童？

父母

儿童

两者

4）[自由回答：一条应答线（限 2 个字符）]

这个问题让问卷继续……

设想一个在线调查研究试图深入了解个人在 Facebook 上的行为和投入。为了更好地理解这些问题，
339 你设置了多套问题：询问所有受访者一般问题；为轻度、中度和重度 Facebook 用户专门制定额外问题。当你将所有问题都放在同一份调查问卷中，就会很不幸地导致一份问卷有太多太多的问题，这会增加跳答模式出纰漏的几率。相反，如果你不把所有问题都放在同一份问卷中，就要在不同问卷之间跳转。此时要说明：

问卷Ⅰ包含：筛选问题，询问所有受访者的一般问题，以及判定 Facebook 使用程度的跳答问题。

问卷Ⅱ到问卷Ⅳ包含为 Facebook 三种使用级别的个人专门制定的问题。

就我所了解的，只有 PsychData 允许这种类型的问卷之间的跳答。

内部评估

在前测问卷之前，你和其他与项目有关的成员应该复审问卷。在非调查者复审前，你应该确保以下几点：

● 问题要完整、简洁。调查目标和信息需求应该与问卷包含的所有问题相互对照。当问卷中的问题与已确认的信息需求相符，并且没有问题不相符时，问卷才算是完整的。

● 问题本身是清晰的、没有歧义的、适合所需信息的类型的。

● 布局清晰、易于作答。你必须确保问卷中没有模糊不清或有歧义的说明，确保所有跳答模式确实会引导受访者到问卷上合适的位置。

一旦你和你的调查团队确定问卷已经满足每一条要求，你就可以将问卷提交给内部的代理公司和客户审阅。重要的是，最终使用数据作为决策基础的人才会“买进”这个用于收集信息的工具。这可以帮助我们确保对调查结果的讨论应集中在从问卷了解到什么，而不是如何收集信息上。

前测

在问卷设计阶段，前测是一个关键步骤。前测之所以重要，是因为它提供了关于修改问卷措辞、结构、格式和组织的洞察。没有问卷在最初的草稿和复审之后就是完美的。要记住，如果在实际调查中使用
340 的问卷有缺陷，那么收集的信息质量将会大打折扣。在前测阶段通常会出现的问题包括：

● 管理问题。填答问卷花费的时间是否和管理者的预期一样？会花更长时间吗？如果问卷太长，在不牺牲重要问题的情况下，如何做能缩短问卷？

● 与问题理解有关的问题。有没有问题让受访者难以理解？是因为问题中包含的信息量太大的缘故吗？是因为问题的长度造成的吗？有问题有歧义吗？怎样重新设计有问题的题目以使所需的信息清楚、没有歧义？

● 与问题要求有关的问题。使用的专有名词不清晰？如何来解释这些问题以减少困惑？常用词语是否在不寻常的方式或情境下使用？怎样让这些术语的使用清晰化？有没有问题问的是一些比较难回答的信息？（例如把价格作为选择购买什么品牌薯条的最重要因素的情况占多大比例？）有没有问题可能受访者不知道？（例如“去年你开车的英里数是多少？”和“在过去三个月你看过的啤酒广告有多少？”）这些出

现问题的题目如何重新设计以便更好收集所需信息？

● 与回答选项有关的问题。有没有问题是以“不知道”或“没有答案”为最常见的回答？有没有一些问题收集到的“其他”选项占很大比例？有没有问题的量表之间没有显示出足够的差别（例如“同意—中立—不同意”的量表）？有没有量表提供的差异水平太大？

● 与组织和问题排序有关的问题。问题的流畅程度与预期一样吗？过渡和访问员/受访者说明是否起到作用？有过渡或说明需要重新设计吗？有需要增加或删减的过渡内容吗？所有跳答模式如预期那样起到作用了吗？有需要修正的跳答模式吗？有没有问卷前面出现的问题产生偏差，从而影响后面提出的问题的情况？

认知访问（cognitive interviews）是对问卷进行前测最好的方法，因为访问员会帮助调查者理解受访者如何解读和构建问题答案。特别地，认知访问可以“将调查问题的初稿给一小部分目标受众，同时收集额外的调查回答方面的口头信息，这些可以评估回答的质量，帮助确定问题是否正在收集问卷设计者想要的信息”[8]。有两种方式来进行认知访问：出声思考和主动追问。[9]

出声思考的方式是让受访者在回答调查问题时口头表达他们的想法。访问员每给受访者读出一个问题，就记录下或注明每个受访者理解和回答问题的过程。因此，访问员在这个过程中是一个被动参与者，通常只问类似“告诉我你对这个问题是怎么
341 思考的。”这种问题想想明显的直截了当的问题如“过去12个月你与一位医生谈话的次数是多少？”出声思考的方式可能会得到以下应答：

> 我想这取决于你说“谈话”时你的意思是什么。我和我的邻居（他是一个医生）谈过话，但你可能不是指这个意思。我一年拜访一次医生，做常规检查，因此我可能把这算作一次。我在过去一年也可能去看过一些专科医生（曾去做膝盖诊断），我也因为长期咳嗽的事情看过耳鼻喉医生，这一点我很确定是在过去一年发生的，尽管我不能为此发誓。当我带着孩子去看儿科医生时，我也跟儿科医生谈过话。我觉得这可能不是你想要的答案范畴，虽然我真的不能确定。我还见过一个脊椎按摩师，但我不知道在你所指的意义上，你是否会把他当成一名医生。因此总的说，我说的意思是，我认为不能明确给你什么数字，主要是因为我不知道你想要什么。

威利斯（Willis）观察到：

> 从这个“出声思考的方案”中，访问员可能会观察到，个人在回答这个问题时试图回忆每一个医生，而不是预期的那样。这可以总结为，个人在确定对医生的一次访问是否发生在过去12个月时出现了问题。如果在访问几人后，清楚发现没有人很自信地“出声思考”他们去看过医生的次数，一个判断可能是只是因为这个参考时期太长了，所以提供不了适当的答案。更重要的是，此处更大的问题似乎是这一主题的确不能确定什么该被包含进来，什么该从问题中排除掉。是不是仅指与健康有关的与医生的接触？医生就是指内科医生还是其他类型的医生也算？

认知访问的第二种方法就是主动追问。在访问员问完一个调查问题，并且获得答案之后，访问员要进一步追问，目的是了解回答的偏差。访问员在此过程中是积极的参与者，问具体问题是为更好地理解所需信息和受访者提供的答案之间的关系。最常用的追问类型如下：

> 理解/解读追问：“社交媒体”这个术语对你意味着什么？
>
> 解释意义：你能用自己的话重述一下我刚才的问题吗？
>
> 信心判断：你有多确定自己在过去的一周内访问了一个社交网站5次？
>
> 回忆追问：你记得在电视上看到过 Twitter 342
> 广告吗？
>
> 一般追问：你是怎样选出那个答案的？回答是容易还是较难？我注意到你在犹豫，请告诉我你当时正在想什么。

一旦前测结束，就要对代理公司和客户进行工作汇报。工作汇报应该系统地讨论问卷潜在的问题，并根据前测结果提出改进或修正的建议。

现场支持材料

当问卷经过前测和修正后，就可以作为数据收集工具来使用。正如在第 1 章中讨论的，现场服务经常执行收集数据的工作。问卷和合适的支持材料都会被送至现场服务公司，经过访问，问卷收回后进行数据编码和分析。当问卷有两种支持材料时，现场服务公司收集数据时可能存在的潜在问题就被最小化了。这些支持材料包括：

- 附函（cover letter）。(1) 确认研究；(2) 逐条记录发往现场服务公司的材料；(3) 介绍数据收集的方法；(4) 对样本和任何专门配额进行细致描述；(5) 确认任何专门材料或所需设备；(6) 确定研究成本、周期和问卷回收的程序以及其他与测试有关的材料。
- 备忘录。描述问卷及对访问员来说应该注意的任何特别管理细节。

小结

在准备问卷时避免误差的最好方法是采用系统的方法设计和构建问卷（如图 13—1 所示）。问卷形成过程的第一步通常是解决这个问题："我将用什么方法来收集数据？"以及"这个问卷有必要进行掩饰吗？"

一份问卷通常由四部分组成。"介绍"解释调查目的和目标，请求受访者合作并参与调查。"筛选"确保仅从合适的受访者那里收集信息。"主体"包含想要探究的感兴趣的领域。"分类问题"收集不在筛选或主体部分出现的、任何相关的人口统计学、品牌使用或行为的信息。

问卷中呈现的问题必须排序，这样更有助于数据收集。另外，排序问题在呈现时必须给受访者和访问员以合适的过渡和指向。最终结果必须是一份干净的、有视觉吸引力的问卷。

在现场使用问卷前，必须让代理公司和客户中的其他人对问卷进行评估。一旦问卷被这些人批准，并且基于他们的评论做了任何修订，问卷必须试测。最终问卷要反映试测的结果。

复习题

1. 为什么形成问卷需要先确定数据收集方法？
2. 问卷掩饰意味着什么？在什么情况下掩饰是被准许的？
3. 一份问卷的四个主要部分是什么？
4. 问卷介绍部分的特点是什么？
5. 问卷筛选部分的作用是什么？
6. 列举问卷主体对问题进行排序的六个考虑因素。每一个考虑因素的重要性是什么？
7. 为什么一份问卷的视觉化呈现如此重要？
8. 在问卷中使用图片时有什么重要的考虑因素？
9. 在线问卷需要特别考虑什么因素？ 346
10. 什么是过渡？它的首要目的是什么？
11. 什么是跳答模式？
12. 问卷内部评估什么时候进行？
13. 应该用什么标准对问卷进行内部评估？
14. 在问卷前测期间应该查找什么问题？
15. 什么是认知访问？主要形式是什么？

应用练习

1. William Pace广告公司想确定消费者对该公司当前为“西北联合银行”（North West Consolidated Banking Corporation，NWCBC）所做的广告活动的认知和反应是怎样的，采用了定量调查。活动目标以及由此确定的调查样本，主要由50岁及以上的成年人组成，这些人住在底特律且有ATM卡。策划的广告活动是为了传达NWCBC重新设计的ATM机的好处。

你的NWCBC客户问你是否打算对调查进行掩饰。你会问NWCBC什么问题？或者说如果你要做掩饰的话，你想了解什么类型的信息？什么样的因素会导致你对NWCBC的问卷进行掩饰？对这次专门的调查项目进行掩饰有哪些相对优势和不足？

2. Bottled Beer公司有一个计划，想帮助父母与他们年幼的孩子讨论饮酒问题。这项计划在一份以妇女和家庭为定位的杂志上投放了广告。这次活动的一个广告专门直接针对有年幼女儿（年龄在8～14岁）的妈妈。假设该公司想知道目标妈妈群对广告的认知情况以及（能回忆起该广告的妈妈的）反馈。

然而，你并不确定这项调查是会通过电话还是邮寄来执行。因此，你要撰写针对电话调查的介绍和筛选，以及针对邮寄调查的介绍和筛选。当你分别准备两份介绍和筛选时，你需要牢记的特别考虑因素是什么？完成后，检查电话调查和邮寄调查这两个版本。两者的共同要素是什么？这些要素在两个版本中是如何被表达的？什么信息在其中一个版本中有，而在另一个版本中没有？为什么会有这些不同？两个版本是如何处理筛选的？它们各自应该如何提供介绍和确定一个参与调查的受访者是否合格？

3. San Ystero地区血液中心正在做一项调查，来确定捐献者和非捐献者对地区血液中心和过去捐献者行为的认知和理解，了解影响捐献者和非捐献者行为的因素，以及他们对血液捐献的态度。问卷草稿由血液中心的代理公司调查部门起草，如表13—6所示。设计的调查问卷用于电话访问，计划花费5～7分钟完成。

作为评估过程的第一步，你要确保所有与调查目标有关的关键部分都要在问卷中涉及。你架构了下表：

调查重点部分	问卷题目列表
捐献者行为分类	1、2、3、5、19
认知和理解	4、6、7、8、18
San Ystero地区的捐献者行为	9、10、15、16
对捐献者和非捐献者的影响	11、12、13、14、20、21、22、23
对捐献行为的态度	17
一般分类	24、25、26、27、28、29

基于这个表格以及你对问卷的检查，所有关键部分都充分体现了吗？如果还没有，你需要添加哪些具体问题？

一旦你确定问卷体现了所有关键部分，那就检查问卷本身。运用你在前面章节学到的问题设计知识，以及从本章学到的问卷设计知识，提出对提高问卷质量的建议？根据需要对问卷进行修正。然后，对问卷进行前测。在前测中又出现了哪些问卷形式和结构上的问题呢？如何基于前测结果修订问卷？

4. 在一个在线调查公司的网站上设立一个免费账户。将上一个练习的最终问卷设计成在线版本。打印在线问卷。

5. 表13—7至表13—11中所示的每份问卷[10]都基于“现实世界”中用于数据收集的问卷制成。[11]尽管所有问卷都有很好的开端，但每份问卷都可以通过使用跳答模式、改善问题措辞、附加问题、正确拼写和更好的问题流程来进一步提高完善。为每份问卷准备一篇简短的分析，描述问卷的优势和不足，然后（根据你的分析）相应地修正问卷。

347 表 13—6　　San Ystero 地区血液中心问卷

San Ystero 地区血液中心调查

ID ___ ___ ___ ___ (1—4)

您好，我的名字是________。我是 San Ystero 州立大学的一名学生。我们大学正在帮助 San Ystero 地区血液中心做一项重要的调查。您愿意回答一些关于捐献血液方面的问题吗？本次调查将花费您几分钟时间，您的参与将是对我们最大的帮助。我们需要了解像您一样的人的态度和观点。本次调查并不是呼吁您去捐献血液。当然，所有答案将会严格保密。

1. 首先，请问您的年龄是？请填写在下面。

________如果在 17～59 岁之间，请继续作答 Q2

如果在 60 岁以上，结束访问。　(5—6)

2. 您以前捐献过血液吗？

是 □ (1)　跳答 Q5

否 □ (2)　跳答 Q4　(7—8)

3. 您第一次献血时的年龄是？

请回忆后将年龄填写在下面　(8—9)

____

4. 如果您想献血，您知道去哪儿吗？

是 □ (1)

否 □ (2)　(10)

5. 您献过多少次血？

将回想到的次数填写在下面。　(14—12)

____

6. 您以前听说过 San Ystero 血液中心吗？

是 □ (1)　继续从 Q7 作答

否 □ (2)　跳答 Q9　(13)

7. 您知道最近的 San Ystero 血液中心的分支机构在哪儿吗？

是 □ (1)　继续从 Q8 作答

否 □ (2)　跳答 Q9　(14—15)

8. 您如何找到这个位置的？阅读下列选项并勾选答案。

由中心开车送过去 [ ] (1)

向血液中心询问方向 [ ] (2)

朋友或亲戚处 [ ] (3)

有人带我去血液中心 [ ] (4)

黄页 [ ] (5)

其他 [ ] (6)

不知道或不记得 [ ] (7)　(16)

9. 您从 San Ystero 血液中心接受过血液吗？

是 □ (1)

否 □ (2)

10. 您在哪个血液中心献过血？阅读下列选项并勾选答案。

城市西面的 [ ] (1)

城市北面的 [ ] (2)

北面郊区的 [ ] (3)

不知道或不记得 [ ] (4)　(19)

11. 您曾被媒体呼吁去献血吗？

是 □ (1)

否 □ (2)　(20—22)

12. 您如何看待这些媒体呼吁？阅读下列选项并勾选答案。

您感到……

非常有压力 [ ] (1)

有些压力 [ ] (2)

一点没有压力 [ ] (3)　(19)

13. 您曾被当面要求去献血吗？

是 □ (1)　继续作答 Q14

否 □ (2)　跳答 Q15　(20)

14. 您怎样看待这些请求？阅读下列选项并勾选答案。

您感到……

非常有压力 [ ] (1)

有些压力 [ ] (2)

一点没有压力 [ ] (3)

(21)

15. 过去五年您在 San Ystero 地区献过血吗？

是 □ (1)　继续作答 Q16

否 □ (2)　跳答 Q17　(22)

16. 您在哪儿献血的？请把回想到的地点填写在下面。

(24—25)

____

17. 这里有一些其他人给出的献血原因。针对我读给您的每一个原因，请用一个 0 到 100 的量表告诉我，根据您个人真实的感觉、想法或观点，您在多大程度上同意或不同意这个陈述？“0”表示您完全不同意这个陈述，“100”代表您完全同意这个陈述。您可以挑选从 0 到 100 间的任何数字，但是您选择的数字必须落在 0 到 100 之间。请记住，选择这个数字表明您同意或不同意这个陈述的程度。将数字记录在合适的位置。

我献血是因为我很享受参与社会服务。　(26—29)

____

我献血是因为这是一件正确的事情。　(30—31)

____

我献血是因为我被要求去做。　(32—34)

____

我献血是因为社会缺乏血液。　(35—37)

____

18. 现在我想了解您对 San Ystero 地区血液中心的印象。对于每个我读的陈述，请告诉我您是否同意。特别是，请告诉我，您是非常同意、比较同意、比较不同意还是非常不同意。（阅读每一个陈述，并将答案填在合适的横线上）

非常同意 (1)	比较同意 (2)	比较不同意 (3)	非常不同意 (4)

中心干净整洁。

________ ________ ________ ________

中心很方便。

________ ________ ________ ________

我的体验很好。

________ ________ ________ ________

员工友好。

________ ________ ________ ________

续前表

19. 您献过血吗？

是 □（1） 跳答 Q23

否 □（2） 跳答 Q23 （38）

20. 有朋友或亲戚曾邀请您献血吗？

是 □（1） 跳答 Q23

否 □（2） 跳答 Q23 （39）

21. 请听我读每一个陈述，并告诉我这个陈述是否是对您的描述。

我害怕针头

是描述我 [ ]（1）

不是描述我 [ ]（2）

您有多么害怕针头？ （40）

非常害怕 [ ]（1）

有些害怕 [ ]（2）

只有一点害怕 [ ]（3）（41）

我确定如果我献血我会头晕

是描述我 [ ]（1）

不是描述我 [ ]（2）（42）

您的确定程度如何？

非常确定 [ ]（1）

有些确定 [ ]（2）

有一点确定 [ ]（3）（43）

349 **22. 您曾在广播或电视里听到或看到过献血呼吁吗？**

是 □（1）

否 □（2） （44）

23. 您曾经收到过任何来自 San Ystero 地区献血中心要求您献血的电话吗？

是 □（1）

否 □（2） （45）

这个电话是多久之前打的？ ________ （46）

您履行了您的公民责任并献血吗？ （47）

24. 现在，我想在问卷结束时再问您几个重要的问题。 （49）

25. 您现在的婚姻状况是？

已婚 □（1） 跳答 Q26

单身 □（2） 跳答 Q27

26. 您有几个孩子？

________ （50）

27. 您的税前家庭年收入大约是多少（以千为单位）？

________ （50—52）

28. 您的最高学历是？

高中学历以下 [ ]（1）

大学毕业 [ ]（2）

高中 [ ]（3）

硕士 [ ]（4）

上过大学 [ ]（5）

更高学历 [ ]（6）（53）

感谢您的宝贵时间。（访谈结束后记录性别）

男性 [ ]（1）

女性 [ ]（2）（54）

表 13—7 **广告拦截调查**

广告拦截调查

1）在 10 级量表中，1 表示最不了解，10 表示非常了解，您给您的计算机和互联网知识打多少分？

350 -选择-

- 1
- 2
- 3
- 4
- 5
- 6
- 7
- 8
- 9
- 10

2）您以前听说过“广告拦截者”（ad-blocker）这个说法吗？或者您知道广告拦截软件和技术是做什么的吗？

○是 ○否

3）您使用过广告拦截的方法吗？如果使用过，请具体说明。

（1 000 字以内）

4）请确认您使用广告拦截者的主要原因。（勾选下面合适的选项）

□广告会浪费您的带宽

□广告会导致您的电脑变慢

□广告拦截者是其他人给您安装的

续前表

□发现广告是一个刺激物，会让您从网站内容中分神

□其他原因（请具体说明）

5）请表明您想拦截的主要广告类别（勾选下面合适的选项）

□大体上所有的广告

□ Flash 广告

□文本广告

□横幅广告

□在上面弹出/在下面弹出的广告

□浮动广告

□来自特别提供者的广告

□特定网站上的广告

□其他（请具体说明）

6）如果一个网站能够绕过您的广告拦截者，并且在您浏览网页时展示广告，这会使您对这个网站反感吗？您会因为这样的事情而停止上该网站吗？

○是　　○否

7）您能解释一下您对前面问题的回答吗？

（1 000 字以内）

8）您会为没有广告的网站付费吗？例如，在一段时期如一天或一年内支付订阅费？

9）您最后还有针对广告拦截的评论吗？这些评论您认为让我们知道很重要。

351 **表 13—8　　对互联网广告的态度**

对互联网广告的态度

我们对您的观点很感兴趣。下面的问题有关互联网广告。请花一些时间阅读说明并完成调查。答案没有对错，您的身份也是匿名的。本次调查大约需要 5 分钟时间完成。您必须完成所有问题以便提交答案。谢谢您的宝贵时间。

1）您使用互联网的频率怎样？

○ 一周一次以下

○ 大约一周一次

○ 一周 2～4 次

○ 一周 5～6 次

○ 每天

2）使用互联网时，您登录的时间大约有多长（以全天为参考）？

○ 1 小时以下

○ 1～2 小时

○ 2～5 小时

○ 5 小时及以上

接下来的几个问题有关互联网广告。针对本次调查，互联网广告是指互联网上促使您购买或请求您对某个产品服务关注更多信息的任何类型广告。互联网广告类型包括横幅广告、文本链接、电子邮件广告和弹出式窗口广告。

3）请选出最能描述您对互联网广告看法的选项。

○它非常打扰我。

○它有些打扰我。

○ 没有打扰我。

○ 我有些喜欢它。

○ 我喜欢它。

针对下列每一个广告特征，勾选最能表明您的观点受影响程度的表述。

续前表

	没有影响我的观点	可能影响我的观点	有些影响我的观点	影响我的观点
4）下载速度	○	○	○	○
5）图形质量	○	○	○	○
6）文本内容	○	○	○	○
7）打扰	○	○	○	○
8）冒犯	○	○	○	○

请给下面所列互联网广告形式评分。用5级量表来表明您的看法。1表示消极的，5表示积极的。您可以多次使用同样的数字。

	1	2	3	4	5
9）横幅广告	○	○	○	○	○
10）文本链接	○	○	○	○	○
11）电子邮件广告	○	○	○	○	○
12）弹出式窗口广告	○	○	○	○	○

下面几个问题想了解您对互联网广告特征的看法。请为每一种广告方式勾选您注意到的广告特征的频率，例如“下载速度”或“文本内容”。

我访问的网站“下载速度”慢，因为：

	从不	很少	有时	经常	总是
13）横幅广告	○	○	○	○	○
14）文本链接	○	○	○	○	○
15）弹出式窗口广告	○	○	○	○	○

352 质量差的图形被使用在：

	从不	很少	有时	经常	总是
16）横幅广告	○	○	○	○	○
17）电子邮件广告	○	○	○	○	○
18）弹出式窗口广告	○	○	○	○	○

没有吸引力的文本内容被使用在：

	从不	很少	有时	经常	总是
19）横幅广告	○	○	○	○	○
20）文本链接	○	○	○	○	○
21）电子邮件广告	○	○	○	○	○
22）弹出式窗口广告	○	○	○	○	○

广告方式是“打扰的”：

	从不	很少	有时	经常	总是
23）横幅广告	○	○	○	○	○
24）文本链接	○	○	○	○	○
25）电子邮件广告	○	○	○	○	○
26）弹出式窗口广告	○	○	○	○	○

广告方式是“冒犯的”：

	从不	很少	有时	经常	总是
27）横幅广告	○	○	○	○	○
28）文本链接	○	○	○	○	○
29）电子邮件广告	○	○	○	○	○
30）弹出式窗口广告	○	○	○	○	○

续前表

31）想想前面您所有的回答，您最喜欢哪种类型的互联网广告方式？
- ○横幅广告
- ○文本链接
- ○电子邮件广告
- ○弹出式窗口广告

32）针对您上一题的回答，您认为哪种广告特征在决定回答时最重要？
- ○下载速度
- ○图形质量
- ○文本内容
- ○广告影响（打扰的或者冒犯的）

请表明您对下面陈述同意或不同意的程度。
"如果广告对产品或服务的呈现是……，我更可能会购买或查找广告产品或服务的信息。"

	非常不同意	不同意	无所谓	同意	非常同意
33）横幅广告	○	○	○	○	○
34）电子邮件广告	○	○	○	○	○
35）弹出式窗口广告	○	○	○	○	○

353 **表 13—9** 品牌认知和态度

品牌认知和态度

本次调查关于非正式家庭餐馆（informal family restaurants）。

1）当想起非正式家庭餐馆时，您最先想到的餐馆是哪个？

[ ]

2）其他想到的非正式家庭餐馆有？（请列举 5 个）

[ ]
[ ]
[ ]
[ ]
[ ]

3）您听说过非正式家庭餐馆吗？（请勾选所有您知道的，包括您在前面问题中提到的）
- □ Olive Garden
- □ Denny's
- □ Sizzler
- □ Coco's
- □ TGI Friday's
- □ Chili's
- □ Applebee's
- □都没有

您通常去下列这些非正式家庭餐馆的频率是多少：

	从没去过	4 个月去 1 次或更少	每 2～3 个月去 1 次	1 个月去 1 次	1 个月去 2～3 次	1 个月去 4～11 次	1 个月去 12 次及以上
4）Olive Garden	○	○	○	○	○	○	○
5）Denny's	○	○	○	○	○	○	○
6）TGI Friday's	○	○	○	○	○	○	○
7）Applebee's	○	○	○	○	○	○	○

下列哪家非正式家庭餐馆在您家、或学校、或工作地点的附近？
请在每栏的选项中勾选。

续前表

	在家附近	在工作地点附近	在学校附近
8）Olive Garden	○	○	○
9）Denny's	○	○	○
10）TGI Friday's	○	○	○
11）Applebee's	○	○	○
12）没有	○	○	○

如何描述您对下列非正式家庭餐馆的总体评价？

	非常不喜欢	不喜欢	有些不喜欢	中立	有些喜欢	喜欢	非常喜欢
13）Olive Garden	○	○	○	○	○	○	○
14）Denny's	○	○	○	○	○	○	○
15）TGI Friday's	○	○	○	○	○	○	○
16）Applebee's	○	○	○	○	○	○	○

354 您可能会推荐下面哪一家非正式家庭餐馆？

	非常不可能	不可能	有些不可能	中立	有些可能	可能	非常可能
17）Olive Garden	○	○	○	○	○	○	○
18）Denny's	○	○	○	○	○	○	○
19）TGI Friday's	○	○	○	○	○	○	○
20）Applebee's	○	○	○	○	○	○	○

想一想具体的菜单广告。
在过去30天内，您在哪儿见过或听过下面非正式家庭餐馆具体的菜单广告？（针对每一家餐馆勾选合适的选项）

	户外	餐馆内	网上	电视	印刷品	电影院	广播	其他	过去30天没见过
21）Olive Garden	○	○	○	○	○	○	○	○	○
22）Denny's	○	○	○	○	○	○	○	○	○
23）TGI Friday's	○	○	○	○	○	○	○	○	○
24）Applebee's	○	○	○	○	○	○	○	○	○

您如何评价对每一家餐馆广告的总体感觉？

	非常喜欢	喜欢	中立	不喜欢	非常喜欢
25）Olive Garden	○	○	○	○	○
26）Denny's	○	○	○	○	○
27）TGI Friday's	○	○	○	○	○
28）Applebee's	○	○	○	○	○

29）您能解释下您对Olive Garden广告的评价吗？

（1 000字以内）

30）您能解释下您对TGI Friday's广告的评价吗？

（1 000字以内）

31）请根据您的喜好为下列每家餐馆的广告排名，1表示最喜欢，4表示最不喜欢。

______ Olive Garden
______ Denny's
______ TGI Friday's
______ Applebee's

355 **表 13—10**　　品牌形象与广告认知

品牌形象与广告认知

谢谢您花时间参与我们的调查。我们尊重您的隐私，您的身份和回答都是匿名的，且严格保密，这些数据只作研究和信息收集之用。提前感谢您经过深思熟虑的选择结果。

1）当想起正致力于帮助改善环境的公司时，您最先想到的是哪一家？

[　　　　　　　　　　　　　　　]

您对下列公司的熟悉程度如何？（为每家公司勾选一个选项）

	我对该公司非常了解	我对该公司有些了解	我对该公司只了解一点儿	我之前仅仅听过它的名字	从来没听说过这个公司
2）苹果	○	○	○	○	○
3）索尼	○	○	○	○	○
4）戴尔	○	○	○	○	○
5）东芝	○	○	○	○	○
6）惠普	○	○	○	○	○

您在过去 30 天内看到过任何有关下列公司的在线广告吗？（为每家公司勾选一个选项）

	看到过	没有看到过	不确定
7）苹果	○	○	○
8）索尼	○	○	○
9）戴尔	○	○	○
10）东芝	○	○	○
11）惠普	○	○	○

您在过去 30 天内有可能在哪儿看到过任何下列公司的广告？（勾选合适的选项）

	电视	广播	报纸	杂志	手机	其他
12）苹果	○	○	○	○	○	○
13）索尼	○	○	○	○	○	○
14）戴尔	○	○	○	○	○	○
15）东芝	○	○	○	○	○	○
16）惠普	○	○	○	○	○	○

您对下列公司的总体印象怎样？（为每家公司勾选一个选项）

	非常喜欢	有些喜欢	有些不喜欢	非常不喜欢	我没意见
17）苹果	○	○	○	○	○
18）索尼	○	○	○	○	○
19）戴尔	○	○	○	○	○
20）东芝	○	○	○	○	○
21）惠普	○	○	○	○	○

您对下列公司广告的总体印象怎样？

	非常喜欢	有些喜欢	有些不喜欢	非常不喜欢	我没意见
22）苹果	○	○	○	○	○
23）索尼	○	○	○	○	○
24）戴尔	○	○	○	○	○
25）东芝	○	○	○	○	○
26）惠普	○	○	○	○	○

356 续前表

27）如果有的话，下列哪家公司在它的广告中使用了“总是绿色”（Always Green）的信息？（单选）

○ 苹果
○ 索尼
○ 戴尔
○ 东芝
○ 惠普
○ 三星
○ Lenvino
○ 宏基
○ 以上都没有
○ 不确定

28）针对你看到或听到的或任何你已有的印象，你认为下列哪家公司注重环保？（请勾选所有合适的选项）

○ 苹果
○ 索尼
○ 戴尔
○ 东芝
○ 惠普
○ 以上都没有
○ 不确定

29）你听说过“计算无极限”（Computing Without Limits）吗？

○ 听说过
○ 没有听说过

30）你会把哪家公司与“计算无极限”联系起来？（请勾选所有合适的选项）

○ 苹果
○ 索尼
○ 戴尔
○ 东芝
○ 惠普
○ 以上都没有
○ 不确定

针对你看到或听到的或任何你已有的印象，你认为哪家公司提供的创新会……？（请勾选所有合适的选项）

	计算机信息处理技术更强	让计算机信息处理技术惠及贫困的国家	让计算机信息处理技术更能为人们所负担	使计算机信息处理技术更加环保
31）苹果	○	○	○	○
32）索尼	○	○	○	○
33）戴尔	○	○	○	○
34）东芝	○	○	○	○
35）惠普	○	○	○	○

请表明你对下面有关索尼的陈述同意或不同意的程度。（每行勾选一个选项）

索尼是……

	非常同意	同意	中立	不同意	非常不同意	我没看法
36）全球化的	○	○	○	○	○	○
37）可信的	○	○	○	○	○	○
38）可靠的	○	○	○	○	○	○
39）现代的	○	○	○	○	○	○
40）有活力的	○	○	○	○	○	○
41）创新的	○	○	○	○	○	○
42）行业领导者	○	○	○	○	○	○
43）充满关怀的公司	○	○	○	○	○	○

357 **表 13—11　　父母对针对儿童的食品广告的态度**

父母对针对儿童的食品广告的态度

1）我想从电视和网上所有类型的食品和饮料广告开始提问。我们先来看电视的。当孩子可能看到电视上的食品广告时（如果有这种情况的话），你的担忧程度是？

○ 一点也不担忧
○ 稍微担忧
○ 有些担忧
○ 非常担忧

2）当孩子可能访问网站上的食品广告时（如果有这种情况的话），你的担忧程度是？

○ 一点也不担忧
○ 稍微担忧
○ 有些担忧
○ 非常担忧

3）现在来看不健康食品。当孩子可能看到电视上的不健康食品广告时（如果有这种情况的话），你的担忧程度是？

○ 一点也不担忧
○ 稍微担忧
○ 有些担忧
○ 非常担忧

4）仍然来看不健康食品。当孩子可能访问到网站上的不健康食品广告时（如果有这种情况的话），你的担忧程度是？

○ 一点也不担忧
○ 稍微担忧
○ 有些担忧
○ 非常担忧

5）你认为电视或在线食品广告在多大程度上提供了产品营养质量的准确信息？

○ 一点准确信息也没有
○ 有一点点准确信息
○ 有一些准确信息
○ 有大量准确信息

6）你认为电视与网络食品广告的信息精确度之间有差异吗？

○有
○ 没有

7）你认为差异是什么？

（1 000 字以内）

请你告诉我，当孩子看电视时，你对食品广告的下列方面担忧程度怎样（如果有的话）。请为每一题目进行勾选。

	一点也不担忧	稍微担忧	有些担忧	非常担忧
8）用名人或受欢迎的角色向儿童推荐不健康食品	○	○	○	○
9）买产品提供免费玩具或礼物的食品广告	○	○	○	○
10）儿童看电视时不健康食品广告的数量	○	○	○	○
11）仅提示产品健康方面信息的电视食品广告	○	○	○	○

358 12）你知道对儿童做食品和饮料产品广告都采用下列哪些方式吗？（请勾选所有合适的选项）

□在线游戏
□电子邮件或短消息
□儿童杂志
□通过比赛
□在学校的材料里
□通过学校资金筹集活动
□赞助儿童运动会

续前表

13）再回想下电视广告，目前有一些规定会适当地监控和控制针对儿童的电视广告。有这类规定存在吗？
○ 有
○ 没有
○ 不知道
14）针对你的孩子有时通过电视看到的食品广告，你同意还是不同意目前的规定是起作用的？
○ 非常同意
○ 同意
○ 中立
○ 不同意
○ 非常不同意
15）政府应该对孩子看电视时的食品广告出台更强有力的规定，对此你同意还是不同意？
○ 非常同意
○ 同意
○ 中立
○ 不同意
○ 非常不同意
16）下面是人们对电视食品广告提出的一些建议。请勾选一个你最支持的建议。
○ 对所有食品广告颁布一个总体禁令
○ 对孩子看电视时的所有食品广告颁布一个禁令
○ 对不健康食品广告颁布禁令
○ 对孩子看电视时的不健康食品广告颁布禁令
○ 以上皆不支持
请从另一个角度看下列可能的选项。请告诉我，你大体上是支持还是反对各条建议。为每个选项勾选一个答案。

	强烈支持	支持	既不支持也不反对	反对	强烈反对
17）一个针对所有食品广告的总体禁令	○	○	○	○	○
18）针对孩子看电视时出现的所有食品广告的禁令	○	○	○	○	○
19）一个针对不健康食品广告的禁令	○	○	○	○	○
20）一个针对孩子看电视时出现的不健康食品广告的禁令	○	○	○	○	○

【注释】

[1] James C. Witte，Roy P. Pargas，Catherine Mobley，and James Hawdon（2004）."Instrument Effects of Images in Web Surveys：A Research Note." *Social Science Computer Review* 22（3）：363－369.

[2] Mick R Couper，Roger Tourangeau，and Kristin Kenyon（2004）．"Picture This！ An Analysis of Visual Effects in Web Surveys." *Public Opinion Quarterly* 68（2）：255－266.

[3] 更多详细的讨论参见 Andy Peytchev，Mick P. Couper，Sean E. McCabe，and Scott D. Crawford（2006）．"Web Survey Design：Paging Versus Scrolling." *Public Opinion Quarterly* 70（4）：596－607。

[4] Leah M. Christian，Don A. Dillman，and Jolene D. Smyth（2007）．"Helping Respondents Get It Right the First Time：The Influence of Words，Symbols，and Graphics in Web Surveys." *Public Opinion Quarterly* 71（1）：113－125.

[5] 该案例及结论来自 Mick P. Couper，Roger Tourangeau，Frederick G. Conrad，and Scott D. Crawford（2004）．"What They See Is What We Get：Response Options for Web Surveys." *Social Science Computer Review* 22（1）：111－127。

[6] 三家最常见的在线调查公司为 PsychData（http：//www.psychdata.com）、SurveyMonkey（http：//www.surveymonkey.com）和 Zoomerang（http：//www.zoomerang.com）。

[7] 几乎所有的公司也可以将图片整合到问卷中。

360 [8] Paul C. Beatty and Gordon B. Willis（2007）．"Research Synthesis：The Practice of Cognitive Interviewing." *Public Opinion Quarterly* 71（2）：287－311.

[9] 关于认知访问技术的讨论主要引自 Gordon B. Willis（1999）．*Cognitive Interviewing：A "How To Guide"* available at http：//appliedresearch.cancer.gov/areas/cognitive/interview.pdf。所有的引用都出自该来源。

［10］所有问卷皆形成于 PsychData (http：//www. psychdata. com)，在行文使用中问卷形式有所变化。

［11］为保证机密性，问卷中的品牌名称有所替换。表 13—8 中所示问卷使用的一些问题来自 Coalition on Food Advertising to Children（2007）．“National Community Survey of TV Food Advertising to Children” at http：//www. health. qld. gov. au/ph/documents/hpu/Survey_TVFoodAdChild. pdf。不过，该问卷与 Coalition 使用的问卷有所不同，同时需要注意的是筛选和分类问题未在其中显示。

（本章翻译：常宁，本章校译：杨雪睿）

第14章 实验法

361 诸如消费者调查之类的描述性调查使广告主对消费者有了“大致印象”，也使广告主能够更好地理解消费者现在的态度和行为。然而，有时制定广告决策不仅需要描述现状，还需要了解原因和效果。这就需要调查者利用实验的方法改变消费者环境或者产品环境中的某些因素，来观测其会发生怎样的变化。本章讨论的正是实验在广告调查中所扮演的角色。

* * *

当你阅读本章之后，你会对以下内容有深刻理解：

- 明确实验的特征，并且能够分辨实验与非实验的数据收集方式；
- 解释影响实验为制定决策提供合理基础的因素；
- 描述调查者在设计实验时如何选择；
- 描述广告主如何处理实验的内部效度和外部效度。

362 广告主和营销人员有两种方式了解消费者、产品和市场。描述性调查是一幅在特定的时间点对消费者态度、信念、生活方式和行为的“画像”。例如，一个描述性研究可能通过对广告主目标受众的调查来判断他们对广告的认知程度，以及能否回想起广告传递的关键信息。而实验研究比描述性研究更为深入。实验的目标是判断因果关系（causality）——一个部分的变化对另一个或多个部分的影响。实验中可能通过改变在特定市场中广告投放的数量，来判断广告目标受众广告认知和信息回想的权重。一些人可能会看到大量广告，而另一些人可能会看到少量广告。这一实验试图解答这样的问题：广告曝光率会在多大程度上影响广告认知和信息回想？

本章讨论实验法。我们首先将通过一个案例来解释调查法与实验法在洞察上的区别。之后会讨论实验法的特征与组成部分，重点关注要接受实验推断的因果关系所必须满足的需求。最后将聚焦于内部效度和外部效度的概念。内部效度决定了我们在多大程度上相信源于实验控制的测量结果。外部效度则影响实验结果在多大程度上可推广至“现实世界”。

调查 vs. 实验

调查和其他形式的个人访谈都是收集个体态度和信念等信息的最好方式（有时是唯一的方式）。然而，有时广告主需要更深入地了解态度和信念以洞察个体的行为。一旦聚焦于行为，广告主有两个选择：利用调查法请受访者回想并描述他们的行为，或者利用实验法避开回想和实际观察行为。下面是对这两种方式的区别的解释。

想象一下，你是一个广告主，要使用横幅广告来促销产品。[1]你想做一个调查来决定横幅广告的哪些方面最能刺激目标受众进行“点击”。你针对目标受众进行了一个随机调查，询问他们横幅广告的哪些方面最可能影响点击量。正如下表所示，你发现这些受访者表示他们最可能受影响的是他们认为相关的以及提供优惠码的广告。这些发现是你意想不到的，你惊讶于广告大小其实影响水平很低，而在此之前你认为广告大小的影响很大。

363

横幅广告的特征	受访者受影响大进行点击的比例
与我的兴趣有关	75%
有打折的标志	72%
有趣	53%
提供有用信息	33%
广告尺寸	19%

由于你对调查结果非常惊讶，而且调查结论对媒介计划有很大影响，你决定通过实验探寻横幅广告的特点与“点击”的关系。此时，你可以在目标受众中随机选取一些成员，并控制曝光横幅广告的特点，通过这种控制你可以分离关联性、打折标志和广告尺寸这些影响因素，并能跟踪测量这些控制如何影响点击。完成这些后，你会发现关联性、打折标志和广告尺寸几个因素都同样重要。下表总结了这一发现：有相关性的广告点击率要高于无相关性的，出现打折标志的广告点击率要高于无打折标志的，尺寸大的广告点击率高于尺寸小的。

横幅广告的特征	受访者受影响大进行点击的比例
相关性	
相关性高	5.6%
相关性低	3.4%
打折标志	
出现	5.7%
空缺	3.3%
广告尺寸	
更大	5.9%
更小	3.1%

这个结果非常重要，因为虽然调查法让你清晰地得出结论广告尺寸并不重要，但是实验法可以让你对横幅广告特征与点击率之间的关系有进一步洞察。实验发现：

- 打折标志和相关性的关系是：打折标志是重要的影响因素，但只有当相关性低的时候是这样；当广告的相关性很高时，无论打折标志是否出现，点击与否的可能性都相同，当广告没有相关性时，点击率才会因打折标志而上升。
- 尺寸和相关性的关系是：只有当广告不包含打折标志时，广告尺寸是重要的；不管打折标
志出现与否，大尺寸广告的点击率大致相同；当 364
广告尺寸小时，包含打折标志的广告点击率提升。

这些结果表明，点击率的影响因素比调查法所表明的因素复杂得多，这可以为未来广告创作和媒介计划提供可靠的指引。

调查结果与实验结果之间的不同表明，调查作为一种探寻个体行为和行为影响因素的方法有一定的局限性。在下列情况下，调查结果对行为解释的可靠性较低：

- 调查问题要求受访者回想，尤其是让受访者经过很长一段时间后进行回想。
- 要求受访者反思他们通常不会思考的行为。
- 要求受访者通过记忆厘清因果关系。
- 可能存在一些复杂的、多元的、相互关联的行为影响因素。

在这些情况中，实验或对行为的实际监控要优于调查法。

实验法的特征

实验法适用于理解因果关系，理解一个方面变化对其他方面的影响。无论实验的执行者或实验主题怎样，实验时每个实验都由四个基本步骤组成：

- 明确你想要了解的信息，
- 采取相关行为（控制一个或多个变量进行实验），
- 观察这些行为对其他变量的影响和结果，
- 判定在多大程度上这些观察到的结果可以归因于行为。

实验的每一个步骤都可以用以下例子说明：

> 彼得想要研发一种相比于之前来说质地更好的新的比萨饼皮。他进行了一个实验，观察加水量对饼皮质地的影响。彼得使用相同的材料、相同用料量和不同的水量制作了三批不同的饼皮，饼皮 A 用一杯水，饼皮 B 用了一杯半水，饼皮 C 用了两杯水。彼得按照相同的步骤加入了所有材料，一次放入一张饼皮，使用相同的时间、相同的温度和相同的盘子进行烘焙。他在搅拌饼皮面糊后立刻烘焙，并且在每次烘焙之间让烤箱冷却。经过观察和评估三种饼皮拿出烤箱之后的情况，彼得得出的结论是饼皮 C 有更好的质地：它更结实、更脆（不加热时），还有更好的色泽。所以，彼得判定饼皮 C 的做法是三个之中最好的烹饪方法。

彼得的比萨饼皮实验说明了实验法的四个基础步 365
骤，彼得决定了解水对饼皮质地的影响，采用在烹饪中区别水量的行为，观察水的变化对饼皮质地的影响，最终判定出（因为照顾到实验的设计可执行）饼皮 C 的水量可以得到质地最好的饼皮。正是因为彼得十分注意实验的设计和执行，因果关系的本质才会十分明晰。

自变量和因变量

每个实验都要有至少一个自变量、一个因变量并加以控制。变量可以是一个对象、事件、创意、感觉、时期或任何其他你想要测量的类型。两种类型的变量自变量和因变量中，自变量是实验控制的变量。彼得饼皮实验中的自变量就是水量。因变量是调查者感兴趣的解释，因此用于评估对自变量影响的测量。彼得饼皮实验中的因变量是对饼皮结实度、脆度和色泽的评价[2]。最后，使用系统的方法控制自变量，每个饼皮用水量不同反映的就是自变量的控制情况。

考虑实验设计时，很多人在定义自变量和因变量时会遇到麻烦。有一个简单的记忆方法，在一个句子中同时插入两个变量的名称，使这句话说得通且有意义，这样，你就可以明确地分辨出哪个是自变量，哪个是因变量。

> 自变量会导致因变量的变化，但因变量是不可能导致自变量发生变化的[3]。

例如：

> 水量可以导致比萨饼皮性状的变化，但比萨饼皮性状的变化并不能导致水量的变化。

因果关系

所有实验都需要因果关系，也就是说，所有实验都要对自变量进行控制，从而引起因变量产生变化。提出因果关系很容易，例如，“吸烟导致癌症”，但用令人信服、没有问题的实验证明这种说法完全是另外一回事。

设计合理的实验需要一个确定性高的因果关系，也就是说，可以假定因变量变化的原因是由于对自变量的控制。然而，在因果关系被接受之前，需要满足几个重要准则[4]。

1. 事件必须按适当程序发生。一个事件会引起另一个事件的发生，这一点必须优先考虑。彼得的实验满足这个要求，因为他控制水的程序先于对饼皮的评估[5]。

366 2. 事件必须同时发生以显示清楚的关系。因果关系的属性被冠以共变（concomitant variation）的标签，意味着原因和结果必须一起发生或变化。换句话说，“共变说明，如果通过一系列情况产生某一特定结果，我们可以发现在不同情况下，结果的某一特定属性会随着普遍存在的某一因素的变化而变化，而这个因素可推断是原因。例如，你因为吃了一个牡蛎而感到恶心，你妹妹多吃了一点感觉很不好，而你的父亲吃了 10 个症状非常严重。牡蛎数量的变化与病情的严重程度相关，由此我们可以合理推断出生病的原因是牡蛎。”[6]彼得的实验符合这个准则，因为饼皮质量以可预见的方式随着水量的控制而变化。

3. 替代性解释必须尽可能地减少和消除。尽管消除实验结果的所有替代性解释是不可能的，但合理的实验会尽可能多地消除替代性成因。当消除结果的所有替代性解释后，可以明确地推断，通过控制自变量导致了因变量发生了可观察的变化。想一下当萨莉按照以下方式进行她自己的比萨实验时会发生什么：

> 萨莉严格按照彼得的方式进行自己的实验。她认真准备每一次烹饪，并且只控制水量。然而，由于时间紧张，再加上比萨烤盘有点问题，她烘焙饼皮 A 时使用了自己的烤箱和烤盘，烘焙饼皮 B 时使用了邻居的烤箱和不同品牌的比萨烤盘，烘焙饼皮 C 时使用了另一个邻居的烤箱和又一个品牌的比萨烤盘。

这个实验没能成功地排除结果的两个合理的替代性解释，饼皮质地的不同有可能是烤箱和烤盘而导致的。

4. 关联的强度。原因和结果的关系必须经过合理的统计检验结果支持和证实。

要接受因果关系，四个准则都必不可少，第三个准则可能是其中最重要的一个，因为它直接影响了实验的内部效度。内部效度（internal validity）是指观测的结果排除替代性解释的程度。优秀调查者的能力体现在控制自变量导致因变量变化的时候，有更高水平的实验内部效度和足够的信心推断因果关系。彼得的比萨实验有很高的内部效度，因为细致的准备工作和谨慎的烘焙过程，以及在这些领域的一致性有助于消除替代性解释。萨莉的比萨实验缺乏内部效度，因为有多种合理的替代性结果解释，在萨莉的实验中饼皮的不同可能是由于不同的烤箱和烤盘导致的。

下一部分会讨论影响实验内部效度的因素。

367

影响内部效度的问题

每当发现替代性解释时，实验的内部效度就会降低。调查者已经确认了很多不同种类的问题[通常被称为“威胁”（threats）]，这些问题由于增加了自变量和因变量之间存在的替代性解释，而对实验产生了负面影响，从而削弱了调查者通过调查得出结论的信心[7]。这些内部效度的威胁存在于以下方面，各方面的具体威胁已在括号中注明：

- 与最初的前测调查相关的问题（预测量、相互作用和测试）
- 归因于数据收集的问题（测量工具）
- 与样本有关的问题（倦怠、选择和流失）
- 研究情境导致的问题（历史）
- 归因于调查者行为的问题（偏差）

预测量与相互作用

预测量（premeasurement）与相互作用（interaction）对内部效度的威胁有着紧密关系。在个体暴露于自变量之前，他们无论在实验之初的什么时候接受访问，预测量或者相互作用就会发生或同时发生。预测量威胁发生在实验之前，无论何时进行访谈都会对受访者在实验过程中的态度、行动、行为产生直接影响。相互作用威胁同样发生在实验之前，无论何时进行访谈都会影响受访者对自变量的敏感度或响应。

下面的情境说明了预测量与相互作用的相关问题是如何降低内部效度的[8]：

预测量 汤姆居住在洗衣粉制造商威斯克选定的市场测试区域内。威斯克准备对一个新的广告活动进行市场测试，选中汤姆参与调查，跟踪他的产品认知和购买行为的变化。在研究进行之前，汤姆完成了一份问卷，被问及他对五个洗衣粉品牌的评价，并描述过去四个月的购买行为。在完成问卷之后，他对自己说："我最近买过所有问卷里问到的品牌，除了威斯克。我不买威斯克已经有一段时间了。不知道为什么，下次可能会考虑买一些。"汤姆接下来购买的洗衣粉就是威斯克，四个星期之后，汤姆填写的另一份问卷显示他已经购买过威斯克。

威斯克将汤姆这种购买行为的积极改变归因于广告。然而，汤姆的购买与广告测试毫无关系。事实上，他没有看过威斯克的任何广告，汤姆的购买直接受到测试之初所填问卷的影响。

相互作用 汤姆的邻居玛丽被选中参加了另一项调查研究。这个研究旨在探寻卫生保健倡议广告对消费
368 者态度的影响。在研究和广告活动开始之前，玛丽完成了一份问卷，该问卷旨在探寻她对卫生保健改革和卫生保健倡议广告的态度。在广告播出的三个月后，玛丽完成了另一个关于她对卫生保健改革和卫生保健倡议广告的调查。玛丽的态度在两份问卷中有很大转变。

研究发起者将玛丽态度的转变归因于广告的影响，并认为玛丽的情况可以推及至更广泛人群。但是，玛丽并不是更广泛人群的代表，因为她的行为变化是在填答第一份问卷之后发生的。玛丽完成第一份问卷后，她对自己说："这是一个有趣的话题，我还没有看过任何关于卫生保健改革的广告，我最好注意一下。"第一份问卷激发了玛丽，她会比一般消费者有更大可能性去看这条广告。因此，她会比那些没有被激发的典型消费者发生更大的态度变化。

在汤姆和玛丽的案例中，决策制定者将态度变化的因变量（购买行为和态度）归因于广告曝光（自变量）。但这种联结可能并不是真实存在（在这个案例中不是真实存在），有两种不可控因素威胁了内部效度。这些内部效度威胁的存在使得解读结果模糊不清，削弱了我们将因变量的变化归因于自变量的信心。

最后，尽管预测量与相互作用都威胁了内部效度，但理解它们的区别仍很重要。预测量威胁效度是在没有暴露自变量的情况下发生，所有态度和行为的变化由最初的测量工作所导致。相互作用威胁效度是发生在自变量更有可能被注意到并产生作用的时候，而在最初的测量工具中自变量没有暴露。这种区别对于实验设计非常重要，下一部分会讲到，一些实验设计了排除预测量的威胁，但并没有排除相互作用的威胁。

测试

测试（testing）对内部效度的威胁来自前测（pretest）和后测（post-test）时重复使用相同的问卷或调查。两次调查结果的不同可能是重复测试引起的，而不是自变量的影响。例如，一个消费者可能在测试广告曝光后对产品的理解好于前测时的回答。然而，这种提升并不能反映出消费者知识或理解的变化，而只是简单地反映出在第二次测试中受访者能更好地"正确"回答测试问题。

测量工具

测量工具（instrumentation）威胁是指实验中测量的工具（例如问卷）或数据记录技术所引起的变化。这种变化会影响内部效度，因为调查者可能无法厘清实验控制前后态度或行为是否有变化，这种变化是否由实验控制本身、测量工具、记录技术、数据收集方法或前后矛盾的访谈引起。测量工具威胁的每一种来源在表 14—1 中都有举例。

369 **表 14—1** 测量工具对内部效度的威胁

测试工具的改变
哈里斯玩具（Harris Toys）想要判定两个广告活动对产品认知和购买行为的影响。他们选择了四个具有可比性的市场，新的广告活动在其中两个市场中举行，剩下的两个市场没有任何广告。在活动开始之前，所有市场中参与调查的人都被

续前表

问及目前对产品的认识。发现其中一个关键的探寻哈里斯玩具价值的量表问题令受访者很难回答。对这个问题进行调整后，采用新修正版的问卷对消费者态度和行为进行测量，并得出实验结论。问题的改变使得问卷不可能准确地比较出前测和后测中态度所表现的差别。

记录技术的改变和不可比性

哈里斯玩具还就一款已经上市的玩具开发了两个新版本。首先，他们把旧版的玩具给孩子玩，观察他们的反应，在观察栏中记录下他们的玩耍行为。三天后，他们把新版本的玩具给同样的孩子玩，再记录他们的行为。但是这次记录孩子反应的人不同。由于记录需要判断，所显示的行为也需要主观分析，所以不能保证用于获取旧版玩具评价的判断，与用于新版玩具评价的判断具有可比性。

数据收集方法的改变

2009 年 1 月，Talpin 银行针对“芝加哥银行与金融制度”进行了消费者研究。研究在目标受众代表样本中采用个人访谈的方式进行。尽管研究收集了大量有价值的信息，但采用个人访谈花费高、周期长。一年之后，2010 年 1 月，银行使用相同的问卷，但是通过邮寄的方式在另一组有代表性的样本中进行研究。数据收集方法的不同使银行无法对 2009 年和 2010 年消费者的态度进行对比。

不一致的访问

Remmie 公司委托现场服务公司进行一个样本量为 300 的商业区拦截式访问。访问要在两周之内完成，由于访问员将大量时间用在阐明问题和追问答案上，一个星期之后，他们只完成了 100 个样本。为了在截止时间前完成，访问者员要将上述活动最简化。访问的变化会严重影响信息的内容和质量，因此也会影响调查的内部效度。

倦怠

受访者在实验过程中会有态度、行为和心理的变化。他们可能在实验过程中感到疲倦、饥饿、口渴、厌烦、失去兴趣。内部效度的倦怠（maturation）威
370 胁就是指这些类型的变化，它们都可能影响或扭曲自变量。在实验最后，受访者对实验和实验话题的兴趣可能会比实验开始时有所降低。这可能会导致他们在实验最后的问卷上给出的是表面答案。

选择与流失

选择（selection）与流失（mortality）对内部效度的威胁与实验研究中群组的构成和特点相关。

真正的实验设计要求至少有两个群组，通过随机分配形成一个实验组和一个控制组。对实验组暴露实验控制因素，对控制组不暴露实验控制因素，作为实验组的比较基础。实验开始之初，两个群组的特点如果不对等，内部效度的选择威胁就会产生。

选择威胁发生在实验开始之初，由于实验组和控制组在相关的人口统计学变量、态度或行为等方面有所不同而导致。选择威胁会导致在数据解读时出现一个重要问题，即调查者不知道将两组之间的差异归因于两组最初的差异还是实验控制。本章后面的内容会讨论随机分配通常可以消除这一威胁。

当受访者在前测与后测之间推出研究时流失威胁就会提升。因此不能判断两个测试之间的差异是实验的结果还是测量的两个阶段不同群组的特点造成的。不管是否存在控制组，流失威胁都可能发生。例如：

- 设想一个广告主想要了解广告活动的基本信息是否有助于提升对产品的好感度。在广告暴露前招募 500 个受访者进行调查（这是前测）。在广告暴露之后，他们会回答与前测相同的问题。调查者对广告暴露前后的评价进行对比。在最高分是 10 的十级量表中，好感度平均从 2 增长至 6。广告主得出“广告是成功的”结论。但是，这个结论是错误的。由于流失，很多一开始对产品不喜欢的受访者退出了实验。结果大部分完成后测的受访者甚至在看到广告之前就已经喜欢产品了。广告看似有积极的影响，但实际上并不是。
- 假设实验组和控制组在研究之初匹配得很好，每组都是由具有代表性的美国成年人构成。在研究期间，两个组中都有 10% 的人退出。但是，在控制组中，退出的人年龄在 18～24 岁（因此拉高了该组的平均年龄），而在实验组中，退出的人年龄在 45 岁及以上（因此拉低了该组的平均年龄）。结果，实验结
论中态度或行为的不同不能明确地归因于自变量的影 371
响。实验最后两组平均年龄的差异可能会影响因变量的反应。

历史

历史（history）威胁是指在实验过程中，除了那些调查者的有意控制外，发生的任何事件或影响都有可能影响由因变量测量的实验结果。历史对实验内部效度的威胁有以下来源。

● 一些历史威胁是超出任何人为控制的环境的结果。例如，一个实验设计测量软饮料消费不同促销活动的效果，这有可能受到几周内无法预见的、反季节的热或冷的天气影响。同样，一个对用于推动鱼类作为健康食物之选的广告的测试，也会受到有关鱼类汞含量高的新闻报道的影响。如果一个知名人士曾经成为非常正面或非常负面的公共宣传焦点，也会影响对他做代言的测试。

● 一些历史威胁是由人的蓄意行为造成的。例如，Wondra护手霜在密尔沃基（Milwaukee）进行市场测试。在测试期间，Wondra的竞争者进行了一次大规模的、不合规则的折扣活动，很大程度上扭曲了销量。销量下降（表面上）意味着广告活动并没有刺激消费，然而，它其实是由于Wondra的竞争者大幅打折造成的。

调查者偏差

与之前内部效度的威胁不同，调查者偏差（researcher bias）威胁是在设计和进行实验时受到人为的直接控制。调查者偏差可以通过自我意识的提升和合理计划的设置而消除。

每当实验者的行为影响实验结果时，调查者偏差就会发生。偏差可能发生在实验的任何部分，例如[9]：

● 在调查开始之初调查者将个体分配到不同组别的方式可能使结果发生偏差。如果没有使用随机样本，调查者可以分配“更好的”个体到测试情境。这里的“更好的”是指“最有可能对因变量做出期望反应”。

● 在实验过程中，调查者对待不同组别个体略有不同也可能使结果产生偏差。这种不同的对待反映了调查者对实验结果的期望，而这种期望也被不易察觉地传递给了参与者。

● 调查者通过不一致的数据处理进行数据分析会使结果产生偏差。例如，在解释开放式回答时，调查 372
者对有歧义回答的分析和分类会受到调查者所期望的实验结果的影响。

由于所有形式的调查者偏差都有可能导致错误结论，因此调查员应该尽最大努力没有偏差地对待研究参与者和研究数据。

实验设计

上一节讨论的对内部效度的威胁，在某种程度上可以通过实验设计控制。一些实验设计试图控制所有内部效度的威胁，而其他一些设计只能控制一部分。

通常，信息准确度和成本提升同其他控制一样都是实验设计的一部分。考虑到成本和控制之间的关系，调查员没有必要选择能控制所有内部效度威胁的设计。科学合理的调查设计要求所收集信息准确度与收集信息所花成本之间的平衡。调查员必须识别实验设计，考虑决策和信息需求的重要性，实现准确度和成本的最佳平衡。

这一部分讨论准实验设计和真实实验设计，指出每种设计的优势与不足。每种设计将在以下情境下讨论：

> 美国储蓄协会（American Saving Association ASA）想要改善消费者对储蓄和贷款的态度，尤其是在提高其稳定性、友好性、社区参与方面。协会目前已经开展了一项电子邮件活动，希望通过这次活动改善消费者在这些方面的态度。该活动包括一周四次的邮件投递。首次投递解决的是安全问题，如图14—1所示。

373 2010 年 6 月　　第 1 卷，第 1 个问题

ASA 速递
聚焦安全

亲爱的哈丁：
我们很高兴向您推荐美国储蓄协会。我们的重要目标之一就是让您更快、更好地了解可能会影响您本地储蓄和贷款的各种信息。

本条消息聚焦于安全，告诉您为什么您的本地储蓄和贷款能够一直安全、稳定。

本期话题
存款安全
ATM 革新
加入我们的邮件名单

快速链接
联系 ASA
联系您本地的储蓄和贷款机构
如何了解更多

存款安全
安全是每个人最关心的。因此，很重要的是，您要知道，针对您的本地储蓄和贷款有很多措施以保证存款安全，这些措施远不止州或者联邦的法律，例如（阅读更多）

ATM 安全
保证您的存款安全不仅意味着在您需要时确保您的资金数额，还意味着您在存取资金时不用担心身份被盗用。这也就是为什么所有您的本地储蓄和存款处都已升级他们的 ATM 机并标有“THEFT-NO”的字样。这些 ATM 机通过独特的软件硬件联结的独特革新技术，保护您每次使用 ATM 机时的安全和存款。事实上（阅读更多）

图 14—1　最初的美国储蓄协会邮件

准实验设计

ASA 进行电子邮件活动的有效性可以由三个常见的准实验设计（quasi-experimental designs）之一进行评估。这些设计都叫做准实验，因为它们并不是真实的实验。这些方法试图揭示因果关系，但因为它们未能消除大量对内部效度的威胁，所以效果相对较差。因此准实验设计的结果较难解释，并且只有在描述性研究中做细微的改进才能作为决策的基础。相比真实的实验，营销人员和广告主在使用这些准实验时是在冒风险。ASA 可使用的三种常见的准实验设计是：

- 单组后测（one group post-test only）
- 单组前测—后测（one group pretest to post-test）
- 有控制的双组后测（two groups post-test with control）

单组后测。单组后测设计（也被认为是“至少要 374
做些什么”设计）只有一组受试者，向其暴露实验处理（自变量），然后在后测中测量因变量，如下所示：

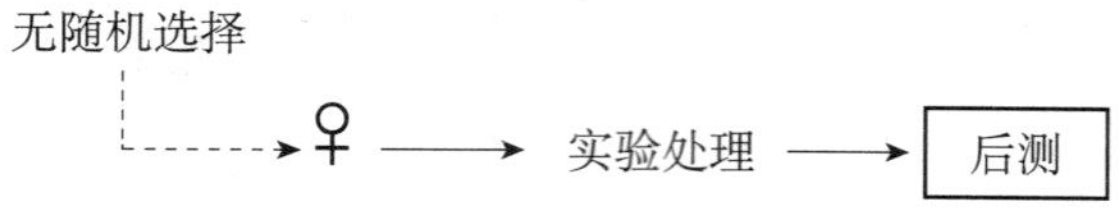

在 ASA 电子邮件活动中使用这种设计就导致了下面的准实验：ASA 向在 ASA 网站上提供电子邮件地址的个人发送了电子邮件。在最近一次发送邮件后的一星期，ASA 利用电子邮件联络每个人，并邀请其完成在线问卷，以测量对他们社区储蓄和贷款稳定性、友好性和社区参与的认知。ASA 通过查看问卷中表达的意见来判断电子邮件活动是否成功。

这是一个十分薄弱的设计。首先，样本是便利样本，不能推广到更广泛的人群中。即便样本可以随机选择但设计仍然很薄弱，由于没有控制或参照组，ASA 只能完全依赖判断来解释结果。例如，假设使用一个五级量表测量“友好性”，“5”是最友好。友好性评价平均分为 3.0 是好还是不好，ASA 无从知道，因为无法了解在活动开始之前储蓄和贷款的“友好性”是如何被认知的[10]。除了解读问题外，ASA 对电子邮件活动的后测评价也缺乏信心。这些评价（反映了内部效度的历史威胁）可能受到储蓄和贷款的新情况和个人经验的影响，或者在持续一个月的电子邮件活动过程中受到口碑的影响。总之，设计未能控制内部效度的其他几个威胁，尤其是没能控制倦怠、选择和流失威胁。

单组前测—后测。单组前测—后测设计（也被认为是“前和后无控制”）与之前讨论的设计很相似，只是在对自变量进行实验控制时要预测量。这一设计如下所示：

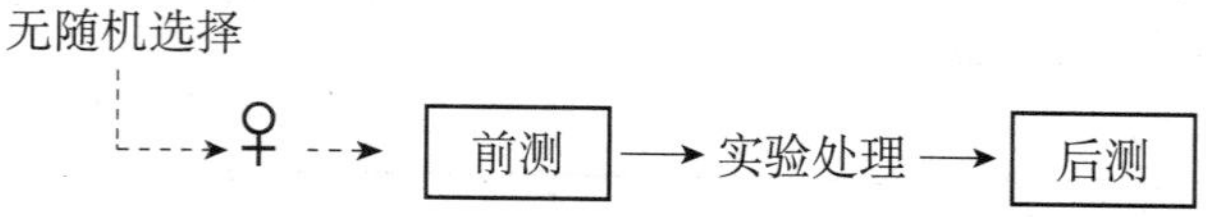

375 这种设计经常用于测试产品价格、包装和广告反应，如下：

前测	**实验处理**	**后测**
测量产品品牌占有率	更改价格	测量产品品牌占有率
测量顾客满意度	更改产品规划	测量顾客满意度
测量产品认知	发布新广告	测量产品认知

在每一种情况下，实验处理的影响要通过比较进行控制前测量的因变量水平与进行处理后测量的因变量来评估。例如，如果在新广告播出后产品认知有所提升，就可以假设认知的提升是由于新广告所致。

ASA 使用此设计的过程如下：ASA 挑选了成年人样本参加研究。通过电子邮件联系每个人，并在发出第一封邮件（通过在线问卷）之前进行访问，以了解他们对储蓄和贷款稳定性、友好性和社区参与的认知。在预测访问得出结论的一星期之后，ASA 开始电子邮件测试。最后一封邮件发出一星期之后，通过邮件与每个样本取得联系，并请他们完成在线问卷，问卷是关于储蓄和贷款稳定性、友好性和社区参与的认知。ASA 比较了在暴露之后问卷中表达的观点与活动前的水平，以判定在前测和后测中是否有任何变化，这是活动成功与否的象征。例如，如果“安全”的评价在前测时平均值为“2”，后测时平均值为“4”，ASA 将会得出活动提高了“安全”认知的结论。

当我们试图通过声明电子邮件活动有助于提升积极态度来厘清原因和结果时，这种方法的不足显而易见。第一，内部效度的历史威胁没有得到控制。与前一个设计相同，后测的评价可能受到储蓄和贷款的新情况和个人经验的影响，或者在持续一个月的电子邮件活动过程中受到口碑的影响。第二，设计未能消除与最初前测调查时相关的问题：进行前测可能使受访者对即将到来的电子邮件变得敏感，从而改变他们立即删除未知商业电子邮件的倾向，或者有可能影响到他们收到测试电子邮件时的态度和认知。第三，设计未能消除与样本自身相关的问题，例如倦怠。在研究过程中个体有可能中途退出，导致只有前测样本的子集进行后测，因为 ASA 并不知道哪类人群退出了测试，所以从前测和后测对比中得出的结论相当薄弱。例如，设想一部分对储蓄和贷款最初持消极态度的受访者退出测试后，研究最后的积极评价应归因于留在研究中的最初持赞同态度的人，而并不是电子邮件活动的积极影响。

有控制的双组后测。有控制的双组后测试图解决 376
前一个设计的问题。这一设计如下所示：

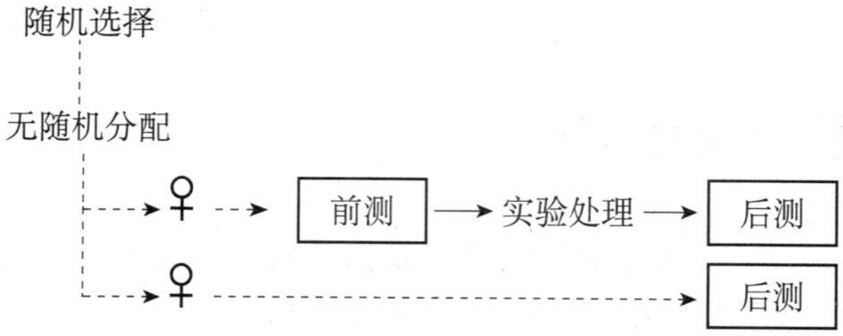

ASA 使用此设计的过程如下：ASA 挑选了成年人样本参加研究。接下来，利用非随机技术将个体分为两个组别：在这个案例中，分配 100 人到前测/后测组，再分配另外 100 人到后测组。ASA 每星期给第一组成员发送一封电子邮件。第二组成员没有收到任何 ASA 电子邮件。最后一封邮件发出一星期之后，通过邮件与两组中每个个体取得联系，并请他们完成

在线问卷，问卷是关于储蓄和贷款稳定性、友好性和社区参与的认知。ASA 对比了两组人在后测调查中表达的观点。与只进行后测的组别相比，有控制的组别态度更为积极，这要归功于电子邮件活动。

这种方法和结论看起来更加合理。但不幸的是，即使后测中两组之间的态度呈现出显著不同，任何关于原因和效果的结论都有可能不正确。这种方法的主要问题在于两个组的特征。因为并没有利用真正的随机分配形成组别，因此无法告知（或者甚至是假定）在前测中任何相当的得分。如果前测的态度并不相同，那么后测得出的结论会有很大的误导性。表
377 14—2 中的数据说明了这一设计存在的问题，调查者并不知道括号中的得分。上面的表格展现了一种情境：在实验开始之初，两组人对于测量的“安全”的最初态度实际上很相似。考虑到相似的最初评价，没有内部效度的其他威胁，后测得分的不同可以归因于控制，在这个案例中是收到电子邮件。但是调查者并不能从设计中知道事实上是否是这样。表 14—2 中下面的表格显示的情境是：调查开始时两组人的最初态度并不相同。两组人的态度都没有变化，但是因为在实验开始之初，有控制的组别的得分高于控制组，因此认为控制产生了积极影响，尽管事实并非如此。

表 14—2　　无随机分配对数据解读的影响

组别	前测	后测
有控制	3.2	4.5
没有控制	(3.3)	3.1

注意：利用五级量表测量“安全”，得分越高代表态度越积极。

组别	前测	后测
控制	4.3	4.3
没有控制	(3.3)	3.3

注意：利用五级量表测量“安全”，得分越高代表态度越积极

真实实验设计

与准实验设计相比，真实实验设计在两个重要方面有差异。一是真实实验设计有控制组，二是真实实验设计使用随机分配形成实验组和控制组。此处随机分配意味着每个实验参与者有相等的机会被分配到实验组或控制组。使用随机分配尤为重要，因为随机选择有助于控制内部效度的许多威胁。因此，尽管真实实验设计的成本和周期消耗相对于准实验设计更高，但调查者更倾向于使用真实实验方法收集信息，为决策制定提供更合理的基础。五种最常用的真实实验设计如下：

- 模拟前测—后测（simulated pretest to post-test）
- 仅在控制条件下后测（post-test only with control）
- 有控制的前测—后测（pretest to post-test with control）
- 所罗门四组设计（Solomon four-group design）
- 因子设计（factorial design）

每一种设计都控制了对内部效度的不同威胁，相对于准实验设计都能提供更可信的结论。

两组—两次测量设计。两种最常用的实验性质的广告调查要求有两组受访者，并且在两个不同的时间点及时测量，像模拟前测—后测和仅在控制条件下后测的这些设计受欢迎的原因在于既可以控制内部效度的多个威胁，所需的受访者组别和测量数量又最少。这两种设计都能达成这个目标，是因为假设对两组个体进行随机分配，他们在前测时的态度或行为方面是一样的。

模拟前测—后测。模拟前测—后测实验设计可以控制预测量和相互作用对内部效度的威胁，特别是在
实验中处理消费者的态度和认识问题，实验设计通过 378
对随机分配的第一组受访者进行前测，以及对随机分配的第二组受访者进行处理和后测，来控制对效度的威胁。如下：

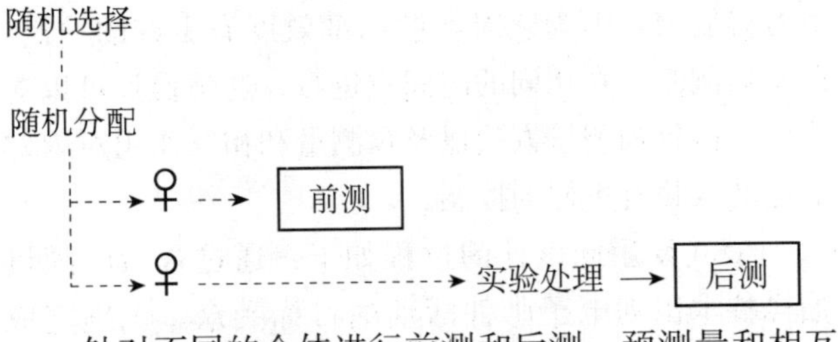

针对不同的个体进行前测和后测，预测量和相互作用对效度的威胁不会增加。然而，历史、倦怠、测量工具和选择等其他威胁仍然会发生。这种设计的数据分析要比较实验组的后测与控制组的前测。在没有其他解释时，测量结果的差异要归因于实验处理，因为使用了随机分配的设计假设在调查开始之初，控制

组和实验组的态度是相同的。

ASA使用此设计的过程如下：通过合适的随机抽样技术识别电子邮件活动的目标受众。识别完成后，一半被随机分配到实验组，另一半被随机分配到控制组，要求控制组成员完成对储蓄与贷款态度的问卷。问卷完成后，实验组成员开始接收电子邮件。最后一封电子邮件寄出的一星期之后，实验组成员将要完成与控制组前测相同的问卷。将实验组后测的得分与控制组前测的得分进行对比。如果两组的样本量足够且随机分配与受访者选择适当，除了由历史、测量工具、倦怠和选择产生的任何影响外，两组态度的不同就可以归因于电子邮件活动。

仅在控制条件下后测。仅在控制条件下后测实验设计也需要两组受访者和两个测量。然而，这种设计在测量测试影响的方式上不同于模拟前测—后测。模拟前测—后测设计是通过对比一个组的前测和另一个组的后测来评估处理的影响。而仅在控制条件下后测只对比后测测量来评估处理的影响，对比的后测测量分别从实验组和控制组中获得，如下：

379

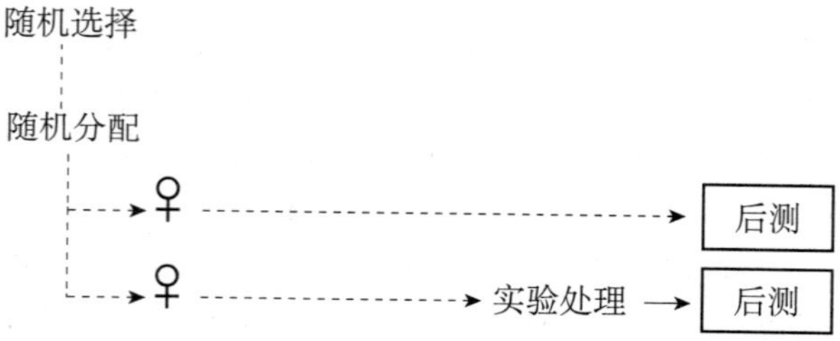

没有其他解释的情况下，双组后测测量的差异是实验处理所致，由于样本随机和随机分配，两组在实验之初被假设是相同的。

仅在控制条件下后测相对于模拟前测—后测设计更有说服力，因为它对实验内部效度有更好的控制。两个后测测量在相同的时间点进行，这种设计可以对历史、倦怠和测量方法以及预测量和相互作用对内部效度的威胁有更好的控制。

ASA使用此设计的过程如下：通过合适的随机抽样技术识别电子邮件活动的目标受众。识别完成后，一半被随机分配到实验组，另一半被随机分配到控制组。形成分组后，实验组成员开始接收电子邮件。最后一封电子邮件寄出一星期之后，两组成员将要完成相同的问卷。最后对比实验组的后测得分与控制组的后测得分。与上个设计相同，如果两组的样本量足够、随机分配与受访者选择适当，两组态度的不同就可以归因于电子邮件活动的影响。

两组　四次测量：有控制的前测—后测设计。虽未得到验证，但上一个设计假设了随机分配使得实验组和控制组在实验处理前的态度是相同的。有控制的前测—后测设计可以确定实验组和控制组在调查开始之初是相同的。这种确定通过在调查之初对两组进行测试获得，如下：

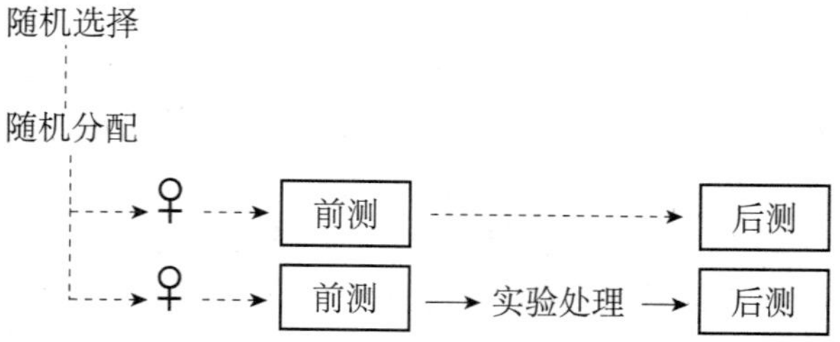

这种常见而有效的设计适用于调查者需要在实验 380
处理开始之初对两组的相同情况有明确的证据时，或者对两组的相同程度有一定疑问时。

ASA使用此设计的过程如下：通过合适的随机抽样技术识别电子邮件活动的目标受众。识别完成后，一半被随机分配到实验组，另一半被随机分配到控制组。形成分组后，两组成员被要求完成相同的前测问卷。然后，实验组的受访者开始接收电子邮件，最后一封电子邮件寄出一星期之后，两组成员将要完成相同的问卷，以收集后测数据。这种强有力的设计可以让调查者在比较两组后测得分之前，确定两组的前测得分没有显著不同。

有控制的前测—后测设计是仅在控制条件下后测的替代性实验设计。两种实验设计都控制了预测量、历史、倦怠和测量工具对内部效度的威胁。仅在控制条件下后测消除了相互作用的威胁，而有控制的前测—后测设计消除了选择的威胁。但两种设计都没有消除流失的威胁。因此，设计选择能体现出调查者的信息需求、对效度的威胁预期和预算。

四组—六次测量：所罗门四组设计。所罗门四组设计是最强大也是资源最密集的实验设计。该设计的强大之处在于它可以控制所有主要的内部效度威胁。如下图所示，它可以把有控制的前测—后测设计（图中上面两行）和仅在控制条件下后测（下面两行）成功地结合起来。

ASA使用此设计的过程如下：通过合适的随机 381
抽样技术识别电子邮件活动的目标受众。识别完成后，受访者被随机分配到四个组别。分组形成后，在电子邮件活动开始之前，对组1和组2成员进行前测。获取前测的结果后，组2和组4的成员开始接收

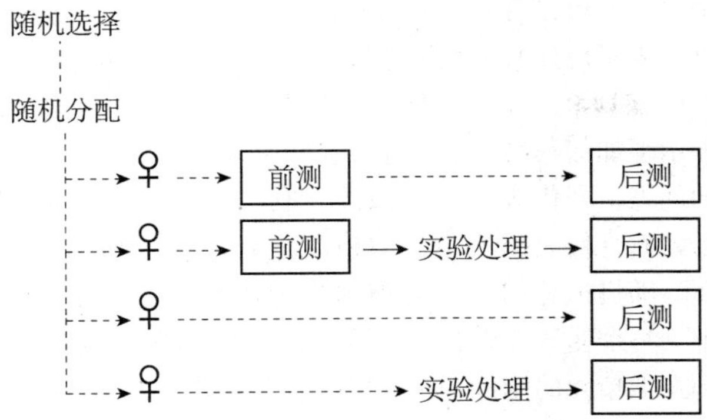

电子邮件，最后一封电子邮件寄出一星期之后，要求所有组别的成员完成相同的问卷，以收集后测数据。

在数据分析时，对这些测量结果进行多种对比是这个设计的组成部分。每一系列的对比都会消除对效度的不同威胁，使调查者对数据趋势、处理影响和整个测量结果有不同角度的洞察。需要注意的是，尽管所罗门四组设计非常强大，但由于其复杂性、成本和周期，它很少应用于广告和营销调查。

更复杂的实验设计

前面的案例展示了最基本的实验设计的形式：只有一个自变量，并且这个自变量只有一种变化形式（出现或不出现）。但是实际情况下，广告研究通常需要更复杂的实验设计。这些设计可能需要对一个自变量进行不同程度或层面的操控，或者需要同时操控两个甚至更多的自变量。

一个变量的多个层面或方面。一个真实的实验设计可以为研究的某一自变量的不同层面或方面而扩展。在实验中改变变量的数量，并给予不同实验群组或多或少的变量，这样变量就有了不同层面。例如：

● ASA 想要知道邮件的数量如何影响目标受众对储蓄与贷款的态度。因此，他们组织了四个实验组进行实验，安排组 1 的成员收到一封邮件（总计），组 2 的成员收到四封邮件，组 3 的成员收到七封邮件。

● 一个广告主想知道病毒视频的时长是如何影响目标受众对广告产品的看法的，于是设计了三个不同时长的病毒视频（15 秒、60 秒和 90 秒），并相应地让三个实验组来观看这些视频。[11]

当在实验中改变变量的特征，就会形成具有不同特点的变量。例如：

● 一个广告主想知道其产品更适合用男性还是女性代言，于是设计了两条脚本相同的广告，但两条广告在代言人性别上做了区分。然后使用实验法，随机将受试者分为两组，一组观看男性代言人的广告片，另一组观看女性代言人的广告片，从而测量对两条广告的不同反应。

● 一个博主想确定在博客的哪个位置展示广告会
382 获得最大的点击率。于是设计了三个版本的博客，一种将广告放置在页面顶部（版本一），另一种将广告置于页面右侧（版本二），第三种则将广告插入博客中（版本三）。每个访问者将会随机看到这三个版本的播客。

任何真实的实验设计都可以扩展为容纳一个自变量的多个层面或方面。实验设计的选择取决于实验动机之下的信息需求，以及所需控制的对内部效度的威胁。例如，模拟前测—后测设计适用于判断视频时长的不同是否会对广告态度产生影响。在这个案例中，实验设计如下：

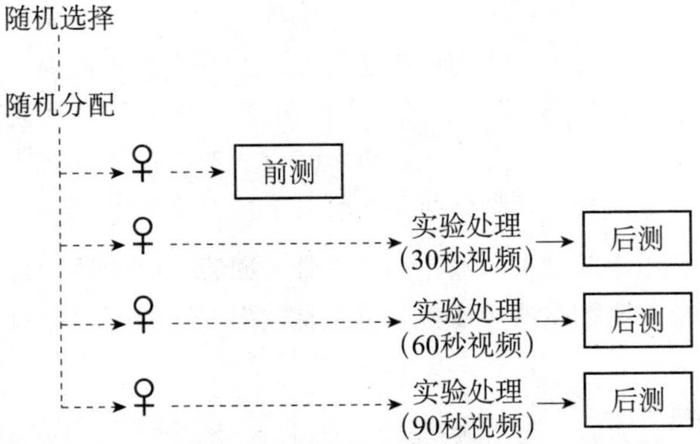

相比之前的案例中只有一个实验组，在该设计中，每一组都包括随机选择的成人样本，这些样本一旦确认，就会被随机分配到四个实验组中。组 1 的受试者仅接受前测，组 2 的受试者观看 30 秒的视频，组 3 和组 4 的受试者分别观看 60 秒和 90 秒的视频。在所有受试者观看视频之后，所有实验组的受试者将完成后测问卷。后测问卷的问题设置与组 1 填答的前测问卷完全一致。

假设这个概括性指标——“广告主评价均值”，是基于后测测量计算得出。这个指标反映了对广告主态度的所有测量的平均得分，以数字越大表明态度越积极为评价标准。控制组（组 1）的广告主评价均值为 3.2（最大值为 7），其余三个实验组的得分见下表：

视频时长	广告主评价均值
30 秒	6.7
60 秒	5.3
90 秒	4.9

383 如果广告主只测试其中一个视频，那么任一视频的“广告主评价均值”都高于控制组，就会得出“测试的视频是成功的”结论。然而，通过对三个不同时长的视频进行测试，广告主就可以得出结论：30 秒的视频最受欢迎。

因子设计：多变量控制。有时广告调查者需要同时处理和观察两个或更多自变量的效果，并且每个自变量至少有两个层面或方面。例如，假设一个创意团队处于如下情境：

> 我们已经为一个广告活动的创意方案讨论了很多天。仍有两个问题不能明确：首先，我们不能确定在电视广告中使用名人还是普通人作为代言人；其次，我们不能决定广告的风格是幽默的还是严肃的。我们需要调查来回答三个问题。就电视广告的说服力而言：
>
> 1. 电视广告代言人的变化会产生怎样的效果？
>
> 2. 电视广告风格的变化会产生怎样的效果？
>
> 3. 同时改变代言人和风格会产生怎样的效果？例如，当电视广告风格改变时，对名人做代言人的反应是保持不变还是有所改变？[12]

以上问题可以通过因子设计来回答。因子设计是可以同时测量两个或多个自变量效果的实验过程，每个自变量可以有不同的层面，作用于一个或更多因变量。因子设计通常如正方形（两个因素）或者立方体（三个因素），每一列和行代表其中一个因子。[13]下图显示了如何利用因子设计解决代言人和电视广告风格的问题。列代表一个主效应（代言人的类型）的层面，而行代表另一个主效应（电视广告风格）的层面。随机招募的受试者被随机分配到任意一个单元中，每个受试者观看一种类型的广告。例如，被分配到左上单元的受试者将看到由名人代言的、风格严肃的广告，而被分配到右下单元的受试者将看到由普通 384
人代言的、风格幽默的广告。观看完广告后，这些受试者将填答一个后测问卷。[14]

代言人类型

	名人	普通人
严肃风格	名人代言、严肃风格的电视广告	普通人代言、严肃风格的电视广告
幽默风格	名人代言、幽默风格的电视广告	普通人代言、幽默风格的电视广告

因子设计由主效应（main effect）和相互效应（interaction）构成。主效应是每一个自变量对因变量产生的独立影响。在这个案例中，主效应就是代言人和风格。对因变量主效应的组合就是相互效应。当两个或多个自变量同时产生效果时，相互效应就会发生，这不同于自变量效果的累加。在这个案例中，如果对特定代言人—风格的组合的反应不同于单对代言人的反应或单对风格的反应，就产生了相互效应。第 16 章将针对因子设计的分析和解读进行详细探讨。

在线进行实验

关于实验的一个关键决策是受试者如何暴露于刺激之下。ASA 实验通过电子邮件将刺激发送至实验组的受试者。其他实验，尤其是那些探寻广告暴露后结果的实验通常是在实验室环境下进行，并对不同实验组别展示相应的刺激。实验室环境的高使用率很大部分是由于在线调查公司很难掌控真实的随机分配。幸运的是这种情形已经发生了改变。

PsychData[15]是少数几个能够进行在线实验并随机分配的公司之一。该公司可以让调查者随机分配抽样的受试者到不同的实验情境中。例如，假设一个调查者要进行一项如前面章节中所描述的因子实验。PsychData 设计的实验更为直接。调查者将会：

- 设计并上传刺激，在这个案例中是四条广告。每一个刺激代表四种实验情境的一种。
- 为每一个刺激创建链接。
- 告知 PsychData 有四种刺激，并且暴露于各个刺激要随机。
- 给 PsychData 提供每个刺激的链接。PsychData 确认这些链接并随机分配，给出如表 14—3 所示的反馈。（注意在这个实验中，受试者并不会看到链接的地址，而是看到链接名称的编码。）

接下来，PsychData 的在线调查软件会将参与调查的受试者随机分配到四种实验情形中去。

385 **表 14—3** **在线实验的随机分配**

随机分配
【随机刺激分配 1】 在调查开始之前，我们将邀请您观看一条电视广告。您可以点击下方链接观看电视广告。观看时，一个新的浏览器窗口将会自动打开。在广告结束之后，请您关闭这个浏览器窗口继续完成调查。 **观看电视广告 A/NBV/127**
【随机刺激分配 2】 在调查开始之前，我们将邀请您观看一条电视广告。您可以点击下方链接观看电视广告。观看时，一个新的浏览器窗口将会自动打开。在广告结束之后，请您关闭这个浏览器窗口继续完成调查。 **观看电视广告 A/POL/654**
【随机刺激分配 3】 在调查开始之前，我们将邀请您观看一条电视广告。您可以点击下方链接观看电视广告。观看时，一个新的浏览器窗口将会自动打开。在广告结束之后，请您关闭这个浏览器窗口继续完成调查。 **观看电视广告 A/KJU/749**
【随机刺激分配 4】 在调查开始之前，我们将邀请您观看一条电视广告。您可以点击下方链接观看电视广告。观看时，一个新的浏览器窗口将会自动打开。在广告结束之后，请您关闭这个浏览器窗口继续完成调查。 **观看电视广告 A/KMB/588**

内部效度：更广阔的视角

前文已经阐释了实验设计如何通过肯定或者排除实验结果的替代性解释来影响内部效度。内部效度提升时对内部效度的威胁被排除。除了这些内部效度的具体方面，克莱斯万（Krathwohl）[16] 认为，一个实验的内部效度也会受到实验预测和结果本质的影响。这种对内部效度的更为广阔的视角表明，一个实验的内部效度在以下情境下会有所提升：

- 有力的预测会提升内部效度。有力的预测可以阐明在实验处理时产生变化的方向和规模。“较弱的预测仅能预测出何时会出现影响。有力的预测则会在此加入关于方向和规模的预测，甚至包括发生变化的规模和性质。”例如，一个调查者想要探究广告暴露与品牌态度之间的关系。“暴露会影响品牌态度”就是一个最弱的预测，因为它没有具体确定暴露和态度之间关系的性质。一个有力的预测需要加入一些方向性的描述（例如“增加广告暴露可以提升品牌态
386 度”），更有力的预测则会提出变化的性质（例如“增加广告暴露会在产品外观和质量方面提升品牌态度”）。
- 当原因的变化带来更大的结果变化时，内部效度会更大。实验的结果通常是通过推断性统计进行评估，以判定在实验情境下是否存在统计学层面有意义的差异。然而，并非所有统计学层面上的差异都是有意义的，同时也并非所有有意义的差异都具有统计学层面上的显著性。因此，呈现因变量的变化带来的结果的研究既有意义又具有统计学层面的显著性，这样才能提升实验的内部效度。
- 与普遍趋势或情境截然相反的实验结果将比那些仅仅是强化原有信息的实验结果的内部效度更高。实验在那些对产品持消极态度的受众中进行，比在那些对产品持积极态度的受众中进行具有更高的内部效度。

我们同意克莱斯万的观点，并且推荐在任何实验的计划阶段考虑这些因素。[17]

外部效度

内部效度会影响对实验中所收集数据完整性的信心。一旦获得了内部效度，确定实验外部效度的程度也十分重要。在不局限于实验本身的情况下，外部效度关系到实验结果有多大程度的普遍适用性。外部效度提出的问题是：还有哪些人口群体、测量工具以及环境会得到类似的实验结果。

受试者的选择是通过系统的、合理的、随机的抽样对目标人群进行选择，并在实验过程中将受试者随机分配到控制组或实验组，总人口的外部效度就会相应提高。相反地，采用便利抽样或偶遇抽样的调查外部效度就会非常低。

当实验是按一定步骤进行，并且确保用于收集数据的测量方法可以真正收集到有效数据时，与测量相关的外部效度就会得到提升。以下情境对此做了说明：

> 彼得进行了一项调查，旨在测量饭店的顾客对服务人员的满意情况。他将每一桌客人所付小费的额度以及服务人员和顾客的互动程度作为实验的变量。根据客人所付小费的额度来测量满意度，并假设小费额度越高则代表满意度越高。彼得这项研究的外部效度取决于他的测量在测量满意度方面的有效性，以及这个测量在多大程度上优于其他测量，如“回头客”人数、推荐给朋友的情况、用餐的时长等。[18]

与环境相关的外部效度取决于广告调查者选择在实验室还是在自然环境下进行实验。针对这两种不同的情形，需要对内部效度和外部效度进行权衡。 387

● 实验室研究的本质是人为地营造出一个情境。一个结构合理的实验室研究会有较高的内部效度（因为调查者可以控制适当的威胁），但是由于无法保证在人为控制的实验环境下受试者的行为会和真实世界中一致，所以外部效度相对较低。

● 田野实验是一个更为自然的环境。这种环境下进行的实验虽然自然环境具有较高的外部效度，但是由于在实验室之外无法控制许多对内部效度的威胁，因此内部效度相当低。

大多数调查情境都是既可以在实验室，也可以在田野环境中进行，因此没有绝对正确的实验方式。最终取舍的原则就是，采用哪种方式可以使内部效度和外部效度达到期望的平衡。

小结

广告主通过进行实验来获知不同的广告策略是如何影响消费者的态度、信念和行为的。实验法有助于解决与广告策略、创意形成、新产品推出、产品包装、广告内容、媒介组合以及广告费用等有关的问题。

一个真正的实验至少需要一个自变量、一个因变量和控制。所有的实验都旨在解释其中的因果关系，也就是对自变量进行控制从而引起因变量的变化。为了归因于因果关系，有如下四个标准需要遵从：

- 事件必须按适当程序发生；
- 事件必须同时发生，以显示清楚的关系；
- 替代性解释必须尽可能地减少和消除；
- 关联的强度必须经过统计验证。

调查者在多大程度上确信行为影响了结果（例如原因和结果），取决于实验计划和执行的合理程度。 390
规划科学、控制严格并因此提升了结果可信度的实验设计有：模拟前测—后测、仅在控制条件下后测、有控制的前测—后测设计以及所罗门四组设计。这些实验设计相比准实验设计排除了很多对内部效度的威胁，因此提升了可信度。

外部效度关系到实验结果在不局限于实验本身的情况下，有多大程度的普遍适用性。外部效度提出的问题是：还有哪些人口群体、测量工具以及环境会得到类似的实验结果。当受试者的选择是通过系统的、合理的、随机的抽样对目标人群进行选择，并在实验过程中将受试者随机分配到控制组或实验组时，总人口的外部效度就会相应提升。当实验是按一定步骤进行，并且确保了用于收集数据的测量方法可以真正收集到有效数据时，与测量相关的外部效度会得到提升。与环境相关的外部效度取决于广告调查者选择在实验室还是在自然环境下进行实验，归纳问题与各种选择相关。

复习题

1. 实验法的目标是什么？为什么这个目标很重要？

2. 调查法和实验法有何区别？

3. 实验法有哪些特征？

4. 什么叫做自变量？

5. 什么叫做因变量？

6. 控制是如何在自变量和因变量之间发生作用的？

7. 确定因果关系的必要条件是什么？

8. 哪些对内部效度的威胁与最初的前测调查有关？请简要说明。

9. 哪些对内部效度的威胁与数据收集有关？请简要说明。

10. 哪些对内部效度的威胁与抽样有关？请简要说明。

11. 哪些对内部效度的威胁是来自研究内容？请简要说明。

12. 哪些对内部效度的威胁是来自调查者？请简要说明。

13. 真实实验设计与准实验设计有何区别？

14. 说出两种准实验设计的名称和具体特征。每一种设计的优势和劣势分别是什么？

15. 说出两种真实实验设计的名称和具体特征。每一种设计的优势和劣势分别是什么？

16. 因子设计的特征是什么？它在哪些情境下最为适用？

17. 在因子设计中，主效应和相互效应的区别是什么？

18. 评估一个实验的外部效度需要考虑的因素有哪些？

391

应用练习[19]

1. Spritzz 是一种冷酒器，已经在三个州销售：特拉华州、新罕布什尔州、缅因州。尽管很少进行广告宣传，Spritzz 在这三个州的销售状况仍很好，在这些州冷酒器市场的平均份额约为 15%。Spritzz 一个新的管理团队在未来一年制定了两个市场目标：

- 第一，他们想在特拉华州、新罕布什尔州、缅因州提高市场份额。管理层认为在这些州提高市场份额的方法是开始做广告。
- 第二，管理层想扩大 Spritzz 的销售区域。他们相信可以在人口密集、都市化的州如纽约州和新泽西州成功进行品牌营销。管理层认为这些区域的消费者可能更看重 Spritzz 的自然口感。

作为一名 Spritzz 的调查总监，你不知道管理层的假设是否正确。你相信可以利用实验法来探寻真相。请给 Spritzz 的管理层写一个备忘录建议两个实验设计。第一个设计要有助于回答：“在现有市场上投放广告会在多大程度上影响市场份额？”第二个设计用来解决：“Spritzz 拓展城市地区的市场将会有怎样的成功？”请确保清晰解释和论证你的推荐。记住，管理层并不是调查者，一定要提供充分的细节（用清楚的语言解释）来使他们了解你的方法以及会有的实验收获。

2. 你是一个广告调查者，想探究电视广告对儿童玩耍行为的影响。你认为儿童观看玩具电视广告与其玩耍时的占有欲有关联，并进一步假设，儿童观看玩具电视广告越多，其占有欲越强。

现在，你有机会进入一个有 200 名儿童的日托中心。除了一个大的普通游戏室外，这个日托中心有 8 个独立的房间。每个独立的房间有录像带播放机、电视机以及大量玩具和一个单向镜，通过单向镜可以在不打扰儿童的情况下观察他们。请准备一个实验设计，包括主要的测量，用以在实验中判定观看儿童玩具电视广告与其玩耍时的占有欲是否有关联。

3. Pizza Pie是一个本地的比萨连锁店，其经营者想知道消费者对三种不同的优惠券有何不同反应。因此在以往的消费者名单中联系了两组受试者。每组有400人，分别会收到其中一种优惠券。第三种优惠券则发布在周日当天的报纸上。优惠券的兑换期限为邮寄或报纸刊登之后的两周以内。请评估这种方法，你认为这是个合适的实验吗？其结果能应用于后续决策的制定吗？它存在哪些问题？哪些对内部效度的威胁没有控制？评估Pizza Pie的方法，然后改进实验设计以满足信息需求。

4. Norris代理公司为其客户Old World Rice公司准备了两个新的广告活动。Old World Rice公司很满意目前的广告活动，但是又提出："如果你们可以证明任何一个新的广告活动优于目前的，我们会考虑采用，但是实验的费用由你们承担。代理公司的经费足以实施1500个样本的访问并进行分析。在这一预算之下，请给出一个实验设计，用以决定哪个广告活动在改变消费者对品牌的态度以及激励产品购买方面效果会最好。

5. 从下列学术期刊中选一个与广告相关的实验：《广告》、《广告调查》、《营销》、《营销调查》、《消费者行为》（*Journal of Consumer Behavior*）、《消费者营销》（*Journal of Consumer Marketing*）。评估其使用的实验设计的优势及不足。哪些对内部效度的威胁得到了控制，哪些没有？所采用的实验设计是否适用于所需信息类型和要探寻的调查问题？为什么？解释并论证你的观点。实验室环境对结果的解读和推及总体有何影响？如果所选实验是田野实验，请给出将其置于实验室环境下的实验设计。如果是实验室实验，请给出田野实验的相关方案。

【注释】

[1] 案例内容改编自 Lightspeed Research and the Internet Advertising Bureau（2009）."Relevant Advertising With Bucks Off Captures Online Consumers"，http：//www.mediapost.com/publications/? fa=Articles.showArticle&art_aid=102593。情境和所有数据均为虚构。

[2] 一个实验也可以有多对自变量及因变量。例如彼得可以将"口味"作为另一个附加的因变量。

[3] Graphing Tutorial（undated）. http：//nces.ed.gov/nceskids/help/user_guide/graph/variables.asp.

392 [4] 因果关系的标准引自布拉德福德·希尔（Bradford Hill）的观点"希尔的因果关系标准"，见 http：//www.drabruzzi.com/hills_criteria_of_causation.htm。

[5] 由于原因和结果常常令人困惑，因此尽管这个标准好像只是反映了常识的直觉，它仍然很重要。试想一个实验中的变量之一是广告的曝光率，并以此来测量消费者对广告以及产品购买的态度。假设两个指标都有所提高，那么可以得出结论广告知名度的提升（因此广告得到更多的曝光率和注意力）会引起更多的人尝试产品。然而，还有一种可能是，消费者的购买意愿提升时，会对该产品的广告更加注意。广告注意度和产品购买意愿哪个更重要呢？

[6] Joe Lau and Jonathan Chan（2009）. "TUTORIAL S05：Mill's Methods for Identifying Causes"，http：//philosophy.hku.hk/think/sci/mill.php.

[7] 对于这些内部效度潜在威胁最初的思考，可以参见 D. T. Campbell and J. C. Stanley（1963）. *Experimental and Quasi-Experimental Designs for Reasearch*（Chicago，IL：Rand McNally）。

[8] 除特殊说明，本章所有情境均为虚构，仅用作举例说明。

[9] 所列举的案例是调查者偏差的常见形式，见 D. L. Sackett（1979）."Bias in Analytic Research"，*Journal of Chronic Diseases* 32（2）：51-63。

[10] 需要注意的是，即使协会设置了"友好性"评价，仍不能完全解决问题。例如一个活动的"友好性"均值为4分（共5分），也许可以称之为成功举办的活动。但正如之前的例子，如果没有参考框架，无从得知4分是优（较之之前均值3分有所提升）还是劣（较之之前均值5分有所下降）。

[11] 当实验需要控制变量的数量时，确定变量在不同层面具有明显的差异十分重要。例如，（在第一个案例中）测试一封邮件和两封邮件的不同影响，或者（在第二个案例中）测试15秒视频与30秒视频的区别，这些都是不明智的做法。

[12] 这类问题涉及因子之间的相互效应。当一个变量产生的影响取决于另一个或者多个变量时，相互效应就会发生。假设自变量为"在咖啡中加糖"和"搅拌"，如果不将两个自变量结合，那么任何一个也无法影响咖啡的甜度。就文中的案例而言，这个相互效应证明了名人代言只有在使用幽默的情况下广告效果才更好。

[13] 因子设计中可以有任何数量的因子出现，但是超过三个因子的设计很难形象化地呈现，因为这需要绘制四维或更

多维度的图。

[14] 这是一个后测实验设计，假定经过各个单元的随机分配，四个单元中前测的态度相同。

[15] PsychData 网站为 http：//www. psychdata. com。

[16] 此部分观点引自 David R. Krathwohl（1985）. *Social and Behavioral Science Research*：*A New Framework for Conceptualizing*，*Implementing and Evaluating Research Studies*（San Francisco，CA：Jossey-Bass）。

[17] 克莱斯万还提出了另外五个评估内部效度的标准。在以下情况下内部效度会得到提升："控制原因、实验处理或诱发情境的应用"；"如果任意控制了诱发情境或原因，要求生成原因的模式"；"诱发情境的范围越大，产生的预期越容易被控制"；"诱发情境到影响结果间隔的时间越长，越能准确预测出结果出现的时机"。读者可以利用以上几点对这个问题作深入探讨。

[18] 案例改编自 Bellarmie（undated），http：//cas. bellarmine. edu/Osborn/hypertut _ piv/external _ validity _ is _ concerned _ w. htm。

[19] 练习题 1—5 均为虚构。

（本章翻译：云庆、王笛、杨雪睿，本章校译：杨雪睿）

第15章 描述性统计

395 第12章和第13章展示了如何合理设计调查问题，以及如何将这些问题转化为结构合理的调查问卷。所有调查问卷填完后，开始进行定量数据分析。数据分析包含两个部分：数据数学意义上的归纳（告诉你数据有什么）和数据挖掘（帮助你了解数据意味着什么）。由于广告人对于数据如何帮助制定更好的决策更感兴趣，因此本章聚焦于数据分析的第二方面，仅将数学作为一个工具帮助你提升数据挖掘的技巧。

* * *

本章的结构如下：

- 第一部分是"基础数学与关键统计量"，解释了分析定量数据所需的五种基本统计量。熟悉大多数统计量后，数学看起来就没那么令人望而生畏，容易接近了。
- 第二部分是"确保数据是'优质的'高质量"，描述了数据分析流程的开始阶段，聚焦于如何确保得到的数据足够可信，为后续决策作基础。
- 第三部分是"特定问题类型的数据分析"，展示了如何检验和分析第13章介绍的各种具体问题。
396 ● 第四部分是"分群分析的重要性"，展示了分析数据意义的最后一步，从总体样本的分析转向更小群体受访者的分析。
- 最后一部分是"数据分析实例"，将之前所有信息整合在一起，逐步演示数据分析的整个流程。

基础数学与关键统计量

在大多数数据分析情境下，五种基本的且容易计算的统计量为探寻数据背后的意义提供了所需的所有数学运算。这些统计量是：百分比（percentage）、平均数（average）、中位数（median）、众数（mode）和标准差（standard deviation）。

百分比

你可能知道百分比，因为这是在你每次考试之后都会计算的数字。用正确的答案数量除以总的题目数量，然后乘以 100%，就可以计算得分所占百分比。例如 20 个题目中有 16 个题目正确，你就能得到总分的 80%。

调查数据分析中百分比的使用方式一样：用给出特定回答的人数除以回答该题的总人数。如下面表格所示，第一列显示了调查问题的可能答案，第二列显示了选择每一个选项的人数，最后一列显示了选择每一个选项的人数所占百分比。例如，男性的 82.5% 由 33 除以 40 再乘以 100%得出。

性别	受访者人数	受访者所占百分比
男性	33	82.5
女性	7	17.5
总计	40	100

注意我们可以通过验证确保百分比计算正确：百分比列的总计通常累计为 100%。

你可以人工计算百分比，当然，你也可以使用诸如 Zoomerang 或者 SurveyMonkey 这样的在线调查网站做调查，网站将会自动生成百分比。表 15—1 给出了一个 10 名受访者的调查例证。Zoomerang 呈现的结果显示了每一个问题选择各选项的受访者所占百分比。

397 **表 15—1　Zoomerang 数据报告**

1. 你认为刚才看到的广告中信息的可信度如何?			
非常可信		2	20%
有些可信		0	0%
有些不可信		6	60%
非常不可信		2	20%
总计		10	100%
2. 你的最高学历是什么?			
上过高中或更低		0	0%
高中毕业		1	10%
上过大学		4	40%
大学毕业		4	40%
更高学历		1	10%
总计		10	100%

平均数

第二个基础统计量是平均数，这也是一个经常被用来计算课程成绩的数字。[1]课程平均分归纳了你所有考试和作业的成绩，计算如下：

> 你将得到的分数累加，然后除以满分总分，得到的数字乘以 100。例如，如果第一次考试满分 90 分，你得 70 分，第二次考试满分 110 分，你得 88 分，那么你的总体平均分为 79 分（两次考试得分相加为 158 分，再除以满分 200，乘以 100）。

类似于它可以让你了解你的课程成绩名次，平均数在归纳特定类型调查问题的应答方面是一种很有用的工具。（本章的后面部分将讨论什么时候使用平均数。）我们调查问题时计算平均数在一定程度上与计算课业平均分相类似，不同的是针对调查问题计算平均数是用回答问题的人数除以总人数。例如，你想了解消费者是否在相关的电视广告中发现了信息，询问如下问题：

回想一下你刚刚看到的电视广告，你觉得电视广告的信息是相关还是不相关？选项如下。

非常相关 ____ （1）

有些相关 ____ （2）

有些不相关 ____ （3）

非常不相关 ____ （4）

注意每一个备选选项如何被赋予数值。10 位消费者的回答如下：1，2，3，2，3，4，4，2，1，2。相关性评价的平均数是 2.4，计算方法是每个人分数加总为 24 分，除以回答问题的人数 10。

398 例子中的方式是计算某一问题回答的平均数最容易的方式。你还可以采用另一种方式，利用某一问题的百分比计算平均数。以表 15—1 显示的数据为例，在这种情况下，你要做的是：

- 用每一种回答的人数乘以每一种回答的分值；
- 计算所有回答的分值；
- 除以回答问题的人数。

这个过程如下表所示，使用的是表 15—1 中第 1 题的数据。该题的总体平均数是 2.8（28÷10）。

应答选项	分值		受访者人数		总计
非常可信	1	×	2	=	2
有些可信	2	×	0	=	0
有些不可信	3	×	6	=	18
非常不可信	4	×	2	=	8
总计			10		28

中位数和众数

中位数和众数是归纳某个调查问题回答的另外两种方式，尽管它们通常只是用于特定情境中。

中位数是按某种顺序排列的一组数中排列在中间位置的数字。你可以这样想中位数：当你行驶在双向的高速公路上，你经常会看到写有“远离中央隔离带”字样的标志，这意味着你不能行驶到高速公路中间长满草的区域。中央就是指中间位置。中位数也一样，尽管它不是中间长满草的区域，但它指的是当数值被从低到高排列时，排在中间的数据。[2]设想在一次调查中你询问 5 个人他们的年龄，得到的回答是 21、23、26、25、99。平均年龄是 38.8 岁（用年龄总和 194 除以人数 5）。但是这个平均数看起来似乎和数据并不一致，因为没有受访者的年龄在 39 岁左右，实际上 5 人中有 4 名受访者的年龄小于或等于 26 岁。平均数之所以高是由于有 1 名受访者的年龄为 99 岁。

由于个别非常高或者非常低的数值导致了平均数被扭曲，这时中位数就成了归纳一组数值最好的方式。[3]计算中位数的第一步是将所有数值排序，通常从最低到最高排列。然后，你需要找到中间的数值。这一过程取决于数值的数量是奇数还是偶数。

- 如果数值的数量是奇数，中位数就恰好是按顺序排列的数据中中间位置的数值。你可以数到中间，或者使用下面的公式找到中间的数值：

中位数的位置＝（测量的总体数量＋1）÷2

- 如果数值的数量是偶数，中位数则是中间两个数值的平均数。

回头看前面展示的年龄数据，中位数应该是 25， 399
得出该值的方法是先将数值排序（21，23，25，26，99），然后找到中间位置的数值（21，23，**25**，26，99）。而这个数字在年龄数据中比平均数更具代表性。

众数是在一组回答中最常出现的数字。虽然这一测量方法在调查报告中使用并不频繁，但在某种情境下，当研究者的目的是获取对一个特定调查问题回答的额外洞察时，众数仍然是一个有用的数字。尤其是当我们想知道频率最高的回答时众数很有用。要找到众数，最简单的方法是看回答的分布，这样就可以发现最多的回答。例如，表 15—1 中第 1 题的众数是“有些不可信”，这是给出的回答中出现频率最高的，10 人中有 6 人（60%）选择此项。[4]

均值、中位数和众数之间的关系。均值、中位数和众数分别是对一组数值分布的不同洞察。设想有 100 名学生参加考试。当均值、中位数和众数接近时，考试分数的分布是对称的（图 15—1a）。在这种情况下：一是均值、中位数和众数右侧的分布如同左侧分布的镜像，二是分数的大多数都落在分布的中心。这种分布是典型的“钟形曲线”（bell curve），也是你所熟知的班级分数分布。当分布对称（或者接近对称）时，均值是分布的准确和首选的描述符。

但是，数值分布并不总是对称的。

- 众数的值低于中位数和均值的分布被称为左偏

分布。这种分布在低数值端有大量数据，在高数值端的数据很少。如图 15—1b 所示的考试分数分布就是左偏分布，也就是说许多学生在考试中的分数较低。

● 众数的值高于中位数和均值的分布被称为右偏斜。这种分布在高数值端有大量数据，在低数值端的数据很少。如图 15—1c 所示的考试分数分布就是右偏斜，也就是说许多学生在考试中的分数较高。

分布越是偏斜，平均数就越不能成为分布的有效总结。因此，对于严重偏斜的分布，中位数或者众数通常比平均数更适合作为描述符。你选择哪一个作为描述符通常由归纳数值分布的准确度决定。

400

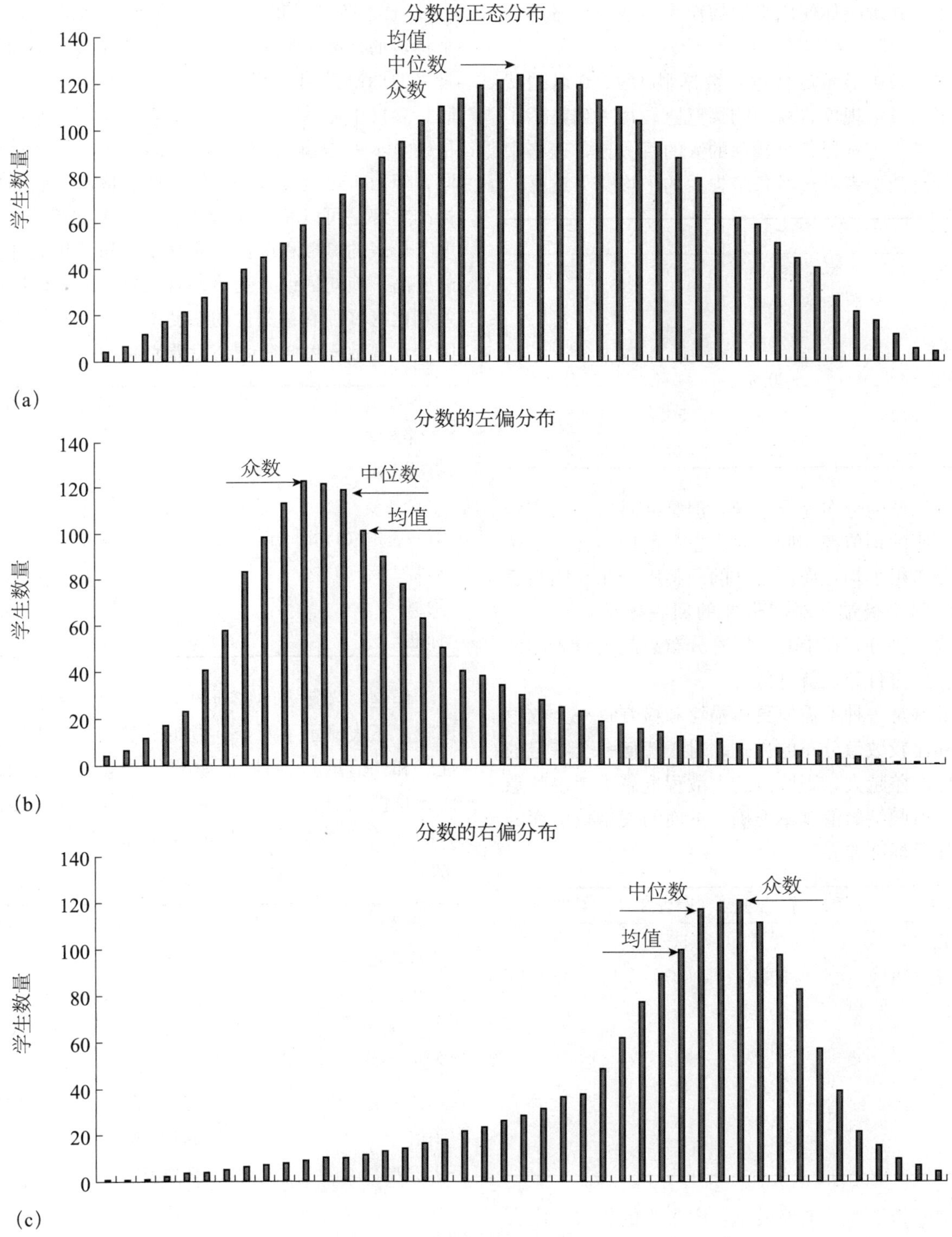

图 15—1　分布的类型

标准差

第五个有助于发现数据意义的统计量是标准差，它用来测量一组数值的离散程度。离散程度是指一组数值如何围绕均值分散或聚合。这是一个很重要的统计量，因为正如前面所讨论的，它可以帮助你理解数
401 值的分布，并影响你使用平均数作为归纳统计量的合适程度。

请看下表中显示的数据，数据显示了 50 名消费者观看了三条电视广告后的购买意愿。每一列显示了针对每一条广告选择各个选项的人的百分比，表格中最后一行是消费者看过各条广告后的平均购买意愿。

应答选项	广告 1	广告 2	广告 3
非常肯定（1）	20%	50%	5%
有些肯定（2）	20%	0%	15%
中立（3）	20%	0%	60%
有些否定（4）	20%	0%	15%
非常否定（5）	20%	50%	5%
均值	3.0	3.0	3.0

尽管深层的分布完全不同，但是针对每一条广告的购买意愿的均值都相同。对广告 1 的回答在 5 个选项中的分布很平均，而广告 2 的回答则分布在购买意愿量表的两个极端。对广告 3 的回答很接近正态分布，多数回答分布在中心。回答分布越趋向量表的两极，回答所占百分比就越低。

标准差是一种不需要具体描绘和检查每一个数值而理解和比较数值分布的方式。对于任何一个特定的量表，标准差越大，则数值的离散程度越大，也就意味着用均值归纳数值越不准确。下面的表格较前面的表格增加了标准差。

应答选项	广告 1	广告 2	广告 3
非常肯定（1）	20%	50%	5%
有些肯定（2）	20%	0%	15
中立（3）	20%	0%	60
有些否定（4）	20%	0%	15
非常否定（5）	20%	50%	5
均值	3.0	3.0	3.0
标准差	1.4	2.0	0.8

其中广告 3 的标准差最小，广告 1 的较大，广告 2 的更大一些。调查者根据标准差的差异可以总结出，消费者对三条电视广告深层的回答规律完全不同，所以需要更深入地了解对这一问题的回答趋势。在此之后，调查者可以得出结论，只有针对广告 3，均值才是数据分布的较好统计量。[5]

记住这一点很重要，即在比较标准差时，每一 402
个特定的标准差都是该量表的潜在反映。例如，五级量表的标准差可以做比较，即使量表测量的事物不同。表格中显示了三个五级量表的回答，通过下面表格中显示的数据可以发现，即使量表测量的事物不同，但由于量表具有相同的选项数量，它们的均值和标准差都是可以相互比较的。在这个案例中，“可信度”量表的离散程度比“喜好度”和“相关性”量表的要高。换句话说，受访者对电视广告可信度的态度差别比喜好度和相关性的态度差别大。而标准差越低则表示离散程度越低，态度差别越小。

应答选项	可信度	喜好度	相关性
非常肯定（1）	40%	15%	5%
有些肯定（2）	5%	10%	20%
中立（3）	0%	55%	40%
有些否定（4）	10%	10%	25%
非常否定（5）	45%	10%	10%
均值	3.2	2.9	3.2
标准差	1.9	1.1	1.0

但是，当量表的选项数量不同时，标准差就不能比较。下表显示了两个问题的回答分布：“信息重要性”和“信息独特性”。重要性的量表有五个选项，而独特性的量表有七个选项。尽管分布非常相似（所有的回答平均分布在两极），均值和标准差却完全不同。

应答选项	重要性	应答选项	独特性
非常肯定（1）	50%	强烈肯定（1）	50%
有些肯定（2）	0	非常肯定（2）	0
中立（3）	0	有些肯定（3）	0
有些否定（4）	0	中立（4）	0
非常否定（5）	50	有些否定（5）	0
均值	3.0	非常否定（6）	0
标准差	2.0	强烈否定（7）	50%
		均值	4.0
		标准差	3.0

403 标准差能够表示数值的离散程度是因为它的计算公式包括每一个数值与总体均值相减。公式如下：

$$sd=\sqrt{\frac{\sum_{i=1}^{m}(X_i-\overline{X})^2}{N-1}}$$

这里：

sd 就是标准差，

$\sum_{i=1}^{m}(X_i-\overline{X})^2$ 是每一个数值和均值的差的平方和，

$N-1$ 是数值的个数减 1。

表 15—2 演示了计算 10 个受访者回答标准差的流程。 404

幸运的是，标准差几乎不需要手工计算。诸如 SPSS 等计算机数据分析程序很容易就能计算出这一统计量。此外，诸如 Excel 等电子制表软件也内置了计算标准差这一功能。

表 15—2　　标准差的手工计算

第 1 步：计算均值

均值＝（2＋1＋4＋5＋5＋4＋4＋5＋5＋5）÷10
　＝40÷10
　＝4.0

受访者	回答	第 2 步：计算和均值的差	第 3 步：差的平方
1	2	−2	4
2	1	−3	9
3	4	0	0
4	5	＋1	1
5	5	＋1	1
6	4	0	0
7	4	0	0
8	5	＋1	1
9	5	＋1	1
10	5	＋1	1
		第 4 步：求总	总计＝18

第 5 步：差的平方和除以样本量减 1

第 5 步 ＝18÷（10−1）
　＝18÷9
　＝2

第 6 步：求上一步数值的平方根得到标准差

标准差 $=\sqrt{2}$
　＝1.41

确保数据是“优质的”

在调查中不可避免的是，即使在设计问卷上花费了大量时间和努力，仍有一些受访者没有正确地回答问题。此时，“不正确”并不意味着提供的信息不能证明最初观点，而是指问题没有被回答，或者提供的答案不合适或无意义，例如回答某人的年龄为“999”。既然成功的广告和相关决策都要基于好的（也就是正确的和合适的）回答，你必须在进行任何数据分析之前“清理”数据集。

数据核查、选择与编辑

准备分析数据的第一步是核查每个问题的回答。既要关注很多人都没有回答的问题，也要关注古怪的、不合适的或者意想不到的回答或回答的模式。你可以通过两种方式进行最初的核查，或者利用调查公司提供的百分比分布，或者检查原始数据文件并生成百分比分布。一旦你核查了调查中的每一个问题，你就需要判定哪些问题是有疑问的，以及如何处置、接受、排除或编辑这些问题。接下来的情况演示了这一流程。

思考表 15—3 中 Zoomerang 提供的四个问题的信息。[6]检查每一个问题在回答模式上是否有任何不当之处。

405 **表 15—3** **四个调查问题的回答**

1. 当你外出和朋友在一起时，最喜欢喝哪个品牌的啤酒？

百威（Budweiser）		0	0%
库尔斯（Coors）		1	10%
喜力（Heinekin）		9	90%
米勒（Miller's）		0	0%
三姆（Samuel Adams）		0	0%
其他，请具体说明		0	0%
总计		10	100%

2. 当你外出和朋友在一起，你付费选择啤酒时，价格重要还是不重要？

非常重要		10	100%
重要		0	0%
重要		0	0%
非常重要		0	0%
总计		10	100%

3. 啤酒广告主经常利用特定的促销方式吸引消费者来尝试他们的品牌。特定的促销方式可能包括降价、指定购买、优惠券或其他相似的方式。我们想知道你对这些特定促销方式的看法，当你外出和朋友在一起时，这些促销方式会如何影响你选择啤酒的品牌。当你外出和朋友在一起时，这些与啤酒品牌相关的促销方式重要还是不重要？这里的“外出和朋友在一起”是指除了你住处以外的地方。

非常重要		0	0%
重要		1	50%
不重要		1	50%
非常不重要		0	0%
总计		2	100%

4. 你每周在社交网站上花费多少小时？

查看 10 个回答

4. 你每周在社交网站上花费多少小时？

#	回答
1	12
2	16
3	20
4	11
5	19
6	112
7	23
8	14
9	1
10	18

当你开始核查数据时，对每一个问题都必须提高关注度。

● 问题 1 关注的是啤酒广告主的最直接竞争者。几乎所有回答这个问题的人（90%）都选择了喜力。尽管受访者选择某一选项的比例如此之高并不在预期之中，但是数据结果并没有不妥，问题的措辞和应答选项也没有任何问题。此时合理的决策就可以被接受，数据也可以使用。

● 问题 2 显示了与问题 1 相同的回答模式，所有受访者选择了同一个选项。然而，仔细核查后却发现这个问题的应答选项有印刷错误——最后两个选项中的“重要”应该是“不重要”。因此，量表错误导致此题得出的数据不能使用。

● 问题 3 存在的问题很多。你可能注意到之前的每个问题都有 10 个人回答，这 10 人构成了总样本。可能因为问题 3 太长且混乱，导致只有两人回答了此题。因此这个问题和其他大量“没有回答”的问题一样，都应该从分析中被排除掉。

● 问题 4 展示了另外一种问题。所有受访者都给出了回答，这是一个好信号。然而，其中两
406 个受访者提供的答案看起来并不合常理。第 6 位受访者表示在过去的七天内他在社交网站上花费了 112 小时，平均每天 16 小时。而第 9 位受访者表示他仅仅花费了 1 小时。像这样的个案需要你通过接下来的步骤进行判断。你可以检查这两个人全部的回答模式，如果模式看起来合理只是这个题目的回答看起来奇怪或者不合逻辑，你可以将这个回答编码为“缺失”（假设是应答上的错误）；如果很多问题的回答模式都有问题，你可以从样本中排除这位受访者。无论你做出怎样的决定，你都应准备好报告其中任何的数据变化，并给出合理的解释。

在问题的层面检查数据应该审视每一位受访者的个人回答模式。你要找出所有有大量问题不回答或回答古怪的人。表 15—4 和表 15—5 展示了为什么这样做很重要，以及如何进行这种核查。

表 15—4 展示了一个虚构的对四个问题的回答的样本，该调查旨在探寻人们对 YouTube 广告的态度。共有 10 人参与了调查。从问题的层面来看回答都十分合理（见表 15—4）：每个问题都有回复率，看起来在每个问题都只有两个受访者的回答缺失。然而，百分比的模式是有欺骗性的。

表 15—4　四个调查问题的回答汇总 407

问题 1：你在 YouTube 上发现的广告对你是否有帮助？

应答选项	百分比（%）	有效百分比（%）
非常有帮助	60	75
有些帮助	10	12.5
不太有帮助	0	0.0
完全没帮助	10	12.5
	80	
缺失	20	
总计	100	100.0

问题 2：你最后一次访问 YouTube 时，点击任何广告了吗？

应答选项	百分比（%）	有效百分比（%）
点击了	40	50
没有点击	40	50.0
	80	
缺失	20	
总计	100	100.0

问题 3：YouTube 上的广告对你的干扰程度如何？

应答选项	百分比	有效百分比（%）
非常干扰	30	37.5
有些干扰	40	50.0
完全没有干扰	10	12.5
	80	
缺失	20	
总计	100	100.0

问题 4：对于“YouTube 的广告就是针对我这样的人”这一说法你的同意程度是？

应答选项	百分比	有效百分比（%）
非常同意	20	25.0
有些同意	30	37.5
有些不同意	30	37.5
非常不同意	0	0.0
	80	
缺失	20	
总计	100	100.0

408 **表 15—5　　四个问题的每个受访者答案**

受访者#	问题 1	问题 2	问题 3	问题 4
1	1	1	3	2
2	1	2	1	3
3	4	2	2	2
4	1	1	1	1
5	1	1	1	1
6	2	2	2	2
7	1		2	
8	1		2	
9		2		3
10		1		3

表 15—5 显示了每一个受访者对四个调查问题的回答（有数字代码的表示回答了问题，空白表示没有回答）。数据显示前 6 位受访者回答了全部问题，而第 7 到第 10 位受访者仅仅回答了一半问题。只回答了部分问题或者不完整的调查是有问题的，而在最后的数据分析中，那些跳答大量问题的回答也会存在偏离和扭曲结果的潜在风险。正是由于这个原因，调查者通常会从样本中删除那些很多问题都没有回答的受访者。[7] 此外，表 15—5 显示的受访者的回答看起来也有问题，因为每个人对所有的问题都给出了完全一样的答案。如果每个答案都一样，很有可能是受访者对调查不够重视，回答也很有可能是无效的。[8] 所以这些受访者在数据分析之前也要被排除。

一旦你确定获得了“优质”的数据，下一步就是进行分析数据，将其转化成有用的、可操作的信息。接下来的部分将显示如何进行这些操作。

特定问题类型的数据分析

设想 Bebo 网站（http：//www. bebo. com）想获得对社交网站的反馈，尤其想知道人们对主页上的广告有何反应。Bebo 设置的问题如表 15—6 所示。这些问题也是这一节和下一节讨论的基础。

409 **表 15—6　　关于 Bebo 的调查问题**

社交网站调查

1. 你现在的教育程度是？
   1）没有上过学
   2）高中
   3）大学
   4）更高学历
2. 你最常使用的社交网站是哪个？
   1）Facebook
   2）Myspace
   3）MyAOL
   4）其他，请具体说明
3. 你是否访问过 Bebo？
   1）是
   2）否
4. 如果有的话，以下哪种说法能描述你对 Bebo 上发布的广告的感受？可以根据你的实际情况选择若干选项。
   1）有价值的
   2）提供信息的
   3）分散注意力的
   4）令人厌烦的
   5）有趣的
   6）唐突的
5. 如果有的话，以下哪种说法能描述你对 MyAOL 上发布的广告的感受？可以根据你的实际情况选择若干选项。
   1）有价值的
   2）提供信息的
   3）分散注意力的
   4）令人厌烦的
   5）有趣的
   6）唐突的
6. 下面列出了三个社交网站。请根据你对每个网站使用难易程度的认知将三个网站进行排序。在你认为最容易使用的网站旁填“1”，在比较容易使用的网站旁填“2”，在最不容易使用的网站旁填“3”。每个数字只能使用一次。

Bebo	
Facebook	
MyAOL	

7. 请问你对“Bebo 的主页看起来很吸引人”这一说法同意的程度是？ 410
   1）非常同意
   2）有些同意
   3）中立
   4）有些不同意
   5）非常不同意
8. 请问你对“Bebo 的主页使我想加入其中”这一说法同意的程度是？
   1）非常同意
   2）有些同意
   3）中立
   4）有些不同意
   5）非常不同意

续前表

9. 请问你对“Bebo 的主页就是针对像我这样的人”这一说法同意的程度是？
   1）非常同意
   2）有些同意
   3）中立
   4）有些不同意
   5）非常不同意

10. 以下是社交网站的功能，假设你有 100 分要分配给这些功能，功能越重要得分越高。你可以给任何一个功能最高分或最低分（甚至不给分），但要确保总分为 100。

博客	
即时通信	
发图片	
发视频	

提交

分类、列表与其他名称级问题

表 15—6 中的调查问题 1 到问题 3 都是名称级问题，问题被设计来区分受访者或者将受访者归为互不相关的类别。因为用来为名称级问题编码的数字没有实际意义，所以平均数不适用[9]，而百分比反倒是这类问题归纳数据进行报告的最普遍的方式。[10]正如前面讨论过的，受访者百分比是用回答某一选项的受访者人数除以回答该题的人数，如下表所示：

人口统计特征	受访者人数	有效百分比
现在的教育程度		
没有上过学	55	11
高中	125	25
大学	275	55
更高学历	45	9
		100
最常使用的社交网站		
Facebook	265	53
Myspace	175	35
MyAOL	50	10
其他	10	2
		100
是否访问过 Bebo		
是	145	29
否	355	71
		100
受访者总数	**500**	

正如前面表格所展示的，百分比的初步报告是以表格的形式呈现调查所得数据，这意味着，在调查问题中使用的回答分类和表格中显示的回答分类应该一一对应。这样操作之后，你可以用与最初的回答分类不直接相关的方式归纳数据。在这种情况下，最初的回答的分类是以某种逻辑形式相联，新分类则是以总体百分比的形式出现。例如，对教育程度问题的回答可以被重新计算为更易于查看的对比形式——接受过学校教育 vs. 没有上过学： 411

人口统计特征	受访者人数	有效百分比
现在的教育程度		
没有上过学	55	11
接受过学校教育	445	89
总计	**500**	**100**

或者比较没有上过学、上过高中、上过大学这些群体的数量。如下表所示：

人口统计特征	受访者人数	有效百分比
现在的教育程度		
没有上过学	55	11
上过高中	125	25
上过大学	320	64
总计	**500**	**100**

记住尽管对表格的补充性分析有近乎无限的可能，但管理者的信息需求将指示哪种补充最有价值。

列表类问题

表 15—6 中的问题 4 试图测量个体对 Bebo 社交网站上广告的反应。使用的列表让受访者为选项打钩

以反映他们的观点。列表选项总计六个，三个积极的，三个消极的。

分析列表类问题的第一步是计算受访者勾选各个选项的百分比。下面的表格提供了这一数据，数据顺序与调查问卷中每个选项出现的顺序一致。

陈述	受访者人数	有效百分比
有价值的	145	29.0
提供信息的	33	6.6
分散注意力的	227	45.4
令人厌烦的	359	71.8
有趣的	57	11.4
唐突的	26	5.2
总计	500	* *

* * 由于是多选题，合计百分比超过 100%。

412 前面的表格准确地展示了数据。然而，由于选项的顺序没有逻辑性，因此很难看出回答的整体模式。下面两个表格以不同的方式解决了这个问题。第一个表格选项的顺序完全由选择比例决定，更容易看出哪个选项相对更同意还是更不同意。第二个表格将选项按照积极的和消极的进行归类（各类再分别排序），更容易看出受访者是更同意积极的选项还是消极的选项。

陈述	受访者人数	有效百分比
令人厌烦的	359	71.8
分散注意力的	227	45.4
有价值的	145	29.0
有趣的	57	11.4
提供信息的	33	6.6
唐突的	26	5.2
总计	500	* *

* * 由于是多选题，合计百分比超过 100%。

陈述	受访者人数	有效百分比
消极的态度		
令人厌烦的	359	71.8
分散注意力的	227	45.4
唐突的	26	5.2
积极的态度		
有价值的	145	29.0
有趣的	57	11.4
提供信息的	33	6.6
总计	**500**	

注：由于是多选题，合计百分比超过 100%。

以百分比展示列表类问题对于发现回答的总体情况已经足够。然而，有时为了深入洞察受访者的想法和态度，需要进行另外的计算。这一计算需要对原始数据文件进行操作，需要检查并根据事先设定好的一套标准将每个受访者的回答情况进行分类。由于列表中既有积极的选项，也有消极的选项，任何受访者回答的模式都有可能属于以下三种之一：

- 受访者勾选的只有积极态度
- 受访者勾选的只有消极态度
- 受访者勾选的既有积极态度，也有消极态度

辨别这三种类型的个体很重要，因为这可以使 413
你确认完全积极、完全消极或情感复杂的受访者的相对比例。用这种方式对个体进行分类可以使你区分表面看起来相同的回答模式。我们将用这种方法分析下面的调查问题。

表 15—6 中的调查问题 5（与问题 4 很相近）请受访者勾选他们对出现在 MyAOL 主页上的广告的感受。乍一看，针对 Bebo（前一个问题）和 MyAOL 的回答看起来很相似，如下表所示：

陈述	Bebo 受访者所占百分比	MyAOL 受访者所占百分比
消极的态度		
令人厌烦的	71.8	73.1
分散注意力的	45.4	42.4
唐突的	5.2	6.3
积极的态度		
有价值的	29.0	30.1
有趣的	11.4	10.4
提供信息的	6.6	6.3

注：由于是多选题，合计百分比超过 100%。

如果没有进一步分析，调查者也许会得出“对两个网站主页上广告的反应完全相同”的结论。然而，当我们查看对两个网站主页广告完全积极、完全消极或情感复杂的人数百分比时，证明结论是错误的。分析如下所示。

回答模式	Bebo 受访者所占百分比	MyAOL 受访者所占百分比
所有勾选态度都是积极的	27.3	27.3
勾选态度有积极的也有消极的	61.8	5.5
所有勾选态度都是消极的	10.9	67.2

分析结果显示个体对两个网站广告的反应完全不同。对这两个网站广告的态度完全积极的样本比例是相同的。然而，对 Bebo 的其他反应以复杂情感为主，

很少有个体持完全消极的态度，而对 MyAOL 的反应则完全不同。这个数据表明与 Bebo 主页广告相比，对 MyAOL 主页广告的认知出现的问题更大些。更重要的是，这种对消费者态度的洞察被最初单个选项比例的分析所蒙蔽。

事实证明，像这样补充性的分析在帮助管理者查看并理解数据的重要意义和暗示时都非常有价值。

414 排序与其他顺序级问题

表 15—6 显示的调查问题 6 是一个排序题，这种题型是在顺序级层面上测量收集数据。与先前讨论的名称级问题相似，只有百分比（以及中位数和众数）适用于归纳排序或其他顺序级问题的回答。[11]

分析排序数据的第一步是创建每个被排序选项、每个名次数量的频率分布。在本案例中，我们要对三个社交网站被排为“1”、“2”、“3”的数量计数。如果受访者数量为 500，频率分布如下：

排序级别	Bebo	Facebook	MyAOL
1	380	100	20
2	80	240	180
3	40	160	300
总计	500	500	500

例如，表格显示 380 人将 Bebo 排第 1 位，80 人将其排第 2 位，40 人将其排第 3 位。由于有 500 人的样本进行排序，每个网站总计排序人数为 500。

分析和展示排序数据的第二步是将每一个被排序选项的频率分布转化为百分比分布。这可以由每一列中的回答人数除以每一列的总人数而得。在本案例中每个网站的情况如下：[12]

排序级别	Bebo（%）	Facebook（%）	MyAOL（%）
1	76	20	4
2	16	48	36
3	8	32	60
总计	100	100	100

这个表格中的数据可以从纵向（列）和横向（行）两方面解读。

- 对每一列从上到下的解读有助于理解每个网站不同于其他网站的回答模式。可以看出受访者对 Bebo 的态度很积极，而对 MyAOL 则是非常消极，大多数人将 Bebo 排在第 1 位（76%），而大多数人将 MyAOL 排在第 3 位（60%）。
- 横向解读可以比较网站。可以看出认为 Bebo 应排在第 1 位的人最多（76%），远远超过将 Facebook 和 MyAOL 排在第 1 位的人数。 415

两种数据解读都表明 Bebo 的主页在三个网站中最受欢迎。

制作了排序数据的归纳表格后，还可以做简化数据的计算，以有助于关键结果的交流。例如，本案例中，可以用最好排名（本案例中的“1”）所占百分比减去最差排名（本案例中的“3”）所占百分比，以获得对积极偏好的总体评价。下表显示的正是计算结果，这个新的统计量被称为“净排名”（Net Best Rankings）。例如，Bebo 的计算结果 68%是用将其排名为“1”的人所占百分比减去将其排名为“3”的人所占百分比，也就是 76%～80%。

排序级别	Bebo（%）	Facebook（%）	MyAOL（%）
1	76	20	4
2	16	48	36
3	8	32	60
“净排名”	68	−12	−56

这个总结更明显地强化了前面的结论，即 Bebo 的主页最受欢迎：给予“最好”排名的人数超过给予“最差”排名的人数的只有 Bebo。

量表与其他间隔级问题

表 15—6 中的问题 7 到问题 9 是量表题，询问受访者对一个特定陈述同意或不同意的程度。这些测量可以提供关于对 Bebo 主页的反应更为详细的信息。展示间隔级数据最普遍的方式就是通过百分比和平均数，尽管中位数和众数在被认为有用的时候也会被使用。

对间隔级数据进行分析的第一步，是计算每个问题选择各个应答选项的受访者所占百分比，并计算总的均值和标准差。下表显示的是问题 7 的这些信息。大部分受访者对 Bebo 主页持积极态度，平
416 均数接近于应答选项“有些同意”的值。[13]

Bebo 的主页看起来很吸引人	受访者人数	受访者所占百分比
非常同意（1）	239	47.8
有些同意	107	21.4
中立	74	14.8
有些不同意	37	7.4
非常不同意（5）	43	8.6
总计	500	100.0
总体平均数	2.1（sd=1.3）	

当每一个应答选项的详细数据被计算之后，可以简化数据以便更容易看出潜在趋势。一种方法是把相关的选项合并，在本案例中就是将两个积极的“同意”选项（也就是“非常同意”和“有些同意”）合并为一个，两个积极的“不同意”选项（也就是“非常不同意”和“有些不同意”）合并为另一个。下表显示的是问题 7 的这些数据。

Bebo 的主页看起来很吸引人	受访者人数	受访者所占百分比
同意	346	69.2
中立	74	14.8
不同意	80	16.0
总计	500	100.0

最后，与排序数据的方法相似，我们可以用积极的百分比减去消极的百分比，以获得对积极应答的整体测量。这一数据被添加在下表中：

Bebo 的主页看起来很吸引人	受访者人数	受访者所占百分比
同意	346	69.2
中立	74	14.8
不同意	80	16.0
总计	500	100.0
总体积极评价	266	53.2

在“总体积极评价”（overall positive ratings）一行中出现的百分比 53.2%是用 69.2%减去 16.0%得到的。这表明就此题而言，持积极态度的受访者人数多于持消极态度的受访者人数。

通过之前的各种方法可以看出某个问题的细微差别。然而，当你有多个相互关联的问题时，准备一个汇总表以展现从多个问题中获得的关键发现常常很有用。表格的具体形式和显示的数据因为沟通交流重点的不同而有所差异。如果只想聚焦于一个方面，那么在一个表格中可以展示对该方面的多个测量。例如，下面的表格就展示了问题 7 至问题 9 关于 Bebo 的多个测量。

对 Bebo 主页的反应	平均数	总体积极应答
看起来很吸引人	2.1	63.2%
使我想加入其中	2.8	53.2%
针对像我这样的人	2.4	58.7%

设想一下调查中请每个人在同一量表上评价 Fa- 417
cebook 和 MyAOL。在这种情况下，你或许想做一个聚焦于某一归纳统计量的表，如下表所示，展示三个被评价网站的这一统计量。这种类型的表非常容易看出优势和弱势。

对网站主页反应的平均数	Bebo	Facebook	MyAOL
看起来很吸引人	2.1	3.1	4.2
使我想加入其中	2.8	2.8	4.4
针对像我这样的人	2.4	2.5	3.9

总和恒定与其他比例级问题

表 15—6 中的问题 10 属于总和恒定类问题，这类问题是在比例级层面上测量收集数据。与前面讨论的间隔级问题相类似，百分比和平均数，以及中位数和众数都适于归纳这类问题的回答。

分析总和恒定类数据的第一步是制表显示每一个所列选项被给予分数的平均数的分布。下表显示的是 500 位受访者对网站每一个属性的重要性评分。准备该表时要注意一是总分为 100，而不是受访者的数

量，二是被评估的选项应该被降序排列，而不是按照问卷中选项出现的顺序排列。

功能	给予每一个网站的分数的平均数
发图片	42
博客	38
发视频	12
即时通信	8
总计	100

表格显示发图片和博客被认为是最重要的功能，得到了几乎一样高的分数，而由低分数就可以看出发视频和即时通信被认为是并不重要的功能。此时，就所给数据而言可以得出结论，发照片或者博客，可以确定地被 Bebo 选为作为主页特征的网站功能并加以提升。但是，如果不作另外的分析，这样做会有些草率。计算总和恒定数据的平均数是展示受访者态度的
418 重要一步。然而，还要作其他分析以确保不会形成错误的结论。这些分析需要对总和恒定平均数潜在的每一个分布进行检查。检查潜在分布的一种方法是将分配的分数由一个组别并入更大的组别，需要注意的是样本的百分比要分配到每一组。进行这一分析时，重点从分数的平均数（如前面图表所示）转向了对样本分配行为的审视。例如，我们可以将回答分为两种类型：

- 非常重要：为一个属性打 75 分及以上的样本所占百分比
- 非常不重要：为一个属性打 25 分及以下的样本所占百分比

这种分析的结果如下表所示，百分比反映了对应每一种回答的受访者所占的比例。[14]

	发图片	博客	发视频	即时通信
非常重要	74%	48%	17%	16%
非常不重要	15%	37%	59%	24%

表格显示尽管（从前面的表格中）可以看出发图片和博客所获得的分数平均数几乎相同，但潜在的回答情况却显示了完全不同的景象。对于发图片，74%的样本给予其 75 分或更高的分数，只有 15%的样本给予其 25 分或更低的分数。而对于发博客，情况完全不同，认为其重要和不重要的人数几乎相同。这个分析很有价值是因为由平均数得出的结论——发图片或者博客，可以被选为主页的基本特征——是错误的。发图片很明显是更强的利益点。

分群分析的重要性

前面所有的方法证明了对全部样本的检查、归纳和展示结果十分必要。事实上，检查、比较两组或更多由样本构成的小群体通常也很有用。分群分析通常会提供对数据趋势的深层洞察，提供从数据挖掘重要信息的基础。我们通过表 15—6 的问题收集一定比例的数据演示分群分析的逻辑。

正如前面讨论的，对 Bebo 主页就是“针对像我这样的人”的总体平均评价为 2.4（是积极评价并高于平均数）。但也许我们想知道这个平均数是否反映了所有样本的观点，或者不同群体的消费者是否会有所差异。例如，我们也许想比较年轻人与相对年长的人的观点。这一分析如下表所示。[15]

419

Bebo 的主页就是针对像我这样的人	18～24 岁的受访者	25～34 岁的受访者
非常同意（1）	5%	35%
有些同意	18%	21%
中立	18%	19%
有些不同意	30%	20%
非常不同意（5）	29%	5%
总计	100.0%	100.0%
平均数	3.6	2.4

分群分析提供了重要的洞察。总体样本略显积极的平均数掩盖了年轻人的消极态度和年长的人的积极态度。

你可以在任何一个层面上进行分群分析。前面的分析比较了两个年龄群体，发现年长的人比年轻人更为积极。我们进一步放大 30～39 岁的人的积极反应，看其是否会随着教育程度而变化。在这个更为细微的分析中，我们可以比较 30～39 岁并且受过

高等教育的人和 30～39 岁没有受过高等教育的人的观点。下表显示了这一比较的结果，在这个年龄层里，没有受过良好教育的人比受过良好教育的人更为积极。

Bebo 的主页就是针对像我这样的人	30～39 岁没有受过高等教育的受访者	30～39 岁受过高等教育的受访者
非常同意（1）	35%	11%
有些同意	23%	28%
中立	23%	20%
有些不同意	11%	38%
非常不同意（5）	8%	3%
总计	100.0%	100.0%
平均数	2.3	2.9

并没有规则来决定哪些分群分析有可能提供重要洞察，这取决于你对创意的感觉和需要。[16] 尽管如此，在这一过程中还是会有一些指导性原则对你有所帮助：[17]

● 从调查最终使用者的角度考虑数据。他们最想了解的是什么问题？他们对哪个方面的结果最有兴趣？他们最不可能接受的是什么结果？管理层要做出明智决策需要何种程度的细节？一旦你回答了这些问题，就可以做出合适的分群分析以提供细节。

● 寻找意外的收获。你询问的问题要有创意；不 420
要仅仅聚焦于很明显和预期的结果上。通过分群分析发现意想不到的趋势和关系，你会发现数据中有价值的含义。

● 不要先入为主。当你看到意想不到的结果，回过头来问问自己为什么会出现这样的结果。询问新问题和重新表述已有的问题，利用合适的分群分析回答这些问题。

● 对样本量保持敏感性。群体被定义得越窄，群体的人数通常越少。如果你聚焦于定义非常狭窄的群体，分析样本量少的群体一定要谨慎。如果一个或多个群体中只有几个受访者，那么你一定要谨慎接受结果。

数据分析实例

至此，你已经了解了如何利用描述性统计总结调查结果。本节的讨论将带你了解发现数据意义的过程，并向你展示分群分析对这种发现的贡献。

背景

设想广告代理公司的创意部要制作一条新的电视广告，在此之前请你做一个调查以明确电视广告的优势和不足。你策划了一个由产品目标受众构成的 20 名受访者的调查，调查使用了五种测量测试受访者对电视广告的反应。[18] 利用这些测量收集的数据包含的人口统计学信息如下：

● 受访者年龄；

● 受访者性别；

● 看完电视广告后的购买意愿；

● 对电视广告信息可信度的评价；

● 对电视广告信息独特性的评价；

● 对电视广告（两个列表项目）的反应。

在受访者看完要测试的电视广告后收集所有数据。

分析

收集的 20 名受访者的数据如下表所示：

● 年龄被编码为“1”或“2”，“1”代表年龄在 25～34 岁的人，“2”代表年龄在 35～49 岁的人。

● 性别被编码为“1”或“2”，“1”代表女性，“2”代表男性。

● 购买意愿、信息可信度和信息独特性用五级量表测量，数值越高，表示应答越积极。

● 列表反应用“x”表示该项被勾选。空白表示该项没有被勾选。

421

受访者编号	性别	年龄	购买意愿	可信度	独特性	列表“有趣的”	列表“令人困惑的”
1	1	1	1	3	3	×	×
2	1	1	2	4	2	×	×
3	1	1	2	4	1	×	
4	1	1	5	4	4	×	
5	1	1	1	5	2	×	
6	2	1	1	3	2	×	×
7	2	1	5	5	5	×	
8	2	1	5	4	4	×	
9	2	2	5	4	5	×	
10	1	2	2	4	2	×	×
11	2	2	5	4	4	×	
12	2	2	4	4	5	×	
13	1	2	2	4	1	×	×
14	2	2	4	4	5	×	
15	2	2	1	4	1	×	×
16	1	2	2	4	1	×	
17	1	2	2	5	2		
18	2	1	5	5	3		
19	2	1	4	5	5		
20	1	2	4	5	5		

正如前面所提到的，数据分析的方法之一是设想调查最终使用者寻求的问题类型，然后运用必要的计算回答这些问题。既然这是一条电视广告的测试，最基本的问题可能会由设计电视广告的人询问：电视广告的效果怎么样？

回答这个问题需要对所有样本的所有测量进行检查，利用描述性统计总结归纳结果。这将提供所有受访者对电视广告反应的概貌。要进行这样的分析，我们首先需要为每一个测量对象确定合适的描述性统计量，如下：

测量对象	**测量级**	**合适的描述性统计**
购买意愿	间隔级	均值、百分比、中位数、众数
可信度	间隔级	均值、百分比、中位数、众数
独特性	间隔级	均值、百分比、中位数、众数
列表项目	名称级	百分比

记住以上这些，下表最后两行显示了样本中适合所有 20 名受访者的描述性统计量。记住只有间隔测量级才能计算平均数，而性别和年龄是分类变量。

422

受访者编号	性别	年龄	购买意愿	可信度	独特性	列表“有趣的”	列表“令人困惑的”
1	1	1	1	3	3	×	×
2	1	1	2	4	2	×	×
3	1	1	2	4	1	×	
4	1	1	5	4	4	×	
5	1	1	1	5	2	×	
6	2	1	1	3	2	×	×
7	2	1	5	5	5	×	
8	2	1	5	4	4	×	
9	2	2	5	4	5	×	
10	1	2	2	4	2	×	×
11	2	2	5	4	4	×	
12	2	2	4	4	5	×	
13	1	2	2	4	1	×	×
14	2	2	4	4	5	×	
15	2	2	1	4	1	×	×
16	1	2	2	4	1	×	
17	1	2	2	5	2		
18	2	1	5	5	3		
19	2	1	4	5	5		
20	1	2	4	5	5		
平均数			3.1	4.2	3.1	—	—
百分比			—	—	—	80%	30%

上表显示的平均数和百分比表明了电视广告总体评价较好。购买意愿在量表的中点，信息可信度较高，而信息独特性也在量表的中点。大多数受访者认为广告是“有趣的”，不到三分之一的人认为其是“令人困惑的”。

到目前很容易会认为你的工作已经完成。通过数据，你也许会得出这条电视广告不错的结论。虽然还有可提升的空间，但是整体认同度表明了可以采用该广告。然而，如果这真的是你的结论就大错特错了，你会因此提出一个注定失败的品牌策略。

之所以会得出错误结论不是因为你的计算不正确，而是因为你过早结束了分析，没有想到创意组成员可能会询问调查结果之外的问题。例如，电视的受众由年轻和年长的男性和女性构成，因此，逻辑上推出的另一个问题是：电视广告在所有目标受众成员中的认可度相同吗？

这是一个关键的问题，即调查者期望从数据中发现意义。要想回答这个问题，我们就要进行分群分析，对每一个群体做合适的描述性统计计算。此时有必要进行两种分群，一种以年龄划分，一种以性别划分。下表按受访者的年龄分群。

423

受访者编号	性别	年龄	购买意愿	可信度	独特性	列表“有趣的”	列表“令人困惑的”
1	1	1	1	3	3	×	×
2	1	1	2	4	2	×	×
3	1	1	2	4	1	×	
4	1	1	5	4	4	×	
5	1	1	1	5	2	×	
6	2	1	1	3	2	×	×
7	2	1	5	5	5	×	
8	2	1	5	4	4	×	
18	2	1	5	5	3		
19	2	1	4	5	5		
平均数			3.1	4.2	3.1	—	—
百分比			—	—	—	80%	30%
9	2	2	5	4	5	×	
10	1	2	2	4	2	×	×
11	2	2	5	4	4	×	
12	2	2	4	4	5	×	
13	1	2	2	4	1	×	×
14	2	2	4	4	5	×	
15	2	2	1	4	1	×	×
16	1	2	2	4	1	×	
17	1	2	2	5	2		
20	1	2	4	5	5		
平均数			3.1	4.2	3.1	—	—
百分比			—	—	—	80%	30%

这个表格将原始数据分成两个年龄群体。年轻人（年龄编码为“1”）被放在一组，而年长的人（年龄编码为“2”）被放在另一组。之后针对每一组进行了合适的描述性统计，也显示在了表格中。

可以看出不同年龄群体对电视广告的评价没有差别：

● 量表的平均数完全相同。（两个年龄群体的购买意愿相等，为3.1；两个年龄群体对信息可信度的评价相同，为4.2；两个年龄群体对信息独特性的评价相同，为3.1）

● 每一组认为电视广告有趣（80%）和令人困惑（30%）的受访者比例也相同。

因此可以说，无论年龄怎样，目标受众对电视广告的评价都相同。

接下来，我们要看一下不同性别受访者对电视广告的应答是否有差别。下表按性别进行分群分析。

424

受访者编号	性别	年龄	购买意愿	可信度	独特性	列表“有趣的”	列表“令人困惑的”
1	1	1	1	3	3	×	×
2	1	1	2	4	2	×	×
3	1	1	2	4	1	×	
4	1	1	5	4	4	×	
5	1	1	1	5	2	×	
10	1	2	2	4	2	×	×
13	1	2	2	4	1	×	×
16	1	2	2	4	1	×	
17	1	2	2	5	2		
20	1	2	4	5	5		
平均数			2.3	4.2	2.3	—	—
百分比			—	—	—	80%	40%
6	2	1	1	3	2	×	×
7	2	1	5	5	5	×	
8	2	1	5	4	4	×	
9	2	2	5	4	5	×	
11	2	2	5	4	4	×	
12	2	2	4	4	5	×	
14	2	2	4	4	5	×	
15	2	2	1	4	1	×	×
18	2	1	5	5	3		
19	2	1	4	5	5		
平均数			3.9	4.2	3.9	—	—
百分比			—	—	—	80%	20%

表格将原始数据分成两个性别群体。所有女性（性别编码为“1”）被放在一组，而所有男性（性别编码为“2”）被放在另一组。之后对每一群体做合适的归纳测量。

女性的回答与男性的回答相比表现出重要的、有意义的差别：

● 男性比女性对电视广告的态度更积极。男性的购买意愿相对较高（3.9：2.3），他们对电视广告信息独特性的评价更积极（3.9：2.3）。两组都认为电视广告很可信。

● 男性和女性都认为电视广告是有趣的，女性认为电视广告是令人困惑的比例高于男性（40%：20%）。

因此可以说，如果建议采用这条电视广告将会犯错误，因为女性对电视广告有非常消极的反应。

这些数据的趋势可能会带出另一个问题：我们 425
应该做些什么改进这条电视广告？

从上表显示的数据可以看出大多数（但不是全部）女性的购买意愿比较低，而大多数男性（但不是全部）有比较高的购买意愿。由于低购买意愿群体中既包含男性，也包含女性，有一组数据能够回答最后的问题很有必要。因此，我们需要比较低购买意愿群体和高购买意愿群体。

下表将原始数据分成了两个购买意愿群体。所有低购买意愿的人（编码为“1”或“2”）被放在一组，而所有高购买意愿的人（编码为“4”或“5”）被放在另一组。[19]之后，针对每一组计算合适的描述性统计，如下表所示。

受访者编号	性别	年龄	购买意愿	可信度	独特性	列表“有趣的”	列表“令人困惑的”
1	1	1	1	3	3	×	×
2	1	1	2	4	2	×	×
3	1	1	2	4	1	×	
5	1	1	1	5	2	×	
6	2	1	1	3	2	×	×
10	1	2	2	4	2	×	×
13	1	2	2	4	1	×	×
15	2	2	1	4	1	×	×
16	1	2	2	4	1	×	
17	1	2	2	5	2		
平均数			1.6	4.0	1.7	—	—
百分比			—	—	—	90%	60%

续前表

受访者编号	性别	年龄	购买意愿	可信度	独特性	列表“有趣的”	列表“令人困惑的”
4	1	1	5	4	4	×	
7	2	1	5	5	5	×	
8	2	1	5	4	4	×	
9	2	2	5	4	5	×	
11	2	2	5	4	4	×	
12	2	2	4	4	5	×	
14	2	2	4	4	5	×	
18	2	1	5	5	3		
19	2	1	4	5	5		
20	1	2	4	5	5		
平均数			4.6	4.4	4.5	—	—
百分比			—	—	—	70%	0%

最后的分析给你解决了最后一道难题，并清楚地指明了改进电视广告的方向： 426

> 低购买意愿的人不太可能感受到电视广告的信息独特性（评价的平均数为 1.7），而高购买意愿的人完全能感受到信息的独特性（评价的平均数为 4.5）。很显然，创意组需要找到一种提升信息独特性的传播方式。

如何做到这一点？这条电视广告需要减少对人造成的困惑。低购买意愿的人多数（60%）认为电视广告是令人困惑的，而高购买意愿的人没有这样的感受。

结论

前面的分析说明了两个关键点，值得在这里明确一下。

首先，描述性统计不必为了有用而过分复杂。前面的分析使用最多的就是平均数和百分比。

其次，数据分析的价值不在于统计的数据和复杂性，而是进行分析的类型。前面的分析有意义、对创意组有价值是因为调查者预先考虑到创意组将会面临的问题类型，并进行了具体分析以回答提出的问题。这种方法形成的可控性调查有助于调查最终使用者制定明智的决策。

小结

描述性数据分析的目标是找到数据的意义。五种数学运算可以帮助调查者揭示数据的含义：百分比、平均数（或均值）、中位数、众数和标准差。具体测量运用哪种运算类型取决于测量级别：

- 百分比、中位数和众数适用于测量在各种测量级层面收集的数据。
- 平均数和标准差只适用于测量在间隔级和比例级层面收集的数据。

在分析数据和报告结果之前，确保数据是“优质的”（也就是潜在的应答模式没有问题）非常必要。对“优质数据”的分析要在两个层面上对数据进行检查后进行：整体样本和个体受访者。任何一个层面出现问题都会导致数据在后续分析中被排除。

数据分析通常开始于所有样本回答的检查。后续的分析通常是相对较大样本的分群分析。

复习题

1. 列出并简要解释分析定量数据的五种主要统计量。

2. 如何计算百分比？49 题中有 34 题回答正确，正确率是多少？

427 3. 计算平均数的不同方式是什么？

4. 如果数值的数量为奇数，如何确定中位数？如果数值的数量为偶数呢？

5. 什么情况下众数是有用的分析工具？什么情况下均值是有用的分析工具？

6. 三种可能的数据分布模式是什么？哪种分布最适合用均值来描述？

7. 在分析数据的准备阶段，针对一系列应答最先检查的应是什么？

8. 报告名称级问题最合适的方式是什么？为什么？

9. 百分比的初步报告结果如何呈现？可能使用的两种表现方式是什么？

10. 如何分析列表类问题？

11. 什么是排序类问题？如何进行分析？

12. 描述使用多个表格表现间隔级问题的优点。

13. 解释分析总和恒定数据的步骤。

14. 为什么众多分析中只有平均数对总和恒定数据非常必要？

15. 分群分析的价值是什么？

16. 为什么尽管运算正确也会得出错误结论？如何避免这种情况？

应用练习

1. 你的客户是 Veree-Tastee Doggee Treats。要做的定量调查需要：(1) 确定为 Veree-Tastee Doggee Treats 做的新广告有什么好处；(2) 识别执行（创意）方法在哪方面起到重要的作用。调查在 70 位消费者中进行，他们所有的人都至少拥有一只狗且在过去 30 天内购买过至少一袋狗粮（任何品牌）。在对地理信息进行筛选和收集之后，受访者被问及的问题呈现在表 15—7 中。

表 15—8 显示的是代表受访者评价和排序的数据。准备一份分析（包含详细的报告）说明最重要的利益点和执行方法。确保提供数据以支持你的建议和观点。在你的书面讨论中除了核心发现，还要确保提供最合适的数据表。在检查数据的过程中，当尝试确定两个数字之间的差别是否重要时，要牢记：在优势方面，平均数的差别在四个点及以上是重要且有意义的。比起前面的差异更相近的分值应当被认为是“没有差异的”。（记住，平均数不应用来计算排序数据。）

2. 两位调查者设计了一个项目来确定网站广告和电视广告单独暴露的效果和同时暴露的效果。他们选择了 Gap 毛衣作为测试品牌。调查者通过电话随机拨号招募到了消费者，并将他们随机分在了四个组中：

第一组：未暴露于测试广告下

第二组：仅暴露于网站广告下

第三组：仅暴露于电视广告下

第四组：同时暴露于网站广告和电视广告下

在该研究的总结中，受访者被问及两个问题：

a. 你是否能够回想起看过 Gap 毛衣的任何广告？

是 ________ (1)

否 ________ (2)

b. 你对在 Gap 购买一件毛衣有多感兴趣？在 1（极低）到 7（极高）量表中给你的兴趣评分。

数据如表 15—9 所示。你的数据分析必须得出下列三个问题的清晰答案：

- 如果策略的目标仅仅是增强受众对广告的记忆，你会推荐哪种媒体？为什么？
- 如果策略的目标仅仅是提高购买意愿，你会推荐哪种媒体？为什么？
- 如果策略的目标是同时增强受众对广告的记忆和购买意愿，你会推荐哪种媒体？为什么？

确保用数据支持你的建议和观点。在你的书面讨论中除了核心发现，还要确保提供相关的数据，当确定两个数字之间的差别是否重要时，要牢记：就购买意愿的平均数（均值）而言，差别在四个点及以上是有意义的，低于四个点则说明两个数值的差别意义不大。

428 **表 15—7　应用练习 1 的调查问题**

Q2.（在任何概念或广告暴露之前询问）

在过去的 60 天中，你购买过多少盒 Veree-Tastee Doggee Treats 的狗粮？

4 盒或更多盒　[ ] 1

1～3 盒　[ ] 2

0 盒　[ ] 3

Q3. 我在你面前放置了四张卡片，每张卡片都被附上了标签。每张卡片都讨论了 Veree-Tastee Doggee Treats 的一项潜在利益点。请阅读每张卡片上的描述，阅读完成后，请你用下面的表格来表明你觉得每一项在你个人购买狗粮时的重要程度。

各项优势如下所示，假设你有 100 分，请给这些利益点分配分数以表明你觉得每项利益点的相对重要程度。你赋予的分值越高，说明你觉得这个利益点越重要，你可以给每项利益点高分或低分，如果你不想也可以不给分。当你完成后请再次确认总分为 100。

避免牙齿变黄　________

牙齿腐蚀慢　________

狗狗吃起来开心　________

提供全天的营养　________

总计　100

Q4.（在向受访者展示四条广告的故事板后询问）

你刚刚看到的是 Veree-Tastee Doggee Treats 的四个创意。为了了解你的偏好，请按照偏好对下面呈现的四个创意名称进行排序，在你最喜欢的前标“1”，第二喜欢的前标“2”，再次喜欢的前标“3”，在最不喜欢的前标“4”。不必相互联系。

沙发篇　________

外出日篇　________

九个庭院篇　________

牙齿篇　________

429 **表 15—8　应用练习 1 数据**

受访者#	使用等级	Q3：利益点				Q4：喜爱度			
		避免牙齿变黄	牙齿腐蚀慢	狗狗吃起来开心	提供全天的营养	沙发篇	外出日篇	九个庭院篇	牙齿篇
1	2	35	30	30	5	3	2	1	4
2	2	34	33	27	6	3	2	1	4
3	3	75	15	0	10	2	4	3	1
4	3	15	70	0	15	1	3	4	2
5	1	5	5	85	5	2	3	1	4
6	1	25	0	75	0	1	2	3	4
7	2	30	30	30	10	2	1	3	4
8	2	29	0	70	1	3	2	1	4
9	1	24	1	74	1	1	2	3	4
10	2	39	45	15	1	3	1	2	4
11	1	0	1	98	1	1	3	2	4

续前表

受访者#	使用等级	Q3：利益点				Q4：喜爱度			
		避免牙齿变黄	牙齿腐蚀慢	狗狗吃起来开心	提供全天的营养	沙发篇	外出日篇	九个庭院篇	牙齿篇
12	3	25	50	0	25	1	3	4	2
13	3	15	50	0	35	2	4	3	1
14	2	33	20	46	1	3	2	1	4
15	3	25	65	5	5	4	3	2	1
16	1	1	2	92	5	3	2	1	4
17	2	40	25	30	5	2	3	1	4
18	1	20	1	79	0	3	1	2	4
19	2	10	35	35	20	2	1	3	4
20	2	12	40	30	18	3	2	1	4
21	2	31	31	31	7	3	2	1	4
22	2	35	30	30	5	4	2	1	3
23	3	37	25	3	35	1	3	4	2
24	3	50	0	5	45	2	3	4	1
25	1	2	2	94	2	3	2	1	4
26	2	30	30	30	10	1	3	2	4
27	1	0	5	94	1	3	2	1	4
28	2	30	40	25	5	3	2	1	4
29	3	95	0	0	5	2	1	4	3
30	3	57	32	3	8	2	4	3	1
31	2	25	25	35	15	3	2	1	4
32	1	20	5	75	0	1	2	3	4
33	3	45	0	1	54	3	2	4	1
34	1	22	2	74	2	2	3	2	4
35	2	10	30	30	30	3	2	1	4
36	1	15	35	50	0	1	2	3	4
37	2	30	30	30	10	3	4	2	1
38	1	0	4	95	1	3	1	2	4
39	3	25	50	0	25	1	4	3	2
40	3	50	35	0	15	3	1	4	2
41	2	30	40	10	20	3	4	1	2
42	1	6	1	90	3	3	2	1	4
43	2	15	40	30	15	3	2	1	4
44	3	45	15	5	35	2	4	3	1
45	3	80	0	0	20	2	3	4	1
46	1	23	2	75	0	2	1	3	4
47	2	10	35	35	20	3	2	1	4
48	2	10	35	30	25	3	2	1	4
49	1	1	0	99	0	1	3	4	2
50	2	20	38	38	4	3	1	2	4
51	3	30	25	0	45	2	3	4	1
52	3	69	25	5	1	4	3	2	1
53	3	78	20	1	1	2	3	4	1

430

续前表

受访者#	使用等级	Q3：利益点				Q4：喜爱度			
		避免牙齿变黄	牙齿腐蚀慢	狗狗吃起来开心	提供全天的营养	沙发篇	外出日篇	九个庭院篇	牙齿篇
54	3	64	35	0	1	2	3	4	1
55	3	64	35	0	1	1	4	3	2
56	3	15	70	0	15	2	3	4	1
57	3	20	54	1	25	2	4	3	1
58	3	25	50	0	25	2	3	4	1
59	3	49	49	1	1	2	3	4	1
60	3	25	49	1	25	1	4	3	2
61	3	25	65	5	5	2	3	4	1
62	3	70	25	0	5	2	4	3	1
63	3	79	20	1	0	2	3	4	1
64	3	49	25	0	1	2	3	4	1
65	3	50	35	0	15	2	4	3	1
66	3	15	70	0	15	2	4	3	1
67	3	30	54	1	25	2	4	3	1
68	3	100	0	0	0	1	2	4	3
69	3	25	50	0	25	1	2	4	3
70	3	100	0	0	0	1	2	4	3

表 15—9　　应用练习 2 的数据

	组别	记住广告	购买意愿	组别	记住广告	购买意愿
	4	1	7	2	1	4
	4	1	7	2	1	4
	4	1	7	2	1	4
	4	1	7	2	1	4
	4	1	7	3	1	4
	4	1	7	3	1	4
	4	1	7	3	1	4
	4	1	7	3	1	4
	3	1	6	2	1	3
	1	1	5	3	1	3
	2	1	5	2	1	2
	2	1	5	4	1	2
	3	1	5	4	1	2
	3	1	5	4	1	2
	3	1	5	4	1	2
	3	1	5	4	1	2
	2	1	4	4	1	2
431	4	1	1	2	2	2
	4	1	1	2	2	4
	4	1	1	3	2	4
	4	1	1	3	2	4
	1	2	7	1	2	4
	4	2	7	1	2	3
	4	2	7	1	2	3

续前表

组别	记住广告	购买意愿	组别	记住广告	购买意愿
1	2	6	1	2	3
2	2	6	1	2	3
3	2	6	1	2	3
1	2	5	1	2	3
2	2	5	1	2	3
2	2	5	1	2	33
2	2	5	2	2	3
2	2	5	3	2	3
3	2	5	3	2	3
3	2	5	1	2	2
3	2	5	1	2	2
3	2	5	1	2	2
3	2	5	1	2	2
1	2	4	2	2	2
1	2	4	2	2	2
1	2	4	2	2	1

【注释】

[1] 当用于数据分析时，平均数通常指的是“均值”，这两个术语能够互换使用。

[2] 本案例来自 AlgebraLab，“Finding the mean，median，and mode”，http：//www. algebralab. org/lessons/lesson. aspx? file=Algebra _ StatMeanMedianMode. xml。

[3] 通过如下情境中一些分布有高有低的分数来思考对于平均数的误用：你在五门考试中的成绩（每一门都是百分制）分别为98分、99分、96分、92分和12分，你的总体平均分是79.4分。但是，你不可能会认同这个成绩（大约是C+）代表了你的课业表现，毕竟五门当中有四门课都几乎是完美的。你的中间成绩96分能够更好地代表你的整体表现。同样的逻辑也适用于归纳一组数据的“好”时用中位数还是均值的情境。

[4] 学术地说，众数体现的是潜在回答的数量而不是代表答案的词语。因此，在这个案例中，如果回答选项被赋予的数值是从“1”到“4”，“1”表示“非常相信”，“4”表示“非常不相信”，那么这里的众数就是“3”，也就是代表“有些不相信”的数字。

[5] 很明显对于任何特定量表来说，潜在回答的离散程度越高，标准差就应该越大。如果没有出现离散，也就是每一个观察到的值都与均值相等，那么所有距离平均值的偏离是0，最终的标准差也是0。当所有数值都均匀分散在两个极端量表值之间时，标准差将会达到最大。

432 [6] 该案例以及本章的剩余部分中所呈现的所有数据和调查发现皆为虚构，只作举例说明之用。

[7]“很多”的最终定义取决于部分调查者的判断。例如，美国卫生保健研究与质量机构（The Agency for Healthcare Research and Quality，AHRQ）建议排除一个调查部分也没有完整回答的受访者，或者在整个调查中回答内容少于一半的受访者（http：//www. ahrq. gov/qual/hospculture/hospcult7. htm）。

[8] AHRQ（undated）. “Chapter 6. Preparing and Analyzing Data and Producing Reports” at http：//www. ahrq. gov/qual/mosurvey08/medofficetab2. htm.

[9] 解释一下为什么均值不适用于名称级数据：设想一份调查问卷对受访者性别进行询问，“1”代表“男性”，“2”代表“女性”。代表性别的数字是任意的，可以随便互换，它们没有固有含义。如果你对这个问题的回答进行均值计算，你会发现该调查的性别均值为1.4。这个数字没有意义，也不能被解读。哪个人的性别均值会是1.4呢？

[10] 对于该测量级的问题，中位数和众数也可以用于反映通过问题收集到的数据，但是它们很少被使用。

[11] 一些统计学家认为诸如排序的顺序级数据可以相加和计算均值。例如发现一个特定应答选项的平均排序为1.3，而另外一个的平均排序为2.6。但是，由于顺序级数据只反映顺序，而不是顺序之间的距离，得出排序1.3（“1”表示最好）是排序2.6的两倍的结论可能是错误的。关于这一点，伍尔夫（Woolf）指出，“原则上看，顺序级数据被认为是非参数的且可以相加……但是把比赛中的第一和第二加起来毫无意义——因为并不会得到第三”（http：//www. webster.

edu/～woolflm/statwhatis. html)。

[12] Bebo 排名第一的 76%是由将其排名第一的人数除以参与排序的总人数得出，在本案例中是 380÷500。同时要注意，由于该表格是以百分比来表示，每一行和列的和都是 100%。

[13] 均值实际上是 2.076，此处被四舍五入为 2.1。

[14] 注意每一列的百分比之和并不是 100%，这是由于不是所有受访者都选择了其中一类。

[15] 由分群分析产生的表格通常被称为“交叉列表”或者“交叉表”。Wisco Survey Power 对其描述如下：“交叉列表用来呈现两个调查问题回答之间的关系。两个问题的回答（变量）被放置在同一表格中，第一个问题的选项置于列表数据的左侧（行标签），第二个问题的选项则置于列表数据的顶部（列标签），数值（或百分比）表示的是匹配行标签和列标签的调查所得答案的数值（或百分比）。”(http：//www. custominsight. com/articles/crosstab-sample. asp)

[16] 基于表 15—6 中呈现的通过问题收集的数据，你可能想要比较 Bebo、Facebook 和 MyAOL 的用户，高中生与大学生，那些认为博客是最重要功能的人与那些认为发图片是最重要功能的人，或者那些访问过 Bebo 与没有访问过 Bebo 的人。

[17] 改编自 CustomInsight，http：//www. custominsight. com/articles/crosstab-sample. asp。

[18] 真实的调查研究会使用更多的受访者和测量。但在这里为了讨论需要，我们尽量使之简单化以便于我们能聚焦于分析而不是计算。

[19] 由于没有受访者在量表中选择“3”，这让分配变得更加直接。然而如果有这样的受访者，需要将他们从特定的分析中排除。

（本章翻译及校译：杨雪睿）

第16章

推断性统计

433 描述性统计有助于更好理解所收集的数据，以便从调查中得出合适的结论。在某些情况下，数据分析做到这一步就可以结束了，百分比分布和平均数也许可以提供决策所需的所有信息。然而，在很多情况下，仍需要额外的分析才能使决策的制定更加明智。此时，需要判断观察统计量之间的关系，发现这些统计量之间的统计差异。本章关注的正是这些进一步分析的技术。

* * *

当你阅读本章之后，你会对以下内容有深刻理解：

- 什么是统计显著性，为什么它很重要
- 如何评估一个样本中不同类型的应答
- 如何评估两个或更多群体不同类别应答的含义
- 如何判断两个或更多实验因子共同和独立的影响
- 如何判断两个或更多统计量的关联

434 设想你正在向管理高层展示调查研究的结果。你花了一个小时展示调查的描述性统计，并且揭示出目标受众对三个广告活动提议的态度和偏好。会议最后，你说："你们已经看到所有关键统计量的平均数。基于这些平均数，我推荐选择第二个活动。"这个推荐对于即将花费3 000万美元的活动意义重大。考虑到决策的重要性，广告代理公司的创意总监会问："对于你的推荐你有多大的把握？"没有推断性统计，你不可能客观地回答这个问题。缺少客观的置信水平，提出错误建议的可能性就会大大提高。

推断性统计提供了支持决策制定的范围，为从一系列数据中客观得出结论的信心水平奠定了基础。广告调查者通常使用这些统计来回答两个简单却非常重要的问题：

- 我有多大信心认为两个或更多统计量之间的差异是真实且有意义的，而不是数据随机波动的结果？
- 我有多大信心认为我看到的两个或更多统计量

之间的关系是真实且有意义的？

本章将要展示的推断性统计有助于回答这些问题。但在此之前，重要的是先要理解一下决策制定的统计基础——统计显著性。

统计显著性

尽管用于确定统计显著性的计算相当复杂，但是统计显著性的概念实际上非常简单和直接。[1]统计显著性可以帮助判断你看到的两组或更多组之间平均数（或百分比）的差别究竟是“真实的”，还是由于偶然造成的。相似地，统计显著性也会告诉你看到的两个变量之间的关系是真实的，还是出于偶然。“真实”很重要，结果越“真实”，我们就对基于结果的决策判断越有信心。

统计显著性的表达介于数字 0 和 1 之间，这并不像你在考试中得到的分数越高越好，而是数字越低越好。显著性水平（用希腊字母 α 表示）代表你看到的差异是由于偶然造成的概率。数字越低，结果出于偶然的几率越低，因此就有更多的把握认为这是真实的差异。在计算时为便于解释，α 以百分比的形式呈现。例如，当 $\alpha=0.1$ 时，偶然的几率是 10%，因此我们可以有 90%的把握认为结果是真实的。[2]

什么是“好的”α？当 α 为 0.05 或者更小时，表明结果由于偶然造成的概率只有 5%或更低，调查者通常声称结果具有统计显著性，因此观察到的差异是真实的。然而要记住的是：

> 尽管这一水平通常是能够被接受的……5%的偶然并不神奇，这仅仅是一个便于使用的惯
> 435 例，如同 10%或 1%便于使用一样。当 α 的取值接近临界点时，5%临界值的“霸道”最明显。当 α 的取值为 5%时，我们称结果具有显著性，当 α 的取值为 6%时，我们称结果不具显著性，这显然夸大了两个结果之间的差异。[3]

因此，你需要在解读显著性水平时有明智的判断。但是在多数调查中，0.05 或更低的 α 取值仍然是判断统计显著性很好的临界点。

举例来说，Indy 2010 是一款在线互动赛车游戏，你想了解在游戏中明显地标出福特野马（Ford Mustang）是否会影响游戏玩家对于汽车的态度和偏好。[4]于是你设置了两组进行对照实验，一组游戏玩家的游戏里出现了“野马”，而另一组则没有。所有参与者都是随机选择，并且被随机分配到各组。玩游戏一小时后会弹出一个窗口，询问游戏玩家是否可以回答几个关于游戏的简短问题。涉及“野马”的问题如下表所示，这是关于“知晓度”的测量，通过询问“你想起了什么汽车品牌和类型”这一问题，测量提到“野马”的样本所占比例。其他三个统计量是每一组 1 到 5 分评价量表的平均数，数值越高表明态度越积极。下表差异一列中的正数表示游戏中出现“野马”的一组高于未出现的一组的数值。

测量	游戏中未出现“野马”	游戏中出现“野马”	差异
“野马”的知晓度	73%	81%	+8%
对“野马”总体积极的态度	3.0	3.5	+0.5
下一次购买会考虑“野马”	2.9	3.6	+0.7
认为“野马”是真正的“动力汽车”	3.1	4.1	+1.0

视频游戏中出现“野马”的一组的取值都相对较高（更为积极）。调查者看到这些数字可能会得出结论：从四个方面的测量可以看出“野马”在游戏中出现取得了成功，因此，如果福特公司想大范围地改变消费者对“野马”的态度，游戏植入是一个切实可行的选择。但这个结论是正确的吗？下面的表格增加了每一个测量的 α 的取值。

测量	游戏中未出现“野马”	游戏中出现“野马”	差异	α
“野马”的知晓度	73%	81%	+8%	0.09
对“野马”总体积极的态度	3.0	3.5	+0.5	0.11
下一次购买会考虑“野马”	2.9	3.6	+0.7	0.09
认为“野马”是真正的“动力汽车”	3.1	4.1	+1.0	0.04

436 统计显著性水平表明我们只是对游戏有助于改变“野马”是“动力汽车”的认知有信心，因为只有这个测量的 α 水平低于0.05。尽管其他方面的改变也是积极的，但还没有达到统计显著性水平。因此，基于这种结果，一个更为准确的结论应该是：

> 游戏植入对于培养“野马”是“动力汽车”认知的作用较大，并且在对野马其他方面态度的改变上也显示了一定成功。如果福特公司想重点提升消费者对“动力汽车”的认知，游戏植入是非常好的选择。但如果福特公司想利用游戏提升知晓度，并提升其余两个方面的态度，则需要重点关注那些接近统计显著性的领域，从而提升“野马”现在的形象。

大多数数据分析程序会自动计算 α，事实上，本章也仅有三种情况需要通过简单的人工计算找到统计显著性水平。记住这一点，我们现在就开始探索能帮助你更好地理解特定调查情况下所得结果的推断性统计。图16—1是本章不同类型的分析的指南。

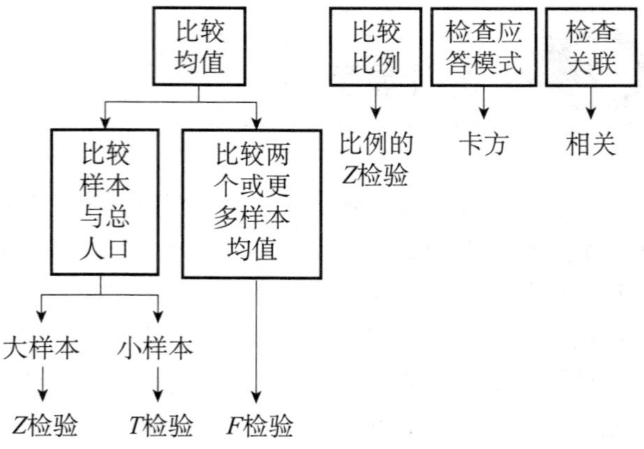

图16—1　16章讨论的统计分析

对单一样本中单个测量的判断

对单一样本的分析有两种类型。

- 第一种是对比一个样本与相应的数量更大的总
437 体之间的均值或百分比。例如，广告主基于上一次电视广告调查的数据库，想对比每一条新电视广告与上次电视广告平均数值的检测效果。这让广告主可以了解新电视广告是否达到或超过了过去努力所得到的平均效果。
- 第二种是检查单一样本的内部特征。例如，广告主想给一组消费者展示四条电视广告，请他们选择他们认为最能传递某一特定信息的一条。每一条广告都会被一定比例的样本选择为“最好”。广告主要判断这些样本中的偏好模式是否反映了一条电视广告与其他广告相比的显著性偏好。

下面两小节将会解释在每一种情况下分析数据和判断统计显著性的过程。

比较样本与总体的平均数

可以根据样本量决定选择两种检验中的哪一种用于比较样本均值与总体均值[5]。两种检验需要的教学基础都很简单，只需要少量的人工计算。[6]

大样本。一个大样本通常包括30个或更多的个体。

设想麦当劳在投放每一条电视广告前都会对推荐的广告进行测试。随着时间的推移，这样的检验进行了几百次。麦当劳可以利用以前对总体的检验来评估新拟推出的电视广告的表现，只有当关键测量——“购买意愿”在统计上高于以前电视广告的平均水平，新广告才能被投放。

麦当劳检验一条新的电视广告需要计算该电视广告在统计上的数据是否高于过去电视广告的平均水平，如下表所示（数值高代表购买意愿高）：

	被检验的电视广告	电视广告总体
购买意愿的平均数	3.9	3.1
标准差	不需要	1.6
样本量	100	不需要

被检验的电视广告和总体的电视广告间的对比通过以下三步来计算：[7]

1. 样本平均数减去总体平均数。在本案例中，样本就是被检验的广告。结果是 0.8（3.9—3.1＝0.8）。

2. 总体标准差除以样本量的平方根。结果是 0.16。（100 的平方根是 10，因此计算结果是 1.6÷10＝0.16）。

3. 用第 1 步获得的数据除以第 2 步获得的数据。结果是 5.0（计算是 0.8÷0.16）。

438 最后一步得到的值是 Z 值，你可以用以下三种方法中的任意一种进行解读，而所有这些方法都会得出相同的结论。第一，你可以使用统计表。[8] 但这些表格使用起来既繁琐又复杂，还有可能导致解读错误。第二，你可以比较计算所得的 Z 值与 α 在 95％和 99％的置信水平下所需的 Z 值（也就是说，当 α 分别等于 0.05 和 0.01 时）。如下所示：

● 超过 95％置信水平所需的 Z 值为 1.96 或更高。也就是差异是由于偶然造成的概率低于 5％。

● 超过 99％置信水平所需的 Z 值为 2.58 或更高。也就是差异是由于偶然造成的概率低于 1％。

在本案例中，Z 值为 5.0，超过 2.58，表明我们有超过 99％的信心认为被检验的电视广告和之前所有电视广告的平均数之间的差异是真实的，而不是出于偶然。麦当劳可以肯定地推断被检验的电视广告好于以前电视广告的平均水平。第三，要找到正确的显著性水平，你可以使用诸如 SISA 提供的在线计算器。[9] 利用这种计算器，我们可以发现 Z 值为 5.0，α 低于 0.001，表明实际上只有千分之一的机会证明观察的差异是由于偶然造成的。

小样本。当样本量少于 30，另一个可供选择的是 t 检验。t 检验可以被用来比较检验的均值与总体均值。t 检验在方法上与 Z 检验非常相似。不同的是，在第 2 步 Z 检验使用的是总体标准差，而 t 检验使用的是样本标准差，除此之外的步骤是相同的。如下表所示：

	被检验的电视广告	总体的电视广告
购买意愿的平均数（最高为 5）	3.2	3.6
标准差	1.5	不需要
样本量	25	不需要

被检验的电视广告和总体的电视广告的对比通过以下三步来计算：[10]

1. 样本平均数减去总体平均数，在本案例中，样本就是被检验的广告。结果是－0.4（3.2－3.6＝－0.4）。

2. 样本标准差除以样本量的平方根。结果是 0.3。（25 的平方根是 5，因此计算结果是 1.5÷5＝0.3）。

3. 用第 1 步获得的数据除以第 2 步获得的数据。结果是－1.33（计算是－0.4÷3）。

t 值的解读同 Z 值的解读一样有两个相同的选择，除此之外你还需要知道自由度（degrees of freedom），就是样本数量减去 1（本例中是 24）。第一， *439* 你可以使用统计表。[11] 同 Z 值的表格一样，这种表格使用起来既繁琐又复杂，还有可能导致解读错误。第二，你可以使用诸如 SISA 提供的在线计算器。在计算器中输入 t 值为－1.33，自由度为 24，可以得到显著性取值为 0.196。这个显著性水平高于传统临界点 0.01 或 0.05，因此表示我们没有信心认为被检验的电视广告与以前电视广告平均水平的差异是“真实的”，而不是出于偶然。麦当劳没有信心得出结论，即被检验的电视广告不同于以前电视广告的平均水平。[12]

比较样本与总体的比例

前面的 Z 检验和 t 检验是利用间隔级数据比较样本和总体的均值。可以使用相似的方法比较总体中名称级或顺序级应答的百分数，这就是比例的检验。

麦当劳试图了解推荐的电视广告对于消费者吃麦当劳意向的影响。然而，这次并不是使用购买意愿量表，而是在受访者看完被检验的电视广告后，通过询问其“下一次你去快餐店，你会去哪一家?”计算回答“麦当劳”的受访者所占比例。麦当劳可以对比看过被检验的电视广告后回答“麦当劳”的受访者所占比例与以前检验的总体中回答“麦当劳”的平均比例。他们使用的数据如下：

	被检验的电视广告	总体的电视广告
选择麦当劳的比例	75％	57％
选择“所有其他”的比例	不需要	43％
样本量	50	不需要

被检验的电视广告和总体的电视广告的对比通过

以下五步来计算：[13]

1. 将总体和样本的比例转化为小数，然后用样本百分比减去总体百分比。本案例中，样本就是被检验的电视广告。结果是 0.18（0.75－0.57＝0.18）。

2. 将两个总体比例相乘。结果是 0.25（0.57×0.43＝0.25）。

3. 用第 2 步所得数据除以样本量。结果是 0.005（0.25÷50）。

4. 求第 3 步所得数据的平方根。0.005 的平方根是 0.071。

5. 用第 1 步所得数据除以第 4 步所得数据。结果是 2.53（0.18÷0.071＝2.53）。

这样得到的数值是 Z 值，它的解读和之前讨论过的 Z 值相似。你可以通过查阅统计表找到统计显著性水平，你可以将这一数值与临界点比较，或者你可以使用在线计算器。在本案例中，在线计算器表明 2.53 的 Z 值对应的 α 值为 0.11。这表明麦当劳有 99%的信心认为差异是真实的，而不是出于偶然。[14]
由于 α 的值低于 0.05 的显著性水平，麦当劳可以得 440
出结论，在看过被检验的电视广告后表示愿意尝试的受访者所占比例高于以前检验的总体中回答麦当劳的比例的平均数。

检查单一样本的内部特征

前面的检验是从单一样本中选取均值或比例中的一个测量，并将其与相关总体的同一测量进行比较。然而，有时广告主需要检查一个测量的整体应答模式。最普遍的检查一个测量内部特征的方法是卡方检验（chi-square）。卡方检验（用 χ^2 来表示）是检查一个样本内部的频率分布，然后判断模式的显著不同是否源于偶然。

麦当劳有四条电视广告，希望从中选出一条最能传递目标信息的广告。构成样本的消费者看过所有四条广告之后，每一个受访者选择一条他认为最佳的广告。卡方检验可以让广告主检查应答模式，从统计的角度确定获得的模式是真实的，还是出于偶然。这个案例中电视广告的偏好数据如下：

电视广告	选择每一条广告的受访者人数
1	152
2	114
3	91
4	79

虽然计算卡方统计量需要更大规模的数学运算，但幸运的是，在线计算器使得这些计算成为可能。[15] 为了使潜在的数据趋势更为直观，上表的扩展形式如下：

- 将选择每一条电视广告的人数转化为百分比分布。
- 增加了选择每一条电视广告的期望人数。这个期望百分比和实际数字假设的是，如果发生概率选择，选择每一条电视广告的人数所占百分比应该相等。第 3 列和第 4 列利用实际的和期望的百分比更易于比较实际的和期望的应答模式。第 2 列和第 5 列数据用于实际卡方分析。

利用扩展表格的数据和在线卡方计算器，在表格 441
下方增加了卡方计算的结果和显著性水平。

电视广告	选择每一条电视广告的受访者	选择每一条电视广告的受访者所占比例	选择每一条电视广告的期望比例	选择每一条电视广告的期望值
1	152	35%	25%	109
2	114	26%	25%	109
3	91	21%	25%	109
4	79	18%	25%	109
$\chi^2=28.42$　$\alpha<0.001$				

显著性水平表明结果并不是随意的或者出于偶然。这个模式中非“真实的”概率低于千分之一。因此，麦当劳可以得出结论，即消费者对电视广告的反应的确不同，基于偏好数据，电视广告 1 是最佳选择。

对两个或多个独立样本中单个测量的判断

大量的广告调查需要对两个不同样本进行比较测量，例如，在实验法中比较控制组和实验组的结果，或者你想找出在同一个调查中两个群体（如男性和女性）的不同是否具有统计上的差异。在这些情况下，需要使用 *F* 检验。[16] 幸运的是，像 SPSS 这样的统计软件、在线计算器和像 Excel 这样的电子表格软件可以执行数学运算，因此我们可以将重点集中在解读，而不是运算本身。

比较两个均值

广告主通常在某些重要方面对比较两个群体的不同感兴趣。例如，就与广告相关的变量而言，如广告知晓度、广告曝光率，或者不同形式广告的曝光率，两个群体可能会存在差异。此外，广告主也想比较不同群体的具体特征。例如，他们可能会比较品牌使用者与非使用者之间、年轻消费者与年长消费者之间的品牌态度。本小节将介绍两种情况下的两个均值的比较。

两个条件，每一个条件一组人群。假设你有两条广告轮流置于网站“谷歌关键词”上（Google Adwords）。两条广告都有相同的搜索短语，但它们提供给消费者的利益点不同：第一条广告重点是客户服务，而第二条广告的重点是低价格。关键字可以监测通过点击每一条广告而进行的购买量。注意这是比例级数据，如果个体的购买金额为 0 美元表明没有产生购买。数据收集的周期为一个月，如下表所示：

442

关键测量	广告焦点：客户服务	广告焦点：低价格
平均购买金额（美元）	23.87	16.29

F 检验是适用于这种情况的统计检验。下面的表格增加了 *F* 检验的结果：

关键测量	广告焦点：客户服务	广告焦点：低价格	*F* 值	α
平均购买金额（美元）	23.87	16.29	54.9	<0.001

F 值的计算利用了样本量、平均数和标准差的差异，以得出显著性水平。统计结果呈现于最后一列。具体 *F* 值相对应的 α 可通过 SPSS 统计软件和诸如 Excel 的电子表格软件获得。在本案例中，α 水平表明两条广告之间的差异显著，并支持客户服务广告。这些差异由于偶然造成的概率低于千分之一。

一次调查，两组分群。第 15 章讨论了检查针对调查问题分群回答的数值。如果检查的数据属于间隔级或比例级测量，可以利用 *F* 检验判断不同分群的回答是否具有统计显著性。如果数据属于更低测量级别，可以使用差异检验。最普遍的检验形式卡方检验将会在本章后面讨论。

假设你做了一个调查，询问了五级量表问题：“下个月你是否有可能购买 iPhone?”数值越高表明越可能购买。总样本的平均数为 3.0，代表中立的应答。对比参与调查的 100 名男性和 100 名女性的量表，数据如下：

关键测量	男性	女性
平均购买意愿	4.1	1.9

下面的表格增加了 *F* 检验的结果：

关键测量	男性	女性	*F* 值	α
平均购买意愿	4.1	1.9	75.9	<0.001

443

正如前面所举的例子，*F* 值决定了显著性水平，在最后一列显示。α 水平表明男性和女性购买 iPhone 的意愿有显著差异，男性的购买意愿明显高于女性。这些差异由于偶然造成的概率低于千分之一。

比较三个或多个均值

前面的举例比较了两个均值，同样的过程可以用于比较三个或多个均值。这些均值可以代表在不同实验条件下的应答水平，或者同一调查中不同分群的应答。

三个或更多条件。设想经过前面小节最开始的检验，广告主决定保留客户服务广告，现在又想检验两条新广告：第一条广告重点是快速送达，第二条广告是低价广告的修正版。数据收集周期仍为一个月，如下所示：

关键测量	广告焦点：客户服务	广告焦点：快速送达	广告焦点：低价格（修正版）
平均购买金额（美元）	23.87	21.23	32.59

下面的表格增加了 F 检验。

关键测量	广告焦点：客户服务	广告焦点：快速送达	广告焦点：低价格（修正版）	F 值	α
平均购买金额（美元）	23.87	21.23	32.59	47.43	<0.001

当检验三个或更多均值时，F 检验将告诉你是否所有的均值都被看作是相同的（α 大于 0.05），或者一个或更多均值与其他的显著不同（α 小于 0.05）。因此，通过上面表格最后一列的 α 显著性水平，可以看出每一条广告产生的平均购买金额有显著不同。但是，我们并不知道哪一个是“最好的”。

统计显著性的判断是探索三个或更多均值差异的第一步。计算显著性后，第二步是比较所有的成对均值，从而判断哪一对彼此之间有显著差异。[17] 下表显示了三条广告的平均购买量：

关键测量：平均购买金额	F 值	α
比较“客户服务”与“快速送达”的均值	3.35	0.46
比较“客户服务”与“低价格（修正版）”的均值	23.22	<0.001
比较“快速送达”与“低价格（修正版）”的均值	28.76	<0.001

444 显著性水平表明，平均来说“客户服务”和“快速送达”产生的购买量相等。这两条广告产生的购买量并没有显著差异。“低价格（修正版）”与其他两条广告具有显著差异，两个对比的显著性水平低于 0.001。对各条广告的平均购买量的检查表明“低价格（修正版）”产生的购买量显著高于其他两条广告。

一次调查，三组或更多分组。前面的流程也可以用于比较同一调查中的三组或更多分组。例如，你想探究不同年龄群体对 iPhone 的购买意愿。购物意愿五级量表的相关数据如下所示，数值越高表明购买意愿越高：

关键测量	18～24 岁	25～49 岁	50 岁及以上
平均购买意愿	4.7	3.0	1.3

下面的表格增加了 F 检验的结果：

关键测量	18～24 岁	25～49 岁	50 岁及以上	F 值	α
平均购买意愿	4.7	3.0	1.3	81.23	<0.001

与前面的例子一样，F 检验将告诉你是否所有的均值被看作是相同的（α 大于 0.05）或者一个或更多均值与其他的显著不同（α 小于 0.05）。因此，通过上面表格最后一列的 α 显著性水平，可以看出平均购买意愿有显著差异。但是，我们不知道哪一组彼此之间有显著差异。这可以通过比较每一对均值完成，如下：

关键测量：购买意愿	F 值	α
比较“18～24 岁”与“25～49 岁”的均值	16.24	0.01
比较“18～24 岁”与“50 岁及以上”的均值	70.23	<0.001
比较“25～49 岁”与“50 岁及以上”的均值	18.56	0.01

显著性水平表明三组彼此都有差异。对各组平均购买意愿的检查表明 18～24 岁群体的购买意愿高于其他两组的购买意愿；25～49 岁群体的购买意愿又高于 50 岁及以上群体的购买意愿。

445 因子设计：判断两个或更多变量同时产生的影响

前面章节讨论的案例每次只解析一个变量。例如，个体看到某个或者另一个广告。然而，有时你想发现两个或更多变量同时产生的影响。同时解析两个或更多变量的好处是你能看到变量之间是否有相互效应。也就是说，你可以判断在多大程度上变量共同或独立地对因变量产生影响。一个不显著的相互效应意味着变量独立地产生影响，而一个显著的相互效应则表明一个或多个变量联合在一起产生的影响大于（或小于）每一个变量单独的影响。因子设计可以让你同时解析两个或更多变量。

因子设计通过主要的因子和每一个因子的类型来描述。尽管任何调查对于因子的数量和类型都没有数学限定，但实际操作中倾向于保持两个因子和两个类型。例如，你为一个新的活动设计了四条病毒广告。尽管所有的设计传递的都是相同的信息，但广告在两个因子上还是有不同：幽默的使用和代言人性别。“幽默”和代言人“性别”就是因子，每一个因子有两个类型：幽默的两个类型是“无幽默”和“有幽默”，而性别的两个类型是“男性”和“女性”。[18] 四条广告和它们的特征如下：

病毒广告的命名	幽默	性别
Logo	有	男
Trial	有	女
Guitars	无	男
Text	无	女

例如，命名为 Logo 的广告使用了幽默，并且代言人为男性；而命名为 Text 的广告代言人为女性，并且没有使用幽默。图 16—2 形象地表明了这个调查研究的设计，注意每一个单元格只有一个待检验广告。所有四条广告的目标都是提升对品牌的态度，使用的测量是“你对这句话的同意程度：这就是为我设计的品牌”，将其作为关键测量。使用五级量表，数值越高表明越同意。 446

	代言人性别：男性	代言人性别：女性
有幽默	Logo	Trial
无幽默	Guitars	Text

图 16—2　因子设计

这种 2×2 类型的因子设计最普遍的可能结果如下，将在后面的章节检验：

- 没有一个因子是显著的，因子之间没有相互效应，
- 一个因子显著，因子之间没有相互效应，
- 一个因子显著，并且因子之间有相互效应，
- 两个因子都显著，因子之间没有相互效应，
- 没有一个因子是显著的，但因子之间有相互效应。

没有一个因子是显著的，因子之间没有相互效应

这个案例中的一种情况是没有任何一个因子（自变量）对个人评价（因变量）有显著影响，两个因子之间也没有相互效应。

分析的第一步是计算每一个因子独立的平均数和每一对组合因子的平均数。计算的结果如下表所示：

测量：个人评价	评价的平均数
代言人性别	
男性（Logo 和 Guitars 的组合）	3.7
女性（Trial 和 Text 的组合）	3.9
幽默	
有幽默（Logo 和 Trial 的组合）	3.7
无幽默（Guitars 和 Text 的组合）	3.9
单个广告	
Logo	3.6
Trial	3.8
Guitars	3.8
Text	4.0

数据表明

- 男性代言人的两条广告总体平均数为 3.7，而女性代言人的两条广告总体平均数为 3.9；
- 有幽默的两条广告总体平均数为 3.7，而无幽默的两条广告总体平均数为 3.9；
- 命名为 Logo 的平均数为 3.6，而命名为 Text 的平均数为 4.0。

诸如 SPSS 的统计分析软件和诸如 Excel 的电子表格软件可检验四组应答模式和主效应（main 447 effect）。在这些检验的基础上，计算出每个因子（也就是性别和幽默）的 F 值和两个因子之间的相互效应。然后将 F 值转化为 α 。如下表所示：

因子评估	F	显著性水平（α）
代言人性别（单独）	2.34	0.15
幽默（单独）	2.48	0.17
代言人性别×幽默的相互效应	1.83	0.25

将前面两个表格结合在一起解读如下：

- 性别作为主效应几乎没有对广告的相关评价产

生影响。当代言人性别变化时，没有显著差异（α大于0.05）。这一点也可以从男性与女性代言人广告的平均数接近看出。

● 幽默作为主效应几乎没有对广告的相关评价产生影响。无论幽默出现与否，没有显著差异（α大于0.05）。这一点也可以从有幽默与没有幽默的广告的平均数接近看出。

● 两个主效应的相互效应不显著，相互效应的α大于0.05。

这些发现如图16—3所示，注意图中两个主效应的线彼此是平行的（表明没有相互效应），并且非常接近（表明没有任何一个主效应是显著的）。

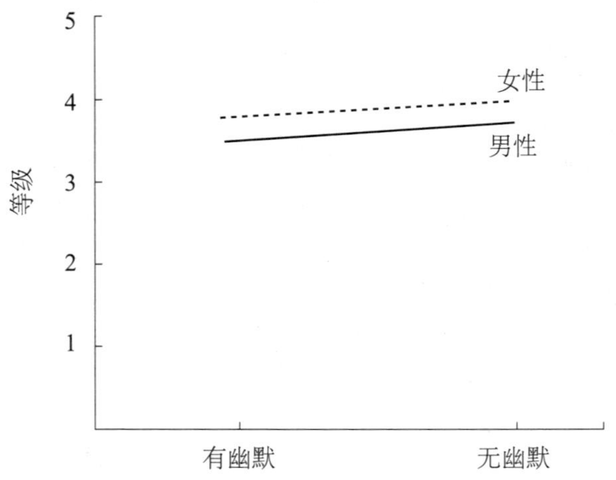

图16—3 因子结果：主效应不显著，相互效应不显著

一个因子显著，因子之间没有相互效应

这个案例中的第二种情况是只有一个因子对个人评价有显著影响，但两个因子之间没有相互效应。

448 如同前面的例子，分析的第一步是计算每一个因子独立的平均数和每一对组合因子的平均数，如下表所示：

测量：个人评价	评价的平均数
代言人性别	
男性（Logo和Guitars的组合）	3.7
女性（Trial和Text的组合）	2.5
幽默	
有幽默（Logo和Trial的组合）	3.0
无幽默（Guitars和Text的组合）	3.2
单个广告	
Logo	3.6
Trial	2.4
Guitars	3.8
Text	2.6

下表显示的是每个因子和两个因子相互效应的 F 值和显著性水平。

因子评估	F	显著性水平（α）
代言人性别（单独）	42.45	0.001
幽默（单独）	0.97	0.92
代言人性别×幽默的相互效应	1.02	0.85

将前面两个表格结合在一起解读如下：

● 代言人性别作为主效应对个人评价有显著影响。当代言人性别变化时，有显著差异（α小于0.05）。正如均值所反映的，当代言人为男性时，相关评价高于（更积极）代言人为女性时。

● 幽默作为主效应几乎没有对广告的相关评价产生影响。无论幽默出现与否，没有显著差异（α大于0.05）。这一点也可以从有幽默的两条广告与没有幽默的两条广告的平均数接近看出。

● 两个主效应的相互效应不显著，相互效应的α大于0.05。

这些发现如图16—4所示。注意图中两个主效应的线彼此是平行的（表明没有相互效应），但它们之间的距离相当大（表明有一个显著的主效应）。该图也表明对男性代言人的应答比女性代言人更为积极。也就是说，无论幽默出现与否，男性代言人广告都比女性代言人广告得到了更高的评价。

449

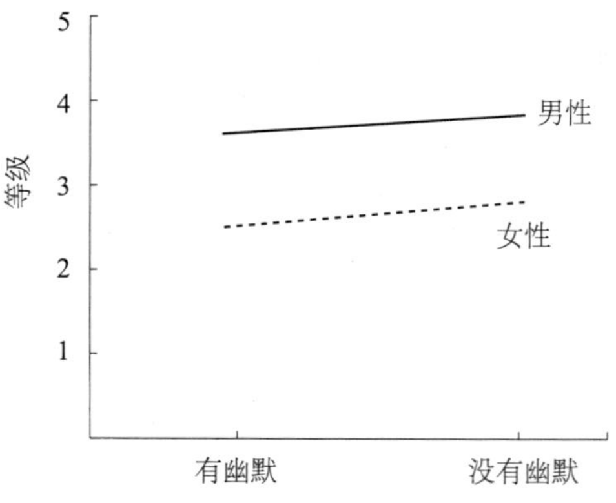

图16—4 因子结果：一个主效应显著，相互效应不显著

一个因子显著，并且因子之间有相互效应

这个案例中的第三种情况是只有一个因子对个人评价有显著影响，但两个因子之间有相互效应。

如同前面的例子，分析的第一步是计算每一个因子独立的平均数和每一对组合因子的平均数，如下表所示：

测量：个人评价	评价的平均数
代言人性别	
男性（Logo 和 Guitars 的组合）	3.3
女性（Trial 和 Text 的组合）	2.2
幽默	
有幽默（Logo 和 Trial 的组合）	2.7
无幽默（Guitars 和 Text 的组合）	2.8
单个广告	
Logo	2.8
Trial	2.6
Guitars	3.8
Text	1.8

下表显示的是每个因子和两个因子相互效应的 F 值和显著性水平。

因子评估	F	显著性水平（α）
代言人性别（单独）	32.45	0.001
幽默（单独）	2.97	0.15
代言人性别×幽默的相互效应	17.92	0.01

将前面两个表格结合在一起解读如下：

450 ● 性别作为主效应对广告相关评价有显著的、独立的影响。当代言人性别变化时，有显著差异（α 小于 0.05）。总体来说，对男性代言人广告的个人评价高于女性代言人广告。

● 幽默作为主效应对广告相关评价没有独立的影响。幽默出现与否差异不显著（α 大于 0.05），这可以从有幽默的两条广告与无幽默的两条广告的平均数相近看出。

● 两个因子之间有显著的相互效应，相互效应的 α 小于 0.05。这表明我们需要谨慎解读与主效应相关的数据。检验单个广告均值时，我们发现 Guitars 广告的数值较高，而 Text 广告的数值较低。这些均值连同相互效应的显著性，表明当出现幽默时，代言人的性别并不会影响对广告的反应；但是当没有幽默时，对男性代言人广告的反应比女性代言人广告更为积极。

这些发现如图 16—5 所示，注意图中两个主效应的线集中于一角，而不是平行。当线集中于一角或交叉时，这种模式形象地表明了相互效应。当广告有幽默时，两条线接近；而当没有幽默时，两条线远离。这表明如果有幽默，它才能对相关评价起到作用，而且造成的结果是运用男性代言的广告得到了更高的评价。

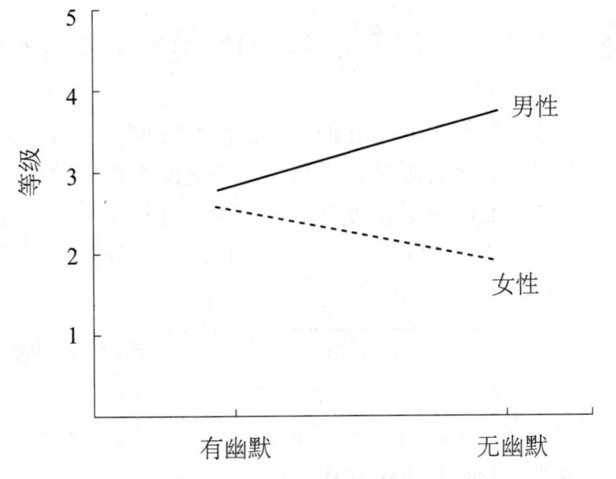

图 16—5 因子结果：一个主效应显著，相互效应显著

451 ## 两个因子都显著，因子之间没有相互效应

这个案例中的第四种情况是两个因子对个人评价有显著影响，但两个因子之间没有相互效应。

如同前面的例子，分析的第一步是计算每一个因子独立的平均数和每一对组合因子的平均数，如下表所示：

测量：个人评价	评价的平均数
代言人性别	
男性（Logo 和 Guitars 的组合）	2.3
女性（Trial 和 Text 的组合）	3.7
幽默	
有幽默（Logo 和 Trial 的组合）	3.7

续前表

测量：个人评价	评价的平均数
无幽默（Guitars 和 Text 的组合）	2.3
单个广告	
Logo	3.0
Trial	4.4
Guitars	1.6
Text	3.0

下表显示的是每个因子和两个因子相互效应的 F 值和显著性水平。

因子评估	F	显著性水平（α）
代言人性别（单独）	18.23	0.001
幽默（单独）	17.81	0.001
代言人性别×幽默的相互效应	6.02	0.43

将前面两个表格结合在一起解读如下：

● 代言人性别对广告的相关评价有独立的影响。当代言人性别变化时，有显著差异（α 小于 0.05）。正如平均数所反应的，当代言人为女性时，评价高于（更为积极）代言人为男性。

● 幽默对于广告相关评价有独立的影响。有幽默的广告与无幽默的广告差异显著（α 小于 0.05）。正如平均数所反应的，有幽默的广告评价相对较高。

● 两个因子之间的相互效应不显著，相互效应的 α 高于 0.05。

这些结果如图 16—6 所示。注意两个因子的线是彼此平行的（表明没有相互效应），同时二者之间有
一定距离。两条平行线的斜率或角度连同它们之间的 452
较大距离表明了两个主效应的显著性，但没有相互效应。

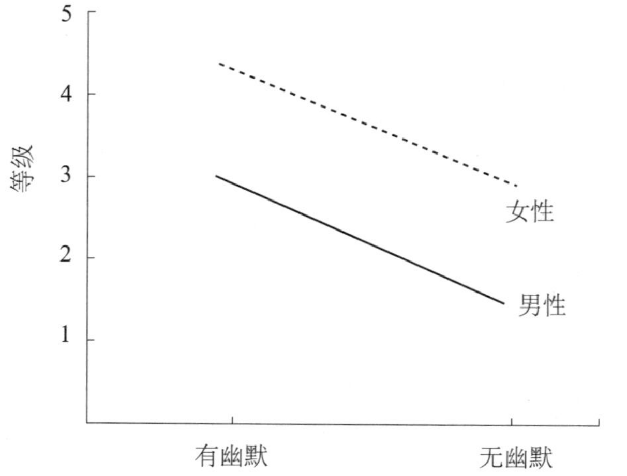

图 16—6 因子结果：两个主效应都显著，但相互效应不显著

没有一个因子是显著的，但因子之间有相互效应

这个案例中的第五种情况是没有任何一个因子对个人评价有显著影响，但两个因子之间有相互效应。

如同前面例子，分析的第一步是计算每一个因子独立的平均数和每一对组合因子的平均数，如下表所示：

测量：个人评价	评价的平均数
代言人性别	
男性（Logo 和 Guitars 的组合）	3.1
女性（Trial 和 Text 的组合）	3.1
幽默	
有幽默（Logo 和 Trial 的组合）	3.2
无幽默（Guitars 和 Text 的组合）	3.0
单个广告	
Logo	2.0
Trial	4.4
Guitars	4.2
Text	1.8

下表显示的是每个因子和两个因子相互效应的 F 值和显著性水平。

因子评估	F	显著性水平（α）
代言人性别（单独）	1.45	0.91
幽默（单独）	1.87	0.88
代言人性别×幽默的相互效应	17.92	0.001

将前面两个表格结合在一起解读如下：

● 性别作为主效应没有对广告的相关评价产生影
响。当代言人性别变化时，没有显著差异（α 大于 453
0.05）。这一点也可以从两条男性代言人广告与两条女性代言人广告的平均数接近看出。

● 幽默作为主效应没有对广告的相关评价产生影响。无论幽默出现与否，没有显著差异（α 大于 0.05）。这一点也可以从两条有幽默的广告与两条没有幽默的广告的平均值接近看出。

● 两个主效应的相互效应显著，相互效应的 α 小于 0.05。显著的相互效应需要我们在检查主效应平均数后，检查每一条广告的平均数。计算之后可以发现，如果有幽默，女性代言人广告有最为积极的影响；而如果没有幽默，男性代言人广告有最为积极的影响。

这些结果如图 16—7 所示，注意两条线彼此交叉，而不是平行。正如前面所举的相互效应的例子，这种模式形象地表示了相互效应。图形形象地显示了如果有幽默，女性代言人广告最有效果；而如果没有幽默，男性代言人广告最有效。

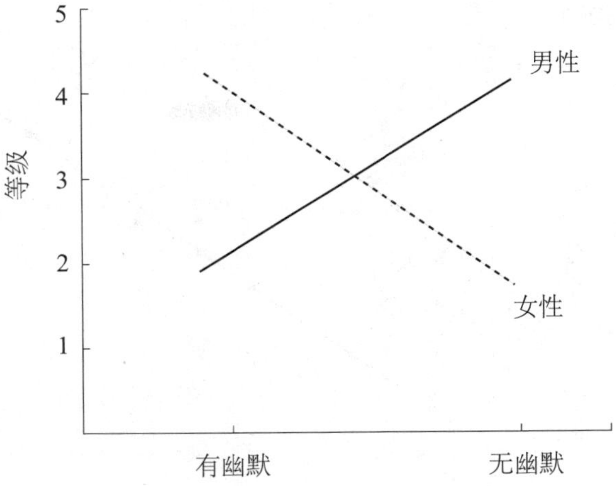

图 16—7　因子结果：两个主效应都不显著，但相互效应显著

判断两个或更多测量之间的关联

相关分析

判断两个变量之间关联情况最常用的技术是相关分析（correlation），这是判断两个变量是共变还是关联的统计测量。[19] 例如：

> 身高和体重是有关联的，高个子的人比矮个子的人会更重一些。这种关联并不是完全准确的。同样身高的人体重也会有差别，你可以很容易想起你认识的比高个子重的矮个子。虽然如
> 454 此，5 英尺 5 英寸（1 英寸≈2.54 厘米。——译者注）的人的平均体重仍低于 5 英尺 6 英寸的人，他们的平均体重也低于 5 英尺 7 英寸的人，等等。相关分析会告诉你人们的体重如何随着他们的体重而变动。[20]

相关系数（用 r 表示）由两部分构成：

● 相关系数的正负，或者为正，或者为负，表明关联的方向。

● 数值从 -1 到 $+1$，表明关联的程度。

如果 r 等于 $+1.0$，则两个变量之间是完全正向的关联。所有观测值的落点形成一条直线，一个变量的提升引起另一个变量的提升（如图 16—8 中最上面的图）。如果 r 等于 -1.0，则两个变量之间是完全负向的关联。此时，所有观测值的落点也形成一条直线，但是一个变量的提升则是引起另一个变量的下降（如图 16—8 中间的图）。当 $r=0$ 时，两个变量之间则完全不相关（如图 16—8 中最下面的图）。

因此，相关分析告诉你两个变量同时发生的变
化。例如，在看过一条电视广告后，受访者用五级量 455
表评价对广告的喜欢程度，用另一个五级量表评价广告的可信度。两种情况中的“5”都是最赞同的应答。两个变量之间的相关系数为 $+0.89$。+ 意味着两个量表移动的方向相同。也就是说，给喜好度评分高的受访者倾向于给可信度评分高，而给喜好度评分低的受访者倾向于给可信度评分低。0.89 表明两个量表之间有较强程度的关联。

通过相关系数的绝对数值可以洞察两个测量之间的关联。然而，与本章之前讨论的分析相似，也可能需要判断相关系数的统计显著性。幸运的是，当已知 r 值和样本量时，在线计算器就可以完成这些。[21] 要记住判断统计显著性时，样本量起着关键作用。也就是说，同样的 r 值由于样本量的差异会有不同的显著

性水平。如表 16—1 所示。

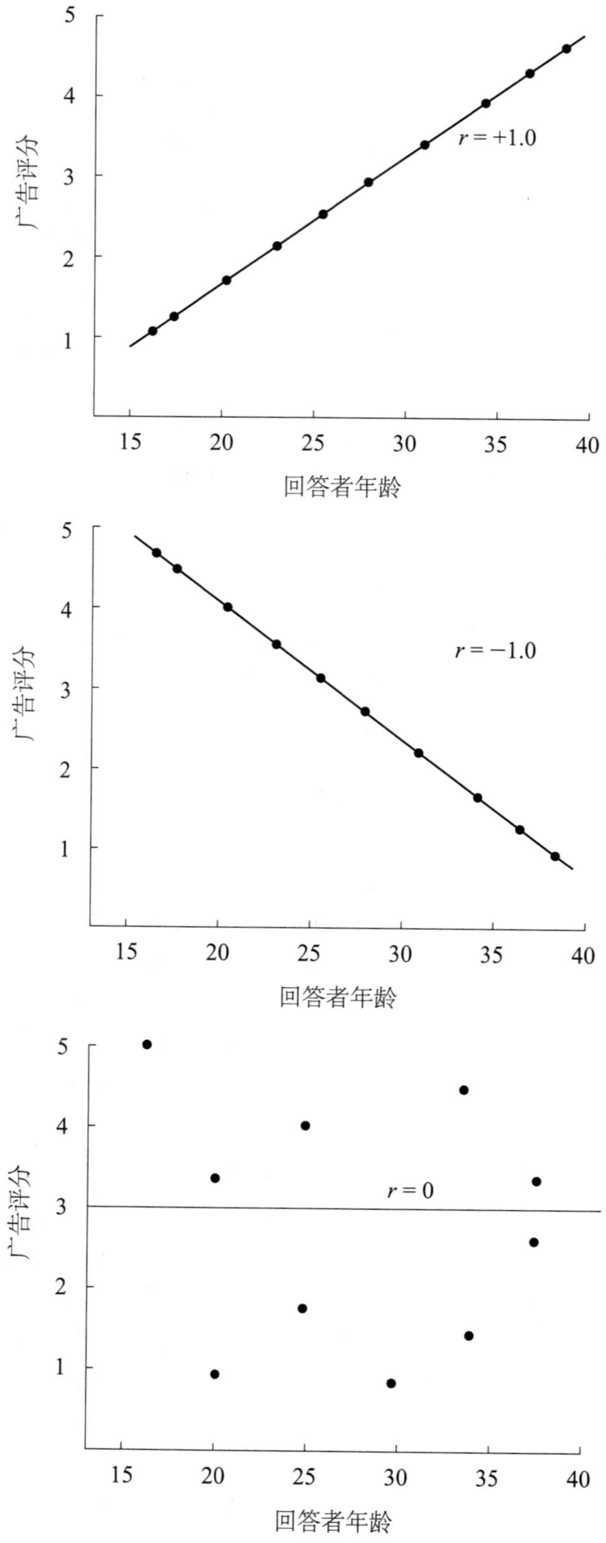

图 16—8　正相关、负相关和不相关

表 16—1　样本量对相关系数统计显著性的影响

样本量	相关系数	显著性水平
25	0.15	0.47
50	0.15	0.30
100	0.15	0.14
200	0.15	0.03
25	0.25	0.23
50	0.25	0.03
100	0.25	0.01
200	0.25	<0.001
25	0.30	0.15
50	0.30	0.03
100	0.30	0.002
200	0.30	<0.001

相关分析也可以用于计算多个成对测量。这时，需要以矩阵的形式展现一组相关系数，如表 16—2 所示。任何两个变量的相关系数都可以通过指定的第一个变量的列和指定的第二个变量的行交叉而得。例如，表 16—2 中广告可信度与广告喜好度的相关系数是 0.87，而年龄与可信度的相关系数为－0.88。相关系数矩阵中每一个“＊”由计算相关系数的统计软件提供，一个“＊”表明存在具有统计显著性的相关。

需要注意的是，相关关系并不意味着因果关系。相关分析表明两个变量之间存在关联。一个强烈的正相关仅仅表明两个变量向同一方向移动。

表 16—2　　相关系数矩阵

456

	年龄	收入	广告可信度评价	广告喜好度评价	购买意愿
年龄	1.0				
收入	0.67*	1.0			
广告可信度评价	－0.88*	0.02	1.0		
广告喜好度评价	0.09	－0.05	0.87*	1.0	
购买意愿	－0.15	0.04	0.83*	0.89*	1.0

＊ 表明相关系数的显著性水平小于或等于 0.05。

然而，相关并不表示因果关系，不能表示一个变量的移动引起另一个变量的移动，或者一个变量的变化将要导致另一个变量的变化。例如，如果从广告喜好度与购买意愿之间＋0.89 的相关系数，得出由于喜欢广告而引起人们更高购买意愿的结论就是错误的。

卡方

分群分析时运用的分析类型由数据的测量级别决定。正如前面讨论过的，当数据为间隔级或比例级时，可以使用 F 检验。当测量级别较低（名称级或顺序级）时，必须使用卡方检验。与前面讨论过的卡方相似，这种检验可以被用来发现不同群体的应答模式是显著不同还是偶然不同。

回想一下与讨论过的单一样本的卡方同样的情况：广告主创作了四条电视广告，想判断哪条广告能最好地传递信息。一组消费者样本看过所有四条电视广告之后，各自选择他认为最好的广告。广告主想了解不同分群的应答模式是否有差异，可以采用下面的方法。

既然广告主已经知道总体来看电视广告 1 最受偏爱，他就可以比较男性与女性对这条广告的偏爱情况。下表显示了相关数据：

对电视广告 1 的偏爱情况	男性	女性
偏爱	92	60
不偏爱	21	87

457 表格显示 92 位男性偏爱电视广告 1（21 位男性偏爱其他电视广告），60 位女性偏爱电视广告 1（87 位女性偏爱其他电视广告）。可以借助在线计算器计算卡方[22]，比较男性和女性的应答，看是否有任何差异。计算的结果是卡方值为 41.71，$\alpha<0.001$，表明男性与女性的应答有显著差异。电视广告 1 看起来更受男性偏爱，而不是女性。[23]

卡方分析并不限于只有两个分群的情况。例如，相似的分析也可以用于三个不同年龄群：18～24 岁、25～34 岁和 35～49 岁。和对比男性与女性一样，每一年龄群对电视广告 1 的偏好数据如下表所示。

对电视广告 1 的偏爱情况	18～24 岁	25～34 岁	35～49 岁
偏爱	63	57	61
不偏爱	32	38	27

卡方计算比较了三个年龄群的偏好。在本案例中，卡方值为 1.84，α 为 0.39，表明彼此的应答并没有显著差异（α 大于 0.05）。所有三组年龄群对电视广告 1 的偏好相似。

对统计检验的忠告

统计检验是强大的工具，可以帮助调查者判断他们有多大的信心从调查数据中获得结论。然而，这些工具的强大意味着必须小心使用。确保在运用这些技术时，统计检验指引你得出判断，而不是替代判断。不要将统计显著性与实际显著性混淆。不要将缺乏显著性与缺乏重要性混淆。

小结

推断性统计提供了客观判断的信心基础，使调查者从一系列应答中获得结论。广告调查者通常利用推断性统计来回答两个重要问题：

- 我们有多少信心认为两个或更多测量之间的差异是真实有意义的，而不是数据随机波动的结果？
- 我们有多少信心认为所看到的两个或更多测量之间的关联是真实有意义的？

具体使用哪种类型的统计检验处理问题、评估群
体差异和测量之间的关联，由样本的属性和大小以及 458
数据的测量级别决定。不同情况下合适的检验归纳如下：

比照	样本量	统计检验
均值		
样本均值与总体均值	大	Z 检验
样本均值与总体均值	小	t 检验
两个或更多样本均值	不适用	F 检验
因子设计	不适用	F 检验
比例		
样本比例与总体比例	不适用	比例的 Z 检验
两个样本比例	不适用	比例的 Z 检验
观测值		
百分比分布	不适用	卡方检验
关联		
两个或更多变量的关联	不适用	相关检验

必须小心操作和解读统计检验，并且了解它们的局限。统计检验的结果可以指引调查者的判断，但不是替代判断。

复习题

1. 定义并解释统计显著性。这个统计量的价值是什么？

2. 什么是 α 水平？为什么它很重要？如何解读？

3. 对单一样本单个测量的判断可以使用哪种类型的分析？

4. 比较样本与总体的平均数可以使用哪种类型的分析？

5. 比较样本与总体的平均数时，样本量如何影响分析的类型？

6. 比较样本与总体的比例可以使用哪种类型的分析？

7. 解释卡方分析的价值。在什么情况下这种分析合适？

8. 对两个或多个独立样本中单个测量的判断可以使用哪种类型的分析？

9. F 检验如何比较三个或更多均值？

10. 什么是因子设计？

11. 为什么在因子设计中理解相互效应很重要？

12. 定义并解释相关分析。

13. 解读和应用统计显著性时有哪些注意事项？

14. 什么是正态曲线？如何使用正态曲线计算统计显著性？

15. 概率如何与正态曲线相关联？

16. 假设检验的意思是什么？

17. 什么是原假设？它在假设检验中的角色是什么？

459

应用练习

1. 下面描述的每一种情境代表了广告主需要调查数据指引决策制定的情况。对于每一种情境：(1) 阅读提出的问题，(2) 进行能够为你回答问题带来洞察的统计检验，(3) 利用数据和你进行统计检验的结果回答问题。

● 基于可信度和购买意愿的量表，可以建议投放两条电视广告中的哪一条？在电视广告的目标受众中做调查。100 名受访者观看了电视广告 A，另 100 名受访者观看了电视广告 B。可信度和购买意愿都通过五级量表进行测量，选项“1”表示最不积极（也就是说非常不相信，绝对不会购买），“5”表示最积极（也就是说非常相信，绝对会买）。

测量	电视广告 A	电视广告 B
可信度		
均值	4.2	3.7
标准差	1.3	1.1
购买意愿		
均值	4.3	3.3
标准差	1.1	1.2

● 近些年来，AAbCo 公司邀请大量知名人士作为公司代言人。今年，AAbCo 公司正在考虑邀请新人，出于保密的考虑，称其为 X 人士。为评估新代言人的吸引力，请 45 位目标受众观看 X 人士的照片，并填答吸引力量表。吸引力用七级量表进行测量，应答选项“1”为最不积极（也就是最没有吸引力），“7”为最积极（也就是最有吸引力）。下表显示的是 X 人士的评价和过去所有代言人的评价。你会推荐 X 人士吗？

	X 人士	过去的代言人
吸引力（均值）	4.5	5.5
标准差	1.5	不需要
样本量	45	不需要

● 圣迭戈哥州立大学设计了一个传播计划，以提升其在大学周边 100 英里（1 英里≈1.6 千米。——译者注）城市高中毕业生心中的形象。计划要招募圣迭戈哥地区外的高中毕业生。大学在实施计划前访问了 100 名受访者。在计划进行一年之后，大学调查了 200 名受访者的态度，包括 100 名男性和 100 名女性。评估计划的关键测量是“是否考虑（高中毕业后就读）圣迭戈大学”，采用七级量表，“1”为从不考虑，“7”为绝对考虑。总体来看，与计划实施前的态度（前测）相比，活动是否取得了成功？活动在女性中更成功还是在男性中更成功，对每一性别群体的影响相同吗？

	男性	女性	前测
就读意愿（均值）	4.1	4.5	3.2
没有偏向	1.1	1.1	1.3

● 贝克酿造公司（Becker Brewing Company）要更新无酒精啤酒的配方。它们希望无酒精啤酒饮用者，尤其是 25～39 岁的人，将会偏爱新配方产品胜过旧贝克产品和它们的主要竞争者。进行口味测试时，分别给予目标受众旧贝克配方产品、新贝克配方产品和 O'Dools 产品（贝克的主要竞争者）。在品尝
460 所有三个品牌之后，要求每一位受访者写出他们偏爱的品牌。受访者实际人数和他们的偏爱如下表所示。总体来说，对新贝克配方产品的偏爱胜过旧贝克配方产品和 O'Dools 产品吗？贝克完成了它们的目标，即在 25～39 岁的目标受众中培养偏爱度吗？

品牌偏好	总样本	25～32 岁	33～39 岁
旧贝克配方产品	72	36	36
新贝克配方产品	97	32	75
O'Dools 产品	86	37	49

● 北海岸环境行动委员会（The North Coast Environmental Action Committee）正在设计一个传播计划以鼓励公众回收利用的行为。该计划尤其希望提升人们回收再利用铝罐的倾向，计划了两个版本的活动。一个版本利用消极恐惧的结果以刺激回收利用（如更多垃圾、更多垃圾填埋区等等），另一个版本利用积极诉求（如为我们所有人提供一个更好的世界）。每个活动演示给 100 个人。在观看了每一项活动后，询问受访者：“在看过这个广告之后，你是更可能还是不可能回收利用铝罐？”你推荐哪一个活动？

	消极恐惧	积极诉求
表示“更可能”的百分比	73	92
表示“不可能”的百分比	27	8

2. 确定一个与广告相关的问题，使用 2×2 的因子设计。准备一篇简短的论文：（1）解释问题和你希望得到的信息，（2）确认和解释每一个因子以及每一个因子的类型，（3）提供和讨论你期望的结果。

3. 解释表 16—2 显示的供创意策划参考的相关系数矩阵。

4. 以下描述的每一种情况代表了广告主和他的代理公司可能遇到的调查情境。阅读每一个假设情境：（1）将每一种情况转化为原假设和备选假设，（2）解释为什么你决定进行单侧比较或者双侧比较，（3）说明倾向的结果是接受还是拒绝原假设，（4）给接受或者拒绝原假设设定一个合适的概率水平。

● KXXC 是一家当地广播电台。三月份它们测量了新的清晨播报形式的知晓度。从三月份到八月份，它们花费了 100 000 美元投放广告去推广新形式。八月份它们又进行了一次测量。KXXC 想及时比较这两点，以判断知晓度提升的程度。

● 戴维·帕尔默（David Palmer）正在谋求市议会的席位。帮助他做宣传的朋友建议了两个口号：“戴维·帕尔默在市议会”和“帕尔默，市民的选择”。戴维的工作人员要进行调查以决定选择哪个口号。

● 圣迭戈大学《联合讲坛报》重新设计了它的商业版。报纸想判断读者对新旧设计的反应，希望重新设计的商业版比以前的形式更有吸引力。

本章附录：统计显著性的相关理论

461 调查者需要对从调查数据中得出的结论有信心。例如，当调查者比较两个平均数，并判断一个实际上高于或好于另一个时，他们想确保均值之间的不同反映了真实差异，而不是数据的随机错误。他们还希望能够肯定地认为基于数据的推断和结论而形成的营销与广告决策是正确的决定。由于几乎没有以数据为基础的决策可以拥有绝对确定性，对决策的信心通常表现为概率。例如，一位调查者可能会说："我刚刚检验了两条电视广告。通过检验这些电视广告代表性应答的数值，我十分确定任何观察到的差异都是有意义的，我基于数据得到的结论反映了对数据的正确解读。数据主要包括了应答的平均水平，我有 95%的把握认为两条电视广告均值之间的差异是真实的，而不是由于错误。"

为了理解如何判断置信水平，有必要理解正态曲线、标准差和概率之间的关联。

正态曲线

针对某一特定调查问题的频率和百分比分布可以有多种形状。有些分布是对称的，此时均值、中位数和众数是同一个数值；有些分布向左或向右倾斜，此时均值、中位数和众数是不同数值；有些分布是双峰或多峰的，此时分布像一系列山峰和峡谷。尽管分布可以有这些不同的形式，但第一种分布对调查者来说最有意义和最重要。这个被称为钟形曲线（the bell shaped curve）的分布有三个特征。钟形曲线是：

- 对称的——如果我们恰好在中心位置将曲线分割，左半部分正好是右半部分的镜像。
- 单峰的——只有一个众数，并且恰好出现在曲线的中心。
- 不倾斜的——均值、中位数和众数有相同的数值。

钟形曲线的数值是无限的，无论曲线的幅度如何，都是相对中心顶点的上升而变化。然而，统计学家感兴趣的是一系列钟形曲线中最独一无二的一个：标准正态分布（the standard normal distribution）或正态曲线（normal curve）。标准正态分布很重要，因为它为以下方面提供了基础：（1）描述某一个特定调查问题的应答分布，（2）解读标准差的强度，（3）判断观测的任一应答类别的概率。每一项都是统计检验和分析的重要组成部分。 462

标准正态曲线、标准差和正态曲线下面积

标准正态曲线的特征可以让你判断曲线下任何特定部分的面积。曲线下部分的边界根据由均值而来的标准差定义，表示为 Z 值。图 16—9 显示的正态曲线解释了面积和标准差之间的关联。

标准正态分布的大部分面积位于均值两侧的一个标准差范围之内。考虑到均值位于曲线的最高点，曲线下大多数面积靠近均值是合乎情理的。正如图 16—9 所示，正态曲线下 34%的面积位于均值右侧，与均值相差 1 个标准差，还有 34%位于均值左侧，与均值相差 1 个标准差。因此，正态曲线下大约有 68%的面积与均值相差±1 个标准差。（关于图 16—9，这意味着总体测验平均分中，68%的学生分数与平均分相差±1 个标准差。）与均值相差 2 个标准差的区域几乎涵盖了所有曲线下面积，为 95.44%，非常少的面积与均值相差三个标准差以上。

因此，曲线下面积与标准差相关。如果你通过正

态曲线任何一点的均值知道标准差，你就可以通过那一点的均值判断曲线下面积，或者在总面积中所占百
463 分比。而且，如果你根据与均值的标准差知道任何两点的位置，你就可以计算那两点之间或之外的面积的百分比。你不需要人工计算曲线下的面积，计算的结果通过查找统计表或者利用在线计算器都可以得到。[24]

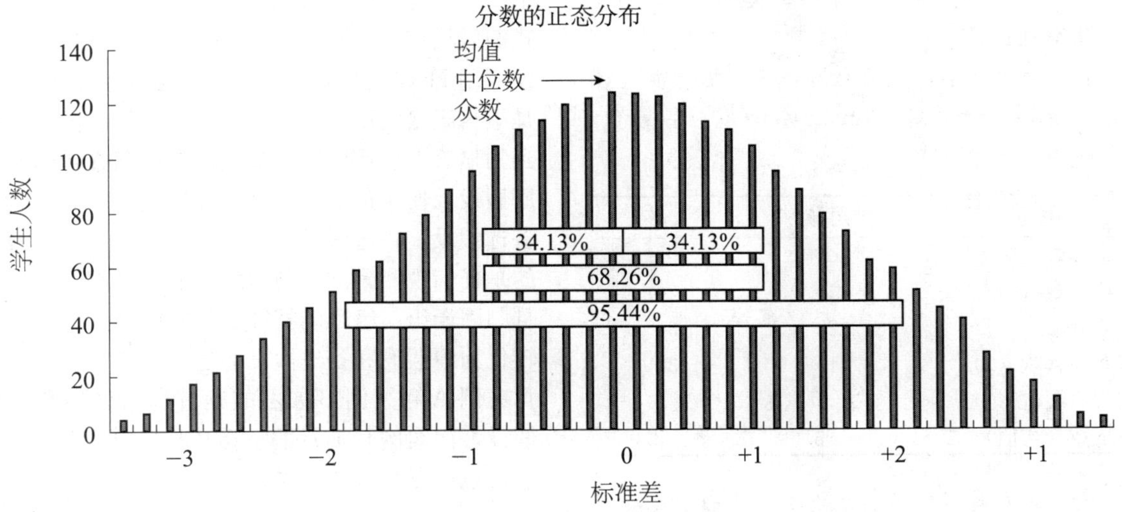

图 16—9 正态曲线下面积

正态曲线下面积与概率

概率可以被看作某一个特定事件发生的可能性。50%的概率意味着平均来说，这个事件每 100 次中有 50 次发生，或者每两次中有一次发生。1%的概率表示平均来说，这个事件每 100 次中有一次发生。正态曲线下面积在统计分析和后续的决策制定中扮演着重要角色，因为曲线下的面积可以转化成概率。这个概率反映了获得任何给定数值与均值之间距离的可能性。

正态曲线下面积与概率之间的关联可以由图 16—9 看出。例如，如果我们想估计两个数值的概率：一个数值与均值之间相差 1 个标准差，另一个数值与均值之间相差超过 1 个标准差。图 16—9 显示，与均值距离 ± 1 个标准差之内的区域的面积为 68.26%。这个百分比代表了在这个范围内获得数值的概率。在这个范围外获得数值的概率为 31.74%(100%−68.26%)。

下一节将讨论如何利用概率判断两个均值之间观测到的差异的重要性和显著性。

假设检验

以诸如百分比和均值这样的统计量演示的广告调查属于描述性的。调查者进行适当的计算，然后根据描述性统计量演示样本的特征。需要利用判断评估应答率高还是低。另一个更为强大的调查分析使用的是推断性统计。推断性统计让你以数值来评估应答率和不同群体应答率差异的重要性。这样做时，推断性统计让你判断基于数据可以得出结论、进行后续决策的置信水平。来看以下情景：

Pace 制造公司开发了一款新的供儿童玩的玩具人偶。公司对其中一款叫做“Shamantweto”的玩具人尤其感兴趣，因为这款玩具人偶看起来对男孩和女孩都有吸引力。Shamantweto 的品牌经理罗伯塔 · 哈里斯（Roberta Harris）希望她的广告代理公司帮助她在进行广告活动前评估玩具的吸引力。

凯莉 · 吉福德是 Pace 的广告代理公司的助

理研究员。凯莉设计了整个调查并设计问卷来广泛收集信息和样本的反应，参与研究的样本是目标受众中的100名男孩和100名女孩。凯莉询问的其中一个关键问题是：

“以下哪一项能表示你对这个玩具的喜欢程度？在最能表示你喜欢或者不喜欢Shamantweto的选项旁打钩。”

464 收集数据之后，凯莉利用合适的描述性统计洞察了男孩和女孩对Shamantweto的应答分布。她归纳的分析如下表：

测量	男孩	女孩
非常喜欢（5）	20%	10%
有些喜欢（4）	40	20
中立（3）	25	35
有些不喜欢（2）	10	30
非常不喜欢（1）	5	5
平均数（均值）	3.6	3.0

然后凯莉给罗伯塔的结论是：从均值或平均数可以看出，产品对男孩的吸引力比对女孩的吸引力大。男孩的应答均值为3.6，略微积极，而女孩的应答平均数是3.0，是中立。两组的应答分布非常相似。每一组分布在两端的数值较少，而大多数数值接近中心。由于分布相似，并且对男孩的吸引力均值高于女孩，我可以说我们最初的评估是错误的。Shamantweto应该只针对男孩进行营销。

罗伯塔看着凯莉说：你对这个结论有多大信心？

凯莉回答：“我认为这个结论是正确的，毕竟，男孩中有一半以上的评价均值高于女孩的评价均值。应答分布中也没有突兀的偏离导致均值的效度问题。”

凯莉利用描述性统计和判断认定玩具对男孩的吸引力高于女孩。然而，考虑到许多基于调查的决策的重要性和影响，例如凯莉样本中目标受众的选择，凯莉在用描述性分析得出结论后还应该利用推断性统计进行判断。

推断性统计的言外之意是假设。假设（hypothesis）是对世界本质未经证明的信念。例如，干洗店洗涤剂的广告经理可能假设，如果新的广告活动改变了消费者对产品清洁能力的态度，那么品牌的市场占有率会有所提升。媒体策划者可能假设，一个媒体策划案将会在年长品牌使用者中产生比在年轻品牌使用者中更高的知晓度。创意者可能假设现有使用者比竞争产品使用者更为喜欢和相信一个新的活动。凯莉和罗伯塔的最初假设是Shamantweto对男孩和女孩的吸引力相同。

调查者要将口头的假设转化为正式的数学表述。事实上，每一个口头假设都可以表示为两个或更多正式的假设：一个原假设与一个或两个备选假设。原假设（用H_0代表）是维持现状的表述。原假设表示的是组与组之间没有真实的、有意义的差异，任何观察到的显著差异都归因于随机误差。调查者通常会确立原假设以便于他们可以（希望）反驳它们，从而赞同备选假设。备选假设（用H_1、H_2、H_3等代表）表示的是任何观测到的组与组之间的差异都是真实的，并且归因于组与组之间特征的某些差异。将口头的假设转化为原假设和备选假设的过程如表16—3所示。注意案例A和案例B展示的是首选结果经常是拒绝原假设，而案例C演示的是在某些特定情况下，接受原假设也可以是首选结果。

表16—3　　假设检验 465

案例A：单尾检验，备选假设是首选结果。Quincy广告代理公司做了一个特别针对55岁以上的男性和女性的策划案。因此希望55岁以上群体（A_{55+}）中的广告知晓度超过55岁以下群体（A_{55-}）中的知晓度。

H_0：$A_{55+}=A_{55-}$

H_1：$A_{55+}>A_{55-}$

案例B：双尾检验，差异的方向没有指定，备选假设的其中之一为首选结果。商家研发了一款新的儿童谷物食品，期望这款谷物对某个性别的吸引力（A）高于另一个性别，尽管还不知道这款谷物对哪个性别的吸引力更大。这种吸引力的差异将会影响媒体和创意，对谷物最吸引的性别进行有针对性的安排。

男孩 H_0：$A_{男孩}=A_{女孩}$

男孩 H_1：$A_{男孩}>A_{女孩}$

男孩 H_2：$A_{男孩}<A_{女孩}$

案例C：双尾检验，差异的方向没有指定，接受原假设是首选结果。Dandy洗涤剂的广告活动已经开始。活动旨在提升经常使用这一品牌的消费者和不经常使用这一品牌的消费者对品牌的积极态度（PA）。

常用消费者 H_0：$PA_{不常用消费者}=A_{不常用消费者}$

常用消费者 H_1：$PA_{不常用消费者}>A_{不常用消费者}$

常用消费者 H_2：$PA_{不常用消费者}<A_{不常用消费者}$

表16—3还展示了“尾”的概念。“尾”就如同备选假设展示的，指的是期望的差异的方向性。单尾检验指明了两组之间差异的方向，因此只有一个备选假设。案例A就是单尾检验。双尾检验仅仅指明组

与组之间有差异，但没有指明差异的方向。因此，双尾检验需要两个备选假设。案例 B 就是双尾检验。

一旦你就调查结果将信念表示为原假设和备选假设，你就必须决定你的决策情境有多严格，在这一情境下拒绝原假设，接受备选假设。这是你能够得出结论的信心，还需要你设定一个显著性水平。

466 在大多数正式情况下，显著性水平（用 α 来代表）代表拒绝原假设为错误，而实际上它为正确的概率，换句话说，得出结论存在有意义的差异而实际上它们并不存在。你可能采用任何看起来对于基于调查的决策的目的和潜在结果合适的显著性水平。通常来说，决策的结果影响越大，你越可能设定更高的显著性水平，以减少当它为真实时拒绝原假设的机会。显著性水平通常是 0.05 和 0.01，这意味着它实际为真拒绝原假设的概率分别为 5%和 1%。

显著性水平（以及由此而来的置信水平）由正态曲线下面积推出的概率估计。0.05 显著性水平下的单尾检验，当观察的概率等于或低于 5%时原假设被拒绝。这是距离均值大概 1.6 个标准差的点。0.05 显著性水平下的双尾检验，0.05 被分为两部分，当观察的概率等于或低于 2.5%时原假设被拒绝。这是距离均值大概 ±2 个标准差的点。

【注释】

[1] 该讨论关注的是对统计显著性的解读。本章附录对该这一统计量的理论基础进行了讨论。

[2] 90%是通过将 α 的水平（本案例中是 10%）从 100%中减去后得到。

[3] American College of Physicians，"Primer on Statistical Significance and P Values" at http：//www. acponline. org/clinical_information/journals_publications/ecp/julaug01/primer. htm.

[4] 此处情境与数据皆为虚构，只作说明之用。

[5] 回忆第 15 章提到的均值或者平均数只能用于间隔级和比例级数据的计算。

[6] 本章所有举例皆为虚构，品牌名称只作说明之用。

[7] 如果你正犹豫是否要人工计算，这些利用 Excel 或类似的电子表格程序可以很容易完成。用于此类计算的实际公式是：

$$Z=\frac{\overline{X}-\mu}{\frac{\sigma}{\sqrt{N}}}$$

在这里，

Z 代表 Z 值，用以确定显著性水平。

X 代表样本的均值（在本案例中指被测试的电视广告）。

μ 代表总体均值（在本案例中为电视广告总体数据库中包含的所有过去的电视广告的均值）。

σ 代表总体标准差。

N 代表观察的样本数量。

[8] 这类表格的例子参见 http：//www. epatric. com/documentation/statistics/z-score_table. html。

[9] 计算器网址为 http：//www. quantitativeskills. com/sisa/calculations/signif. htm。

[10] 该计算中实际使用的公式为：

$$t=\frac{\overline{X}-\mu}{\frac{s}{\sqrt{N}}}$$

该公式中符号的含义与 Z 检验中是相同的，除了 s 代表样本标准差以及该计算的结果为 T 检验的数据。

467 [11] 这类表格的举例参见 http：//www. math. unb. ca/～knight/utility/t-table. htm。

[12] 注意 Z 值和 t 值的指向（符号）会告诉你这种区别的指向。当符号是正号时（如 Z 检验举例），可以得出结论测试样本的值高于（好于）总体。当符号是负号时（如 t 检验的例子），可以得出结论测试样本的值低于（差于）总体。

[13] 用于此类计算的实际公式是：

$$Z=\frac{p-P_u}{\sqrt{\frac{P_uQ_u}{N}}}$$

Z 代表 Z 值，用以确定显著性水平。

P 代表选择目标答案选项的样本比例。

P 代表选择目标答案选项的总体比例。

Q 代表选择其他答案选项的总体比例。

N 代表观察的样本数量。

[14] Z 值为 2.53 比在 0.01 的显著性水平上所需的 2.58 低一点。

[15] 用于单一群体分析的卡方计算器见 http：//www.graphpad.com/quickcalcs/chisquared1.cfm。

[16] 一些调查者建议在只比较两个均值时使用 t 检验。然而，在调查案例中，对于样本量大于 30 的情况，结果通常是相同的。

[17] 该方法在比较的数量相对较少时有效。然而，当比较的数量上升时，一些比较在统计意义上有差异就是出于偶然是可能的。在这些情况下，F 检验比其他检验更适合用来进行多个比较。参见 Hyperstat 上的讨论，http：//davidmlane.com/hyperstat/B99961.html。

[18] 因子设计经常用数字进行描述。病毒广告的举例被描述成 2×2 的设计，表示第一个因子有两个层面，第二个因子也有两个层面。此外，由于因子设计对因子和层面的数量没有限制，该案例可以改成增加第三个有三个层面的因子，例如三种音乐类型。后一种方法将会被描述成 2×2×3 的设计。也要注意因子同样被认为是“主效应”。

[19] 人工进行相关系数计算的计算式冗长而乏味。数据程序如 SPSS 或者电子表格程序如 Excel 能够快速计算出一对或多对变量之间的相关性。

[20] Creative Research Systems（2009）．“Correlation” at http：//www.surveysystem.com/correlation.htm.

[21] 判断相关系数统计显著性的计算器参看 http：//faculty.vassar.edu/lowry/tabs.html#r。

[22] 一个这样的计算见 http：//people.ku.edu/～preacher/chisq/chisq.htm。

[23] 注意多群组卡方检验背后的假设与单一群组不同。在单一群组的分析中，卡方检验将实际的分布与可能发生的分布进行比较，也就是说，每一组受访者数量相同。在多群组卡方检验分析中，卡方不假设每一群组的分布是相同的，而是将实际的分布与给定行列均值的群组所期待的数值进行比较。

[24] 在线计算器见 http：//davidmlane.com/hyperstat/z_table.html。

（本章翻译及校译：杨雪睿）

第五部分

应用

第17章

市场细分

468 很少有广告主将其产品的营销活动或广告的目标受众定义为“所有人”或者“所有消费者”。广告主们早已意识到，他们很难做到通过生产“通用”的产品或者策划“通用”的广告活动来满足“一般消费者”的需求。很大一部分原因在于，现今的消费市场中根本不存在“一般消费者”。现今的消费市场是碎片化的，由很多小规模的、差异化的消费者群体构成，而这些群体都有着独特的个性、态度、产品需求和媒介接触习惯。广告主以及营销者想要成功地向这些群体传达产品（服务）信息，首先必须识别出目标群体并深入了解其独特之处。广告目标受众的选择、产品定位、创意策略以及广告的基本信息都将受到目标群体特征的影响。

对于那些构成某一产品或服务消费市场的消费群体，广告主和营销者可以利用消费者细分进行识别和洞察。本章将介绍的是消费者细分。

* * *

当你阅读本章之后，你会对以下内容有深刻理解：

- 广告主和营销者进行市场细分的原因；
- 细分调查如何对广告计划的制订产生影响；
- 评估和选择传播的目标市场细分；
- 识别可用于消费者细分的标准；
- 策划并执行最初的市场细分调查；
- 识别和理解辛迪加集团通常使用的市场细分调查方式。

469 大量的广告调查汇聚了调查研究收集的数据，其中的研究结果总结和描述了参与调查的总体样本的相关信息。但消费者细分调查却恰恰相反，它力图将总人口分成小规模的群体，而这些属于同一群体内的个体有着某些极为相似的重要特征，并且他们所拥有的特征还有别于其他群体。

皮尤互联网与美国生活项目[1]进行的一项研究阐释了根据消费者特征进行细分的一般方法。首先，皮尤明确了调查问题“年龄是否会影响网络使用行为”。接下来，询问一系列关于网络使用的问题，并同时确保调查样本处于不同的年龄段，这是由于年龄是该调查的焦点问题，所以样本分布十分重要。获得数据后根据年龄将他们划分为不同的群体，在本案例中，样本被划分为了六组（见表 17—1）。最后，检查不同年龄群体使用网络的差异和相似之处。主要发现如表 17—2 中所列[2]。这种方法阐明了一个严密的市场细分研究所包含的三个重要方面：

- 一项成功的市场细分调查源于一个完整明晰的调查问题。在收集数据之前，调查者需要明确地识别将要用于细分和描述样本的标准。
- 相对于市场细分的焦点，每个群体都是独特的。本案例中，“年龄”在相同群体中具有同质性（即相对于用于细分样本的标准彼此非常相似），而不同群体之间具有异质性（即每个细分群体相比其他群体有明显差别，并拥有自己的属性和身份）。
- 细分和结论之间有联结。在本案例中，不同年龄群体的个体的行为模式表现出明显差别。

另一个更为直观的案例如图 17—1 所示[3]。

表 17—1　皮尤的代际市场细分：年龄细分

代际名称	出生年份	年龄（2009 年）	人数百分比	使用网络的人数百分比
Y 一代（千禧一代）	1977—1990	18～32 岁	26	30
X 一代	1965—1976	33～44 岁	20	23
年轻的婴儿潮一代	1955—1964	45～44 岁	20	22
年老的婴儿潮一代	1946—1954	55～63 岁	13	13
沉默的一代	1937—1945	64～72 岁	9	7
二战前的一代	1936 及以前	73 岁及以上	9	4

470 **表 17—2　皮尤的代际市场细分：网络使用模式**

网络使用行为的代际差异	使用网络的青少年^（12～17 岁）	Y 一代（18～34 岁）	X 一代（33～44 岁）	年轻的婴儿潮一代（45～54 岁）	年老的婴儿潮一代（55～63 岁）	沉默的一代（64～72 岁）	二战前的一代（73 岁及以上）	所有使用网络的样本^^
使用网络	93%	87%	82%	79%	70%	56%	31%	74%
与其他更年长的使用者相比，青少年和 Y 一代更愿意进行以下网络活动：								
玩网络游戏	78	50	38	26	28	25	18	35
看网络视频	57	72	57	49	30	24	14	52
获取工作信息	30~	64	55	43	36	11	10	47
发即时消息	68	59	38	28	23	25	18	38
使用社交网站	65	67	36	20	9	11	4	35
下载音乐	59	58	46	22	21	16	5	37
发布 SNS 内容	55	60	29	16	9	5	4	29
阅读博客	49	43	34	27	25	23	15	32
写博客	28	20	10	6	7	6	6	11
访问虚拟世界	10	2	3	1	1	1	0	2
主要是 X 一代或者更年长的群体参加的网络活动：								
获取健康信息	28	68	82	74	81	70	67	75
在线购物	38	71	80	68	72	56	47	71
网上银行	*	57	65	53	49	45	24	55
访问政府网站	*	55	64	62	63	60	31	59
获取宗教信息	26~	31	38	42	30	30	26	35

续前表

网络使用行为的代际差异	使用网络的青少年^（12～17 岁）	Y 一代（18～34 岁）	X 一代（33～44 岁）	年轻的婴儿潮一代（45～54 岁）	年老的婴儿潮一代（55～63 岁）	沉默的一代（64～72 岁）	二战前的一代（73 岁及以上）	所有使用网络的样本^^
对于部分网络活动，最年轻和最年长的群体有差异，但总体差异较小：								
使用电子邮件	73	94	93	90	90	91	79	91
使用搜索引擎	*	90	93	90	89	85	70	89
搜索产品信息	*	84	84	82	79	73	60	81
看新闻	63	74	76	70	69	56	37	70
旅行相关预订	*	65	70	69	66	69	65	68
找工作	*	51	59	57	48	33	9	51
评估人或产品	*	37	35	29	30	25	16	32
下载视频	31~	38	31	21	16	13	13	27
参与在线拍卖	*	26	31	27	26	16	6	26
下载播客	19	25	21	19	12	10	10	19

^ 使用网络的青少年数据来源：皮尤互联网与美国生活项目在 2006 年 10—11 月和 2007 年 11 月—2008 年 2 月的调查。两次调查的误差分别为 2006 年 10—11 月±4%，2007 年 11 月—2008 年 2 月±3%。

^^ 所有使用网络的样本的数据来源：皮尤互联网与美国生活项目在 2006 年 8 月、2007 年 2—3 月、2007 年 8—9 月、2007 年 10—11 月、2008 年 5 月、2008 年 11 月和 2008 年 12 月进行的调查。在这些调查中所得出的使用网络的总体样本误差在±3%之间。各代际群体数据的平均误差高于±3%，尤其是成年和已退休的群体，见研究方法中每一群体的平均误差。

~ 关于青少年此项网络使用行为的最新数据来源于皮尤互联网与美国生活项目在 2004 年 10—11 月进行的一项青少年和家长调查。误差在±4%之间。

* 无青少年关于此项网络活动的数据。

Pew Internet

471

图 17—1　奥巴马市场细分（Social Media8 许可转载）

广告主如何应用市场细分

市场细分的基本假设直接明了：

- 市场细分的基础使得每一个细分群体具有同质性，因此广告主期望同一群体内的个体能够以相似的方式回应传播策略和信息。
- 由于细分的形成强调了细分群体之间的差异，因此广告主不期望同一种传播策略和信息能够作用于多个细分群体。

这些假设给广告主提供了应用市场细分的几个理由。

首先，也可能是最重要的，市场细分能够使广告主提升信息的相关性（因此带来潜在的影响）。市场细分提供了广告传播策划和表现所需的信息，这些信息可以准确地迎合大范围目标受众中那些独特细分群体所有的特征、需求、态度和生活方式。因此，如果广告主想让所有细分群体中的个体行为最终达成一致，则需要根据不同细分群体的差异来制定不同的激励信息。图 17—2 显示的两条 ExecTrade 广告即为信息定制化的案例。这两条广告力图达成同一个目标：在 ExecTrade 开户。然而，这两条广告的差异在于它们面向的是两个有不同利益关注点的细分群体。右侧广告针对的人群想获取最大资金回报，左侧广告针对的人群则更注重个性化服务。

472

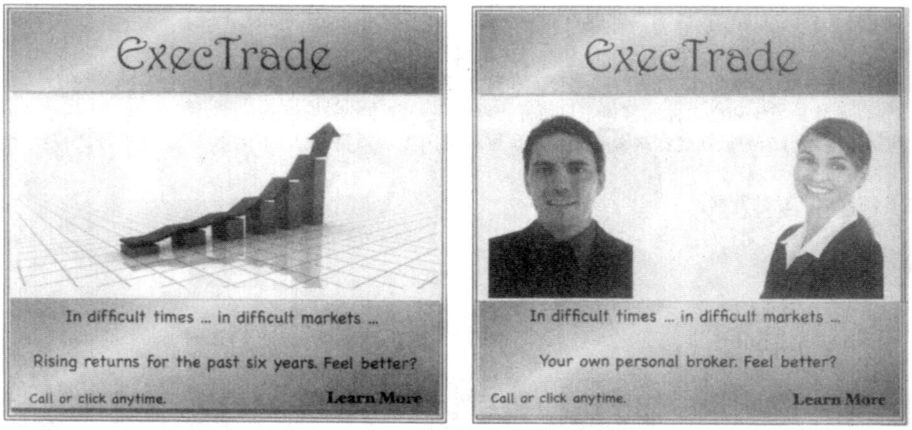

图 17—2 ExecTrade 的细分广告

在所有媒介中，利用市场细分提升信息相关性是信息传播的真谛，通过电子邮件与客户沟通尤其体现了这一点。营销者通常将他们的既有消费者以及潜在消费者的数据库进行细分，以确保每一细分群体中的个体可以收到最相关和最适合的信息。这种定制化能够以相对较低的投入和成本进行。SubscriberMail 指出："动态内容可以使传送的目标内容更易于接受。动态内容也可以在只创建一封电子邮件内容的情况下，根据收件人的人口统计学或其他数据，发送出多个版本的电子邮件。"[4] 因此，这些发给不同群体的个体的信息，可以被定制以反映细分群体过去的购买历史、过去的电子邮件记录、网站访问情况、个人爱好以及其他相关数据。

其次，市场细分可以使广告主回应市场的现有结构和现实。通常来说，利用已经存在的市场细分群体要比创造出新的细分群体更加容易。因此，市场细分能够帮助广告主了解构成市场的消费者细分群体，了解其品牌在这些细分群体内部和不同群体之间是如何定位的，从而改善广告主的传播策略。这种理解使可能的定位、目标受众和信息选择的范围更加明确。

再次，市场细分有助于完善和提高传播策略的效率。不同的细分群体有着不同的媒介习惯，并且对不同类型传播活动的接受度也有差异。媒介策划者通过对特定细分群体媒介偏好的识别，能够使媒介选择更符合目标受众的媒介习惯。

最后，市场细分可以帮助广告主在次级通常是更小的细分群体中发现新的机会。例如，Jello 果冻利用市场细分发现并关注了关心儿童零食脂肪和胆固醇的母亲群体。这一群体不是传统的 Jello 果冻食用者， 473
但在 Jello 果冻的特定平面广告活动中被定为目标受

众，被传递Jello产品不含脂肪、不含胆固醇的特征。

总的说来，营销者和广告主进行和利用消费者细分调查是因为这可以使他们更高效，并能够同时提升成功的机会。

选择细分群体的标准

广告主一旦承认市场细分有助于改进广告策略和传播效果，就有必要选择其中一个细分群体作为传播活动的对象。广告主常用一些标准来评估不同细分群体的相关吸引力和价值。[5]两组标准可以用于评估细分群体。第一组包含六个标准及相应的问题，可以应用于所有情境中，无论最终目的是与产品相关（例如特定产品的购买），还是仅限于行为（例如开始参与目标行为，如“开始健康饮食”，或者停止目标行为，如“停止使用药物”）。第二组是四个补充标准，只能用于与产品相关的市场细分。

可应用于所有市场细分情境的标准以及相应的问题如下：

- **规模（size）**。这个细分群体是否有足够的规模，值得花费时间和精力为其定制传播活动？
- **媒体可接触性（media accessibility）**。细分群体成员能否有效接触传统媒体和新媒体？
- **信息可得性（message availability）**。能否创建传播信息或者诉求来回应细分群体成员独特的态度、需求和行为？
- **响应能力（responsiveness）**。如果设计了传播信息，细分群体成员在多大程度上会关注，并以期望的方式回应信息？他们是“思想开放”的还是“固执己见”的？
- **稳定性（sustainability）**。这个细分群体长期看是稳定还是可能增长？或者会不会消失或与其他细分群体合并？
- **可评估性（evaluation）**。对这个细分群体所做的努力能否通过测量来判断沟通策略的优缺点以及成果？

除了这些可以用于评估所有细分群体的标准外，还有如下与产品相关的市场细分评估标准：

- **收益性（profitability）**。如果传播策略取得成功，是否会导致产品销量的大幅提升？
- **竞争性（competition）**。竞争品牌对这一细分群体有多大兴趣？所实施的传播策略是否会与已经根深蒂固的品牌形成竞争？
- **防御性（defendability）**。如果传播策略取得成功，是否会引起明显的竞争者回应？这样的回应能否被抵御？
- **相适性（compatibility）**。细分群体的成员以及他们需要的产品类型，是否与已存在的或期望的公司目标、愿景和任务吻合？ 474

用于市场细分的变量

皮尤的代际市场细分将美国成年人人口依据年龄细分为六个群体。然而，年龄仅仅是可以用于市场细分调查的众多变量之一。用于市场细分调查的变量通常可分为四大类：

- 人口统计学的
- 地理的
- 心理的（态度、价值观、动机和生活方式）
- 与品类和品牌相关的态度和行为[6]

需要着重指出的是，这些大类中的任一变量，都既可以作为分类变量，也可以作为描述性变量。

分类变量是细分群体形成的基础，可以从前面任一类别中选出。前文讨论的皮尤代际研究采用了人口统计学变量“年龄”作为分群的基础，年龄也是唯一的分类变量。然而，分类变量并不局限于一个类别中的一个变量。可以从一个类别中选用多个变量，例如，可以用多个人口统计学变量（如年龄、性别和收入），或者多个行为变量进行市场细分。此外，细分群体的形成也不局限于其类变量。一项关于视频游戏玩家的研究可以同时用人口统计学变量和玩家对游戏的态度作为分类标准，从而得到四个群体：年轻的专注玩家，年轻的随意玩家，年长的专注玩家和年长的随意玩家。利用分类变量形成细分群体后，就要用描述性变量描述细分群体的成员。皮尤代际研究中利用的描述性变量都与网络使用行为相关。视频游戏玩家市场细分的描述性变量包括诸如所玩游戏类型和数量、玩游戏的情境以及购买行为。[7]

本节下面要讨论的是前面提到的四大类细分变量中一些较常用的变量。需要注意的是，尽管所有变量既可以作为分类变量也可作为描述性变量，当用于细分群体创建的目的时，我们将对每一个分别进行讨论。

利用人口统计学变量进行市场细分

人口统计学变量包括年龄、性别、种族、民族、家庭情况、职业、教育水平以及社会阶层等。

年龄（age）。年龄是一个重要的人口统计学变量，因为不同年龄的人通常会有不同的态度、行为、产品需求和产品认知。前文所讨论的皮尤代际市场细
475 分就是以年龄作为分类变量进行研究的。利用年龄细分虽然可以形成有意义的细分群体，但要建立在恰当的年龄段划分基础上，如果年龄段跨度过大，会使细分群体间的差异不明显，但将年龄段划分得太窄，则会导致很多小的细分群体出现。若进行细分时存在这两种情况会明显削弱市场细分的作用。因此，年龄细分必须谨慎界定。

不同年龄群体规模的变化，也是基于年龄进行市场细分时所要考虑的重要因素。例如，萎缩的青少年市场以及庞大并不断增长的“老龄潮”（ageing boomer）市场，促使牛仔裤营销者和广告主将目标受众的焦点从前者转移向后者，同时产品的核心利益点也从“贴身有型”变为“轻松舒适”。同样，美宝莲也专为“老龄潮”市场开发了一条化妆品产品线，以迎合她们“想要看起来更年轻”的需求。

性别（gender）。社会和文化的力量，以及生理和心理因素，使男性和女性在态度、行为、产品认知和产品使用上都呈现出一定差异。和年龄一样，对于同一类产品，了解男性和女性之间的差异，可以为广告主确定产品定位和广告信息提供基础。

家庭情况（household）。家庭情况包括独居、两个人（朋友、伴侣或夫妇）、核心家庭（nuclear family）（有或者没有父母）、大家庭（extended family）或者两个成人的另一种结合（有或者没有孩子）。此外，家庭中的孩子可能处于任何年龄。营销者和广告主通常基于家庭特征进行人口细分，来判断产品需求和广告机会。例如，独立包装食品的营销和广告，就是针对独居者的。

生活周期（life stage）。年龄、性别、家庭规模以及其他人口统计学变量通常结合在一起以形成多维的生命周期或者家庭生命周期的细分群体。表 17—3 显示了生活周期细分的一种方式[8]。表 17—3 的细分群体展示了美国旅游业根据生活周期对旅游家庭群体的细分。结合家庭构成、婚姻状况和是否有孩子进行界定，三个核心生活周期群体为单身、夫妇和父母。这些群体有些是根据年龄被进一步细分，还有些是根据是否工作被进一步细分。最后形成表 17—3 中的 11 个细分群体。重要的是，这些群体不仅反映了生活周期，而且与三个公认的代际群体密切相关，即 X 一代/Y一代（青年）、婴儿潮一代（中年）、空巢和老年人（老年）[9]。

生活周期细分并不是单纯依靠年龄或者家庭情况作为基本分类变量。例如，莫顿（Morton）根据职业和工作创建了五个生活周期细分群体，如下[10]：

- 即将成年：选择职业和进入工作
- 成年初期：职业发展和工作步入正轨
- 中年：重新审视工作
- 自我掌控：适应工作现状和接近退休 476
- 结束工作：从有偿工作中退休，寻找新的成就之路

表 17—3　TIA 对旅游家庭的市场细分

年轻单身	户主年龄在 18～34 岁之间， 独居或者与亲属（非配偶）、同性别室友共同生活
中年单身	户主年龄在 35～40 岁之间， 独居或者与亲属（非配偶）、同性别室友共同生活
老年在职单身	户主年龄在 55 岁及以上，仍在工作， 独居或者与亲属（非配偶）、同性别室友共同生活

续前表

老年退休单身	户主年龄在 55 岁及以上，已退休或者没有工作 独居或者与亲属（非配偶）、同性别室友共同生活
年轻夫妇	户主年龄在 18～34 岁， 丈夫和妻子；或者 与不是室友或亲属的异性共同生活
中年夫妇	户主年龄在 35～54 岁， 丈夫和妻子；或者 与不是室友或亲属的异性共同生活
老年在职夫妇	户主年龄在 55 岁及以上，至少有一方还在工作； 丈夫和妻子；或者 与不是室友或亲属的异性共同生活
老年退休夫妇	户主年龄在 55 岁及以上，双方均退休或无工作； 丈夫和妻子；或者 与不是室友或亲属的异性共同生活
年轻父母	户主年龄在 18～34 岁， 子女年龄在 18 岁以下
中年父母	户主年龄在 35～54 岁， 子女年龄在 18 岁以下
老年父母	户主年龄在 55 岁及以上， 子女年龄在 18 岁以下

地理变量

地理位置可以提供关于人们如何生活、思考以及如何关注不同品牌和产品利益点的线索。众所周知，不同的地理区域有不同的人口分布方式，反映了不同
477 类型的文化发展、行为模式、态度和观点。因此，营销者和广告主经常使用地理变量识别基于地理界限和人口特点的消费者细分群体。在地理细分调查中常用的标准有：地区、人口规模、人口密度、城市规模和气候。

利用地理细分可以进行几种类型的营销和广告策划。在产品偏好上了解地区差异的营销者，可以确定产品特征是否符合特定地区的需求和期望。例如，坎贝尔（Campbell）生产了辛辣口味的浓汤罐头，以满足西部和南部地区消费者对辛辣食品的偏好。在产品使用上了解地区差别的广告主，也能够制订更有效的媒介计划。

● 不同地理区域有差别的购物模式需要不同的媒介，相应地需要不同的媒介排期。烧烤酱料在气候温暖地区全年销售，而产品购买集中在夏季、较寒冷的市场需要不同的广告排期。

● 不同地理区域有差异的产品购买水平通常需要不同层次的媒体分配，这是由于多数广告主希望将广告预算集中在消费水平高的区域。例如，苏打水在东北部和西部的城市地区消费水平较高，而粉状软饮料在中西部的消费水平较高。

地理细分在产品研发和信息策略上有着重要应用，同时在无形产品的应用上地理要素也扮演了重要角色，例如旅游业和旅游业规划。Nyaupane 和 Graefe 发现，那些经过长途旅行去参观特定景点（如国家森林）的群体在人口特征、态度和动机方面，与那些经过短途旅行访问相同地点的人有所差异。[11] 这预示着如果对每个群体实施定制化的信息策略，效果会更好；也就是说，针对那些长途旅行者所设计的传播计划要不同于更为本地化的群体。

心理变量

“心理”一词描述了一个人的态度、价值观、动机以及生活方式。因此，心理细分就是基于这些领域的特征将人口分群。心理细分假定人们思考的内容，如何形成动机以及如何生活，都是他们使用特定类型产品和服务以及参与（或不参与）特定行为的强烈决定因素或预示。例如，代际研究中心（The Center for Generational Studies）利用这种心理上的明显差别，划分了“X一代”（Generation X）和“千禧一代”（Millennial）（见表17—4）。[12]

478 **表17—4　代际研究中心的市场细分：X一代和千禧一代洞察**

X一代消费者的特点

他们感觉人生短暂，没有乐趣。
他们喜欢选择。如果提供的选项没有他们想要的，他们将试图创造。
他们追求广泛的交际圈。
他们经常使用信用卡消费或者网购。
他们愿意等待购买的质量。
X一代喜欢掌控自己的时间。
X一代希望和媒介互动，而不仅仅是观看。
他们喜欢非文本的信息。
对于X一代，简单意味着实用性。
他们搜寻直接简明的信息。
他们喜欢那些可以预测其需求的产品和服务。
他们天生怀疑广告。
他们在购物前会做全面调查。
他们认为在没有购买意愿的情况下询问销售人员也可以接受。
他们乐于与销售人员争论
他们将有效率的工作和精明的购物引以为傲。

千禧一代消费者的特点

他们期望电脑帮助决策。
他们经常使用信用卡消费或者网购。
他们天生怀疑一切媒体。
立即回报与满足很重要。
可以接受有债务的生活。
随着年龄增长，许多人有了常规的可支配收入的投入。
他们习惯于接受免费的东西。
他们很容易受到周围朋友以及所在圈子的影响。
他们希望有可以称之为“他们自己的”的媒体。
他们尤其对衣服有强烈的品牌意识，并穿戴有品牌标识的物品。
会被快速致富的机会吸引。
年纪很小便成为很有经验的消费者。

态度和价值观。人口统计学特征相同的个体通常有着不同的态度和价值观。因此，消费者的态度和价值观通常也成为有用的市场细分基础。态度和价值观包括对生活、职业和自我形象的态度，以及对地位和认同的重要性的态度。

对态度和价值观的探索有助于广告主更深入地了解同一年龄群体内和不同年龄群体间个体的重要差别。例如，对于自我和未来的态度是在同一个人口统计学细分群体——“成熟个体”（50岁及以上）中区分不同心理细分群体的有效方法。例如，摩根（Morgan）和利维（Levy）[13]在这一市场中定义了四个态度群体：

- 乐观的享受者（upbeat enjoyer）。这一类人认为他们最好的阶段就是当下以及未来。最优先考虑的是外表优雅和保持积极。他们经济上没有压力。
- 安全感缺乏者（insecure）。这一类人觉得他们 479 的生活不成功，生命中最好的阶段已经过去。他们担心没有足够的钱应对未来，他们保守地投资，购买有价值的东西，经常对自己的外表不满意。
- 受到威胁的积极者（threatened active）。尽管这一类人会担忧犯罪事件，他们仍积极地看待生活的前景。他们拒绝改变，希望一直生活在自己家里，做着当下的工作。他们不会介意自己看起来是否年轻。
- 经济优越者（financial positives）。这一类人乐于改变，在意自己的外表。他们认为经济有保障，是成功的和乐观的。

因此，虽然这四类人群年龄相似，但是每一群体的态度却完全不同。这意味着，一条广告信息不可能有效地覆盖整个“成熟市场”。

动机。感知和行为经常受到潜在动机的影响。因此，消费者行为背后的动机往往会为产品种类和广告受众的细分提供洞察基础。动机细分假定，如果你洞悉了消费者购买或者不够买一个产品（或者更广泛地来说，是否采取一个特定的行为）的动机，就可以调整广告信息，以充分利用（或反击）他们的动机。

Quidel公司提供了动机细分的案例，并为不同的动机细分群体调整传播策略（本案例中为包装设计）。Quidel是一个家用验孕试剂、排卵试剂以及其他家用药品制造商。该公司推出了两种不同品牌的家用验孕试剂Conceive和RapidVue。Conceive牌验孕试剂的包装是粉色的，包装盒上有一个可爱的婴儿对着潜在购买者微笑，这个包装洋溢着温暖和友好。而RapidVue牌验孕试剂的包装很朴素，既没有温暖快乐的色调，也没有微笑的婴儿。产品的名称用砖红色字体印成，配以淡紫色背景。然而，尽管这两个品牌的包装非常不同，但包装内的产品完全相同。不同的包装设计不过是为了吸引不同动机的细分群体。Conceive 针对那些想要怀孕的人，RapidVue 则是针对不想怀孕的人[14]。

生活方式。生活方式细分基于兴趣、日常活动、爱好、各种形式社会活动的参与、体育运动和其他活动将总人口进行划分。基于以上的市场细分和相关的测量有助于广告主理解消费者的生活方式与他们所使用的品牌或产品类型之间的关系。生活方式细分已经被证明了是细分“标志性”产品（也就是明显用来消费给人看或展现的产品）的有用方式，例如酒、汽车、香烟和高档服装。

480
与品类和/或品牌相关的态度和行为

基于与品类以及品牌相关的态度和行为的细分，是消费者细分中一种常见的形式。预期效益是这种类型的市场细分中通常使用的分类变量。当具体用于与产品相关的市场细分时，分类变量通常涉及的是产品使用（product usage）和品牌忠诚度（brand loyalty）。

产品使用细分。产品使用细分简单直接，可以根据品牌和产品使用、消费量或者产品使用情境将总体进行划分。这些特征可以单独使用，也可以与其他品牌或与产品相关的特征相结合。例如：

- 基于品牌使用的细分是根据最常用品牌使用的不同将总体划分为不同品牌使用模式的群组，例如，可以将啤酒饮用者进行细分，以反映上一个月消费量最大的啤酒品牌。
- 基于产品使用的细分是根据产品消费的不同将总体划分为不同产品消费类型的群组。可以将啤酒饮用者进行细分，以反映上一个月消费量最大的啤酒类型（进口的、国产的、高档的、特级的）
- 基于消费量的细分是根据产品消费的数量将总体进行分群。啤酒饮用者的细分能够反映上一个月啤酒消费的总量。
- 基于消费情境的细分可以根据总体反映的产品使用的不同环境进行分群。可以将啤酒饮用者细分以反映产品主要消费地点，例如餐厅、家和酒吧。

品牌忠诚度。品牌忠诚度是对消费者对某一特定品牌偏好程度的测量。忠诚的范围介于绝对会买和完全没有偏好之间。基于品牌忠诚度的分群可以反映对某一特定品牌的忠诚度。了解忠诚度不同群体的态度、人口统计学特征和动机，有助于广告主识别最能强化现有使用者忠诚度和降低竞争品牌使用者忠诚度的创意方式和关键信息。

非实物产品（non-product）中的行为。在非实物产品中，个体的行为也可以作为分类变量。事实上，当不同个体之间的差异行为能够对目标受众的态度和行为产生重要影响时，这些分类就是合适的。例如：

- 鲁伊斯（Ruiz）和他的同事对消费者在商场中的表现行为进行细分[15]，定义了四类细分群体：娱乐休闲购物者（recreational shoppers）、充分体验购物者（full experience shoppers）、闲逛者（browsers）和任务购物者（mission shoppers）。
- 安大略旅游局（The Ontario Ministry of 481
Tourism）曾以“行为”作为分类变量进行了多次细分研究。这些研究包括：人们在假期中参与户外活动的细分、假期中从事的文化和娱乐活动类型细分、假期中购物类型的细分。[16]
- 将行为和态度相结合作为重要的分类变量进行细分，以更好理解不同群体消费者的健康和饮食习惯。美国疾病控制与预防中心创建了五类细分群体，用以描述关于营养、体育锻炼和体重控制方面的态度和行为。[17]

需求和利益。需求或利益细分既可以用于实物产品，也可以用于非实物产品。例如，对于手机这种实物产品的利益细分，可以将“通过手机寻求的利益”作为分类变量。同样，对于假期旅行这种非实物产品，可以用“与目的地相关的利益”作为分类变量。在以上两种情况中，细分形成的基础是同一细分群体内成员有着同样的需求或者追求相同的利益。重要的是，需求和利益细分并不仅仅局限于当前的需求和正享有的利益，有些细分群体是当前没有找到满意的需求解决方案的个体。

贝尔斯（Belles）指出了理解细分群体预期效益、产品定位与传播重点之间的直接联系。他以饮料市场为例进行了说明：

> 饮料的营销者可以说提供了最好的服务……他们根据不断变化的需求将产品进行分类，进而定义消费者。“我们销售碳酸饮料”、“我们售卖瓶装水”、“我们是啤酒商家”或者“我们推销的是一种精神”被替换成“我们进入能量型饮料市场”、“我们的饮料可以防脱水”、

"饮料可以让心情更好"、"这是一种让你快速进入状态的饮料"，这种对市场的重新定义很像商学院的教学案例——马鞭制造商重新定义销售市场。那些继续声称售卖马鞭的人渐渐淡出了市场，而那些重新将其市场定义为"交通"的人则取得了成功。[18]

黑利（Haley）提供了一个关于实物产品利益细分的案例——寻求牙膏的利益。[19]就牙膏产品定义了四类细分群体，每一细分群体看重不同的利益。这些利益细分群体分别为：

● 思虑型（worriers）。他们最关注牙膏的防蛀功能，通常拥有大家庭，是牙膏的重度消费者，品牌选择上比较青睐 Crest。

● 社交型（sociables）。他们最看重自己的外表和牙齿的光洁度，年轻人居多，注重社交，生活方式积极，品牌选择上倾向于 Ultra Brita。

● 感知型（sensory）。他们最注重产品本身，尤其是牙膏的口感和外观。感知型群体通常是儿童，他们喜欢带有各种香味的牙膏，在品牌选择上倾向于 Stripe。

● 独立型（independents）。他们受价格驱使，通 482
常是价格导向的男性，因此他们的品牌忠诚度低，倾向于选择打折品牌。

利用这一细分牙膏广告主可以定制广告信息，来满足有特定利益需求的细分群体。此外，广告主还能够利用这一细分判断他们的品牌在当前竞争中的表现，并判断产品扩张的机会。

进行初步市场细分调查

计划和实施初步市场细分调查的开始步骤与其他调查相似（见第1章）：确认调查需求，选择可以满足信息需求的市场细分，解决样本和抽样问题（见第4章）。市场细分调查的步骤如图17—3所示。本部分将讨论每一步骤的主要问题和决策。用于说明这一过程的实际案例是为帮助巴西针对美国居民制订旅游计划而设计的利益细分研究。这个调查由 Firefly Research 执行[20]。

清楚地说明调查问题

本章前面已经提到，成功的市场细分调查始于一个或多个设计合理的调查问题。这些问题将明确分类变量和描述性变量所需收集的信息。这些变量的细节将在下一步确定。此时，调查问题只需注明在调查中所选用的变量类别。Firefly Research 提出了两个核心问题：

来巴西的游客，他们的旅游目的是否有差异？如果有，这些差异是否会形成不同利益驱动的细分群体？

如果存在不同的细分群体，群体间的特征是否差异显著？确切地说，群体的人口统计学特征、旅游行为、个性特征、兴趣、预期和态度是否有差异？

明确分类变量和描述性变量的范围

正如前文讨论的，分类变量是一个细分群体内成员的共有特征，区别于其他细分群体成员，而描述性变量则提供了细分群体形成后对每一群体特征理解的基础。形成和描述细分群体的成功率，与调查选择的分类变量和描述性变量的合适性和相关性呈正比。在这两个案例中，这些变量所呈现的洞察程度与它们由此而被选择的受关注度、与细分群体的相关性以及对每一个细分群体特征的说明能力直接相关。

这些变量的重要性要求调查者确保已经明确和考虑到了所有的潜在变量。这可以通过回顾前人的相关调查或者采用定性调查的方法（如深度访谈或者焦点

483

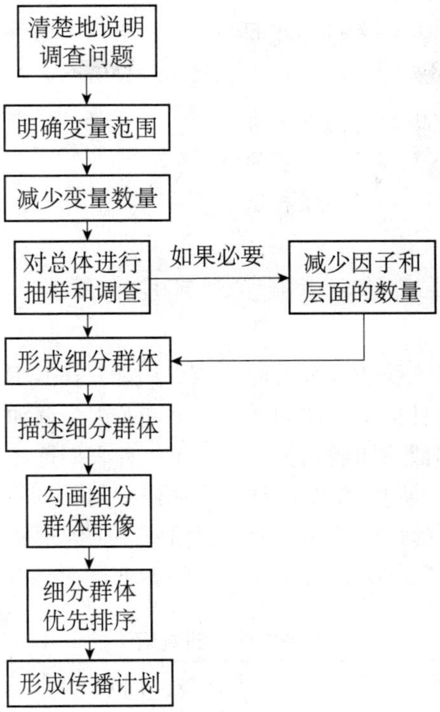

图 17—3 最初市场细分调查的步骤

小组访谈）来完成。Firefly Research 对以上两种方法
484 均有采用。首先，公司全面回顾了前人对于目的地旅游业的调查。他们的回顾揭示了几个重要洞察：

- 旅行者的诉求可以通过两种方式探索，一种是直接通过调查问题获得，另一种是间接通过对游客参与的活动类型进行分析；
- 旅行者们选择目的地旅行的原因广泛且多样。Firefly 明确了 200 多种直接诉求；
- 最有用的群体细分是结合人口统计学特征、行为、个性特征、动机和态度进行描述。

在这些洞察的引导下进行第二步：进行四场焦点小组访谈，受访者在过去 12 个月内由于个人原因都去巴西旅游过，其中两组受访者由第一次去巴西的游客组成，另外两组则是去过巴西多次的游客。所有参加者都是旅程的决策制定者。通过小组访谈的形式对去过巴西的旅行者的态度、行为和动机进行更深入的洞察。利用文献回顾和焦点小组访谈收集到的信息，创建了近 400 个分类变量和描述性变量。

减少变量数量

前一步骤会产生大量的变量，而这一步骤是要将变量的数量减少至可控数量。这可以通过判断或使用统计技术如因子分析来实现。经过这一步骤保留的变量将被转化为问卷的具体问题。Firefly Research 采用了自己内部的评估方法，并通过咨询客户确定了最后的变量列表，同时确保变量列表涉及了所有重要的需求领域。

对总体进行抽样和调查

在明确具体的分类变量和描述性变量之后开始设计问卷。像所有调查一样，建议对问卷进行前测，并在最后使用前进行修正。

问卷最终确认后，就可以对所研究的总体进行抽样调查（抽样相关内容见第 4 章）。每一种市场细分研究的样本设计是不同的，因为每种方案都要反映所研究总体的具体特征。因此，一些样本方案通过随机抽样力求样本能最大限度推及总体，而其他样本方案由于聚焦于难以寻找的个体降低了推及总体的能力。Firefly Research设计抽样方案时要有效地寻找和访问去过巴西的旅行者，因此试图平衡这两项考虑因素，如下：

> 一是确认有大量直飞巴西航班的美国五大机场。以一周为周期，确认每个机场所有飞往巴西的航班，对在巴西航班候机区的乘客进行随机抽样以识别受访者。二是筛选受访者，排除年龄在18岁以下的人，选择仅由于个人原因去过巴西旅行的人。对于随同家庭旅行的人，识别旅行的决策制定者（或者参与决策者）并进行访问。485
> 在登机前一个小时开始访问，并持续到登机结束。

如果必要，把数据因子和层面的数量减少到可控范围

当问卷包含了多个相关的问题时，受访者很可能多次以相似的方式回答。如果发现这种情况，如同数据分析的第一步那样，最好将这些相似的问题归为一组。因子分析是完成这项工作可以使用的统计技术。[21]因子分析将相关的问题合在一起，以使调查者可以确认更清楚的趋势和各个测量之间的关系。

对Firefly Research的问卷进行因子分析得出五个利益因子（如表17—5所示）。每一个因子都代表了一种人们选择去巴西旅游的诉求。注意相似的活动如何被归为同一个因子，以及Firefly Research如何给每一个因子命名使其可以概括和描述构成这一因子的诉求点。

486 **表17—5** **利益细分：利益因子**

诉求因子1——全天候娱乐	跳舞、喝酒
	赌博
	游船派对
	日光浴
	游泳
	其他相关的被动活动
	其他形式的室内外娱乐运动
诉求因子2——生态观光	游览自然景观
	参观植物园、动物园
	去大自然徒步
	游览历史的、建筑的景点
	游览小城镇和乡村
诉求因子3——文化	听音乐会、看戏剧
	参加当地的文化活动
	参观博物馆、美术馆，等等
诉求因子4——户外探险	徒步旅行、野营
	钓鱼
	航海、划船
	潜泳、深水潜水
	冲浪
诉求因子5——购物	去城市购物中心购物
	在乡村购物

使用分类变量形成细分群体

形成细分群体采用的统计技术是聚类分析（cluster analysis），即把对分类变量以相似模式回答的受访者归为一个细分群体。[22]正如前面所探讨的，细分群体形成的标准是：

- 同一细分群体内部对分类变量的回答相似，并且不同于其他细分群体，

● 细分群体要有一定的规模，

● 每个细分群体的内部特征都是有理有据的，并且可以作为形成未来传播计划的依据。

Firefly Research 形成了四个细分群体。表 17—6 显示的数据列出了每个细分群体的规模，以及四个细分群体在去巴西旅游的诉求上的差异。正值越大表示诉求因子越重要，而负值越大则表示诉求因子越不重要。例如，“细分群体 1”这一列显示，这一细分群体中的成员（占总样本的 10%）最青睐户外冒险性的活动，对文化和活动的趣味性这两方面评价最低。需要注意的是四个细分群体的群像如何不同，这也说明了市场细分的成功。

表 17—6 **利益细分：利益细分群体**

	细分群体 1 寻求刺激者	细分群体 2 全面体验者	细分群体 3 享乐主义者	细分群体 4 文化导向者
细分群体规模	10%	35%	25%	30%
诉求因子				
全天候娱乐	−1.61	1.12	1.46	−0.53
生态观光	−0.79	1.84	−0.08	−0.60
文化	−1.45	1.38	−1.81	1.70
户外探险	1.60	1.37	−1.80	−0.80
购物	0.02	−1.82	−0.44	1.62

形成细分群体后，利用分类变量使群体的特征更加清晰。在这个调查中，表 17—5 和表 17—6 的数据对每个群体作了初步描述。此外，这些数据也被用来
487 描述和命名四个细分群体，如下：

细分群体 1：寻求刺激者，他们喜欢积极的户外探险。这个群体规模最小，仅占总样本的 10%。他们对户外运动很感兴趣，但与其他细分群体相比，对其他类型的活动兴致不高。

细分群体 2：全面体验者是规模最大的细分群体，占总样本的 35%。这个细分群体中的成员喜欢全面探索旅游目的地，想通过广泛的活动实现多样的诉求。在这些活动中，他们对生态旅游更感兴趣，而对购物不感兴趣。

细分群体 3：享乐主义者占总样本的 25%。这一细分群体中的成员喜欢不紧张剧烈的活动，更喜欢及时行乐，这些活动被归为“全天候娱乐”。他们对其他形式的活动不感兴趣。

细分群体 4：文化导向者占总样本的 30%。他们对表演艺术和其他文化活动很感兴趣，热衷购物。

利用描述性变量描述细分群体

这一步骤判定细分群体之间在人口统计学特征、态度、价值观以及调查中的其他方面有多大程度的差异，通常是做描述性变量与每个细分群体的交叉表（cross-tabulating）。四个细分群体的主要交叉表如表 17—7 到 17—10 所示。（注意：表 17—9 中，数值越大表示越重要，表 17—10 中数值越大表示同意程度越高）

488 **表 17—7** **诉求细分：细分群体人口统计学特征**

	细分群体 1 寻求刺激者	细分群体 2 全面体验者	细分群体 3 享乐主义者	细分群体 4 文化导向者
性别				
女性	39%	52%	53%	67%

续前表

男性	61	48	47	33
年龄				
18～34岁	69	43	66	50
35～54岁	27	41	31	40
55岁及以上	4	16	3	10
教育程度				
高中及以下	22	14	19	12
大学	60	52	71	52
研究生	18	34	10	36
职业				
全职工作	79	77	71	71
家庭收入中位数（美元）	37 000	43 000	47 000	56 000

表17—8　　诉求细分：旅游行为和兴趣

	细分群体1 寻求刺激者	细分群体2 全面体验者	细分群体3 享乐主义者	细分群体4 文化导向者
旅行频率				
一年一次及以上	55%	20%	42%	73%
旅行组织				
倾向于自助游	80	86	82	61
倾向于跟团	10	25	66	60
同行人员				
配偶/同伴	35	33	4	55
家庭出游（带孩子）	2	19	1	12
家庭出游（无孩子）	3	21	1	2
朋友	25	20	20	27
独自一人	35	7	74	4
信息来源				
互联网	69	36	48	52
旅行社	22	43	69	74

489 续前表

旅游书籍	51	24	44	32
朋友和家庭	65	66	69	57
报纸旅游板块	33	30	28	29
旅行的小册子	30	33	44	42
电视旅游节目	11	17	11	11

表 17—9　　诉求细分：决策驱动

	细分群体 1 寻求刺激者	细分群体 2 全面体验者	细分群体 3 享乐主义者	细分群体 4 文化导向者
相关要求				
健康服务	2.3	4.1	3.6	3.3
儿童看护	1.2	2.6	1.3	2.1
通信服务	2.2	3.9	3.4	3.6
当地旅游部门	1.9	3.9	3.3	2.9
银行服务	2.7	4.1	3.6	3.6
当地交通	2.3	3.9	3.4	3.9
当地犯罪率低	3.4	4.4	4.4	4.2
干净的食物和水	3.3	4.7	4.8	4.4
当地民风友好	4.3	3.5	3.5	4.4
可负担的住宿费用	4.1	4.5	4.5	4.4
可负担的机票费用	4.6	3.8	3.6	3.3
当地物价低	4.2	4.4	4.6	4.1

表 17—10　　诉求细分：态度

	细分群体 1 寻求刺激者	细分群体 2 全面体验者	细分群体 3 享乐主义者	细分群体 4 文化导向者
态度表述				
我的兴趣很有限	1.7	2.0	2.5	2.3
我喜欢去热门景点	1.7	3.0	2.9	2.6
我希望尽可能融入当地生活	3.8	2.9	2.7	2.8
我通常避开旅游区——我最想去当地人聚集地	3.7	2.5	2.3	2.6
我喜欢了解新的东西	3.3	2.9	3.3	3.8
我觉得自己是个聪明的人	2.1	3.1	2.8	2.7
我喜欢了解艺术、文化和历史	1.9	3.6	3.3	3.1

创建归纳表格，描述每个细分群体或勾画人物形象

数据表格是市场细分洞察演示的起点。当利用潜在数据描述每一个细分群体时，用以下三种方式之一，通常可以最好地表现洞察：

- 为每一个细分群体创建归纳表格。这个表格（见表 17—11）通常为细分群体命名；提供细分群体成员的群像；列出细分群体关键的性格特点、价值观、行为和观念。
- 写一篇叙事文。这篇叙事文（见表 17—12）对细分群体以及他们的性格特点、价值观、行为和观念进行更加“书面化”的描述。

● 勾画人物形象。人物形象（见表 17—13）是对细分群体中的典型成员的定义和描述，以个体来反映细分群体的特点。[23]

评估细分群体的传播优先级

市场细分调查的最后步骤之一是选择一个或多个细分群体作为营销和广告的重点。因为并不是总人口中所有细分群体对营销或广告前景都有同样的吸引力，因此营销者和广告主必须审查细分群体的内部特征，以评估细分群体作为潜在目标受众的吸引力。

490 **表 17—11　　诉求细分：细分群体“寻求刺激者”的归纳表格**

	**寻求刺激者**
概览	● 经常看探险小说 ● 是行动者不宅居 ● 自立并且自信 ● 虽然收入相对较低，仍然会优先安排旅行
人口统计学特征	● 男性居多（61%） ● 相对年轻（多数在 18～34 岁之间） ● 教育程度较高（60%为大学；18%为研究生） ● 有全职工作（79%） ● 中等水平收入（约为＄37 000）
旅行最关注的方面	● 可以负担交通、住宿费用和在当地的花销 ● 希望可以避开旅游热点，去当地居民去的地方，做当地居民做的事情 ● 希望尝试新的和不同的事物，从食物到探险，充分利用户外时机、当地的活动融入当地的独特文化中
旅行计划来源	● 互联网（69%） ● 朋友和家人的推荐（65%） ● 旅游书籍（51%） ● 极少使用事先安排好的度假产品
体育活动	● 露营 ● 徒步 ● 极限运动 ● 参加当地的体育活动 ● 体验当地生活
同行人员	● 不需要同伴 ● 与配偶/同伴、朋友出行，或独自出行的可能性大致相当
媒体机会	● 链接徒步/露营/运动网页的互联网旅行广告 ● 网站上多放聚焦于巴西的、历险导向的（较少传统的）互联网旅行广告 ● 做极限运动广告

491 **表 17—12** 诉求细分：对细分群体“寻求刺激者”的叙述

迈克尔·奥康奈尔（Michael O'Connell）正在考虑下一个假期去哪儿。他今年 28 岁，热爱旅行，希望一年至少出游两次。对于迈克尔而言，虽然他的收入中等，但是旅行优先。他是一个喜欢冒险的旅行者，选择可以负担的交通方式，当他到达目的地后，对住宿也没有太高要求（独特的、没有太多游客的地方是他探险的一部分）。迈克尔对一般热门的旅游景点没兴趣，也不喜欢随团旅行。

迈克尔心中的完美假期旅行，就是能尽情感受旅行国家的独特风景。他有时独自出行，有时与其他人结伴而行。但是在任何情况下他都自信和自立。迈克尔喜欢徒步、露营以及参加当地的极限运动。如果他没有机会体验户外运动和欣赏风景，他喜欢融入当地的文化，接触本地人，品尝特产美食并且感受一下当地的市集。

对于这样的旅程，迈克尔十分享受自己计划自己的假期。他愿意倾听朋友和家人的建议，但是他更倾向于在互联网和相关旅游书籍上搜寻更多的信息。这样他可以避开游客较多的路线，找到自己感兴趣的独特活动并融入当地的文化。迈克尔也不会咨询旅行社。

迈克尔最近一次旅行是和他的女朋友一起去巴西。他非常喜欢这次旅行，并且决定不久之后再到巴西旅游。巴西人很热情，那里的食物也十分美味，他希望能全面地领略巴西的美丽景色和崎岖地势。因为避开了热门的旅游路线，他的旅行既花费合理又很独特。

492 **表 17—13** 诉求细分：“寻求刺激者”群体的人物形象

迈克尔：寻求刺激者

“我迫不及待地想去巴西，我将会在那里度过一段美妙的时光，探寻神奇的地带，体验运动并与当地人在一起！”

个人画像

迈克尔·奥康奈尔热爱旅行，一年至少要出游一次。虽然他的收入中等，但是旅行中的探险和对新鲜体验的期待召唤着他。迈克尔希望下一个假期前往巴西，有更多的历险，有机会去认识当地人，并游览新的地点。

迈克尔自信并自立，尽管他很愿意倾听从家人和朋友对于旅行目的地的推荐，但他更喜欢在互联网和旅行书籍上寻找可以享受露营、徒步或者当地户外活动的新体验。他喜欢去一些新奇的地方而不是旅游景点。他喜欢自己计划旅程，这样可以避免游客聚集的地方，能够体验露营，徒步旅行，接触当地人和当地运动。由于迈克尔希望能经常出去旅行，而他的收入水平中等，因此机票和住宿费用是他重点考虑的因素。然而，他的旅行资金足够他走很多很远的地方，因为他要体验真正的当地生活，而不是寻求最好的旅游服务。

个人信息

年龄：28

教育程度：文学学士

工作及收入：全职工作；收入 37 000 美元

关键词：冒险、体验、运动、当地游览、去游客很少去的地方

目标

- 可负担的旅行花费（机票、住宿）
- 冒险的活动：当地的体育运动、露营、徒步、海上运动（如果目的地在海边，沙滩日光浴除外）
- 融入当地生活

信息来源

- 互联网
- 旅行书籍
- 家人和朋友

问题

- 当地人都在做什么？（体育运动、户外活动、闲逛）
- 我在那里可以做哪些其他地方不能做的事情？
- 怎样才能避开游客尽情享受当地文化？

辛迪加集团的市场细分方式

前面章节探讨了营销者和广告主如何执行和使用市场细分调查，以及初步进行市场细分的流程。然而，有时候初步进行市场细分调查花费高、周期长，或者已有的数据资料无法提供所需信息，在这些情况下，营销者和广告主可能会采用辛迪加集团的市场细分方式。辛迪加集团的方式通常有以下三类：

- 心理细分（psychographic segmentation）
- 产品使用细分（product usage segmentation）
- 地理人口细分（geodemographic segmentation）

本章接下来的部分将讨论每一种辛迪加集团的市场细分方式。

493 心理细分：VALS™

VALS™是基于刺激和驱动消费者行为的心理特点对群体进行细分。[24] Strategic Business Insights 对心理特点和行为之间的关系解释如下：

> VALS 运用心理学来描述潜在的消费者偏好和选择。VALS 通过识别心理动机来预测消费者的差异。VALS 使用专门的心理测量技术，测量已由调查者实证证明的与消费者行为相关的概念。[25]

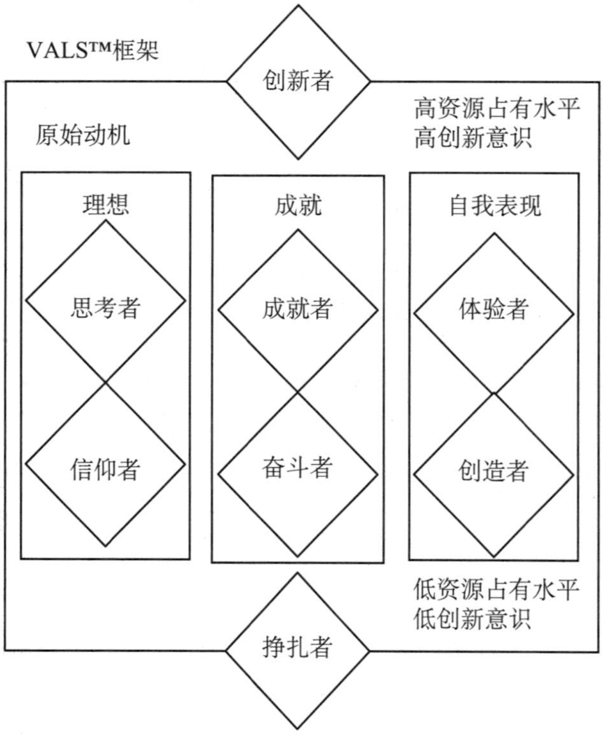

图 17—4 VALS 类型

（经 Strategic Business Insights 许可引用，来源：http://www.stategicbussinsights.com/VALS）

VALS 基于“VALS 问卷”（见图 17—4）将美国成年人分为八个群体。VALS 一开始利用前面章节讨论过的分类变量识别八个群体。利用分类变量，VALS 调查扩展了 VALS 问卷，使营销者和广告主能够确定每一个具体的 VALS 类型。VALS 问卷同时整合了大量专项的或辛迪加集团的调查问卷，以使营销者和广告主可以看到每个 VALS 细分群体对产品、服 494
务和媒体的偏好，以及其他描述性变量。后一种整合的案例是 Mediamark Research & Intelligences（MRI）对美国消费者的调查，这将在本章后面讨论。

图 17—4 展示了 VALS 框架的两个基本维度：原始动机（横向维度）和资源（纵向维度）。VALS 模型对这两个维度的描述如下：

- 动机（motivation）。原始动机的概念解释 消费者态度和预期行为。VALS 包含理解消费者行为的三个原始动机：理想、成就和自我表现。以理想作为原始动机的消费者受知识和原则的引导；以成就作为原始动机的消费者，会寻求能向同辈证明其成功的产品或者服务；以自我表现作为原始动机的消费者，渴望社会活动或者体育活动，喜欢改变和冒险。这些动机为 VALS 类型的传播和多种策略应用提供了必要的基础。
- 资源（resiources）。一个人对商品或者服务的消费倾向不仅受其年龄、收入和教育程度影响，精力、自信、理智、好奇心、创新力、冲动、领导力和虚荣心同样也扮演了非常重要的角色。这些心理特点与关键的人口统计学特征相结合，决定了一个人的资源占有水平。资源占有水平的不同会增强或限制一个人对其原始动机的表达。[26]

动机和资源的结合得到三种明显的动机类型：理想型、成就型、自我表现型（见图 17—4）。六个 VALS 细分群体可归入这些类型中。另外两个 VALS

细分群体——创新者和挣扎者，不适合归入其中。挣扎者的资源有限（例如没钱、健康状况差、风险承受力低），消费很少，最易受低价和品牌熟悉度的驱动。创新者拥有较多资源，在市场中异常活跃，很难将他们归于任何一个动机类型中。八个 VALS 细分群体的描述如下：[27]

- 创新者（innovators）是成功的、深谙世故的、有掌控力且自尊心强的人。由于他们拥有丰富的资源，所以他们在不同程度上展现出这三种原始动机。他们是变革的领导者，能够迅速接受新观点和新技术。创新者是非常活跃的消费者，他们的购买行为彰显了由高档的利基产品和服务培养的品位。形象对创新者非常重要，不仅是地位或权力的象征，更是他们品味、独立和个性的表现。创新者出现在商界和政府部门的新老领导中，而他们还会继续寻找挑战。他们的生活各有特色。他们的财富和娱乐反映了由生活中美好事物培养的品位。
- 挣扎者（survivors）为生存而生活。为应对资源较少的状况，他们通常认为世界变化太快。他们对熟悉的事物感到更舒服，并且主要关心安全和保障。由于他们必须关注满足需求，而不是完成夙愿，因此挣扎者不会表现出强烈的原始动机。挣扎者是谨慎的
495 消费者。他们代表了大多数产品和服务的适中市场。他们对喜欢的品牌很忠诚，尤其是当他们可以打折购买产品时。

理想群体包含了思考者和信仰者这两类细分人群：

- 思考者（thinkers）受理想所激励。他们是成熟而喜欢思考的一群人，对生活感觉满足而舒适，重视秩序、知识和责任。他们受过良好的教育，在决策制定过程中积极搜寻信息。他们对国内外大事有充分了解，善于抓住机会拓展知识。思考者适度地遵从权力机构维持的现状和社会礼仪，但也不断有新的想法。尽管他们的收入可以使他们有很多选择，但是思考者是保守的、理性的消费者，他们在购物时看重耐用性、功能性和性价比。
- 信仰者（believers）和思考者一样受理想所激励。他们是保守、传统的一群人，对基于家庭、宗教、团体和国家这些传统的、已经建立的准则有着根深蒂固的信念。许多信仰者表现出根植于内心和成文的道德准则。他们遵从常规，在很大程度上听从家庭、团体、从属的社交或宗教组织的安排。作为消费者，信仰者是可预测的，他们会选择熟悉的产品和知名品牌。他们喜欢美国本土产品，并且一般都是忠诚的顾客。

成就导向群体由成就者和奋斗者组成：

- 成就者（achievers）受成就感所激励，生活方式为目标导向，对事业和家庭有深远的承诺。他们的社会生活反映了这一点，围绕家庭、他们崇拜的地方、工作而建构。成就者生活上相对传统，尤其是政治上趋于保守，尊重权威和社会现状。他们的价值观在冒险、性行为和自我发现方面看法一致，并且具有稳定性，可预测。成就者因为很多需求和需要活跃在消费市场中。形象对于成就者非常重要，他们喜欢有名气的、显赫的产品和服务，用以在同辈中彰显成功。由于他们非常忙碌，因此对各种可以节省时间的设备很感兴趣。
- 奋斗者（strivers）追逐时尚并且有情趣。他们受成就所激励，所以很注重其他人的观点，渴望得到赞同。奋斗者以金钱定义成功，尽管他们并没有足够的钱来满足欲求。他们喜欢时髦的产品，追随富人购物。许多奋斗者认为自己仅仅是有工作而不是拥有事业，缺乏才能和关注是其前进的阻碍。奋斗者也是活跃的消费者，因为购物不仅是社交活动，还是向同辈证明自己购买能力的机会。作为消费者，在财政状况允许的情况下他们是冲动的。

自我表现群体由体验者和创造者组成：

- 体验者（experiencers）受自我表现所激励。作为年轻、狂热和冲动的消费者，体验者们会迅速地对新鲜事物产生兴趣，但同样也会迅速地失去兴趣。他们 496
追求多样化和令人兴奋的事物，这意味着新奇、不寻常和冒险。锻炼、运动、户外娱乐和社交活动是释放充沛精力的出口。体验者是一群有着多种欲求的消费者，他们将收入的很大一部分用于时尚、娱乐和社交。他们的消费行为反映出他们注重外表和追求“炫酷”。
- 创造者（makers）与体验者相似，受自我表现所激励。他们通过实践来表达自我和体验世界——如建造房屋、抚养孩子、修理汽车或者做蔬菜罐头——他们有足够的能力和精力来成功实现计划。创造者是一群很务实的人，富有建设性才能和自足的价值观。他们生活在传统背景的家庭，踏实工作，有着常规的娱乐，对于生活背景之外的世界少有兴趣。创造者对新观念或者大机构如大公司持怀疑态度。他们尊重政府权威和工会工人，但是反感政府侵犯个人权利。他们不会被物质所打动，除非以实用和功能为目的。他们认为奢侈品高不可攀，因此只购买基础产品。

营销者和广告主可在几个方面使用 VALS 模型。首先，VALS 有助于明确目标受众的选择和信息的制定。通过调查明确每一个细分群体的成员使用具体产

品的情况，并将使用较多的细分群体定为目标受众。例如，奢侈品类的产品在创新者、体验者和成就者中会卖得最好，滑雪板和滑板在体验者中会卖得最好，基础打猎装备在创造者中卖得最好。利用 VALS 确定目标受众和传播计划的其他应用包括：

● 美国一个大型养老金计划要对参保者进行专项调查，使用 VALS 识别为哪些参保者提供电子化服务。通过对这些消费者动机的了解，主办方可以完善网站和传播内容，使服务更符合参保者的需求。

● 一个电力公司使用 VALS 通过定向直邮提升人们对节能活动的参与度。使用 VALS/MRI 数据，这个电力公司找到两个明显不同的细分群体作为主要受众。通过对每类受众制定专门的策略，并使用 GeoVALS™确定每个群体大部分人的邮政编码，使节能活动参与者增加了 25%。[28]

其次，VALS 数据可以帮助营销者和广告主更好地了解如何定位产品，例如：

● 美国一个处于行业领先地位的银行，使用来自 Consumer Financial Decisions 的 VALS/MacroMonitor 数据，对一些大众化的产品重新进行定位。通过对目标消费者情感诉求的了解，广告代理公司为每一个产品都提出了与整体品牌策略相关的独特销售主张。在第一个活动进行的 12 周里，银行完成了吸纳客户目标的 1/3。

● 一个顶级的美国社区房地产开发商在对业主的
专项调查中采用了 VALS，旨在了解在社区增加什么 497
样的设施能最吸引业主。VALS 使开发商将自己的调查结果与全国范围内辛迪加集团的 MRI 数据联系起来，从而识别休闲偏好的广泛和多样。[29]

最后，VALS 对产品设计和开发也有一定作用，例如：

● 一家国际消费电子公司使用 VALS 预估消费者对一种通过网络传送的新型媒介消费产品的需求。通过使用 VALS/MRI 数据，公司可以对产品功能设置和传送风格进行定制化设计，以满足两个重要 VALS 目标消费者的需求。

● 一家主要的电信产品公司通过 VALS 为一个新的电信产品概念选择初期目标消费者。VALS 模型可以帮助该公司着眼于初期使用者的需求，研发产品原型以及值得优先考虑的特征和利益点。公司利用 VALS 选择了产品的名称和标识，选择了整体定位策略，并确定了最初的价格。[30]

品类和品牌使用行为

Experian Simmons 与 Mediamark Research & Intelligence（MRI）是两家市场调查公司，他们提供了一个内容涵盖广泛的数据库，包括人口统计学特征、自我概念、态度、媒介习惯和全国范围内有代表性的成年人样本的产品使用情况。广告主、营销者和媒体公司付费后可以得到 Simmons 与 MRI 的信息，利用数据将总人口分群，以反映产品相关行为或媒介相关行为的差异。

Simmons 或 MRI 数据库的核心在于问卷范围的广泛性，通过问卷收集了受访者的人口统计学特征、态度、媒介习惯以及超过 6 000 个品牌和产品的使用情况[31]。表 17—14 是 MRI 问卷中关于牙膏和相关产品的摘录。值得注意的是，除品牌外，问卷是如何收集到关于牙膏类型、种类和质地的信息的。

Simmons 和 MRI 对数据库的探索通常通过交互使用各自公司开发的专门软件完成。下面的数据说明了每一家公司提供的信息类型。[32]

		美国成年人	Fident	Islands	TresBon
性别：女性	样本	14 165	926	218	1 545
	(000)	114 462	6.960	1 789	14 176
	横百分比	100%	6.1%	1.6%	12.4%
	纵百分比	52.1%	63.2%	74.4%	46.7%
	指数	100	121	143	90

499 数据以行列来呈现，列是分类变量，行是描述性变量。在这个案例中，根据过去七天使用最多的牙膏品牌（分类变量）对消费者进行细分。感兴趣的三个品牌是 Fident、Islands 与 TresBon。行标签为“性别：女性”，表明所有这些行的数据指的是每个品牌的女性用户。除了品牌信息，被标为“美国成年人”

的第一列数据是整体美国成年人总人口的数据，这提供了数据解读的参考框架。

一份完整的数据报告包含每个描述性变量的五类信息，如下：

● 被标为“样本”的行表明了 Simmons 或者 MRI 的数据库中某一特定类别的人数，此表格中是“女性”。读“样本”这一行，样本中有 14 165 名女性，在过去七天中 926 人使用 Fident 最多，218 人使用 Islands 最多，1 545 人使用 TresBon 最多。查看列出的样本数量通常很重要，这是为了确保样本规模足以保证数据的可信度。

● 下一行被标为“000”，由样本映射总人口。三个零表示读取这一行数据时应添加三个零。因此，读“000”这一行，可以估计出美国约有 11 446.2 万名女性，在七天内使用 Fident 最多的约有 696 万人，约有 178.9 万人使用 Islands 最多，1 417.6 万人使用 TresBon 最多。尽管这些数据不能直接转变为品牌占有率，但可以为相对的品牌优势提供一定参考。显然，使用 TresBon 的女性人数明显多于其他两个品牌的人数。

498 **表 17—14　　MRI 问卷：牙膏（MRI 授权引用）**

第三页　　健康与美容护理

【牙膏】　你的使用情况：过去 6 个月使用过 / 过去 7 天使用的次数

总计：
类型：
- 小苏打
- 小苏打与过氧化氢
- 非苏打

种类：
- 去除牙垢
- 常规护理

质地：
- 凝胶
- 膏状

品牌：
- 艾姆（Aim）
- 家护（Aquafresh）
- 家护清新型
- 家护极致洁净
- 家护美白
- 艾禾美（Arm&Hammer）高级美白
- 艾禾美牙齿护理
- 艾禾美全面护理
- 艾禾美其他产品
- Close-up
- 高露洁二合一
- 高露洁光感白
- 高露洁冰爽
- 高露洁常规
- 高露洁亮白
- 高露洁去除牙垢
- 高露洁全效
- 高露洁小苏打与过氧化氢
- 高露洁其他产品
- 佳洁士双效美白
- 佳洁士健康专家
- 佳洁士常规凝胶
- 佳洁士常规薄荷牙膏
- 佳洁士去除牙垢凝胶
- 佳洁士去除牙垢牙膏
- 佳洁士闪耀亮白
- 佳洁士美白表现
- 佳洁士超能美白
- 佳洁士其他产品
- Mentadent
- Pepsodent
- 伦布兰特（Rembrandt）
- 舒适达（Sensodyne）
- 缅因汤姆（Tom's of Maine）
- 尤特白（Ultra Brite）
- 其他（请注明）

特性：
- 美白
- 脱敏

【牙线】　你的使用情况：过去 6 个月使用过 / 过去 7 天使用的次数

总计：
类型：
- 有蜡
- 无蜡

种类：
- 有香型
- 无香型

品牌：
- 拜得乐（Butler）
- Glide
- 强生 Reach（Johnson & Johnson Reach）
- 欧乐 B（Oral-B）
- Reach
- 通用（无标签）
- 商店自有品牌
- 其他（请注明）

【牙刷】　你的使用情况：过去 6 个月使用过 / 过去 7 天使用的次数

总计：
类型：
- 电池供电式
- 充电式
- 手动式

种类：
- 硬毛
- 中毛
- 软毛

形状：
- 倾斜握柄
- 直握柄

品牌：
- 家护（Aquafresh）
- 拜得乐 G-U-M（Butler）
- 高露洁 360°
- 高露洁灵动
- 高露洁 Navigator
- 高露洁 Plus
- 高露洁波浪
- 高露洁全效专业
- 高露洁其他产品
- 佳洁士炫洁
- 佳洁士炫洁专业型
- Mentadent
- 欧乐 B Advance Power
- 欧乐 B“全接触”
- 欧乐 B“多动向”
- 欧乐 B Indicator
- 欧乐 B“专业护理”
- 欧乐 B“脉冲星”
- 欧乐 B“睿翔”
- 欧乐 B 其他产品
- Reach“优化设计”
- Reach Max
- Reach 其他产品
- Sonicare Elite
- Sonicare“智能洁净”
- Sonicare 其他产品
- 通用（无标签）
- 商店自有品牌
- 其他（请注明）

【漱口水】　你的使用情况：过去 6 个月使用过 / 过去 7 天使用的次数

总计：
品牌：
- Biotene
- Cepacol
- Chioraseptic
- Green Mint
- 拉沃瑞斯（Lavoris）
- 李施德林（Listerine）（黄）
- 李施德林冰薄荷（蓝）
- 李施德林清凉（绿）
- 李施德林其他产品
- Listermint
- Oasis
- Scope 原味（绿）
- Scope 洁净薄荷（蓝）
- 缅因汤姆（Tom's of Maine）
- 其他（请注明）

【洗牙】　你的使用情况：过去 6 个月使用过 / 过去 7 天使用的次数

总计：
品牌：
- 活性氟化物冲洗
- 高露洁氟化物
- 佳洁士健康专业洗牙
- 佳洁士美白
- 李施德林美白
- 欧乐 B
- 贝齿（Plax）
- 伦布兰特（Rembrandt）
- 其他（请注明）

【口气清新剂】　你的使用情况：过去 6 个月使用过 / 过去 7 天使用的次数

总计：
类型：
- 喷雾
- 薄荷糖
- 口香糖

续前表

液体 薄膜 品牌： Binaca 李施德林冰薄荷 PocketPaks 爽口片 李施德林其他产品 Pocketpaks 爽口片 李施德林便携喷雾 （箭牌）易极清凉爽口片 MintAsure Sweetbreath 其他（请注明）	【唇部护理】　你的使用情况：过去6个月使用过／过去7天使用的次数 总计： 品牌： 碧唇（Blistex） 美国小蜜蜂（Burt's Bees） Carmex 惠氏润唇膏（ChapStick） 惠氏润唇霜 惠氏强化防晒 SPF30 惠氏其他产品 Herpecin-L Natural Ice Neosporin LT Lip Treatment Softlips 凡士林（Vaseline）唇部护理 凡士林其他产品 其他（请注明）	【牙齿增白剂（非牙膏）】　你的使用情况：过去6个月使用过／过去7天使用的次数 总计： 形态： 牙贴 凝胶 品牌： 家护美白牙托 佳洁士夜效 佳洁士净白牙贴 李施德林美白牙贴 伦布兰特 思美佳白（Plus White） 其他（请注明）

● 绝对数字往往很难解读，因此某一特定描述性变量的群体规模通常被转换成百分比。这个百分比被标为“横百分比”在行中体现。读取这一行，可以发现 Fident 的 696 万名女性用户占所有女性的 6.1%。同样地，Islands 的女性用户占 1.6%，而 TresBon 的占 12.4%。“横百分比”简化了相对优势的判定，它使得调查者能够把原始数据转化为更容易解读的百分比。

● 下一行被标为“纵百分比”，是每一品牌用户细分群体中的分布。读取这一行可以估计女性占成人总人口的比例为 52.1%。进一步估计出 63.2%的 Fident 用户为女性，74.4%的 Islands 用户为女性，TresBon 的女性用户占 46.7%。

●最后一行被标为“指数”，以纵百分比为基准。指数表明在具体描述性类别中细分群体用户的百分比是大于还是小于这一类别中所有用户的百分比。较高的指数（通常大于 115）表明这一细分群体可能更显著地表现出某一具体特征。较低的指数（通常低于 85）表明这一细分群体不太可能显著地表现出某一具体特征。指数介于 86 与 114 之间通常被认为是平均数。预测可能性的基础是美国总人口。

500 思考一下 63.2%是女性的 Fident 用户。指数首先将 Fident 用户中女性所占百分比（63.2%）与总人口中女性所占百分比（52.1%）进行比较。接下来，将第一个数值除以第二个数值，再乘以 100。在本案例中，Fident 女性用户的指数是 121，计算过程为 (63.2÷52.1)×100。这个指数大于 115，表明 Fident 用户女性偏多；也可以说，Fident 的女性用户所占比例要比整个成年人口中女性所占的比例高。Islands 的指数为 143，用户构成也偏女性（甚至多于 Fident）。与这两个品牌相比，TresBon 并没有偏向女性用户。TresBon 女性用户指数在平均范围内，表明女性用户数量并没有比预期多很多或少很多。总的说来，Fident 和 Islands 都可以称为“女性品牌”，而 TresBon 则对男女都有吸引力。

一旦样本规模和相对的品牌优势确定之后，广告主通常利用“纵百分比”和“指数”两组信息来理解不同的品牌用户细分群体。表 17—15 显示的数据是两个牙膏品牌用户细分群体报告的摘录[33]。尽管这两个牙膏品牌的用户构成都偏向女性（正如前文讨论，其女性用户指数超过 115，男性用户指数不足 85），但是这两个品牌细分群体仍然完全不同。数据的分析和解读如下：

● Fident 偏向年轻人，61%的用户年龄在 35 岁以下，18～24 岁和 25～34 岁两组的指数均超过 115。35 岁以上所有年龄段的指数都在 85 以下。此外，尽管比例相对较低，但 Fident 的用户中亚洲人所占比例比预想的高，并且未婚人士居多（“已婚者”指数远低于 85）。

● Islands 的用户形象则完全不同。Islands 的用户年龄多为 35～64 岁（这些年龄段的指数高，而其他年龄段指数低），69%的用户都属于这个年龄范围。此外，Islands 的用户中黑人/非洲裔美国人居多，并且多数已婚。同时，Islands 用户中亚洲人较少（指数低于 85）。

表 17—15　两个牙膏品牌用户细分群体的数据（虚构） 501

		美国成年人	Fident	Islands
性别				
男性	纵百分比	48%	37%	26%

续前表

	指数		77	53
女性	纵百分比	52%	63%	74%
	指数		122	144
年龄				
18～24 岁	纵百分比	19%	25%	12%
	指数		132	55
25～34 岁	纵百分比	17%	36%	11%
	指数		212	65
35～49 岁	纵百分比	28%	18%	38%
	指数		64	136
50～64 岁	纵百分比	22%	13%	31%
	指数		59	141
65 岁及以上	纵百分比	14%	8%	8%
	指数		57	57
白人	纵百分比	78%	75%	59%
	指数		96	76
黑人/非洲裔美国人	纵百分比	11%	11%	26%
	指数		100	236
亚洲人	纵百分比	4%	8%	3%
	指数		200	75
已婚的	纵百分比	54%	33%	68%
	指数		61	126

利用品牌使用或其他相关变量进行细分，有助于广告主了解自身产品和竞争产品所吸引的用户类型，这又反过来使他们确认更合适的传播信息。除了人口统计学特征，Simmons 和 MRI 还利用已定义的细分群体分析消费者态度和心理特征。这些数据延伸了人口统计学特征描绘的群体形象，有助于广告主提炼和精准地传播信息。下面表格显示的数据是每个品牌用户对五个重要态度陈述的同意程度。指数高代表对陈述的同意程度高于平均数，指数低则表示同意程度低于平均数。显然，两个品牌女性用户的态度截然不同。

态度	Fident（仅限女性）	Islands（仅限女性）
为了使我看起来更年轻，我不吝惜花费	180	60
我喜欢在人群中出众	152	72
保持年轻的外表对我来说非常重要	138	61
我喜欢及时行乐，不想担忧未来	135	74
对于异性的吸引力很重要	137	77

最后，除了人口统计学特征和态度，Simmons 和 502
MRI 数据提供了与品牌相关的行为洞察。例如，设想你是佳洁士牙膏的品牌经理。当把佳洁士牙膏的使用情况作为分类变量，其他牙膏品牌和相关品牌被用做描述性变量时，MRI 收集的数据（指表 17—14 显示的问卷）可以回答下列问题：

- 佳洁士牙膏用户的品牌转换行为是怎样的？当进行品牌转换时，他们会转向哪个牙膏品牌？是转换为佳洁士旗下其他品牌还是竞争品牌？
- 佳洁士牙膏用户的品牌忠诚度如何？
- 哪个品牌是佳洁士的最直接竞争者？不同的佳洁士牙膏配方是否与其他佳洁士牙膏产品形成竞争？或者与其他竞争牙膏品牌形成竞争？
- 使用佳洁士牙膏的用户是否也使用佳洁士牙刷？如果不是，他们最常用的牙刷品牌会是什么？
- 使用佳洁士牙膏的用户是否使用佳洁士洗牙产品？如果使用，具体是哪种类型？如果不使用，他们最有可能喜欢哪种品牌的洗牙产品？
- 使用佳洁士牙膏的用户是否同时使用佳洁士牙齿增白剂？如果使用，具体是哪种类型？如果不使用，他们最有可能喜欢哪种品牌的牙齿增白剂？

地理人口细分

地理人口细分是根据人们居住情况进行的分析。地理人口细分将美国划分成非常小的地理区域，然后描述每个区域内居民的人口统计学特征、媒介使用、生活方式选择、经济状况和购买行为。地理人口细分的核心前提是，相似的人群居住在相似的区域，参加相似的活动，拥有共同的信仰和相似的生活方式，换言之就是“物以类聚，人以群分”。地理人口细分进行聚类分析的方式如下：

- 信息来自美国最新的人口普查、机动车登记记录、杂志订阅名录、俱乐部注册、消费者产品使用调查、辛迪加的调查研究和专项调查研究、自填式调查和其他消费者信息来源。
- 将从这些来源获得的信息在一个人口普查区的层面上进行整合。一个人口普查区（约 340 住户）可以作为地理的基础单元，因为它通常代表了一个实际的居住区域。

● 美国每个人口普查区的特征都可以被识别和检查。然后，基于这一分析，每个人口普查区划为一个细分群体（也可称为聚类），使得一个聚类中的人口普查区里的居民彼此相似，而与其他聚类中的人口普查区有所区分。[34]

地理人口细分调查公司进行的这些调查的结果有
503 同有异。相同的是最终细分结果反映了一致的经济、生命周期和生活方式特征。地理人口聚类的范围从高档住宅区过着“好生活”的富有者到贫民区挣扎在温饱线上的穷苦者，都一一涵盖。而这些地理人口细分调查公司的差异性在于形成聚类的具体信息类型、形成的聚类总数、如何命名及描述这些聚类有所不同。例如，三个主流地理人口细分系统——Claritas'PRIZM、Cluster-PLUS和MOSAIC将美国的社区分别细分为67、38和60个聚类。每个系统都为每个聚类定义出描述性的名称，并将这些聚类进行归类以形成更大的细分群体。两个PRIZM的描述示例如下：[35]

细分群体7。金钱和头脑（Money and Brains）。“金钱和头脑”群体特征如下：有着高收入、高学历和与之相匹配的品位。这些城市居民中许多人（白人占绝对优势，也集中了一部分亚裔美国人）通常已婚并且孩子不多，居住在规模小而整洁街区的洋房里。

细分群体47。城市创业（City Starups）。在“城市创业”群体中，不同种族的年轻单身人士居住在价格低廉的公寓，周围的商业区遍布咖啡厅、酒吧、自助洗衣店以及迎合20岁左右年轻人的俱乐部。这是美国最年轻的细分群体之一，他们的数量有全国大学生平均数的10倍之多，他们所在的社区特征是低收入并且集中了拉美裔美国人和非洲裔美国人。[36]

营销者和广告主可以利用地理人口细分定位新的顾客，评估供选择的零售店地址，选择平面或广播媒体，锁定直邮对象和开发新产品，例如：

● 设想一个直邮活动受到某一特定区域或者地理人口聚类的积极回应。运用地理人口聚类系统可以识别具有相似特征、很可能也会表现出类似反应的区域或者聚类。

● 试想一个零售网站了解了购买者的邮寄地址，零售商可通过地理人口细分将每个购买者编码。明确地理人口统计编码后，就可凭借个体所属的地理统计聚类的特征为每个人定制电子邮件和提供信息。

小结

消费者市场细分是将总人口分成清楚的小规模群体，其中同一具体群体内的个体就重要特征而言彼此相似，拥有与其他群体内个体不同的特征。营销者和
507 广告主对总人口进行细分，可以使他们的工作更有效，同时有助于提升市场成功的机会。市场细分通过帮助营销者和广告主考虑和应对目标消费者的差异来达到上述目的。

消费者市场细分调查定义细分群体使用以下一个或更多方面的特征：

● 人口统计学的（年龄、性别、家庭情况、生命周期、民族、种族、社会阶层、生活方式），

● 地理的（地区、人口规模、人口密度、气候），

● 心理的（态度、价值观、动机和生活方式），

● 与品类和品牌相关的态度和行为（产品使用、品牌忠诚度、诉求）。

营销者或广告主利用市场细分调查可以专门针对特定的信息需求，或者对其他辛迪加集团进行的市场细分调查结果进行调整以适应需求。不管采用何种方式，选择传播重点的细分群体标准是相似的。最常用的、适合所有市场细分调查的有：规模、媒介可接触性、信息可得性、响应能力、稳定性和可评估性。此外，适用于与产品相关的市场细分的标准有：收益性、竞争性、防御性和相适性。

专项的（最初）市场细分调查的初始步骤与其他定量调查相似。明确调查需求，选择市场细分是对信息需求的应对，解决样本和抽样问题。然后实际的市场细分调查通过以下步骤进行：

● 清楚地说明调查问题

● 明确分类变量和描述性变量的范围

● 减少变量数量

● 对总体进行抽样和调查

● 如果必要，把数据因子和层面的数量减少到可

控的范围内

● 使用分类变量形成细分群体
● 利用描述性变量描述细分群体
● 描述每个细分群体或勾画人物形象
● 评估细分群体的传播优先级
● 形成基于细分群体的具体传播策略

辛迪加集团市场细分的方式主要有三种：心理细分、产品使用细分和地理人口细分。

● VALS 模型是最常用的心理细分。在问卷的基础上，VALS 将美国成年人口分为八个细分群体。VALS 市场细分主要的维度是原始动机和资源。VALS 包括以下群体：创新者、挣扎者、思考者、信仰者、成就者、奋斗者、体验者以及创造者。

● Experian Simmons 和 Mediamark Research & Intelligence 提供的数据可进行消费品产品细分。营销者和广告主利用数据可以更好地了解根据品类和具体品牌行为定义的细分群体的人口统计学、态度和品牌使用的特征。 *508*

● 地理人口细分对总人口细分的维度涉及了人口统计学特征、媒介使用、生活方式选择、经济状况和购买行为。利用这些特征将美国每个人口普查区或者住户归类，使得同一聚类中的街区或住户彼此相似，不同聚类之间彼此相异。尽管地理人口细分调查公司在形成聚类的数量上有差异，但每家公司最后的的细分结果通常反映了一致的经济、生命周期和生活方式特征。

复习题

1. 学习消费者市场细分的目的是什么？
2. 细分群体的特点是什么？
3. 市场细分调查的两个基本假设是什么？
4. 列举并简要描述广告主利用市场细分调查的原因。
5. 列出并简要说明在所有类型的市场细分调查中选择细分群体的标准。
6. 列出并简要说明在与产品相关的市场细分调查中选择细分群体的标准。
7. 市场细分调查中利用的四个主要类别的变量有哪些？
8. 定义分类变量和描述性变量。它们各自的功能是什么？
9. 描述人口统计学特征如何被用做分类变量。
10. 解释生命周期市场细分。
11. 描述地理特征如何被用做分类变量。
12. 定义心理细分。
13. 主要的心理细分测量的类型是什么？
14. 描述心理特征如何被用做分类变量。
15. 描述与品类和品牌相关的行为如何被用做分类变量。
16. 行为细分只能针对消费品进行吗？请作出解释。
17. 初步市场细分研究通过哪些步骤进行？
18. 为什么将调查问题阐述清楚对于开始一项市场细分研究非常重要？
19. 调查者如何明确分类变量和描述性变量？
20. 如何使用分类变量形成细分群体？
21. 什么是人物形象？它如何运用于表述细分群体的特点？
22. 辛迪加集团的三种市场细分方式是什么？
23. VALS 属于哪种类型的市场细分？
24. VALS 的基本假设是什么？VALS 基于哪两个维度进行分类？
25. VALS 中定义的创新者与挣扎者的特点是什么？
26. 哪两个细分群体构成了 VALS 中的理想型群体？他们具有哪些特点？
27. 哪两个细分群体构成了 VALS 中的成就型群体？他们具有哪些特点？
28. 哪两个细分群体构成了 VALS 中的自我表现型群体？他们具有哪些特点？
29. 描述 VALS 如何在广告策划与决策制定中起作用？
30. 描述 Experian Simmons 和 MRI 的数据如何在广告策划与决策制定中起作用？
31. 定义地理人口细分。广告主和营销者如何运用地理人口细分？

509

应用练习

1. 你的代理公司刚刚获得了 Health Nation 这个客户。Health Nation 是一个在 11 个城市（亚特兰大、博伊西、波士顿、芝加哥、丹佛、洛杉矶、新奥尔良、纽约、凤凰城、斯波坎、塔尔萨）拥有健康维护机构（Health Maintenance Organizations HMOs）的控股公司。Health Nation 要求你的代理公司为它开展一个广告活动，该广告活动要适用于它所进行商业活动的所有城市。他们提出做一个针对成年人群体的 30 秒广告，而且广告中要有 5 秒钟的各地区特定医院名称植入。

作为代理公司的调查者，你认为一条针对所有成年人群体的广告可能不是最好的方式，因为这样对目标群体的定义过于宽泛，而且在这 11 个城市中广告的播出时间以及城市人口特点都有着重大的区别。因此，你认为广告策划有必要进行市场细分。在你提出这一想法后，公司的其他同事由于并没有认识到市场细分的重要性，并没有被你说服。

你需要给公司的品牌团队（由客户经理、创意人员和媒介人员构成）写一封邮件，向他们解释此时进行市场细分的重要性。邮件需要提及以下基本内容：

- 有必要进行市场细分的原因。
- 市场细分会以何种方式作用于广告活动，使其更成功地进行。
- 你在对人口进行细分和描述时所依据的特点（选择目标细分的理由）。
- 广告策划过程中预期的结果和应用。

撰写邮件时，记住你的沟通对象对于理论阐述并不感兴趣。你需要呈现出论据以及例子，并且根据客户 Health Nation 的情况指出可行性方案。通过各种渠道，收集可以支持你观点的信息。

2. 恭喜你，你的邮件收获成效。你的代理公司和客户都同意在进行广告活动之前进行市场细分调查。然而，Health Nation 仍然不太清楚具体细节。请给 Health Nation 的广告总监玛丽·福特（Mary Ford）写一封信，介绍将要执行的调查所涉及的具体步骤，以及每一步将达到的预期结果。确定：

- 将问题讨论聚焦在 Health Nation 的实际情况上；
- 提供执行步骤详情、相关案例、决策以及预期结果；
- 告知玛丽你对她的期望（例如：在哪一个环节需要她的参与，哪些决策需要她来确定）。

3. 表 17—11 至表 17—13 中使用了三种不同的方式来描述 Firefly Research 划分的“寻求刺激者”这一细分群体。选择余下的三个细分群体中的一个，根据表 17—5 至表 17—10 的数据，用归纳表格、叙事文和人物形象描述你所选择的细分群体。

4. 表 17—9 列出了 Firefly Research 识别的决策驱动因素。请再列出 10 个你认为可能用来区分四个细分群体的驱动因素，并写出你选择这些驱动因素的原因。

5. 表 17—10 列出了 Firefly Research 的态度表述。请再列出 15 个你认为可能用来区分四个细分群体的态度表述，并写出原因。

6. 通过 VALS 的网站阅读这八个 VALS 群体的详细信息，做一个小型调查来判定你所属的 VALS 群体。在准备调查之前，可以先复习一下 VALS 类型。接下来完成下列步骤，并将你的回答进行准确的归纳描述。 510

第 1 步：在执行调查之前，先对你的 VALS 群体进行初步预测，并写下你预测的理由。确保你的思考与 VALS 网站上提供的描述相关。

第 2 步：阅读关于 VALS 调查的信息，网址为 http：//www. strategicbusinessinsights. com/vals/presurvey. shtml。接下来，点击页面底部的链接进行调查，将你的 VALS 分类结果打印出来。

第 3—4 步：将你的预测和最终结果做比较，如果不相符，思考一下其中原因。不管你的预测是否正确，请回顾一下调查问卷，选择四至七个你认为最能决定你的群体归属的问题，针对这几个问题你所选择的答案，做进一步的解释分析。（注意：这些 VALS 问卷的问题与最终 VALS 群体归属并不是一一对应的关系，最后得分经过了算法的综合统计。）

第 5 步：在其余的 VALS 群体中选出一个（不能选择你预测的那个群体，如果预测与结果不是一个群体，不能选择你所属的群体）。以你选择的那个群体成员的方式来回答问卷的问题，结果跟你所选的群体会相同吗？请对结果进行解释。

7. 选择一个品牌。在 VALS 中选择适合这个品牌广告诉求的目标群体。并给出你的选择理由。

8. 假设你是 Lean Cuisine 项目的调查者。表 17—16 是基于 Lean Cuisine 和其他竞品的信息所形成的 MRI 调查问卷。以 323 页的问题讨论为参照，写出至少七个可以用来描述 Lean Cuisine 和其竞品的用户使用情况的问题。

511 **表 17—16**　　**MRI 问卷：晚餐准备（MRI 许可引用）**

第 93 页　　食品

【番茄罐头】	你的家庭购买情况：过去 6 个月购买过	过去 30 天购买的数量

总计：
性状：
- 磨碎的
- 块状
- 糊状
- 汁状
- 炖制的
- 整块的
- 其他

品牌：
- Contadina
- Del Monte
- Hunt's
- Muir Glen
- Progresso
- Red Gold
- Ro* Tel
- S&W
- Store's Own Brand
- 其他（请注明）

【罐头或瓶装蔬菜】	你的家庭购买情况：过去 6 个月购买过	过去 30 天购买的数量

总计：
口味：
- 无盐
- 腌制

种类
- 豆类
- 胡萝卜
- 双拼
- 混合
- 豌豆
- 菠菜

封装类型
- 罐装
- 瓶装

品牌
- Allens
- Bush's
- Del Monte
- Food Club
- Freshlike
- Goya
- Green Giant
- Hanover
- Le Sueur
- Libby's
- Stokely's
- S&W
- Veg-All
- 商店自有品牌
- 其他（请注明）

【罐装炖菜】	你的家庭购买情况：过去 6 个月购买过	过去 30 天购买的数量

总计：
品牌：
- Castleberry's
- Dinty Moore
- 商店自有品牌
- 其他（请注明）

【罐装或瓶装意面 & 通心粉】	你的家庭购买情况：过去 6 个月购买过	过去 30 天购买的数量

总计：
品牌：
- Chef Boyardee
- SpaghettiOs
- 商店自有品牌
- 其他（请注明）

【意面调味汁】	你的家庭购买情况：过去 6 个月购买过	过去 30 天购买的数量

总计：
封装类型：
- 罐装
- 瓶装

品类：
- 低糖/无糖
- 普通装

储藏方式：
- 需冷藏
- 无需冷藏

品牌：
- Barilla
- Bertolli
- Classico
- Del Monte
- Francesco Rinaldi
- Healthy Choice
- Hunt's
- Muir Glen
- Newman's Own
- Prego Chunky Garden
- Prego 肉酱汁
- Prego 有机系列
- Prego 普通款
- Progresso
- Ragu 奶酪系列
- Ragu Chunky Garden
- Ragu Light
- Ragu Old World 系列
- Ragu 有机系列
- Ragu 肉酱加倍
- Ragu Robusto!
- Ragu 其他口味
- 商店自有品牌
- 其他（请注明）

【金枪鱼罐头】	你的家庭购买情况：过去 6 个月购买过	过去 30 天购买的数量

总计：
品类：
- 低钠
- 常规

封装类型：
- 浸水装
- 浸油装

颜色形状：
- 白色固体
- 浅色块状
- 白色块状

品牌：
- Bumble Bee
- Chicken of the Sea
- Geisha
- StarKist
- 3 Diamonds
- 商店自有品牌
- 其他（请注明）

【冷冻或冷藏包装的意大利面食】	你的家庭购买情况：过去 6 个月购买过	过去 30 天购买的数量

总计：
储藏类型：
- 干的
- 冷冻的
- 新鲜冷藏的

形状：
- 长条型
- 填充型
- 其他

品牌：
- American Beauty
- Barilla
- Barilla Plus
- Buitoni
- Celentano
- Contadina
- Creamette
- De Cecco
- Di Giomo
- Dreamfields
- Light'n Fluffy
- Mueller's
- No Yolks
- Pennsylvania Dutch
- Prince Pasta
- Ronzoni
- Rosetto
- San Giorgio
- Skinner
- Stouffer's
- Uncle Ben's
- 商店自有品牌
- 其他（请注明）

【午饭套餐】	你的家庭购买情况：过去 6 个月购买过	过去 30 天购买的数量

总计：
品牌：
- Amour LunchMakers
- Bumble Bee Lunch on the Run
- Lunchables（Oscar mayer）
- Lunchables Maxed Out
- Lunchables Pizza（Oscar mayer）
- Starkist Lunch TO-G0
- 商店自有品牌
- 其他（请注明）

【注释】

[1] 皮尤的细分研究题为“线上的一代 2009”，http：//www. pewinternet. org/Reports/2009/Generations-Online-in-2009. aspx? r=1，代际划分源于此。

[2] 表 17—2 所呈现的数据来自皮尤的互联网与美国生活项目“线上的一代 2007”，http：//www. pewinternet. org/Infographics/Generational-differences-in-online-activities. aspx。

[3] 图 17—1 经 SocialMedia8 许可引用（http：//www. socialmedia8. com/），选自“*Barak Obama Strategy Case Study*”，http：//www. slideshare. net/socialmedia8/case-study-the-barack-obama-strategy。这个案例充分说明了细分在制定信息策略中的重要作用。

[4] SubscriberMail（2008）．“Email Segmentation Strategies” at http：//www. subscribermail. com.

[5] 对于评估细分群体的标准的延伸讨论，参见 Sally Dibb（1999）．“Criteria Guiding Segmentation Implementation”，*Journal* of *Strategic Marketing*，7（2）：107－129。

[6] 这是细分变量中最常见的四种类别。第五种细分的方法“认知细分”已经被提出但尚未被广泛接受。要想进一步了解这种细分方法，参见 Francois Carrillat et al.（2009）．“Cognitive Segmentation：Modeling the Structure and Content of Customers' Thoughts.” *Psychology & Marketing* 26（6）：479－506。

[7] 关于分类变量和描述性变量的其他案例参见 Howard B. Moss，Susan D. Kirby，Fred Donodeo（2009）．“Characterizing and Reaching High-Risk Drinkers Using Audience Segmentation.” *Alcoholism：Clinical and Experimental Research* 33（8）：1336－1345。此研究使用饮酒行为作为分类变量，然后把人口统计学、地理信息、生活方式和与健康相关行为、兴趣以及文化价值观作为描述性变量。

[8] 关于生命周期细分的更多内容，参见 Interactive Advertising Bureau（2008）．“The IAB Lifestages Segmentation Study”，http：//www. iab. net/insights _ research/530422/1672/223276 以及 Bryan Brenner（2009）．“Life Event Segmenting Offers Optimaization of Benefit Effectiveness.” *Journal of Financial Service Professionals*（May）：26－29。

[9] Travel Industry of America（2002）．“Travel Through the Life Stages”，2002 Edition at http：//www. tia. org/uploads/research/pdf/lifestage02 _ es. pdf.

[10] Linda Morton（2008）．“Market Segmentation by Life Stage” at http：//www . strategicmarketsegmentation. com/blog/market-segmentation-by-life-stage-market-segments/.

[11] Gyan P. Nyaupane and Alan R. Graefe（2008）．“Travel Distance：A Tool for Nature-Based Tourism Market Segmentation”. *Journal of Travel & Tourism Marketing* 25（3）：355－366.

[12] The Center for Grenerational Studies（2008）．“The Psychographics of the Emerging Consumer” at http://www. gentrends. com/ClientResources/IAAM%20Psychographics%20web. pdf.

[13] Carol M. Morgan and Doran J. Levy（1993）．*Segmenting the Mature Market*（Chicago，IL：Probus Publishing Company）.

513 [14] Rita Koselka（1994）．“Hope and Fear as Marketing Tools.” *Forbes*：78－79.

[15] Jean-Paul Ruiz，Jean-Charles Chebat，and Pierre Hansen（2003）．“Another Trip to the Mail：A Segmentation Study of Consumers Based on Their Activities.” *Journal of Retailing and Consumer Services* 11：333－350.

[16] 参见 Ontario Minisrty of Tourism，http：//www. tourism. gov. on. ca/english/research/travel _ activities/index. html。

[17] Centers for Disease Control and Prerention（undated）．“Segmenting Audiences to Promote Energy Balance” at http://www. cdc. gov/nccdphp/dnpa/socialmarketing/pdf/audience _ segmentation. pdf.

[18] Michael C. Bellas（2006）．“Motivational Need States and How We Need to Think.” *Beverage Word*（June 15）：67.

[19] Russell I. Haley（1995）．“Benefit Segmentation：A Decision-Oriented Research Tool.” Marketing Management 4（1）：59－63.

[20] 此处讨论基于 Emine Sarigollu and Rong Huang（2009）．“Benefit Segmentation of Visitors to Latin America.” *Journal of Travel Research* 43（February）：277－293。然而，这些方法、数据、结论以及意义都是为了更好地证明讨论的观点而提出的。表 17—11 至表 17—13 是作者编制的，Firefly Research 是一个虚构的公司。

[21] 因子分析将在下一章探讨。

[22] 聚类分析的常见形式是“最近邻法则”(nearest neighbor approach)。检查每个受访者的回答方式。距离最小（或者最相似）的两个个案被结合在一起成为一类。然后把新的类别中的个案与每一个新的个案之间的最小距离作为这个类别与这个个案之间的距离。每一步中两个类别之间的距离是两个最近点之间的距离。这一过程中形成的细分群体，同一聚类中的个体十分相似，但与其他聚类中的个体有明显差异。

[23] 关于人物形象的更多信息，参见 Tina Calabria (2004). “An Introduction to Personas and How to Create Them”, http://www.steptwo.com.au/papers/kmc_personas; George Olson (2004)。“Making Personas More Powerful: Details to Drive Strategic and Tactical Design”, http://www.boxesandarrows.com/view/making_personas_more_powerful_details_to_drive_strategic_and_tactical_design; Steve Mulder (undated) “The User Is Always Right: Making Personas Work for Your Site”. http://www.slideshare.net/MulderMedia/the-user-is-always-right-making-personas-work-for-your-site。

[24] VALS 网页入口为 http://www.strategicbusinessinsights.com/vals。VALS 是 Strategic Business Insights 的注册商标。

[25] Strategic Business Insights (2009). “About VALS”, http://www.strategicbusinessinsights.com/vals/about.shtml.

[26] Strategic Business Insights (2009). “US Framework and VALS Types”, http://www.strategicbussinessinsights.com/vals/ustypes.shtml.

[27] 所有 VALS 细分群体的描述皆引自 Strategic Business Insights。

[28] Strategic Business Insights (2009). “Applications of VALS: Communications”. http://www.strategicbussinessinsights.com/vals/applications/apps-com.shtml.

[29] Strategic Business Insights (2009). “Applications of VALS: Positioning”. http://www.strategicbussinessinsights.com/vals/applications/apps-pos.shtml.

[30] Strategic Business Insights (2009). “Applications of VALS: New Product Development”. http://www.strategicbusinessinsights.com/vals/applications/apps-npd.shtml.

[31] Experian Simmons (http://www.smrb.com/web/guest/home) 和 MRI (http://www.mediamark.com/showcontent.aspx?content=~/The_Survey_of_the_American_Consumer/000_The_Survey_Of_the_American_Consumer.xhtml) 都用了混合抽样的方法，确保 20 000 个成年人样本能够在全国人口中具有代表性和普遍性。数据收集过程的更多信息，参见各家公司的网站。

[32] 所有数据均为虚构，仅供举例使用。

[33] 摘录中所显示的人口信息仅为 Simmons 和 MRI 中的一部分。另外一些详细信息包括家庭特征、婚姻状况、收入、职业和教育程度。

514 [34] 基于人口普查区信息的聚合形成地理人口聚类，这很常见并且被普遍使用。然而，使用这种整合数据的缺点在于预设每个人口普查区的个体具有同质性。一种新的地理人口聚类方法免去了这种预设。这个地理人口调查公司将编码分析过程精细化，以家庭作为基本分类单位。这样一来，相邻的两个家庭也可能被划分到不同的类别之中。

[35] PRIZM 是通过对每个聚类中成员最常用的邮政编码进行识别分析，进而形成系统。交互分析工具参见 http://www.claritas.com/MyBestSegments/Default.jsp?ID=20&SubID=&pageName=ZIP%2BCode%2BLook-up。

[36] 细分群体的描述，见 http://www.claritas.com/MyBestSegments/Default.jsp?ID=30&SubID=&pageName=Segment%2BLook-up。

（本章翻译：王笛 杨雪睿，本章校译：杨雪睿）

第18章

品牌地图

515 成功的广告策略要求广告主了解消费者的品牌感知，尤其重要的是各种产品的属性、消费者用来区分品牌的标准以及竞争品牌感知情况的优势和弱势。绘制品牌地图是对广告主用来获取这些洞察的一系列技术的概称。本章为大家介绍三种品牌地图。

* * *

当你阅读本章之后，你会对以下内容有深刻理解：

- 绘制品牌地图的主要方法；
- 构建每种品牌地图的过程；
- 绘制品牌地图的每一种方法将如何有助于品牌理解、品牌定位和制定广告策略。

516 广告主依靠调查来帮助他们了解消费者如何感知他们自己的品牌和竞争品牌各自的优势和弱势。品牌地图则通过将数据转化成可视化的表现方式来帮助广告主更好地理解自己品牌的优劣。其实品牌地图能够做的还有很多，它们不仅能够帮助广告主更好地理解不同消费者所评估的利益点，还能够通过各种态度来形成精确的消费者感知。本章将讨论三种品牌地图：知觉地图、对应地图以及概念地图。

知觉地图

知觉地图（perceptual maps）作为品牌地图最常见的形式，通常根据在同一品类中对竞争品牌优势和弱势的感知，提供对消费者态度的可视化表达。当这样使用知觉地图，它能够告诉我们：（1）消费者评估品牌的维度，（2）就这些维度而言品牌的优势和弱势，（3）一个品牌有哪些竞争对手以及（4）就消费者心目中的理想品牌而言该品牌的优势和弱势。

本章节将集中讨论知觉地图，内容如下：初步讨论将集中于为什么知觉地图很重要，以及它们如何提供对消费者品牌态度的洞察。在讨论之前，将对建立知觉地图的调查步骤进行描述。本节最后将讨论知觉地图如何有助于制定广告策略。

知觉地图告诉我们什么

消费者用以评估品牌的维度。调查表明消费者希望用最少的时间和精力来评估品牌。他们先识别品牌，然后使用几个宽泛的维度[1]比较品牌或产品，而不是记住和用多个具体的产品属性。例如，记住某种洗衣粉的“高清洁力”比记住它“能使彩色的衣物更干净”、“清除污点能力强”、“更洁白”等要容易得多。知觉地图能够让消费者评估品牌或产品的维度更加精确。尤其对于较复杂和高卷入度的品类来说，消费者通常会使用更多的维度评估品牌和产品；而对于不复杂和低卷入度的品类，消费者通常会使用相对较少的维度。

图 18—1a 是绘制社交网站知觉地图开始阶段的工作。[2]。该地图表明消费者通常用两种维度对社交网站进行评估：一是使用该网站的难易程度；二是该网站被认为是过时陈旧的还是尖端前沿的。值得注意的是，每种维度都是一个统一体，两个统一体的两端都有标签，且每个统一体积极的一端放置在右侧。两个维度的使用生成了四个象限，在图 18—1b 中被标
518 为Ⅰ到Ⅳ。象限Ⅱ通常是一个品牌的最佳位置，因为该位置是两种维度积极方面所在的位置；而象限Ⅳ则是品牌最糟糕的位置，因为该位置是两种维度消极方面所在的位置。

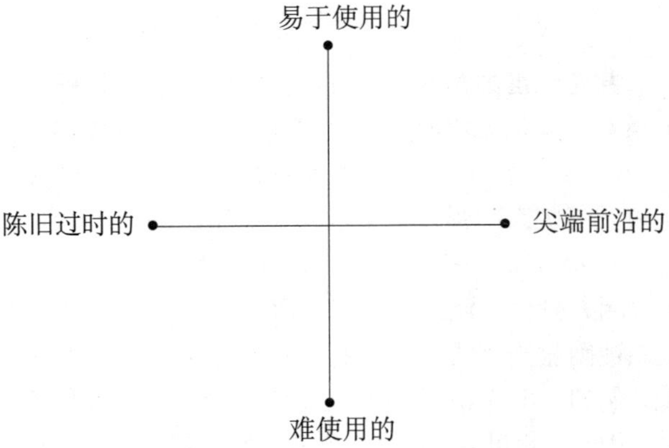

图 18—1a　用以形成知觉地图的维度

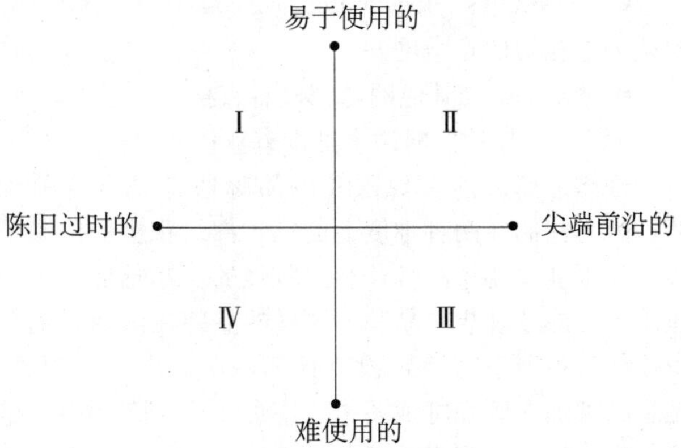

图 18—1b　知觉地图象限

某一品牌的优势及弱势。确定维度之后，某一品牌在地图上的位置就确定了。正如前面所讨论的，落在象限Ⅱ中的品牌通常处于最优势竞争地位，而象限Ⅳ中的品牌则处于处于最弱势竞争地位。剩下两个象限中的品牌则可能既有优势又有弱势，或者是成功的利基品牌（niche brands）。

图 18—2a 将八个社交网站置于知觉地图中。注意在所有品牌中只有两个品牌落在象限Ⅱ。这两个品牌可能是成功的，因为它们既易于使用又尖端前沿。四个落在象限Ⅳ中的品牌有可能面临严重的问题，因为它们被认为既难使用又过时，因此无法给使用者提供任何好处。

519

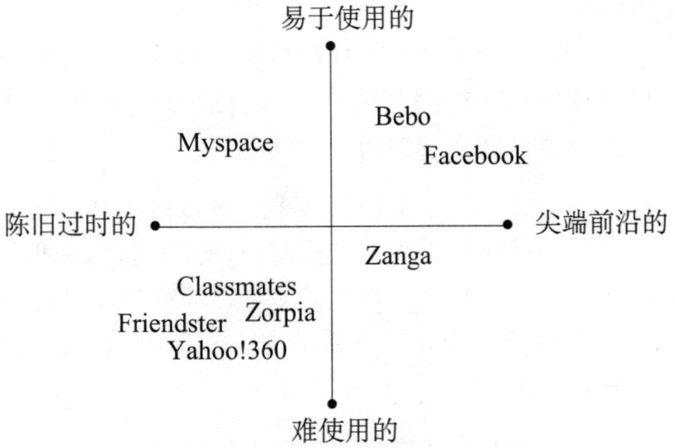

图 18—2a　社交网站的知觉地图

明确竞争。两个品牌在知觉地图中的位置靠得越近，它们在消费者脑海中的竞争性就越紧密。品牌之间离得越远，消费者也会觉得它们越不相似。图 18—2a 所展现的定位地图表明：

● Facebook 和 Bebo 相互之间存在着直接竞争，且与其他社交网站之间距离较远。

● Classmates、Friendster、Zorpia 和 Yahoo！360 被认为是相似的竞争网站。

● Myspace 与其他网站都没有直接竞争。

● Zanga 与其他网站也都没有直接竞争。

理想品牌。落在象限Ⅱ的品牌通常具有竞争优势，因为它们在两种维度上的感知都是积极的。为了确定象限Ⅱ中哪个品牌是相对较强的，知觉地图可能还需要标注“理想”品牌，这样的品牌在消费者脑海中往往具备所有优点，没有任何缺陷。图 18—2b 将理想品牌加入到知觉地图中。注意在这个案例中，尽管人们期待这个理想品牌既易于使用又是尖端前沿的（因为它落在象限Ⅱ），但是它在易于使用上更具优势。因此，尽管 Bebo 和 Facebook 都落在象限Ⅱ，相比于 Facebook，Bebo 是更加强势的品牌，因为它距离理想品牌更近。

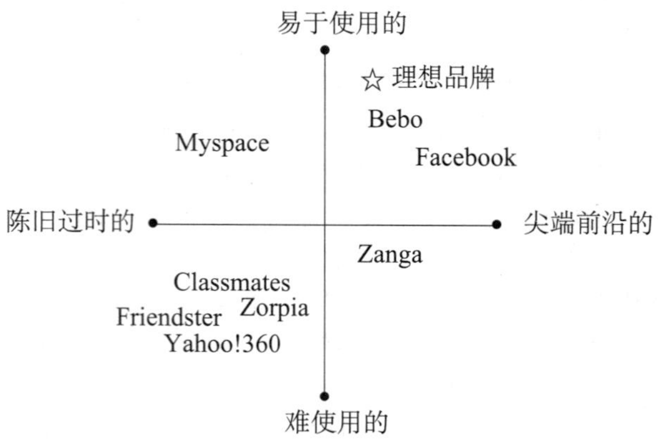

图 18—2b　社交网站的知觉地图：加入理想品牌

构建知觉地图

前面章节为解读知觉地图提供了方向，本章将逐步解释如何构建知觉地图。幸运的是，电脑已经完成了大量计算的“重活儿”，因此调查者只需要关注调查结果的解读。该部分将集中讨论的是为网络零售书店构建知觉地图[3]。

属性识别。知觉地图首先需要创建一系列具体的
520 类别属性，因为维度是根据单个属性来建立的，所以品牌和产品属性的列表需要包含所有在消费者评估目标品牌或产品时认为重要的（或者判断调查表明潜在重要的）特征。缺少它们的构成属性，就无法发现重要的维度。

接下来是设计量表。这些量表要求受访者针对每一属性评价每一个品牌或产品（包括理想品牌）。例如，消费者可能会被询问如下问题：

> 下面列举了七家网络零售书店的名称，请针对每家书店指出你对“网站中一直有我想要找的书”的同意程度。你可以使用“1”（表示“非常同意”）到“10”（表示“完全不同意”）来表明自己的态度。

所有品牌所有属性的评价以及后续从更广泛的维度对属性进行的数字结合，反映了对于知觉地图的假设；也就是说，受访者对于具体属性的评价反映了用来区别品牌的潜在维度。这 10 个用来评估在线书店的属性是：

> 网站中一直有我想要找的书
> 这个网站是个很有趣的购物场所
> 在这里购物很方便
> 这个网站的设计让购物变得安全
> 这个网站能保护我的个人信息
> 在这个网站购物非常无聊
> 我自己在这里找到的东西总是让我感到很惊喜
> 我不担心在这个网站上注册
> 我希望在这里购物
> 这个网站不会滥用我的个人数据

判定维度的数量。第 16 章介绍了相关分析和相关系数，这是表明两个测量之间关系的计算数字（例如＋0.76）。符号表明了关系的方向，而系数的大小则表明了关系的强度，系数越大关系越强。

检验和解读一对测量之间的相关性非常简单，只需要标明方向和系数的大小。而计算并检验多个测量的相关系数则相当困难，因为有大量的相关系数需要去检验。例如，15 个测量的交互关联会带来 105 对相关关系。因子分析可以解决这个问题，它通过识别数量相对较少的因子或维度，以代表大量的变量之间的关系。

在消费者评价了目标品牌或产品的每个属性后，就可以开始进行因子分析。统计分析程序对该套评价

数据进行检测，并计算出每一对变量的相关系数。在所有变量的相关系数都计算完成后，会对相关系数进行处理，从而形成足够的因子（通常等于属性的数
521 量）来解释所有的样本方差[4]。我们可以在下表中看到这一点，第一列中每一行被标上了从 1 到 10 的数字，这反映出有 10 项属性需要被评估。最后一列的总计为 100%，表明所有的方差都得到了解释。

因子	特征值	方差百分比（%）
1	5.71	57.1
2	2.11	21.1
3	0.67	6.7
4	0.52	5.2
5	0.38	3.8
6	0.21	2.1
7	0.18	1.8
8	0.09	0.9
9	0.07	0.7
10	0.06	0.6
总计	10.00	100.0

剩下的数据提供了更加具体的信息。

● 第二列记录了特征值，方差总量通过每个因子得以解释。只有需要在下一列中计算百分比时，这一列才尤为重要。

● 第三列将特征值转化成了百分比。特征值所在列的总数总是与调查中所使用的属性的数量相等。因此，特征值为 5.71 的因子 1 占了总体样本方差的 57.1%（计算为 5.71÷10，也就是因子特征值除以属性的总数）。方差百分比是非常重要的计算，它表明了某个因子对于消费者的重要性。一个因子的方差百分比越大，该因子在评估调查研究的品牌或产品时对消费者就越重要。

调查者在检验了由每个因子解释的方差百分比之后，就会选择后续分析中所要用到的因子数。一般来说，调查者会选用最少的因子数量来解释最大数量的样本方差。在某种程度上，可以被理解为一种主观的判断。“高”是一个相对性的词语，它在不同的研究中意义也不同，但是总计在 70%或以上通常能够被接受。在这个案例中，有两个因子有可能被选中，因为它们加起来占到了方差的 78.2%。这个数字看起来很合理，因为即使加上第三个因子总体也不会有太多变化。[5]一旦决定了因子的数量，因子分析电脑程序就会对数据进行重新分析，将因子的数量限制在调查者选出的数量内。

接下来，我们将会对各属性的因子负荷（factor loading）进行计算和检验。因子负荷表明了单个测量与因子之间的关联程度，并且与相关系数的解读类似：一个正向的因子负荷表明测量和因子之间积极的关联，而一个负向的因子负荷则表明了一种消极的关联。关联的强度由因子负荷的数字部分反映，因子负荷通常通过与表 18—1 中表格 A 类似的格式来呈现，表现每个属性与每个因子之间的关系。

表格生成后，需要找到某个因子与哪一项属性有最强的关联。而这一点很容易被发现：就是不考虑符号的情况下每一行最大的数字即表示有最强的关联。例如，第一个属性“网站中一直有我想要找的书”与因子 1 之间的关联最紧密。第五个属性“这个网站能保护我的个人信息”与因子 2 之间的关联最紧密。当对每个属性与每个因子之间的关联进行判断后，记录和突出这些关联能够让表现样式更加简单明了、便于分析，就像表 18—1 中表格 B 呈现的那样。此外，当每个属性与它的因子之间呈正向关联时，解读会更加容易。负号可以通过反转属性描述并反转因子负荷关联的符号消除。例如，当描述变成“非常令人兴奋”

表 18—1　　属性与因子之间的关联 522

表格 A：初始因子负荷

属性	因子 1	因子 2
网站中一直有我想要找的书	0.987	0.231
这个网站是个很有趣的购物场所	0.675	0.033
在这里购物很方便	0.656	−0.123
这个网站的设计让购物变得安全	0.034	0.567
这个网站能保护我的个人信息	−0.231	0.655
在这个网站购物非常无聊	−0.756	0.343
我自己在这里找到的东西总是让我感到很惊喜	0.790	−0.321
我不担心在这个网站上注册	0.321	0.791
我希望在这里购物	0.887	0.321
这个网站不会滥用我的个人数据	−0.188	0.765

表格 B：有序的因子负荷

属性	因子 1	因子 2
网站中一直有我想要找的书	0.987	0.231
我希望在这里购物	0.887	0.321
我自己在这里找到的东西总是让我感到很惊喜	0.790	−0.321
在这个网站购物非常无聊	−0.756	0.343
这个网站是个很有趣的购物场所	0.675	0.033
在这里购物很方便	0.656	−0.123
我不担心在这个网站上注册	0.321	0.791
这个网站不会滥用我的个人数据	−0.188	0.765
这个网站能保护我的个人信息	−0.231	0.655
这个网站的设计让购物变得安全	0.034	0.567

时，“非常无聊”的负号就会消除。比较一下表18—1中表格 A 和 B 中陈述和因子的关联。 524

接下来，调查者为每一个因子命名，选择的名称要反映与因子具有最强关联的属性所共有的或共享的特征。维度名称建立在调查者判断的基础上，同时维度名称还可以反映逻辑或情感的一系列潜在态度。正如前面展示的，维度名称应该是一个统一体，同时要准确地反映潜在态度的共同特征。在这个案例中，两个因子可以被命名为：

- 因子 1：购物体验（很好与很差）
- 因子 2：购物安全（非常安全与很不安全）

前面的步骤要求调查者去判定消费者用来评估某品类中品牌维度的数量和特征。最后一步则是将品牌放置于地图中。为达到这个目的，调查者需要了解每个品牌对应各因子的平均得分。这个计算通常通过统计分析程序来完成。为每个品牌计算的得分代表每个品牌对组成单个因子所有测量的平均评价。七家网络书店的平均因子得分如下表所示。利用这些数字将品牌置于地图中，形成如图 18—3 所示的知觉地图。请注意维度的两端可以用因子序列适合的那端进行标记。

品牌	因子 1 购物体验	因子 2 购物安全
Amazon	3.5	3.5
Alibris	1.3	4.7
Bestsellers	4.0	−3.2
Bookdepot	3.5	−4.2
Bookspot	2.2	−3.8
Booktopia	−4.0	−4.2
Bookworld	−2.2	4.5
理想品牌	4.5	4.5

注意：得分范围为−5（最低）至+5（最高）

图 18—3 品牌位置：网络书店

图 18—3 中所示的知觉地图提供的核心洞察是：

- 理想品牌位于右上角的象限Ⅱ。这意味着消费者既需要良好的购物体验，也需要保证购物安全。
- Amazon 和 Alibris 位于象限Ⅱ中最具有竞争力的位置。尽管占据最优势竞争地位的 Amazon 被置于距离理想品牌很近的位置，但这两个品牌在消费者看来非常类似。
- Booktopia 在象限Ⅳ中最糟糕的位置。该品牌是唯一被消费者评价为不具有任何利益点的品牌。
- Bookworld 独自处于Ⅰ，没有直接的竞争。消费者认为它只拥有两个利益点中的一个。
- Bookspot、Bestseller 和 Bookdepot 都在象限Ⅲ，彼此之间存在直接的竞争。消费者认为这三个品牌都只具备两个利益点中的一个。

知觉地图中最后也是最重要的一个步骤是回答问题：“现在我们该做什么？”下一章节将讨论利用知觉地图制定策略的方法。

知觉地图与广告策略

通过识别消费者用来评估品牌的维度以及他们在这些维度上对品牌的感知，知觉地图能够对广告策划起到非常重要的作用。利用这些信息的广告主能够判断在他们品牌布局时有多少行为应当被列入考虑之中。下面的讨论列举了一些常见的决策，这些决策利用了图 18—3 中的知觉地图。

处于优势竞争地位的品牌。由于 Amazon 和 Alibris 处在象限Ⅱ中，因此相对于其他品牌，它们处于优势竞争地位。消费者认为这两个网站同时拥有两个
525 重要的利益点：购物安全和良好的购物体验。然而，相比于 Alibris，Amazon 具有更强的竞争优势，因为它处在距离理想品牌更近的位置。这个象限中的品牌通常会根据自身所处位置、竞争者所处位置以及理想品牌所处位置，选用三种策略中的一种。

- Amazon 将会努力守住自己的战略地位，因为它是七个品牌中最强且与理想品牌最为接近的。Amazon 需要继续加强消费者对其具体特征和对理想品牌期望的特征现有的感知。
- Alibris 则面临着非常不同的境况。尽管它的品牌感知非常积极，但是相比于 Amazon 它还处在相对

较弱的位置。考虑到这样的情况，如果 Alibris 想要改变竞争格局，它有三种选择。如果成功，每一种选择的结果如图 18—4 所示。首先，Alibris 可以加强当前的品牌地位并试图去降低 Amazon 的品牌感知。如果成功了，这个策略将会使 Amazon 远离理想品牌，而 Alibris 则会离理想品牌更近（图 18—4a）。其次，它可以尝试去提升自身形象来超越 Amazon，从而离理想品牌更近（图 18—4b）。在这个案例中，由于它看起来在“安全”方面离理想品牌更近一些，因此它需要全力提升自己在购物体验方面的感知。最后，Alibris 可以不管自身和 Amazon 的位置，而去试着将理想品牌移到离自己品牌更近的位置，实际上就是让消费者相信安全性比良好的购物体验更重要。如果成功了，Alibris 也会成为距离理想品牌更近的品牌（图 18—4c）。

处于中等优势竞争地位的品牌。如图18—3所示，Bookworld、Bestseller、Bookspot 和 Bookdepot 都处于中等竞争优势的地位。它们所在的象限具有某一个维度的优势，而在另一个维度则处于弱势。这些品牌可用的策略需要考虑它们与理想品牌之间的距离，以及与它们处在同一象限的其他竞争品牌的位置和数量。

● Bookworld 所处地位特殊，因为它是唯一一个处在该象限的品牌。消费者对于 Bookworld 在“安全”方面的感知和 Alibris 以及理想品牌达到了同样的高度。这个品牌有两个选择，第一，它可以选择留在自己原来的位置，成为一个利基品牌来迎合那些只关注购物安全这一单独维度的个人。第二，它可以尝试去提升消费者对其购物体验的感知。如果后一个策略成功的话，这个品牌可能会从象限Ⅰ移动到象限Ⅱ，在很大程度上提升自身的品牌竞争地位，并移动到距离理想品牌更近的位置（见图 18—4d）。

526

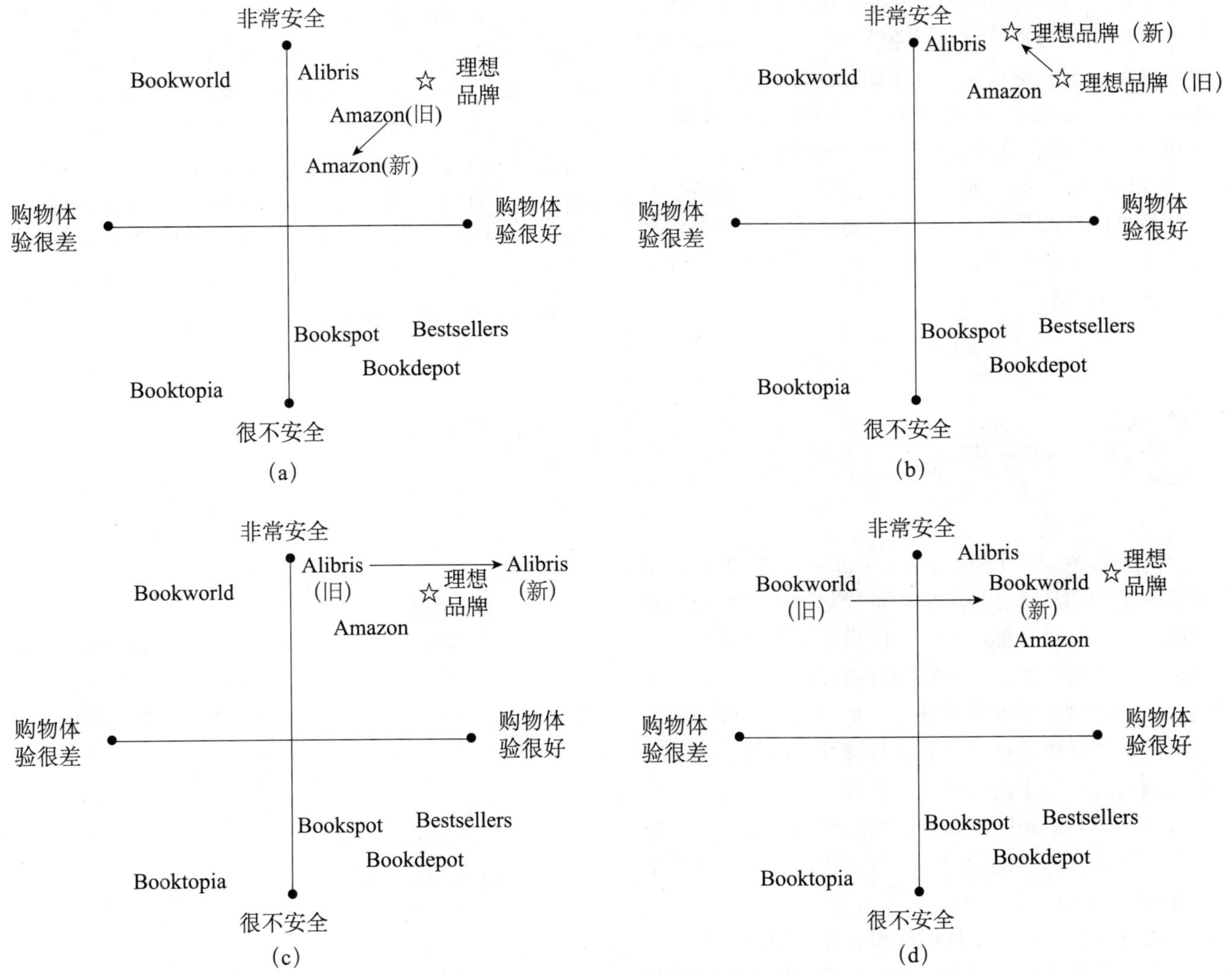

图 18—4　潜在的策略选择

● Bestseller、Bookspot 和 Bookdepot 所处的地位则很不一样，因为在这一象限中有三个位置相近的品牌，竞争激烈。该象限中三个品牌都被视为可相互比较，因此一个品牌如果停留在自己当前的位置，便很难与其他品牌形成差异。处于这个地位的品牌最常见的选择就是通过提高购物安全方面的感知寻找突破口。成功的品牌就会从象限Ⅲ移动到象限Ⅱ。

528 最后要提及的是，对于象限Ⅰ和象限Ⅲ的品牌来说，有一个既具有较高风险又具有较高回报的选择。如果该品牌不尝试将品牌移动到象限Ⅱ，则有可能去尝试说服消费者以一个全新的维度来评估品牌。如果尝试成功，且假设这个新的维度是该品牌的独特优势，该品牌就会发现自己处于最优势竞争地位，成为唯一靠近理想品牌的品牌，因为它在原创的和新的维度上占据最强优势。设想一下，在所有的品牌中，Bookworld 是最佳“企业公民”，它将整个企业 25% 的收益都捐给了慈善机构，采用了最先进的环境控制技术，并购买可持续发展能源等等。如果 Bookworld 能够说服目标消费者这一点比拥有良好的购物体验更重要的话，那么结果就会像图 18—5 所示的那样。Bookworld 移动到离新的理想品牌最近的位置，成为这个象限中唯一的品牌，因为它是唯一一个具备对新维度积极感知的品牌。注意在该地图中，品牌的位置反映了对每个品牌“安全”的最初感知和对“企业公民”的新的感知。

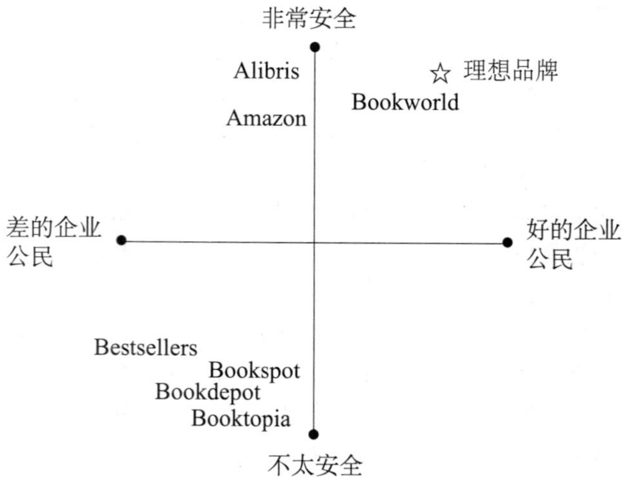

图 18—5 维度改变后的品牌位置

处于弱势竞争位置的品牌。象限Ⅳ中的品牌在市场成功方面面临着几乎难以克服的障碍，因为它们不具备消费者评估的任何一项属性。由于它们很难通过 529
对角移动（也就是直接从象限Ⅳ移动到象限Ⅱ）来重新定位品牌，这些品牌在成功的道路上还有很长的、高成本的路要走。（注意移动到对角位置非常困难，通常也不推荐，因为这需要同时改变多个方面的感知。）处于该象限的品牌必须首先对品牌进行投资，以传达什么对消费者重要，然后必须改变消费者的感知来匹配这些品牌的改变。

对应地图

对应地图（correspondence maps）在提供对消费者品牌感知和品牌竞争集群的可视化再现方面与知觉地图类似。然而，如图 18—6 所展示的对应地图，这些地图与知觉地图在一个重要方面存在差别。对应地图并不提供对于维度的洞察，而是识别与品牌关联最强的一系列具体的属性。品牌与属性之间越接近，它们在消费者心目中的关联也就越强。

考虑到对应地图与知觉地图所具有的相似性，即为二者可以利用类似的程序进行创建，我们以网络书店为例说明步骤。

属性识别。同知觉地图类似，对应地图首先要列出具体的品类属性。因为品牌与单独的属性将会被放
530 在同一张地图中（见图 18—6），因此非常重要的是，

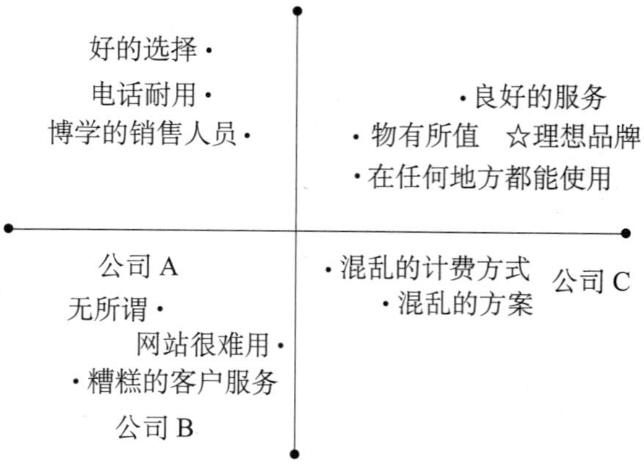

图 18—6 对应品牌地图

列出的品牌和产品属性要包含消费者在评估目标品牌或产品时认为重要的所有属性（或者通过判断或调查得到的可能重要的属性）。除了这些属性外，也可能会包含那些现在不一定但未来有可能被提及的属性。这要求广告主去辨别是否有品牌已经与这些属性相关联。

接下来需要创建名称级测量。这些测量用来判断具体的属性是否与具体的品牌相关联，如果需要，是否与理想品牌关联。因此，不同于知觉地图中量表的使用，这些测量会引出是或否的回答，如下所示：

> 不同的网络书店有着不同的特征。一次我会给你念一个特征，在念完特征后，我会念出一个网络书店的名单。对于每一个书店，请告诉我这个书店是否具备该项特征。如果有你可以回答“是”，如果没有就回答“否”。

一旦所有的属性与所有的品牌都取得关联，统计分析程序就会执行因子分析与相关分析。接着相关分析会将数据放置在一个二维图中，品牌与属性之间的距离反映了关联的程度。地图中的位置越近，表明相互之间的关系越强。图 18—6 所示的对应地图代表了消费者对于四个不同手机公司的看法。地图表明：

- 没有一个品牌被认为接近理想品牌。与理想品牌关联最紧密的属性是“良好的服务”、“物有所值”以及“在任何地方都能使用”。
- 在所有竞争者中，品牌 C 与理想品牌最为接近。然而，这个品牌又与“混乱的计费方式”和“混乱的方案”关联最紧密。
- 没有品牌与左上角积极属性组相关联。但是，这些属性被认为是较为重要的，因为它们与理想品牌距离较远；同时
- 品牌 A 和品牌 B 被认为彼此相似，且与理想品牌较远。两个品牌都与多个消极属性相关联。

广告策略的应用

同知觉地图一样，对应地图也能使广告主从消费者的视角来判断他们当前定位的优势和弱势，以及该品牌最直接的竞争对手。这个信息接着可以被用来识别，从广告主的视角来看，该品牌在多大程度上能够守住自己当前的位置，或者改变自己的定位并尝试移动到地图上不同的位置，也可能进入当前的开放的利基市场。这两种选择中的每一种都已在图 18—6 中显示。

- 品牌 C 处于最优势竞争地位。通过提升消费者对其在服务、价值和可靠性方面的感知，同时去除自身混乱的计费方式和方案这些消极的属性，它可以将自己移动到离理想品牌更近的位置从而增强自己的市场地位。 531
- 品牌 A 与品牌 B 则处于弱势竞争地位。这样的品牌需要将自己与其他品牌区别开来，去除一系列已被感知的消极关联，提升自己与积极属性（那些与理想品牌较近或者处于左上角当前与任何品牌都没有关联的属性）的关联。

品牌概念地图

知觉地图和对应地图是对多个品牌与任一维度或属性之间关系的可视化。品牌概念地图则在关于消费者感知某个品牌方面提供了更多的细节。图 18—7 显示了一个针对“大众”（Volkswagen）的简化的品牌概念地图。[6] 该图代表了消费者与大众关联起来的最重要属性，其中大众与“驾驶乐趣”、“干净的颜色”以及“并不昂贵”三个属性的关联最为紧密。注意在一个品牌概念地图中，连接两个项目之间的线条数量越多，就表明关联越紧密。

品牌概念地图的创建一般要经历三个步骤：抽取、绘制地图和聚合。下面将在梅奥诊所（Mayo Clinic）品牌概念地图的形成过程中讨论每一步骤。

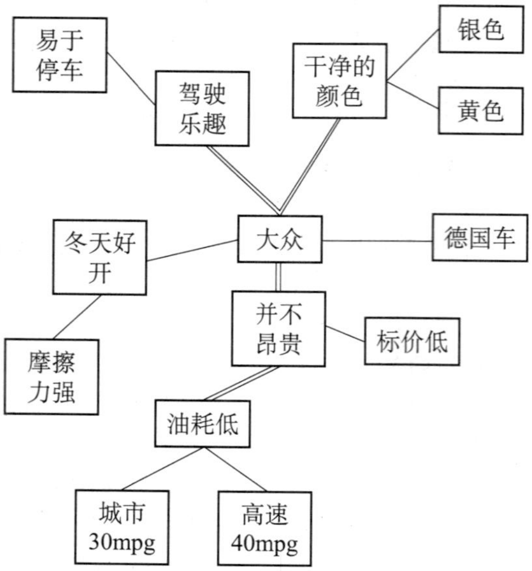

图 18—7　品牌概念地图：大众

（mpg 为每加仑燃油行驶的英里数。——译者注）

532 ## 抽取

抽取是指调查者会确定最重要的品牌关联项。这些关联项可以通过焦点小组的方法定性地获取，也可以通过定量调查的方法来获取。不管使用什么方法，调查者必须遵循以下四条准则：

> 第一，用来识别显著关联项的数据应该从同一个消费群体中获取，因为这些数据将会用于绘制地图。第二，用来识别显著关联项的数据应该基于受访者对开放式问题回答的情况（例如，"当你想到'品牌'，脑海中会出现什么？"）。开放式问题能够使消费者表达任何会想到的品牌关联项，重要的是能够让消费者用自己的语言进行表达。第三，最频繁被提到的品牌关联项应当被挑选出来形成最终成果。（50%及以上的水平可接受。）第四，在选择准确描述显著品牌关联项的词汇时，采用消费者使用的词语而不是调查者或管理者常用的词语非常重要。

绘制地图

绘制地图要从消费者那里收集品牌关联的数据，在上一步中被频繁提及的品牌关联项被写在卡片上，所有卡片被打乱次序后发给消费者。接着，

> 受访者会被要求选择之前做好的任意一张卡片以反映他们对品牌的感受。为了检查并确保所有的显著品牌关联项都已被包含在卡片当中，还需要准备空白卡片让消费者添加额外的关联项。然后，受访者会看到一个品牌概念地图的例子，并按照要求绘制自己的品牌地图。受访者将自己挑选的品牌关联项、品牌关联项和品牌进行连接，不同品牌关联项之间联系的强度用另外一套包含不同线条（单线、双线、三线）的卡片来表现。

聚合

最后一步是信息聚合，调查者会对受访者绘制的品牌地图进行编码，然后基于收集到的数据，使用一系列的决策规则将单个地图整合成一个总的模型地图。编码包含两个步骤。第一步是将单个地图中出现

的每一个属性编码，包括四个方面：

1. 该属性是否呈现出来，

2. 连接每个关联项与目标品牌或另一属性之间线条的类型（单线、双线、三线），

3. 地图中关联项出现的级别（例如，1 级是与品牌相联，2 级是在 1 级关联项之下连接），

4. 地图中每个品牌关联项上下联结的是哪项品牌关联项。

533 第二步是将这些编码聚合为归纳测量。这些指导形成模型地图的总的测量呈现于表 18—2 中，描述如下。

●“提及频次”是指某一个品牌关联出现在地图上的次数。例如，在表 18—2 中，“有治疗重大疾病的专家”就是被最频繁提及的关联项。

●“相互连接的数量”表明某个品牌关联项与其他品牌关联项之间联系的次数。例如，“有治疗重大疾病的专家”与其他品牌关联项之间有着最强的相互连接（见表 18—2）。（关于这一点和前面的测量，注意被频繁提及且有着许多相互连接的关联项通常是一个模型品牌地图中“核心”品牌关联项最有可能的备选项。）

●“第一提及频次”是一个品牌关联项在单个地图中直接与品牌连接的次数。例如，在表 18—2 中，“医学研究的领导者”就是与梅奥诊所品牌直接连接最频繁的关联项。

●“第一提及率”是当一个关联项出现在单个地图中时，它所占的直接与品牌相连接次数所占的百分比。例如，在表 18—2 中，在将“医学研究的领导者”列入品牌地图的病人中，有 75.9%的人都将这个关联项与梅奥诊所品牌直接连接。

●“相互连接的类型”表明一个品牌关联项在品牌地图中被置于其他关联项之上（上级的）或者其他关联项之下（次级的）的频繁程度。如表 18—2 所示，病人经常提到“最先进的医疗设备与技术”，但是却将它放在次级的位置而不是上级的位置。（关于这一点和前面两种测量，注意与品牌直接连接并处在更加靠上位置而不是靠下位置的关联项通常是模型品牌地图中“核心”品牌关联项最有可能的备选项。）

如前面所说，一套决策规则控制着被编码的数据如何转换成一个典型品牌概念地图。表 18—3 提供了一套决策规则，而表 18—4 对约翰等人（John et al.）[7] 利用决策规则来创建整合的品牌地图的具体步骤进行了阐述。

最终的品牌地图如图 18—8 所示。注意在梅奥诊所的品牌地图中，连接两个属性之间的线条越多，表明关联性就越大。此外，实线框表明核心关联，而虚线框则表明非核心关联。

534 **表 18—2**　　**品牌概念地图的属性编码**

品牌关联项	核心关联项		第一提及关联项			
	提及频次	相互连接的数量	第一提及频次	第一提及率（%）	次级关联	上级关联
有治疗重大疾病的专家	64	75	34	53.1	30	45
最先进的医疗设备与技术	60	62	22	36.7	38	24
医学研究的领导者	54	60	41	75.9	13	44
世界知名	54	57	37	68.5	17	27
一流的手术和治疗	53	44	21	39.6	32	22
有世界上最好的医生	51	54	29	56.9	22	52
新治疗方法的世界领先者	51	74	23	45.1	28	41
能相信它是正确的	51	69	22	43.1	29	25
医疗团队协作	50	54	20	40.0	30	34
能够获得最好的看护	49	64	33	67.3	16	45
能治疗疑难杂症	49	61	23	46.9	26	18
当别人无法判断时能指出问题所在	49	44	15	30.6	35	22
发布关于健康的信息	44	57	19	43.2	25	9
医生友好	44	34	15	34.1	29	2
有同情心和慈悲心	42	50	19	45.2	23	19
为名人治疗	38	42	13	34.2	25	0

续前表

品牌关联项	核心关联项		第一提及关联项			
	提及频次	相互连接的数量	第一提及频次	第一提及率（%）	次级关联	上级关联
如果我需要了解梅奥诊所会很方便	36	25	19	52.8	18	15
我认识的人推荐梅奥诊所	30	33	19	63.3	11	4
癌症研究和治疗的领导者	29	15	11	37.9	18	5
更关注人而非金钱	27	23	14	51.9	13	7
终审法院	12	20	5	41.7	7	1
除非患重大疾病或知名否则很难进	5	8	1	20.0	4	1
非常庞大和令人生畏的	3	5	3	100.0	0	4
昂贵的	3	4	1	33.3	2	1
利用自己的名声来赚钱	3	3	1	0.0	2	1

注意：核心品牌关联项用黑体字表示，第一提及品牌关联项用斜体字表示。

535 **表18—3**　**品牌概念地图的决策规则**

步骤	测量	规则
1. 挑选核心品牌关联项	提及频次 相互连接的数量	挑选符合下列要求的品牌关联项： ● 至少占地图的50% ● 如果相互连接的数量等于或高于其他核心品牌关联项，占地图的45%～49%
2. 挑选第一品牌关联项	第一提及频次 第一提及率 相互连接的类型	挑选的品牌关联项需要具备： ● 第一提及率至少占总提及率的50% ● 上级关联比次级关联多
3. 挑选核心品牌关联项连接	关联连接的频次	通过下列方法挑选出核心品牌关联项连接： ● 在频繁提及处寻找转折点（转折点与目标数量相等） ● 包含所有达到或超过地图目标数的连接
4. 挑选非核心品牌关联项连接	关联连接的频次	挑选出具备下列特征的非核心品牌关联项连接： ● 与核心品牌关联项连接 ● 在目标数量地图之上的连接
5. 挑选连接线的数量	每种连接所使用线条数量的均值	挑选单线、双线或三线进行连接： ● 确定每种连接所用线条的均值 ● 四舍五入为整数

536 **表18—4**　**品牌概念地图中决策规则的应用**

我们使用五个步骤来创建整合的品牌地图。

第一步，我们需要识别出将被置于地图中的核心品牌关联项。为此我们将采用两种测量：提及的频次与相互连接的数量。我们识别出那些至少占据品牌地图50%的品牌关联项，将其作为核心品牌关联项……如果相互连接的数量等于或高于其他核心品牌关联项，临界频次（45%～49%）的关联项也可以。应用这些规则，我们为梅奥诊所患者找到了12个核心品牌关联项（见表18—2中的黑体字项目）。

第二步，我们要通过识别出与梅奥品牌直接连接的核心品牌关联项，来创建整合的地图。我们通过三个测量识别核心品牌关联项（第一关联）（见表18—2）：第一提及频次、第一提及率和相互连接的类型。我们挑选出第一提及率占总提及率50%及以上的关联项，有上级关联而不是次级关联的项来作为第一提及关联项。将这些原则应用到患者数据后，我们挑选出六个核心品牌关联项作为第一品牌关联项，也就是在整合的品牌地图中与梅奥诊所直接联系的项目（见表18—2中斜体字项目）。

第三步，我们将剩下的核心品牌放置在品牌图中。它们需要至少和一个第一提及品牌关联项进行连接，12 个核心品牌关联项之间的重要连接也需要被置于整合的地图中。为了实现这个目的，我们首先需要计算出在品牌地图中，具体关联项之间的连接线的数量。接着我们需要计算出一个、两个、三个等品牌地图中出现不同关联项之间连接线的频次，通过使用这些频次来挑选出哪一项关联项连接需要被置于一致的地图中。

第四步，我们将重要的连接线加入到整合的地图中来连接核心品牌关联项与非核心品牌关联项。一些常被提及的连接线会连接起核心品牌关联项与非核心品牌关联项。尽管整合的品牌地图可能会被限制在核心品牌关联项中，但是对管理者来说，了解驱动消费者感知的核心品牌关联项非常重要。我们将这些连接线加入到整合的地图中，用虚线框出非核心品牌关联项，从而与更重要的核心品牌关联项区别开来。

第五步，我们将连接线（单线、双线或三线）放入地图中来表明关联项之间连接的强度。对于每一个关联项，我们会计算出受访者使用线条的平均值并将其四舍五入为最接近的整数（例如，2.3≈2），从而确定整合的品牌地图中我们使用了多少线条。

537

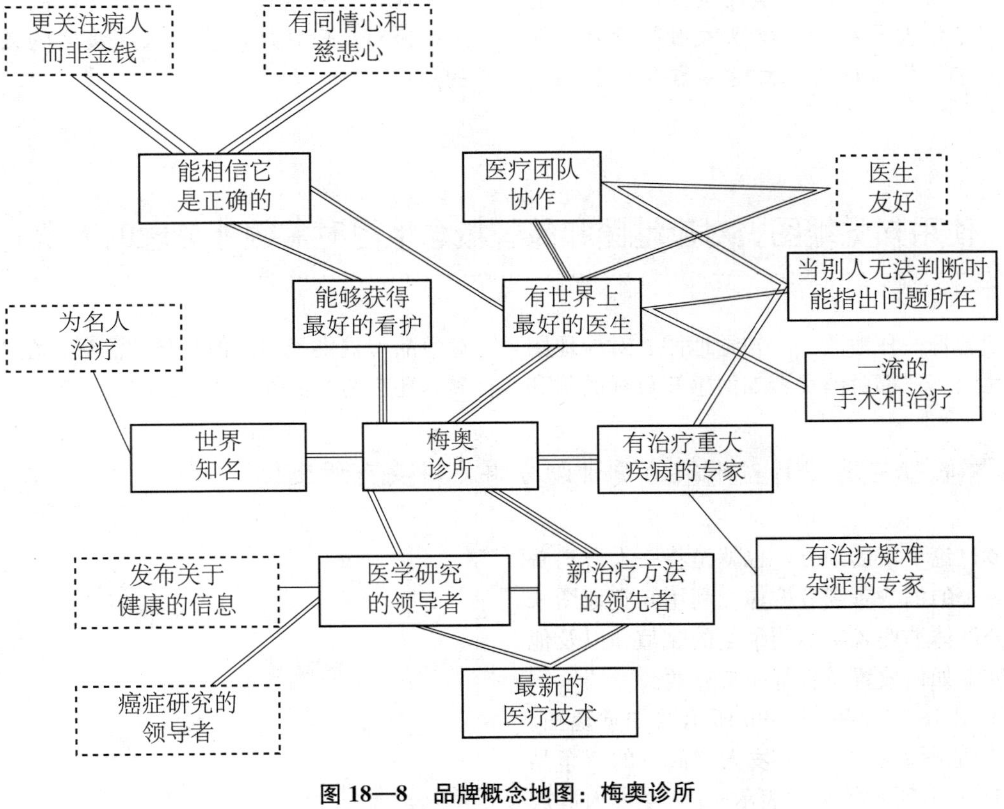

图 18—8　品牌概念地图：梅奥诊所

广告决策制定的应用

约翰等人[8]指出品牌概念地图提供了

> 一幅消费者如何思考品牌的图像，同时以一种可视化的形式来让管理者更容易地看出重要的品牌关联项，以及它们在消费者的脑海中是如何联系的。特别是核心品牌关联项，品牌地图中突出的最重要的特征之一，是推动品牌形象最重要的一组品牌关联项。尽管消费者会将许多事物等同于一个品牌，但只有核心品牌关联项特别是那些直接与品牌相关联的，才是管理者应该投入气力去建设、利用和维护的焦点。

广告主可以通过多种方式来利用品牌概念地图所提供的信息。

当希望的定位与消费者提出的定位相同时，广告主会发现自己处于非常乐观的地位。在这种情境下，广告主更趋向于守住和巩固自己的定位，对与品牌关联最紧密的属性予以特别关注。在梅奥诊所的案例中：

> 管理者需要确保这些关联项以及其他与它们相关的关联项能够持续地与消费者产生共鸣。例如，为了维持梅奥诊所“有世界上最好的医生”这一感知，品牌推广就应该努力在传播中突出这个关联项。此外，传播时还需要强调“医疗团队协作”以及梅奥诊所“医生友好”，因为这些关联项都是与“有世界上最好的医生”相连接的。
>
> 同样重要的是，我们需要保护核心品牌关联项不受侵蚀或稀释。例如，为了防止“医学研究的领导者”这一关联项受侵蚀，诊所应当在资金、工作人员和公众信息方面履行对医学研究的承诺。梅奥诊所完成这一点最重要的途径是继续努力成为“癌症研究的领导者”，并继续“发布健康信息”。与核心品牌关联项不一致的活动应该受到质疑，因为它有可能会稀释重要品牌关联项或者增加与形象不符的新的品牌关联项。例如，如果梅奥诊所开设美容护肤沙龙，这必然与它既有的诸如“新治疗方法的世界领先者”和“有治疗疑难杂症疾病的专家”的关联项相符。

也有一种可能就是消费者将品牌与属性关联的方式是与广告主的愿望或目标相悖的。在这种情况下，对广告主来说，通过判断来产生品牌的“理想”地图通常会起到作用，这之后可以同典型品牌概念地图进行比较，从而确定未来策略的领域以及广告的焦点。

使用知觉地图、对应地图和品牌概念地图时需额外考虑的因素

前面提到的每一种地图——知觉地图、对应地图和品牌概念地图——都对消费者如何感知目标品牌和竞争品牌提供了不同但互补的洞察。在使用这些技术时，还有两个额外的考虑因素。

538 同一品牌的知觉地图针对不同消费者细分群体时要有所变化

前面章节讨论了市场细分，也就是将一大群消费者划分成相对小的消费者细分群体。利用知觉地图来观察不同细分群体消费者给不同维度的赋值，以及他们在那些维度上如何放置品牌都非常有益。539

思考一下图18—9a和18—9b所示的知觉地图。图18—9a中的地图表示18～24岁人群放置的汽车品牌位置，图18—9b所示的地图表示45～54岁人群放置的位置。[9]注意两幅地图中的重要差异：

- 两幅地图中理想品牌的位置不同。品牌的位置表明，尽管18～24岁人群对“可靠性”和“时尚”都很重视，但是后一个维度对这个群体更加重要。相反的，年长的群体对“可靠性”赋予更高的价值，而“时尚”这个维度只是一般重要。
- 两幅地图中的品牌位置无论是在竞争态势方面，还是与理想品牌的距离方面都存在很大差异。

因此，我们需要用完全不同的营销策略来触及不同年龄群体。

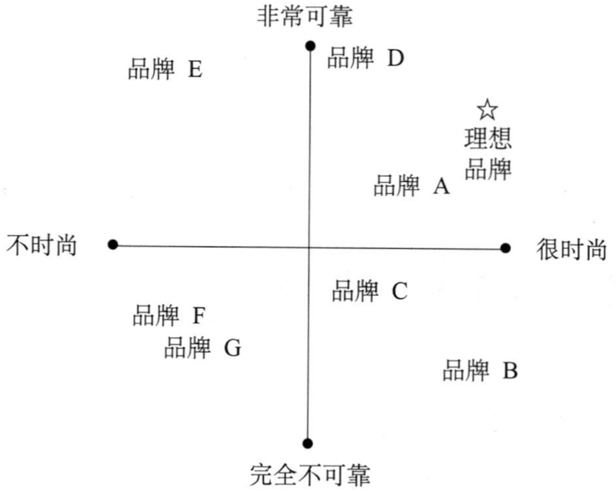

图18—9a 汽车品牌的知觉地图：18～24岁

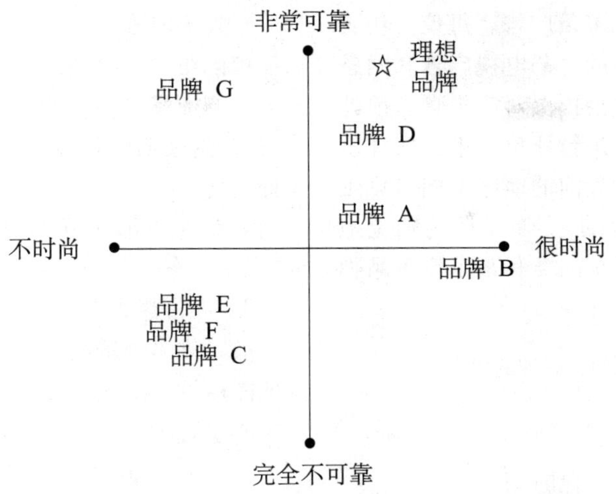

图 18—9b　汽车品牌的知觉地图：45～54 岁

比较当前的和潜在的消费者有助于制定策略决策

前面的案例展示了对于不同的消费者细分群体，品牌和品类感知有怎样的差异。广告主还可通过当前品牌使用者与其他品牌使用者的品牌关联项，来进一步使用这种比较方法，例如比较非用户、不频繁用户和当前用户。图 18—10 所示的对应地图提供了这三类群体对“冷冻食品的健康选择”的定位。该图说明了各个群体用不同属性将品牌联系起来。很明显不同群体的品牌感知和品牌关联不同。利用这个信息，广告主能够判断出需要首先针对哪类目标人群，以及如何对这个目标群体宣传以影响其他群体的感知。 540

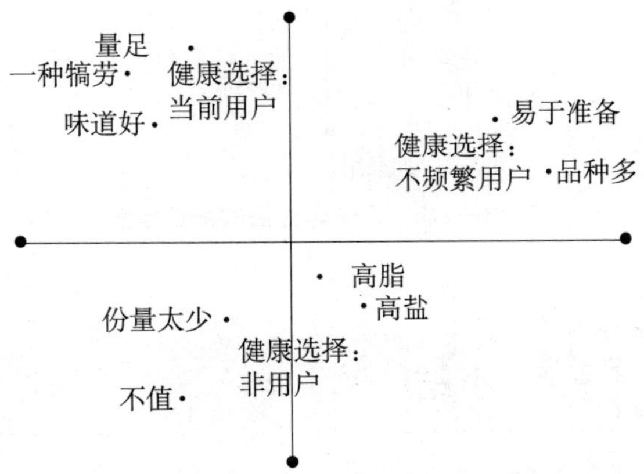

图 18—10　不同用户细分群体对品牌位置的影响

做广告前后的地图能够追踪广告效果

同调查类似，品牌地图提供了消费者感知的“时间点”快照。这些地图还可能有助于评估广告对消费者感知的影响。在这种情况下，我们能够将广告投放之前的品牌地图与广告曝光后的地图进行比较。 541

例如，D'Arcy Masius Benton & Bowels 广告代理公司请受访者评价 12 个汽车品牌的 15 项属性（例如质量、速度和技术领先等）。[10]最初评价的结果如图 18—11a 中的广告曝光前的知觉地图所示。知觉地图表明在广告曝光之前，消费者利用两种维度来区别汽车制造商。其中一个维度与驾驶者的年龄和支付能力有关，该维度为“可负担的、年轻人的汽车”和“奢侈舒适的、老年人的汽车”。第二个维度与汽车特性有关，为“家用汽车”和“高质量、技术领先的汽车”。

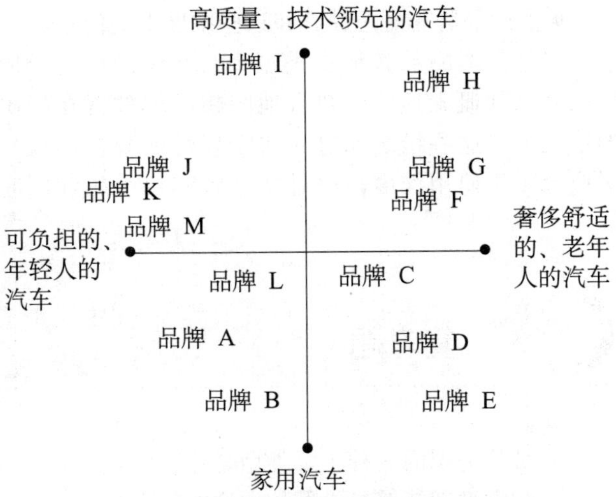

图 18—11a　广告曝光前的知觉地图

评价之后，向受访者曝光多条广告。每位受访者会观看最初评价的汽车制造商的六条电视广告和两条平面广告。看过之后，受访者会再次对广告曝光前评定的每一家汽车制造商的属性进行评价。第二次评价结果形成的知觉地图与广告曝光前的地图不同（见图18—11b广告曝光后的知觉地图）。曝光后的知觉地图呈现了广告影响消费者对汽车品类和某个汽车品牌感知的四种方式。

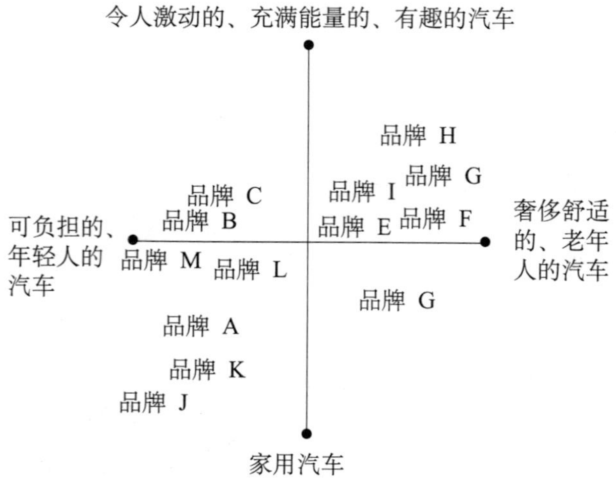

图18—11b 广告曝光后的知觉地图

1. 广告似乎改变了消费者评价和区别不同汽车品牌的维度。纵轴的一端从“高质量、技术领先的汽车”变成了“令人激动的、充满能量的、有趣的汽车”。这表明广告改变了消费者评价不同汽车品牌的标准。

2. 最能够区分不同的汽车制造商的正是新维度“家用汽车——令人激动的、充满能量的、有趣的汽车”。广告曝光前的知觉地图上，制造商沿两个维度分散，许多制造商在维度的两端。广告曝光后的知觉地图横轴上的区别要小一些（更多的品牌现在出现在 542
中心位置附近），而更多的差别出现在纵轴上。

3. 广告似乎影响了制造商的形象。尽管有些制造商（例如A、D、F、G、H）的形象没有变化，但是其他制造商的形象却出现了很大变化。例如，消费者对制造商J和K的感知改变了，从“高质量、技术领先的汽车”变成了“家用汽车”。

4. 一些汽车制造商的竞争态势发生了变化。例如，品牌I在广告曝光前的知觉地图中没有接近的对手，而在广告曝光后的地图中则出现了很多竞争者。类似的，制造商B和C在广告曝光前的地图中位置相距很远，但是在广告曝光后的地图中距离却很近。

小结

品牌地图视觉化地呈现消费者的品牌和产品感知，有助于广告主更好地理解：

- 消费者用来区别不同品牌和产品的维度的数量，
- 这些维度的性质和特征，
- 实际品牌和理想品牌在这些维度上的位置。

三种基本的品牌地图类型为：知觉地图、对应地图和品牌概念地图。知觉地图将品牌放置在标出的维度上（这些维度通过对单个属性的分析形成）。对应地图不使用维度，而是将品牌和单个属性同时置于一幅地图中。知觉地图和对应地图都能够进行多个品牌的对比，并通过类似的方式进行解读：地图上两个事物的距离越近，它们之间的感知和关联就越紧密。品牌概念地图能够对消费者对某个品牌的感知进行更加深入的探索和视觉化呈现。三种地图都能够帮助广告主更好地理解他们的品牌现在是如何被感知的，并由此识别和评估备选的品牌广告和定位的策略决策。

复习题

1. 品牌地图的三种主要类型是什么？
2. 知觉地图能够提供哪种类型的信息？
3. 当想到知觉地图时，属性和维度的关系是什么？

4. 知觉地图为什么需要放入理想品牌？

5. 特征值是什么？它在创建知觉地图的过程中扮演着什么角色？

6. 调查者如何确定消费者用来评估品牌的维度的数量？

7. 品牌在知觉地图上如何放置？

8. 对应地图与知觉地图最主要的差别是什么？

9. 调查者应怎样解读对应地图？

10. 知觉地图与品牌概念地图最主要的差别是什么？

11. 创建品牌概念地图的三个阶段是什么？简要描述每个阶段。

12. 简要描述品牌地图如何帮助广告主更好地做决策。

13. 为什么在创建品牌地图前细分目标受众很 543
重要？

14. 品牌地图能否展现广告对于消费者感知的影响？如果可以，是怎样做到的？

应用练习

1. 你的客户威瑞森（Verizon）希望了解消费者用以评估手机提供商的维度，及其在这些维度上与竞争者相比所处的位置。你认为以属性为基础构建知觉地图是应对这一需求最合适的方法。索尼（Sony）也表示赞同。准备一份能够让你收集最合适数据的问卷，并评估问卷的全面性与完整性。

2. 将前面练习中你所设计的问卷与班上其他两个人进行交换，比较问卷的措辞和各问卷中所列的产品属性。内容相差多大？这些差异如何影响知觉地图所提供的信息类型？解决这两个问题并修正你的问卷来反映你的结论。

3. 你刚刚收到一份快餐餐厅研究的最初因子分析材料。各因子的特征值及其他数据如下表所示，你会选哪些因子做后续的分析及构建知觉地图？解释你的决定。

因子	特征值	方差均值
1	4.29	39.0
2	3.41	31.0
3	2.99	27.2
4	0.13	1.2
5	0.06	0.5
6	0.04	0.4
7	0.03	0.2
8	0.02	0.2
9	0.01	0.1
10	0.01	0.1
11	0.01	0.1
		100%

4. 你正在构建知觉地图，主要研究消费者对于网上服装商场例如 Land's End 和 L. L. Bean 的反馈，数据如表 18—5 所示，具体研究的属性呈现在第一列。表中给出了这一调查识别的三个关键维度，三个维度（因子）的因子负荷呈现在其他列。你的客户 Sam's Internet Clothes 询问你关于维度含义的观点。为每一维度命名并解释每一维度代表的含义。确保你能够充分解释和论证你的答案。在命名每一维度时要具体，确保避免标注维度时过于概括。

544 **表 18—5　　应用练习 4 的数据**

属性	因子 1	因子 2	因子 3
提供通过产品目录、电话或实体商店所无法获得的价格	+0.789	−0.025	+0.026
能够很容易地找到我想找的东西	−0.001	+0.879	−0.111
能够很容易地找到进入网站的方法	+0.002	+0.895	+0.127
网站各部分标记清晰	+0.211	+0.789	+0.334
我很失望并放弃了购物	−0.112	−0.966	+0.544
提供通过产品目录、电话或实体商店所无法获得的商品	+0.788	−0.022	+0.111

续前表

属性	因子1	因子2	因子3
这里总是有有趣的比赛和游戏在进行	+0.669	−0.011	+0.025
在该网站购物我觉得很愉快	+0.222	+0.125	+0.879
很少有真正合适的理由让我访问该网站	−0.987	+0.022	+0.499
该网站的个性化让我觉得很特别	+0.111	−0.210	+0.758
我很自豪自己是该网站的注册买家	−0.105	+0.102	+0.689
网站搜索引擎很高效	−0.022	+0.799	+0.068
付款经常是一个非常困难和耗费时间的过程	+0.500	−0.729	+0.125

5.（这是前面练习的延续）练习最后的表格提供了各网上服装商场网站在调查中测量的维度（因子）得分平均数和"理想的"商家的得分。每一维度的量表取值在−3到+3之间。该维度与应用练习4中所示的维度一致。为你的客户Sam's Internet Clothes准备一份该数据的分析，既要聚焦于细微的问题（以你对每个合适的知觉地图的检查为基础）又要聚焦于更广泛的品类问题（以你对三种知觉地图同时呈现的趋势的分析为基础）。你能够为Sam's提供什么具体洞察和建议（以及你是否通过参考地图和数据对你的建议进行过判断）？在该品类的结构本身方面你能给Sam's提供什么具体洞察（以及你是否通过参考地图和数据进行过判断）。你的讨论应当在3～4页之间，需要讨论包括结果（数据"说"了什么）和应用（数据"意味着"什么）。确保在结构、形式、网站内容和任何营销或广告努力方面为Sam's Internet Clothes提出具体的建议（通过数据验证）。

品牌	维度1	维度2	维度3
A	+1.9	+2.1	+1.1
B	+1.4	+0.3	+0.1
Sam's Internet Clothes	−1.3	+2.5	−1.7
D	−1.6	+0.3	+0.5
E	−2.2	−0.0	−0.1
F	+2	0.1	−0.5
G	−1.5	−1.6	+0.5
H	+2.1	+1.2	−1.7
I	−1.6	+1.5	+0.1
J	−2.6	+0.1	+0.5
理想品牌	+1.9	+0.4	+2.5

【注释】

[1] 维度有时候也被称为"因子"，本章中这两个概念互换使用。

[2] 社交网站的所有安排和讨论皆为虚构，只作举例之用。地图及讨论不反映真实的调查数据。

[3] 该部分所讨论的属性、数据以及结果都引自Noam Tractinsky and Oded Lowengart（2003）."E-retailers Competitive Intensity：A Positioning Mapping Analysis." *Journal of Targeting，Measurement and Analysis for Marketing* 12（2）：114－136。然而，该部分所呈现的数据进行了一些更改、删节和简化处理，并不能代表Tractinsky和Lowengart的数据报告。此外，Tractinsky和Lowengart并没有提出具体的品牌位置，因此本讨论中的品牌位置皆为虚构，只作说明之用。

[4] 方差和标准差的讨论参见第16章。

[5] 调查者试图保持维度的数量在一个较低的水平，因为选择的维度越多，我们需要创建的地图也就越多。值得注意的是，由于每张地图代表的是两个维度的相互关系，所需的地图总量将会随着维度数量的增长而增长。两个维度只需要一张地图，在地图中呈现维度一和维度二。三个维度则需要三张地图：维度一和维度二（地图1），维度一和维度三（地图2）以及维度二与维度三（地图3）。

[6] 本部分引自Deborah John et al.（2006）."Brand Concept Maps：A Methodology for Identifying Brand Association Networks" *Journal of Marketing Research* 53（4）：549－563。所有与品牌地图概念相关的数据和图表都来源于此。所有引用和图表也来自该来源并经过美国营销协会的允许进行了再加工。

[7] 同上。

[8] 同上。

[9] 该数据以及后面的健康选择数据皆为虚构，只作说明之用。

[10] Charles Stannard（1990）."Perceptual Mapping and Cluster Analysis：Some Problems and Solutions." *Quirk's Marketing Research Review*（March）：12－22.

（本章翻译：钱莉莉，本章校译：杨雪睿）

第 19 章

广告测试：概念与传播测试

546 前两章阐述了为成功的广告传播而奠定基础的调查：市场细分为吸引潜在目标受众提供了重要洞察，而知觉地图则帮助广告主明确其竞争地位。广告创作过程的下一步就是将这些调查运用到广告创意本身。创意过程主要分为两个阶段：第一阶段即探索广告内容和创意选择（本章主题）；第二阶段即选择和评估已完成的广告（下一章主题）。

本章探索概念与传播测试（concept and communications tests）。通过概念测试，广告主可以了解消费者对不同广告信息的反应，明确每条信息的优势和弱势。某条信息被选中之后，传播测试可以让广告主了解消费者对不同传播方式的反应，从而确认每种传播方式的优势和弱势。

* * *

阅读完本章之后，你会对概念与传播测试对广告活动过程的作用以及下面的内容有进一步的理解：

- 如何准备概念与传播测试中的刺激物；
- 如何明确概念与传播测试中定性和定量方法的优势和不足；
- 547 如何识别概念与传播测试中测量的关键点，准备定量测试所需的问卷和定性测试所需的讨论提纲；
- 如何分析和呈现概念与传播测试的量化结果。

广告发展过程的早期阶段就出现了概念与传播测试。二者的区别在于，概念测试只专注于信息及信息评估，而传播测试则专注于不同传播方式下的信息传播。但是，这两种测试有一个共同点：即概念与传播测试都是诊断法，目的在于明确优势和弱势，而不是选择一个“胜利者”。本章从概念与传播测试的特点开始探讨，关注如何为每一类测试创建刺激物。接下来探讨两种测试调查中的关键统计量。本章的结论中会有概念与传播测试中定性和定量数据收集方法的比较，以及对数据收集工具的发展和数据分析方法的探讨。

547
概念测试

在广告策划过程中的初始阶段，广告主必须确定传播哪些信息。这是一个艰难的决定，因为可能与目标受众有关或者能打动目标受众的信息点不止一个。概念测试通过识别备选信息的相对优势和弱势，能够帮助广告主在选择信息时趋利避害。表19—1展示了两个用来预防疲劳驾驶的概念。注意两个概念在导向上（标题和第一段）的区别和在建议上（要点）的一致性。[1]

表19—1展示的概念体现了概念的特点。概念很简单，表达了一种定位、利益、形成原因或者独特的传播主张。概念的传播要清楚、真实，不需要夸张、推销或者广告式的吹捧。概念由此与广告区隔开来。广告的目的是销售，因此必须达到多个目标。一条广告必须在混乱的信息中吸引注意，易于记忆并且能被目标受众记住，令人信服地传播销售主张。而对于概念来说，其目的是传播。概念最重要的任务是简单且真实地呈现出核心思想，这样消费者才能最大限度地进行理解，其对核心思想的反应才能被可信赖地评估。

548 **表19—1** 阻止疲劳驾驶的概念

概念1：睡眠教育

标题：是你在抗拒黑暗的力量

概念：

倒班工人非常辛苦。上班和下班，工作时间和你身体作息的生物钟是相反的，这让高质量的睡眠变得尤为困难。但还是有解决办法的，你可以根据以下步骤改善你的睡眠，提高睡眠质量可以帮助你更好地工作，你可以做得到。例如：

- 睡前几小时避免摄取刺激物，例如咖啡因和尼古丁。如果你上夜班，并且需要从早上睡到下午，试着在午夜后避免摄取咖啡因。
- 在一个安静的、避光的房间，睡一个不被打扰的觉。这意味着你或许需要关掉手机，拉上深色的窗帘或者戴上眼罩，将约会安排在你睡觉以外的时间，让你的家人和朋友习惯在你睡觉的时候离开。让你的睡觉时间变得不容易被打扰。
- 养成固定的睡觉习惯。最好能每天按时睡觉和起床，周末也别改变太多，因为你的身体喜欢习惯。
- 特别需要注意作出健康的选择。你可能尝试用不健康的食物或者尼古丁来保持清醒，或者试图通过酒精来促进睡眠。但是这些选择并非良策，最终是有害健康的。

以上建议有助于有序地生活，并且保证来回的路上开车更安全。

概念2：疲劳驾驶的后果

标题：你很困了，非常困，数三声后，你再也醒不来了。

概念：

倒班工人非常辛苦，工作到很晚，离开的时候经常精疲力竭，开车回家的路上你已经很累了。需要警惕的是疲劳驾驶很容易卷入撞车事故。实际上，据美国国家公路交通安全管理局统计，每年十万起车祸中至少有1 500起是由疲劳驾驶导致的。你当然不想成为以上统计中的一员，避免因疲劳驾驶而酿成车祸惨剧的方法是保证你在家有高质量的睡眠。以下是你可以做到的：

- 睡前几小时避免摄取刺激物，例如咖啡因和尼古丁。如果你上夜班，并且需要从早上睡到下午，试着在午夜后避免摄取咖啡因。
- 在一个安静的、避光的房间，睡一个不被打扰的觉。这意味着你或许需要关掉手机，拉上深色的窗帘或者戴上眼罩，将约会安排在你睡觉以外的时间，让你的家人和朋友习惯在你睡觉的时候离开。让你的睡觉时间变得不容易被打扰。
- 养成固定的睡觉习惯。最好能每天按时睡觉和起床，周末也别改变太多，因为你的身体喜欢习惯。
- 特别需要注意作出健康的选择。你可能尝试用不健康的食物或者尼古丁来保持清醒，或者试图通过酒精来促进睡眠。但是这些选择并非良策，最终是有害健康的。

以上建议有助于有序地生活，并且保证来回的路上开车更安全。

聚焦于产品与非实物产品的概念测试

概念测试探寻的是传播利益点或相关主张的备选方法。[2]在这里，探寻不同信息传播方式时概念的视觉化部分（如果使用）将保持不变。概念测试可以用于与产品和非实物产品相关的传播。[3]

549 **与产品相关的测试。**很多概念测试探寻与产品定位相关的信息，产品定位代表其在消费者脑中的“利基”。这个利基反过来反映了产品最重要的利益点。在广告创作过程的这一阶段，广告主利用与产品相关的概念测试帮助提炼产品的定位。

● 首先，概念测试可以用来识别、比较备选利益点或者定位的优势和弱势。表 19—2 的案例显示了一种女士烫发专用洗发露的备选定位。注意概念与文案正文具体元素的区别。两个版本的文案正文包含了完全一样的产品介绍和产品成分说明。除了这些共同的内容，版本 A 中的标题和文案正文利益点着重体现“让烫发更持久，节约时间和金钱”，而版本 B 的文案则着重展现洗发水“让烫发更健康”。概念的一致让受访者更容易聚焦于信息文案的重要差异上。

● 其次，一旦选择了某个定位，概念测试可以用 550
来明确传播这一定位不同方式的优势和弱势。表 19—2 中的某个概念一旦被确定用于品牌传播，接下来便可以对不同的创意进行比较。

表 19—2　　**与产品相关的概念测试的备选利益点**

版本 A：更持久，更省钱

Dansk 头发护理为您奉上 PermaPerm。这款洗发露可以让烫发效果更持久，并且为你节省开支。

PermaPerm 专为烫发定制。独特的配方申请了专利，富含椰油、荨麻提取物、泛醇以及其他纯天然有机成分。轻柔洗发，让头发更强韧。

PermaPerm 在洁净头发的同时无损烫发效果。更加独特的是，经临床验证，比起其他品牌旗下的烫发洗发露 PermaPerm 烫发洗发露能让烫发效果多持续三周。如果你的烫发效果更持久，你就不必频繁地光顾你的发型设计师。所以实际上 PermaPerm 还能为你节约时间和金钱。

每瓶 16 盎司，零售价 3.99 美元，各大零售店及药店有售。

版本 B：健康烫发

Dansk 头发护理为您奉上 PermaPerm。这款洗发露可以让烫发更健康。

PermaPerm 专为烫发定制。独特的配方申请了专利，富含椰油、荨麻提取物、泛醇以及其他纯天然有机成分。轻柔洗发，让头发更强韧。

PermaPerm 在洁净头发的同时无损烫发效果。更加独特的是，经临床验证，比起其他品牌旗下的烫发洗发露，PermaPerm 烫发洗发露能让烫发效果多持续三周。如果你的烫发效果更持久，你就不必频繁地光顾你的发型设计师。所以实际上 PermaPerm 还能帮你节约时间和金钱。

每瓶 16 盎司，零售价 3.99 美元，各大零售店及药店有售。

与非实物产品相关的测试。许多广告并不是关于具体产品的，例如禁毒、禁烟，预防肥胖，节约能源，保护野生动植物。[4]概念测试也适用于为这类广告活动筛选信息。其目的和与产品相关的测试一样：用来识别备选信息策略的优势和弱势，以及备选信息传播方式的优势和弱势。表 19—3 中的两则信息概念展示了这种类型的信息概念测试。两则信息都是为了鼓励回收利用，和前文中与产品相关的案例类似，两则信息的不同点只在于信息本身，一则信息集中宣传正面结果，而另一则信息侧重宣传减少负面结果。[5] 551
两则概念的引言内容一致。

为概念测试准备刺激物

概念测试中特别需要注意的是内容的选择。除了文案正文，概念也可能包括标题、说明或者口号。测试的目的是将这些元素整合到一起后集中传播。下面介绍如何创建各个元素。

表 19—3　　非产品相关概念测试的备选概念

概念 1：正面结果

垃圾、废物、固体废物都是用来描述每天被大量丢弃的东西的词语。实际上，平均每人每天产生 4.6 磅（1 磅≈0.45 千克。——译者注）的垃圾。这些垃圾最后都去了垃圾填埋场。

回收利用是减少垃圾数量的一种方式。虽然回收利用已经取得很大进展，但还是有很多我们可以做的。想想如果我们再多回收一点，可以达到什么效果……

● 回收利用有助于就业！在美国，超过 56 000 家回收利用企业雇用了超过 1 100 000 的职员。过去一年里，回收利用是一个市值 2 360 亿美元的产业。

● 回收利用有利于环保！回收利用减少了对原料的需求，减少生产消耗的能源，让产品远离垃圾场。

● 回收利用节约了能源！回收铝比生产新的铝能节约 95%的能源。一个回收的铝罐节约下来的能源能支持一台电视开机三个小时。

概念 2：减少负面结果

垃圾、废物、固体废物都是用来描述每天被大量丢弃的东西的词语。实际上，平均每人每天产生 4.6 英镑的垃圾。这些垃圾最后都去了垃圾填埋场。

回收利用是减少垃圾数量的一种方式。虽然回收利用已经取得很大进展，但还是有很多我们可以做的。想想如果我们再多回收一点，可以达到什么效果……

● 回收利用有助于阻止全球变暖！回收利用能大大减少用于生产新产品而产生的二氧化碳。在 2000 年，回收利用减少了 329 万公吨的碳排放。

● 回收利用能够减少水污染！用回收材料制作玻璃可以减少 50%的水污染。在某些国家或地区依然存在水资源短缺问题。通过回收利用，我们可以提供更多的水资源。

● 回收利用能阻止野生环境的恶化！通过回收利用，我们可以减少对自然环境的破坏，包括森林、河流、湿地、沼泽。回收一份周日版报纸（Sunday newspaper）可以保护一棵树！

文案正文。概念最起码要有条理清晰的文案正文。包含积极的、叙述性陈述的简短段落胜过含有被动句或长篇累牍的句段。此外，文案正文应该避免“广告主”式的陈述，即避免过度修饰和夸大。文案正文还应该避免使用不熟悉的行业术语和行业专有名词，以免使读者困惑。最后，概念文案正文的整体篇幅不宜过长。过度描写或过长的概念可能会让受众厌烦，或者导致受众忽略要点从而产生负面效果。如果发生这种情况，对核心思想的回应可能会被歪曲。对概念的负面回应可能反映的是文案正文特点所带来的影响，而不是对核心思想或利益点本身的回应。

文案正文应该只有一个核心思想，或者至少所有的叙述都是围绕一个核心点进行。“一个思想——一个概念”的准则之所以很重要是因为在信息解读中该准则可以减少不确定性。一个成功的概念测试可以明确核心思想和受众反应之间的关系。当文案正文只聚焦于一个核心思想时，正面或负面的受众反应可以合理地归因于概念核心思想的相对吸引力，并表达产品的利益点。另一方面，如果文案正文中有过多的思想会混淆对结果的解释。对概念整体的中立反应可能体现了消费者整体腻烦的反应，或者也可能体现了两个极端反应的平均值，即对同一个概念中一个核心思想强烈的积极反应和对另一个核心思想强烈的消极反应。

标题。一个概念测试的标题简洁地概括了主要观点并为文案正文提供清晰的引导。好的概念标题提供明晰的小结，并引导正文中要阐述的核心点。在这一点上，需要注意的是概念测试中的标题不是广告标题。与广告标题中常使用的句段、疑问句或者朗朗上口的短语不同，概念测试标题最好使用简单的说明性语句。因为简单、直接的说明性语句在传播中更容易被理解。

口号。口号是高度概括且简洁的短语，可以清楚 *552*
地使传播的信息要点具体化。成功的概念测试中的口号应该是简单的、具体的、可信的、专一的，并且与核心传播思想直接相关。概念测试中的口号一般出现在文案正文之后。

视觉材料。概念测试重点在于文字信息的传播，因此图片或者其他视觉材料应该小心使用。只有当视觉材料是传播中必不可少的一部分或者它们有助于品牌、服务或者其他明确目的时，才可以使用。除了以上两种情境，视觉材料可能反而会让解读变得困难，因为它没办法将对视觉材料的反应和对文字部分的反应区分开来——二者可能会互相影响，尽管受访者可能会否认。

传播测试

传播测试（也称为文案形成调查）一般在概念测试之后。正如前文提到的，传播测试目的是评估消费者对不同传播方式的反应，从而确定备选传播方式或者广告的优势和弱势。[6]传播测试结果可以帮助客户和广告代理公司的有关人员更好地理解如何完善一则广告，让最终的广告作品趋利避害。因此，与概念测试类似，传播测试在本质上也是一种诊断。

图 19—1 和图 19—2 显示了传播测试中不同的表现方式。两个图中不同的排版方式都传递了同一个信息：鼓励安全地处理食物。注意虽然两个图在排版方式上存在差异，但二者的核心信息和视觉材料都是一样的。[7]

553

食物处理中的安全隐患被很多人忽视，“清洗、切割、烹调、冷藏”这四个简单的步骤可以确保家人健康，防止细菌传播。

专注食品安全——从美国农业部（USDA）开始！

更多有关食品安全信息，请登录befoodsage.gov。

图 19—1　传播测试中不同表达方式：选择 1

554

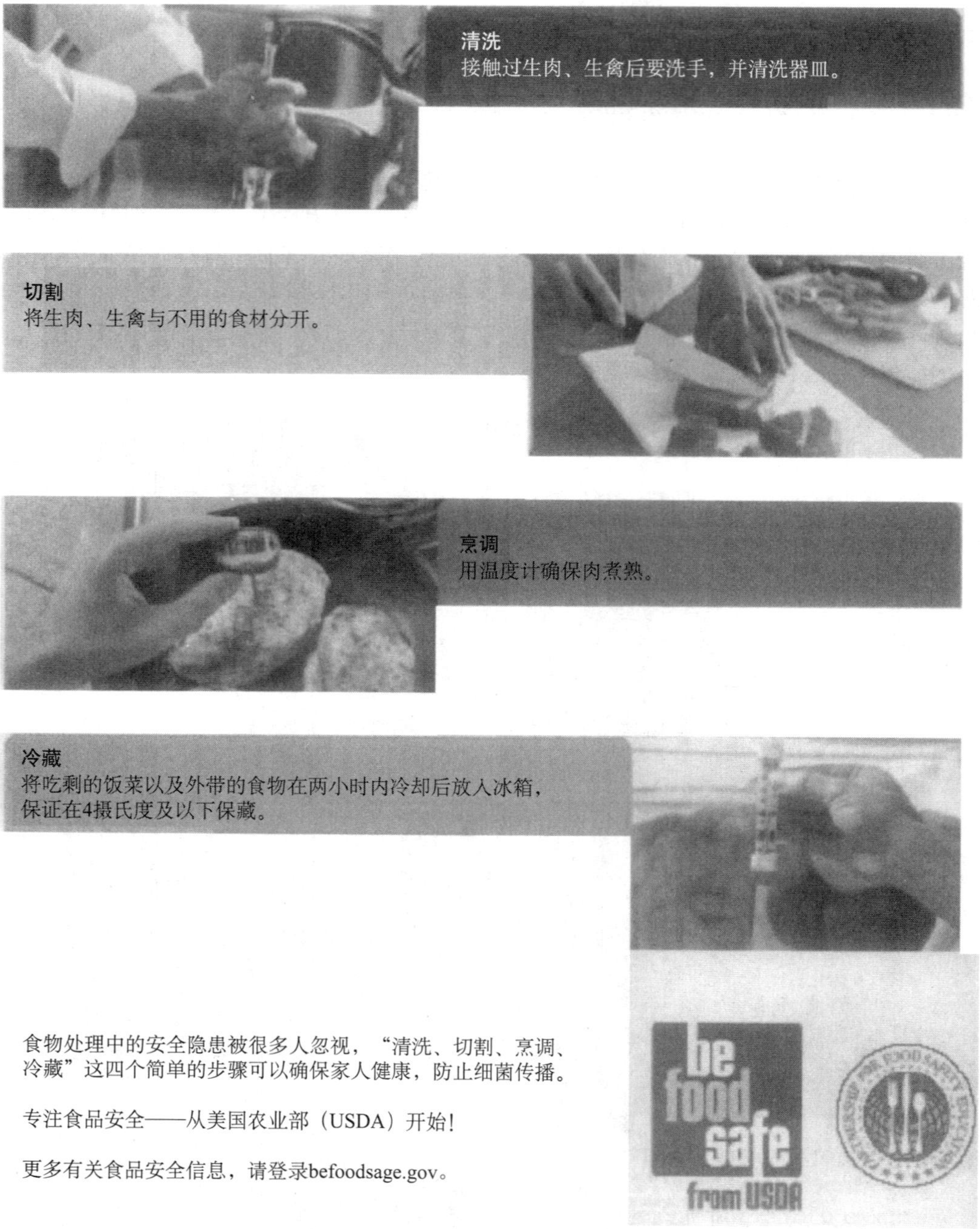

图 19—2　传播测试中不同表达方式：选择 2

做传播调查的原因

有创见的判断和技巧是一种天赋。有才华的创意者完全有能力将一个策略方案的关键信息和利益陈述转化成引人注目、与众不同、激动人心的广告。然而广告主知道，完全依靠有创见的判断将一个建议的广告直接投放生产而不考虑消费者的反应，这会带来很大的风险。一旦广告完成，选择的可能性或者提升优势或者最小化不足的余地将大大缩小。因此，广告主用传播调查来降低风险。传播调查可以让广告主在初始阶段以消费者的视角审视备选广告，在成品出来之前做出最佳选择，从而提高广告的成功率。

传播调查的目的是补充而不是代替有创见的判断。传播调查的设计和执行都是为了确保收集的信息有助于广告创意的理解。调查应该帮助广告代理公司的员工了解消费者会对广告做出怎样的反应，以及为什么会有这些反应。有了这个基础，创意组才能确定如何修改一条广告使其更加完善。

555

为传播测试准备刺激物

传播调查中的广告处于创作活动的“草拟”阶段。制作水准只需要给受试者关于最终广告成品的一个合理想象。测试广告的物理特性和水准则根据广告刊载的媒体决定：

● 平面广告应该和实际尺寸一样。至于完成的水平，传播测试只需要打印页和成品类似即可。测试中完全可以用简笔画代替照片，用一些简单的形式代替制作精良的成品。

● 广播广告可以用临时录音。

● 电视广告可以用以下三种形式之一：故事版（storyboards）、动画（animatics）或者照片（photomatics）。故事版是电视广告最简单也是最便宜的测试形式。尽管故事版很高效，但是我们不建议用此方式，因为消费者很难通过故事版将广告成品所传达的信息视觉化。所以，我们建议电视广告测试采用动画或者照片的形式。动画是将原始的配音呈现在胶片或者磁带上的一种故事版。照片与动画类似，只是用图片而不是视频呈现。（照片特别适合展现惊人的视觉效果，例如展示一款开胃食品的镜头。）动画和照片都通过机位的移动模拟将会在成品中呈现的动作和行为。[8]

最后，不论是哪种广告媒介，所有测试广告中书面或口头的文本必须与建议的最终广告版本一致。如果不一致，传播测试的结果可能与成品无关或者会出现误导。传播测试是消费者对成品广告反应的一种可靠判断，因此，测试反映出备选成品广告的形式以及包含其内容很重要。

收集数据的方法

概念与传播测试可以用定性或者定量的方法进行分析，至于哪种方法更合适则取决于信息的类型以及时间和费用的考虑。然而，不论选择哪种方法，需要注意的是受访者应该是广告目标受众中的一员。

定性的概念与传播测试是比较常用的方法。此时，焦点小组访谈中显示了多个概念或执行，通常在相关话题讨论之后进行反馈和评估。使用这种方法时，有以下几点需要注意：[9]

556 ● 群体中的个人通常不愿意承认喜欢广告。因此，需要区分对概念的负面反应是真的不喜欢，还是一种“下意识”的伪装。

● 复杂的概念和执行比较花费时间，尤其是在焦点小组访谈中。刺激物越复杂，反应需要的时间越长。

● 当焦点是一个广告概念或者执行的时候，“群体思维”（group-think）可能是一个特别的问题。先表达的负面回应可能会带偏整个小组。因此，通常会让小组成员写下他们的第一反应，然后大家再开始讨论。

● 小组成员可能倾向于“先说”，然后再将他们的说法合理化。因此，需要给受访者时间考虑，在讨论之前将自己的意见想清楚。

● 多个概念的测试有存在偏差的风险，对第一个刺激物的反应会影响对后续刺激物的反应。在任何一个焦点小组访谈中，应该鼓励受访者对每一个刺激物作出独立的反应，并注意每个刺激物的优势和弱势。除非每一个概念或者执行有机会被单独讨论，否则尽量避免对不同反应的比较。当多个刺激物同时出现时，在不同组别显示的顺序应该有所差别，以减少由于顺序产生的影响。

定量的概念与传播测试更常通过一对一的商业区拦截式访问或者网络曝光和数据收集完成。这两种情况下，受访者通常在一个概念或执行的反馈得到收集后才会接触下一个。

选择专项或者辛迪加服务

无论选择哪一种方法，广告主既可以自己策划和实施调查，也可以雇用专业的调查公司。选择以上两种方式都可以收集到同样的核心信息，尽管辛迪加服务还可以用他们专有的评估方式来测试。（见表19—4，盖洛普与罗宾逊调查公司的概念与传播测试法）。[10]

557 **表19—4** 盖洛普与罗宾逊调查公司的概念与传播测试法

盖洛普与罗宾逊调查公司（Gallup & Robinson）广告前测

概念可以通过多种途径展现，在最终为广告成品发布在平面媒体和电视上之前，广告主可以挑选最佳的传播方案。前测是确定最佳方案的一种快捷、经济的方式。

盖洛普与罗宾逊调查公司在消费者广告和行业广告的前测方面都很有经验，通过前测可以明确广告的优势和弱势，并找出可以完善的地方加以改进。

随着技术的不断进步，广告前测成为推断目标受众对广告成品反应的一种非常好的方法。盖洛普与罗宾逊调查公司灵活的前测服务可以评估多种传播方式，包括平面广告、电视广告、广播广告、网络广告、户外广告、售点广告以及实物、网站、直邮、商标、口号等广告形式。我们不仅可以评估某种媒介发布的广告，也可以评估跨媒介广告。

盖洛普与罗宾逊调查公司提供的服务非常适合广告前测。通过理性的分析和实际操作，盖洛普与罗宾逊调查公司可以提供可行性推荐。

定量：WebSelect是一个在量化框架下快速、高效进行选择的在线多元系统。WebCheck可以用于消费者或者专业的B2B抽样。例如，医师网站监测可以让医药设备公司在专业的医师中测试广告和其他营销活动。FasTrac提供的测试和消费者在真实世界中体验到的一样，并通过一对一个人访谈收集数据。

定性：排除了群体偏见的个人深度探访可以深入问题核心。一个训练有素的小组访谈主持人可以控制开放式的洞察。在线小组访谈可以有更多受访者，消除了人际交流带来的偏见，并且可以及时对讨论问题进行编码录入。

信息概念与传播测试中的测量

一系列核心问题构成了信息概念与传播测试。然而，这些问题表达的方式在定性方法和定量方法中有所不同。本节余下的部分探讨了概念与传播测试中主要的问题类型，在“倡导回收利用”的活动中，为建议的信息进行概念测试（假定调查中使用的概念与表19—3类似）。表19—5显示了一个讨论提纲中如何包含关键性问题，而表19—6显示了这类问题的定量表达方式，在本案例中是在线调查。[11]表19—7显示了在线调查中跳答模式的使用。除了这些问题本身，还需注意每种方法收集诊断信息的区别。焦点小组访谈允许交流和探索，而调查法则使用一系列封闭式和开放式问题收集受访者更深层次的想法和感受。

558 **表19—5** “回收利用”概念测试讨论提纲

“回收利用”概念焦点小组访谈
讨论提纲

【访谈导言部分在此省略】

你将看到的一些信息可能会用于倡导“回收利用”的广告活动。我们想了解你对这些信息的反应，你的意见有助于我们明确每条信息的优势和弱势。当然，你的回答没有对错之分，我们只是想了解你的想法。接下来，请查看并讨论以下每条信息。

1. 你们每个人面前都有一沓纸，当我读第一条信息的时候，请写下你听到信息后的任何想法或者感受。

将概念一写在黑板上，并读出来。留出一定的时间给受访者写下他们的想法或感受。

让我们一起讨论一下你写下的东西。

擦掉黑板上写的概念，观察不同受访者相同或者不同的反应。

2. 你认为这条信息的核心思想是什么？

追问额外的信息。

3. 你能回忆起赞助这条信息的机构名称吗？如果能，请问是谁赞助的？

4. 现在请你们将注意力集中在你对信息的反应上。有多少人认为这条信息很重要？多少人认为不重要？

追问原因。追问具体个人。

5. 继续考虑这条信息，请问多少人认为这条信息跟你个人有关？多少人认为跟你个人无关？

追问原因。追问与不同类型个人的相关性。

6. 请问你觉得这条信息可信吗？

追问原因。追问具体个人。

7. 你觉得这条信息独特吗？

追问原因。追问具体个人。

8. 这条信息有让你感觉困惑或者难以理解的地方吗？

追问原因。追问具体个人。

9. 你们已经提到了对这条信息喜欢与否，现在我想问得更深入一些。首先，我会发给你们每个人一张纸，以及一支红笔和蓝笔。请你用蓝笔在纸上圈出任何你喜欢的东西，再用红笔圈出任何你不喜欢的东西。

559 *给予受访者一定时间完成。*

先谈谈你们圈的喜欢的东西，就是用蓝笔圈的。

确保所有受访者都完成，然后比较每个人的回答。

再谈谈用红笔圈的。

确保所有受访者都完成了，然后比较每个人的回答。

是否还有用语言难以描述的好恶需要我们谈谈？

注意语调、描述方式等。

如果出现以下情况，请继续询问第 10 题和 11 题。

10. 写下这条信息的受访者让我询问你们对这条信息两个具体方面的反应。首先，你对广告中的代言人感觉如何？

追问喜欢与否、合适与否等。

11. 你觉得信息中使用的案例如何？

追问相关性、有效性、可信度等。

12. 我想知道这条信息是否影响了你对回收利用的态度。看完这条信息后，如果你觉得你对回收利用的态度未改变，或者有正面改变，或者有负面改变，请在纸上写下来。

追问态度变化的原因。

13. 听完这条信息后，以后的日常生活中，你对回收利用是更加赞成，还是更加反对，还是与之前的态度一样？也请在纸上写下来。

追问行为意图变化的原因。

完成后，针对概念二按序重复问题。

【访谈的结论部分在此省略】

560 **表 19—6　　为“回收利用”概念测试进行的在线调查**

“回收利用”概念测试

首先非常感谢你参加我们的调查。

你将看到的一些信息可能会用于倡导“回收利用”的广告活动。我们想了解你对这些信息的反应，你的意见有助于我们明确每条信息的优势和弱势。当然，你的回答没有对错之分，我们只是想了解你的想法。

请点击下面的链接浏览信息，这将会打开一个新窗口。你浏览完毕后，请点击信息下面的“返回”关闭窗口，返回到调查问卷。

<u>点击这里浏览信息</u>

1）浏览这条信息的时候，你有什么想法或者感受？

（1 000 个字符）

2）这条信息的主旨是什么？

3）这条信息中的赞助商的名称是？

请点击下面的链接再看一次关于回收利用的信息。这将会打开一个新的窗口。你浏览完毕后，请点击信息下面的“返回”关闭窗口，返回到调查问卷。

点击这里浏览信息

*4）你觉得这条信息重要吗？

○ 非常重要
○ 比较重要
○ 比较不重要
○ 非常不重要

5）为什么你觉得这条信息不重要？

（1 000 个字符）

*6）你对“这条信息跟我个人有关”这一说法同意的程度是：

○ 非常同意
561 ○ 比较同意
○ 比较不同意
○ 非常不同意

7）为什么你觉得这条信息跟你个人无关？

（1 000 个字符）

*8）你觉得这条信息的可信度如何？

○ 非常可信
○ 比较可信
○ 比较不可信
○ 非常不可信

9）为什么你觉得这条信息不可信？

（1 000 个字符）

* 10）你对“这条信息很特别”这一说法同意的程度是：

○ 非常同意
○ 比较同意
○ 比较不同意
○ 非常不同意

11）为什么你觉得这条信息不特别？

* 12）你对“这条信息比较容易理解”这一说法同意的程度是：

○ 非常同意
○ 比较同意
○ 比较不同意
○ 非常不同意

13）为什么你觉得这条信息比较难理解？

（1 000 个字符）

* 14）你对这条信息的喜欢程度如何？

○ 非常喜欢
○ 比较喜欢
○ 比较不喜欢
○ 非常不喜欢

15）你特别喜欢它什么？

562

* 16）还有其他什么是你不喜欢的吗？

○ 有
○ 没有

17）你特别不喜欢什么？

* 18）请按任意键继续。

○ 继续
○ 继续

19）你特别不喜欢什么？

* 20）还有其他什么是你喜欢的吗？

○ 有
○ 没有

21）你特别喜欢什么？

22）你对传递信息的代言人有什么特别的想法和感受？

（1 000 个字符）

23）你对信息中使用的关于回收利用的案例有什么想法和感受？

（1 000 个字符）

24）浏览完关于回收利用的信息后，你觉得你对回收利用的态度有何转变？
○ 更积极
○ 跟以前一样，没有变化
○ 更消极

25）浏览完关于回收利用的信息后，你觉得你对回收利用的行为有何转变？
○ 我会更多地进行回收利用
○ 跟以前一样，没有变化
○ 我会减少回收利用的行为

请点击“提交”

提交

www.psychdata.com

563 **表 19—7　“回收利用”概念测试在线调查的跳答模式**

PsychData CONFIDENCE IN RESEARCH

2009.11.25 星期三

“回收利用”概念测试

【描述性文本】

首先非常感谢你参加我们的调查。

你将看到的一些信息可能会用于倡导“回收利用”的广告活动。我们想了解你对这些信息的反应，你的意见有助于我们明确信息的优势和弱势。当然，你的回答没有对错之分，我们只是想了解你的想法。

请点击下面的链接浏览信息，这将会打开一个新窗口。你浏览完毕后，请点击信息下面的“返回”关闭窗口，返回到调查问卷。

点击这里浏览信息

1）【开放式问题：多条回答线（1 000 个字符以内）】
浏览这条信息的时候，你有什么想法或者感受？

2）【开放式问题：一条回答线（100 个字符以内）】
这条信息的主旨是什么？

3）【开放式问题：一条回答线（100 个字符以内）】
这条信息的赞助商名字是什么？

【描述性文本】

请点击下面的链接再看一次关于回收利用的信息。这将会打开一个新的窗口。你浏览完毕后，请点击信息下面的“返回”关闭窗口，返回到调查问卷。

点击这里浏览信息

*4）【多个选择：单选（纵向）】
你觉得这条信息重要吗？

非常重要
逻辑上
如果选择【非常重要】，跳至问题【6】
比较重要
逻辑上
如果选择【比较重要】，跳至问题【6】
比较不重要
逻辑上
如果选择【比较不重要】，跳至问题【5】
564 非常不重要
逻辑上
如果选择【非常不重要】，跳至问题【5】

5）【开放式问题：多条回答线（1 000 个字符以内）】
为什么你觉得这条信息不重要？

*6）【多个选择：单选（纵向）】
你对"这条信息跟我个人有关"这一说法同意的程度是：
非常同意
逻辑上
如果选择【非常同意】，跳至问题【8】
比较同意
逻辑上
如果选择【比较同意】，跳至问题【8】
比较不同意
逻辑上
如果选择【比较不同意】，跳至问题【7】
非常不同意
逻辑上
如果选择【非常不同意】，跳至问题【7】

7）【开放式问题：多条回答线（1 000 个字符以内）】
为什么你觉得这条信息跟你个人无关？

*8）【多个选择：单选（纵向）】
你觉得这条信息的可信度如何？
非常可信
逻辑上
如果选择【非常可信】，跳至问题【10】
比较可信
逻辑上
如果选择【比较可信】，跳至问题【10】
比较不可信
逻辑上
如果选择【比较不可信】，跳至问题【9】
非常不可信
逻辑上
如果选择【非常不可信】，跳至问题【9】

9）【开放式问题：多条回答线（1 000 个字符以内）】
为什么你觉得这条信息不可信？

*10）【多个选择：单选（纵向）】
你对"这条信息很特别"这一说法同意的程度是：
非常同意
逻辑上
如果选择【非常同意】，跳至问题【12】

565 比较同意
逻辑上
如果选择【比较同意】，跳至问题【12】
比较不同意
逻辑上
如果选择【比较不同意】，跳至问题【11】
非常不同意
逻辑上
如果选择【非常不同意】，跳至问题【11】

11）【开放式问题：一条回答线（100 个字符以内）】
为什么你认为这条信息不特别？

*12）【多个选择：单选（纵向的）】
你对“这条信息比较容易理解”这一说法同意的程度是：
非常同意
逻辑上
如果选择【非常同意】，跳至问题【14】
比较同意
逻辑上
如果选择【比较同意】，跳至问题【14】
比较不同意
逻辑上
如果选择【比较不同意】，跳至问题【13】
非常不同意
逻辑上
如果选择【非常不同意】，跳至问题【13】

13）【开放式问题：多条回答线（1 000 个字符以内）】
为什么你觉得这条信息比较难理解？

*14）【多个选择：单选（纵向）】
你对这条信息的喜欢程度如何？
非常喜欢
逻辑上
如果选择【非常喜欢】，跳至问题【15】
比较喜欢
逻辑上
如果选择【比较喜欢】，跳至问题【15】
比较不喜欢
逻辑上
如果选择【比较不喜欢】，跳至问题【19】
非常不喜欢
逻辑上
如果选择【非常不喜欢】，跳至问题【19】

566 15）【开放式问题：一条回答线（100 个字符以内）】
你特别喜欢它什么？

*16）【多个选择：单选（纵向）】
还有其他什么是你不喜欢的吗？
有
逻辑上
如果选择【有】，跳至问题【17】
没有
逻辑上
如果选择【没有】，跳至问题【22】

17）【开放式问题：一条回答线（100 个字符以内）】
你特别不喜欢什么？
* 18）【多个选择：单选（纵向的）】
请按任意键继续。
继续
逻辑上
如果选择【继续】，跳至问题【22】
继续
逻辑上
如果选择【继续】，跳至问题【22】
19）【开放式问题：一条回答线（100 个字符以内）】
你特别不喜欢什么？
* 20）【多个选择：单选（纵向的）】
还有其他什么是你喜欢的吗？
有
逻辑上
如果选择【有】，跳至问题【21】
没有
逻辑上
如果选择【没有】，跳至问题【22】
21）【开放式问题：一条回答线（100 个字符以内）】
你特别喜欢什么？
22）【开放式问题：多条回答线（1 000 个字符以内）】
你对传递信息的代言人有什么特别的想法和感受？
23）【开放式问题：多条回答线（1 000 个字符以内）】
你对信息中使用的关于回收利用的案例有什么想法和感受？
567 24）【多个选择：单选（纵向）】
浏览完关于回收利用的信息后，你觉得你对回收利用的态度有何转变？
更积极
跟以前一样，没有变化
更消极
25）【多个选择：单选（纵向）】
浏览完关于回收利用的信息后，你觉得你对回收利用的行为有何转变？
我会更多地进行回收利用
跟以前一样，没有变化
我会减少回收利用的行为

引言：设计阶段

在未完成的形式，尤其是故事版和动画中，信息概念或广告不太可能完全曝光于受访者前。因此调查开始前向受访者解释调查情况和刺激物很有必要。表 19—5 和表 19—6 的开场陈述说明了如何解释和介绍这些概念。类似的方式可用于粗糙的创作或动画，例如：

> 你将看到的电视广告是一个倡导回收利用广告活动的一部分。因为在这条电视广告完成之前，我们很想知道你对这条电视广告诉求的反应，所以你将看到的电视广告是未完成的粗略形式。我们用一些静态的图片代表重要的场景，演员也只做一些最基本的动作。当你观看这条电视广告时，请记住，实际上电视广告成品会和你过去看到的“真实生活”电视广告一样。它将会用真实的演员演绎，看起来也像是通常的电视广告，而不是像现在使用的照片或动画。

呈现概念或执行

引言之后是呈现概念和执行。焦点小组访谈中，主持人通常在一个大的写字板上呈现概念或者执行，这样受访者可以一起观看。在这一点上，调查法跟焦点小组访谈类似，给予受访者足够的时间了解测试概念和刺激物。

自发的第一反应

数据收集从鼓励受访者无目的地谈论概念或者执行开始。所以，无论是定性的还是定量的方法，一般都采用开放式问题导入（见表 19—5 和表 19—6 的第 1 题）。[12] 以这种类型问题开始有两个原因：对受访者而言没什么压力；在主持人或者问卷将问题限定之前，给予受访者自由地表达跟刺激物有关的想法和感受的机会。由于受访者提及的话题是“第一反应”（top of mind），所以这些话题很有意义。

重要的是，受访者会根据记忆回答这一问题和后续的两个问题。这些设计的最初问题所收集的信息与受访者的想法、感受、回忆有关，如果受试者有机会通过再次看广告来“查找答案”的话，就会带来偏差。这就是为什么讨论提纲中要求主持人及时将测试广告屏蔽掉，在线调查中不让受访者返回测试广告的原因。

重要的信息

讨论提纲和调查中的第 2 题和第 3 题探寻的是信息和品牌/赞助商名称的传播。[13] 与前面的问题类似，
568 这里也采用开放式问题导入，先不考虑具体的概念或执行。选择开放式问题而不是封闭式问题，是因为不想通过一系列限制性的选项来“主导”受访者。而且封闭式问题可能阻止受访者（尽管有“其他”这一选项）回答选项中没有列出的答案，这样很有可能忽略了选项中未能涵盖的信息。注意第 2 题是这样问的：“信息的主旨是什么?”而不是问“电视广告说了什么?”二者的区别很重要。概念与传播测试并不是为了简单地了解消费者的记忆（就像问“你说了什么?”），而是了解消费者如何解读和内化电视广告信息（就像问“信息的主旨是什么?”）。[14]

对信息的反应

概念或者广告通常在这一阶段会再次播放，受访者有机会再观看一次，然后再探寻个人对信息的反应（见表 19—5 的第 4 题和第 5 题，表 19—6 的第 4 题到第 7 题）。这些问题询问受访者为表明他们认为这些信息的重要程度和相关程度。不同研究方法在探寻这一部分所采用的方式有所差异：

- 定性调查采用开放式问题探寻受访者的意见。
- 定量调查结合封闭式和开放式问题具体集中于负面的或不赞同的反应。第 4 题和第 6 题（表 19—6 中）采用量表获取第一反应。每一个量表问题结束后，之后的开放式问题只会向表现出不赞同反应的受访者提问。一系列量表式问题以及随后的开放式问题提供了重要的诊断信息，帮助广告主更好地了解消费者对概念或者执行表现出负面反应的潜在原因。

接下来探寻对信息本身的反应（见表 19—5 的第 6 题到第 8 题，表 19—6 的第 8 题到第 13 题）。这些问题询问了受访者对信息可信度、独特性和理解难易程度的认知。和前面的问题一样，不同研究方法在探寻这一部分所采用的方式有所差异：

- 定性调查采用开放式问题探寻受访者的意见。
- 定量调查结合使用封闭式和开放式问题，之后的开放式问题只会向表现出不赞同反应的受访者提问。

情感反应

后续的一系列问题将讨论从前面对信息的理性化
评估转到对信息更加感性化的反应。定性调查采用单
569 一的开放式问题进行探究（见表 19—5 第 9 题），而
定量调查则采用了一系列封闭式和开放式问题（见表
19—6 第 14 题到第 21 题）。定量调查中喜欢与否的问题是一个系列，所以第 14 题即量表式问题，为根据受访者态度进行合适跳答提供了基础。如果受访者表示他喜欢这条信息，则立刻会被追问喜欢这条信息的什么（第 15 题），然后给予受访者机会陈述有什么他不喜欢的（第 16 题和第 17 题）。"虚设的" 18 题允许受访者跳答至 22 题。同样的，如果受访者表示他不喜欢（第 14 题）这条信息，也会被追问不喜欢这条信息的什么（第 19 题），然后给予受访者机会陈述。如果他喜欢，也有类似的追问（第 20 题和第 21 题）。在以上两种情况下，有关受访者态度的第一个开放式问题让接下来的系列问题在直观上比较合理，而且使受访者易于回答。

信息或者执行的具体问题

每个概念或者执行提出的关注点都是独一无二的：代言人合适吗？音乐太吵吗？速度太快吗？场景合适吗？问卷这部分问题（见表 19—5 的第 10 题和第 11 题，表 19—6 的第 22 题和第 23 题）探寻的是关注的独特性。采用开放式问题可以确保受访者的回答不会被预先设置好的选项所限定或者产生偏差。调查中这部分问题数量所占比例取决于关注问题的数量。

态度和行为的影响

概念与传播调查最终以态度或者行为意图转变与否的相关问题结束。这些问题（定性调查中的开放式问题和定量调查中的封闭式问题）目的在于判定多大程度曝光于概念和执行，可以使受访者转向预想的方向。

表 19—5 的第 12 题和第 13 题，以及表 19—6 的第 24 题和第 25 题显示了这些问题的一种提问方式。设计这些问题都是为了明确多大的概念曝光程度才会让受访者对回收利用的态度更积极，并且改变其回收利用的行为。注意问题都是对比性的，让受访者对比他们曝光于概念之前和之后的态度和行为意图。

分析概念与传播测试数据

定性调查发现的分析与呈现方法在第 7 章已经阐述。定量调查发现需要成功完成以下两大任务：

● 数据归纳是两大任务中最直接的。描述性统计
经常用于描述受访者的回答，而交叉表和统计显著性
570 则用于提供对数据的更深层洞察，并为由数据得出的
结论提供更大的可信度。这部分描述这方面的分析所
要考虑的因素。

● 揭示变量中潜在的关联在两个任务中相对更难。尽管可以采用诸如卡方检验和相关性分析等方法，但这一任务仍然需要调查者的创意。只有通过揭示变量之间的关联，才能更好地理解测试刺激物真正的优势和弱势，才能取长补短。下一部分将阐述如何完成这一任务。

数据归纳

概念与传播测试中的数据归纳需要分析所有样本的回答，也需要分析重要的受访者分群之间的异同，

分群最常用的划分依据是人口统计学、态度的或者行为的特征。

总体样本的回答。总体样本的回答通常是数据归纳重要的开始。一种方式是用表格或者图呈现开放式或者封闭式问题的回答，例如：

应答选项	总体样本（$n=200$）
非常相信（1）	50%
比较相信（2）	20%
比较不相信（3）	10%
非常不相信（4）	20%
均值	2.0

还有一种方式，相关问题的回答可以整合到一个表格或者图中：

应答类型	信息评价	
	可信度（$n=200$）	独特性（$n=200$）
非常积极（1）	50%	30%
比较积极（2）	20%	20%
比较消极（3）	10%	20%
非常消极（4）	20%	30%
均值	2.0	2.5

571 对总体样本的数据进行检测后分析更小的分群。

人口统计学变量分群的异同。理解不同人口统计学特征群体对概念或者执行的回答有很大价值。此时重要的一点是，判断关键的人口统计学特征群体对概念和执行的回答是否一致，以及回答的程度是否会随着人口统计学特征的变化而变化。为了判断回答的一致性或者区别，可以用诸如均值或者频数分布（取决于测量层面）这些描述性统计来表现对关键人口统计学特征群体的关键测量。作为整体的一部分，样本的回答也可以提供参考性价值。

当一个概念或者执行被测试完毕，或者一个概念独立于其他概念或执行被检测时，表格和数据分析比较直观。例如，下面的表格显示了两组不同人口统计特征群体对同一个测量的详细信息，在本案例中是受访者对信息可信度概念的评价。

应答选项	总体样本（$n=200$）	女性并且有	
		3～7 岁的孩子（$n=100$）	8～12 岁的孩子（$n=100$）
非常相信（1）	50%	75%	25%
比较相信（2）	20%	20%	20%
比较不相信（3）	10%	5%	15%
非常不相信（4）	20%	0%	40%
均值	2.0	1.3*	2.7*

* 在 $p<0.001$ 的水平上具有显著性。

注意测量的频率分布、总体均值，连同人口统计学特征群体的分布、均值和显著性检验如何整合在一张表格中。还需要注意从分析中提取的重要洞察：尽管总体样本中的大多数认为概念可信，但实际上几乎完全归因于有 3～7 岁孩子的女性的回答更积极。拥有较大年龄孩子的母亲认为概念可信的显著减少。

当多个概念同时被测试或者经过一段时间后有必要从不同点对比测试概念时，需要进行多个比较分析。这种比较需要两种方式进行数据整理和分析。首先，需要整理并呈现数据，这样才能直观地了解对每一个概念或执行的反应。这里的数据呈现和分析要有概念的总体评价，然后判断不同人口统计学特征的群体是否有相似或相异的反应。根据测试概念的数量， 572
每一个概念可以单独在一个表格中呈现，或者用一个表格同时呈现两个或者更多相关概念，例如：

应答选项	概念 A			概念 B		
	总体样本（$n=200$）	女性并且有		总体样本（$n=200$）	女性并且有	
		3～7 岁的孩子（$n=100$）	8～12 岁的孩子（$n=100$）		3～7 岁的孩子（$n=100$）	8～12 岁的孩子（$n=100$）
非常相信（1）	50%	25%	75%	50%	70%	30%
比较相信（2）	20%	40%	0%	20%	30%	10%
比较不相信（3）	20%	30%	10%	20%	0%	40%
非常不相信（4）	10%	5%	15%	10%	0%	20%
均值	1.9	2.1*	1.7*	1.9	1.3**	2.5**

* 在 $p=0.03$ 的水平上具有显著性。

** 在 $p=0.01$ 的水平上具有显著性。

上面的表格显示了大量数据，有混淆的风险。因此，可以采用让差异看起来更明显的另一种方式呈现数据。此时，数据呈现和分析的重点在于不同人口统计学特征群体，然后判断一个特定的人口统计学特征群体对于不同概念的反应相似或相异的程度。这种类型的数据呈现如下表所示，这个表格一目了然，通过这个表格可以得出结论：拥有较小年龄孩子的母亲觉得概念 B 更可信，而拥有较大年龄孩子的母亲觉得概念 A 更可信。

应答选项	有 3～7 岁孩子的女性		有 8～12 岁孩子的女性	
	概念 A（n=100）	概念 B（n=100）	概念 A（n=100）	概念 B（n=100）
非常相信（1）	25%	70%	75%	30%
比较相信（2）	40%	30%	0%	10%
比较不相信（3）	30%	0%	10%	40%
非常不相信（4）	5%	0%	15%	20%
均值	2.1*	1.3*	1.7**	2.5**

* 在 $p<0.001$ 的水平上具有显著性。
** 在 $p<0.01$ 的水平上具有显著性。

573 **态度和行为群体的异同。**对态度群体的主要研究旨在了解消费者对概念和执行反应的原因。这种分析是为了明确受访者在曝光于概念或传播之后，是否转持积极态度，例如信息的可信度、独特性或者是否记住一些信息元素。可进行两种类型的分析。首先，态度的变化可能与某些关键测量相关。下面的相关分析是这种方式的举例，个体对于信息可信度、重要性、相关性的评估与态度变化相关，而独特性与态度变化没有表现出相关性。[15]

	态度变化
可信度	0.56
重要性	0.77
相关性	0.86
独特性	−0.03

所有相关系数大于 0.55，在 $p<0.01$ 的水平上具有显著性。

一旦计算了相关系数，可以通过交叉表更为细致地探寻统计上显著的相关系数。下表显示了两个封闭式问题的交叉表，本案例中是在阅读概念后，对信息重要性的评价与态度变化的交叉。

应答选项	总体样本（n=200）	态度变化群体	
		积极变化（n=80）	消极变化（n=120）
非常重要（1）	55%	87.5%	33.3%
比较重要（2）	15%	6.3%	20.8%
比较不重要（3）	10%	6.3%	12.5%
非常不重要（4）	20%	0.0%	33.3%
均值	2.0	1.2*	2.5*

* 在 $p<0.001$ 的水平上具有显著性。

这个表格为相关分析的发现提供了重要的详细信息。数据显示，几乎所有转持积极态度的受访者都认为概念信息很重要，而转持消极态度的受访者则认为信息重要的程度大大降低，甚至该类中有一定数量的人认为信息完全不重要。

通过关于态度群体的开放式问题交叉表可以获取更多信息。下表显示了这种类型的分析，呈现了喜欢或不喜欢这种开放式问题与态度变化类型的交叉。[16]

574

开放式问题答案	总体样本（n=200）	态度变化群体	
		积极变化（n=80）	消极变化（n=120）
喜欢	80%	80.0%	80.0%
代言人	60%	95.0%	36.7%
对儿童的描述	30%	30.0%	30.0%
积极的看法	20%	22.5%	18.3%
不喜欢	30%	32.5%	28.3%
代言人	25%	6.3%	37.5%
使用恐惧	13%	12.5%	13.3%
过度夸张	8%	7.5%	8.3%

表格中的数据显示了概念受到欢迎。两个态度群体中喜欢概念的个人所占百分比相等，而且在积极的和消极的态度变化群体中，谈到喜欢概念中某个元素的个人多于不喜欢的个人。但是，两个群体在一个重要方面有差异。转持积极态度的群体对代言人非常喜欢，很少人表示不喜欢。而转持消极态度的群体不喜欢代言人，这一群体中喜欢代言人的个人明显少于积极态度群体，很多人不喜欢代言人。对概念测试中其他喜欢和不喜欢的方面，两个群体基本一致。因此，在得出最终结论之前，概念中代言人的使用需要再审

视（可能需要重新测试或者重新选择），因为不同态度变化群体只在这一点上出现了分歧。[17]

发现测量之间的关联

前面章节阐述了如何通过分析定量的概念或者传播测试来判断不同人口统计学特征、态度或者行为意图群体的差别。类似的分析可以对回答模式进行深入洞察。此时，对调查中一个问题的回答要在另一个调查问题的背景下进行检测。有四种类型的方式可以操作。

量表式问题跳答与开放式问题的关联。表19—6的第6题和第7题询问了对信息相关性的看法。第6题是量表式问题，让受访者评价信息的相关性，而第7题是开放式问题，只询问那些不认同信息相关性的受访者。下表是对这两个问题的回答。

575

作出此评价的原因	将信息评价为“不相关”的受访者（*n*=150）
例子太奇怪了	83%
用的语言太奇怪了	63%
具有侮辱性	30%
对已经习惯回收利用的人不适用	28%
没有案例中描述的经历	21%

表格中的样本是150名（占总体样本的75%）不认同信息相关性的受访者。

表中数据显示，大部分受访者（75%）并不觉得信息跟自己有关（见表底部的注解）。而且，缺乏相关性的原因很大程度上是概念的表达方式造成的。觉得信息跟自己无关的受访者填答的原因最多的是概念中例子和语言的使用不得当。这些较高的比例放在一起表明了所测试概念的明显弱势。

比较量表式问题和开放式问题的回答。前面的举例检测了在有意图的相关量表式问题背景下开放式问题的回答。这种方式可以根据任何量表式问题的回答，扩展对任何开放式问题的检测。然而，考虑到这种可能结合的无限性，调查者一般不会随意进行这项任务（任务将在下节描述）。而每一项分析应该针对具体的、预先确定的调查问题展开。

前文中，我们举例说明了像喜欢与否这类概念如何针对不同态度群体进行分析，尤其是那些曝光于概念之后态度发生积极或者消极变化的人群。同样类型的分析可以扩展到测量的其他结合。例如，调查者可能提出，“觉得这些信息重要或者不重要的受访者具体喜欢和不喜欢这些信息的什么？”下表中的数据即回答了这个问题。

开放式问题答案	总体样本（*n*=200）	“重要性”评价群体	
		信息重要（*n*=135）	信息不重要（*n*=65）
喜欢	80%	97.7%	42.6%
代言人	60%	80.0%	18.5%
对儿童的描述	30%	40.7%	7.8%
积极的看法	20%	26.7%	6.2%
不喜欢	30%	4.4%	83.1%
代言人	25%	3.8%	69.2%
使用恐惧	13%	2.2%	35.4%
过度夸张	8%	1.5%	21.5%

表格显示了觉得信息重要的人喜欢的概念元素， 576
主要是代言人、对儿童的描述和积极的看法。这一群体中很少有人不喜欢概念中的元素。相反的是，觉得信息不重要的人喜欢概念中元素的比较少，更多选择了不喜欢，尤其是信息中的代言人和信息表达的方式。

除了这类单一量表式问题的分析，多个量表式问题也可以同时分析。例如，调查者可以提问：“认为信息令人困惑或者不重要或者不可信的受访者，他们最初的想法和感受是不同的还是相同的？”下表中的数据回答了这个问题。

开放式问题答案	信息评价的类型		
	信息令人困惑（*n*=40）	信息不重要（*n*=65）	信息不可信（*n*=75）
提及的积极看法	30.0%	7.7%	26.7%
让我自我感觉良好	10.0%	6.2%	14.7%
让我骄傲	7.5%	6.2%	20.0%
人们需要听到这些	12.5%	4.6%	13.3%
激动人心的信息	5.0%	9.2%	14.7%
我的孩子需要听到	2.5%	3.8%	4.0%
提及的消极看法	95.0%	96.7%	93.3%
太可怕了	82.5%	6.2%	10.6%
太多细节了	90.0%	15.4%	13.3%
侮辱性的	20.0%	89.2%	12.0%
讨厌代言人	17.5%	12.4%	90.1%
太多情绪性操控	17.5%	8.4%	92.0%

表格很容易对比三个群体回答的潜在模式。一方面，三类群体内的成员表现出相似的整体回答模式。每一群体内几乎没有受访者表示喜欢概念的某个方

面，而每一群体内几乎所有受访者都表示不喜欢某个方面。另一方面，三个群体之间不喜欢的具体事项有很大不同。觉得信息令人困惑的群体不喜欢概念中可怕的表现方式和太多的细节；觉得信息不重要的群体认为信息带有侮辱性；觉得信息不可信的群体不喜欢代言人和概念中可感知的情绪性操控。这些诊断洞察为之后的概念修正提供了方向。

577 前面的两个举例都是将量表式问题作为分类变量。然而，事实并不总是这样。例如，调查者可能会问：“喜欢或者不喜欢代言人的受访者对信息的反应如何?”在这个案例中，可以为每个群体计算对信息量表测量反应的均值，如下表所示。

量表问题	对代言人的评价	
	积极的（n=133）	消极的（n=67）
重要性*	1.2	4.1
相关性*	1.4	3.8
可信度*	1.6	3.9
独特性	2.2	2.4
容易理解	3.2	3.1

* 两组间均值的差异在 $p<0.001$ 的水平上具有显著性。

上表中的数据为前一个表格做了补充。此时，数字越小表示得分越积极，数据显示，对发言人的评价与信息的重要性、相关性、可信度均有较强相关性，但是与信息的独特性、是否容易理解无关。对代言人角色的诊断洞察是考虑信息传播方式优劣的重要因素之一。

比较两个量表式问题的回答。对两个量表式问题之间关联的探究，与态度变化和对信息反应之间关联的检测类似。先计算相关系数，然后利用交叉表探究潜在的分布。

比较两个开放式问题的回答。最后，检测两个开放式问题的回答。过程与将开放式问题作为分析量表式问题的分类变量类似，此处不同的是，一个开放式问题被当做检验另一个开放式问题回答的分类变量。例如，调查者可能会问：“那些觉得信息带有侮辱性的受访者还有什么其他最初反应?”下表的数据回答了这个问题。

578

开放式问题答案	觉得概念有“侮辱性”的受访者（n=58）
提及的积极看法	6.9%
让我自我感觉良好	1.7
让我骄傲	1.7
人们需要听到这些	3.4
激动人心的信息	1.7
我的孩子需要听到	0.0
提及的消极看法	100.0%
太可怕了	8.6
太多细节了	75.8
侮辱性的	100.0
讨厌代言人	82.7
太多情绪性操控	79.3

数据显示，那些觉得概念带有侮辱性的受访者也不喜欢代言人，而且觉得概念中有太多情绪性操控。和前文分析所得洞察一样，这些分析数据可以用来确定概念执行之前是否有必要进行修改。

小结

概念与传播测试通常出现在广告创作活动的早期。二者的区别在于概念测试只专注于信息本身，而传播测试专注于不同传播方式下的信息传播。然而，这两种测试都有一个重要的共同特征，即概念与传播测试都是诊断法，目的在于识别优势和弱势，而不是选择一个“胜利者”。

概念测试探寻受访者对备选的传播方式中定位、利益、形成原因或者独特传播主张的反应。概念的表达应该简洁，避免夸张、推销或者广告式的吹捧。概念最重要的任务是简单且真实地呈现核心思想，这样消费者才能最大限度地理解并且有信心评估对核心思想做出的回应。概念测试可以运用于产品或者非实物产品。传播测试通常在概念测试之后，其主要目的在于评估消费者对不同传播方式的反应，由此识别不同传播方式的优势和弱势。

概念与传播测试可以采用定性或者定量的方法。尽管定性的方法更常见，但是最终决定这个方法是不是最佳方案，除了考虑可能获得的信息和洞察的类型，还要考虑时间和费用。无论采用哪一种方法，概念与传播调查的核心测量在两种方法中都是一致的，通常包括：

- 自发的最初反应
- 信息传播
- 对信息、概念或者执行的个人反应
- 对信息、概念或者执行的情感反应

● 信息、概念或者执行的具体问题

概念与传播测试中定性调查的过程和结果的分析与呈现方法在第7章已经阐述。定量调查发现需要数据归纳和揭示测量之间潜在的关联：

● 数据归纳需要分析所有样本的回答，也需要分析重要的受访者分群之间的异同，分群最常用的划分依据是人口统计学、态度的或者行为的特征。

● 揭示测量之间潜在的关联需要根据其他问题的回答检测一个问题（或者一系列问题）。有四类方式：量表式问题跳答与开放式问题的关联，比较量表式问题和开放式问题的回答，比较两个量表式问题的回答，比较两个开放式问题的回答。

582

复习题

1. 概念与传播测试在哪些方面相似？在哪些方面不同？

2. 如何理解“概念与传播测试是诊断法”？

3. 概念测试在什么时候使用最合适？

4. 一个设计合理的概念有什么特征？

5. 与产品相关的概念测试如何帮助广告主制定策略？

6. 撰写概念测试文案正文的指导原则是什么？

7. 概念标题和口号有什么特征？

8. 在概念测试中什么时候需要使用视觉材料？

9. 什么是传播测试？

10. 传播测试如何帮助广告主制定策略？

11. 执行进行到什么阶段需要传播测试？

12. 传播测试中的电视广告测试有哪些选择？

13. 定性的概念与传播测试中有什么特别考虑？

14. 概念与传播测试中使用的主要测量有哪些？

15. 定量概念与传播测试分析需要完成哪两大任务？

16. 检测定量的概念与传播测试结果时，哪种类型的数据归纳有价值？

17. “发现测量之间的关联”指的是什么？

18. 检测定量的概念与传播测试结果时，有哪四种方式可以发现测量之间的关联？

应用练习[18]

1. 你的客户锐步（Reebok）研发了一款新的跑鞋。客户和广告代理公司都认为可以在这款新鞋投入生产、分销和做广告之前，通过概念测试评估消费者的反应。锐步提供给广告代理公司的关于这款鞋的相关信息有：

● 混合采用了 GraphLite™、THE PUMP™ 和 HEXALITE™三种技术。

● 这款鞋被命名为 THE PUMP GraphLite™。

● 碳纤维不仅让鞋更加轻巧，而且还能保证不易变形。

● THE PUMP GraphLite 的独特之处在于足底有一个拱形设计，这个设计能为受伤的跑步者提供额外的保护。

● 不论怎样运动翻转，这个拱形设计都不会变形，而且不需要任何辅助，就能减少鞋底20%的重量。

● 采用的 THE PUMP™技术能为每个跑步者定制鞋跟。只需要四五个泵使脚跟被气垫托住，就可以让每个跑步者拥有适合自己脚的鞋子，因此每只脚都会觉得超级合适。 583

● 多年来，跑步者都在寻找能通过缓冲克服不适的轻便跑鞋。现在他们不需要再继续寻找了。HEXALITE™是第一个成功将轻便与缓冲融为一体的技术。鞋底夹层的 HEXALITE™能够保护跑步者在跑步时双脚免受激烈碰撞带来的伤害。

● THE PUMP GraphLite 系列跑鞋零售价为209美元，各大跑鞋专柜有售。

● 这款鞋的目标受众包括认为自己是一个认真的跑步者的男性和女性。

根据上述信息设计一个可以评估目标受众对新鞋反应的概念。

2. 准备讨论提纲和定量调查问卷，以用于探寻前一个应用练习中对概念的反应。

3. 广告代理公司创意部已经为富士（Fuji）THRILL 系列山地自行车（ATB）准备了两个概念。一个概念侧重传播车的耐用性且不牺牲性能，另一个概念侧重传播车的性价比很高。目标受众是对山地自行车富有经验、见多识广的专业骑行者。以下是创意部准备的关于“不牺牲性能的耐用性”概念的标题和正文。你是否认可这种写法？如果不认可，你会给出怎样的建议？

> 标题：只有一个地方你不想带你的富士 THRILL 系列山地自行车去：修理厂
>
> 正文：无论你去多远的地方，富士 THRILL 系列山地自行车不仅超级耐用，而且它卓越的性能足以让你尖叫。铬钼钢管和阿拉亚银合金框，指拨变速器和 21 转飞轮组件，加上超高的性价比，THRILL 系列山地自行车堪称完美。从现在起你可以去其他任何店比较，等到山都封冻了，你也找不到更适合的价格了。和富士其他系列山地自行车一样，THRILL 系列在不牺牲性能和车重的情况下，还经久耐用。

4. 进行六场焦点小组访谈来判断消费者对外带意大利面配菜和餐点的反应。这个品类的领导品牌是 Noodle Roni 和 Golden Saute。

三场焦点小组访谈受访者是这些食物目前的常规食用者（常规的定义是一周至少食用一次）。这些小组的主要目标是识别问题和对目前这些外带意大利面配菜和餐点的不满。这些小组的消费者指出了外带意大利面配菜和餐点的很多问题，提得最多的包括意大利面的质量、分量以及昂贵的价格。然而，有一个问题最终被认为具有重要意义：准备的意大利面口味单调，每个外带包只有一种味道的调味料。此外，要按照使用说明正确操作，并且不能个性化定制。因此，只有买了不同味道的多个外带包，才能得到不同的味道。

另外三场焦点小组访谈针对不同类型的非食用者进行，非食用者是在过去 12 个月内没有品尝过这些产品的人。测试这些人的目的是为了了解阻止其购买和食用的原因。在受访者提及的众多原因中（例如太贵，性价比低，打包的/人工化的口味等），最大的障碍是准备。消费者不买这些产品是因为缺乏灵活性。他们更倾向于自己准备食谱，时间允许的话，做出更具个性化、定制化的食物。

做完这些测试后，凯蒂（Katy）餐厅决定推出一款既满足现有食客也满足潜在食客的新产品。作为这款名为 Versagetti 的产品广告形成过程的一部分，通过在线调查进行了定量的概念测试。图 19—3 显示了其中一个测试概念。

584

推出 Versagetti
意大利面配菜和餐点的新系列

像 Noodle Roni 和 Golden Saute 这些传统的意大利面配菜用起来不够多样，你必须永远按照它要求的方式去做。

当你做菜时，必须严格遵守说明书。

任何改制调味料的尝试都有可能破坏这顿饭。所以，你不能按照自己的意愿去发挥。

缺乏灵活性也意味着单调。你只有买各种不同口味的产品才能做出不同的味道。

Versagetti 可以解决这些问题

Versagetti 是一种脱水的意大利面调味料，每份 22 盎司。Versagetti 只采用最新鲜最天然的原料。

每份 Versagetti 可以做十道菜。每道菜可以配 16 盎司意面。Versagetti 的与众不同之处在于你可以根据口味自我定制，所以一份 Versagetti 可以做出十道相同或者不同的菜肴。你可以根据自己的口味或者包装上的说明随意调配。选择权在你自己。

Versagetti 每份售价 2.29 美元，有两种基础调味料：意式和美式。

Versagetti：给你更多选择

图 19—3　应用练习 4 的概念

样本

Versagetti的推出是为了迎合两个群体的消费者。群体成员反映了食用范围。一个群体由一周至少购买和食用一次外带意大利面配菜和餐点的消费者组成（标记为现有的、常规食用者），另一个群体由从未品尝过这些产品的消费者组成（标记为非食用者）。所有研究参与者（共200人），不论食用这些产品与否，都是家里决定吃什么的主要或者辅助性决策者。

此外，所有参与者必须至少偶尔（定义为每月至少一次）在家会吃意大利面。因为这项研究只想了解家庭决策者的选择，所以不需要性别、年龄、收入或其他人口统计学变量。

● 总体样本中，有100人是经常品尝现有产品的食用者。这些人除了满足前面的要求外，还（平均）每周至少购买和食用一次外带意大利面配菜或正餐。

● 总体样本中，有100人是非食用者。这些人除了满足一般研究要求外，在过去一年内没有购买过任何意大利面配菜或正餐。

分析

表19—8显示了主要数据。检查表格然后回答372页的问题。

585 **表19—8　应用练习4定量概念测试的结果**

表格A　最初的想法和感受（多选）

回答	总体样本（n=200）	意大利面食用者（n=100）	非意大利面食用者（n=100）
积极的	60%	90%	30%
可以很容易定制	50%	80%	20%
小孩子喜欢	50%	76%	24%
可以多一点花样	50%	50%	50%
省钱	45%	60%	30%
味道好	40%	80%	0%
使生活更方便	30%	60%	0%
消极的	65%	30%	100%
味道不好	55%	10%	100%
做起来麻烦	35%	0%	70%
有什么不同?	30%	5%	55%
可笑的名字	25%	20%	30%

表格B　传递的主要内容（多选）

回答	总体样本（n=200）	意大利面食用者（n=100）	非意大利面食用者（n=100）
产品灵活性	74%	76%	72%
更多味道	50%	49%	51%
可以定制味道	45%	47%	43%
可以用自己的意面	12%	11%	12%
味道更好	72%	77%	67%
更新鲜	45%	42%	48%
更好吃	40%	43%	37%
更经济	20%	20%	20%
保质期更长	15%	14%	16%

表格C　品牌名称回忆

回答	总体样本（n=200）	意大利面食用者（n=100）	非意大利面食用者（n=100）
Versagetti	90%	94%	86%
Versaspaghetti	3%	3%	4%
Versatile Spaghetti	2%	1%	3%
Spaghetti Versatility	2%	1%	3%
其他	3%	1%	4%

表格D　信息重要性的评价（四级量表；数字越小表明越积极） 586

应答选项	总体样本（n=200）	意大利面食用者（n=100）	非意大利面食用者（n=100）
非常重要（1）	33%	58%	8%
有些重要（2）	22%	33%	11%
不太重要（3）	38%	8%	68%
非常不重要（4）	7%	1%	13%
均值	2.2	1.5*	2.9*

* 在 $p<0.001$ 的水平上具有显著性。

表格E　信息相关性的评价（4级量表；数字越小表明越积极）

应答选项	总体样本（n=200）	意大利面食用者（n=100）	非意大利面食用者（n=100）
信息是相关的			
非常同意（1）	39%	72%	6%
有些同意（2）	13%	16%	10%
有些不同意（3）	10%	10%	10%
非常不同意（4）	38%	2%	74%
均值	2.4	1.4*	3.5*

* 在 $p<0.001$ 的水平上具有显著性。

表格 F　信息可信度的评价（4 级量表；数字越小表明越积极）

应答选项	总体样本（n=200）	意大利面食用者（n=100）	非意大利面食用者（n=100）
非常可信（1）	65%	67%	63%
有些可信（2）	23%	20%	26%
有些不可信（3）	12%	13%	11%
非常不可信（4）	0%	0%	0%
均值	1.5	1.5	1.5

587 **表格 G　信息独特性的评价（4 级量表；数字越小表明越积极）**

应答选项	总体样本（n=200）	意大利面食用者（n=100）	非意大利面食用者（n=100）
信息是独特的			
非常同意（1）	36%	72%	0%
有些同意（2）	13%	22%	4%
有些不同意（3）	18%	6%	30%
非常不同意（4）	33%	0%	66%
均值	2.5	1.3*	3.5*

* 在 $p<0.001$ 的水平上具有显著性。

表格 H　信息清晰度的评价（4 级量表；数字越小表明越积极）

应答选项	总体样本（n=200）	意大利面食用者（n=100）	非意大利面食用者（n=100）
信息易于理解			
非常同意（1）	80%	78%	82%
有些同意（2）	5%	7%	3%
有些不同意（3）	5%	4%	6%
非常不同意（4）	10%	11%	9%
均值	1.5	1.5	1.4

表格 I　最初喜好度评价（4 级量表；数字越小表明越积极）

应答选项	总体样本（n=200）	意大利面食用者（n=100）	非意大利面食用者（n=100）
非常喜欢（1）	45%	85%	5%
有些喜欢（2）	20%	15%	25%
有些不喜欢（3）	10%	0%	20%
非常不喜欢（4）	25%	0%	50%
均值	2.4	1.2*	3.6*

* 在 $p<0.001$ 的水平上具有显著性。

表格 J　具体喜欢和不喜欢的方面（多选） 588

回答	信息的最初评价	
	喜欢（n=130）	不喜欢（n=70）
积极的		
易于理解	85%	93%
丰富多样	52%	83%
从零开始喜欢烹饪	39%	14%
比其他包装的意面味道好	38%	10%
味道好	34%	12%
匆忙时易于操作	32%	7%
消极的		
没有其他包装的意面好	8%	100%
没有承诺的味道好	0%	97%
太多选择	4%	46%
可笑的名字	6%	96%
奇怪的	0%	92%
没有必要，做起来太麻烦	2%	89%
一不小心就要重做	0%	89%
开瓶调味料不就得了	4%	92%

表格 K　购买意图（4 级量表；数字越小表明越积极）

应答选项	总体样本（n=200）	意大利面食用者（n=100）	非意大利面食用者（n=100）
很有可能购买（1）	40%	76%	4%
有些可能购买（2）	10%	14%	6%
不太可能购买（3）	40%	5%	75%
肯定不可能购买（4）	10%	5%	15%
均值	2.2	1.4*	3.0*

* 在 $p<0.001$ 的水平上具有显著性。

表格 L　购买意图（4 级量表；数字越小表明越积极）

应答选项	总体意大利面食用者（n=200）	Noodle Roni 食用者（n=100）	Golden Grain 食用者（n=100）
很有可能购买（1）	76%	80%	72%
有些可能购买（2）	14%	10%	18%
不太可能购买（3）	5%	5%	5%
肯定不可能购买（4）	5%	5%	5%
均值	1.4	1.4	1.4

589 **表格 M　购买意图（4级量表；数字越小表明越积极）**

应答选项	意大利面食用者类型		
	重度（n=25）	中度（n=50）	轻度（n=25）
很有可能购买（1）	88%	80%	50%
有些可能购买（2）	12%	4%	18%
不太可能购买（3）	0%	4%	22%
肯定不可能购买（4）	0%	12%	10%
均值	1.1*	1.4	1.6*

* 在 p=0.05 的水平上具有显著性。

表格 N　预期的购买频率

应答选项	总体意大利面食用者（n=200）	Noodle Roni 食用者（n=100）	Golden Grain 食用者（n=100）
比现有品牌更频繁	76%	88%	64%
与现有品牌一样	18%	8%	28%
低于现有品牌	6%	4%	8%

表格 O　配方偏好（10级量表；数字越小表明越积极）

应答选项	意大利面食用者类型		
	重度（n=25）	中度（n=50）	轻度（n=25）
意式（偏好得分均值）	1.2	1.3	1.5
美式（偏好得分均值）	4.7	4.9	5.1

* 所有意式偏好评价比美式偏好评价更积极。

表格 P　配方偏好（10级量表；数字越小表明越积极）

应答选项	意大利面食用者类型		
	重度（n=25）	中度（n=50）	轻度（n=25）
意式（偏好得分均值）	1.4	1.7	1.6
美式（偏好得分均值）	5.2	4.9	5.3

* 所有意式偏好评价比美式偏好评价更积极。

A. Versagetti 概念的优势和弱势分别是什么？ 590

B. 对于现有产品食用者和非食用者而言，Versagetti 的优势和弱势分别是什么？

C. 对于竞争品牌的消费者而言，Versagetti 的优势和弱势分别是什么？

D. 哪一个利益点具有最大优势？哪一个利益点具有最大弱势？

【注释】

[1] 该概念中的具体建议来自 Mayo Clinic（2009），http：//www. mayoclinic. com/health/shift-work/AN01616。

[2] 本章集中讨论探求对潜在广告信息反应的概念测试。一种概念测试是新产品概念测试，通常由品牌经理执行。此时，营销者可能有很多关于新产品的点子，这些想法可能来自品牌自身，也有可能来自调查和开发人员，或者来自消费者调查。一个新的产品点子可能会开发出一个全新的品类，反映出生产线的延长，或为现有品类引入一个新的产品。然而，并不是所有新的产品点子都肯定能吸引目标消费者。简单来说，营销者可以创造一款产品，或者消费者在之前的调查中暗示他们可能对产品有需求或者渴望，并不意味着消费者就会购买这款产品只要它们可以买到，并且充分理解产品的特征。营销者需要系统地对产品点子进行筛选，以辨识出那些有巨大市场潜力的点子。相比于生产产品本身，发现消费者排斥关于新产品的点子要合算得多。营销者从消费者的角度出发，通过对新产品的概念测试判断有价值的新点子，并加以精练和推广。

[3] 概念测试非常灵活，尽管本章关注的是为评价对备选信息的反应而设计的概念测试，概念测试也可以用来测试传播中其他相关的信息构成，例如备选的口号和标题。执行范围更窄的测试程序与那些聚焦于信息的测试程序相似。此外，概念测试也可以用来探索对用来说明信息的备选图形的反应。后一种概念测试保持信息不变，而是调控与信息相关的图像。测试口号或标题的方法与侧重信息的概念测试也非常相似。

[4] 这些以及相似的与非实物产品相关的广告的案例参见 The Ad Council，http：//www. adcouncil. org/default. aspx?id=15。

[5] 概念的内容改编自 GreenSimmons（undated），“Top Ten Reasons to Recycle”，http：//green. simmons. edu/news/entries/2008/04/top _ ten _ reasons. php 和 Webnation（2008），“Recycling Statistics for the United States”，http：//www. altfuelsnow. com/conservation/recycling-statistics。

[6] 传播测试与概念测试的不同之处在于传播测试最感兴趣的是识别不同执行方式的优势和弱势。

[7] 图 19—1 和图 19—2 引自 USDA（2006），“United States Department of Agriculture Focus Group Report on Creative Concept Testing For Food Safety Mass Media Campaign”，http：//www. fsis. usda. gov/PDF/BFS _ Report. pdf。

[8] 故事版、动画和照片的举例参见 hi road productions（http：//www. hiroadproductions. com）和 Brain Forest Digital

Animatics（http：//www. brain4est. com/bfd/home. htm）。

［9］改编自 Iqbal Mohammad（2008），“Predictive Pre-Testing：An Outline for an Ad Pre-Testing Model Based on Prediction Markets”，http：//papers. ssrn. com/sol3/papers. cfm? abstract _ id=1265089。

［10］表 19—4 来自 http：//www. gallup-robinson. com/concepttesting. html 和 http：//www. gallup-robinson. com/adpretesting. html。

［11］表 19—5 中呈现的讨论指南有两点值得注意，第一，问题进行了编号以便于行文中更容易讨论，在实际操作中则不会使用编号。第二，出于对小组讨论进程的考虑，主持人的指令为问题的继续开展提供了最佳的顺序上的灵活性。除了讨论指南，同样需要注意的是在不同方法中探索的概念数量是如何变化的。焦点小组可以在一个小组中收集多个概念的反应，而定量调查关注的是某个概念。为防止在定量中探索超过一个的概念或执行利用多个小组，且每个小组只看到一个概念或执行。表 19—6 和表 19—7 所呈现的材料来自 PsychData（http：//www. psychdata. com）。

［12］在传播测试中此处和其他问题的措辞是一样的，除了用“概念”代替生硬的“广告”或“执行”。

［13］本案例中所探索的概念不是具体产品，因此问题 3 调查的是对概念赞助商的回忆。在针对具体产品概念的案例中，询问的是对产品名称的回忆。

［14］另一种可选择的评价信息传播的方式是：“想象一下你需要告诉一个朋友你刚刚看到和听到的内容，你会告诉你的朋友什么呢?”

［15］请记住相关性表示的是两个统计量之间的关系，而不是表明因果关系。在这个案例中，我们不能断言可信度的增加会导致转持积极态度。

［16］表格中反映开放式问题答案的百分比之和不是 100%，因为可能有多个答案。例如，某个人可能喜欢或者不喜欢概念和执行的不止一个方面。

［17］本部分案例说明了如何对不同态度组进行测试，其程序与行为意向组的一样——积极意向组和消极意向组会被比较和对比。此外，答案能够通过实际的行为组进行分析，例如比较参与目标行为的人的回答与没有参与的人的回答。在与产品相关的测试中，例如现在购买产品的个人的答案与没有购买的进行对比。

［18］品牌名称只用作说明。

（本章翻译：章慧，本章校译：杨雪睿）

第20章

后期广告测试与优化

592 调查过程并不会由制作出一条广告、发送一封电子邮件或推出一个网站而结束，而是要继续提醒广告主进行判断，从而使下一轮策略与创意讨论中形成的决策更加有效。在成品完成后，有四种类型的广告调查可做。文案测试（copy testing）用于调查评估已完成的广告，判断该广告是否应该在媒体上发布和用于传播活动。分割（Split-run）和 A/B 测试（A/B tests）是相关的调查技术，可以让广告主将现有的广告方式与一个或更多可能的备选方案进行比较。全因子（full factorial）和多元（multivariate）技术可以使广告主判定如何通过操控广告或者其他传播刺激影响消费者的回应。最后，活动评估调查有助于广告主判定传播活动在媒体上推广并展示给目标受众可能产生的效果。

* * *

阅读本章之后，你会对以下内容有深刻理解：

- 在传播活动形成并推出之后，调查如何有助于改进广告决策；
- 四种主要的后期调查类型适用的情境；
- 每一种类型后期调查的优势与局限；
- 文案测试如何用于判定广告是否虚假。

593 文案测试调查

前一章讨论的传播调查用来在制作之前识别广告的优势与弱势。因此，传播测试是方向的诊断。一旦广告制作完成，就可以进行文案测试调查，继而判断这条广告是否可以在媒体上发布并用于传播活动。因此，文案测试要评估方向，并做出某条广告能否“继续做”的决定。文案测试在电视广告中的应用最为普遍，尽管杂志广告和广播广告也可能有文案测试。

这一部分集中探讨文案测试方法在电视广告中的运用。[1]本章附录是从法律视角对文案测试的讨论，特别强调了广告主如何利用文案测试应对联邦贸易委员会（Federal Trade Commission）针对虚假广告的质询。

电视广告的文案测试

与概念或传播测试可以由广告代理公司、客户或者外部调查公司执行有所不同，文案测试几乎是由独立的调查公司执行。尽管所有这些公司的共同目标都是识别广告的优劣，但他们的方法有以下四个维度的不同。

- 观察情境的自然状态。广告曝光的方式有两种，调查公司会选择其中一种。一些公司在实际看电视时将测试的电视广告给受访者看；另一些公司则为受访者提供 VHS（家用录像带）和 DVD，里面包含提前录制的、已插入测试电视广告的电视节目。
- 广告曝光数量。可以在一个或多个广告曝光之后进行数据收集。
- 数据收集的时机。每个公司会在电视广告曝光后多久收集数据有所不同。一些公司在电视广告曝光后会直接收集数据，而另一些公司则要等待一天或更多天。
- 数据收集的类型。文案测试公司可利用的测量有所差异。对于任何一家特定的文案测试公司，标准的测量可以包括以下一项或多项：广告回忆、信息传播、品牌态度转换、购买意图、前后品牌偏好、对广告的态度、对信息的态度。

盖洛普与罗宾逊调查公司和梅普斯与罗斯调查公司（Mapes and Ross）两家公司针对电视广告文案测试的方法有所不同。[2]下面两部分描述了这两家公司的具体操作。

595 **盖洛普与罗宾逊调查公司的 InTeleTest。**盖洛普与罗宾逊调查公司的 InTeleTest 用来评估消费者对电视广告的反应，这些电视广告预先录制到电视节目中，通过 VHS 录影带或 DVD 分发给受访者。

一个典型的 InTeleTest 调查的样本通常是来自 10 个地理上分散的大都市、18 岁及以上的 150 名男性或 150 名女性，以电视观看习惯研究为借口，在受访者家中私下里招募受访者，给予每个受访者一盒 VHS 磁带或 DVD，让他们在某一天观看，并告知第二天会有随后的电话访问。第二天，通过电话接触受访者，并就 InTeleTest 的核心度量指标进行访问，这些核心度量指标包括干扰性（回忆）、劝服、品牌评价、电视广告反应。之后要求所有受访者再次观看测试的电视广告，并使其通过之后的一系列标准诊断，也可能包括专门的问题。InTeleTest 主要测量的操作如下：

- 干扰性（intrusiveness）被定义为电视广告突破干扰、传递广告主或品牌名称的能力。InTeleTest 测量的是三个层面的干扰性：（1）无提示回忆（unaided recall）是当提示产品或话题类别时，声称已经看过电视广告并能正确识别出广告主或品牌名称的观众所占比例；（2）确证的无提示回忆（proved unaided recall）是前一个群体的子集，这些观众能够准确地描述电视广告；（3）确证的品牌提示回忆（proved brand aided recall）是提示公司或品牌名称的线索，能够回忆起电视广告的观众所占比例。正如前面提到的，回忆测量在看完某个广告后进行。
- 劝服（persuasion）和品牌评价（brand rating）测量的是电视广告培养对广告产品持赞同态度的能力。InTeleTest 主要测量两个层面的劝服：（1）赞同购买态度（favorable buying attitude）测量在广告一次曝光后的购买意图，并反映购买产品的兴趣有些提升或有相当程度提升的样本所占比例；（2）品牌评价是指认为品牌非常好的样本所占比例。
- 电视广告反应（commercial reactions）测量的是消费者对电视广告情感反应的两个方面。对电视广告的好感度（commercial liking）利用五级量表（从“我非常喜欢”到“我非常不喜欢”）进行测量。电视广告的优秀性（commercial excellence）使用四级“同意—不同意”量表测量对陈述的同意程度，“这条电视广告是我近期看过的最好的电视广告之一”。

这些标准适用于之前提到的所有标准 InTeleTest 测量。[3]

梅普斯与罗斯调查公司的自然状态下曝光（natural exposure）。梅普斯与罗斯调查公司在现场直播的节目中向受访者曝光测试广告。公司招募了 150～

200人的样本，以“评估电视节目”为名令其观看某个电视节目。受访者被告知他们对电视节目的反应是调查的焦点。

梅普斯与罗斯调查公司的方法允许在一个广泛的范围内收集电视广告反应的数据，尤其是劝服（主要
596 指标）、回忆、重要理念传播和详细的诊断。例如，测量销售理念如何以讨人喜欢的方式传播。梅普斯与罗斯的每一个关键测量的操作如下：

● 劝服（主要指标）测量广告改变或维持品牌偏好和兴趣的能力。

● 无提示回忆测量的是受访者通过一个品类描述将广告品牌和电视广告联结在一起的能力。例如，“汽车的品牌”。确证的回忆测量受访者记忆和描述电视广告中具体的或唯一元素和观点的能力。

● 理念传播通过受访者描述的所见所闻来判断视觉元素如何吸引注意力。消费者同样会被问到他们认为什么是广告的主要理念，以及评价主要理念的重要性。最后会询问受访者广告在多大程度上改变了他们购买广告品牌的意愿。

招募的受访者是广告的目标受众。这些人的定义通常以人口统计学特征、品类或品牌使用行为为基础。在招募阶段，梅普斯与罗斯调查公司使用开放式问题获得六个产品类别的品牌偏好（包括测试电视广告的类别）。在类别范围内开放式、非引导性的问题用于降低受访者对测试产品和测试电视广告的敏感度。同时要求在受访者观看的节目中出现测试电视广告。

在广告曝光后，通过电话联系每位受访者，确定接通电话者是节目观众后，收集曝光后的品牌偏好。在曝光前后品牌偏好百分比的变化可以代表对广告说服力的解释。（因此，说服力的评估是在单独一次曝光之后。）一般说来，曝光前后购买意图的明显转变表明说服力强。[4]之后会通过类别和品牌提示获得回答的偏好问题和回忆程度。对所有声称能够回忆起的受访者，需要判定他们回忆的具体内容。可利用的标准有助于检测劝服水平、回忆水平和喜好度。

评估备选文案的测试方法

广告主有很多不同的文案测试选择。每个选择都有它的支持者，每一种也有其自身的优势和弱势。然而，当评估替代文案测试方法的相对适合性时，有以下几点需要注意：[5]

● 方法越接近“真实世界”的曝光，就越能产生更为精准的结果，从而反映“真实世界”的广告表现和消费者反应。

597 ● 当受访者没有意识到是在参加文案测试调查时，会更能表现出他们在“真实世界”中对电视广告的反应。

● 多个测量和诊断可以从多个层面看到广告表现。因此，相对于一种测量的方法，提供多个测量的方法通常能提供更多信息，并且对广告主更有用。

● 在文案测试方法中，名称相同的测量其潜在的数据收集方法未必相同。因此，明确每一个特定测量潜在的数据收集方法很重要。例如，测量劝服的各种方法就有很多不同。对于任何特定的文案测试首选的方法，就是能够最好地回应广告主“电视广告是如何影响目标受众的”的方法。

最后，首选的文案测试方法提供标准和检验依据。标准使广告主可就测试电视广告的反应与客观的外部标准进行比较。然而，重要的是，标准要是最新的，反映规模足够大的样本，适用于电视广告中显示的产品和品类。[6]广告主绝不会“凑合着”用过时的或与广告产品没有直接关联的标准。至于检验，只考虑经过实证研究证明，并且信度和效度在可接受的区间内的文案测试方式。此外，关键测量需要经过系统的验证。图20—1提供了梅普斯与罗斯调查公司对劝服测量的验证描述。

分割测试

分割测试和A/B测试是类似的调查类型。有两种方式可以使广告主对现有的广告方式与一个或更多可能的备选方案进行比较。“分割”是指在平面媒体进行测试，而“A/B测试”则是指在网络环境中进行测试。[7]

598 **自然曝光检验**

个案历史一

梅普斯与罗斯调查公司进行了一项历时研究以判断品牌偏好改变的程度和相关的后续购买行为。这项调查的结果发表在《广告调查》上，后来重印于《〈广告调查〉经典：引导我们思考的八篇重要文章》。

JOURNAL OF ADVERTISING RESEARCH

> 除了新品牌的过季产品和考虑购买的项目，所有电视广告都可通过“自然曝光”系统进行周期超过五个月的测试。
>
> 测试的样本覆盖 55 个产品品类、142 条不同的电视广告。
>
> 总计共有 2 241 名受访者，代表 7 283 个电视广告曝光/产品类别购买机会。

研究目标是通过测试品牌份额的变化验证对受访者品牌偏好变化程度的测量。在进行“自然曝光”电视广告测试两周后，通过电话联系受访者。在这次没有关联的访问中，同样的个人在无提示偏差的背景下，被询问在广告曝光两周内品类和品牌的购买情况。在购买某类的受访者中测量品牌份额。

接着将购买行为研究结果与文案测试访问中相同的人作出的回答匹配。比较实际购买水平与对测试广告不同水平的回应。对于每一个电视广告曝光/购买机会，可能有三种类型的受访者：

之前就偏好： 受访者在广告曝光之前就偏好测试品牌—不适用于积极的变化。

被劝服： 受访者在广告曝光之前并不偏好测试品牌，但是在广告曝光之后的电话回访中改变了对测试品牌的态度。

没有被劝服： 受访者在广告曝光之前就不偏好测试品牌，在广告曝光后的电话回访中也没有转变为偏好测试品牌。

在购买该产品品类的人中，由于测试广告改变偏好的购买率是没有改变的 3.3 倍（42.8%∶12.8%）。对样本数据的控制保证了这个差异是广告曝光的结果。

结果清楚地显示出梅普斯与罗斯调查公司的劝服测量预测了在实际购买行为中的显著改变。

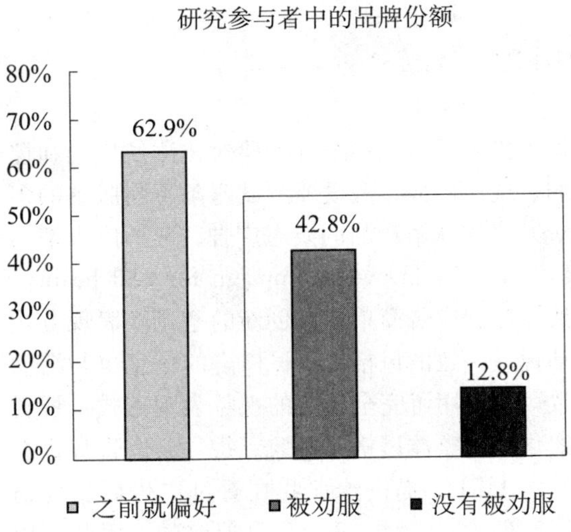

图 20—1　梅普斯与罗斯调查公司

分割测试设计

印刷黄页和杂志是分割测试通常使用的两种媒介。在这两种情况下，广告主通过分割测试对比现在的广告或一条控制广告来评估备选的新的广告的表现。“分割”是因出版商在广告媒介中将测试广告分割分布（或放置）而得名。例如，黄页出版商在某个城市进行分割测试，在一半电话簿中印上广告主现在的广告，在另一半电话簿中印上广告主的备选测试广告。电话簿将如平常一样被分发。因此，拿到城市黄页的两个邻居可能会看到广告主不同版本的黄页广告。一个邻居会收到印有现在的广告的电话簿，另一 599 个邻居则会收到印有测试广告的电话簿。同样的，杂志出版商可以将某期杂志分成两部分，一部分杂志印有测试广告，另一部分杂志印有控制广告。如下图所示，分割测试因此是“仅在控制条件下后测”的实验设计的变形，即在广告曝光后从随机选择的群体中收集数据。

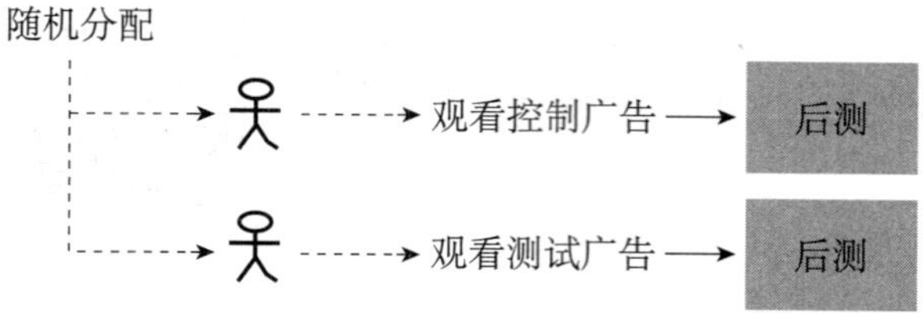

广告主在分割测试中面临两个重要的任务。第一，“更好”一定要具有操作性。也就是说，在对比两条广告时，广告主必须确定识别“更好”的广告的标准。在黄页分割测试案例中，“更好”的操作性则是每一条广告产生的电话数量。在设计杂志广告以诱导消费者访问品牌网站的案例中，“更好”的操作性则是每一条广告产生的网页访问数量。第二，一旦广告主形成“更好”的操作标准，广告必须按照这种形式编码以进行所需数据的精确收集。以下就是黄页分割测试的具体操作。

分割测试的每个黄页广告中都包含一个专门的电话号码，也就是说，广告上出现的电话号码不能从其他任何途径获得。电话簿出版商或者广告主雇用专门的调查公司监测每一条广告专门的电话号码。当消费者拨打这个电话（黄页广告使用的专门号码），电话会被无缝转接到广告主的常规电话，并按常规电话进行操作。消费者和接电话的工作人员都不会意识到这个电话正在被测量。然而，在电话转换的过程中，需要对一些具体的信息进行记录和汇编：(1) 拨打电话的时间，(2) 通话的长度，(3) 电话结束的时间，(4) 如果可能，拨打电话人的姓名和地址。通话的整个内容会被保密。[8]

以下是杂志分割测试的操作方法。

两条杂志广告都旨在诱导访问广告主网站。与用于黄页的分割测试相同，每一条广告会发布一个专有的 URL。访客使用各个 URL 会被计数，然后直接进入广告主的网站。

600 **分割测试数据分析**

数据收集之后，利用统计检验对比测试广告和控制广告的表现。例如，假设要测试两条不同版本的多芬（Dove）身体沐浴产品的杂志广告。两条广告都与“多芬真美活动”（Dove's campaign for real beauty）保持一致。控制广告简单使用创新的基调、表现方式和与活动视觉一致的风格。测试广告的信息也与活动保持一致，但使用了完全不同的视觉表现方式：视觉上更程式化并且整体风格更抽象。每一条广告都含有一个专有的 URL，提供给那些在看过广告后想要访问多芬网站的人。这些 URL 是可追踪的，因此可以监测每一条广告产生的访问数量。下表数据显示了分割测试的结果。

广告类型	杂志发行量	网站访问量	网站访问量占发行量的百分比
控制	2 500 000	425 329	17.0
测试	2 500 000	283 037	11.3

统计检验对比了测试广告和控制广告所产生的网站访问量。在这个案例中，显著性水平低于 0.001，表明由控制广告产生的访问量明显高于测试广告产生的访问量。由于广告主有客观的和具有操作性的关于“更好”的标准，因此未来不会采用测试广告。

A/B 测试

A/B 测试与分割测试大致相同，因此，也是“仅在控制条件下后测”的实验设计的变形。[9]然而，A/B 测试比分割测试更加灵活。分割测试检验一个广告相对于另一个广告的大体情况，而 A/B 测试可以检验任何控制刺激对测试对象的影响。例如：

- 检验建议的横幅广告与现在的横幅广告。

● 谷歌关键字广告中，检验建议的文字与当前广告中出现的文字。

● 检验当前网站登录页面与建议修改的页面。

● 检验一个新的电子邮件主题行与当前电子邮件中使用的主题行。

● 检验修正的“现在购买”按钮与当前使用的按钮。

● 检验两步结账流程与当前的三步结账流程。

图 20—2 提供了一个实际的 A/B 测试的方法和结果。

无论检验的具体刺激是什么，在分割测试中所做的两个决策在 A/B 测试中也同样需要：广告主必须首先使“更好”具有操作性，其次要创建一种适用于这种操作性测量的方式收集数据。某些情况下，例如图 20—2 中描述的，只需要单一测量来使“更好”具 602
有可操作性。在其他情况下，通常是在广告主最佳利益下选择几个测量。

601 Bazaarvoice 案例研究

Bazaarvoice

espares

A/B 测试证明评论使购买转化率提升至 14.2%

2009 年 7 月 14 日

eSpares 是英国最大的备用零件零售商，主要出售家用电器的配件和耗材。他们提供了 500 多家制造商的 40 多万种产品。他们最近进行了 A/B 测试以证明网站上的评论是否有助于购买转化率的提升。

因为他们有两款产品的相应购买转化率从 6.3%提升至 6.6%，eSpares 有 80%的信心认为这种提升不是出于偶然。对于最高的相应购买转化率（14.2%），他们有超过 95%的信心。

A/B 测试确定地证明了影响力

尽管其他方法可以表明购买转化率提升与评论的增加有强相关关系，但 A/B 测试更能够确定地证明这一结果。A/B 测试能够在同一个时间框架内观察同一款产品购买转化率的提升，有效地排除了其他因素，如产品普及率或季节因素，确定了其代表的相关性。

如何操作

为排除可能的偏差，eSpares 在他们广泛的产品目录中随机选择了三款产品，这三款产品都有大量的相关评论。然后，在五个月之内，他们随机对网站访客或者提供含有评论内容的产品信息，或者提供没有评论内容的产品信息。测试一直进行到对所有产品达到具有统计意义的样本量，在测试期间没有任何促销措施。

对每一款产品，eSpares 测量了访客的购买转化率的提升，这些访客既有被提供评论内容的，也有没有被提供评论内容的。然后检验他们有多大的信心认为结果不是出于偶然。

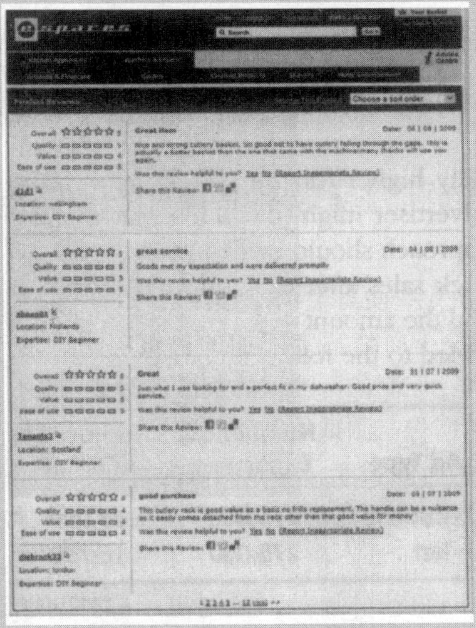

评论使购买转化率提升至 14.2%

eSpares 报告显示对于提供了评论内容的访客，每一款产品的购买转化率提升了 6.3%～14.2%。这意味着被提供评论内容的访客相比没有被提供评论内容的访客，有 6.3%～14.2%的人从访客转化为了购买者。

最后一点

重申一下，顾客评论可以驱动销售转化。在这个案例中，eSpares 发现，在控制其他条件的情况下，查看有评论的相同产品的访客的购买转化率增加了 6.3%至 14.2%。

☆ Bazaarvoice 评论

+44(0)203 178 5763 europe@bazaarvoice.com

更多内容见 www.bazaarvoice.co.uk/casestudies

图 20—2　eSpares：Bazaarvoice 案例分析

A/B 测试数据分析

以谷歌关键字广告为例，现在的广告（广告 A）使用了“免费”一词，没有提到品牌名称，而另一条广告（广告 B）没有使用“免费”一词，但是提到了三个品牌名称。谷歌将广告滚动推送，以使它们同等曝光于随机选择的受访者。用来评估“更好”的方式之一是追踪曝光于广告的个人点击每一条广告的比例。数据显示在下表中。

广告类型	曝光次数	点击量	点击量所占百分比（%）
A—现在的	275 000	23 989	8.7
B—测试的	275 000	16 738	6.1

表格显示了检测的统计数据，表明现在的广告点击率明显高于测试广告的点击率。[10] 仅根据这一测量，广告主可能得出的结论是：测试广告较差，应该继续用现在的广告。然而，设想广告主还决定追踪点击后的销量，特别是购买数量和销售金额。这两个测量的相关数据补充在下表中。

广告类型	曝光次数	点击量	点击量所占百分比	购买行为所占百分比	平均销售金额	总体销售金额
A—现在的	275 000	23 989	8.7%	2.1%	$16.27	$93 959.25
B—测试的	275 000	16 738	6.1%	4.8%	$21.98	$290 136.00

注意这个附加的数据对于“更好”的广告有不同的结论。尽管现在的广告个人点击率较高，但测试广告的个人点击更容易产生购买。对个人点击后产生的购买行为的统计检验和购买者带来的总收益显示，测试广告明显“好于”控制广告：更多人进行购买，这些人使平均购买量增多，从而产生了更多收益。根据后两个测量，广告主更可能在未来选择测试广告。

A/B 测试要考虑的其他因素

除了决定“更好”的操作性之外，广告主在进行 A/B 测试时还面临三个附加的决策：测试的时间长度、现有的/控制的与测试的刺激的曝光/循环、现在的/控制的广告与测试的刺激的特征。

603 **测试的时间长度。**A/B 测试的时间长度应该反映参与者采取行动所需的时间，以及获得足够样本量所需的时间。以下两个情境阐释了决策制定过程。[11]

- 梅西百货（Macy's）通过电子邮件与顾客保持联系。公司决定进行两封电子邮件的 A/B 测试，在登记的顾客名单中各随机选取 10 000 名消费者，分别发送测试的和控制的电子邮件（因此，测试的总体样本量为 20 000）。图 20—3 上面的图显示了最初电子邮件被寄出两周之后打开电子邮件的人的累计百分比，而下面的图则将百分比转化为打开电子邮件的实际人数。考虑两张图的趋势，六天为一个测试期比较合理。在第六天结束时有足够的样本和回复率，在这个时间之后，很少有再增加的电子邮件打开数量。需要注意的
604 是，发送电子邮件四天后结束测试太早，尽管四天之后的样本量是可接受的，但是打开电子邮件的比例（以及由此带来的回复率）太低。在这时停止测试会有增加拒访偏差的风险。
- AllaboutLANGUAGE 是通过网站销售外语自学材料的教育公司。公司向注册用户免费提供一节介绍课程。现有的网站流量是每天 1 000 个访客，每天注册的用户为 5 人。公司想要利用 A/B 测试对比一个新的注册流程与现在的注册流程的效果。测试需要运行数月以获取足够的样本量。

循环曝光。A/B 测试总要面临这样的风险，测试的刺激比控制的刺激表现差。考虑到这种风险，曝光于测试广告和控制广告的人数相同可能会对广告主的生意产生严重的负面影响。因此，广告主利用 A/B 测试时，通常会向总体受众中相对较低比例的人曝光测试广告，然后增加测试时间以保证足够的样本量。例如，广告主测试两个不同的登录页面，会随机向 80% 的网站访客展示现在的页面，向其余 20% 的访客展示测试的页面。此时重要的考虑因素是，必须随

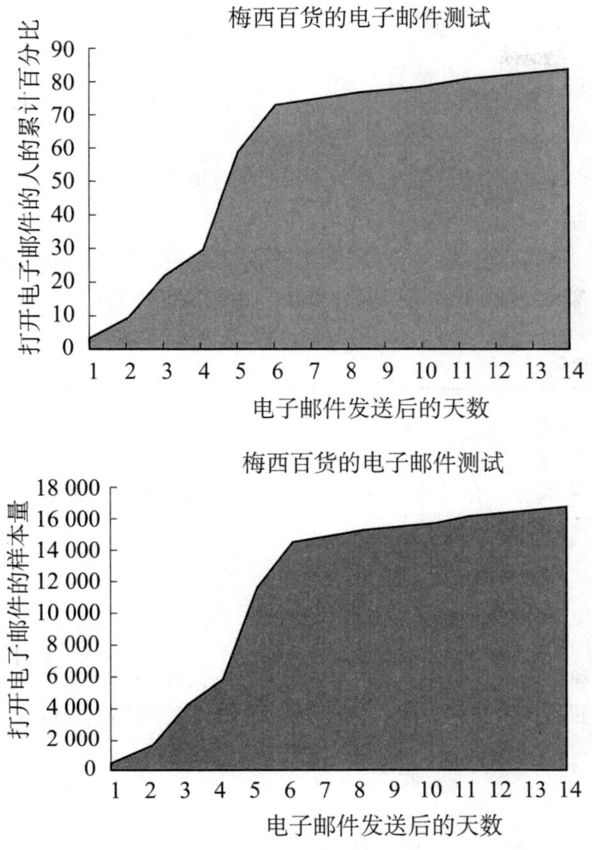

图 20—3　A/B 测试时间长度的考虑

机分配访客看到的页面。例如，向所有早上和晚上的访客推送现在的页面，而向所有下午的访客推送测试的页面，这对测试来说将是灾难性的。

控制刺激和测试刺激的特点。广告主关于测试刺激的特征有两种选择。广告主想要对比一条新的广告和现在的广告的效果时，可以选择以下两种方式之一。

● 修改控制的广告形成测试的广告。表 20—1 顶部展示了 A/B 测试的这种方法，这是两组谷歌关键字。A/B 测试保持控制的广告和测试的广告相同，只是在第二行的利益表达进行操控。控制的广告使用的短语是“没有维护或不激活费用”，而测试的广告使用的短语是“保证客户满意”。对于识别现在的广告做某项变化时的效果，这种方式非常好用。但在进行 605
多个连续的 A/B 测试以判定几个建议的改变时，这种方式存在不足。

● 形成全新的广告并进行测试。表 20—1 的下半部展示了这种方式。它的优势是不必限制测试广告对现有广告做一项还是多项改变。这种方式的不足是结果很难解读。尽管调查可能显示测试的广告“好于”控制的广告，但是很难分离出广告表现好的具体原因。

考虑到前面两种选择各有其优势和弱势，因此方法的最终选择要体现广告主的目标、测试的刺激类型以及在现有的/控制的参考框架内应用刺激产生的效果。

表 20—1　A/B 测试的控制和测试选择

一种变化：控制的广告 vs 测试的广告	
股票经纪人	股票经纪人
30 天无佣金交易	30 天无佣金交易
没有维护或不激活费用	保证客户满意
YourTradingPartners. com	YourTradingPartners. com
多个变化：控制的广告 vs 测试的广告	
股票经纪人	100 次无佣金交易
30 天无佣金交易	不只是一个便宜的经纪人
没有维护或不激活费用	今天开一个账户，看看会有什么！
YourTradingPartners. com	YourTradingPartners. com

A/B 测试的局限

A/B 测试为广告主提供了一个优化传播效用的重要工具。尽管如此，正如前面讨论证明的，A/B 测试有明显的局限。依序逐个测变化，A/B 测试要花费大量时间，连续测试才能比较修改的广告与现有的“最好的”广告。当一次做多个改变时，很难分辨具体哪个变化影响了结果。下面两节讨论的是解决这些局限的过程。

全因子设计

当广告主需要判定相对较少的几个控制同时产生的影响，以及每一个控制有多个层面（或方面）时，全因子设计是合适的。表20—2显示了适用于使用全因子设计的情况的共同点。

- 控制的总数较少，所有的情境都只有2～3个控制。
- 单元总数少于12。由于需要为每一个单元准备刺激物，10～12个通常是可操作的上限。[12]

606 **表20—2** **全因子设计的案例**

情境一：

调查问题：在广播广告中使用的音乐风格将会如何影响品牌态度？

控制：调查控制两个因子：音乐类型与演奏者的熟悉度。"音乐类型"有三种：怀旧、经典、说唱。"演奏者的熟悉度"有两种：熟悉与不熟悉。

单元数量：调查是一个3×2设计，产生六个单元。

情境二：

调查问题：比较广告的特征如何影响消费者对广告品牌与竞争品牌的态度？

控制：调查控制三个因子：广告的基调、价格信息的可得性和品牌提及顺序。"广告的基调"有两种：幽默的和严肃的。"价格信息的可得性"有两种：提及品牌之间价格的差别，没有提及价格差别。"品牌提及顺序"有两种：先提及广告主品牌，先提及竞争品牌。

单元数量：调查是一个2×2×2设计，产生八个单元。

情境三：

调查问题：横幅广告的特点如何影响点击率？

控制：调查控制两个因子：广告在页面的位置与广告形状。"位置"有三种：页面最顶端在所有内容之上，与内容一起在页面中间，单独在页面右边。"形状"有三种：矩形、小正方形、大正方形。

单元数量：调查是一个3×3设计，产生九个单元。

全因子设计的优势在于能够分离每一个控制独立的效果，还可以看出因子之间的相互效用。[13]以下情境反映了这一点。[14]

设想雪佛龙石油（Chevron Oil）想要开展一个描述雪佛龙对环境承诺的广告活动，目的是改善对雪佛龙的态度。然而，雪佛龙不确定用什么样的方式进行。公司确定了四个可能的信息焦点：公司在回收利用上所做的努力，公司对生活环境保护的承诺，公司对NGO环境组织的捐赠，公司对小学环境教育的承诺。此外，雪佛龙还不能确定如何描述这些承诺。第一个选择是说明捐赠额在销售额中所占比例，第二个选择是告知具体的货币数额。建议利用全因子测试，需要形成八条不同的广告。这是因为全因子设计有八个单元（四个信息策略和两个捐赠选择结合的结果）。下表显示了所有八个组合，并给每一对组合命名。

组合	信息焦点	捐赠类型	命名
1	回收利用	捐赠金额占销售额的比例	回收利用销售额
2	生活环境保护	捐赠金额占销售额的比例	环境销售额
3	NGO捐赠	捐赠金额占销售额的比例	NGO销售额
4	小学教育	捐赠金额占销售额的比例	教育销售额
5	回收利用	捐赠金额	回收利用设置数量
6	生活环境保护	捐赠金额	环境设置数量
7	NGO捐赠	捐赠金额	NGO设置数量
8	小学教育	捐赠金额	教育设置数量

从目标受众中随机选择构成样本的个人。随后再将其随机分配到八个组合中的一组，向其展示与这一组合相对应的广告。观看广告后，每一位受访者完成调查，并对八个陈述表达同意或不
同意的程度，这八个陈述旨在引出对雪佛龙的态 607
度。关键结果测量是这些量表的平均数，数字越高表明品牌形象越正面。[15]

分析的第一步是计算每一个独立因子的和每一对因子组合的均值。计算结果显示在下表中。

测量：对雪佛龙的态度	评价均值
信息焦点	
回收利用	3.9
生活环境保护	4.2
NGO 捐赠	3.8
小学教育	3.9
捐赠类型	
捐赠金额占销售额的比例	3.2
捐赠金额	4.7
单个的组合	
回收利用捐赠金额占销售额的比例	3.4
生活环境保护捐赠金额占销售额的比例	2.7
NGO 捐赠金额占销售额的比例	3.3
小学教育捐赠金额占销售额的比例	3.5
回收利用捐赠金额	4.5
生活环境保护捐赠金额	5.6
NGO 捐赠金额	4.3
小学教育捐赠金额	4.4

下面是为每一个因子和两个因子之间的相互效用计算的 F 值和显著性水平。[16]

评估的因子	F 值	显著性水平
捐赠类型	56.16	0<0.001
信息焦点	1.20	0.32
捐助类型×信息焦点相互效用	10.24	0<0.001

前面两个表格的解读如下：

● 信息焦点作为主效应没有独立影响对雪佛龙的态度（α 大于 0.05）。

● 两个因子之间的相互效应显著，相互效用的显著性水平低于 0.05。这表明，每一种单独的方式的检验是有保证的。

● 捐赠类型作为主效应显著、独立地影响了对雪佛龙的态度（α 小于 0.05）。均值显示当捐赠类型为捐赠金额，而不是所占的销售额的百分比时，对雪佛龙的态度呈显著的积极性。然而，相互效用的显著性显 608
示，在做出结论之前，有必要检验单个广告的分值。检验完毕后，可以看出生活环境保护与捐赠金额的组合对态度的影响最为正面，而生活环境保护与捐赠金额占销售额的比例的组合对态度的影响最为负面。

理解了主效应之间的相互效应以及每一个因子单独的影响，可以帮助雪佛龙认清未来广告最具优势的方式。结果表明，活动的最佳方式是“环境设置数量”（habitat set amount）的方式。

多元测试

全因子设计在实际操作中是有局限性。尽管这种方法在因子较少并且每个因子的控制的数量非常有限的情境下（例如 2×2 或 3×3 设计）能取得良好的效果，但随着因子的数量和层面的增加，这种方法无法满足需求。例如，执行一个有六个因子，并且每一个因子都有多个层面的全因子设计，几乎是不可能的。六个因子形成 3×3×5×2×5×4 的设计，需要 1 800 个不同的刺激和 18 万个样本量，而每个单元只能有 100 个受访者。显然，从实际操作的角度来看，这样的调查是不可能的。

多元测试适用于广告和其他传统媒体与新媒体中的传播方式，在因子数量和层面较多而不能实际操作的情况下，为全因子设计提供了解决方法。多元测试利用所有可能组合的子集，以估计所有组合的效果。下节以电子邮件为例解释了多元测试的逻辑和方法。

电子邮件多元测试[17]

设想美国储蓄协会（American Saving Association ASA）想要提高电子邮件活动的效率。通过测量从电子邮件进入 ASA 网站的“点击”来测量效率。ASA 识别了电子邮件测试五个方面的控制，每个控制有两个选择，如下表所示：

版本	收件人个性化	图片	标题	发送地址	长度
1	是	无	长	ASA	短
2	否	无	长	ASA	长
3	是	有	长	个人	长

续前表

版本	收件人个性化	图片	标题	发送地址	长度
4	否	有	长	个人	短
5	是	无	短	个人	长
6	否	无	短	个人	短
7	是	有	短	ASA	短
8	否	有	短	ASA	长

注意，这个测试只需要 8 个组合，而全因子设计需要 32 个组合。[18]

609 多元测试中的八个组合并不是随机选择，而是系统地建立起来的。[19]首先，在五个因子中，每个层面（或备选）出现的频率相同。例如，四个组合包含图片，而另外四个则不包含。同样的，四个组合的收件人个性化，而另外四个则没有。其次，ASA 最感兴趣的两个控制有重复配对的组合。八个组合中，以下组合分别有两个：

- 收件人没有个性化，有图片出现；
- 收件人没有个性化，没有图片出现；
- 收件人个性化，有图片出现；
- 收件人个性化，没有图片出现。

一旦所有组合选定，撰写代表每一组合的电子邮件，并发送至 ASA 电子邮件列表中的随机样本。监测来自每一封电子邮件的点击，在发送电子邮件后的一周内进行数据收集。下表中显示了通过电子邮件点击网站的受访者所占的比例。

版本	收件人个性化	图片	标题	发送地址	长度	点击比例
1	是	无	长	ASA	短	14.8%
2	否	无	长	ASA	长	11.5%
3	是	有	长	个人	长	14.5%
4	否	有	长	个人	短	12.9%
5	是	无	短	个人	长	14.7%
6	否	无	短	个人	短	13.0%
7	是	有	短	ASA	短	15.9%
8	否	有	短	ASA	长	12.6%

点击率表明不同组合之间有显著差异。版本 7 产生了最高点击率，而版本 2 最弱。因此，最初的分析数据提示了 ASA 最具优势的测试组合。

下一步判定一些属性的组合表现优于其他的潜在原因。这将通过利用数学估计五个因子的相对影响来完成，下表提供了相关数据。

	收件人个性化	图片	标题	发送地址	长度
正向	（是）	（有）	（短）	（个人）	（短）
贡献率	+7.6%	+3.4%	+2.2%	+0.2%	+2.9%
负向	（否）	（无）	（长）	（ASA）	（长）
贡献率	−10.2%	−0.2%	−2.2%	−0.1%	−3.1%

表格解读如下：表头为五个因子。每个因子的 610
两个层面在每一列因素标签的下方。例如，第一个因子“收件人个性化”有两个层面，“是或否”。同样地，第三个因子“标题”的两个层面是“短和长”。与每个因子每个层面相关联的是数字。与“收件人个性化”（是）相关联的数字是+7.6%，而与“收件人个性化”（否）相关联的数字是−10.2%。这些数字代表当“收件人个性化”与否时，与总体平均数相差的百分比。收件人个性化时，点击率提升 7.6%，而收件人没有个性化时，点击率降低 10.2%。看“正向贡献率”一行，数据表明，“收件人个性化”对点击率的影响相对最大（因为这是这一行最大的数字），而使用个人的发送地址几乎没有影响。同样地，观察“负面贡献率”一行，数据表明，收件人没有个性化对点击率有最不利的影响，而没有图片和发送地址来自 ASA 几乎没有影响。（考虑到“发送地址”一列的数据接近于零，这个因子的影响几乎没有，在将来的电子邮件活动中可排除这一考虑。）

上面表格的数据使 ASA 可以仅仅从 8 个组合产生的数据中评估所有 32 个组合的表现。对每个组合相对优势的评估先通过替换，然后将每个因子每个层面的数值相加获得。例如，版本 1 的相对优势得分为+8.0%，由每个特征相应数值相加计算（也就是 7.6−0.2−.2.2−0.1+2.9）。+8.0%可以解释为，这个组合与总体平均平均数相比，增加了 8%的点击可能性。表 20—3 提供了 8 个被测组合的相对优势得分（黑体显示）和其余的 24 个组合，所有这些组合根据相对优势得分从最好到最差排序。ASA 将利用这些数据识别出未来电子邮件活动中最有可能产生点击率的组合的特征。注意，最具优势的组合并没有在最初的调查中测试。

表 20—3 ASA 多元测试：估计的所有组合的相对优势 611

收件人个性化	图片	标题	发送地址	长度	相对优势
是	是	短	个人	短	16.3
是	**是**	**短**	**ASA**	**短**	**16.0**
是	否	短	个人	短	12.7

续前表

收件人个性化	图片	标题	发送地址	长度	相对优势
是	否	短	ASA	短	12.4
是	是	长	个人	短	11.9
是	是	长	ASA	短	11.6
是	是	短	个人	长	10.3
是	是	短	ASA	长	10.0
是	否	长	个人	短	8.3
是	**否**	**长**	**ASA**	**短**	**8.0**
是	**否**	**短**	**个人**	**长**	**6.7**
是	否	短	ASA	长	6.4
是	**是**	**长**	**个人**	**长**	**5.9**
是	是	长	ASA	长	5.6
是	否	长	个人	长	2.3
是	否	长	ASA	长	2.0
否	是	短	个人	短	−1.5
否	是	短	ASA	短	−1.8
否	**否**	**短**	**个人**	**短**	**−5.1**
否	否	短	ASA	短	−5.4
否	**是**	**长**	**个人**	**短**	**−5.9**
否	是	长	ASA	短	−6.2
否	是	短	个人	长	−7.5
否	**是**	**短**	**ASA**	**长**	**−7.8**
否	否	长	个人	短	−9.5
否	否	长	ASA	短	−9.8
否	否	短	个人	长	−11.1
否	否	短	ASA	长	−11.4
否	是	长	个人	长	−11.9
否	是	长	ASA	长	−12.2
否	否	长	个人	长	−15.5
否	**否**	**长**	**ASA**	**长**	**−15.8**

多元测试的优势与局限

相比于 A/B 测试和全因子设计，多元测试有几方面优势。第一，可以同时测试和评估多个传播刺激的改变，这与其他方法相比减少了大量的时间和花费。第二，当系统地形成刺激时，通过检验非常少量的刺激就可以获得针对大范围特征的大量认知。事实上，当每个特征只有两个层面时（如前面 ASA 的例子），需要被测试的实际组合的数量仅仅比控制特征的总数多一个。因此，广告主可以通过 8 个刺激测量 7 个特征，通过 16 个刺激测量 15 个特征，等等。第三，当应用于网页时，技术使得快速创建所需的动态测试页面成为可能，从而减少物理创建和硬编码单个 612 网页的必要。这使得广告主可以测试数量接近于无限的页面特征组合。

多元测试有两个局限。第一，每个特征只有两个层面时，多元测试最有效，就像前面 ASA 的例子。但如果每个特征的层面数量增加到三个或更多，多元测试将会变得非常复杂。第二，取决于选择怎样的测试刺激，能够检验的相互效应非常少。[20]

活动评估

调查对决策的贡献并不止于广告活动的开始以及消费者看到广告。广告主需要知道广告如何达到预期目标，以便在今后的广告决策中扬长避短。活动评估通常有两种：

- 并行评估（concurrent evaluation）最为普遍，在媒体发布广告的同时持续收集数据。并行评估收集的数据通常是行为方面的，在活动整个过程中进行收集。例如，并行评估可能会监测和收集由一个活动产生的网站访问量的数据，追踪横幅广告的点击量，或监测“前往”包含传播活动的病毒视频的数量。经过一段预先设定的时间，检查数据以判定关键测量是否达到预期效果。第 8 章描述的机器观察数据收集过程通常用于并行评估。
- 追踪评估（tracking evaluation）是广告效果“时间点”的评估，这些广告通常发布在传统媒体上。追踪评估收集的数据一般以目标受众的态度、信念、行为为焦点。数据收集在活动开始之后预先设定的时间内进行。[21]

活动评估的考虑因素

并行评估和追踪评估在数据收集的时机和数据收集的类型方面有所不同。尽管如此，进行这两种调查的广告主都会面对相似的问题，具体为：

- 收集什么数据？
- 最后的评估什么时候进行？
- 数据解读时参照组是必要的吗？[22]

收集什么数据？ 活动评估过程中关键的一步是明确对需要收集的数据类型的具体要求。数据具体要求
613 总会反映活动的目标，因此，例如用以产生认知的活动就不能测量行为的变化（因为这不是活动目标）。同样地，用来产生认知和提升品牌购买行为的活动应该收集与这两个目标相关的数据。因此，一个清晰的活动目标具体要求是形成活动评估问卷或收集观察数据的先决条件。

最后的评估什么时候进行？ 尽管并行评估在整个活动过程中收集数据，追踪评估在一个单独的时间点收集数据，但这两种类型的评估都要回答关于数据收集时机的同样的问题："活动需要进行多久我们才能得到活动效果的可信数据？"

- 通常并行评估回答这个问题要通过检验假设，假设的形成是根据活动倾向于影响目标群体的方式，同时还有可接受的需要的样本量。一个在线横幅广告活动是为了促进对广告主网站的即时接触，需要相对短期的评估，而活动的设计是为了影响购买，尤其是为了解购买周期、为制定决策所需的评估时间就要更长。
- 针对正在进行的活动进行追踪评估，假设活动需要至少6到12个月的时间才能对目标受众产生影响。因此，在12个月内，每6～12个月对持续的活动进行追踪评估通常是最普遍的间隔。"国家青年反毒品广告活动"（national youth anti-drug advertising campaign）的年度回顾就是这类追踪评估的案例。其他活动的周期有限，例如，"科罗拉多旅游广告"（Colorado's tourist advertising）只在冬季月份进行。在这些案例中，追踪评估在活动结束后立刻进行。

数据解读时参照组是必要的吗？ 参照组或控制组在解读数据发现和趋势时提供背景。并行评估通常不使用参照组，相反，这种类型的活动评估会对比观察的数据和预先明确的活动目标。在线广告活动被认为取得"成功"是基于4%或更高的点击率，并且至少50%的点击都完成了网站注册。这些目标成为活动评估的参考。

追踪评估通常需要两个参照。例如，设想禁烟活动是为了强化对二手烟的负面态度，降低不吸烟者周围的吸烟发生率。在活动开始的一年后收集的追踪数据包括：活动知晓度、对二手烟的态度、吸二手烟的发生率。评估发现，在调查的吸烟者随机样本中，85%的人知道该活动，对二手烟有害的态度均值为4.2（10级量表，1.0是最不赞同），35%的吸烟者减少了在非吸烟者周围吸烟。数据的确非常可观，但基于这些数据就能得出活动成功的结论吗？答案是"不能"。

追踪评估需要参照组的第一个原因是提供了数据基准，有助于广告主了解活动开始之前的态度和
行为。活动前后水平的对比显示活动进程中发生了 614
变化。思考下表所示的两种情境。

	对二手烟的态度（数值越低，表明态度越消极）	在非吸烟者周围减少吸烟的吸烟者所占比例
情境1		
活动前	6.2	15%
活动后	4.2	35%
情境2		
活动前	4.3	34%
活动后	4.2	35%

这两种情境都显示了活动后的水平相同，在缺乏活动前数据的情况下看起来都很积极。然而，只有情境1有证据表明活动起到了实际影响。在这个情境中负面态度增强并且吸烟者减少了在非吸烟者周围吸烟。情境2与情境1活动后测量结果相同，显示了活动没有产生影响，因为活动前后的测量结果几乎相同。因此，只有活动前的参照组才能使两个结果得以区分。

此时，广告主仍然不能确定这些测量的积极变化能够归因于活动本身。毕竟，多种其他因素可能会影响在情境1看到的趋势。也许出现了展示二手烟危害的新闻节目或其他事件。这就需要第二参照组，以判定是否有信心将观察到的趋势归因于活动的影响。通常，这个第二参照组包括那些不知道活动的人，他们的态度、信念和行为与知道活动的人形成对照。[23]设想情境1观察的趋势成立。下一步就是分离知道活动

和不知道活动的人活动后的态度和行为。下表显示了可能出现的两种结果。

	对二手烟的态度（数值越低，表明态度越消极）		在非吸烟者周围减少吸烟的吸烟者所占比例	
	知道	不知道	知道	不知道
情境 A				
活动前	6.2	6.2	15%	15%
活动后	2.2	6.2	55	15%
情境 B				
活动前	6.2	6.2	15%	15%
活动后	4.2	4.2	35	35%

注意，对比知道活动和不知道活动的人可以使 615
广告主了解活动的影响。情境 A 表明知道活动和不知道活动的人在同一起点：两个群体对二手烟的态度相同，并且两个群体有相同数量的人在非吸烟者周围减少了吸烟。曝光于活动后，两个人群之间的差异显著。那些知道活动的人向期望的方向改变，而不知道活动的人则没有改变。因此，可以推断出活动的效果。这与情境 B 正好形成对照。这里两个群体的起点也是相同的。然而，由于两个群体的整体行为的趋势完全相同，活动的曝光并不能用于解释观察到的积极趋势。在这种情境下，一定有其他原因可以解释这种趋势。

小结

在广告或其他传播刺激制作完成后，四种类型的调查有助于广告决策的制定。

文案测试调查评估已完成的广告是否应该在媒体中发布和用于传播活动中。文案测试方法通常因观看情境的自然状态、广告曝光数量、数据收集时机、数据收集的具体类型而有所变化。电视文案测试的两种方法分别是盖洛普与罗宾逊调查公司的 In-TeleTest 和梅普斯与罗斯调查公司的自然状态下曝光。

分割测试和 A/B 测试是相关的调查技术，都可以使广告主对现有的广告方式与一个或更多可能的备选方案进行比较。“分割测试”是指在平面媒体进行测试，而“A/B 测试”则是指在网络环境中进行测试。广告主使用这两种测试必须做出两个重要决策。第一，针对广告表现，广告主必须使“更好”具有操作性。第二，广告主必须对每一条广告编码，以便收集与操作性相关的数据。除了与操作性相关的决策外，广告主使用 A/B 测试做决策时，要考虑测试的时间长度、控制刺激与测试刺激的循环曝光、控制刺激与测试刺激的特征。

全因子设计和多元测试可以使广告主判定广告的
618 控制或其他传播刺激如何影响消费者回应。当控制的总数很低并且总体单元数低于 10 或者 12 时，全因子设计最合适。全因子设计的优势在于分离每一个控制独立的效果和控制之间相互效应的能力。全因子设计要求在设计中为每一个单元创建刺激物。多元测试是全因子测试的替代方案，当广告主要同时控制一条广告或其他传播刺激的许多变化时最为合适。此时，所有可能的组合子集被测试，用来推断所有可能的组合效果。

多元测试相比于 A/B 测试和全因子设计有几个优势：可以同时测试和评估多个改变，与其他方法相比减少了大量的时间和花费；需要创建的实际刺激相对较少；当应用于网页时，技术使得快速创建所需的测试页面成为可能，从而减少有形地创建和难以编码的单独网页的需要。

多元测试有两个局限：在每个特征只有两个层面时，多元测试最有效；当每个特征的层面数量为三个或更多时，多元测试将明显变得复杂。

活动评估调查有助于广告主判定传播活动呈现于目标受众前时的效果。并行评估最为普遍，在媒体发布广告的同时持续收集数据。并行评估收集的数据通常是活动整个过程中行为方面的。追踪评估是广告效果的“时间点”评估，这些广告通常发布在传统媒体中。追踪评估收集的数据一般以目标受众的态度、信念、行为为焦点。并行评估和追踪评估在数据收集的时机和数据收集的类型方面有所不同。尽管如此，进行这两类调查的广告主都会面对相似的问题，具体为：收集什么数据？最后的评估什么时候进行？数据解读时参照组是必要的吗？

复习题

1. 在广告或其他传播刺激制作完成后，可以执行哪四种类型的广告调查？

2. 文案测试与传播测试有什么不同？

3. 文案测试在方法上有哪四个维度的区分？

4. InTeleTest 与自然状态下曝光文案测试的关键差别在哪？

5. 评估文案测试方法“更好”的考虑因素有哪些？

6. 分割测试与 A/B 测试在哪些方面相似？在哪些方面有差异？

7. 分割测试和 A/B 测试最合适的用途是什么？

8. 在执行分割测试或 A/B 测试前需要解决的两个最重要问题是什么？

9. 在什么情境下单一测量适用分割测试或 A/B 测试的评估？利用多个测量的优势是什么？

10. 广告主怎样确定 A/B 测试的时间长度？

11. 在 A/B 测试中，判定测试刺激和控制刺激的相对曝光时要考虑的因素是什么？ 619

12. 在 A/B 测试中，广告主创建测试刺激的两个选择是什么？每个选择的相对优势和弱势是什么？

13. A/B 测试的局限是什么？

14. 在什么情境下全因子设计最合适？

15. 全因子设计与多元测试的主要区别是什么？

16. 在什么情境下多元测试最合适？

17. 多元测试定义的特征是什么？

18. 多元测试的优势与局限是什么？

19. 广告主为什么要进行活动评估？

20. 两种类型活动评估分别有什么特征？

21. 在进行追踪评估的时候，为什么参照组非常重要？

应用练习[24]

1. 本练习会帮助你更好地理解文案测试方法的不同对消费者的回答有怎样的影响。准备练习时，你需要（1）邀请 20 人参加，（2）提前选好一档电视节目，（3）录制选好的节目，（4）将选好的节目拷贝到 VHS 或 DVD 上。告诉所有参加者，你是在进行一项调查以了解他们对某档电视节目的反应。以下是要让参加者做的。

让 10 名参加者在节目播出的时候观看电视节目（不是录下来看或延迟观看）。节目播出后 24 小时，使用表 20—4 显示的问卷，调查对节目和要测试的电视广告的反应（与节目有关的问题是干扰性问题），按照问卷中的指示记录回答。

为其余 10 名参加者提供录制的节目，要求他们在四小时内观看。第二天（约 24 小时之后），使用表 20—4 显示的问卷，调查对节目和要测试的电视广告的反应（与节目有关的问题是干扰性问题），按照问卷中的指示记录回答。

忽略与节目相关的问题，分析收集到的各组回忆的电视广告的数据。然后准备一篇文章提供你的调查结果。确保注明针对每一个关键测量两组的不同。就你认为哪种方法提供了最好的数据给出观点。

620 **表 20—4**　**应用练习 1 的问卷**

1. 请问你确定看过［插入节目名称］
   是，看过节目——继续回答第 2 题
   否，没看过节目——结束
2. 10 代表“非常喜欢”，1 代表“非常不喜欢”，1 到 10 之间哪个数字最能代表你对［插入节目名称］的反应？
   ________［填入数字］
3. 在四个星期内，你看过多少次［插入节目名称］?
   ________［填入数字］
4. 在看［插入节目名称］时，你有没有看到过任何电视广告？
   是——继续回答第 5 题
   否——结束
5. 请告诉我你记得的在［插入节目名称］中看到的广告品牌或产品的名称。不要提示。
   提及目标品牌　是——继续回答第 9 题
   　　　　　　　否——继续回答第 6 题
6. 你能回忆起［目标品牌产品类别的名称］的广告吗？
   是——继续回答第 7 题
   否——继续回答第 8 题
7. 广告［目标品牌产品类别的名称］的产品或品牌的名称是什么？
   提及目标品牌　是——继续回答第 9 题
   　　　　　　　否——继续回答第 8 题
8. 你能回忆起看过［插入品牌名称］的广告吗？
   是——继续回答第 9 题
   否——结束
9. 总之，你能记得关于［插入品牌名称］的电视广告吗？
10. 另外，电视广告说了或展示了什么？

2. 访问亚马逊（Amazon）的主页。确认你认为还可以改善的某一方面。准备一篇文章，描述你利用 A/B 测试对现有的网页和你修正的网页进行测试的步骤。确保解决样本、时机、关键测量和数据收集的问题。

3. 设想 Progressive Insurance 想要增加通过网站获取报价的人所占比例。第一步，公司考虑修正主页。访问 Progressive Insurance 的主页（http://www.progressive.com)，确定你利用多元测试要探寻的六类变化。针对每一类变化，列举测试的两个选项。最后建立一个与 384 页相类似的表格，列出你要测试的组合。解释你是怎样得到这些组合的。

4. 设想 Netflix 已经探究了在线广告的替代方式。考虑对现有的广告做五种改变，选择多元测试探索这些变化如何影响点击率。测试的组合和结果如表 20—4 所示。利用这些数据，准备一篇短文总结测试的结果。为今后广告的创意方式提出建议。

621 **表 20—4**　**应用练习 4 的多元测试结果**

测试的组合

版本	尺寸	定价	“免费试用”	影片展示	Netflix 标志
1	大	提及	提及	即将发布	大
2	大	提及	缺失	近期发布	小
3	大	缺失	缺失	即将发布	大
4	大	缺失	提及	近期发布	小

续前表

测试的组合

版本	尺寸	定价	“免费试用”	影片展示	Netflix 标志
5	小	提及	提及	即将发布	小
6	小	提及	缺失	近期发布	大
7	小	缺失	缺失	即将发布	小
8	小	缺失	提及	近期发布	大

结果

	尺寸	定价	“免费试用”	影片展示	Netflix 标志
正向	（小）	（缺失）	（提及）	（即将发布）	（小）
贡献率	+6.6%	+4.4%	+8.9%	+5.8%	+0.2%
负向	（大）	（提及）	（缺失）	（近期发布）	（大）
贡献率	−1.2%	−3.3%	−11.2%	−0.3%	−0.1%

5. 这个练习要在阅读完本章附录后完成。1985年到1987年之间，卡夫（Kraft）播出了一系列奶酪广告，提出了真正的奶酪与人工奶酪在钙含量方面的问题，以下是在“省钱”这条广告中有争议的文案：

> 我承认，我想过省钱。看到那些蓝色的大眼睛后还能对她省钱吗？所以我只买卡夫。人工奶酪切片几乎没有任何牛奶成分。但是卡夫奶酪每片含有5盎司。5盎司。她的小骨骼可以得到成长所需的钙质。不，她并不知道大卡夫意味着什么，我知道这是好东西。（这段语音同时伴有牛奶倒入一个玻璃杯的画面，牛奶一直升到标有“5盎司”处。电视广告中还有牛奶注入玻璃杯，玻璃杯上显示短语“一片5盎司牛奶”的画面。）

FTC质询这条电视广告，声称其有两处表述不当（在广告中两处都是暗示，不是明示）：

a. 一片卡夫奶酪的钙含量与5盎司牛奶相同。

b. 卡夫奶酪切片比大多数人工奶酪切片钙含量高。

事实上，如果广告传递了这些信息，就可能有错误，因为：

a. 卡夫奶酪切片只有5盎司牛奶70%的钙含量。

b. 大多数在美国出售的人工奶酪切片的钙含量与卡夫奶酪的钙含量相同。

做两个文案测试以判定该广告是否传递了这两条有争议的信息，如果是，是否有实质影响。代表卡夫设计并执行的调查如表20—5所示。代表FTC设计并执行的调查如表20—6[25]所示。准备一篇短文，就以下方面对比两个调查：

● 样本普遍性。每一个文案测试都用了筛选题判定样本的特征。两个样本有什么相似之处？又有什么不同？针对“省钱”广告的文案测试，说明每一个样本的可接受性。要说明每一个文案测试中样本特征如何影响其对主要问卷的回答。

● 问题设置。评估每份问卷的具体内容。在多大程度上两份问卷涉及了相似问题？在多大程度上涉及了不同问题？在多大程度上两份问卷探寻了争议领域的传播和传播的实质性？

● 问题格式。评估每份问卷中问题的优势与弱势。哪些问题可以接受？哪些问题是有疑问的？针对每一个有疑问的问题，寻找问题的根源（例如偏见、引导、不完整的回答选项等），并提出修改建议。 624

最后根据你的观察和分析撰写一份完整的问卷（包括筛选题），这份问卷要能最好地解决争议广告测试的潜在问题。

622 **表 20—5　卡夫调查问卷**

卡夫调查：筛选问卷

筛选问卷开始："我想确认你是不是合适的受访者，请问你是家中最主要负责购买食物的人吗?"在进行完有关年龄、每星期看电视时间多少、家中是否有人在敏感行业工作（例如"食物制造商或食品分销商或在商店卖食品"）、在过去三个月之内是否参加过其他食品相关调查等一系列问题之后，继续筛选：

E. 今天我想和你聊聊不同类型的奶酪。正如你知道的，食品商店销售的奶酪产品有很多种不同的包装方式。有些奶酪，如农家奶酪，通常装在一个桶或别的容器里，你需要用汤匙舀出。其他类型的奶酪成块状或片状，使用时可以切出你想要的部分。还有一些奶酪产品用玻璃纸单独包装做成备用的单片。我想知道你购买的奶酪产品的类型，你或家里的其他成员在近三个月之内购买的奶酪属于哪种类型？你买过任何桶装或容器装奶酪、块状或片状奶酪、用玻璃纸独立包装的奶酪吗？如果没有购买过玻璃纸独立包装的奶酪，结束访问。

F. 询问在问题 E 中购买过产品的受访者现在吃的是哪种奶酪：在过去三个月内，你吃过［三种类型奶酪之一］吗？

G1. 针对用玻璃纸独立包装好的 8 片装、12 片装、16 片装奶酪询问：请问你在过去的一年中购买的这种独立包装的奶酪产品的品牌有哪些？

G2.（对在 G1 的询问中没有提及的品牌，询问：）在过去一年中你是否购买过（品牌）？如果在 G1 或 G2 的询问中都没有提及卡夫，结束访问。

卡夫调查：主要问卷

Q1a. 人们购买奶酪有很多原因，你购买奶酪的原因是什么？还有其他理由吗？

Q1b. 你购买独立包装奶酪的原因是什么？

Q1c. 现在，请你只考虑卡夫独立包装奶酪，请告诉我你购买卡夫独立包装奶酪的原因。（追问：）还有其他原因吗？

Q2. 现在我将提及卡夫独立包装奶酪可能包含或可能不包含的成分。对我提到的每一种成分，请你告诉我卡夫是包含还是不包含，或者你不知道包不包含。它们包含或不包含……蛋白质、维生素 C、牛奶、核黄素、维生素 A、植物油、钙？

Q3. 我将读出一系列奶酪的特征。我每读一个，请你告诉我它在你购买卡夫独立包装奶酪时的重要程度。我们开始……你会说它非常重要、很重要、一般重要还是一点都不重要？

- 拥有纯奶酪口味
- 品质始终如一
- 味道好
- 由可信赖的公司制造
- 价格合理
- 是钙的来源
- 方便食用
- 独立包装可以保持新鲜
- 是维生素 C 的来源

Q4.（询问在 Q3 中回答"非常重要"和"很重要"的受访者。）既然你说钙是你购买卡夫独立包装奶酪的重要因素，我想问你几个相关问题，你知道卡夫独立包装奶酪每一片的钙含量吗？

Q4b:（针对在 Q4a 中回答"是"的受访者，询问：）卡夫独立包装奶酪每一片的钙含量是多少？

Q5a. 你可能知道也可能不知道，尽管卡夫独立包装奶酪每一片由 5 盎司纯牛奶制成，但它并不包含 5 盎司牛奶所含
623 的钙。卡夫独立包装奶酪每一片的钙含量实际上是 5 盎司牛奶含钙量的 70%。现在我告诉你这些，我想知道钙含量的不同对你是否有影响。更具体地说（向受访者读出两个选项）：

- 即使卡夫独立包装奶酪的钙含量是 5 盎司牛奶的 70%，你还会购买吗？
- 你会因为卡夫独立包装奶酪并不含有与 5 盎司牛奶相同的含钙量而停止购买吗？

Q5b. 这种含钙量的不同足以影响你食用卡夫独立包装奶酪吗？

Q5c.（对 Q5b 回答"是"的受访者，询问：）在哪些方面会影响你使用卡夫独立包装奶酪？

Q6a. 顺便问一下，你知道 5 盎司牛奶的钙含量吗？

Q6b.（对 Q6b 回答"是"的受访者，询问：）5 盎司牛奶的钙含量是多少呢？

表 20—6 **FTC 问卷**

FTC 调查：筛选 Q1. 你是家中食物的主要购买者吗？ Q2. 你的年龄超过 18 岁了吗？ Q3. 你家中有小于 18 岁的孩子吗？ Q4. 你或你的家庭成员有在广告公司、市场调查公司、食品制造商或分销商或乳品店工作的吗？ Q5. 你在过去三个月内购买过以下任何一种产品吗：奶酪或奶酪相关产品、除臭剂（防汗剂）、洗衣粉？ **FTC 调查：主要问卷** Q1. 你记得看过奶酪切片的广告吗？ Q2. 是哪个品牌的广告呢？（如果不是卡夫，结束访问） Q3. 你记得卡夫奶酪切片广告吗？（如果不记得，结束访问） Q4. 卡夫广告涉及了产品的哪些方面？（追问：）还有什么？ Q4a. 卡夫广告的哪一点让你印象深刻？（追问：）还有别的吗？ Q5a. 广告给你任何应该购买卡夫的理由了吗？ Q6. 广告表达或者建议了卡夫奶酪切片的营养价值了吗，或者提到对你的身体健康多有帮助，对你有多好了吗？ Q7. 你说卡夫奶酪切片广告提到了（有营养、健康、对你好），广告表达或者推荐的什么使你这样认为？ Q8. 广告表达或者推荐了卡夫奶酪切片的牛奶成分了吗？（如果在 Q8 回答中提到牛奶，继续问 Q9，否则跳到 Q10） Q9. 你说广告提及了卡夫奶酪切片的牛奶成分。卡夫奶酪切片的牛奶成分对你来说意味着什么？ Q10. 广告表达或者推荐了卡夫奶酪切片的钙含量了吗？ Q11. 广告表达或者推荐了卡夫奶酪切片每一片钙含量相当于 5 盎司牛奶的钙含量了吗？（如果回答“没有”，跳到 Q12） Q11a. 根据这条广告，你认为每一片卡夫奶酪切片的钙含量比 5 盎司牛奶拥有的更多，还是相同钙，还是更少？ Q12. 这条广告是否对比了卡夫奶酪切片和人工奶酪切片？ Q13. 这条广告是否对卡夫奶酪切片和其他奶酪切片做了直接对比？ Q14. 根据这条广告，你认为卡夫奶酪切片比它们所对比的奶酪切片拥有的钙含量更多还是相同还是更少？

本章附录：从法律视角看文案测试[26]

625

联邦贸易委员会在监控和质疑被指控是法律意义上的虚假广告方面发挥了积极作用。FTC 认为，当一条广告显示出以下三方面特征时就是法律意义上的虚假广告：

1. 广告的一条描述、一个省略或一个实例有可能误导消费者。广告中的这个描述、省略或实例可以是明示，也可以是暗示。另外，消费者被误导不一定直接归因于为广告中的具体元素。消费者也可能是看过广告后被整体印象所误导。

2. 从一个理性消费者的视角检验，这个描述、省略或实例是误导的。

3. 这个描述、省略或实例具有“实质性”。FTC 会评估这个描述、省略或实例对消费者行为或购买模式的影响程度。若影响了行为或购买方式，这个描述、省略或实例就是实质性的。[27]

在这一背景下，广告文案测试代表了一个重要的证据形式，这个证据支持或是反对 FTC 对虚假的指控。FTC 利用自己的文案测试评估对某条广告质疑的效度。广告主也利用文案测试反驳 FTC 的质疑。[28] 广告主和 FTC 都利用文案测试，是因为文案测试数据符合 FTC 对客观的外部数据的偏好。FTC 陈述如下：

> 我们之所以宁可使用外部的数据，并寄予这个数据很高的权重，就是因为它是消费者实际看过广告、考虑之后的直接证明。这种证明以针对广泛传播的广告进行消费者调查的形式存在。[29]

然而，尽管 FTC 表现出用文案测试数据来支持论据或立场的倾向，但如果调查在方法策划、执行和数据报告方面存在不足，FTC 往往也不会考虑并驳回文案测试结果。FTC 评估文案测试合理性包括以 626
下方面：

- 总体定义与样本选择
- 调查设计与控制组的使用
- 问卷设计与问题格式
- 访问员资格、培训和技术
- 数据分析与演示
- 调查项目管理

本章附录的余下部分展示了方面文案测试策划和执行的指导原则。遵循这些指导原则可以大幅提升 FTC 接受文案测试结果的可能性。[30]

总体定义与样本选择

当广告文案测试结果反映了与广告潜在的策略、目标和目标受众相关且合适的受访者的观点和行为时，这个结果才会被接受。FTC 批评且拒绝不应当出现在抽样框里的受访者，以及/或者没有从所有相关消费者总体中抽取的样本。这是因为“任何一个虚假广告事件的中心问题是：有百分之多少的相关人口被误导？当相关的人被排除在外，而不相关的人被包括在内，就无法回答所有这些重要的问题”[31]。因此，对广告目标受众心理的、人口统计学的以及行为的特征必须反映在文案测试总体样本的界定中。

一旦定义了样本总体，总体中的受访者必须以方法论上合情合理的方式来识别和招募。需确保注意以下几点：

- 在所需精度的情况下样本量要合理。普遍能接受的是每种情境下样本量为 100。
- 抽样计划不能显示出对任何观点的偏见。例如，设想一个合适的样本总体的定义是“过去 30 天内 X 品牌的购买者”。过去 30 天内购买过该商品，但对这个产品不满意和在保质期内退货的购买者就不适于列入样本。这些个人明显对该产品有偏见，并不能代表所有的商品购买者。以这些个体为样本会导致有偏差的抽样，不能推及样本总体定义的具体人群，因此很可能被拒绝。[32]
- 抽样合理并且符合被认可的行业惯例。尽管对概率抽样的偏好多于便利抽样，但在考虑到产品分布和广告排期，商业区的分布和位置是合理的情况下，对于在商业区拦截式访问中招募的个人进行文案测试得到的结果，FTC 也乐于接受。商业区必须位于广 627
告投放的地方。

调查设计与控制组的使用

正如之前讨论的，FTC 对虚假广告的判定基于消费者从广告中“拿走”了什么（也就是消费者接收的、清楚的或不清楚的信息）和传播的实质影响。因此，在 FTC 质疑的背景下，进行文案测试的一个关键目标就是准确地判定广告传达了什么，以及在影响消费者品牌偏好和品牌选择时这种传达的重要性。

然而，消费者并不是“一块白板”。他们在观看广告时已经有了一大堆知识和态度。因此，文案测试的设计一定要能够辨别消费者已有的想法和从广告中具体感知的东西。

FTC 赞同在文案测试设计中利用控制组，来辨别先前的知识和从广告曝光中直接获取的知识。通常用仅在控制条件下后测，就是因为前测设计有可能使受访者敏感，从而使观看广告和广告曝光后回答问题有偏差。对于仅在控制条件下后测，广告主对于控制组的性质有几种选择。

一种选择是把控制组设计为未曝光广告组。控制组不看任何广告，而测试组观看受争议的广告。这种设计的数据分析假设对控制组和实验组进行随机分配，控制组与测试组之间知识和态度的差异直接与自变量，即有争议的广告相关。

当广告的市场曝光有限时，未曝光广告的控制组可以进展得很好。然而，当这条受争议的广告被大范围公开时，很难分辨传达的信息是来自广告，还是既有的态度。未曝光广告组的个体所表达的信念可能会受到已看过广告的人的影响。因此，如果没有观察到控制组与曝光组的差异，就不能清楚地判断没有差异是由于没有看到测试广告，还是由于之前的广告曝光使得控制组和测试组获得了相同的知识和态度，导致另外的广告曝光没有产生更多的影响。[33]

当广告在文案测试前就已经实质曝光的情况下，有三种方法可以分辨既有的知识和态度与广告曝光后形成的知识和态度。

一种方法是使用一种实验设计，第一组观看有可能虚假元素的广告，第二组观看同一个删除了可能虚
628 假元素的广告。两组结果的差异可以归因于这个可识别的、控制的电视广告元素存在与否。只有当虚假的实例或声明可以归因于广告中几个具体的元素时，这个方法才有效。然而，当广告中几乎每一个元素都被质疑时，一个修正的、“净化”的广告将难以使用，因为它需要删除几乎所有的广告元素。当这种情况发生时，可能会有争议说，两条广告最后的执行差异是所观察到的差异的主要原因。[34]

第二种方法是让测试组观看有争议的广告，而控制组观看这条有争议广告的修正版。测试组和控制组结果的差异可归因于观看原始广告和修正广告的差异。拉索（Russo）、梅特卡夫（Metcalf）和斯蒂芬斯（Stephens）提出了这个设计，认为在广告主针对某品牌或产品探究消费者既有的想法时，这个方法有效。[35]

第三种方法让测试组观看有争议的广告，而控制组观看另一个相似的但没有争议的同品牌广告。理想的控制广告来自另一个不同的活动，在活动中展示了与测试广告相似的广告。当相信对争议广告（文案测试前）的显著曝光有可能产生“光环”效应时，也就是说，当消费者有可能将之前从争议广告中获得的信息归因于争议广告的修改版本时，建议使用这个方法。就前面的设计而言，测试组和控制组结果的差异归因于可能的虚假元素的曝光。

在卡夫切片奶酪广告测试中，FTC 综合使用了这些方法。FTC 质疑卡夫奶酪切片广告声称的一片奶酪由五杯牛奶制成。FTC 之所以质疑这个广告是因为它相信这个广告暗示了一片奶酪的钙含量与五杯牛奶的相同，但事实并非如此。（一片奶酪的钙含量仅为五盎司牛奶的 70%。）由于在文案测试前广告已得到广泛传播，因此 FTC 的文案测试建构了五组。

> 组 1 和组 2 观看“省钱广告（争议的广告）”的电视版本。唯一的不同是电视广告 2 出现广告语：“牛奶的数量决定了奶酪的质量，一片三盎司的奶酪切片含有五盎司牛奶钙含量的 70%。”组 3（电视的控制组）观看另一个卡夫奶酪切片电视广告，这个广告没有谈到牛奶和钙，也没有其他争议。组 4 的受访者观看了“省钱广告”的平面版本，而组 5 作为控制组也观看了另一个卡

夫平面广告，但它没有提到牛奶和钙。每一组受访者采用的广告曝光模式相同，并且回答相同的问卷。根据电视广告，组 1 和组 2 的对比显示了修改有争议的声明的效果，而组 1 和组 3 的对比显示了受访者对同一产品有争议和无争议广告的反应。[36]

总之，控制组的出现增强了文案测试的说服效果。然而，在控制组设计的选择上，调查者必须能够证明控制组的特征，也就是说，控制组或者没有看过任何广告，或者看了争议广告的修改版本，或者看了同一产品相似但无争议的广告。

629 最后，要着重提出的是，即使使用控制组也不能补救被认为使用了捏造的或者虚假的调查设计的文案测试。当结果被认为是调查设计捏造时，这种调查不仅会被驳回，而且也是提供调查的个人或公司所反对的。[37]

问卷设计与问题格式

文案测试数据的合法性和可接受性依赖于收集数据使用的调查方法。由存在缺陷的问卷和存在纰漏的单个调查问题所收集的数据形成的文案测试结果很快会被拒绝。调查者必须确保问卷设计和问题措辞不会被指出问题。

问卷设计和内容必须依据本书通篇讨论过的、一般可接受的调查原则，特别是在第 12 章和第 13 章讨论过的原则。调查问卷至少要做到：

● 避免本应在调查后面询问的偏好问题在调查前面问。这种情况通常的解决方法是，在同一个主题下将问题归类，在进行下一个主题前完成前一个主题的问题询问。

● 进行任何一个具体的话题时，要从最一般的问题过渡到最具体的问题。通常的处理方式是，用开放式问题开始一个话题，然后提一系列更为聚焦的封闭式问题。这种形式的问题行之有效的原因是，这会使受访者在没有受到后面封闭式问题应答选项的干扰时提供“最初反应”的答案。

● 就问题顺序而言，反映可接受的行业内流程。FTC 对卡夫奶酪的文案测试采用的“声明回忆”的测量，使用了一般可接受的产品和品牌提示的顺序：

你记得看过奶酪切片的广告吗？

广告中的品牌是什么？

你记得看过卡夫奶酪切片的广告吗？

● 保持完整。一个只关注广告中某一部分的调查很可能会被拒绝。

一旦决定了问卷的设计和内容，就有必要确保问题本身的设计无偏差。马罗尼克（Maronick）还观察到，“文案测试调查中诉讼的冲突有可能的最大来源，是每一个问题能否被正确地引出，而不是建议的答案”[38]。遵循第 12 章和第 13 章提到的指导原则，可以极大减少或避免与措辞相关的偏差，尤其是以下最经常发生的问题：

● 没有清楚说明备选选项的问题可能使受访者产生偏差。询问“有多好或有多差”比询问“有多好”更不容易产生偏差。

630 ● 封闭式问题没有包含一套合适的回答选项。不能表达受访者真实意见的一套回答选项很可能会被拒绝。美国之家（American Home）的受访者观看了一条美国强生（Johnson&Johnson）的广告后被询问了一个封闭式问题，问五个选项中哪个最能反映广告想表达的信息。这个问题被拒绝，是因为没有一个选项反映了广告字面上的意义，并且还有两个选项明显是错的。另外，如果可能的选择中没有包括消费者认为合理的选项，封闭式问题很可能不被接受。

● 封闭式问题没有包含完整的回答选项。一套回答选项应能让受访者清晰地表达他们的观点，而不是强迫他们从一套有限的选项中进行选择，这一点很重要。例如，在判定购买意图时，不问受访者是倾向于“继续购买”还是“停止购买”，而是用完整的选项评估意图的程度，这样的选项可以是“不会再购买”、“继续购买，但是购买次数显著减少”、“继续购买，但是购买量减少”。[39]

访问员资格、培训和技术

执行访问和记录受访者评论和回答的访问员的职业水准也会影响文案测试数据的完整性。收集数据的访问员已经存在的或者可能存在的问题都会使得整个文案测试大打折扣。证明访问员完全按照正确的数据收集程序执行，没有错误和偏见，这点很重要。要让错误最小化，可以：

● 针对具体的文案测试中潜在的数据收集程序，为访问员提供正式的、系统的培训。

● 用书面文件支持培训。

● 系统地监测访问质量，并且尽快更正注意到的他们存在的问题。

确保如下方面可以排除偏差的问题：

● 访问员不知道文案测试委托组织的名称或者调查项目的目的。

● 访问员与文案测试中所有参与者都无关联。

● 访问员独立做决定的情况保持在最小限度。访问员在数据收集过程中处于被动的角色。发端于酌情决定的活动（例如，说明问题的措辞或问题的目的，在两个问题之间进行非正式的交谈），可能导致访问员引导、误导或使受访者产生偏差。

数据分析与演示

下一章节讨论的数据报告程序适用于文案测试数据的演示。数据要以公平客观的方式进行分析和展示，构成支持假设基础的分析技术、决策和解读要明
631 晰并且可以被证明。分析和报告封闭式问题的标准要建立好，因为这种类型数据的问题几乎总是会被立刻发现，例如进行了不合适的数据控制，或者数据报告是有选择性的或不完整的。整理开放式问题回答时会存在更多的模棱两可的情况。

FTC 会仔细检查对开放式问题回答的处理，果断拒绝表现出固有偏见、自利、武断的处理。出现这些负面认知的可能性可以通过以下方式减少：

● 提供描述明确的准则来规范逐字逐句的编码。

● 形成编码分类和标签，以一种没有偏见的方式反映消费者答案的本质。

● 逐字逐句编码和报告。任何归因于选择的偏差现象都必须避免。

● 辨别开放式问题的第一回答与随后回答。

● 为所有文字提供完整的、未编辑的副本（来帮助判断编码的合适性和完整性）。

调查项目管理

文案测试调查结果的价值和可接受性经常由策划、执行和分析调查的个人和公司的经验和专长决定。经验与能力包括在文案测试的所有方面。因此这里建议：

● 负责研究设计和执行的个人应该是一般调查尤其是广告文案调查方面的专家。这种专长是实践经验积累的结果。缺少教室之外的实践经验的学者或顾问执行广告或文案调查往往会被 FTC 质疑。

● 负责收集数据的公司要有广泛的经验并被行业认可，在一般调查信息收集尤其是文案测试信息收集方面具有专长。

● 负责调查管理的个人要被证明在调查数据收集上有经验。

● 负责数据编码和分析的个人要被证明在这些领域拥有经验和专长。

有经验和专长很有必要，但对于文案测试结果被接受并不够。必须证明用来设计和监督文案测试的专长没有内在偏见或错误。因此，建议负责调查设计和执行的个人：

● 持续密切地监测调查项目的所有步骤。

● 不要受律师的干涉和指导。律师参与文案测试或其他调查研究的设计经常会受到深度质疑。

632 **【注释】**

[1] 本章主要讨论使用问卷收集数据来进行文案测试的方法。回顾第 9 章利用生物测定学方法进行的广告测试。

[2] Gallup & Robinson 的网址为 http：//www. gallup-robinson. com。Mapes and Ross 的网址是 http：//www. mapesandross. com。

[3] 标准是文案测试的一个重要方面。大多数领先级的文案测试公司已经测试过上千条电视广告。这些测试产生的数据被用来创建了标准，它们成为评估电视广告表现时一个公正的基准。通常认为测试结果高于标准的电视广告比低于标准

的电视广告要强。

[4] 从之前到之后品牌偏好度的积极转变通常被解读为电视广告的积极影响。然而，在一些案例中，保持兴趣水平也可以解读为电视广告的积极结果。这通常发生于某个品牌在其品类中占据主要市场份额的情况，如 Campbell's Soup。

[5] 这些指导原则中有部分改编自 Joel Axelrod（1986）. *Choosing the Best Advertising Alternative：A Management Guide to Identifying the Most Effective Copy Testing Technique*（New York，NY：Association of National Advertisers）and PACT（1982）. "Positioning Advertising Copy Testing"。

[6] 例如，梅普斯与罗斯调查公司的标准基于近 3 万个电视广告测试得出。

[7] 如本章接下来将要讨论的，分割测试通常比较不同广告的相对效果。A/B 测试更加灵活，也允许广告主对更大范围内与广告相关的刺激进行相对效果的评估。

[8] Telemetric 是帮助广告主进行此类调查的调查公司之一，Telemetric 的网址是 http：//www. telemetrics. com。

[9] A 和 B 指的是测试中的两种刺激，A 通常指的是控制的或者当前的刺激，而 B 指的则是被测的刺激。尽管在 A/B 测试中通常只使用两个刺激，但是并没有什么方法论理由能够说明为什么总是这样。例如，也有广告可以测试两个新的广告和现在的广告，这被称为 A/B/C 测试。

[10] 回顾第 16 章中对统计检验的讨论。更详尽的内容参见 J. Farmer（2008）. "Statistical Analysis and A/B Testing"，http：//20bits. com/articles/statistical-analysis-and-ab-testing。

[11] 此处情境与数据皆为虚构，仅用于说明。

[12] 单元的数量是层面数量与其每一个控制相乘的结果。因此，表 20—2 中所示的第一种情境有六个单元，按照 2×3 来计算（代表有 2 个层面，每个层面有 3 个控制），第二种情境有八个单元（按照 4×2 来计算），最后一种情境有九个单元（按照 3×3 来计算）。

[13] 当同时控制的效果与每一个控制独立的效果不同时，就会出现相互效应。第 16 章对因子设计，包括主效应和相互效应的分析和解读都有详细讨论。

[14] 该情境与数据皆为虚构，仅用于说明。

[15] 注意这是一个仅有后测的设计。随机分配允许调查者假设对雪佛龙的初始态度在八个组中是相同的。

[16] 回顾第 16 章如何解释 *F* 值。

[17] 该讨论来自 Sunil Gupta（2008）. "The Advantages of Multivariate Testing"，http：//publications. autonomy. com/pdfs/Optimost/white%20Papers/wp-Advantages-Multivariable-Testing. pdf。

[18] 全因子设计的 32 个组合通过 2×2×2×2×2 计算得出。

[19] 对如何选择最佳特征组合进行多元测试的更详细讨论，参见 Sunil Gupta（2008）. " Understanding the Essentials of Multivariate Testing：Volume 2：Counting Effects"，http：//publications. autonomy. com/pdfs/Optimost/white%20Papers/wp _ optimost _ counting _ effects. pdf。

633 [20] 除了讨论的相对于 A/B 测试和全因子设计的优势和弱势，多元测试自身也有不同的概念性方法，每一种方法也有其独特的优势和弱势。更详尽的讨论参见 Sunil Gupta（2008）. " Understanding the Essentials of Multivariate Testing：Volume 1：Comparing Multivariate Testing Approaches"，http：//publications. autonomy. com/pdfs/Optimost/white%20Papers/wp _ optimost _ comparing _ testing _ approaches. pdf。

[21] 活动追踪的例子有：the National Youth Anti-Drug Advertising Campaign（http：//www. drugabuse. gov/about/orgnization/despr/westat/#reports），Expect Respect Television Advertising Evaluation Report（http：//epubs. scu. edu. au/cgi/viewcontent. cgi? artical=1155&context=educ _ pubs），Resist Meth Social Marketing Campaign（http：//www. sfhiv. org/files/campaigns/SFMethEvaluation. pdf），Health Living（http：//www. infoscotland. com/infoscotland/95. 26. 28. html）。

[22] 这些问题是除所有调查涉及的样本、问卷设计等以外的问题。

[23] 那些被定义为"不知道活动"的个体可以被识别的方式有两种，第一，他们可以在活动进行的市场活动，但没有注意到进行的活动，第二，他们在没有活动进行的市场活动，因此没有机会接触到活动。第二种方式要求两个市场之间的其他特点相似。

[24] 所有的练习与数据皆为虚构，品牌名称仅用作说明目的。

[25] Kraft 和 FTC 的问卷来自 Jacob Jacoby and George J. Szybillo（1991）. "Consumer Research in FTC Versus Kraft（1991）：A Case of Heads We Win，Tails You Lose?" *Journal of Public Policy&Marketing* 14：1-14 的附录 A 和附录 B。

[26] 为了更简单，我们在 FTC 质询的背景下讨论文案测试设计。然而，该讨论不仅适用于 FTC 质询，也能够说明广告业质询和商标法质询（一位广告主直接起诉另一位广告主）。

［27］Federal Trade Commission (1982)．"Policy Statement on Deception"，http：//www.ftc.gov/oia/assistance/consumerprotection/advertising/policy_deception.pdf.

［28］由广告主进行的文案测试设计涉及虚假的第一和第三个特征，也就是证明描述、省略或实例没有误导，或者即使存在误导，它也不是重要的。

［29］Federal Trade Commission v. Thompson Medical Co. Inc.，104 FTC 648，Affirmed 791 P2d 189 (D.C. Circ 1986)．

［30］本部分在文案测试调查背景下就方法论进行了讨论。然而，这些方法论的指导原则能够被一般化并运用到所有应对管理和立法挑战的调查中。该部分的讨论引自如下来源：Jacoby and Szybillo，op. cit.；David W. Stewart (1995)．"Deception，Materiality，and Survey Research：Some Lessons Prom Kraft." *Journal of Public Policy & Marketing* 14：15－28；J. Craig Andrews and Thomas J. Maronick (1995)．"Advertising Research Issues From FTC Versus Stouffer Foods Corporation." *Journal of Public Policy & Marketing* 14：301－27；Ivan L. Preston (1992)．"The Scandalous Record of Avoidable Errors in Expert Evidence Offered in FTC and Lanham Act Deceptiveness Cases." *Journal of Public Policy & Marketing* 11：57－67；Thomas J. Maronick (1991)．"Copy Tests in FTC Deception Cases：Guidelines for Researchers." *Journal of Advertising Research* 31：9－17；Fred Morgan (1990)．"Judicial Standards for Survey Research：An Update and Guidelines." *Journal of Marketing* 54：59－70。

［31］Jacoby and Szybillo，op. cit.

634 ［32］该举例基于 Smith v. Strum，Ruger & Co. Inc.，39 Washington App. 740，695 P. 2d 600 (1985). 16 The FTC in Thompson Medical (1984，CD. at pp. 794－795) 注意此处商业区拦截式访问的设计是可接受的，因为这种类型的抽样一般是广告文案测试调查中可以接受的方法。此外，在商场环境中的被迫曝光（forced exposure）也是可以接受的，因为其直接聚焦的是消费者对明示和暗示信息的注意情况。

［33］FTC 明确地指出在文案测试之前广告就已经发生有意义曝光的情况下，"无曝光"状态是不合适的。它认为"在总体中没有看过争议广告的消费者数量有限"的情况下，比较没有看过广告的组与测试组之间的应答是不切实际的。参见 Kraft，Inc.，IDF 149。

［34］Andrews and Maronick，op. cit.

［35］Edward J. Russo，Barbara L. Metcalf，and Debra Stephens (1981)，"Identifying Misleading Advertising." *Journal of Consumer Research* 8：119－31.

［36］Jacoby and Szybillo，op. cit.

［37］前面普雷斯顿（Preston）提供了一个有偏差的调查设计的案例："Sears，Roebuck and Co. 的广告声称其洗洁精能够清洁最脏的盘子、罐子和锅，不需要提前清洗和擦拭……在测试中，Sears 使用了比大部分家庭热水器能够提供的更热的水，使用了比给消费者的说明书中提到的更多的清洁剂，还使用了比销售给公众的装置时间更长的循环洗涤……它洗的盘子更轻，包括那些表面较平的盘子……同时使用了那些易于清洁的食物来做实验，而广告中说这些食物是最难清洁的。"FTC 发现来自该调查的数据毫无意义。更多信息参见 Sears Roebuck，49 FTC 263 1980。

［38］Maronick，op. cit.

［39］Jacoby and Szybillo，op. cit.

（本章翻译：云庆 杨雪睿，本章校译：杨雪睿）

第21章 调查报告

635 如果决策者不能理解调查结果，那么调查就是一件浪费时间、精力和金钱的事情。因此，有效地展示调查结果和结论，是调查过程中极其重要的步骤。一份优秀的调查报告会为决策者在评估备选行动路线时提供他们所需的信息和洞察，也便于他们更好地了解消费者和市场；而一份拙劣的调查报告则大大削弱了调查的实用性，并且有可能导致错误的决定。因此，广告调查者不仅要在调查设计和分析上精益求精，还要为展示调查成果而努力。本章讨论了做调查报告时所需要注意的事项。

* * *

当你阅读本章之后，你会对以下内容有深刻理解：

- 优秀调查报告的写作特征；
- 书面调查报告的组成部分；
- 口头调查报告需要特别注意的事项；
- 定量调查汇报和定性调查汇报需要特别注意的事项。

636 本章重点讨论调查报告的汇报，并分为三个主要部分。前两部分适用于所有类型的调查。第一部分将讨论优秀调查报告的写作特征，第二部分将为做书面调查报告和口头调查报告提供指导，第三部分将讨论定量调查汇报和定性调查汇报所需要特别注意的事项。

优秀调查报告的写作特征

一份出色的调查报告能够将调查项目的目标、目的、调查方法、关键成果和调查结论成功联系起来。

如果你在报告所有方面的准备阶段都做到了清楚、简洁、完整、连贯和细致，那么一份优秀的调查报告的产生是水到渠成的事。

清楚并简洁

清楚并简洁是一份准备充分的调查报告的重要属性。调查报告必须以一种清晰的方式将调查项目的方法、结果、结论和建议联系起来，以便于最终使用者迅速了解调查报告。清楚的陈述可以让阅读者聚焦于已被发现的调查成果以及这些成果背后的含义。简洁则节省了阅读者的时间和精力。如果你在准备报告描述阶段遵循以下几点建议，那么调查报告清楚并简洁的程度将有所提高。

删除不必要的词语。许多报告本可以用 1～2 个词语描述清楚，却使用了 10～12 个词语。例如：

避免使用	建议使用
it is important to note that	importantly
注意……是十分重要的	重要的是
due to the fact that	because
由于……	因为
in view of the foregoing analysis	therefore，in light of
依据前文的分析	因此，根据
a supplemental review of the data	additional analyses
一份数据的补充复查	附加的分析

使用常用词和简单的短语，不要像律师一样说话，而要像自己平时说话那样写作。调查者常常认为调查报告的语言必须正式、刻板。事实并非如此，要想调查报告清晰简洁，应避免使用时髦但无意义的词语［例如 parameter（参数）、interface（接触面）、prioritize（优先安排）、strategize（制定战略）、conceptualize（概念化）、scenario（场景）］和复杂的、令人费解的短语，例如：

避免使用	建议使用
as previously alluded to	earlier
正如前面提到的	前文
in accordance with the preponderance of the analytical results	the results indicate
根据大量分析的结果	结果显示
a factor that exerts significance influence	the influential factor
一个产生重要影响的因素	影响因素
in terms of the forthcoming data presentation	now
依照现有的数据演示	现在
637 It is apparent that there needs to be a recommendation made，that based on the research，management consider a reprioritization of the benefits that are to be emphasized and communicated in the upcoming advertising campaign.	The research indicates that the relative emphasis given each product benefit be reevaluated prior to the development of next year's advertising campaign.
非常明显的建议是，在调查的基础上，管理层在即将开展的广告活动中，应考虑重新确定利益点的优先级。	调查显示，要在制定下一年度广告活动之前，重新评估每一个产品利益点的相对重要性。

减少使用专业的行业术语，多使用符合读者或听众身份的词语。专业的行业术语能够帮助那些拥有共同观念和教育背景的人迅速展开沟通，但过多使用行业术语和专业术语，会妨碍那些并不精通或了解这些术语含义的人的理解。

大多数调查报告的阅读者并不是经过专门训练的

调查者，因此，要避免使用高度专业的调查术语，我们可以将其放在附录中。当然，这并不意味着专业术语所代表的概念不适合出现在调查报告中，相反，这个概念应当被使用并得到细致的解释，而不是以专业术语的形式出现。当专业术语和行业术语必须出现时，要确保它们在调查报告中被清楚地解释。

避免使用没有停顿的长句。没有停顿的长句会让阅读者感到无趣和迷惑。请看下面这句话：

> There are many unresolved questions regarding the use of humor in advertising, in general, and within the context of Xerox advertising in particular, and as a consequence the client has requested research designed to help us more thoroughly understand the effect of humor on television commercial main message communication and brand perceptions within the context of Xerox advertising.
>
> [关于广告中的幽默诉求，仍然有很多尚未被解答的疑问，特别是施乐（Xerox）广告中的幽默诉求。因此，客户需要设计和开展一项调查，来帮助我们了解施乐电视广告中的幽默诉求会对施乐的品牌信息传播和认知产生怎样的影响。]

这个没有停顿的长句应当被拆分成一系列的短句，只展示最重要的信息，例如：

> The agency is currently using humor in Xerox advertising but is unsure how it affects the target audience. No Xerox-specific research has been performed and other research investigating the effects of humor in advertising has shown conflicting results. Research is needed to determine the extent to which humor in Xerox television commercials affects message communication and perceptions of the Xerox brand.
>
> [某代理公司目前正在施乐（Xerox）的广告中运用幽默诉求，但并不确定它会对目标阅读者产生怎样的影响。此前并没有专门针对施乐的调查，其他与广告幽默诉求相关的调查得出了一些矛盾的结果。为了确定施乐电视广告中幽默诉求会对施乐品牌信息传播和认知产生怎样的影响，需要展开一项调查。]

使用主动语态而不是被动语态。主动语态可以使调查报告更生动、更简洁和清楚。

被动语态	主动语态
In the course of my analysis it became apparent that	The analysis shows
在我的分析过程中，非常明显的是……	分析显示……
There were three reasons for this trend in response.	There were three reasons for this trend.
这个趋势可以被三种原因解释。	有三个原因造成了这个趋势。
638 The option of checking as many or as few of the choices on the checklist was given to each respondent.	Respondents could check as many or as few items as they wanted.
对列表选项的选择权交给了每位受访者。	受访者可以根据自己的意愿，选择合适的选项。

清楚简洁也同样适用于任何视觉辅助工具，例如调查报告中的图表。每个视觉辅助工具都应当具备明确的使用目的，并且能够促进沟通和理解。最后，合理地安排报告结构及汇报过程，也能够使调查报告更加清楚并简洁。告知性的章节标号可以归纳关键发现，着重号可以分隔和突出重点。

完整性

一份完整的调查报告可以在必要的深层次方面提供各种细节，而一份精彩的调查报告可以让阅读者或听众完整地理解调查及其结论，但是并不会提供过多的细节使他们应接不暇。报告撰写者可以通过客观阅读和设问的方式来评估信息的广度和深度是否适宜，例如："我的阅读者能否完全理解调查结果？他们能否独立地评估结论和合理的建议而不受无关信息的干扰？"如果答案是肯定的，那么这份调查报告应该是完整的，并且提供了适当的细节。这里并不是建议调查报告提供不完整的调查结果，相反，撰写者可以在附录里提供相关的但并不是特别重要的细节。

连贯性

连贯性指结果的展示思维流畅，一份调查如果符合以下条件，就满足了连贯性。

- 观点之间平稳过渡；
- 相关的碎片信息被组织在一起呈现；
- 有逻辑地整理话题，以直观且合理的方式互相衔接；
- 清楚、明确地展现结果，使其能够作为结论、意义和建议的直接基础。

细致性

如果你对调查报告的准确性并不关心，那么你的阅读者也不会关心你的调查结果。调查报告中如果出现信息内容、语法和拼写上的错误，会立马降低调查者的可信度。

- 信息内容。信息内容的呈现必须没有错误。以表格和图表为例，它们必须被复查两遍以确定其准确性，每一列数字的合计必须正确，表格和图表的标签也必须准确。此外，前后文信息保持一致也十分重要，包括文字与图表的一致性。不管是哪方面的数据错误，不管这个错误显得多么无关紧要，它都会降低 *639*
阅读者对整个调查项目、对调查者的信任度。要知道，如果调查者都无法保证每个细节的准确性，那么其他人怎么能相信调查的设计、实施和分析都正确进行了呢？
- 语法和拼写。正确地运用语言、语法和拼写也十分重要。错误的语法和拼写不利于调查结果清晰、直接的展现。此外，语法和拼写错误会让阅读者对调查者的能力和专业性产生质疑。

复查的必要性

优秀的调查报告从来就不是一次完成的，所有的调查报告都需要复查和修正。记住：

> 报告准备的最后一个阶段——草稿的修正和最初的写作一样重要，但是这个阶段总是受到没有经验的写作者的轻视。修正草稿可以比作粉刷一座房子：美化外表而不影响房子的结构。一份报告的“外表”（可读性）可能会决定这份报告是否被阅读。
>
> 在你修正草稿之前，你必须认识到它是不完美的，要对它持有一种批判性的态度。你可以先将初稿放置几天，至少放置一晚。这个时间间隔可以让你的头脑保持清醒，并让自己转换成阅读者的角色。角色的转换非常重要，因为你必须了解实际写作情况如何，而不是你认为自己写了什么。
>
> 成功的撰写者拥有丰富的复查和修正的方法。最有效的方法之一是对报告分三次进行复查：
>
> 1. 第一次复查调查报告的内容。在这一过程中，你需要问自己这些问题：结论有效吗？用来佐证和支持结论的信息充分吗？解释结果的背景信息足够吗？所有无关观点都被删除了吗？例证都适当并必要吗？
>
> 2. 第二次复查调查报告的构成和组织。报告清晰地阐述主题和目的了吗？报告中观点之间平稳过渡了吗？观点之间的联系清楚吗？每一个例证的标签清楚并正确吗？调查报告包括了所有必需的部分了吗？
>
> 3. 第三次复查调查报告的拼写、语法和句子结构。每个句子都有效吗？为避免单调，句子的长度和复杂性有变化吗？词语清晰明确还是模棱两可？所有不必要的词语都被删除了吗？

在完成草稿修正前，确保你可以对上述所有问题给予肯定的答复。不要企图一次完成需要三次才能完成的复查过程，因为一次复查太多项目经常会导致失误或犯错[1]。

640 书面调查报告

书面调查报告的阅读者和主题不同，其内容和结构也有所不同。然而，不管是展示定性的还是定量的数据，多数调查报告都应该包含以下元素：

- 标题页
- 内容目录和图表目录
- 执行摘要
- 背景
- 方法描述
- 发现
- 结论
- 建议及后续措施
- 附录

本节将对以上每种元素进行讨论。

标题页

标题页是报告的封面或第一页。尽管不同报告的标题页在视觉格式上有很大差异，但多数标题页都包含相同的核心信息，特别是：

- 调查项目的名称
- 报告准备的日期
- 实施调查的课题组名称
- 机构内部的工作编号或控制编号（如果合适）
- 调查策划、实施和分析过程中涉及的主要代理公司调查者名字
- 任何有关分发或保密的限制

标题页可以直接以文字的方式呈现，如图 21—1 所示，或者是以图文结合的方式呈现，如图 21—2 所示。

641

联合广告有限公司
调查→洞察

调查报告：
青年禁烟广告测试

2009 年 9 月 14 日

服务于：
田纳西州教育与预防服务局

团队负责人：麦凯纳・艾丽丝
联合广告有限公司
32568 G Street
North Ramonial，Maine 04110
2075551234
research@arassociates. com

图 21—1　文字为主的标题页

642

快餐广告与儿童对快餐的偏好

焦点小组调查发现

2009年9月

服务于：　　快餐广告部门

实施者：　　马丁•迈克尔

奥康奈尔广告代理公司

347 Trade

Wind, Ohio 55434

555.444.1234

Oconnell@oca.com

图 21—2　图片为主的标题页

内容目录和图表目录

除了一些较短的调查报告外，调查报告都要列出目录。目录应列出一级标题、二级标题以及附录中各项目所在页码。如果调查报告包括插图或者图表，那么可将这些图表的目录放在内容目录后。内容目录和图表目录的格式应当有助于阅读者掌握报告内容的概貌和顺序。

执行摘要

执行摘要是调查报告最重要的组成部分，它是对调查报告正文中即将展开细致描绘的信息进行清楚简洁的概括。一份有效的执行摘要将展示以下信息：

- 研究背景及目的。为什么要进行调查？信息将如何被使用？
- 方法。如何收集信息？
- 主要发现。收获了什么？
- 结论（适当限制）和建议。调查将怎样影响关键决策？调查完成后需要做些什么？

执行摘要应当成为报告中的独立部分。将执行摘 643
要作为整个调查报告中独立的部分，或者无需全部调查报告只将执行摘要单独复制并分发也很普遍。因此，执行摘要必须提供足够的信息，让那些只阅读摘要部分的人基本了解调查结论和建议的基础。图 21—3 是一份出色的执行摘要示例。

644 **高影响力连接者（connectors）比普通观众对在线视频中品牌的关注度和卷入度更高**

纽约，纽约州（2008 年 10 月 8 日）——由弗雷斯特咨询公司（Forrester Consulting）代表 Veoh Networks 进行的最新一项委托研究表明，当提及广告时，并非所有的在线视频观众都是相同的。今日发布的《网络观察：在线视频如何吸引观众》表明，尽管很多在线视频观众只观看趣味短片，但是仍有相当大一部分年轻的、有影响力的观众观看大量在线长视频，他们也关注在线视频环境下所传递的品牌信息。

该研究还发现，那些高卷入度观众（一周观看在线视频超过 1 小时）大约占所有视频观看者的 40%，观看的视频占全部在线视频的 75%。这些花费大量时间观看并分享长视频的高卷入度观众：

- 更有可能自始至终地观看视频；
- 更加关注在线视频而非电视；
- 更频繁地参与并评价他们看过的视频；
- 是低卷入度观众回忆视频中广告和视频后广告的两倍；
- 更加认同广告是公平的，且能帮助他们实现免费体验；
- 认为横幅广告和视频中间插入的广告更加有效。

谁是高卷入度的在线视频观众？

对于高卷入度观众来说，观看网络视频并非一时兴起，而是一种持续的消费习惯：61%的高卷入度观众希望能在明年花费更多时间观看网络视频。该研究还表明，高卷入度观众通常是年轻的：尽管 13～24 岁的观众仅占网络用户的 15%，但他们却代表了超过 35%的高卷入度观众。另外，他们平均每月会看 6 种不同内容的视频，包括动画、电视节目和电影预告片。

该研究还根据视频观看时间、视频类型、视频观看体验舒适度、视频分享倾向以及相较于电视对于网络视频的关注度等因素，倾向于将高卷入度观众细分为三类：

- 观看者（watchers）。他们每周花费 1 个多小时看网络视频，但除了观看，他们并不重播和分享视频以获得深层体验。
- 控制者（controllers），比观看者更投入。这些年轻观众积极控制他们的观看体验，并且认为在线视频对于他们的生活十分重要。
- 连接者（connectors），尽管只占在线视频观看者的 7%，但他们观看了全部在线视频的 20%，并且在分享视频的观看者中占了 42%。

连接者和控制者十分有价值，他们不仅比其他人观看了更多在线视频，更重要的是他们的分享会影响其他人的观看选择。

长视频的重要性

最有价值的观众——连接者和控制者——比其他观看者更频繁地观看长视频。因此，提供大量长视频的网站是接触他们的理想选择。长视频网站不仅能吸引这些观众，而且它们可以培育一种环境，以保障这些观看者持续保持较高的广告关注度和参与度。

645 连接者和控制者们都在长视频网站花费了大量时间，因此他们更倾向于认为，广告是为了获得在线视频服务的一次公平交易。更重要的是，连接者更有可能注意到品牌信息，并且认为他们感兴趣商品的广告是有用的。

对广告人的启示

由于在线视频行业日渐成熟，广告人可以利用这一独特机会接触有价值的高卷入度观众，具体方法如下：

1. 将广告视为提供娱乐的工具，而非提供信息的工具。高卷入度观众更加享受广告，这为营销人员提供了机会去创造与其想搜集短片具有同样娱乐性的广告。让广告成为引人注目的故事之一，而不仅仅是重复播放的 30 秒广告。

2. 积极的心态＝更强的行动力。高卷入度观众更愿意涉及观看体验的每个部分，包括广告。相反的，坐下来仅仅看一分钟用户自制短片的观众则拥有完全不同的心态。应依据用户的不同媒介接触习惯及偏好，设计多元化的创造性板块。

3. 将网页上的所有广告版块视为一个整体。观众通常认为广告是恼人的，但没有观众认为所有的广告都是惹人厌烦的。高卷入度观众会对非强加性的广告做出回应，他们对横幅广告的偏好证明了这一点。横幅广告可以与展示广告、赞助广告、植入式广告相互配合，从而形成连贯的、综合的整体。

4. 有针对性才能吸引更多的观众。由于越来越多的观看者每周花费 1 个多小时观看在线视频，所以广告主和网站可以更明智地开始制作匹配阅读者口味的广告。最简单的方式就是提供长视频，一段大家喜欢的电视节目，效果远远好于一只狗站在滑板上的短片。

调查方法

弗里斯特咨询公司对 1 013 名每周观看视频超过 1 小时的观众进行了调查。这些应答被弗里斯特正在进行的消费者科技消费学（Consumer Technographics）调查进行了校准，从而确保了应答的有效性。在此基础上，弗里斯特还召集了 10 个完成了在线调查的样本进行了电话深度访谈，以全面了解他们观看在线视频的体验。严格的定量测量和定性洞察的组合，描绘了高卷入度观众的画像。

图 21—3　执行摘要

背景

背景部分为阅读者提供了调查报告搜集和使用信息的情境。它交代了调查背景、调查目的以及摘要部分尚未仔细说明的基本调查原理。下面是一份背景描述的示例：

多年来，缅因州环境保护部（Maine Department of Environmental Protection）一直致力于向公众宣传土壤流失对水质的不良影响，并协助采取一系列措施来减少土壤流失。事实上，土壤流失是导致水污染最主要的原因。但不幸的是，调查显示多数公众对此知之甚少。

为了提高公众的认知水平并改变他们的看法，缅因州环境保护局委托"营销决策和伯吉斯广告公司"（Market Decisions and Burgess Advertising）实施了一项"市场测试"来评估传播活动的有效性。调查最初是为了协助活动开展。这项定性调查探寻和确定了以何种方式告知公众土壤流失的危害。以这项调查的结论为基础，形成传播材料并发放到缅因州被选中的地理区域。这份调查报告展示的是该项活动的评估结果。具体来说，为了判定广告活动的影响，在活动结束后立即展开了电话调查。这项调查大约由20个问题组成，涉及污染源有提示和无提示的认知、有提示和无提示的广告认知、有提示和无提示的水污染最重要原因的认知。

调查的所有步骤都获得了缅因州环境保护部工作人员的积极参与和支持。包括焦点小组访谈提纲的形成，对焦点小组的复查，测试市场的选择，活动标识和口号的形成，广播、报纸和直邮广告的形成[2]。

方法描述

这一部分主要描述抽样和收集数据的具体方法，包括：谁参与了这项调查，为什么选择这些受访者，是否询问了关键问题，数据如何收集，调查何时进行。记住本部分的目的是总结方法，调查的技术细节和支持材料，例如问卷或访谈提纲应置于报告附录中。

646

发现

在调查报告中，发现是十分重要的部分。这一部分要展现结果。准备充分的发现部分要：

● 根据核心主题整理发现，并按照逻辑顺序展现这些主题。例如，广告创意测试报告可以就以下主题整理发现：对信息的反应、对创意方法的反应、品牌态度的转变和购买意图。以主题为基础组织发现，有助于阅读者在其他部分讨论发现之前完全理解这一部分的发现。

调查结果不仅要按主题进行呈现，还要将问卷中不同版块问题反映的发现进行整合。因此，不建议以"问题—回答"的格式来展示调查结果。当结果的展现按照它们在调查或问卷中的顺序一个接着一个进行，也就是，展现第1个问题的结果之后展现第2个问题的结果，接着是问题3等等，就会形成"问题—回答"的格式。避免使用"问题—回答"格式是基于以下几个原因：第一，问卷中问题的顺序是为了帮助受访者更好地完成问卷，借此收集到最具洞察力、最有意义的信息。调查问卷中问题的顺序不由调查报告最后呈现出的逻辑决定。因此，将调查结果以问题顺序呈现，仅仅反映了它们在问卷上的先后顺序，而没有潜在的合理性。第二，可能更为重要的是，即便这种呈现方式对于调查结果的展示有帮助，它也不利于阅读者俯瞰"全景"，进行整体把握，这只会让阅读者更难理解整体的趋势，以及问题之间的内在关系。

● 只展示重要的发现。调查研究收集了大量信息，在对所有发现进行检查之后，调查者必须分辨出哪些发现提供了重要洞察，哪些仅仅是有趣而已。前者应该在发现部分中出现，后者可以收录到附录中。

● 展示的所有发现需要支持之后的结论和建议。如果结论和建议的基础在调查结果中直接而清楚，显然它们更为可信和易于接受。

以上的各项指导原则对于定量和定性调查中的发

现部分都适用。当然，定量调查和定性调查数据的不同也会对具体内容和方式的呈现造成很大影响。因此，本书在后面章节会提到，定量调查倾向于使用数值化的发现，定性调查倾向于使用文字化的结果。

647 结论

本部分是从前面展现的发现中得出结论。发现部分展示获得的信息，而结论部分要告诉阅读者获得的数据有何意义。本部分尤为重要，因为它为之后的建议及后续措施奠定了基础。

建议和后续措施

结论是调查者对于调查中揭示出的观点的综合。建议是对调查发现和观点进行检查后所得到的推论，而后续措施则是基于发现和结论得出。缺少建议的调查报告是不完整的、没有结束的。因此，所有调查报告都需包括建议和后续措施部分。

附录

完整的调查报告附录中包括过于复杂、过于详细或者不适于在报告前面部分展示的材料。可能置于附录中的材料包括：调查中使用的问卷、与发现部分中的讨论无关的发现、重要的抽样细节。附录展现重要的支持信息，而又不干扰主体报告的流畅性。

口头调查结果演示

如之前部分所述，除极少数情况外，每一个调查项目都需要以书面的形式进行汇报。此外，很多调查研究结果还需要进行口头演示。这种形式有如下优点：

- 确保相应人员了解调查发现、建议和结论。从来都无法保证每个人都能够完整阅读书面报告。
- 为澄清书面报告中存在的或是报告发布后产生的各种问题提供了机会。
- 为扩展、延伸书面报告中没有涉及的讨论提供了机会。

很多书面报告的指导原则和建议对口头报告仍然适用。口头报告同样需要清楚、简洁、完整、连贯和细致。但是，口头和书面两种表达方式的不同也带来了口头报告和书面报告的一些区别。PowerPoint 是目前使用最为普遍的用于口头展示的软件，下一部分将会介绍怎样去增强 PPT 或类似的基于幻灯片的演示的效果。

648 强化 PPT 或类似的基于幻灯片的演示的效果

PPT 不应该和书面报告完全一样，或是成为书面报告的替代品。劳利（Lawley）认为，“仅仅把幻灯片当成投影和讲义只会让它变成丑陋的图像和失败的文档……PowerPoint 是展示可视化信息的工具，帮你讲好故事、做好案例、证明观点。如果像用文字处理软件那样用 PowerPoint 来制作文档可就太糟糕了”[3]。这是因为：

- PPT 应该聚焦于话题，而非对话本身。PPT 要帮助调查者组织和阐释他们讲述的内容。PowerPoint 中应该列出要点，在演示过程中进行补充和扩展，而不是把所有信息都陈列出来。
- PPT 不应该不言自明。幻灯片上列出的应该是整体的框架，而非具体内容。阅读者如果仅看幻灯片而不听演讲者的讲述，通常不能明白展示内容。

● PPT 促使你对自己最表层的态度进行再思考。尽管 PPT 会在一定程度上迫使你组织思路，但它不会像准备书面报告的过程中那样激发出许多新的思考。PPT 只是对叙述内容的简单勾画，书面报告是对叙述内容的记录。所以不必奇怪，调查者在撰写书面报告的过程中经常会产生许多新观点，并对原有观点进行修改[4]。

理解 PPT 的局限是成功进行口头演示的第一步。在你进行接下来的两个关键步骤时，记住这些局限会提升成功的几率：“第一步，确定你希望被展示出来、被阅读者记住的主要观点。下一步是确定哪些数据需要被列出来支持以上观点。只有当你成功完成以上两点之后，PPT 才会发挥作用。”[5]下面的建议会帮助你做出效果更好的幻灯片。[6]

● 从观点的角度而非信息的角度思考。每一张幻灯片都要只讲述一个明确的观点。制作幻灯片时，要问自己“看完此页幻灯片后，我希望阅读者记住哪些观点?”而不是“我要陈述哪些具体的信息?”从观点的角度思考，会帮助你挑选出那些对观点提供有力支持的信息进行呈现；从观点的角度思考，也会帮助你避免在幻灯片中堆砌过多的信息。当演示结束后，阅读者是否记住了每一个实例并不重要，重要的在于他们是否记得主要的观点。杂乱的、充满了太多与实例相关信息的幻灯片会阻碍阅读者对报告中主要观点的理解。

● 图文并茂。如果使用得当，图片将是沟通的利器。当然，只能在为沟通增色的情况下使用图片。此外还要避免“故作可爱”的卡通图片，因为卡通图片会分散阅读者的注意力，同时让可信度大打折扣。

649 ● 将幻灯片当作要点提示……具体细节由口头表达。没有必要将所有与调查结果相关的信息都展示在幻灯片上。如果那样做的话，阅读者自己阅读幻灯片上的内容就可以了。幻灯片中只包括关键的词语、图片，围绕着它们调查者口述更多的细节，这样的方式显然会让演示变得更有效，也更能保持阅读者的兴趣。

● 使用不超过三种简明易读的字体，字体的使用要一致。在幻灯片演示中，对于不同字体的字号大小没有特别要求。但是多种字体的使用，尤其是用在同一页幻灯片中，会对阅读者造成干扰，也加重他们的认知负担。除了字体使用要一致以外，还要选择容易辨认的字体，尤其是在幻灯片背景映衬下的字体要易读，字号要足够大，以便距离稍远的阅读者也能轻松地看到幻灯片上的内容。

● 幻灯片设计不要一成不变，用多样化的设计使其有新鲜感。程式化的设计往往无法让幻灯片有吸引力。虽然不建议将每张幻灯片都设计得不同（它们要达到内在的统一），但是建议设计几张超出阅读者预期的幻灯片，这会减少阅读者的枯燥感。即便使用程式化的幻灯片模板，也不要在所有的幻灯片中使用同样的格式（例如第 6 页到第 10 页都采用要点列表的方式）。

● 保持视觉焦点，避免在同一页幻灯片上列出过多要点。每页幻灯片要有一个视觉焦点去吸引阅读者的目光，并以此为起点开始浏览幻灯片内容。其他信息应该是由焦点衍生、发散出去。杂乱无章的幻灯片，尤其是列出过多要点的幻灯片会对阅读者造成负担，也会让他们分心。

● 使用动画或是自带功能控制信息演示，使阅读者注意力集中。但是，要避免在每页幻灯片上不必要的、过度的转变。自带功能的要点展示是控制信息演示和保持阅读者注意力强有力的手段。假设一页幻灯片中列出三个要点，如果三个要点一次全部出现，阅读者就会提前注意到后面才涉及的要点，这样阅读者的思路就无法与你讲述的内容同步，阅读者也找不到需要关注的重点。因此，可以每次只出现一个要点，并使用 PPT 自带功能让各个要点在具体阐述的时候才依次出现。与之类似的是，如果需要展示出图表，可以根据展示的重点不同，将图表的内容有选择地拆分到若干张幻灯片之中。这种方式和所有图表一起出现相比有很多好处：你可以控制展示的内容，阅读者也会根据图表提出具体的问题，同时也利于阅读者理解图表中数据间的关联。

650

调查者也是演讲者

演讲者技巧对演示的成功与否有重要影响。想要成为优秀的演讲者，需记住[7]：

● 根据阅读者来调整演示的节奏，而非你自己。不用担心演示会偏离最初的设定，相反，要根据阅读者的需要来调整演示的节奏和内容。如果阅读者已经充分理解各个要点，那么就没必要继续浪费唇舌阐释。如果阅读者表现出些许困惑，那么就要放慢速度，为他们做出此前未准备的、更多的解释。

● 鼓励阅读者参与，但是不能失去对演示的控制。如果阅读者对演示很感兴趣，他们会希望针对发现和结论进行讨论。如果演示既无聊又无任何深度，阅读者则会分心，讨论就会偏离到其他话题。掌控全局、不离题是演讲者的责任，如果讨论开始离题，演讲者要及时介入，将其引入正轨。

● 尊重阅读者。不要居高临下地与阅读者交流，或者炫耀自己的学识与智慧。尊重阅读者要做到：

• 开场振奋人心，全程保持积极的态度。不要在最开始就因为演示过程过长向阅读者致歉。以一种专业的态度来接受正负面评价。

• 做好充足的准备，对演示内容熟记于心。对阅读者最大的不尊重就是浪费他们的时间。

● 意识到非语言信号的重要性。除了演示的内容和讲述的方式之外，阅读者也会对作为演示内容一部分的非语言信号作出反应。肢体语言的运用要点如下：

• 始终和阅读者保持眼神交流，不要对着屏幕自说自画。

• 演示面向的是全体阅读者，不要仅仅聚焦于高级管理层，或是阅读者中的某一部分。

• 始终保持良好的身体语言。

• 着装得体，要与出席场合相符。

回答阅读者提问[8]。仅仅完成讲述是不够的，还要接受阅读者的检验，要反应迅速，对他们的提问做出回答。有经验的演讲者提供了以下建议帮助减少或避免尴尬场面的发生，避免问题偏离正常轨道，帮助展示者保持冷静、得体，掌控全场。

● 鼓励阅读者发问，表现出期待、需要他们的提问。类似“大家有没有问题要问?”这样主动请求，而非“有问题吗?”这样口是心非地走过场。阅读者需要一段时间来完成从倾听到发言两种状态间的转换，对于某些人来说，在发问前还要被激励以鼓起勇气。如果过了一会儿，仍没有阅读者提问，问自己一个问题，为之后的提问开个头，作个示范，之后阅读者就会畅所欲言。 651

● 回答简洁并直接。不要转换话题或闲扯，这两种行为都会给人你并不确定答案的印象。

● 不要糊弄阅读者。如果没有答案，直接说不知道。接着承诺在演示后会提供相关信息，以反馈并进一步调查。

● 要保持冷静。绝对不要不理智地、怒气冲冲地回应。这样的回应反映出你对自己和整个演示都失去了控制。要锻炼自己这样的能力：即便被问到了一个满含敌意、完全负面的、挑衅性的问题，也要克制自己，不要做出回击，或是用简短的回答将此问题一带而过。如果可能的话，将问题用更加正面的角度进行重新解读，然后回答。或者，坚决地但也稍带婉转地表示此时不适合讨论这一问题，当演示结束后，你乐于对其进行探讨。

● 如果阅读者针对演示中已经解释过的问题再次提问，要对此进行回答。可能是演示中没有对该问题解释得足够清楚。试着用另外的方法进行解释。例如，在演示中借助图表阐释某个要点，那么在回答中，就要把图表中最重要的数据进行概括。如果演示时是一步接一步地得出结论，那么在回答中，可以先给出结论，然后再给出支持结论的细节。

有效使用表格和图形

本部分对定量数据的图示提供指导原则。首先展示适用于所有类型表格和图形的总体思路。之后着重讨论如何使用四种主要的表格和图形：数字表格、柱形图、饼图、折线图。[9]最后，我们将讨论常用的创建表格和图形的软件。

使用表格和图形的考虑因素

表格和图形应该为调查报告或演示增色，而不是减分。想要最大限度有效利用表格和图形，要记住以下几点：

● 明确表格或图形是对叙述内容的补充和延伸。

"要先问问自己是否真的需要（一张图）。也许使用统计测量已经足够，也许还需要使用一张表格。如果想找到数据集所反映出的模式，并建立起彼此之间的联系，真正重要的是信息在多大程度上被有效地表述出来，在多大程度上被阅读者接受。"[10]确认你的表格和图形会让沟通的效率最大化。

● 保持表格和图形的简洁。让每一张表格或图形聚焦于你想表述的核心主题。用多张图形去传达不同的主题，而不是将它们都挤在一张图形中。

652 ● 确保报告中表格或图形与叙述内容形成统一、连贯的整体。将所有表格置于报告的最后会影响阅读者的理解，因为阅读者要从一个部分跳到另一个部分才能参考表格。因此更好的方法是将文本、表格和图形交织在一起，即将叙述内容和叙述内容涉及的表格和图形排版在同一页。最后，如前文所述，确保图形中的要点、结论与文字内容一致。

● 用表格和图形体现数据，用描述性语言解读数据。仅仅描述或是重申那些很容易从表格或图形中读出的信息是很无聊的做法，不仅浪费时间，也是对阅读者理解能力的侮辱。对于表格或图形的描述要指出其所包含信息的意义，怎样以这些信息为基础得到之后的结论和建议。

● 对于颜色的使用要小心，要有所选择。如果要在图形中使用颜色，确保即便是黑白打印，图形中的颜色差别也会非常明显。尽量不去使用稀奇古怪、会分散阅读者注意力的颜色。除此之外，对于颜色的使用，XL Cubed 软件（XL Cubed 是可以在 Excel 中使用的，帮助使用者分析、创建报告的一款软件。——译者注）给出了如下建议[11]：

• 如果要让表格或图形中使用同种颜色的不同对象看起来整齐统一，确保背景颜色的一致。

• 如果要想表格或图形中的对象容易被看到，使用与对象反差较大的背景色。

• 当有必要服务于特定传播目的时，才需要使用颜色。不需要使用颜色进行装饰。在广告中用图形装饰有特定的目的，但是在信息展示中，过度装饰的图表会让阅读者的注意力从最重要的数据上分散。

• 当需要区别出不同数据的意义时，才使用不同的颜色，且两者要互相对应。

• 用轻柔自然的色彩去展示大多数信息，用明亮或深沉的颜色标注需要突出的信息。

• 要保证大部分色盲也能够看出颜色的差别，要避免使用红绿双色的组合。

● 对于字体的使用也要小心、有所选择。字体要 653
容易阅读，尤其是当表格或图形缩小尺寸之后仍能轻松辨认。

● 可爱不等于有效。制作得更为可爱或是让人赞叹连连的图形并不意味着更好。"很多营销者和图形设计者不理解这点……权威的视觉化专家［即塔夫特（Tufte）和菲尤（Few）］都认为：功能决定样式。即对于图表的任何修饰都要摒除，图表中每一部分的存在都要有明确的意义，要尽可能地提高传达信息的效率……美观应当追随功能。"

● 避免无用图形的出现，或者就是因为你可以制作图形，但你并不需要它。Microsoft Excel 是最为普遍而且功能强大的制表工具。记住以下类型的图形完全不适用于商业或调查报告，这些图形对于阅读者提出了很高的认知需求，因此会严重影响发现和洞察的交流。图 21—4 给出了几个无用图形的例子[12]。

最后，记住在第 2 章中提到的关于数据呈现的伦理的指导原则。要完全保证所有表格和图形中得出的趋势和结论清楚明白，没有虚假。

654
数字表格

数字表格最适合展现单一主题，或是多个相关联主题的准确数字。例如，下表就展示了观看过广告之后消费者的购买意愿。

观看过广告之后的购买意愿（总样本）

	电视广告 A	电视广告 B	电视广告 C
购买意愿量表	（样本量＝140）	（样本量＝140）	（样本量＝140）
非常有可能	50.0%	14.2%	7.8%
有些可能	21.6%	14.2%	44.2%
不太不可能	14.2%	50.0%	26.4%
完全不可能	14.2%	21.6%	21.6%
总计	100%	100%	100%

上表体现了结构合理表格的关键组成部分。

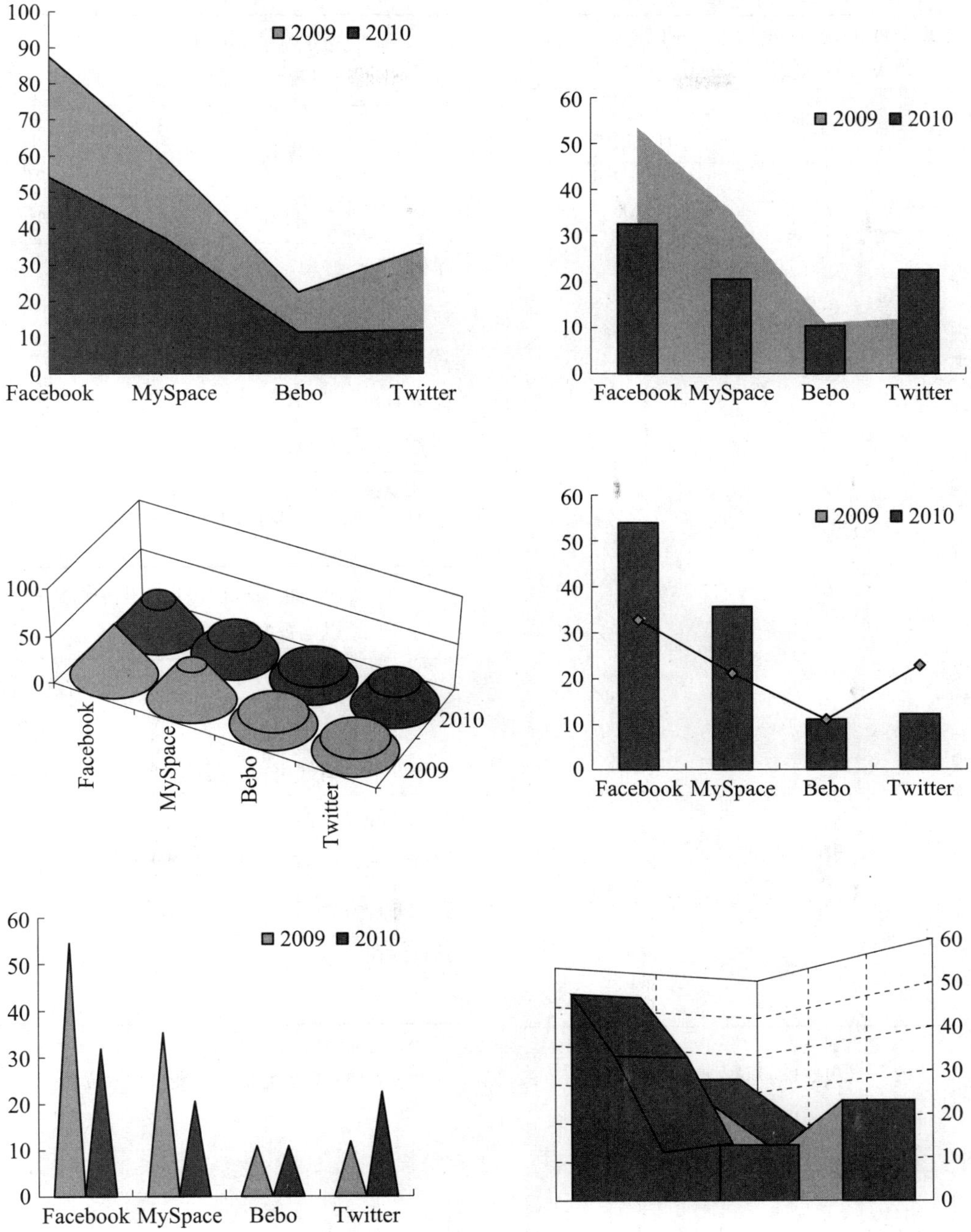

图 21—4　无用图形举例

- 表头有描述性的标题
- 每列有清楚的标签
- 显示了每一组受访者数量
- 数值在合理的精确水平上四舍五入
- 小数点对齐
- 每列数值相加求和与总计一致
- 字体使用一致，没有分散注意力

上表成功地展现了对每一条电视广告的反应，并说明如何将多组数据清晰整理以帮助传递信息。当然，如果表格内塞满了数字，会让阅读者难以理解和解读数据。表 21—1 中给出了这种信息过多、过于复杂的表格示例。要想解决表格中数值过多的问题，可以在制作表格前，先想好要在表格中展现哪些类别的数值，然后再创建图表。表 21—2 展示了可能的解决方法。

655 **表21—1　信息过多的数字表格**

每天被看到的电视广告平均数——以电视时段、观众性别和发布渠道进行区分

	电视广告数量	在所有电视广告中所占比例
早间时段	15	13.4%
男性	7	6.3%
有线电视	4	3.6%
无线电视	3	2.7%
女性	8	7.1%
有线电视	4	3.6%
无线电视	4	3.6%
日间时段	34	30.4%
男性	20	17.9%
有线电视	11	9.8%
无线电视	9	8.0%
女性	14	12.5%
有线电视	7	6.3%
无线电视	7	6.3%
黄金时段	46	41.1%
男性	12	10.8%
有线电视	0	0.0%
无线电视	12	10.8%
女性	34	30.4%
有线电视	20	17.9%
无线电视	14	12.5%
深夜时段	17	15.2%
男性	10	8.9%
有线电视	5	4.5%
无线电视	5	4.5%
女性	7	6.3%
有线电视	5	4.5%
无线电视	2	1.8%

来源：MNHY 2010追踪研究。

样本：25～54岁的50位男性和50位女性。

表21—2　焦点明确的数字表格 656

每天被看到的电视广告平均数——以电视时段进行区分：男性 vs. 女性

	电视广告数量		在所有电视广告中所占比例	
	男性	女性	男性	女性
早间时段	7	8	14.2%	12.7%
日间时段	20	14	40.9%	22.2%
黄金时段	12	34	24.5%	54.0%
深夜时段	10	7	20.4%	11.1%
总计	49	63	100	100

来源：MNHY 2010追踪研究。

样本：25～54岁的50位男性和50位女性。

每天被看到的电视广告平均数——以电视时段和来源进行区分：女性

	电视广告数量		在所有电视广告中所占比例	
	有线电视	无线电视	有线电视	无线电视
早间时段	4	4	11.1%	14.8%
日间时段	7	7	19.4%	25.9%
黄金时段	20	14	55.6%	51.9%
深夜时段	5	2	13.9%	7.4%
总计	36	27	100	100

来源：MNHY 2010追踪研究。

样本：25～54岁的50位男性和50位女性。

柱形图

柱形图可用来比较同一时间点不同对象的数量，或是同一对象在不同时间段内的数量变化。不论是在哪种情况下使用，柱形图都要满足一定标准。图21—5a和图21—5b前后两个柱形图对此标准进行了说明。和图21—5a中图表相比，图21—5b中的图表拥有更为准确的标题、完整的横轴、纵轴标签以及更为合理的纵轴刻度。

同一个时间点上的数据。图21—6a和图21—6b中的柱形图展示的都是18～24岁人群在不同社交网站所花费的时间。[13]纵轴代表花费时间，每一个柱的高度代表在每一种社交媒体上花费的时间。当需要在此种情况下使用柱形图时，要注意柱形应该如何排序。图21—6a中柱形的排序与调查问卷中的问题顺序一致。然而，这种方式并不是最好的方法，因为它很难形成视觉焦点并进行比较，也很难看出整体趋势。因此，当使用柱形图表现名称测量级或顺序测量级数据，通常最好的柱形排序是由最高值到最低值，或是由最低值到最高值（如图21—6b所示）。

不同时间段的变化。柱形图也能很好地表现不同时间段的变化，但在此种情况下要对表现的数据有所选择。图21—7a到图21—7c可以对此进行说明并给出考虑因素。图21—7a中比较了2008年和2010年

657

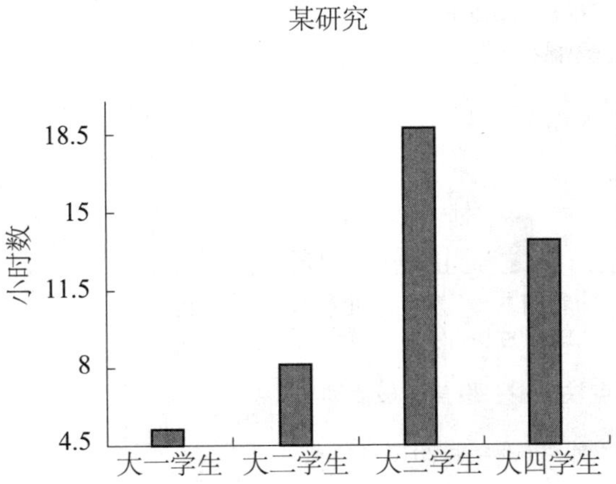

图 21—5a　格式不合理的柱形图

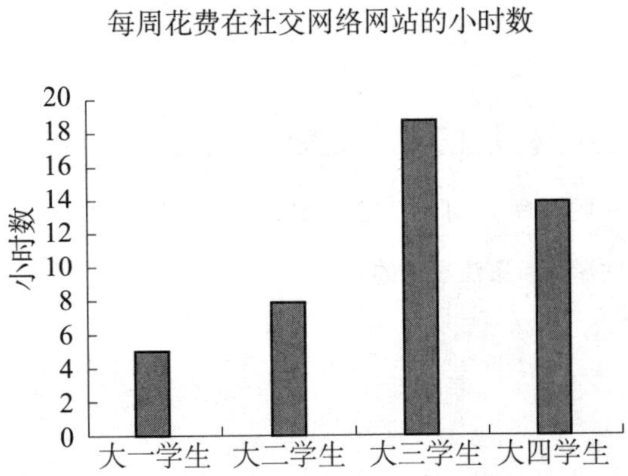

图 21—5b　格式合理的柱形图

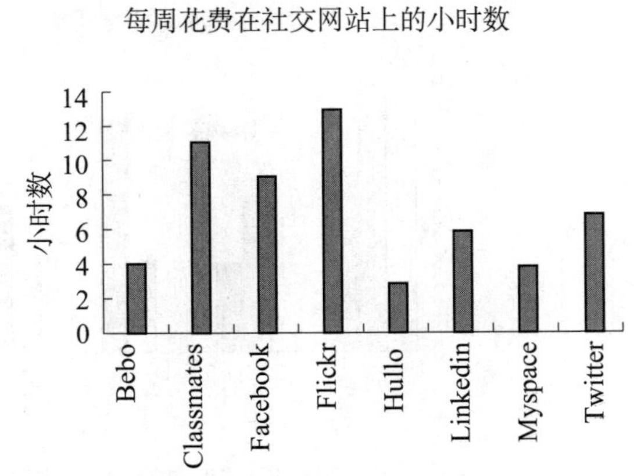

图 21—6a　没有排序的柱形图

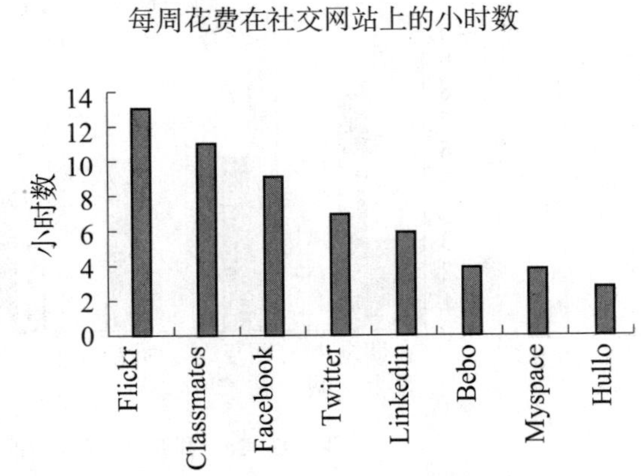

图 21—6b　排序的柱形图

两年在社交网站上各项活动花费时间的变化。注意如果不排序就会隐藏信息，图 21—7b 和图 21—7c 中解决了这个问题。图 21—7b 按 2008 年在每一项社交网站活动上花费的时间排序，图 21—7c 中按 2010 年在每一项社交网站活动上花费的时间排序。

658

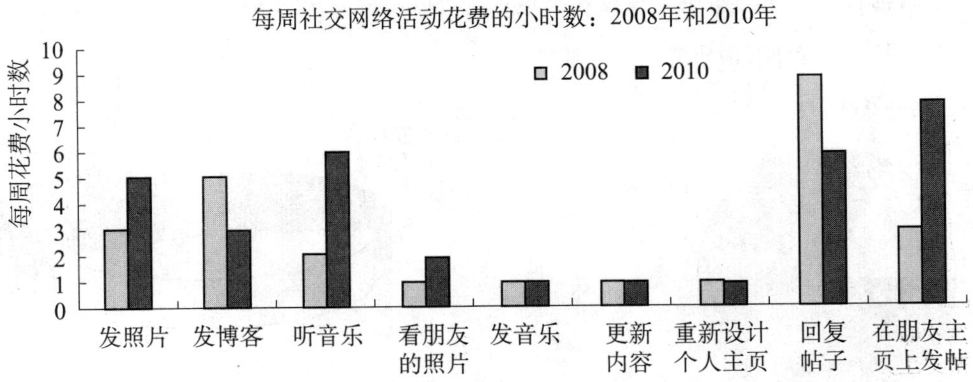

图 21—7a　视觉复杂的同一时间多点柱形图

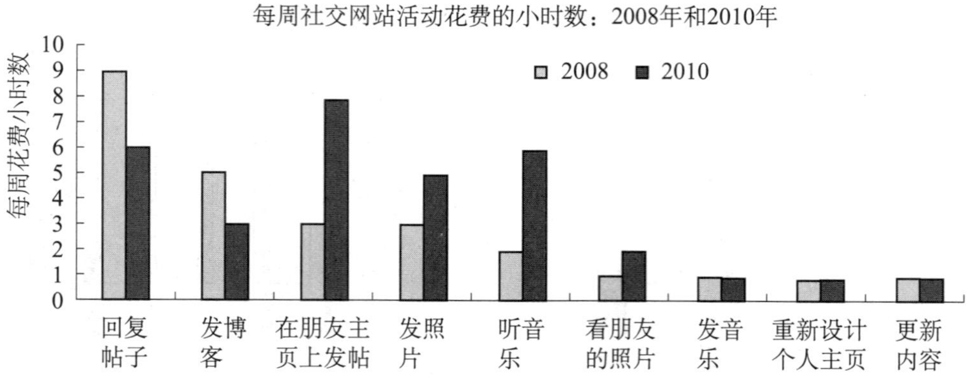

图 21—7b 排序并简洁的同一时间多点柱形图：聚焦一般活动

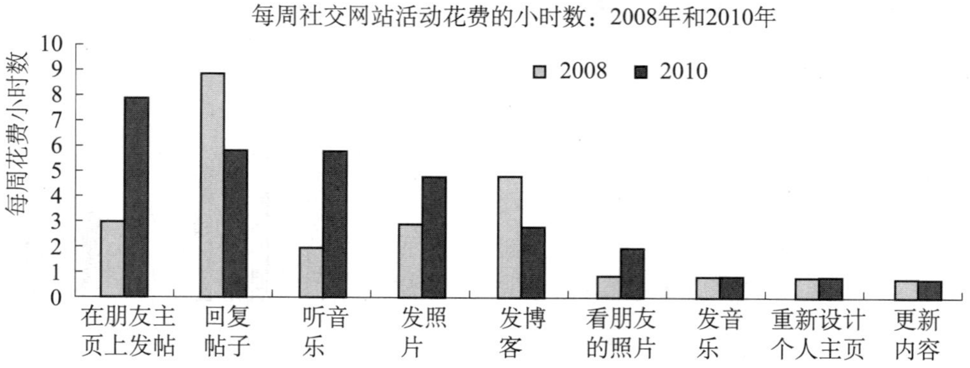

图 21—7c 排序并简洁的同一时间多点柱形图：聚焦最大的变化

饼图

饼图与柱形图相似，也可以用来比较同一时间点数量的多少。但是与柱形图不同的是，饼图不能用来比较不同时间段的变化。当需要表现某部分占总体比例多少时，饼图是比柱形图更好的选择。饼图代表总量为 100%，饼图的每一部分代表总体的一部分。图 21—8 给出了一个结构合理的饼图示例。注意，图形要有准确的标题，每部分要以颜色深浅进行区别，同时每部分要有完整的标签。

图 21—8 展示的是普通类型的饼图。这是一个完整的饼图，展示了样本中的年龄分布，并没有强调任何一部分的年龄。当每部分的数据需要被突出强调，可以使用分割的饼图（如图 21—9 所示）。

659

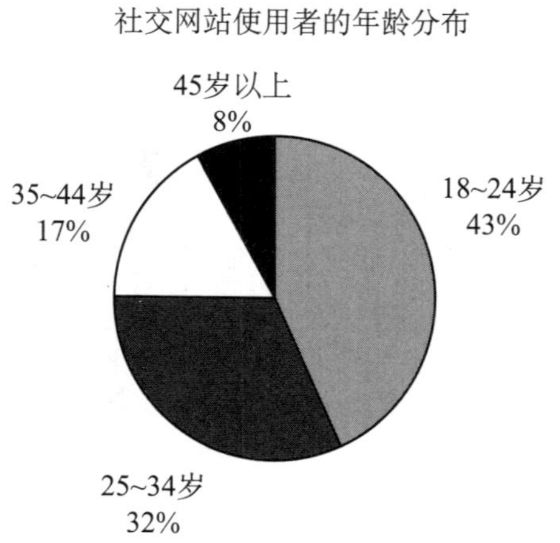

图 21—8 结构合理的饼图

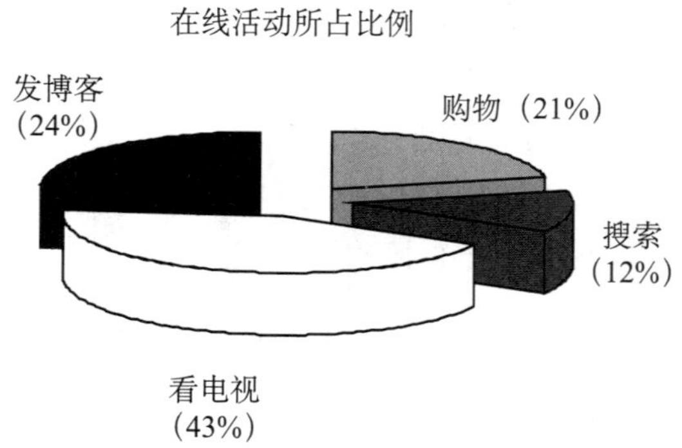

图 21—9 完全分割的饼图

折线图

折线图适于表现数据的趋势，尤其是随时间变化的趋势。例如，图 21—10 中的折线图就展现了 2009 年度三个品牌的广告知晓度的变化趋势。通过折线图很容易看出就本次调查而言品牌知晓度的增减情况。图 21—10 也展示了结构合理的折线图所具备的特点：标题含义准确，横纵轴标签清楚，每条折线代表不同的事物且容易分辨、知晓度轴线由零起始且刻度合理。

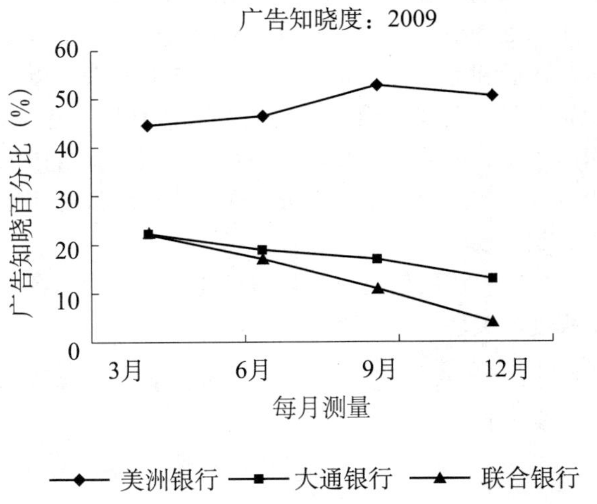

图 21—10 折线图展示数据趋势

除了必要情况和专业化需求之外，我们不推荐使用多重折线图，即折线图上出现两个代表不同测量的纵轴，每一条折线依据一个纵轴读取。这种类型的折线图（如图 21—11 所示）通常容易混淆、难以理解。

660

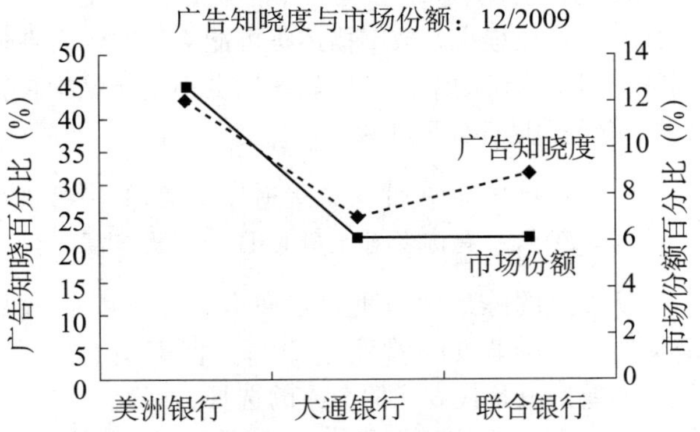

图 21—11 双轴线折线图

图形创建的软件选择

数字表。Microsoft Excel 可能是最为通用的制图软件。考虑到此款软件的普及程度，毫不奇怪，相当多的人都对如何更好地使用 Excel 的制图功能提供了小窍门和技巧。部分指南可以在以下地方找到：Peltier Technical Services、About. com：Spreadsheets、Microsoft、LabRight Resources 和 The Spreadsheet Page[14]。

许多程序可以将 Excel 中的数值转化成更有视觉吸引力的图形。虽然开发程度和使用途径有异，但是这些被设计出的程序都可以和 Excel 的制图功能无缝对接。例如 Tableau（http：//tableausoftware. com/excel-chats-graphs）和 DPlot（http：//dplot. com/index. htm）。类似地，Anlyze-It（http：//www. analyse-it. com/products/standard）是为与 Excel 一起使用而设计，两者都可进行数据分析和图形制作。

最后，还是有软件程序可以代替 Excel。这些是独立的程序，例如 Smart Draw（http：//www. smartdraw. com/exp/cht/），可以利用输入 Excel 中的数据来创建视觉效果截然不同的图表。我们建议您访问 Smart Draw 网站主页获得测试版软件，同时也可以下载名为《创建有说服力的图形》的白皮书。[15]

用于内部展示或是互联网展示的 Flash。由Excel 或是其他软件制作而成的图形会在公司的内部交流使用 661
到，或被外部互联网的使用者看到。在这两种情况下，图形只会以静态图像的形式出现。另一个选择是利用基于 Flash 技术的软件来制作动态的（与静态相对的）动画表格和图形，可借由 Fusion Charts 和 XML/SWF Charts 来实现。

Fusion Charts 和 XML/SWF Charts 是使用 XML 语言在网页和桌面制作 Flash 动画图形的两款软件。它们都能用来制作 2D/3D 的多种图形，包括折线图、面积图、条形图、柱形图、饼图、环形图、组合图、散点图、气泡图和卷轴图。两款软件的具体功能和美化工具都可以深度定制。更为重要的是，由 Fusion Charts 和 XML/SWF Charts 制作的图形都可以在线进行动态展示，同时也可以输出，用于书面和口头报告。[16]

演示定性数据的特别考虑因素

数字表格和图形可以用来展现定量报告的细节。这样的细节会增强分析的可信度，同时支持之后提出的建议和结论。定性调查通常通过共识的归纳和引用而不是数字来完成结论。

在定性报告中，共识的归纳表明样本人群对于某一观点同意或者不同意的程度。然而，因为定性调查的样本量往往很小，数字描述很可能会让阅读者造成误解，得出错误的结论。例如在焦点小组访谈中，报告撰写者提供了如下归纳：

> 小组中90%的受访者对于概念A持积极态度，70%的受访者对于概念B持积极态度。

从以上的陈述中，我们有理由得出：概念A更有说服力，毕竟90%要高于70%。但事实上，两个概念的差别只是代表了两个人的选择。因此，我们建议在定性归纳中使用更模糊的量词去描述群体大小，例如“所有受访者”、“绝大多数”、“大多数”、“一些”和“几乎没有”，这些量词会让报告阅读者更好地理解不同群体的规模，而不会因为用数字去描述群体大小而产生误解。因此，前文中的陈述更适宜被表述为：

> 几乎所有受访者对于概念A都持积极态度，而对于概念B持积极态度的稍微少一些。

“引用”丰富了定性报告的细节。因此，当讨论需要有实质深度时，就应该利用引用。例如，引用可以用来支持结论，对趋势做出举例，或者对不同观点进行比照和对比。然而，只有在报告阅读者可以快速 662
识别引用并将其与合适的报告内容成功联系起来时，引用才是有用的。因此，要小心地对定性报告中的引用进行版式的突出，它们可以通过缩进和改变字体大小、类型或颜色来实现。

引用要注明信息来源，信息要与讨论的内容有一定程度的关联。看下面的引用：

> “概念A是所有概念中最诚实的。这个概念真的说到了我心里。”
>
> ——已婚女士，芝加哥小组访谈，53岁

如果这个引用用来说明男性与女性的差异，那么只需要性别的描述；如果引用用来说明年轻受访者与年长受访者的差异，那么只需要描述年龄。最后，就引用的身份而言，从不会使用受访者的真实姓名。

小结

广告调查的结果及其意义要以口头和书面的方式呈现。卓有成效的演示是调查过程中关键的最后一步。如果调查设计合理、实施和分析过程中都无纰漏，但是最后的演示极为糟糕，那么调查也不能对决策制定过程有所帮助。

兼顾到叙述内容和图表内容，可以提升调查发现和意义的口头与书面演示的效果。只有调查者在报告所有方面的准备都做到了清楚、简洁、完整、连贯和细致，才会得到一份出类拔萃的报告。多次对报告的复查和修正也会提升报告的质量。当调查者准备并使用了合适的数字表格、柱形图、饼图或折线图，定量报告的图形部分就会改善。当调查者仔细选择并引用受访内容，定性报告的细节部分就会改善。

书面报告通常包括九个部分：标题页、内容目录和图表目录、执行摘要、背景、方法描述、发现、结论、建议和后续措施以及附录。尽管每一部分都很重要，但执行摘要是重中之重，因为决策者很可能只会阅读报告的这部分。

口头报告不是简单书面报告的压缩或将其转换为幻灯片。调查者依据上面的观点（而不是信息）思考，同时使用图像和文字传递信息，将幻灯片作为提示（细节进行口头表述），小心选取字体和版式，口头报告的质量和价值才会提升。当进行调查结果的口头报告时，调查者要记住与对阅读者的演示保持同步，鼓励他们参与讨论，对阅读者始终保持尊重。

复习题

1. 优秀的调查报告有哪五种特征？

2. 列出五种让调查报告更为清晰、简洁的方法，并一一举例。

3. 怎样判断调查报告是否完整？

4. 怎样判断调查报告是否连贯？

5. 报告复查的三个步骤是什么？

6. 书面调查报告的组成部分有哪些？

7. 标题页通常包含的元素是什么？

664 8. 执行摘要包括哪些组成部分？每个部分需要包含什么内容？

9. 调查报告的背景部分应该表现哪些信息？

10. 调查报告的方法部分要包含哪些信息？

11. 准备充分的发现部分会体现哪些特点？

12. 报告附录的作用是什么？

13. 在口头演示中，调查者要怎样克服 PPT 的局限？

14. 哪些准则会提升调查者的演示水平？

15. 哪些准则会帮助调查者更好地回答问题？

16. 何种情况下需要使用数字表格？

17. 设计精巧的数字表格有哪些特点？

18. 何种情况下需要使用柱形图？

19. 设计精巧的柱形图有哪些特点？

20. 何种情况下需要使用饼图？

21. 设计精巧的饼图有哪些特点？

22. 何种情况下需要使用折线图？

23. 设计精巧的折线图有哪些特点？

24. 在定性报告中，如何描述样本中的群体大小和群体意见？

25. 在定性报告中使用引用的考虑因素是什么？

应用练习

1. 阅读以下文字，并逐段进行修改，使其更清楚、简洁、准确和连贯。

> 每一位参与此项调查的受访者都会观看并只观看三条被测电视广告中的一条。三条广告分别被命名为“回家”、“爱心”和“父亲节”。受访者观看指定的广告后，完成时长为 15 分钟的自填式问卷。调查工作人员认为：自填式问卷更有助于数据的收集。每个广告持续 30 秒，当问卷填写完成后，经过训练的调查员会对问卷的完成情况和准确度进行检查。由访问员决定问卷是否清楚，或者受访者是否可以不填。
>
> 每一个被访问的受访者都被要求说出他们对 Vita 公司生产的洗发水、护发素产品质量和价格的看法。因此，搜集到的新数据就可以与之前的数据进行比较，得出可能存在的产品趋势及意义，以及消费者对于洗发水、护发素的认知如何改变。
>
> 需要评估作为广告目标受众的消费者对于广告的情感和认知。情感反应包括主观、非理性和情绪化反应。而认知反应，就此调查目的而言，应该表现为不受影响的理性的、有逻辑性的反应。计算受访者整体量表的得分和其他子项的得分，从而形成受访者画像。这些画像会帮助我们判定对于广告情感和认知的深度和广度。
>
> 做出购买决定与以下三个因素有关。第一个因素是对广告的认知。虽然我们不能假设这其中的因果关系，但是我们确信：对于品牌广告有着更多认知的消费者更有可能去购买该产品。要知道这三个因素都非常重要。第二个因素，也就是中间的那个因素与收入有关。当消费者拥有更多的可支配收入，他更有可能做出购买行为。这个因素合理且关键。第三个因素，当然也是非常重要的是地域，即城乡差别，与城市消费者相比农 665
> 村地区的消费者更有可能购买产品。

2. 从《广告调查》或《广告》中选取一篇你认

为在清楚、简洁、准确和连贯这四个维度上可以有所提高的文章，并进行修改。

3. 从《广告调查》或《广告》中选取一篇你认为在调查结果可视化方面可以有所提高的文章，并进行修改。

4. 访问Slideshare的网站（http：//www. slideshare. net），下载任何和你感兴趣话题相关的、以调查为导向的演示。确保演示的格式是PPT而非PDF。评价这个演示的优势和不足，对其进行修改，保留优势、消除不足。

【注释】

[1] NASA（undated），“Chapter 1-Stages of Report Writing”，http：//grcpublishing. grc. nasa. gov/editing/CHP1. CFM.

[2] Maine Department of Environmental Protection（2001）．“Soil Erosion Advertising Test”，http：//www. epa. gov/nps/toolbox/surveys/mainepilotreport. pdf.

[3] Elizabeth Lawley（2005）．“The Culture of ‘the Deck’”，http：//mamamusings. net/archives/2005/11/19/the_culture_of_the_deck. php.

[4] Tom Grant（2006）．“Death by Powerpoint”，http：//armsandinfluence. typepad. com/armsandinfluence/2006/08/death_by_powerp. html.

666 [5] Terly R. Roper and Read G. Gilgen（undated）．“Improving Powerpoint Presentations”，http：//www. ashs. org/index. php? option=com. content&view=article&id=167%3Aimproving-powerpoint-presentations&Itemid=80.

[6] 本部分引自Roper and Gilgen op. cit. 以及Andy Goodman and Cause Communications（2006）. *Why Bad Presentations Happen to Good Causes, and How to Ensure They Won't Happen to Yours*，http：//www. agoodmanonline. com/publications/how_bad_presentations_happen/index. htm。更多见解参见Cliff Atkinson（2005）. *Beyond Bullet Points：Using Microsoft PowerPoint to Create Presentations That Inform，Motivate，and Inspire*（Redmond，WA：Microsoft Press）和Edward Tufte（2006）．“The Cognitive Style of Powerpoint”，http：//www. edwardtufte. com/tufte/powerpoint。最后，本部分的所有观点，可参见Slideshare（http：//www. slideshare. net）：“How to Torture Your Students Using Powerpoint，Problems with Powerpoint（and Student Presentations）”，“Ten Mistakes in Powerpoint Presentation”and“Death by Powerpoint”。

[7] 演示技巧的更多内容参见“Killer Presentation Skills”的链接http：//www. youtube. com/watch? v=whTwjG4ZIJg。

[8] 本部分是根据Office of Naval Affairs（2004）．“Tips for Preparing Scientific Presentations—Delivery”，http：//www. onr. navy. mil/about/speaking_tips/delivery. asp#qa. 简写而成。

[9] 本章讨论关注的是调查数据最常用的呈现方式。然而，我们强烈鼓励去访问“A Period Table of Visualization Methods”（http：//www. visual-literacy. org/periodic_table/periodic_table. html#）和“Data Visualization：Modern Approaches”（http：//www. smashingmagazine. com/2007/08/02/data-visualization-modernapproaches/）去看完整的数据信息呈现方式。此外，所有呈现的数据皆为虚构，只作说明之用。

[10] Jorge Camoes（2009）．“14 Misconceptions about Charts and Graphs”，http：//charts. jorgecamoes. com/. 该网站是进一步了解图形和表格建构非常棒的资源。

[11] Steven Few（2008）．“Practical Rules for Using Color in Tables and Graphs”，http：//www. bonavistasystems. com/Download2/Practical%20Rules%20for%20Using%20Color%20in%20Charts. pdf.

[12] Jorge Camoes（2008）．“Excel Chart Gallery：A Difficult Equilibrium”，http：//charts. jorgecamoes. com/excel-chart-gallery-a-difficult-equilibrium/. 由此可查看延伸讨论以及本主题的其他案例。

[13] 本图表及以下图表中所呈现的数据皆为虚构，只作说明之用。

[14] 这些资源来自：Peltier Technical Services，http：//peltiertech. com/Excel/Charts/）；About. com：Spreadsheets，http：//spreadsheets. about. com/od/excelcharts/A_Guide_to_Creating_and_Formatting_Excel_Charts. htm；Microsoft，http：//office. microsoft. com/en-us/excel/HA010841581033. aspx；LabRight Resources，http：//ncsu. edu/labwrite/res/gt/gt-bar-home. html）；The Spreadsheet Page，http：//spreadsheetpage. com/index. php/tip/C16/。

[15] 白皮书可以通过以下途径下载，http：//www. smartdraw. com/solutions/whitepapers/Creating_Persuasive_Charts. pdf。

[16] Fusion Charts 的主页为 http：//www. fusioncharts. com，XML/SWF Charts 的主页为 http：//www. maani. us/xml _ charts/index. php? menu＝Introduction。由 Fusion Charts 开发的表格和图形案例参见 http：//www. fusioncharts. com/Gallery/Default. asp，XML/SWF 的图形举例参见 http：//www. maani. us/xml _ charts/index. php? menu＝Gallery。值得注意的是，没有一个程序对浏览器或操作系统有特定要求，而且用户（如果幸运的话）不需要对 Flash 有任何了解就可以用任何一个程序来创建图表。两个程序都提供免费的下载，建议都尝试一下。另外，两个程序个人授权与企业授权也非常便宜。

（本章翻译：胡慧，本章校译：杨雪睿）

索　　引

（所标页码为英文原书页码，即本书边码）

译后记

自2004年开始，我就一直担任中国传媒大学广告学院“广告与调查”课程的讲授工作，也一直希望能有一本全面、详尽介绍各种调查方法及其应用的书籍作为教材。当中国人民大学出版社的翟江虹老师将《广告调查：理论与实务》（第2版）一书推荐给我时，我万分欣喜，并愉快地接受了该书的翻译工作。然而，翻译的过程可谓“路漫漫其修远兮”，期间各种经历如今想起仍是五味杂陈。在此，要特别感谢翟江虹老师对我的包容和理解。完稿时间由于我个人的原因一拖再拖，翟老师仍对我抱有极大的耐心，让我深感惭愧！

本书翻译工作的参与者有我多年的好友——中国传媒大学文化产业研究院的田卉老师，还有中国传媒大学广告学院已经毕业的广告学专业博士常宁，目前常宁就职于青岛理工大学人文与社会科学学院，以及已经毕业的硕士云庆和王笛。云庆目前就职于西北民族大学新闻传播学院，王笛就职于百度在线网络技术（北京）有限公司。其他参加翻译的还有中国传媒大学广告学院广告学专业2012级在读硕士生章慧、2013级在读硕士生胡慧、2014级在读硕士生钱莉莉和喻钦文。

具体翻译分工如下：我本人翻译了第1、2、7、8、15、16章；田卉翻译了第3、4、5、6章；常宁翻译了第13章；云庆翻译了第14、20章；王笛翻译了第17章；章慧翻译了第19章；胡慧翻译了第12、21章；钱莉莉翻译了第10、11、18章；喻钦文翻译了第9章。全书的校译工作由我完成，在此还要特别感谢钱莉莉同学，辅助我翻译了部分章节的复习题和应用练习。

我还要特别感谢中国传媒大学广告学院的黄京华教授。黄教授是我进入调查领域的领路人，她严谨的治学态度和几十年如一日的敬业精神时刻鞭策我前行！多年来黄教授与我亦师亦友，在工作和生活上总是给我颇多支持和建议！另外，我的同事宋春霞女士在我翻译过程中也帮我做了很多辅助支持工作，在此深表谢意！

在近两年的翻译过程中，我的父母、丈夫，以及我四岁半的儿子都给了我无以言表的支持和鼓励，没有你们，也就没有我今天的成绩，谢谢你们！

此时此刻，2015年已结束，窗外蓝天白云，冬日里少有的煦暖的阳光铺洒在桌面，预示着新的一年的美好开端。这本厚重的专业书籍是最好的新年礼物，也是我今后专业教育的新起点！

杨雪睿

2016年1月

图书在版编目（CIP）数据

广告调查：理论与实务（第2版）/（美）戴维斯著；杨雪睿、田卉等译．—北京：中国人民大学出版社，2015.3
（新闻与传播学译丛·国外经典教材系列）
ISBN 978-7-300-20943-2

Ⅰ.①广… Ⅱ.①戴… ②杨…③田… Ⅲ.①广告-调查-教材 Ⅳ.①F713.8

中国版本图书馆CIP数据核字（2015）第039227号

新闻与传播学译丛·国外经典教材系列
广告调查：理论与实务（第2版）
[美] 乔尔·J·戴维斯 著
杨雪睿 田 卉 等 译
Guanggao Diaocha：Lilun yu Shiwu

出版发行 中国人民大学出版社
社　　址 北京中关村大街31号　　**邮政编码** 100080
电　　话 010－62511242（总编室）　010－62511770（质管部）
010－82501766（邮购部）　010－62514148（门市部）
010－62515195（发行公司）　010－62515275（盗版举报）
网　　址 http://www.crup.com.cn
经　　销 新华书店
印　　刷 北京七色印务有限公司
规　　格 215 mm×275 mm　16开本　　**版　　次** 2016年1月第1版
印　　张 29 插页2　　**印　　次** 2022年3月第2次印刷
字　　数 887 000　　**定　　价** 89.90元

出教材学术精品　育人文社科英才

中国人民大学出版社读者信息反馈表

尊敬的读者：

感谢您购买和使用中国人民大学出版社的________________一书，我们希望通过这张小小的反馈卡来获得您更多的建议和意见，以改进我们的工作，加强我们双方的沟通和联系。我们期待着能为更多的读者提供更多的好书。

请您填妥本表后，寄回或传真回复我们，对您的支持我们不胜感激！

1. 您是从何种途径得知本书的：

❑书店　❑网上　❑报刊　❑朋友推荐

2. 您为什么决定购买本书：

❑工作需要　❑学习参考　❑对本书主题感兴趣

❑随便翻翻

3. 您对本书内容的评价是：

❑很好　❑好　❑一般　❑差　❑很差

4. 您在阅读本书的过程中有没有发现明显的专业及编校错误，如果有，它们是：__________

____

____

5. 您对哪些专业的图书信息比较感兴趣：____________________

____

6. 如果方便，请提供您的个人信息，以便于我们和您联系（您的个人资料我们将严格保密）：

您供职的单位：____________________________

您教授的课程（教师填写）：______________________

您的通信地址：____________________________

您的电子邮箱：____________________________

请联系我们：

电话：(010) 62515637

传真：(010) 62510454

E-mail：gonghx@crup. com. cn

通讯地址：北京市海淀区中关村大街 31 号　100080

中国人民大学出版社人文出版分社